ein Ullstein Buch

Ullstein Buch Nr. 3227
im Verlag Ullstein GmbH,
Frankfurt/M — Berlin — Wien
Amerikanischer Originaltitel:
Matthias Erzberger and the Dilemma
of German Democracy
Übersetzt von Irmgard Kutscher

Ungekürzte Ausgabe

Umschlagentwurf: Kurt Weidemann

Mit freundlicher Genehmigung der
Verlag Annedore Leber GmbH,
München
Printed in Germany 1976
Gesamtherstellung:
Augsburger Druck- und
Verlagshaus GmbH
ISBN 3 548 03227 3

Klaus Epstein

# Matthias Erzberger und das Dilemma der deutschen Demokratie

ein Ullstein Buch

Meinen Eltern Fritz und Herta Epstein

# VORWORT ZUR DEUTSCHEN AUSGABE

Die deutsche Übertragung meines ursprünglich 1957 abgeschlossenen Erzberger-Buches ist in wesentlichen Punkten ergänzt und überarbeitet worden. Ich habe mich bemüht, das Buch auf den neuesten Stand der in Deutschland gerade in den letzten fünf Jahren ungemein regen Weltkriegsforschung zu bringen. Von besonderem Wert sind die monumentalen Dokumentenwerke von Erich Matthias und Rudolf Morsey, „Der Interfraktionelle Ausschuß 1917–1918" (1959) und „Die Regierung des Prinzen Max von Baden" (1962). Diese Werke haben mich veranlaßt, mein Kapitel über die Kanzlerschaft des Prinzen Max (Kap. XI) wesentlich zu erweitern. Ich hoffe, damit der Regierungstätigkeit Erzbergers im Oktober 1918 und insbesondere seiner oft mißverstandenen Propagandatätigkeit zum ersten Male gerecht geworden zu sein. Ein wichtiger Aufsatz von Dr. Wilhelm Michaelis in der Zeitschrift „Geschichte in Wissenschaft und Unterricht" (1960) machte die Neugestaltung der Abschnitte über die päpstliche Friedensaktion 1917 (Kap. IX) und über Kühlmanns Einschüchterungsversuch 1919 (Kap. XIII) erforderlich.

Alle angezogenen Zitate wurden den jeweiligen deutschen Publikationen entnommen und nicht aus der englischen Ausgabe rückübersetzt. Sofern mir Zusätze zum Verständnis erforderlich schienen, sind sie durch eckige Klammern [] gekennzeichnet. Da übersetzte Dokumente für den Historiker nur geringen Wert besitzen, hatte ich mich in der englischen Ausgabe bei dem Abdruck von Dokumenten stark eingeschränkt; ich bringe deswegen in der deutschen Ausgabe einige neue Dokumente im Originaltext, zum Beispiel ein Memorandum über Erzbergers Nachrichtendienst in Kapitel VII oder Ergänzungen unter Anhang IV (b) und VI. Einige in der englischen Ausgabe verkürzt wiedergegebene Dokumente sind jetzt im vollen Wortlaut abgedruckt. Darüber hinaus habe ich Kapitel XV die Schilderung des Schicksals von Erzbergers Mördern hinzugefügt. Im Fußnotenapparat sind außerdem Neuerscheinungen bis Herbst 1961 berücksichtigt worden.

Zu besonderem Dank verpflichtet bin ich Herrn Dr. Rudolf Morsey, dessen enzyklopädische Sachkenntnis der ganzen Erzberger-Materie mir bei der Überarbeitung stets zur Verfügung stand, und meiner Übersetzerin Frau Irmgard Kutscher, die nicht nur den englischen Originaltext sachgetreu übertragen, sondern sich auch bei der Einarbeitung neuer Abschnitte hervorragend hilfreich gezeigt hat.

Providence, R. I.
15. Mai 1962

K. E.

# VORWORT

Matthias Erzberger, dessen Biographie hier vorgelegt wird, spielte vor dem Ersten Weltkrieg, während des Krieges und in den entscheidenden ersten Jahren der Weimarer Republik eine bedeutende Rolle im politischen Leben Deutschlands. Nach seinem Eintritt in den Reichstag im Jahre 1903 machte er sich einen Namen durch die Aufdeckung der Mißstände, die damals Deutschland als Kolonialmacht in Verruf brachten. Als Führer des demokratischen linken Flügels im katholischen Zentrum, der Partei, die für die kaiserliche Politik von großem Gewicht war, schuf sich Erzberger bald eine machtvolle Stellung. Der Weltkrieg gab ihm Gelegenheit, in einer Weise hervorzutreten, die im deutschen parlamentarischen Leben ohne Beispiel war. Er erhielt die Leitung der deutschen Propaganda im Ausland, organisierte einen Nachrichtendienst und wurde auf zahlreiche wichtige diplomatische Missionen entsandt. Sein Widerstand gegen den verhängnisvollen U-Boot-Krieg brachte ihn in den Ruf eines Propheten. Als Schlüsselfigur wirkte er während der großen Krise im Juli 1917, in der Bethmann Hollweg gestürzt und eine neue Reichstagsmehrheit gebildet wurde, die für einen Frieden ohne Annexionen eintrat. Diese neue Mehrheitsbildung aus Zentrum, Linksliberalen und Rechtssozialisten war Vorläufer der die Republik stützenden Weimarer Koalition von 1919.

Erzberger trug in vielfacher Weise zur Einführung der parlamentarischen Regierungsform unter Prinz Max von Baden bei und wurde beauftragt, den Waffenstillstand zu unterzeichnen, der dem Ersten Weltkrieg am 11. November 1918 ein Ende setzte. Auch unter der nach der Novemberrevolution gebildeten rein sozialistischen Regierung nahm Erzberger weiterhin seine Aufgabe als Waffenstillstandskommissar wahr. Im Winter 1918/19 unterstützte er die Bemühungen des Sozialdemokraten Friedrich Ebert, die spartakistischen Aufstände niederzuschlagen. Er arbeitete an der Neugestaltung der Zentrumspartei und machte sie zu einem mächtigen Element der Weimarer Nationalversammlung. Als die Alliierten Deutschland den Versailler Vertrag vorlegten, war es vor allem Erzberger, der auf die Ratifizierung durch das Reich hinarbeitete. Seine Politik verhinderte zwar die militärische Besetzung des größten Teils von Deutschland, belastete aber auch die Weimarer Republik mit der Verantwortung für eine tiefe nationale Demütigung. Im Jahre 1919 wurde Erzberger Reichsfinanzminister. Während einer Amtszeit von nur neun Monaten gab er dem Lande ein ganz neues Steuersystem. Seine fortschrittliche Politik ließ ihn zum bekanntesten Verfechter der deutschen Demokratie werden und erregte damit gleichermaßen den Zorn der Nationalisten, der Militaristen und der Konservativen. Nach einem aufsehenerregenden politischen Prozeß im Jahre 1920 wurde er aus seinem Amt verdrängt und kurze Zeit danach von nationalistischen Fanatikern ermordet.

Kein Deutscher war in den letzten hundert Jahren so gehaßt worden wie Erzberger. Er war zum Symbol der Weimarer Republik geworden, und seine Feinde hofften, in ihm den neuen demokratischen Staat zu treffen. Aber warum wurde gerade er zu diesem Symbol? Zum Teil zweifellos auf Grund seines Charakters. Er liebte die Verantwortung und ging einer unangenehmen Aufgabe niemals aus dem Wege. Es gehörte viel Mut dazu, den demütigenden Waffenstillstand zu unterzeichnen und das Finanzministerium in einem Augenblick zu übernehmen, in dem überaus harte neue Steuern notwendig geworden waren, die den Unwillen der Begüterten erregen mußten. Erzbergers einfache Herkunft und mangelnde formale Bildung – er war der Sohn eines Schneiders aus einem entlegenen württembergischen Dorf – riefen die Verachtung hervor, mit der ein Emporkömmling stets betrachtet wird. Sein Glaube als frommer Katholik, der ihn nie zögern ließ, sich für katholische Anliegen einzusetzen, trug ihm häufig Mißtrauen und Feindseligkeit von seiten der protestantischen Oberschicht des Reiches ein. Aber sein größtes Verbrechen in den Augen der Nationalisten und Konservativen war außenpolitisch sein Eintreten für eine internationale Verständigung und innenpolitisch für die Einführung der parlamentarischen Regierungsform. Daß er seine Partei, das Zentrum, bewog, die Opposition gegen diese beiden politischen Programmpunkte aufzugeben und nun für sie einzutreten, machte ihn verhaßt, denn er brachte damit die herrschende Schicht des Wilhelminischen Reiches während des Ersten Weltkrieges in ernste Schwierigkeiten. Doch zweifellos dürfen diese Vorgänge auch als Geburtsstunde der Weimarer Koalition interpretiert werden.

Erzberger war verwundbar, weil seine Persönlichkeit nicht den Vorstellungen entsprach, die die Öffentlichkeit von einem „ordentlichen" Reichstagsabgeordneten hegte. Seine außergewöhnliche Tatkraft, Intelligenz und Leistungsfähigkeit erregten Neid und wirkten aufreizend. Seine Angriffslust, gepaart mit Beweglichkeit und einem hervorragenden politischen Instinkt, machten ihn zu einem gefährlichen Gegner im Streit der Parteien. Seine raschen Reaktionen, seine Impulsivität und die Bereitschaft, aus den eigenen Fehlern zu lernen, erweckten den ihm abträglichen Eindruck des wendigen Opportunisten. Seine großartige Unbekümmertheit um den äußeren Anschein, oft auch in Angelegenheiten, bei denen sich eine Verbindung zwischen seinen öffentlichen Aufgaben und seinen persönlichen Vermögensinteressen ergeben konnte, rief bei Millionen von Deutschen die Überzeugung hervor, daß er korrupt sei. Er besaß viele hervorragende Eigenschaften, aber seine Persönlichkeit war im großen und ganzen nicht dazu geschaffen, ihn beliebt zu machen.

Erzbergers Laufbahn ist in vieler Hinsicht für die innenpolitische Entwicklung Deutschlands in den Jahren von 1900 bis 1920 aufschlußreich. Da die Historiker sich vorwiegend mit der Außen- und Militärpolitik und insbesondere mit der Kriegsschuldfrage befaßt haben, sind die innenpolitischen Probleme Deutschlands ein wenig vernachlässigt worden. Das Funktionieren der kaiserlichen Reichsverfassung, die Rolle der Parteien im Reichstag, die Interessengegensätze innerhalb der Zentrumspartei, der Durchbruch des demokratischen Prinzips, der sich im Aufstieg neuer Führer wie Erzberger bemerkbar machte, und schließlich die Problematik der Einführung der parlamentarischen Regierungsform – alle diese Fragen haben bisher nicht die Beachtung gefunden, die sie verdient hätten. Daß ein Mann wie Erzberger, der, von seiner späteren Bedeutung ganz abgesehen, vor 1914 zu den drei oder vier einflußreichsten Abgeordneten gehörte, noch nie einen wissenschaftlichen Biographen gefunden hat, ist an sich schon bezeichnend.

* * *

Es ist mir eine Freude, für die Hilfe und Freundlichkeit zu danken, die mir im Verlauf dieser Arbeit von vielen Seiten zuteil geworden sind. Zu besonderem Dank bin ich dabei Stephen Graubard, Hanna und Charles Gray, Ernest May und George Nadel verpflichtet. Nicht nur haben sie große Teile des Manuskripts kritisch gelesen, sondern mir darüber hinaus in den ganzen letzten Jahren in meiner Entwicklung als Historiker anregend und führend zur Seite gestanden.

Folgende Personen haben freundlicherweise einzelne Kapitel des Buches gelesen und begutachtet: William Emerson, Franklin Ford, Raymond Grew, Stuart Hughes, Michael Karpovich, Arno Mayer und Donald Rohr.

Frau Paula Erzberger und Herrn Dr. Josef Hammer, die mir den Zugang zum Erzberger-Nachlaß ermöglicht haben, schulde ich großen Dank. Archivdirektor Dr. Georg Winter und Archivrat Dr. Wolfgang Mommsen waren so freundlich, mir die Arbeitsmöglichkeiten des Bundesarchivs zur Verfügung zu stellen, wo die Erzberger-Dokumente aufbewahrt werden. Die Benutzung wichtiger Stücke aus dem Hertling-Nachlaß verdanke ich Herrn Dr. Ernst Deuerlein.

Von der Fulbright Commission erhielt ich ein Stipendium, das mir im Jahre 1955/56 einen Aufenthalt in Deutschland ermöglichte, bei dem ich die Forschungsarbeiten für dieses Buch vollenden konnte. Die Harvard Foundation bewilligte mir einen Zuschuß für die Schreibarbeiten. Meine Herausgeberin, Miss Miriam Brokaw, hat unzählige Verbesserungen im Manuskript angebracht.

Mein Vater hat mir in jedem Stadium der Arbeit geholfen und war für mich eine nie versagende Quelle der Information über die einschlägige Literatur. Meine Mutter hat einen Teil eines frühen Entwurfs abgeschrieben. Schließlich hat meine Frau an der ganzen Arbeit teilgehabt, angefangen mit unserer gemeinsamen Forschungsarbeit im Bundesarchiv bis zum Durchsehen der letzten Druckfahnen; die mühevolle Aufgabe, mein handgeschriebenes Manuskript zu entziffern und abzuschreiben, hat sie ganz allein bewältigt.

K. E.

# INHALTSVERZEICHNIS

# I

# Jugend und frühe politische Tätigkeit

Matthias Erzberger wurde am 20. September 1875 in dem kleinen württembergischen Dorf Buttenhausen geboren. Der Ort liegt im Herzen der Schwäbischen Alb, die sich vom Schwarzwald bis hinunter zu der alten Stadt Ulm an der bayerischen Grenze erstreckt. Am südlichen Rand der Berge fließt die Donau. Ungefähr 45 Kilometer westlich von Ulm steht hoch über dem Fluß das schöne alte Barockkloster Obermarchtal, wo etwa hundert Jahre vor Erzbergers Geburt Marie-Antoinette auf ihrem Wege nach Paris Rast hielt; später schenkte sie den gastlichen Benediktinermönchen ihr Hochzeitskleid, das in der Schatzkammer des Klosters aufbewahrt wurde und noch heute dort besichtigt werden kann. Nicht weit von Obermarchtal ergießt sich ein kleiner Fluß, die Lauter, in die Donau. Das enge Lautertal wird rechts und links von steilen, mit malerischen Burgruinen gekrönten Felsen umsäumt. Ungefähr fünfundzwanzig Kilometer flußaufwärts liegt Bichishausen mit der kleinen katholischen Kirche, in der Erzberger getauft wurde, und dem aus zwei Räumen bestehenden Schulhaus, in dem er seinen ersten Unterricht erhielt.

Sein Geburtsort Buttenhausen liegt fünf Kilometer weiter nördlich. Das Dorf hat eine Hauptstraße und mehrere Seitengassen. Die wenigen Autos, die bis zu dieser entlegenen Gegend vordringen, kommen kaum von der Stelle, weil Bauernwagen, von Ochsen gezogen, und Scharen von Enten und Hühnern den Weg versperren. Die Bevölkerung zählt, damals so wie heute, etwa zweitausend Seelen. Zu Erzbergers Zeit bestand sie aus einer überraschenden Mischung — zur Hälfte Protestanten, zur Hälfte Juden; letztere betrieben seit dem Mittelalter einen schwungvollen Viehhandel. Die Erzbergers gehörten zu den wenigen katholischen Familien, und es ist wohl denkbar, daß Matthias' militanter Katholizismus zum Teil auf dieses Leben in der Diaspora zurückzuführen ist. Das Haus, in dem er geboren wurde, steht noch heute auf einer kleinen Anhöhe über der Lauter. Es ist aus Stein gebaut und hat zwei durch eine enge, steile Treppe verbundene Stockwerke. Zu ebener Erde befinden sich ein Wohnzimmer, ein Elternschlafzimmer, eine einfache Küche und ein primitives Bad; alle Räume sind winzig. Im ersten Stock liegen drei kleine Schlafzimmer. Nur das Wohnzimmer kann durch einen Ofen geheizt werden, hier muß also Matthias die langen Winterabende mit seinen drei Brüdern und zwei Schwestern verbracht haben. Der Winter ist lang und streng auf der Schwäbischen Alb.

Über Erzbergers Herkunft ist nur wenig bekannt. Sein Vater, Josef Erzberger, war Schneidermeister und ergänzte sein Einkommen, indem er das Amt des Briefträgers versah. In dieser Eigenschaft genoß er in der Umgebung den Ruf, ein unternehmungslustiger Mann zu sein, nachdem er als erster im Lautertal mit dem Fahrrad gefahren war. Seine Nachbarn müssen seinen Charakter und seine Fähigkeiten sehr geschätzt haben, denn sie machten ihn zum Gemeindepfleger — eine hohe Ehre für einen Katholiken in einem halb protestantischen, halb jüdischen Dorf. Erzbergers Mutter, Katharina Flad, stammte aus einer protestantischen Familie aus dem benachbarten Fladhof, trat aber nach ihrer Heirat im Jahre 1873 zum Katholizismus über.[1]) Matthias war das erste ihrer sechs Kinder. Einer seiner Brüder wurde Briefträger, ein anderer Schriftsetzer, eine Schwester heiratete einen Schneider aus einem Nachbarort. Es hat sich als unmöglich erwiesen, Einzelheiten über die anderen Geschwister zu erfahren, deren Leben ebenfalls in bescheidenen Bahnen verlief.

Der Gegensatz zwischen Matthias' glänzender Karriere und dem in der Verborgenheit verlaufenden Dasein seiner Geschwister wurde später von seinen politischen Feinden ausgeschlachtet, um seine Abstammung in Frage zu stellen. Vor wie auch nach seinem Tode scheuten sie keine Mühe, um ihm eine illegitime jüdische Herkunft nachzuweisen — für sie eine höchst einfache Erklärung seines angeblich ruchlosen Charakters. Die hier ausführlichste Darstellung will wissen machen, daß seine Mutter, ein jüdisches Mädchen aus Buttenhausen, Mitte der siebziger Jahre als Magd im Hause des jüdischen Antiquitätenhändlers Bernheimer in München gedient habe, schwanger geworden und mit einem beträchtlichen Geldgeschenk nach Hause geschickt worden sei; dieses Geld habe dann Josef Erzberger veranlaßt, sie rasch zu heiraten und Matthias als seinen Sohn anzuerkennen.[2]) Niemals ist auch nur der geringste Beweis für diese Geschichte erbracht worden, aber die Behauptung, Erzberger sei Jude gewesen, tauchte in Schriften seiner Gegner immer wieder auf, meist begleitet

---

1) **Ernst Bauer,** ***Erzberger. Bilder aus seinem Leben und Wirken, Kämpfen und Leiden,*** **München,** 2. Aufl. 1925, S. 14. Im folgenden zitiert als Bauer, *Erzberger*.

2) F. C. Holtz, „Matthias Erzberger, ein Jude und Verräter", *Fridericus*, Bd. XVII, Nr. 5, Sept. 1934.

von bissigen Bemerkungen über das jüdische Viehhändlermilieu in Buttenhausen oder auch darüber, daß der Name Erzberger wahrscheinlich von Herzberger, Schmerzberger oder irgendeiner anderen ursprünglich jüdischen Namensgebung abgeleitet worden sei, wie zahlreichen Anspielungen ähnlicher Tendenz.

Persönlichkeit und Politik Erzbergers lassen sich durch drei Faktoren weitgehend erklären: seine einfache Herkunft, seinen Katholizismus, sein schwäbisches Wesen. Die herrschende Schicht des wilhelminischen Reiches war nicht gewillt, den Sohn eines Schneiders aus Buttenhausen zu akzeptieren — die in Amerika so populäre Geschichte des Präsidenten Abraham Lincoln, der in einer Holzhauerhütte geboren wurde, wirkte in Deutschland nicht. Erzberger besaß weder Geld noch Familienbeziehungen und mußte sich daher auf seinen Fleiß, seine Tüchtigkeit und seine Angriffslust verlassen. Das sind Eigenschaften, die nicht zur Beliebtheit beitragen, und für den sozial Aufstrebenden ist es oft schwer, auf die Methoden, die ihm zum Aufstieg verholfen haben, später zu verzichten. Ein Universitätsstudium ließen die wirtschaftlichen und sozialen Verhältnisse seiner Familie nicht zu; so verfügte er, als er die Bühne des öffentlichen Lebens betrat, nur über die Ausbildung eines Volksschullehrers.

Als dieser Mann zur Autorität auf vielen Gebieten, vor allem auch dem schwierigster Finanzprobleme, geworden war, betrachteten ihn seine Kollegen in der Politik mit einer Mischung aus Ärger, ungläubigem Staunen und Neid. Da Erzberger weder eine höhere Schule noch die Universität besucht hatte, fehlten ihm außerdem im späteren Leben die persönlichen Beziehungen, die sich meist während der Studienjahre anknüpften, durch Zugehörigkeit zu einem der Korps, in denen sich die Söhne der herrschenden Klasse verbanden, oder zu einer der namhaften katholischen Korporationen, die im katholischen politischen Leben, aber auch bei der Stellenvergabe in der Verwaltung von Einfluß waren. Bei seinem Eintritt in das parlamentarische Leben wurde Erzberger als Außenseiter verachtet; später wurde er gefürchtet, als er seine Macht im Parlament zu benutzen drohte, um die Forderungen von Männern zu unterstützen, die ebenfalls außerhalb jenes Zauberkreises standen.

Erzberger diente nie in der Armee, weil in seinem württembergischen Heimatbezirk ein Überschuß an wehrfähigen jungen Männern bestand; den Musterungsoffizieren aber waren gehorsame Bauernjungen lieber als potentielle Intellektuelle.[3]) Dadurch wurde ihm die Chance genommen, Reserveoffizier zu werden, ein weiteres Handicap in der militaristischen Gesellschaft des kaiserlichen Deutschlands. Es fehlten ihm also der entsprechende gesellschaftliche Hintergrund, Beziehungen aus der Studienzeit und ein Offizierspatent. Als Katholik gehörte er einer Konfession an, die unter den herrschenden Schichten weithin verachtet wurde; die ostdeutschen Junker, die höchsten Beamten, die

---

[3]) Karl Bachem, *Vorgeschichte, Geschichte und Politik der Zentrumspartei*, Köln, 9 Bde., 1926—1932, IX, S. 406. Im folgenden zitiert als Bachem, *Zentrumspartei*.

meisten Industriellen und fast alle Generalstabsoffiziere waren Protestanten und hielten den Katholizismus für einen beklagenswerten Anachronismus.

Erzberger wurde zum glühenden Katholiken erzogen, und er lebte und starb in dieser Glaubenshaltung. Es gibt keine Entwicklungsgeschichte seiner religiösen Überzeugungen. Der Geistliche Dr. Josef Hammer, der wohl sein nächster persönlicher Freund war, sagt, Erzberger habe nie eine Glaubenskrise durchgemacht.[4]) Sein Intellekt war im Grunde utilitaristisch, ein Instrument zu praktischen Zwecken; er hat niemals daran gedacht, es zu benutzen, um die Gültigkeit seiner religiösen Anschauungen in Zweifel zu ziehen. Das ist bemerkenswert bei einem Intellektuellen des späten 19. Jahrhunderts, als die Wissenschaft auf dem Höhepunkt ihres Ansehens stand und behauptete, Maßstäbe für die Beurteilung letzter Fragen aufgestellt zu haben. Erzbergers Erziehung war streng katholisch und schirmte ihn gegen einen großen Teil der modernen weltlichen Kulturbestrebungen ab. Trotz dieser behüteten Kindheit bewies er aber immer einen empfindlichen Sinn für neue soziale, politische und kulturelle Strömungen. Geistig besaß er das Selbstvertrauen des Mannes, der aus einfachen Verhältnissen aufgestiegen ist. Solche Menschen erliegen, wie man am besten am Beispiel von Erzbergers Zeitgenossen H. G. Wells sehen kann, leicht einem oberflächlichen, traditionsfeindlichen Rationalismus. Diesem Irrtum ist Erzberger nie verfallen. Stets frei von der Oberflächlichkeit des dogmatischen Liberalen, verstand er es auch, den lähmenden Skeptizismus des intelligenten Liberalen zu vermeiden. Sein lebensnaher intuitiver, nicht rationaler Katholizismus war die Quelle der tiefen inneren Selbstsicherheit, die sein politisches Verhalten kennzeichnete.

Während seines ganzen politischen Lebens wurzelte Erzbergers Politik in den unerschütterlichen Grundlagen katholischen sozialen und politischen Denkens. Auch seine Parteizugehörigkeit war eine selbstverständliche Folge seines Katholizismus. Die Ideologie der Sozialdemokraten wie gleichfalls der Liberalen beruhte auf Materialismus, Rationalismus und Leugnung des Übernatürlichen — was alles von der Kirche verurteilt wurde. Beide Bewegungen waren stolz auf ihren Antiklerikalismus. Die Konservative Partei war norddeutsch, protestantisch und in ihrer gesamten Einstellung ein Spiegelbild der Oberschicht; einem süddeutschen Katholiken einfacher Herkunft konnte sie nicht politische Heimat werden. So wurde Erzberger auf Grund eines gesellschaftlichen Aussonderungsprozesses in die Zentrumspartei sozusagen hineingeboren. Sein politischer Standort war durch Erbgut und Umwelt vorherbestimmt und konnte unmöglich zum Gegenstand einer bewußten Entscheidung werden.

Sein Schwabentum führte dazu, daß er sich dem linken Flügel des Zentrums anschloß. Die Zusammensetzung der Partei war, wie wir noch sehen werden,

---

[4]) Josef Hammer, *Erzberger. Erinnerungsblätter eines persönlichen Freundes* (Schreibmaschinenmanuskript im Bundesarchiv), S. 10. Im folgenden zitiert als Hammer, *Erzberger*.

heterogen, aber der württembergische Teil wurzelte tief in den demokratischen Traditionen des südwestlichen Deutschlands. Abneigung gegen den Adel, gegen Privilegien und den preußischen Militarismus war allen seinen württembergischen Landsleuten gemeinsam. Dazu kam ein provinzieller Stolz, der die Schwaben kennzeichnet und den sie selbst mit dem unverhältnismäßig hohen Beitrag ihres Landes zur deutschen Kultur rechtfertigen (Hegel, Schiller, Hölderlin), den aber böswillige Kritiker aus dem unfruchtbaren Neid auf die größeren politischen Leistungen Preußens und Österreichs erklären. Erzberger teilte diese Ansichten und besaß selber viele Eigenschaften, die gemeinhin den Schwaben zugesprochen werden, vor allem auch ihren sprichwörtlichen Fleiß. Er arbeitete meist sechzehn Stunden am Tage und ging selten auf Urlaub. Vielen Schwaben eignet die „schwäbische Gutmütigkeit", eine Mischung aus Güte und Gutgläubigkeit, die häufig von anderen ausgenutzt wird. Diesen liebenswerten Fehler besaß auch Erzberger in nicht geringem Maße — er machte ihn politisch leicht verwundbar. „Schwabenstreiche" werden von Männern vollführt, die Mut und Phantasie mit Naivität verbinden; viele Projekte Erzbergers scheiterten, weil er sich weigerte, Hindernisse zu sehen, die viel weniger Befähigte längst erkannt hatten. Seine heftige Abneigung gegen bürokratische Routine und Lehrbuchmaximen der Verwaltung war jedenfalls alles andere als preußisch, für ihn aber besonders charakteristisch. Er bestätigte gewissermaßen in seiner Person, daß politisch-schöpferische Tätigkeit mit großer Unordnung gepaart sein kann.

Viele seiner ärgsten Feinde im späteren Leben waren Norddeutsche, denen die schwäbische Eigenart ungewohnt war. Seine Gegner glaubten, Berechnung und Erpressung zu sehen, wo es sich lediglich um Impulsivität und Unachtsamkeit handelte, während manche seiner Freunde zu Unrecht einräumten, er besäße keinerlei Prinzipien. Die folgende Schilderung seines impulsiven Wesens, die ein guter Freund unmittelbar nach Erzbergers Tod niederschrieb, mag einen lebendigen Eindruck des Menschen vermitteln:

> „Matthias, der Fröhliche, war kein Welterlöser. Wollte nicht wie die Landauer und Liebknecht ins Morgenrot einer neuen Epoche treten, hatte keinen Willen zum Märtyrertum und mochte nicht sterben, auch nicht in Schönheit. Sein Leben war kein gotischer Bau, es war einem farbenfrohen, weiträumigen Bauernhof zu vergleichen, nicht hoch, aber behaglich und warm. Der Plan des Erzbergerschen Hauses war von schöner Einfachheit. Er glaubte an Gott, er war ein Volkskind, er vergaß nicht zu rechnen. Sein schlimmstes Laster war eine an allen Ecken einsetzende Arbeitslust. Er war gewohnt, von Herrgottsfrühe bis in die späte Nacht zu konferieren, zu studieren, zu beraten, zu reden, zu schreiben. Der übergroße Mann, breitschultrig, bauchig, glaubte an sich ... Das Leben schmeckte ihm, das sah man ihm an, er hatte Lust zu seinen Tätigkeiten, Lust an der Politik, Lust an der Macht, Lust an der Förderung seiner Freunde, Lust an Wein, Braten und eine gut katholische Lust an Gott."[5])

---

[5]) Stefan Großmann, „Erzberger", in: *Das Tagebuch*, II, 3. Sept. 1921, S. 1047 f.

Über Erzbergers Kindheit ist nur wenig bekannt. Er wurde auf die katholische Schule in Bichishausen geschickt und wohnte während der Woche bei seinem Großvater väterlicherseits im benachbarten Gundelfingen. Ein Lehrer erkannte seine ungewöhnliche Begabung und überredete deshalb den Vater, Matthias zum Volksschullehrer ausbilden zu lassen. Damit wurde eine Möglichkeit zum sozialen Aufstieg geboten, deren Kosten die Familie tragen konnte. So besuchte er nacheinander die Präparandenanstalt in Gmünd, wo er durch Überspringen einer Klasse den dreijährigen Lehrgang in zwei Jahren absolvierte (1889–1891), und das Lehrerseminar in Saulgau (1891–1894). Wilhelm Schussen, ein Mitschüler aus dem Seminar, der später zu bescheidenem literarischen Ruhm gelangte, erinnerte sich nach Erzbergers Tod seiner Eindrücke aus der Jugendzeit.[6]) Der künftige Staatsmann habe immer an der Spitze seiner Klasse gestanden. Sein phänomenales Gedächtnis, das es ihm ermöglichte, ganze Seiten wiederzugeben, die er nur ein einziges Mal gelesen hatte, habe seine Mitschüler in Erstaunen versetzt. Jedermann — und auch Erzberger selbst — sei überzeugt gewesen, daß er einer großen Zukunft entgegengehe, während die Richtung, in die seine Wünsche und Hoffnungen zielten, bereits daran zu erkennen gewesen sei, daß er als einziger im ganzen Seminar eine Großstadtzeitung abonniert habe.

Ein weiterer Mitschüler, Oskar Jakob, hielt ebenfalls seine Erinnerungen fest:

> „Wem steht sie nicht vor Augen, die magere Gestalt mit den frischen Gesichtszügen, der stets heiteren Miene und den Augen, die so klug aus den Brillengläsern schauten? Ja, unser Matthias war ein heiterer, fröhlicher Kamerad, der seiner Stimmung aber nicht in Liedern Ausdruck gab — das wäre zu disharmonisch ausgefallen —, sondern in lustigem Lachen. Und wie gefällig und dienstbereit war er allzeit. Wie oft wurde seine Beliebtheit beim Herrn Rektor ausgenützt und er hinaufgeschickt um einen Ausgang herauszuschlagen. Nie tat er eine Fehlbitte. ‚Wenn der Matthias kommt', lautete ein Diktum des Rektors, ‚kann man nicht nein sagen'. Was alle an Erzberger bewunderten war sein klarer, scharfer Verstand und sein ausgezeichnetes Gedächtnis. Er war ferner ein Muster von Fleiß, und er wußte, daß man sich, wenn man was Gründliches erreichen will, anstrengen muß."[7])

Erzbergers Zeugnisse aus den Jahren 1891–1893 sind noch vorhanden und zeigen, daß er stets Erster in einer Klasse von fünfundzwanzig war.[8]) Besonders gute Noten hatte er in Religion, Pädagogik, Deutsch, Mathematik, Geschichte, Erdkunde, Naturwissenschaft und Französisch; für Begabung, Fleiß und Betragen erntete er stets Lob. Schwach war er nur in den Nebenfächern Musik (bestehend aus Singen, Klavier, Orgel, Geige und Musiktheorie), Zeichnen, Turnen und Schönschreiben. Die Aufzählung der Fächer weist auf den praktischen Zweck der Lehrerbildungsanstalt hin und zeigt nebenbei, wie be-

---

6) Wilhelm Schussens Einleitung zu Bauer, *Erzberger,* S. 2—6.
7) Oskar Jakob in einem Nachruf in: „Magazin für Pädagogik", zitiert von Hammer, *Erzberger,* S. 4.
8) *Erzberger Nachlass,* Akte 38, Bundesarchiv Koblenz. Im folgenden zitiert als *Erzberger Dokumente.*

scheiden der Lehrplan war im Vergleich mit dem der Universität. Außerdem widerlegt diese Aufzählung das zur Zeit der Waffenstillstandsverhandlungen des Jahres 1918 kursierende Gerücht, Erzberger habe kein Wort Französisch gekonnt.[9])

Wir müssen uns den jungen Erzberger als einen Studenten vorstellen, dessen Fähigkeiten bei Lehrern und Kommilitonen zugleich Aufsehen erregten. Schwieriger ist es aber, sich ein klares Bild seiner Persönlichkeit zu jener Zeit zu machen. Seine Vitalität und Gutmütigkeit sind unbestritten, aber der oben zitierte Bericht enthält auch weniger freundliche Bemerkungen.[10]) Fleiß, Ehrgeiz und das Bewußtsein, ungewöhnliche Fähigkeiten zu besitzen, ließen ihn arrogant und egozentrisch auftreten; seine robuste physische und psychische Konstitution mache ihn blind für die persönlichen Sorgen anderer; man spüre, wie sich hier ein Mann entwickelt, der viele Menschen kennt, dem aber nur wenige nahestehen. In Saulgau schloß er keine lebenslänglichen Freundschaften, wenn er auch nach seinem Aufstieg seine früheren Gefährten niemals herablassend behandelte. Im Jahre 1919, als er sich auf dem Höhepunkt seiner politischen Laufbahn befand, schickte er ein herzliches Telegramm nach Ravensburg, wo seine Studiengenossen das fünfundzwanzigjährige Jubiläum ihrer Abschlußprüfung feierten.[11])

Erzberger trat 1894 in den württembergischen Schuldienst ein und unterrichtete als Lehrerpraktikant in Marbach und Göppingen und als Amtsverweser in Feuerbach bei Stuttgart. Über seine Tätigkeit als Lehrer gibt es keinerlei Material; man muß wohl annehmen, daß sie ihn nie voll in Anspruch genommen hat. Er las viel über politische Fragen und versäumte keine öffentliche Versammlung. Bei politischen Veranstaltungen nahm er gern die Gelegenheit wahr, vor einer größeren Zuhörerschaft seine Ansichten, wenn sie von denen der Veranstalter abwichen, während der Diskussion in kurzer Redezeit wirkungsvoll vorzutragen. So besuchte er häufig sozialdemokratische oder auch liberale Veranstaltungen, um seinen kämpferischen Geist zu betätigen. Einmal gelangte er zu örtlichen Ruhm, weil er mit dem etwa doppelt so alten Conrad Haußmann, dem großen Führer der schwäbischen Demokratie, die Klingen gekreuzt hatte. Zunächst behandelte der ältere Mann den jungen Volksschullehrer herablassend, er wurde aber bald durch Erzbergers meisterliche Beherrschung des Themas in die Verteidigung gedrängt.[12]) Ein Vierteljahrhundert später sollten beide dem Kabinett des Prinzen Max von Baden angehören, wobei Erzberger auf Wunsch des Kanzlers im letzten Augenblick Haußmann als Waffenstillstandskommissar ersetzte.

---

9) Fürst Bülow ritt gerne auf diesem Gerücht herum. Siehe seine *Denkwürdigkeiten*, Berlin 1931, Bd. IV, S. 22.
10) Schussen in Bauer, *Erzberger*, S. 4.
11) Brief von Friedrich Albers an Dr. Hammer vom 22. November 1928, in: *Erzberger Dokumente*, Akte 38
12) Hammer, *Erzberger*, S. 6.

Die Begegnung mit Josef Eckard, einem Führer der jungen württembergischen Zentrumspartei, auf einer öffentlichen Versammlung im Jahre 1895 brachte die entscheidende Änderung in Erzbergers Leben. Eckard (1865—1906), ein Geistlicher[13]), der sich der Politik zugewandt hatte, war der Mann, den Erzberger während seiner Württemberger Jahre am meisten verehrte. Sohn eines Winzers, studierte Eckard in Tübingen Theologie und wurde Kaplan in der kleinen Industriestadt Ludwigsburg. Beunruhigt von dem wachsenden Einfluß, den der marxistische Sozialismus auf seine Gemeindemitglieder ausübte, entschloß er sich zu einem energischen Gegenfeldzug, um den katholischen Glauben der ihm Anbefohlenen zu retten, während er gleichzeitig versuchte, ihre soziale Lage zu bessern. So begann er, als Redakteur des „Deutschen Volksblatts", der katholischen Zeitung in Stuttgart, zu wirken (1890). Seine Hauptbemühungen galten jedoch öffentlichen Vorträgen, die der Verbreitung der katholischen Soziallehre dienten, wie sie kurz vorher in den großen Enzykliken Papst Leos XIII. dargelegt worden war. Das Thema der Versammlung, die Erzberger im Jahre 1895 besuchte, lautete: „Die Gefahr des Anwachsens des internationalen Kapitalismus." Erzberger beteiligte sich lebhaft an der Diskussion und zitierte zur Unterstützung seiner Argumente ganze Sätze aus Eckards Rede auswendig; anschließend widerlegte er in klarer und einleuchtender Form alle schwachen Punkte seiner Gegner. Diese Leistung veranlaßte Eckard zu dem Ausruf „Da habe ich ja ein politisches Genie entdeckt!" und zu dem sofortigen Angebot einer redaktionellen Mitarbeit am „Deutschen Volksblatt". Erzberger nahm ohne Zögern an. Er hatte seinen natürlichen Beruf als Journalist und Agitator nunmehr gefunden.[14])

Die folgenden sieben Jahre seines Lebens (1896—1903) widmete er der katholischen sozialen Bewegung in Württemberg. Adolf Gröber (1854—1919), der eine große Rolle in Erzbergers Leben spielen sollte, hatte den württembergischen Zweig des Zentrums im Jahre 1895 gegründet, volle fünfundzwanzig Jahre nachdem die Partei in Norddeutschland festen Fuß gefaßt hatte.[15]) Der Kulturkampf war zu Ende, und wirtschaftliche Fragen gewannen immer mehr an Bedeutung. Die Nichtverlängerung des Sozialistengesetzes im Jahre 1890 hatte die kompakte Stärke der wachsenden marxistischen Bewegung aufgezeigt. Um dieser Gefahr zu begegnen, war 1890 der „Volksverein für das katholische Deutschland" als Mutterorganisation vieler katholischer Arbeiter-, Bauern- und Handwerkervereine gegründet worden.[16]) Das Ziel dieser Vereine war die Förderung der wirtschaftlichen und kulturellen Interessen ihrer Mitglieder, die sie gleich-

---

[13]) Eine Beschreibung seiner Laufbahn gibt M. Gasteiger in: *Die Christliche Arbeiterbewegung in Süddeutschland*, München 1908, S. 385 ff.
[14]) Josef André, „Wie Erzberger Politiker wurde: Der Arbeitersekretär", in: Erzberger Heft, *Deutsche Republik*, hrsg. von Josef Wirth, Jg. I, Heft 44, S. 690 (26. 8. 1927). Im folgenden zitiert als *Erzberger Heft*.
[15]) Bachem, *Zentrumspartei*, Bd. VIII, Kap. II.
[16]) Siehe das große Geschichtswerk von Emil Ritter, *Die Katholisch-Soziale Bewegung Deutschlands im neunzehnten Jahrhundert und der Volksverein*, Köln 1954.

zeitig gegen sozialistische Propaganda zu immunisieren suchten. Gröber und Eckard hatten die Führung bei der Gründung der Zentralstelle des Volksvereins in Stuttgart, wobei sich Eckard besonders der Entwicklung von Arbeitervereinen annahm. Sein Hauptmitarbeiter wurde Erzberger, der außerdem die Organisation eines Handwerkervereins übernahm.[17])

Zur Vorbereitung für diese neue Aufgabe wurde er im Sommer 1896 auf die katholische Universität in Freiburg, Schweiz, geschickt, um volkswirtschaftliche Vorlesungen zu hören. Das war seine erste Reise in das Land, das zwanzig Jahre später zum Hauptschauplatz seiner Propagandatätigkeit während des ersten Weltkrieges werden sollte. Nach seiner Rückkehr hielt er regelmäßig in ganz Württemberg Sonntagsvorträge, auf denen er die katholische Soziallehre bei Bauern, Handwerkern und Arbeitern verbreitete. Der junge Agitator schonte sich nie. So hielt er zum Beispiel auf einer Versammlung für Stuttgarter Maurer, bei der nur fünf Personen anwesend waren, zur Verwunderung der Besucher einen anderthalbstündigen Vortrag. Ein Freund, der ihn wegen dieser übermäßigen Anstrengung zur Rede stellte, wurde zum Schweigen gebracht durch die Antwort: „Nein, diese fünf Männer habe ich jetzt gewonnen; das gibt fünf Werber für unsere Sache, und deshalb mußte ich sie in alle Zusammenhänge einführen."[18])

Zunächst galten Erzbergers Bemühungen der Gründung von Arbeitervereinen, und er wurde schon bald als Arbeitersekretär bekannt. Aufgabe dieser Organisationen war die Erörterung des sozialen und wirtschaftlichen Status des Arbeiters sowie die Verbreitung von Informationen über seine Rechte unter der bestehenden Sozialgesetzgebung. Da Erzberger sich rasch auf diese Fragen spezialisierte, hielt er bald nicht nur allgemeine Vorträge darüber, sondern beantwortete auch zahlreiche Anfragen einzelner über Unfallversicherung des Arbeitnehmers, über Mietstreitigkeiten, Krankenversicherung und ähnliches mehr. Sein Nachfolger als Arbeitersekretär, Josef André, berichtet, Erzberger habe im Lauf des einen Jahres 1902–1903 ungefähr 3100 Anfragen dieser Art erledigt. Er verfügte über enzyklopädisches Wissen, Sicherheit des Urteils und die Fähigkeit raschen Arbeitens — alles Eigenschaften, die für diese Aufgabe unerläßlich waren. In dem nachfolgenden Brief an André findet der Geist, in dem Erzberger diese Tätigkeit ausübte, trotz der etwas pompösen Formulierungen aufrichtigen Ausdruck:

> „Sie übernehmen ein bedeutungsvolles Amt. Arbeitersekretär sein heißt Volksanwalt, Armenanwalt sein, heißt den Bedrückten, Bedrängten, Entmutigten helfen ... Ich habe in den Jahren meiner nebenamtlichen Tätigkeit als Arbeitersekretär so viele unverschuldete Not kennengelernt, daß ich ein ganzes Buch darüber schreiben könnte. Unsere Bürokraten haben von dieser Not keine Ahnung ... Was Sie in Ihre neue Stellung mitbringen müssen, das ist Liebe, werktätige, helfende, schaffende Liebe zu un-

---

[17]) Ritter, *op. cit.*, S. 177. Über die Arbeitervereine siehe J. Joos, *Die Katholischen Arbeitervereine*, M. Gladbach 1913.
[18]) André, *Erzberger Heft*, S. 691.

serem armen katholischen Volk und zu allen, die im Vertrauen zu Ihnen kommen, mögen sie politisch stehen, wo sie wollen. Volksdienst ist Gottesdienst, ist Dienst am Staate. Führen Sie die Arbeiterschaft zum Staate und benutzen Sie die religiös-sittlichen Kräfte zur wirtschaftlichen Hebung unseres schaffenden Volkes."[19])

Als Delegierter des württembergischen Katholischen Arbeitervereins besuchte Erzberger die erste internationale Konferenz seines Lebens im August 1897 in Zürich. Einladungen zu diesem Kongreß über Arbeitsgesetzgebung waren von einem schweizerischen Arbeiterverein an sozialistische und nichtsozialistische Organisationen zugleich ergangen. Stark beeindruckt von der zentralisierten Disziplin und dem Zusammenhalt ihrer sozialistischen Rivalen beschlossen Erzberger und die anderen christlichen (nichtsozialistischen) Delegierten, eine christliche Gewerkschaftsbewegung in ganz Deutschland ins Leben zu rufen, die mit den Sozialisten auf gleicher Ebene würde konkurrieren können.[20]) Die Arbeitervereine, die in erster Linie Bildungsziele verfolgten, erfüllten zwar ein echtes kulturelles Bedürfnis, konnten jedoch nur geringen Druck auf die Arbeitgeber ausüben, um eine Verbesserung der Arbeitsbedingungen zu erzielen; aber ihre Umwandlung in unabhängige Gewerkschaften mußte den Zorn der katholischen Konservativen und der sozialistischen Konkurrenten zugleich erregen. Während der nächsten Jahre wandte Erzberger seine ganze Kraft als Publizist und Organisator daran, ein Netz von christlichen Gewerkschaften in ganz Deutschland zu schaffen.

Erzbergers Karriere als einer der unermüdlichsten Pamphletisten Deutschlands begann im Jahre 1898 mit der Broschüre „Christliche oder sozialdemokratische Gewerkschaften?"[21]) In dieser Schrift werden bereits sämtliche kennzeichnenden Züge seiner späteren Veröffentlichungen sichtbar: unmittelbares Inangriffnehmen des zu erörternden Problems; Einfachheit des Ausdrucks, der jede schmückende Rhetorik vermeidet; umfassende Gründlichkeit, die allen Aspekten einer Frage nachgeht; aufrichtiges Bemühen, alle vernünftigen Einwände gegen seinen Standpunkt zu widerlegen; unerschütterliche Überzeugung von der Richtigkeit seiner eigenen Position; Mühelosigkeit und Leichtigkeit im Formulieren. Eine Zusammenfassung von Erzbergers Argumenten findet sich in Anhang I, der einen ausführlichen Bericht über seine wichtige Rolle bei der Entwicklung der christlichen Gewerkschaftsbewegung in Deutschland enthält.

Auf dem Katholikentag des Jahres 1898 in Düsseldorf entstanden Pläne für einen Gründungskongreß. Erzberger gehörte dem siebenköpfigen Ausschuß an, der zwei regionale Konferenzen — eine für Süd-, eine für Norddeutschland — plante, die einem Kongreß auf nationaler Ebene vorausgehen sollten. Sowohl auf der süddeutschen Konferenz in Ulm als auch auf dem darauffolgenden na-

---

19) *Ibid.*, S. 691 f.
20) Gasteiger, *op. cit.*, S. 246—249.
21) Erzberger, *Christliche oder Sozialdemokratische Gewerkschaften?*, Stuttgart 1898.

tionalen Kongreß vom 21. Mai 1899 in Mainz war er der Hauptredner. Am strittigsten war die Frage, ob die neuen Gewerkschaften rein katholisch oder ob Protestanten auf interkonfessioneller Basis zugelassen werden sollten. Aus Vernunftgründen vertrat Erzberger mit Erfolg den letzteren Standpunkt; bei der in erster Linie wirtschaftlichen Arbeit der Gewerkschaften schien ihm jedes Sektierertum unzweckmäßig. Er wurde bald der Vertreter Stuttgarts in dem aus zwölf Mitgliedern bestehenden nationalen Gesamtvorstand der christlichen Gewerkschaften.

Während er auf diese Weise führend bei der Gründung von Gewerkschaften für das Proletariat mitwirkte, beteiligte er sich gleichzeitig an der Förderung des Schwäbischen Handwerkerbundes. Die katholischen Sozialtheoretiker maßen der Erhaltung des durch die fortschreitende Industrialisierung bedrohten Handwerkerstandes große Bedeutung bei. Sie forderten die Wiederbelebung des Geistes und der Organisationsform der mittelalterlichen Zünfte und deren Anpassung an moderne Verhältnisse. Erzberger organisierte eine Handwerkerkonferenz, die am 13. April 1899 in Ulm stattfand und von fünfzehn Geistlichen und achtundzwanzig Delegierten bereits bestehender Handwerkerorganisationen besucht wurde. Zweck der Konferenz war die Gründung einer ganz Württemberg umfassenden Organisation. Die Protokolle dieser Zusammenkunft ließ Erzberger später drucken.[22]) Aus ihnen geht hervor, daß er die Verhandlungen zwar geistig lenkte, aber dafür gesorgt hatte, daß Schall, Bäcker aus Gmünd, Schadler, Schreiner aus Wachthausen, und Mayer, Konditor aus Spaichingen, als Hauptredner auftraten. Er zögerte jedoch nicht, die Ausführungen der von ihm vorgeschickten Männer zu ergänzen und gelegentlich durch taktvolle Erläuterungen zu berichtigen. Sein Entwurf einer Satzung für den neuen Bund wurde nach nur kurzer Diskussion angenommen. Anschließend umriß Schall dessen Aufgabe: Belehrung über die Rechte des Handwerkers unter der bestehenden Gesetzgebung; Bildung neuer Innungen (trotz des grotesken Vorwurfs der Sozialdemokraten, daß damit einem mittelalterlichen Obskurantismus Vorschub geleistet werde); Gründung von Genossenschaften, um billigen Kredit zu schaffen, und Förderung der Beziehungen zwischen Meistern und Lehrlingen. Er warnte davor, politische oder religiöse Fragen in die praktische Arbeit des Handwerkerbundes eindringen zu lassen.

Erzberger stimmte Schalls Bemerkungen zwar im großen und ganzen zu, er empfand sie aber offenbar doch als zu allgemein und gab ihnen durch einige einfache Vorschläge mehr praktischen Gehalt. Es lag ihm daran, daß die Innungsmitglieder regelmäßig zusammenkämen; da er aber die Schwierigkeit erkannte, geeignete Redner für offizielle Versammlungen zu bekommen, schlug er vor, während der Wintermonate zweimal in der Woche eine Zeichenstunde abzuhal-

---

22) Erzberger, *Material zur Handwerkerfrage. Aus den Verhandlungen der Handwerkerkonferenz in Ulm am 13. April 1899*, Stuttgart 1899.

ten, die durch einen ständigen wöchentlichen Diskussionsabend über technische Probleme und Sozialgesetzgebung ergänzt werden solle. Das sei, so meinte er, eine nützlichere Art, den Abend zu verbringen, als bei ziellosen politischen Gesprächen Bier zu trinken und zu rauchen. Die Handwerker müßten zusammenarbeiten, um öffentliche Aufträge ohne Wettbewerb zu erhalten und um auf die Gemeindeverwaltungen einzuwirken, das Handwerk mit Rücksicht auf seine halböffentliche Aufgabe der Produktionsregulierung finanziell zu unterstützen. Bei dieser ganzen Tätigkeit bemühte er sich ständig, den Berufsstolz der Handwerker zu steigern, während er gleichzeitig die große Aufgabe der Bekämpfung der atheistischen und umstürzlerischen sozialistischen Agitation betonte. Der nach Erzbergers Vorschlägen gegründete Schwäbische Handwerkerbund erwies sich unter seiner Führung als ein großer Erfolg. Ende 1899 betrug die Mitgliederzahl bereits 4000. Erzbergers Tatkraft zeigte sich darin, daß er im Laufe eines einzigen Jahres in zweiundsechzig Handwerkerversammlungen sprach. Im gleichen Zeitraum erledigte er 1100 schriftliche Anfragen über Einzelprobleme des Handwerkergesetzes — und dabei war dies nur eine seiner zahlreichen Tätigkeiten.[23])

Bis zu seiner Wahl als Reichstagsabgeordneter (1903) widmete sich Erzberger hauptsächlich der publizistischen Arbeit, wobei der Kampf gegen den Marxismus das immer wiederkehrende Thema bildete. Diese Ablehnung des Marxismus beruhte auf seinen starken religiösen Überzeugungen und nicht etwa auf dem Wunsch, den wirtschaftlich-sozialen status quo zu erhalten. Unter dem Titel „Material zur Abwehr gegen sozialdemokratische Agitation" begann er, eine Schriftenreihe herauszugeben zu dem Zweck, sozialdemokratische Ansichten über Militarismus, Religion, Frauenarbeit, Börse und andere Themen zu widerlegen. In einer Schrift über den Militarismus[24]) erkennt er zwar die Berechtigung der sozialistischen Ablehnung des preußischen Militarismus an, behauptet aber, den Sozialdemokraten stehe kein Monopol auf dem Gebiet der Kritik zu. Das Zentrum habe den Kampf angeführt gegen die verwerfliche Sitte des Duells, gegen die ungewöhnlich hohen Pensionen frühzeitig verabschiedeter Offiziere, gegen die Schrecken der in camera tagenden Militärgerichte, gegen die Arroganz der Militärkaste gegenüber Zivilisten, gegen den sich überall im Zivilleben bemerkbar machenden Reserveoffiziersgeist und gegen die Verschwendung von Steuergeldern für aufwendige Militärparaden. Im Gegensatz zu den Sozialdemokraten habe sich das Zentrum bei seiner Kritik nicht auf leere demagogische Reden beschränkt, sondern konkrete Reformvorschläge vorgelegt, die bereits von der Militärverwaltung ernsthaft erwogen worden seien. Es habe eine kaiserliche Kabinettsorder über die Einschränkung des Duells erwirkt (vom 1. 1. 1897) und seine Macht im Parlament benutzt, um den Reichskanzler Fürst Hohenlohe

---

23) Ritter, *op. cit.*, S. 182.

24) Erzberger und Josef Eckard, *Sozialdemokratie und Militär*, Stuttgart 1898.

zu bestimmen, eine Reform des Militärgerichtswesens zu befürworten (1898); ferner habe die Partei ihre ständige Besorgnis um Leib und Seele des Wehrpflichtigen bewiesen, indem sie ihm eine warme Mahlzeit am Abend und genügend Freizeit für den sonntäglichen Kirchgang verschafft habe. Zwar habe die Sozialdemokratie berechtigte Kritik am internationalen Rüstungswettlauf mit seinen ständigen Heeresvermehrungen geübt, aber auch die Zentrumspartei habe sich ähnlich kritisch geäußert. Sie habe gegen die Militärvorlagen von 1874, 1889 und 1893 gestimmt; bei der Abstimmung von 1887 habe sie nur aus Rücksicht auf den Heiligen Vater Stimmenthaltung geübt. Als verantwortungsbewußte Partei, die einen demagogischen Konkurrenzkampf gegen die Sozialisten ablehne, erkenne das Zentrum an, daß die prekäre Lage Deutschlands im Herzen Europas ein großes Heer modernster Art erfordere. Die Partei habe die Artillerievermehrungen von 1890 und 1897 unterstützt und befürworte eine Armee, die auf einem Kern von Berufssoldaten und einer jährlichen Ergänzung durch Wehrpflichtige aufgebaut sei. Der sozialdemokratische Vorschlag einer Miliz, wie sie in der Schweiz bestehe, sei in Deutschland völlig undurchführbar. Eine Miliz würde nicht weniger Geld kosten als das bestehende Heer und wäre militärisch viel weniger leistungsfähig; außerdem wäre Deutschland während des schwierigen Übergangs von einer Art Armee zur anderen ohne jeden Schutz. Diesen Standpunkt vertrat Erzberger auch in späteren Jahren mit großer Überzeugung.[25]) Die ganze Schrift stimmt vielen ausdrücklich sozialistischen Ansichten zu, während sie gleichzeitig als den Grundfehler der Sozialdemokraten anprangert, sie ignorierten die Realitäten der bestehenden internationalen Lage.

In der Broschüre „Sozialdemokratie und Religion“[26]) verurteilt Erzberger die Unaufrichtigkeit der auf dem Erfurter Parteitag von 1891 angenommenen sozialistischen These, daß Religion Privatsache sein müsse. Auf jedem Parteitag bekenne sich der linke Flügel der Sozialdemokraten offen zu seiner Ablehnung dieses Programmpunktes, während der rechte ihn lediglich aus opportunistischen Gründen verteidige, um bei der Agitationsarbeit auf dem Lande nicht in Verlegenheit zu geraten. Die Religion unmittelbar anzugreifen wagten die Sozialisten nicht, ihre indirekten Angriffe seien jedoch tückisch und, auf die Dauer gesehen, auch wirkungsvoll. Es sei ihr Wunsch, obligatorische staatliche Schulen ohne Religionsunterricht einzuführen und den Kirchen jede finanzielle Unterstützung zu entziehen. Letzteres sei zwangsläufig in einem sozialistischen Staat, der sämtliche Produktionsmittel allein besitze. Die Sozialdemokraten proklamierten den Marxismus als Ersatzreligion und wären stolz auf die moderne Wissenschaft mit ihrer oberflächlichen Kritik am angeblichen religiösen Aberglauben. Aus diesen Gründen sei die Kluft zwischen Sozialismus und Christentum

---

[25]) Siehe z. B. *Verhandlungen des Reichstags*, XII. Legislaturperiode, 24. April 1912, Bd. 284, S. 1368 bis 1389.
[26]) Erzberger, *Sozialdemokratie und Religion*, Stuttgart 1899.

unüberbrückbar – eine Überzeugung, der Erzberger bis an sein Lebensende treu blieb. Nach 1917 sah er jedoch ein, daß die Zusammenarbeit mit den Sozialdemokraten notwendig und zudem ungefährlich geworden war, weil der doktrinäre Atheismus bei den marxistischen Führern nachgelassen hatte.

Es ist unnötig, Erzbergers Polemik gegen die marxistische Position in anderen Fragen weiter zu verfolgen.[27]) In jedem Fall durchforschte er die Protokolle der sozialdemokratischen Parteitage und brachte dann schädlich wirkende Zitate an, die er gelegentlich aus dem Zusammenhang riß oder entstellt wiedergab. Aus Zweifeln der Sozialisten an ihren Möglichkeiten, unter der bestehenden Sozialordnung die Lebensbedingungen der Arbeiter zu verbessern, schlug er Kapital. Daher wäre, so argumentierte Erzberger, ihre Einstellung zu vielen Reformvorschlägen des Zentrums lau und unentschlossen, ja manchmal sogar ablehnend, deshalb machten sie auch mögliche Reformen häufig zunichte, indem sie undurchführbare Zusatzanträge unterstützten. Oder sie stimmten aus rein doktrinären Gründen gegen Gesetzesvorlagen, die sie an sich billigten, zum Beispiel habe ihr Eintreten für die Gleichberechtigung der Frau sie dazu bestimmt, Gesetzesvorlagen abzulehnen, die ausdrücklich den Schutz weiblicher Interessen vorsähen. Auch das Börsengesetz von 1896 hätten sie abgelehnt, weil einschränkende Börsenvorschriften, die insbesondere auf Druck der Landwirtschaft und unter Hinweis auf patriarchalische Wirtschaftsvorstellungen gefordert worden seien, ihrem traditionellen Dogma widersprächen, wonach sich die liberale Marktwirtschaft voll entfalten müsse, bevor der Sozialismus verwirklicht werden könne. Diese Haltung lasse den grundsätzlichen Antikapitalismus der Partei in einem merkwürdigen Licht erscheinen.[28])

Erzbergers Polemik gegen die Sozialdemokraten zeichnete sich stets durch das ehrliche Bemühen aus, die sozialistischen Argumente ernst zu nehmen; er behandelte die Sozialdemokraten als echte Gegner, die eines Kampfes wert sind, und nicht als utopische Anarchisten, die hinter Schloß und Riegel gehören. Damit rückte er in eine Kategorie auf, die nur wenige politische Schriftsteller seiner Zeit erreichten.[29]) Er erkannte die Tragik der Aufspaltung des deutschen politischen Lebens in unversöhnbare konservative und sozialistische Extreme, sah aber noch keine Möglichkeit, die gefährliche Kluft zu überbrücken. Es war sein Ziel zu verhindern, daß der christliche Teil der Arbeiterklasse der sozialistischen Infektion verfalle; er wollte ihm damit ermöglichen, später eine vermittelnde Rolle zu spielen.

Bei seiner schriftstellerischen Tätigkeit beschränkte sich Erzberger nicht auf kurzlebige Broschüren über Tagesprobleme. Er benutzte seine Freizeit — erstaunlich, daß er überhaupt noch welche hatte —, um eine umfassende Geschichte

---

27) Erzberger, *Sozialdemokratie und Frauenarbeit, Börse, Zentrum, Anarchie*, Stuttgart 1899.
28) *Ibid.*, S. 3—11.
29) Hier kann er an dem Lob teilhaben, das Theodor Heuss Naumann spendet. Siehe Heuss, *Friedrich Naumann, Der Mann, das Werk, die Zeit*, Stuttgart, 2. Aufl. 1949, S. 78.

der Säkularisierung kirchlichen Eigentums in Württemberg während der napoleonischen Zeit zu schreiben.[30]) Dieses gründliche Werk von vierhundertundvierzig Seiten beruht auf umfangreicher Forschungsarbeit in Staats- und Kirchenarchiven. Es stellt die spezifisch württembergische Entwicklung in den allgemeinen Rahmen der deutschen und europäischen Geschichte. In aufeinanderfolgenden Kapiteln untersucht Erzberger den historischen Hintergrund des 18. Jahrhunderts, den unter französischem Druck zustande gekommenen Reichsdeputationshauptschluß, der die Säkularisation vorsah, die territorialen Erweiterungen Württembergs, die Mittel, mit denen die Säkularisation durchgeführt wurde, und die beklagenswerten religiösen Folgen. Dieser Analyse folgt ein ins einzelne gehender Bericht über die Säkularisation jedes Klosters. Das Werk beweist, daß Erzberger alle Eigenschaften eines hervorragenden Historikers besaß: leidenschaftliches Interesse am Detail, Freude an der Quellenforschung, die Gabe, das Allgemeine zu erfassen, die ihn nie in den Fehler verfallen ließ, den Wald vor lauter Bäumen zu übersehen, und eine Phantasie, die verstaubten Dokumenten Leben einzuhauchen vermochte. Er verfolgte dabei zweifellos mehr den politischen Zweck, katholische Schadensersatzforderungen zu begründen, als die Wahrheit um ihrer selbst willen zu erforschen, aber das wäre nicht das erstemal, daß mittelbare Beweggründe ein wichtiges Geschichtswerk inspirierten.

Alle diese Aufgaben — Agitation, Organisationsarbeit, politische Schriftstellerei und historische Forschung — beschäftigten Erzberger, während er gleichzeitig eine feste Stelle als Redaktionsmitglied am „Deutschen Volksblatt" innehatte. Durch regelmäßige Berichte über die Sitzungen des württembergischen Landtags eignete er sich die vollkommene Beherrschung parlamentarischer Formen an.[31]) Die Führer der württembergischen Zentrumspartei, Gröber und Eckard, erkannten sein polemisches Geschick und baten ihn, verschiedene Broschüren über württembergische Lokalprobleme, insbesondere fiskalischer Art, zu schreiben.[32]) Seine Fachkenntnisse in allen Finanzfragen, die später seinen politischen Aufstieg begünstigen und zu seinen großen Leistungen als Finanzminister führen sollten, stammten aus dieser Zeit. Neben seiner Tätigkeit für die christlichen Gewerkschaften und die Handwerker beteiligte er sich an der Organisation des Bauernstandes, wodurch er noch reichere und tiefere Kenntnisse vom Leben des einfachen Volkes aus seinem Heimatgebiet gewonnen haben muß.[33])

Von seiner journalistischen Arbeit abgesehen, erhielt Erzberger für seine zahlreichen Tätigkeiten keinerlei Bezahlung; jene aber brachte ihm doch so viel ein,

---

[30]) Erzberger, *Die Säkularisation in Württemberg von 1802—10. Ihr Verlauf und ihre Nachwirkungen*, Stuttgart 1902.

[31]) Wilhelm Keil, ein prominenter sozialistischer Journalist und Politiker, schildert ihre gemeinsame journalistische Tätigkeit in: „Der Journalist und Parlamentarier", *Erzberger-Heft*, S. 692 f.

[32]) Erzberger, *Die Steuerreform in Württemberg*, Stuttgart 1899. Es ist mir nicht möglich gewesen, ein Exemplar dieser Broschüre zu bekommen.

[33]) André, *Erzberger-Heft*, S. 690. Erzbergers Hauptmitarbeiter bei dieser Tätigkeit war ein Priester namens Kailbach. Siehe Ritter, *op. cit.*, S. 177. Einzelheiten über diese Bauernorganisation habe ich nicht feststellen können.

daß er an die Gründung eines eigenen Hausstandes denken konnte. Eine Verlobung, die er noch als Volksschullehrer in Feuerbach eingegangen war, wurde im Jahre 1894 aus unbekannten Gründen gelöst; das junge Mädchen heiratete einen Ingenieur und wanderte nach Amerika aus.[34]) Während der nächsten fünf Jahre war er zu beschäftigt, um an eine Heirat zu denken, aber 1899 verlobte er sich mit Paula Eberhard, der Tochter eines wohlhabenden Kaufmanns aus der alten Bischofsstadt Rottenburg. Die Hochzeit fand am 13. Februar 1900 statt. Die Ehe erwies sich als ungewöhnlich glücklich. Seine Frau verstand es, ihm im häuslichen Kreis eine Zuflucht vor dem harten Kampf des politischen Lebens zu bereiten, eine Zuflucht, die er alsbald bitter nötig haben sollte.

Auf Grund der Wahlen vom 16. Juni 1903 zog Erzberger im ungewöhnlich jugendlichen Alter von achtundzwanzig Jahren als jüngster Abgeordneter in den Reichstag ein. Gröber hatte dafür gesorgt, daß er für einen dem Zentrum sicheren Sitz aufgestellt wurde. Der Wahlkreis 16 (Stadt Biberach und Umgebung) war ein vorwiegend katholisches und ländliches Gebiet, dessen Ortschaften sich noch nicht über das handwerkliche Stadium hinaus entwickelt hatten und deshalb von der sozialistischen Agitation unberührt geblieben waren. Hier hatte Erzberger eine Wählerschaft gefunden, die seine demokratischen, religiösen und fortschrittlichen, aber antisozialistischen Ansichten teilte.

Seine Wahlpropaganda hatte es darauf abgesehen, den frommen Bauern das rote Gespenst an die Wand zu malen, und es gelang ihm mühelos, die Schwächen des sozialdemokratischen Agrarprogramms aufzudecken.[35]) Die Sozialdemokraten erkannten zwar die schwierige Lage des kleinen Bauern, waren aber wenig geneigt, etwas für ihn zu tun. Sie mißbilligten den, wie sie es nannten, reaktionären Besitzerinstinkt und den religiösen Aberglauben in den ländlichen Gebieten und waren nicht gewillt, diese Eigenheiten zu fördern, indem sie kleine Höfe vor dem ihrer Meinung nach unvermeidlichen Untergang retteten. Ihr letztes Ziel, die Beseitigung des Privateigentums an Produktionsmitteln, verheimlichten sie sorgfältig vor den bäuerlichen Wählern und waren eher daran interessiert, die Unzufriedenheit der Landbevölkerung zu schüren als sie zu mildern. Ihr in den Städten wirkungsvoller demagogischer Feldzug gegen die Lebensmittelzölle drängte sie auf dem Lande in eine aussichtslose Position.

Erzberger unterstützte den offiziellen Wahlaufruf des Zentrums, der ein klares Bild der Fragen vermittelt, die die deutsche Parteipolitik während der ersten Jahre des 20. Jahrhunderts bewegten. Die wichtigsten Punkte waren die Verteidigung des allgemeinen Wahlrechts (seit 1867 von den Konservativen immer wieder bedroht) und des (endlich erreichten) Wahlgeheimnisses bei Reichstagswahlen. Ferner forderte der Aufruf eine Strafrechtsreform, insbesondere die

---

34) Brief von Josef Jaisle an Dr. Hammer vom 9. März 1948. *Erzberger-Dokumente*, Akte 38.

35) Erzberger, *Die Sozialdemokratie in früheren Tagen*, Stuttgart 1903. Das sozialdemokratische Agrarprogramm wird auf S. 22—32 behandelt.

Aufhebung des noch immer privilegierten Status des Duells; Unterstützung von Heer, Marine und Kolonien, jedoch ohne das Gleichgewicht des Haushalts zu gefährden; Aufhebung des Ausnahmegesetzes über die Ausweisung der Jesuiten (als noch verbliebenem Rest aus dem Kulturkampf); Unterstützung der Interessen des von Großindustrie und organisierter Arbeiterschaft bedrohten Mittelstandes; staatliche Beaufsichtigung von Kartellen und Konzernen; Ausdehnung der Arbeiterschutzgesetzgebung und der Sozialversicherung; Einrichtung von Arbeitskammern (gewählte Gremien, in denen Arbeitnehmer und -geber vertreten wären) mit dem Ziel der besseren Verständigung zwischen den Klassen;[36]) Verteidigung der Zölle von 1902 gegen die auf ihren Vorteil bedachten Agrarier auf der Rechten und die doktrinären Verfechter des Freihandels auf der Linken.[37])

Mit dem Ziel, für dieses Programm zu wirken, begab sich Erzberger zu seiner ersten Reichstagssitzung nach Berlin. Er brachte eine hervorragende Kenntnis württembergischer Verhältnisse mit, auch große Erfahrung auf dem Gebiet des Organisierens und journalistisches Geschick; mit den großen Problemen, denen sich Deutschland im In- und Ausland gegenübersah, war er einstweilen jedoch nur wenig vertraut. Wie die meisten Wahlaufrufe dieser Zeit hatte das Zentrumsprogramm diese Fragen nicht berührt; es enthielt lediglich allgemeine, nicht strittige Punkte oder Appelle an Interessengruppen. Die Probleme der Außenpolitik wurden ganz außer acht gelassen, obwohl Deutschland wenige Jahre später fast gegen die ganze Welt Krieg führen sollte. Die ungelösten Verfassungsprobleme des Kaiserreichs — die einer verfassungsrechtlichen Dauerkrise gleichkamen, da ein großer Teil der Bevölkerung grundsätzlich gegen den bestehenden Staat war — blieben ebenfalls unerwähnt. Gerade diese außenpolitischen und verfassungsrechtlichen Fragen aber sollten Erzbergers parlamentarische Laufbahn entscheidend beeinflussen. Sie müssen nun zunächst untersucht werden, ehe die Lebensgeschichte Erzbergers fortgesetzt werden kann.

---

36) Erzberger, *Die Industrie-(Arbeits-)Kammern im Reichstag,* Jena 1905.

37) Für den vollen Text des Wahlmanifests von 1903 siehe Erzberger, *Das deutsche Zentrum,* Amsterdam, 2. Aufl. 1912, S. 136—141, und Bachem, *Zentrumspartei,* Bd. VII. S. 457 ff.

# II

## Die Problematik des wilhelminischen Deutschlands

Der wichtigste politische Vorgang in Europa während der Jahre, in denen Erzbergers politische Laufbahn begann, war die Verschlechterung der außenpolitischen Lage Deutschlands, die zu seiner sogenannten Einkreisung führte. Sie war freilich mehr die Folge von Befürchtungen, die aus der zunehmenden Stärke des Reiches erwuchsen, als von besonders aggressiven Handlungen des Reiches, mochte sie auch durch außenpolitische Fehler und das ungeschickte und geräuschvolle diplomatische Auftreten Deutschlands gefördert worden sein. Allein die Existenz eines geeinten kraftvollen Deutschlands, dessen Bevölkerung zunahm und dessen Industrie im Aufstieg begriffen war, störte das europäische Gleichgewicht und mußte geradezu bewirken, daß sich England, Frankreich und Rußland gegen einen Staat verbündeten, der ihnen allen als Gefahr erschien. Das französisch-russische Bündnis war seit zehn Jahren eine feststehende Tatsache, bedeutete aber für Deutschland erst dann eine wirkliche Bedrohung, als Rußlands Heer und Eisenbahnnetz modernisiert wurden und die französische Republik sich nach der Dreyfuskrise gefestigt hatte. Großbritannien hatte im Burenkrieg die Gefahren der „splendid isolation" erlebt und versucht, ihnen durch eine enge Annäherung an Deutschland zu entgehen. Die deutsche Regierung trat jedoch den englischen Vorschlägen mit einer Verzögerungs- und Erpressungstaktik entgegen, die nur dazu führte, der „Entente Cordiale" von 1904 zwischen England und Frankreich den Weg zu bereiten. Die Isolierung Deutschlands und Österreichs wurde vollständig, als Italien hinsichtlich seiner Verpflichtungen im Rahmen des Dreibunds unsicher zu werden begann.

Von vielen diplomatischen Schritten dieser Zeit, wie zum Beispiel den britischen Angeboten an Deutschland der Jahre 1898—1901 oder den italienischen Absprachen mit Frankreich, erfuhr die Öffentlichkeit in den beteiligten Ländern nichts. Vor allem in Deutschland wurden außenpolitische Fragen nur selten im Reichstag erörtert. Mehrere Reichskanzler vertraten nacheinander den Standpunkt, daß derart gewichtige Probleme über das Verständnis eines Parlamentariers hinausgingen. Von Parteiführern erwartete man weder eine umfassende Kenntnis fremder Länder noch durchdachte außenpolitische Vorstellungen; auch Erzberger sollte hierin keine Ausnahme bilden. Reichstagsdebatten über außenpolitische Fragen waren meist oberflächlich und trugen wenig dazu bei, das deutsche Volk über die internationale Lage aufzuklären. Die herrschende Schicht war durch die großen Leistungen Bismarcks verwöhnt; für ihre Ansichten über andere Länder war ein parvenühaftes arrogantes Denken kennzeichnend. Trotz gelegentlicher Unsicherheitsgefühle herrschte überall Selbstzufriedenheit vor. Nur wenige sahen die drohende militärische Katastrophe voraus; noch kleiner war die Zahl derer, die erkannten, daß eine Verfassungsreform nottat, die es der Nation ermöglichen würde, auch eine langanhaltende Krise zu überstehen. An eine solche Krise wurde nicht einmal gedacht, weil fast jedermann glaubte, daß ein moderner Krieg zu einer raschen Entscheidung führen werde und daß er deshalb, gleichgültig, ob er mit Sieg oder Niederlage ende, keine größeren sozialen, wirtschaftlichen oder politischen Belastungen mit sich bringen werde.

Eine Reform der deutschen Verfassung war insbesondere erforderlich, weil Millionen von Deutschen der bestehenden Regierungsform innerlich fernstanden. Deutschland hatte den Übergang von einer bürokratischen Monarchie, die aus eigenem herkömmlichen Recht herrscht (Obrigkeitsstaat), zur parlamentarischen Demokratie, in der das Volk seine Souveränität ausübt, indem es seine Regierung wählt (Volksstaat), noch nicht vollzogen.[1]) Das deutsche Verfassungsleben wies noch immer den für das Mittelalter charakteristischen Dualismus auf, bei dem die monarchische Exekutive mit Vertretungskörperschaften zusammenarbeitete oder stritt, ohne daß eine organische Beziehung zwischen beiden bestand. Die politische Entwicklung in Deutschland während des 19. Jahrhunderts hatte

---

[1]) Die bei der Darstellung dieses Problems benutzte Terminologie wurde von Hugo Preuß popularisiert in seinem Buch *Das Deutsche Volk und die Politik*, Jena 1915. Dieses Kapitel verdankt viel: Johannes Ziekursch, *Politische Geschichte des neuen deutschen Kaiserreiches*, Frankfurt 1925, Bd. 1, S. 206 ff; Arthur Rosenberg, *Entstehung der deutschen Republik*, Berlin 1928, 2. Aufl. 1955, 3. Aufl. 1961, Kap. 1; und Hans Delbrück, *Regierung und Volkswille*, Berlin 1914.
Dem Leser wird nicht entgehen, daß das Plädoyer für die Einführung des demokratisch-parlamentarischen Systems in diesem Kapitel auf utilitaristisch-machtpolitischer, *nicht* ethisch-verfassungsrechtlicher Argumentation beruht. Ich bin keineswegs der Meinung, daß der Parlamentarismus für alle Völker und Zeiten eine seligmachende Institution ist; die Geschichte, besonders die neueste Geschichte der sogenannten Entwicklungsländer lehrt das Gegenteil. Es ist aber meine These, daß der Parlamentarismus in der spezifischen Lage Deutschlands um die Jahrhundertwende aus außen- und innenpolitischen Gründen ein Gebot der Stunde war. Diese Ansicht hat — um nur ein Beispiel zu nennen — mit ähnlicher Begründung Max Weber unter den Zeitgenossen verfochten. Über Weber vgl. jetzt die hervorragende Monographie von Wolfgang Mommsen, *Max Weber und die deutsche Politik, 1890—1920*, Tübingen 1959. Weber hatte übrigens wenig Respekt vor Parlamentariern, einschließlich Erzberger, den er im Juli 1917 einen „Esel“ nannte. Mommsen, S. 265.

einen ganz anderen Weg genommen als die der westlichen Demokratien.[2]) England und Frankreich hatten auf der Grundlage eines weiten Kreisen des Volkes gewährten Wahlrechts ein parlamentarisches System entwickelt. In beiden Ländern wurden die politischen Führer als Vollstrecker des Volkswillens angesehen. Das Volk empfand die Regierung wirklich als seine Regierung, und gerade diese Identifizierung von Volk und Staat wurde in Krisenzeiten zu einer Quelle gewaltiger physischer und moralischer Kräfte. Das sollte sich während des ersten Weltkrieges zeigen, als in den westlichen Demokratien fast vollständige Einigkeit über die Kriegsziele herrschte, während in Deutschland erbittert gestritten wurde, weil Millionen von Menschen glaubten, die Regierung ziehe den Krieg unnötig in die Länge, um den Interessen der Oberschicht zu dienen, die der Masse des Volkes nichts bedeuteten. In Deutschland fehlte die enge Beziehung zwischen Regierenden und Regierten. In normalen Zeiten war das nicht von entscheidender Bedeutung. Übrigens besaß das kaiserliche Regime viele Vorzüge. Sein Verwaltungsapparat war der leistungsfähigste und am wenigsten korrupte des europäischen Kontinents, seine Sozialgesetzgebung die fortschrittlichste in Europa. Der wirtschaftliche Aufstieg ging in einem atemberaubenden Tempo vor sich. Die wissenschaftlichen Leistungen der deutschen Gelehrten erfüllten die Welt mit Bewunderung. Vor allem aber war Deutschland stolz, daß es unter Bismarcks Führung die nationale Einigung erreicht hatte — war doch damit ein Traum erfüllt, der eine ganze Generation von Deutschen beschäftigt hatte. Stolz der Nation war es, nach Jahrhunderten der Schwäche das ihr zukommende Gewicht in Europa nun endlich geschlossen zur Geltung bringen zu können.

Doch in der Art und Weise, wie diese nationale Einigung zustande gekommen war, wurzelten die innenpolitischen Probleme des Reiches. Sie war nicht das Ergebnis einer Volkserhebung, die das Hindernis der achtunddreißig Einzelstaaten beiseite gefegt hätte. Die Frankfurter Nationalversammlung von 1848 war an dieser Aufgabe gescheitert und war aufgelöst worden, sobald die alten Mächte Preußen und Österreich die durch eine vorübergehende Panik erschütterte Ordnung wiederhergestellt hatten. Was liberale Abstimmungen und parlamentarische Entschließungen nicht zuwege bringen konnten, das vermochten preußisches Blut und Eisen, wie Bismarck seinen Kritikern im Jahre 1862 erklärte. Er schuf den Rahmen der nationalen Einheit, nachdem er Österreich besiegt und Preußen zum führenden deutschen Staat gemacht hatte. Er verließ sich dabei auf die militärische Stärke Preußens und nicht auf die Macht der öffentlichen Meinung — obwohl diese sich ihm zuwandte, als sein Erfolg sichtbar wurde. Das Ergebnis war ein politisches Gebilde, in dem Preußen unweigerlich die führende Rolle übernehmen mußte, ein Preußen, das sich nicht gewandelt hatte und des-

2) Dies ist das Hauptthema des bedeutenden Buches von Heinrich Heffter, *Die deutsche Selbstverwaltung im 19. Jahrhundert*, Stuttgart 1950.

sen anachronistische politische und soziale Struktur tiefe Abneigung in den verschiedensten Volksschichten hervorrief. Die Vorherrschaft Preußens wurde nur knapp verdeckt durch oberflächliche Konzessionen gegenüber Forderungen der liberalen und demokratischen Bewegung.

Das kaiserliche Deutschland hatte ein nationales Parlament, den Reichstag, mit weitgehender finanzieller Zuständigkeit. Es wurde auf Grund eines voll demokratischen Wahlrechts für die männliche Bevölkerung gewählt, das Bismarck in der irrigen Annahme eingeführt hatte, das einfache Volk sei viel konservativer als seine auf Grund eines plutokratischen Wahlrechts gewählten liberalen Gegner. Daß diese Überlegung falsch war, hat der Eiserne Kanzler später eingesehen; er fand jedoch nie Gelegenheit, das Werk seiner Hände von Grund auf umzukehren. Der Reichstag entwickelte sich zu einem recht genauen Spiegel der politischen Meinungen in Deutschland trotz der veralteten Abgrenzung der Wahlkreise (keine Neueinteilung seit 1867) und des Fehlens eines Verhältniswahlsystems (ein schwerer Mangel in einem Vielparteienstaat). Mehrere Parteien waren zur Vertretung verschiedener Sonderinteressen entstanden: die Konservativen vertraten die Landwirtschaft und einen Teil des niederen Mittelstandes; die Nationalliberalen die Schwerindustrie und den mit dem herrschenden Zustand zufriedenen Teil der akademischen Intelligenz; die Freisinnigen den Handel und den unzufriedenen, aber nicht sozialistischen Teil der Intelligenz; die Sozialdemokraten vornehmlich das städtische Proletariat; und schließlich das Zentrum die katholische Bevölkerung in ihrer ganzen sozialen Mannigfaltigkeit.

Der Reichstag hatte die Funktion, die Interessen dieser verschiedenen Gruppen bei der Gesetzgebung zu Wort kommen zu lassen und die Beschwerden und Klagen des deutschen Volkes zur Sprache zu bringen. Politische Führer wie Erzberger konnten durch ihre Rednergabe bekannt werden oder durch die Geschicklichkeit, mit der sie die Gesetzgebung beeinflußten. Neue Gesetze wurden im Reichstag gründlich erörtert, und die Regierung mußte mit den Parteien als unabhängigen Machtgruppen verhandeln. Das Recht, die Ausgaben zu bewilligen, konnte dazu benutzt werden, die Politik der kaiserlichen Regierung zu beeinflussen, nicht jedoch zu dem weiteren Zweck, den Kanzler oder die Staatssekretäre zu bestimmen. Erzberger und seine Mitabgeordneten waren sich, bevor sie in den Reichstag einzogen, völlig bewußt, daß sie niemals leitende Stellungen der Exekutive einnehmen könnten. Die Ernennung des Reichskanzlers stand nur dem Kaiser zu, und es wäre eine revolutionäre Tat gewesen, Gelder zu verweigern, um den Kaiser zu zwingen, im Einvernehmen mit dem Reichstag ein Kabinett zu ernennen. Damit wäre der entscheidende Schritt von der bürokratischen Monarchie zur parlamentarischen Demokratie getan worden; der Kaiser, die Fürsten und die herrschende Schicht hätten ihn deshalb auch bestimmt mit allen Mitteln bekämpft.

Die Souveränität lag im kaiserlichen Deutschland nicht beim Volk, sondern beim Bund der Fürsten und der freien Städte, die Vertreter ihrer Regierungen in den Bundesrat entsandten. Dieser Körperschaft stand das Recht zu, über Gesetzesvorlagen abzustimmen, ehe sie vor den Reichstag kamen. Der Bundesrat verkörperte das föderative Prinzip des Kaiserreichs. Die Einzelstaaten — wie Preußen, Bayern, Sachsen, Württemberg — bildeten alle historisch geprägte staatliche Individualitäten, die danach strebten, die kaiserliche Politik mitzubeeinflussen. Der Bundesrat war mehr ein Gesandtenkongreß als die erste Kammer eines Parlaments, obwohl bindende Mehrheitsbeschlüsse gefaßt werden konnten. In der Praxis waren die Beschlüsse des Bundesrats meist das Ergebnis langwieriger und schwieriger Verhandlungen zwischen den Regierungen der führenden Staaten. Mancher hervorragende Gesetzesvorschlag wurde dem Reichstag nie vorgelegt, weil der Bundesrat gegen die Einbringung stimmte, während auf der anderen Seite angebliche Widerstände im Bundesrat gerne von Reichskanzlern vorgeschützt wurden, die die Forderungen der Öffentlichkeit zwar nach außen unterstützten, aber keine Neigung verspürten, sie zu Gesetzen werden zu lassen. Die Stimmenverteilung im Bundesrat entsprach etwa der Größe und Bevölkerungszahl der Einzelstaaten. Preußen hatte den Löwenanteil mit 17 von insgesamt 58 Stimmen, außerdem gebot es über die Stimmen einer Reihe kleinerer Nachbarstaaten, die sich seinen Wünschen nicht versagen konnten; andererseits genügten 14 Stimmen, also Preußens Stimmen allein, um jede Verfassungsänderung zu verhindern. So konnte die preußische Regierung im Bundesrat stets auf eine für die praktische Arbeit ausreichende Stimmenzahl rechnen; diese Regelung war eine der institutionellen Sicherungen für die preußische Hegemonie im Reich.

Die zweite Sicherung lag in der Personalunion der preußischen mit der kaiserlichen Krone. Der König von Preußen war ipso facto deutscher Kaiser, wobei die Vorrechte beider Ämter einander ständig ergänzten und verstärkten. Die preußische Krone war Erbin einer großen Tradition. Das Haus Hohenzollern hatte es verstanden, eine karge Provinz im Osten Deutschlands zur führenden deutschen Macht emporzuheben — eine großartige Familienleistung, die den Hohenzollern einen festen Platz im Herzen vieler Preußen sicherte. Seit jeher Vertreter eines aufgeklärten Absolutismus, bemühten sie sich bewußt um das allgemeine Wohl, so wie es der Monarch verstand. In der Praxis war die königliche Politik eng verbunden mit der innerhalb Preußens dominierenden Klasse der Junker, eine Tatsache, die jedoch bis zum Aufkommen des Sozialismus in den achtziger Jahren dem Prestige dieser Politik beim Volke nur wenig schadete. Nach 1848 hatte die absolute Monarchie dem Geist des Parlamentarismus einige Konzessionen gemacht, indem sie die Bildung eines Parlaments für ganz Preußen zuließ — aber diese Institution konnte nicht den Anspruch erheben, die Regierungspolitik zu bestimmen. Während des Verfassungskonflikts von 1862—1866 erlitt das Parlament eine schwere Niederlage, als es versuchte, der Krone die Militärpolitik vorzuschreiben. Diese Niederlage bedeutete, daß der Monarch weiterhin die stärkste Macht im preußischen Staat blieb.

Das Amt des Kaisers wurzelte in ganz anderen Traditionen. Im Jahre 1871 eingeführt, um die nationale Einheit im Gegensatz zum preußischen oder jedem anderen Partikularismus zu symbolisieren, sollte es die Erinnerung an das glorreiche mittelalterliche Reich des Kaisers Barbarossa wachrufen. Die führende Schicht Preußens, die Junker, hatten keine Beziehung zu dieser mittelalterlichen Tradition; sie wurde aber von den bürgerlich nationalistischen Gruppen gepflegt, deren Unterstützung Bismarck brauchte, um die Grundlage seiner vorwiegend auf dem preußischen Junkertum ruhenden politischen Schöpfung zu verbreitern. Die Vorrechte des deutschen Kaisers waren verfassungsrechtlich eng umgrenzt, aber außerordentlich wichtig; sie umfaßten die Militär- und Außenpolitik sowie die Ernennung des Reichskanzlers. Nicht dazu gehörte zum Beispiel das Recht, gegen die Gesetzgebung des Reichstags ein Veto einzulegen. Doch die Einschränkung seiner Rechte minderte den Einfluß des Kaisers nur wenig, denn als König von Preußen stand ihm das Vetorecht wieder zu. Durch die Verbindung des Restbestands absolutistischer Rechte des Königs von Preußen mit den wichtigen, in der Verfassung verankerten Rechten des Kaisers von Deutschland — institutionalisiert durch die Personalunion beider Ämter und durch die Hegemonie Preußens im Bundesrat — waren die Hohenzollern zu den stärksten Monarchen in Europa geworden. Die Natur seiner Stellung und die absolutistische Tradition der Dynastie zwangen den König und Kaiser, gegen jeden Versuch, die Rechte des Reichstags auszudehnen, Widerstand zu leisten. Ferner mußte er sich gegen alle Bestrebungen wehren, die dahin zielten, die Hegemonie Preußens im Reich zu brechen, da seine Vorrechte als preußischer König für die Beherrschung der Reichspolitik entscheidend waren. Diese Tendenzen traten besonders deutlich ans Licht in der Persönlichkeit Wilhelms II., der seinen Stolz auf die absolutistische Tradition Preußens und sein Gottesgnadentum mit Vorliebe verkündete. Seine unverhohlene Verachtung für das Parlament zusammen mit einer Verfassungsstruktur, die die Äußerung dieser Verachtung ohne Rüge ermöglichte, gaben dem parlamentarischen Leben in Deutschland einen Zug von Ohnmacht und Nichtigkeit.

Die beiden wichtigsten Ämter nächst dem König und Kaiser waren die des preußischen Ministerpräsidenten und Reichskanzlers. Die Erfahrung lehrte, daß die Vereinigung beider Ämter in einer Person notwendig sei, wenn ständige Reibungen vermieden werden sollten; damit wurde eine weitere Sicherung der preußischen Hegemonie im Reich geschaffen, obwohl sich die Vereinigung der Ämter natürlich wechselseitig auswirkte und Gesichtspunkte der

Reichspolitik auch die inneren Angelegenheiten Preußens beeinflußten (worüber sich die preußischen Partikularisten ständig beschwerten). Der Reichskanzler und Ministerpräsident mußte also sowohl mit dem demokratisch gewählten Reichstag als auch mit dem preußischen Landtag zusammenarbeiten; dieser bestand aus zwei Kammern, dem Herrenhaus und dem Abgeordnetenhaus, die beide nicht auf demokratischer Grundlage beruhten. Das Herrenhaus war im wesentlichen der Aristokratie vorbehalten; für seine Zusammensetzung war die von romantisch-mittelalterlichen Vorstellungen angekränkelte Phantasie Friedrich Wilhelms IV. bestimmend gewesen. Die Mehrheit seiner Mitglieder waren unversöhnliche Gegner des modernen demokratischen Geistes, und wenn man auf seine gesetzgeberischen Leistungen sah, so mochte einem das vielfach angefeindete House of Lords als eine fortschrittliche Institution erscheinen. Das königliche Vorrecht, neue Mitglieder zu ernennen, konnte zwar verhindern, daß am Herrenhaus schlechthin alle Reformmaßnahmen scheiterten. Es ist jedoch aus politischen Gründen nur einmal — im Jahre 1872 — ausgeübt worden, und Wilhelm II. zögerte immer, davon Gebrauch zu machen. Wir werden später sehen, daß das preußische Herrenhaus sich noch im Sommer 1918 energisch gegen die Einführung des allgemeinen Wahlrechts aussprach.

Das Abgeordnetenhaus beruhte — und das blieb so bis 1918 — auf einem Wahlsystem, das zu den Kuriositäten der modernen politischen Praxis gehörte, dem berühmten Dreiklassenwahlrecht, wonach das Gewicht einer Stimme von den Steuerleistungen des Wählers abhing. Das gesamte Steueraufkommen eines Wahlbezirks wurde in drei gleiche Teile geteilt und die Steuerzahler dementsprechend in drei Klassen — obere, mittlere und untere —, wobei jede Klasse die gleiche Gesamtsumme zahlte. Zur oberen Klasse mochten zwei oder drei Millionäre gehören, die hohe Steuern zahlten; zur mittleren ein- oder zweihundert mäßig begüterte Leute — Ärzte, Rechtsanwälte und kleine Geschäftsleute; zur dritten Klasse aber gehörten Tausende von Fabrik- oder Landarbeitern, deren geringe Steuerzahlungen zusammen den Steuern gleichkamen, die von drei Reichen oder zweihundert Angehörigen des Mittelstandes gezahlt wurden. Jede dieser drei Klassen hatte, unabhängig von der Zahl der ihr zugeordneten Wähler, bei der Wahl der Wahlmänner, die ihrerseits die Mitglieder des preußischen Abgeordnetenhauses wählten, gleiches Stimmgewicht. Dieses System sicherte eine konservative Zusammensetzung des preußischen Abgeordnetenhauses, die aber in zunehmendem Maße von der des Reichstags abweichen mußte, der auf einem Wahlsystem beruhte, bei dem der Stimme jedes Wählers das gleiche Gewicht zukam. Im Jahre 1903 saßen im Reichstag 125 Mitglieder der Rechten (Konservative und Nationalliberale), denen 115 Vertreter der Linken (Freisinnige und Sozialdemokraten) gegenüberstanden, während 103 Vertreter des Zentrums in einem Parlament von 397 Abgeordneten das Zünglein an der Waage bildeten. Im preußischen Abgeordnetenhaus hingegen saßen 281 Mitglieder der Rechten (darunter 202 Konservative), aber nur 32 Freisinnige, während alle Sozialdemokraten durch die Auswirkungen des Dreiklassenwahlrechts rigoros ausgeschlossen waren. Die 97 Stimmen des Zentrums hatten kein ausschlaggebendes Gewicht in dem Parlament der 434 Abgeordneten, da die Rechte sie nicht brauchte und eine Linkskoalition niemals die Mehrheit erlangen konnte.

Entscheidend für die preußische Politik war die Tatsache, daß die Konservativen über 46 v. H. der Sitze im Abgeordnetenhaus des Landtags verfügten und daß daher ein Ministerpräsident, der Wert auf die Unterstützung des Parlaments legte (ein wünschenswerter, wenn auch nicht notwendiger Umstand), mit den Ansichten der Konservativen im wesentlichen übereinstimmen mußte. In seiner anderen Eigenschaft als Reichskanzler hingegen mußte er mit einem Reichstag zusammenarbeiten, in dem die Konservativen nur 19 v. H. der Sitze innehatten und jederzeit eine Linkskoalition gebildet werden konnte, die der Konservativen Partei wenig freundlich gesinnt war. Es erforderte eine außerordentlich geschickte Hand, um weder Reichstag noch Landtag zu verärgern. Die Tendenz ging dahin, bei der Gesetzgebung in Preußen und im Reich umstrittene Fragen zu vermeiden, was sich aber in einer dynamischen Gesellschaft, in der ständig neue Probleme auftraten, als zunehmend schwierig erwies.

Die Zahlen zeigen, daß die Konservative Partei in Preußen unter dem Dreiklassenwahlrecht im Grunde die Stellung einer unabhängigen, auf die Unterstützung anderer politischer Gruppen nicht angewiesenen parlamentarischen Mehrheitspartei erreichte. Diese Konservative Partei hatte ihre Hauptstütze in den ostelbischen Junkern. Die Rolle der Junker in der deutschen Geschichte ist legendär geworden, und man muß einen Nebel von Mythen durchstoßen, um ihr wahres Wesen zu erfassen. Sie waren keine Werwölfe, die ihre freie Zeit damit zubrachten, Weltkriege anzuzetteln, wie man in der westlichen Welt manchmal meint; sie waren auch keine blutsaugerischen Ausbeuter des ländlichen Proletariats, wie es nach offizieller östlicher Lesart heißt. Sie waren eine lebenskräftige Klasse von Eigentümern mittlerer Güter, die ihre landwirtschaftlichen Betriebe selbst leiteten und stolz an ihren konservativen politischen Grundsätzen hingen. Sie hatten nichts von der selbstbewußten Dekadenz des französischen Adels von 1789, der die Überzeugung verloren hatte, daß seine privilegierte Stellung noch zu rechtfertigen sei. Die Junker betrachteten sich als die Grundlage des preußischen Staatswesens, und so glaubten sie ehrlich, ein Angriff auf ihre Privilegien sei eine Art Hochverrat. Von der englischen Gentry unterschieden sie sich darin, daß sie verhältnismäßig arm waren, Heiraten mit Angehörigen der Geldaristokratie nur selten eingingen und vor allem in einem engen kulturellen Provinzialismus verharrten. Reichstagspolitikern wie Erzberger, die demokratische Neigungen verrieten, standen sie mit tiefeingewurzelter Verachtung gegenüber. Ihre wirtschaftliche Lage wurde ernstlich bedroht, als sich im späten 19. Jahrhundert ein Weltgetreidemarkt entwickelte. Der sandige ostdeutsche Boden, noch dazu von unwissenden Landarbeitern bestellt, konnte nicht mit dem amerikanischen Mittleren Westen konkurrieren. Wenn die Junker nun nach hohen Schutzzöllen und anderen gesetzgeberischen Hilfsmaßnahmen riefen, so geschah das auch aus echter Not, nicht nur aus Begehrlichkeit. Als Klasse nutzten die Junker ihre unangreifbare politische Macht, um ihre schwindende wirtschaftliche Kraft zu stützen; die seltsame Verflechtung preußischer Angelegenheiten mit denen des Reiches ermöglichte ihnen dies. Durch das Dreiklassenwahlrecht beherrschten sie den preußischen Landtag, dieser beeinflußte die Bildung der preußischen Regierung; die preußische Regierung wieder hatte die Mehrheit im Bundesrat in der Hand, und der Bundesrat war die beherrschende Institution in der Reichsgesetzgebung. So wurde das preußische Wahlsystem zum Angelpunkt der innenpolitischen Auseinandersetzungen in Deutschland. Die Linksparteien verlangten seine Reform mit dem letzten Ziel, es völlig dem Reichstagswahlrecht anzugleichen; die Konservativen sahen in ihm die Bundeslade, die vor jeglicher Berührung durch tempelschänderische Hände geschützt werden müsse. Ein demokratisches Wahlrecht würde die Sozialisten an Stelle der Konservativen zur mächtigsten Partei in Preußen machen, und diese Aussicht war für die herrschende Klasse gänzlich unerträglich.

Die konservative Herrschaft über Preußen und Deutschland hätte nicht bis 1918 unerschüttert bestehen bleiben können, wenn sie nur eine Folge des Wahlsystems gewesen wäre — tatsächlich hat das demokratische Wahlrecht der Weimarer Republik Preußen eine vorwiegend sozialistische Regierung gebracht, ohne daß der Einfluß der Junker im Staat beseitigt worden wäre. Dieser Einfluß war fest verankert in Armee und Verwaltung. Der Dienst als Offizier war zwar nicht mehr wie ehedem ausschließlich den Junkern vorbehalten, aber das Offizierskorps im ganzen war von junkerlich-konservativen Vorurteilen völlig durchtränkt. Dazu gehörten: tiefe Verachtung der Liberalen, Juden und Demokraten; pathologische Abneigung gegen Sozialdemokraten; Stolz auf die treue Anhänglichkeit an die Person des Königs statt an parlamentarische Institutionen; Feindseligkeit gegenüber den Katholiken, die aus religiöser Überzeugung das Duell verwarfen, und gegenüber Zentrumspolitikern wie Erzberger, die gegen das Duell agitierten; und schließlich der feste Glaube, daß der Krieg ein notwendiger und sogar erhabener Teil der göttlichen Schöpfungsordnung sei, Pazifismus aber und Achtung vor dem Völkerrecht die Folge von Feigheit und Schwäche. Diese Auffassungen verbanden sich mit einem ausgeprägten Sinn für persönliche Ehrenhaftigkeit und mit großer beruflicher Tüchtigkeit. Freilich sollten die Erfahrungen des ersten Weltkrieges zeigen, daß diese Tüchtigkeit auf fachliche und organisatorische

Fragen beschränkt blieb, daß sie aber nicht genügte, um höhere Probleme strategischer Planung zu meistern, soweit nämlich fachliche Probleme im größeren politischen Zusammenhang gesehen werden müssen und enge politische Vorurteile leicht zu falscher Bewertung moralischer und politischer Unwägbarkeiten führen können.

Die Mängel des Offizierskorps hätten nicht viel bedeutet, wenn der Generalstab der zivilen Staatsführung untergeordnet gewesen wäre. Gerade dies aber hätte den Traditionen Preußens wie des Reiches widersprochen. Der Generalstab war dem Kaiser unmittelbar unterstellt, der Kanzler hatte also keine Möglichkeit, seine Tätigkeit zu kontrollieren. Ein starker Kanzler wie Bismarck mochte sich wohl in Fragen der Außenpolitik, selbst im Kriege, gegenüber dem Militär durchsetzen, aber sogar Bismarck hatte 1866 und 1870 Schwierigkeiten. Ein Kanzler von durchschnittlichen Fähigkeiten, wie Bethmann Hollweg, konnte militärische Entscheidungen des Generalstabs selbst dann nicht aufhalten, wenn sie schwerwiegende politische Folgen zwangsläufig nach sich ziehen mußten. Während des ersten Weltkrieges waren die Militärs letzthin verantwortlich für politische Entschließungen von größter Tragweite, z. B. für die Verletzung der belgischen Neutralität, die Englands Kriegseintritt als politisch einmütige Nation ermöglichte, und für den U-Bootkrieg, der Amerikas Kriegseintritt zur Folge hatte. Die enge soziale Basis des Offizierskorps führte auch zu einer immer tieferen Kluft zwischen ihm und dem großen Teil des Volkes, der an liberale, demokratische und antimilitaristische Prinzipien glaubte. Das Ergebnis waren ernste Reibungen vor und während des Krieges, und ebenso wurde hierdurch die Bildung einer gemeinsamen sittlichen Grundhaltung der Nation beeinträchtigt.

Die Verwaltungsbürokratie teilte viele Auffassungen des Offizierskorps, oft freilich in gemilderter Form, was mit dem Eindringen bürgerlich liberaler Elemente zusammenhing. Berufliches Fortkommen war leichter, wenn man einen Titel besaß, obwohl außergewöhnliche Tüchtigkeit hier manches aufwog. Zugehörigkeit zu einem Korps und das Reserveoffizierspatent waren wesentlich, um Karriere zu machen. Die Bürokratie fühlte sich als vollziehender Arm der Monarchie und duldete nicht, daß ihre Wertbezeichnung „Diener des Volkes sein", anders als in einem ausgesprochen paternalistischen Sinne ausgelegt wurde. Persönliche Integrität und hohe administrative Befähigung schufen einen ausgeprägten esprit de corps. Diese Verwaltung nahm sich oft sehr sorgsam der Nöte des kleinen Mannes an, aber sie liebte es nicht, durch die öffentliche Meinung oder das Parlament dazu gedrängt zu werden. Ihr Verhalten gegenüber dem Einzelnen war arrogant, gegenüber dem Reichstag gönnerhaft. In jedem Vordringen parlamentarischer Regierungsform sah sie mit Sorge eine Schmälerung ihrer Rechte und eine Bedrohung der oberen Klassen, aus denen sie in erster Linie stammte. Sie haßte einen Mann wie

Erzberger, der häufig in Verwaltungsangelegenheiten eingriff, ohne sich an die geheiligten Grundsätze einer „gesunden" Verwaltung zu halten.

Auch die Lutherische Kirche war ein Pfeiler des monarchischen Staates. Viele Pfründen wurden von den grundbesitzenden Junkern als Patronatsherrn vergeben; sie beriefen natürlich Geistliche ihrer eigenen politischen Richtung. Der prominente orthodoxe Flügel der Kirche — die Liberalen spielten außerhalb der Universitätskreise nur eine geringe Rolle — identifizierte sich völlig mit dem monarchisch-konservativen status quo. Die Geistlichen wurden vom Staat bezahlt und befanden sich oft in der Stellung von Verwaltungsbeamten für religiöse Angelegenheiten. Bei Wahlen traten sie meist für die Konservative Partei ein. Ihre Ablehnung des sozialistischen Atheismus bestimmte ihr ganzes politisches Denken. Die wenigen Pastoren mit versöhnlicheren Auffassungen, wie Friedrich Naumann, bekamen Schwierigkeiten mit ihren Konsistorien und wurden als Außenseiter gebrandmarkt. Die lutherische Geistlichkeit war naturgemäß antikatholisch und lehnte katholische Politiker ab, die wie Erzberger die Forderungen der Katholiken energisch verfochten.

So also war die innere Lage in Deutschland: keine Übereinstimmung im Grundsätzlichen; eine breite demokratisch-liberal-sozialistische Strömung mit einer Mehrheit im Reichstag gegenüber dem konservativ-bürokratisch-monarchistischen Staatswesen Preußens, das auf Herrenhaus, Dreiklassenwahlrecht, Junkertum, Armee, Verwaltung und Luthertum beruhte. Die Verschränkung der preußischen mit den Reichsangelegenheiten verlangte einen Kanzler, der für die preußische Regierung und für die Reichstagsmehrheit gleichermaßen persona grata sein mußte. Die Stellung des Reichskanzler-Ministerpräsidenten war keineswegs beneidenswert; bei ihm trafen wie in einem Brennpunkt all die Belastungen zusammen, die aus diesem komplizierten politischen System erwuchsen.

Die Stellung des Reichskanzlers war, wie die ganze Verfassung, ursprünglich auf die gewaltige Gestalt Bismarcks zugeschnitten worden. Die Schaffung dieser Verfassung hatte 1867 eine große Leistung bedeutet — eine so große, daß die kritiklose Begeisterung für sie ihrer Anpassung an neue Verhältnisse im Wege stand. Bismarck hatte die wirkliche Stärke der damals bestehenden Institutionen und sozialen Mächte richtig bewertet, ebenso seine Fähigkeit, zwischen diesen Mächten ein erträgliches Maß von Kooperation herzustellen. Der Junker-Konservativismus war nach der Niederlage der Liberalen im Verfassungskonflikt die stärkste Macht in Preußen; ihm mußte daher eine Vorrangstellung eingeräumt werden. Der traditionserfüllte preußische Staat hatte seine Lebenskraft bewiesen, als er die Bestrebungen von 1848 niederzwang und die österreichischen Ansprüche durchkreuzte; deshalb mußte er in jedem föderativen Gebilde die führende Stellung einnehmen. Das föderative Prinzip war in der zähen Anhänglichkeit der meisten Deutschen an ihr Land und ihre

Dynastie tief verwurzelt; es durch einen parlamentarischen Einheitsstaat zu ersetzen war unmöglich. Die halbe Autokratie der Hohenzollern hatte, solange sie von Bismarck gelenkt wurde, große nationale Ergebnisse gezeitigt; man konnte nicht erwarten, daß sie vor liberalen Forderungen kapituliere. Die innere Schwäche des deutschen Liberalismus war in der Leichtigkeit offenbar geworden, mit der die meisten Liberalen sich mit dem Kaiserreich abfanden; von Bismarck wiederum war nicht zu erwarten, daß er sich Leuten fügte, die von seinem Erfolg berauscht waren.

Selbst die schärfste Bismarckkritik muß zugeben, daß der Kanzler die wirklichen Kräfte in Deutschland in seinen ersten Regierungsjahren vollständig richtig eingeschätzt hatte — später freilich sollte er sowohl den Sozialismus wie den politischen Katholizismus ernstlich mißverstehen. Die Kritik muß sich aber gegen gewisse grundsätzliche Begrenzungen seines persönlichen Denkens und seiner Prinzipien richten, die in die von ihm geschaffene Verfassung Eingang fanden. Er verlängerte die Machtdauer der Junker und der Hohenzollern-Autokratie, indem er beide in ein politisches Gefüge einbaute, das sich als jeder Reform unzugänglich erwies; aber man muß bedenken, daß er selbst ein Junker war und daß seine großen Leistungen, namentlich in der Außenpolitik, unvorstellbar gewesen wären, wenn er — statt einem beeinflußbaren „autokratischen" König — einer parlamentarischen Mehrheit verantwortlich gewesen wäre. Ein Staatsmann kann nicht über seinen eigenen Schatten springen. Deutschlands innere Schwierigkeiten im frühen 20. Jahrhundert beruhten nicht auf der Bismarckschen Verfassung, sondern auf dem Unvermögen der jungen Generation, diese Verfassung den Bedürfnissen einer neuen Zeit anzupassen. Bismarck ist nur insofern verantwortlich, als er versäumte, eine Führungsschicht heranzubilden, die befähigt gewesen wäre, seinem Werk Dauer zu verleihen und die verwickelte Regierungsmaschinerie mit Erfolg zu steuern.

Die Kompliziertheit dieser Verfassung hing indessen eng mit den deutschen Wirklichkeiten zusammen; sie war nicht nur das Ergebnis Bismarckscher Erfindungsgabe. Der Eiserne Kanzler hatte die Kräftekonstellation seiner Zeit erfolgreich im Sinne seiner Ziele auszunutzen verstanden; die Art und Weise, wie er dabei verfuhr, war von der ehrlichen Überzeugung bestimmt, daß in der Innen- wie in der Außenpolitik das Gesetz des Dschungels herrsche. Als letzter großer europäischer Staatsmann in der Tradition der Staatsräson glaubte er, daß die internationalen Beziehungen sich lediglich auf Machtpositionen gründeten und daß Zurückhaltung im Gebrauch der Macht niemals aus Achtung vor dem Gesetz oder moralischem consensus, sondern allein aus nüchterner Einschätzung der sich gegenüberstehenden Kräfte hervorgehe. Dieselbe Vorstellung legte er seinem Verhalten in der Innenpolitik zugrunde; auch hier sah er weder die Möglichkeit noch die Notwendigkeit eines gemeinsamen sittlichen Staatsbewußtseins ein. Seine eigene Machtstellung in Preußen hatte er erreicht, indem er sich rücksichtslos über Gesetz und Verfassung hinwegsetzte; sie war durch liberale Reden im Parlament, durch liberale Wahlsiege im Lande und durch liberale Bannsprüche in den Zeitungen nicht erschüttert worden. Warum sollte er die öffentliche Meinung, Parlamente oder Verfassungsschranken ernst nehmen? Seine Stellung beruhte auf der Unterstützung durch Individuen und Gruppen, die reale Machtinstrumente in den Händen hielten: Krone, Armee, Verwaltung, die Junkerklasse. Er war nicht gewillt, diese Stellung vor Gegnern zu räumen, die nur mit hohen Prinzipien und moralischen Überzeugungen fochten. Seine Machtstellung im Innern war so wenig wie seine Erfolge draußen durch deren feindselige Haltung gefährdet. Warum sollte er Versöhnung mit ihnen zu anderen Bedingungen suchen als denen, die er selbst vorschrieb? Statt auf Versöhnung verließ er sich auf geschickte Ausnutzung der jeweiligen Lage und befolgte eine Politik des „divide et impera", die in der modernen Geschichte einzig dasteht. Die Liberalen wurden durch seine konservativen Anhänger in Schranken gehalten, und als sie die Aussichtslosigkeit ihrer Lage erkannten, begannen sie sich durch innere Auseinandersetzungen zu spalten. Die Konservativen wurden bei der Stange gehalten, weil sie sahen, daß Bismarck unentbehrlich war, um die liberale, später die sozialistische Strömung einzudämmen. Eine Institution konnte gegen die andere ausgespielt werden. Wenn der demokratische Reichstag sich widerspenstig zeigte, war Verlaß auf den plutokratischen preußischen Landtag und umgekehrt. Machten die Einzelstaaten im Bundesrat Schwierigkeiten, konnte er sich auf den unitarischen Reichstag stützen und umgekehrt. Die Innenpolitik Bismarcks war ein faszinierendes Spiel mit Parteien und Institutionen, wobei der Kanzler seine politischen Verbündeten im Laufe seiner Amtszeit verschiedene Male wechselte. Ein allgemein verbindliches sittliches Bewußtsein, ein Sinn dafür, daß man gemeinsam für das öffentliche Wohl verantwortlich sei, konnte sich in einem solchen politischen Klima nicht entwickeln. Ein von Fall zu Fall manövrierender Macchiavellismus, gelenkt und bestimmt von der zynischen Verfolgung materieller Interessen, war die verhängnisvolle Erbschaft Bismarckscher Innenpolitik.

Mehrere der Nachfolger Bismarcks erkannten die Notwendigkeit einer Verfassungsreform, aber keiner von ihnen besaß die Kraft, die gewaltigen Hindernisse auf diesem Wege zu überwinden. Ihre Aufgabe hätte erleichtert werden können, wenn der Kaiser eine sehr weise oder aber eine sehr schwache Persönlichkeit gewesen wäre; im einen Fall hätte er grundlegende Reformen gefördert, im anderen sich mit ihnen abgefunden. Wilhelm II. paßte seiner Anlage nach für keine dieser beiden Rollen. Es fehlte ihm an jedem tieferen Verständnis für die inneren Probleme Deutschlands, und er war nicht der Mann, Gegensätze auszugleichen und Reibungen im Verfassungsleben auf das geringstmögliche Maß zu beschränken. Seine unglückliche Begabung für ausgefallene Reden machte ihn daheim und draußen unbeliebt und lächerlich, und die Last, die seine Berater zu tragen hatten, wurde dadurch nicht leichter. Seine Reisesucht und seine Unfähigkeit zu steter Arbeit trugen erhebliche Verwirrung in die Formulierungen der Regierungspolitik. Seine übersteigerte Vorstellung von seinem Gottesgnadentum machte ihn unzugänglich für Parlamentarier, selbst für solche konservativster Prägung; ein Mann des linken Zentrumsflügels wie Erzberger konnte vor 1915 nicht daran denken, eine Audienz zu erbitten, geschweige denn, sie etwa zu erhalten. Die grundsätzliche Unzulänglichkeit des Kaisers gegenüber den Anforderungen seines hohen Amtes zeigte sich gerade darin, daß er kein Reformprogramm zu entwickeln vermochte, das Deutschlands politische Institutionen mit den Ansprüchen eines Zeitalters weltweiter Krisen in Einklang gebracht hätte.

Deutschland stand vor der Notwendigkeit, eine bürokratisch regierte Monarchie in eine parlamentarische Demokratie umzuwandeln. Dies allein konnte die unteren Volksschichten mit dem Staat versöhnen und ein gemeinsames Staatsbewußtsein schaffen, das das Bismarcksche Gesetz des Dschungels in der Innenpolitik zu überwinden vermocht hätte. Die bestehende Staatsform mit der Monarchie von Gottes Gnaden, deren Stellung in Preußen enge Zusammenarbeit mit der unzeitgemäß bevorzugten Junkerklasse verlangte, mußte unfehlbar Mißstimmung bei Millionen von Deutschen erregen. Ihr schwerfälliger institutioneller Mechanismus — namentlich das Ineinandergreifen der preußischen und der Reichsangelegenheiten und die wenig beneidenswerte Stellung des Reichskanzler-Ministerpräsidenten — konnte kaum den Rahmen für eine wirksame Regierungsarbeit abgeben. Der innere Abstand, der sie von der in Westeuropa vorherrschenden parlamentarischen Regierungsform trennte, rief Feindseligkeit hervor und war so eine wichtige Quelle der Schwäche in der Außenpolitik. Das Heilmittel für dieses Übel lag in der Einführung des demokratischen Wahlrechts in Preußen und parlamentarischer Einrichtungen im Reich. Die Erreichung dieser beiden Ziele hätte eine politische Revolution bedeutet, und diese Revolution hätte niemals Aussicht auf einen dauerhaften Erfolg gehabt, wenn sie nicht durch eine grundsätzliche Reform in der Struktur des Wirtschaftslebens, der Verwaltung, der Armee und der protestantischen Kirche gestützt worden wäre. Solche Reformen aber hätten die herkömmlichen Umrisse des historisch gewordenen preußischen Staates bis zur Unkenntlichkeit verändert und Preußen in ein demokratisches Deutschland hinübergeleitet, anstatt die konservative preußische Hegemonie über Deutschland zu wahren.

War ein so umfassendes Reformprogramm möglich? Die bestehende Kräftekonstellation ließ es praktisch nicht zu. Ein zusammenfassender kurzer Blick auf diese politischen Kräfte kann am besten erklären, warum Deutschland vor

1918 nicht zur parlamentarischen Regierungsform gelangen konnte und warum Erzberger trotz seiner prominenten Stellung im Reichstag bis zum Krieg nur eine untergeordnete Rolle zu spielen vermochte:

1. Die Stärke der monarchisch-bürokratischen Tradition in Preußen, verbunden mit dem unentrinnbaren Druck, der, wie vorher beschrieben, von Preußen aus auf die Institutionen des Reiches ausging, bildete für den bestehenden Staat einen festen Untergrund. Die parlamentarische Regierungsform einführen, hieß zunächst, die preußische Hegemonie brechen, und das konnte nur nach einer sozialen Revolution in Preußen selbst geschehen. Die herrschende Klasse der Junker war entschlossen, jedem Angriff auf ihre Privilegien bis zum bitteren Ende zu widerstehen. Durch ihren beherrschenden Einfluß auf Verwaltung und Armee besaßen die Junker reale Machtinstrumente, um alle Versuche zur gewaltsamen Änderung der bestehenden Verhältnisse zu zerschlagen. Niemand zweifelte, daß die Armee, obwohl ein Viertel ihrer Rekruten Söhne von Sozialisten waren, auf sozialistische Aufständische schießen würde, wenn der Befehl dazu an sie erging. Tatsächlich war die Gefahr gering, daß es dazu kommen würde. Die arbeitende Klasse verharrte in dumpfer Feindseligkeit gegenüber dem Staat, aber ihre Haßgefühle erreichten nicht die Intensität, die für eine Revolution erforderlich gewesen wäre. Deutschland war ganz ohne jede revolutionäre Tradition, und die offensichtliche Aussichtslosigkeit jedes Aufstandes konnte nicht zu solchen Versuchen ermutigen. Die Niederlage der Armee im ersten Weltkrieg sollte sich in der Tat als erste Voraussetzung für die Demokratisierung Preußens und für die Errichtung einer parlamentarischen Regierungsform erweisen.

2. Man darf nicht glauben, das „verpreußte" Reich habe allein auf den Bajonetten der Armee geruht. Diese stellten ein letztes Machtmittel dar, das man sehr wohl im Hintergrund halten konnte. Das Regierungssystem genoß großes Ansehen in breiten Volksschichten, war es doch mit Bismarcks nationalem Einigungswerk eng verbunden. Die Konservativen konnten Kritikern des Reiches die Fragen stellen: Wo ist die Verwaltung sauberer und leistungsfähiger als in Deutschland? Wo vollzieht sich der wirtschaftliche Fortschritt rascher? Hätte die deutsche Einigung auf parlamentarischem Wege erreicht werden können? — und viele ähnliche Fragen, die den äußeren Glanz Deutschlands hervorhoben. Darüber hinaus verband sich das Prestige des deutschen Reiches mit dem Nationalismus, der stärksten Leidenschaft des Zeitalters. Die Konservativen warfen ihren liberalen Gegnern vor, sie wollten die bestehende „deutsche Verfassung" durch das „undeutsche" parlamentarische System ersetzen, das in Westeuropa vorherrsche.

3. Die wirtschaftlich-soziale Stärke der Klassen, die von einem Fortschritt in der Richtung auf eine parlamentarische Regierungsform vieles zu befürchten hatten, schuf weitere Hindernisse. Die Junker fürchteten die Aufteilung ihrer

Güter und die Abschaffung ihrer bevorzugten Stellung in den von ihnen beherrschten Institutionen. Die Industrie fürchtete drastische Steuermaßnahmen, ferner das Gespenst der Sozialisierung. Viele Angehörige des Mittelstandes hatten sich, berauscht von Bismarcks Erfolgen, die Wertmaßstäbe der Junker zu eigen gemacht und ihre herkömmliche liberale Haltung aufgegeben. Wenn sie auch wenig unmittelbaren politischen Einfluß hatten, so waren ihre Interessen doch beim Reich gut aufgehoben. Der Kaiser, der sich selbst einer modernen Einstellung rühmte, war stolz auf seine Verbindungen zu Industriemagnaten und zeigte sich ihren Forderungen zugänglich. Jene wußten den Schutz vor Experimenten im Sinne der Linken zu schätzen, den ihnen die bürokratische Monarchie gewährte, und so schmolz die nationalliberale Forderung nach einer parlamentarischen Regierung mit jedem sozialistischen Wahlgewinn immer mehr dahin.

4. Die föderalistische Struktur des Reiches war — auch abgesehen von der durch sie nur schwach verhüllten preußischen Hegemonie — ein mächtiges Bollwerk gegen den Fortschritt des Parlamentarismus. Parlamentarische Regierung ist ihrem Wesen nach eine Ein-Kammer-Regierung und hat überall zur Atrophie der zweiten Kammer geführt. Ein Kabinett, das wirklich regieren soll, kann nur e i n e r gesetzgebenden Körperschaft verantwortlich sein, und das muß notwendigerweise das vom Volk gewählte „Unterhaus" sein. Die Einführung der parlamentarischen Regierungsform im Reich mußte so die Macht des Reichstags stärken und die Macht des Bundesrats praktisch ausschalten; damit wäre die Stellung beider Körperschaften im Bismarckschen System umgekehrt worden. Das wäre ein großer Schritt auf dem Wege zum Einheitsstaat gewesen, gegen den nicht nur die preußischen Partikularisten, sondern auch die süddeutschen Föderalisten ihren Bannfluch geschleudert hätten. Er hätte Bayern und Württemberg ihres unmittelbaren Einflusses auf die Reichsgesetzgebung beraubt und diese stolzen halb-souveränen Staaten in die Stellung von Provinzen herabgedrückt. Die Dynastien widersetzten sich dem auf Leben und Tod; aber auch die Bevölkerung leistete noch 1919, als die Weimarer Verfassung geschaffen wurde, starken Widerstand gegen die Zentralisierung.

5. Das Ausgabenbewilligungsrecht des Reichstags war begrenzt einmal durch die Praxis, daß die Bewilligungen für das Militär auf einen längeren Zeitraum festgelegt wurden, zum anderen durch die vorherrschende verfassungsrechtliche Theorie, wonach die Finanzen des Reiches auf indirekten Steuern ruhen müßten, damit die direkten Steuern den Einzelstaaten verblieben — ein System, das verheerende finanzielle Folgen haben sollte, ehe es durch Erzbergers große Reform von 1919 abgeschafft wurde. Bei einer anderen allgemeinen politischen Lage würde sogar dieses beschränkte Bewilligungsrecht einen starken Hebel zur Erreichung der parlamentarischen Regierungsform

abgegeben haben. Aber in Deutschland stand die Erinnerung an den preußischen Verfassungskonflikt von 1862–1866 im Weg. In dieser Frühzeit Bismarcks hatte der preußische Landtag es abgelehnt, Steuern zu bewilligen, bis seine Forderungen auf dem Gebiet der Militärgesetzgebung erfüllt wären. Bismarck hatte die Steuern nach den Finanzgesetzen des Vorjahres weiter erheben lassen, obwohl keine neuen Bewilligungen vorlagen, und er ließ es darauf ankommen, daß sich die Liberalen mit aller Kraft zur Wehr setzen würden. Sie antworteten aber nur mit Reden und verfassungsrechtlichen Deklarationen. Armee und Verwaltung blieben verläßliche Instrumente der monarchischen Regierung in den Händen Bismarcks. Jedermann erkannte, daß revolutionäre Erhebungen Selbstmord bedeuten würden. Es war ein schicksalhafter Wendepunkt in der deutschen Verfassungsgeschichte; er gewann noch an Bedeutung, als Bismarck die Periode seiner verfassungswidrigen Alleinherrschaft dazu benutzte, große außenpolitische Erfolge zu erzielen. „Das sterile Parlament, das den großen Staatsmann um parlamentarischer Quisquilien willen in seinem Einigungswerk behinderte", wurde eine stereotype Wendung konservativer Rhetorik. Niemand bezweifelte, daß die Krone, ob in Preußen oder im Reich, noch einen Verfassungskonflikt durchstehen und dabei wieder siegen würde, wenn sich der Reichstag je einfallen ließe, sein Budgetrecht zur Erzwingung des parlamentarischen Systems in Anspruch zu nehmen.

6. Tatsächlich war die Gefahr eines solchen Konflikts ganz gering, auch abgesehen davon, daß die liberal-demokratischen Kräfte nicht auf Sieg hoffen konnten. Der Reichstag bekundete oft seine Unzufriedenheit mit der Regierung, aber die Oppositionsparteien konnten sich nie zu einer geschlossenen Mehrheit zusammenfinden. Freisinnige, Zentrum und Sozialdemokraten waren alle aus dem einen oder anderen Grunde unzufrieden. Die Liberalen des rechten Flügels, in der Nationalliberalen Partei zusammengeschlossen, hatten ihren Frieden mit dem Reich gemacht, wobei sie noch immer hofften, den liberalen Geist in der Verwaltung zu stärken. Die Linksliberalen traten nach wie vor für parlamentarische Regierungsformen ein, aber sie waren doch nur der unbedeutende Rest des einst großen deutschen Liberalismus, den Bismarck zunächst durch Teilung geschwächt und dann vollends entmannt hatte. Sie waren in drei Gruppen zerfallen, deren Auffassungen über soziale und militärische Fragen weit auseinandergingen. Die Zähigkeit, mit der sie an ihren Prinzipien festhielten, konnte die Bedeutungslosigkeit ihres praktischen politischen Gehabens nicht mehr verbergen. Dennoch waren sie die einzige Gruppe, für die der Vorstoß zum Parlamentarismus das vordringlichste Ziel der deutschen Politik darstellte.

7. Erzbergers eigene Partei, das Zentrum, nahm in der Frage der Verfassungsreform niemals eine klare Haltung ein; ihre vielschichtige soziale und auch landschaftlich sehr heterogene Zusammensetzung, von der das nächste

Kapitel handeln wird, machte eine einheitliche Parteilinie unmöglich. Der rechte Flügel, der seinen Schwerpunkt in Norddeutschland hatte und der von schlesischen Magnaten und rheinischen Advokaten geführt wurde, unterschied sich von den Konservativen und Nationalliberalen eigentlich nur durch seinen Katholizismus. Diese Richtung bekundete keine Begeisterung für die offizielle Parteiforderung nach Einführung eines demokratischen Wahlrechtes in Preußen. Die preußischen Zentrumsführer widersetzten sich zusammen mit den Konservativen den nur sehr bescheidenen Wahlreformvorschlägen, die Bethmann Hollweg 1910 vorlegte. Warum sollten sie das Dreiklassenwahlrecht ablehnen, das sie doch vor der Konkurrenz der Sozialisten schützte und ihnen die meisten katholischen Wahlkreise fast kampflos zufallen ließ? Ein demokratisches Wahlrecht in Preußen würde lediglich dem marxistischen Atheismus Nutzen bringen. Der linke Flügel der Partei, in dem Erzberger bald die führende Rolle spielen sollte, befürwortete im allgemeinen die Demokratisierung des politischen Lebens in Deutschland; aber seine Führer, die vorwiegend aus Süddeutschland stammten, hatten in preußischen Angelegenheiten wenig Einfluß. In ihrem Bestreben, die — mit ihrem demokratischen Denken notwendig verbundene — Forderung nach parlamentarischen Regierungsformen voranzutreiben, sahen sie sich durch den zähen Föderalismus der bayerischen Zentrumswähler gehemmt, die in den meisten anderen Fragen sonst den Kern des linken Flügels bildeten. Diese Wähler teilten den im Lande weitverbreiteten Stolz auf die besondere geschichtliche Sendung Bayerns und fürchteten jede Regierung von Berlin her, sei sie nun bürokratisch oder parlamentarisch. Die Entwicklung parlamentarischer Regierungsformen mußte die von Berlin ausgehende Zentralisierung, die nach bayerischer Ansicht ohnehin bereits zu weit vorgeschritten war, nur noch verstärken. So ergab sich eine geradezu paradoxe politische Haltung: Die bayerischen Zentrumsabgeordneten waren zu Hause Demokraten, die gerne und selbstbewußt ihre liberalen Institutionen dem preußischen Barbarismus gegenüberstellten; in Berlin aber waren sie die konservativen Verteidiger einer föderalistischen Verfassung, die doch nur kärglich die von ihnen verabscheute preußische Hegemonie verdeckte. Bei dieser Sachlage konnte der linke Zentrumsflügel unmöglich klare Anschauungen über eine Verfassungsreform gewinnen.

Das Zentrum hatte auch, abgesehen von der föderalistischen Haltung seines bayerischen Flügels, viele gute Gründe, den Parlamentarismus abzulehnen. Unter dem bestehenden System besaß die Partei Einfluß, ohne Verantwortung tragen zu müssen. Die grundsätzliche Gegnerschaft der Sozialisten und Freisinnigen zu der bestehenden Ordnung führte dazu, daß jeder Kanzler um die Unterstützung des Zentrums werben mußte. Das Zentrum erwies sich als das Zünglein an der Waage, von dem die Bildung einer regierungstreuen oder einer oppositionellen Mehrheit im Reichstag abhing. Parlamentarische Regierung würde den Antiklerikalismus stärken, da Sozialdemokraten und Liberale an Macht gewännen – die Monarchie jedoch, was immer ihre Fehler sein mochten, war die erklärte Verfechterin des Christentums. Die Kriegsereignisse sollten zeigen, daß sich das Zentrum unter Erzbergers Führung sehr wohl mit den Kräften verbinden konnte, die für eine parlamentarische Regierungsform kämpften; aber dazu mußte eine Lage eintreten, die so verzweifelt war, daß sie eine große politische Neuorientierung geradezu erzwang. In den selbstzufriedenen Jahren vor 1914 akzeptierte das Zentrum den verfassungsrechtlichen status quo.

8. Auch die Sozialdemokraten hatten sich die Einführung der parlamentarischen Regierungsform zum Ziel gesetzt. Für viele war sie aber eine zweitrangige Angelegenheit, verglichen mit den erstrebten sozialen und wirtschaftlichen Veränderungen. Die Theoretiker vom Absterben des Staates konnten der Frage, ob der jetzige Staat in dieser oder jener Weise organisiert sein sollte, keine entscheidende Bedeutung beimessen; zudem hatte die marxistische Ideologie die Parlamente zu den Herrschaftsinstrumenten der Bourgeoisie, nicht des Proletariats gerechnet. Wenn die Sozialisten die Sache des Parlamentarismus vertraten, so kam das fast einem Todeskuß gleich, denn sie kompromittierten die Idee, indem sie sie mit ihren extremen Ansichten über religiöse, wirtschaftliche und internationale Fragen verquickten. Es klang einleuchtend, wenn die Konservativen behaupteten, marxistischen Doktrinären könne nicht einmal im Rahmen einer parlamentarischen Koalition politische Macht anvertraut werden, und dieses Argument mußte vor allem deshalb überzeugen, weil die Sozialisten, nach dem sie ihre „Revisionisten" exkommuniziert hatten, eine bei weitem radikalere Sprache führten, als es der Denkweise der meisten von ihnen entsprach.

9. Soweit ein Gefühl dafür vorhanden war, daß eine internationale Krise heraufziehe, sprach auch dies gegen einen überstürzten Verfassungskonflikt. Viele gemäßigte Politiker der Mittelparteien hielten Verfassungsreformen für überfällig, aber sie scheuten sich, nach solchen Reformen zu rufen, solange ein politisches Klima bestand, in dem sich die Intransigenz von rechts und links ungehemmt austobte. Die Rechte würde der parlamentarischen Regierungsform selbst um den Preis des militärischen Despotismus Widerstand leisten, die Sozialdemokraten aber waren mit ihren unrealistischen Vorstellungen von Außenpolitik zur verantwortlichen Machtübernahme ungeeignet. Die schwierige geographische Lage Deutschlands, das auf allen Seiten von feindseligen Mächten umgeben war, gestattete Experimente weder mit Junker-Despotismus noch mit sozialistisch-pazifistischen Utopien.

10. Die im Wilhelminischen Reichstag herrschende Denkweise, die darauf beruhte, daß dieses Parlament nur pseudo-parlamentarische Machtbefugnisse besaß, war ein weiteres Hindernis auf dem Wege zu einem echten Parlamenta-

rismus. Die Parteien erfreuten sich beträchtlichen Einflusses, ohne zu verantwortlichem Handeln gezwungen zu sein. In einer parlamentarischen Koalition, die einen Vielparteienstaat regieren soll, sind die verschiedenen Parteien zu Kompromissen gezwungen, damit sie sich auf ein gemeinsames Regierungsprogramm einigen können. Sie machen die Erfahrung, daß die Interessen anderer mit den eigenen zum Ausgleich gebracht werden müssen; das führt dazu, daß Streitfragen nicht überspitzt werden dürfen. Insbesondere trifft das für die Vertretung der Ansprüche sozialer Interessengruppen zu. Ganz anders war es im deutschen Reichstag. Die Parteien gewöhnten sich daran, bestimmte Interessen, etwa die der Landwirtschaft, der Industrie, des Mittelstandes oder der Arbeiterschaft, mit sorgloser Unverantwortlichkeit zu vertreten. Das Auseinanderfallen des deutschen Volkes — in erster Linie eine Folge des Fehlens übereinstimmender Grundüberzeugungen, die Voraussetzung für ein erfolgreiches Funktionieren des Parlamentarismus sind — wurde weiter gefördert durch eine Parteipolitik ohne Verantwortungsgefühl. Die Parteiführer hatten es nicht nötig, durch Kompromisse eine gemeinsame politische Linie zu finden; das war die Aufgabe der Regierung, die die nationalen Probleme von der Höhe ihres außerparlamentarischen Standpunktes betrachtete. Parlamentarische Führer wurden zu Sprechern für beschränkte Interessen, sie lernten nicht die Kunst des Kompromisses. Führerpersönlichkeiten von nationalem Format, die auch außerhalb ihrer Partei Ansehen genossen hätten, konnten in dieser Situation kaum erstehen. Wir werden später sehen, wie die Reichstagsmehrheit, als es 1918 endlich zur Einführung des parlamentarischen Systems kam, nicht in der Lage war, einen geeigneten Kanzler aus den demokratisch gesinnten Parteien zu nominieren, sondern sich nur auf den im süddeutschen Liberalismus verwurzelten Prinzen Max von Baden einigen konnte.

11. Schließlich wirkte noch ein Faktor der Einführung parlamentarischer Regierungsweise entgegen: die geduldige Fügsamkeit des deutschen Volkes. Sie erklärte sich zum Teil daraus, daß dem Auge des einfachen Bürgers keinerlei Niedergangserscheinungen des kaiserlichen Systems erkennbar wurden. Im Gegenteil: Deutschland hatte ein Menschenalter lang keinen Krieg erlebt, der wirtschaftliche Fortschritt war großartig, Recht und Ordnung standen unter dem Schutz einer sauberen und leistungsfähigen Verwaltung. Das alles war ohne aktive politische Unterstützung aus dem Volk erreicht worden, und es gewöhnte sich verständlicherweise daran, politische Initiative von der Regierung zu erwarten. Nur ein Volk, das sich selbst regiert, kann die Fähigkeit dazu allmählich entwickeln. Die politische Erziehung des deutschen Volkes war vernachlässigt worden — schlimmer noch, die politisch führende Schicht hatte wenig Verständnis für die Probleme, mit denen sich Deutschland auseinanderzusetzen hatte. Der Kaiser verwechselte schauspielerhaftes Auftreten mit Politik; die Verwaltung konnte nur tüchtige Beamten wie Bethmann

Hollweg hervorbringen, aber keine Staatsmänner mit politischer Intuition; der Gesichtskreis der Offiziere war durch veraltete Wertvorstellungen beengt, die Junker sorgten nur für den Schutz ihrer Standesprivilegien; die Kapitalisten waren zu sehr mit Geldverdienen beschäftigt, um sich um die Politik zu kümmern. Die führende Schicht des Volkes war vom äußeren Glanz des Kaiserreichs geblendet. Eine nüchterne und fähige Eliteschicht in einem autoritären Regime hat theoretisch viele Vorteile gegenüber einer parlamentarischen Regierung, die sich letztlich vor der oft von Leidenschaft und Vorurteil geblendeten Masse verantworten muß. Der deutschen Elite fehlten aber leider Nüchternheit und politische Fähigkeit; ihre Führer hatten keine klare Vorstellung davon, daß Deutschland einer internationalen Katastrophe entgegenging, die es mit der Vorbelastung durch tiefrührende, ungelöste Probleme im Innern zu bestehen haben würde. Bei der Selbstzufriedenheit der herrschenden Schicht und der politischen Unreife aller Klassen wurden die Probleme der Zukunft kaum je richtig gesehen — Mittel, sie zu lösen, blieben unbeachtet.

Erzberger teilte zu Beginn seiner politischen Laufbahn die Selbstzufriedenheit, die in politischen Kreisen vorherrschte. Auch er war, wie die meisten seiner Generation, stolz auf die deutschen Leistungen und glaubte, daß sie auf sicherem Grunde ruhten. Einblick in die von außen drohenden Gefahren sollte er erst in den letzten Jahren des Krieges gewinnen. Sein Verständnis für die krisenhafte Situation der deutschen Innenpolitik ließ ihn schon 1909 zu einem Parteigänger des parlamentarischen Systems werden, aber seine feindselige Haltung gegenüber den Sozialdemokraten verhinderte ein aktives Bündnis mit ihnen — die erste Voraussetzung einer Verfassungsreform — bis zum Jahre 1917. Erzberger stand mehr in seiner Zeit als über ihr, aber er besaß die große Gabe, immer ein Lernender zu bleiben. Um die Zeit, als er entscheidenden Einfluß gewann, sah er die deutschen Probleme ungefähr so, wie es oben umrissen ist; aber da stand er schon am Ende einer langen parlamentarischen Lehrzeit, die von 1903 bis zum Kriegsausbruch 1914 reichte.

# III

# Parlamentarischer Aufstieg 1903–1907

## Die Zentrumspartei und ihre Führer

Im Herbst 1903 siedelte Erzberger von Stuttgart nach Berlin über, um für seine erste Reichstagssession zur Stelle zu sein. Er gab seine Ämter in Württemberg auf, um sich ganz der Arbeit auf nationaler Ebene zu widmen. Wie wir aus dem Wahlaufruf des Zentrums von 1903 gesehen haben, war um jene Zeit von starken politischen Leidenschaften nichts zu spüren; große parlamentarische Entscheidungen standen nicht bevor. Reichskanzler Fürst Bülow war geradezu stolz auf sein Geschick, „innere Krisen" zu vermeiden. Die nächsten Jahre versprachen, eine Periode umfassender, aber wenig umstrittener Spezialgesetzgebung besonders auf sozialem und wirtschaftlichem Gebiet zu werden — eine günstige Situation für einen Mann von Erzbergers Fähigkeiten und Geltungswillen. Große, ins Auge fallende Entscheidungen mußten naturgemäß den altbewährten Führern der Zentrumspartei vorbehalten bleiben; trockene und komplizierte Gesetzesvorlagen hingegen boten Erzberger hervorragende Gelegenheit, im Parlament bekannt zu werden, indem er, gestützt auf seine während der Württemberger Jahre erworbenen umfassenden Kenntnisse sozialer und wirtschaftlicher Probleme, häufig zu Fragen dieser Art das Wort ergriff.

Erzberger war eifrig darauf bedacht, sich einen Namen zu machen, und bemühte sich, Einfluß in der Zentrumsfraktion zu gewinnen. Das letztere erwies sich als das schwierigere Unterfangen. Den Parteiführern mißfielen junge Politiker, die ihre Positionen bedrohten, und Erzberger mißfiel ihnen besonders, weil seine Persönlichkeit nicht dem üblichen parlamentarischen Typ entsprach.

Sie sahen mit kritischen Augen auf seinen Mangel an akademischer Bildung, an Berufserfahrung und an geschliffenen Umgangsformen. Für ihn sprachen zwar seine unermüdliche Energie, sein unverhohlener Ehrgeiz und seine große Tüchtigkeit; das waren jedoch alles Eigenschaften, die noch keinen allgemein beliebt gemacht haben.

Die Technik, die Erzberger anwandte, um innerhalb der Partei Einfluß zu erringen, war im Grunde einfach. Seine aggressive Aktivität mußte ihm dazu dienen, sich durchzusetzen; er durfte sich nicht scheuen, aufsässig zu erscheinen, wenn er jeden Rat, sich zurückzuhalten, in den Wind schlug. Dieses Verhalten wurde ihm durch den Umstand ermöglicht, daß die Führung der Zentrumspartei im Jahre 1904 in den Händen eines schwachen Ausschusses lag. Ein starker Führer hätte Erzbergers selbständigen Kurs niemals geduldet, sondern ihn entweder politisch ausgeschaltet oder seine Fähigkeiten in diszipliniertere Bahnen gelenkt. Das Zentrum war unter der überlegenen Führung Ludwig Windthorsts (1812—1891), des Mannes, der im Kulturkampf Bismarck erfolgreich getrotzt hatte, zu einer großen Partei angewachsen. Windthorst hatte lange genug gelebt, um die Entwicklung des Zentrums von einer Oppositionspartei zu einer im allgemeinen regierungstreuen Partei noch selbst zu steuern. Ihm folgte in der Führung der Partei Ernst Lieber (1838–1902), ebenfalls eine starke Persönlichkeit, die aber doch nicht einem Vergleich mit der seines großen Vorgängers standhalten konnte. Windthorst hat nie einen ebenbürtigen Nachfolger gefunden.[1])

Als Erzberger nach Berlin kam, wurde die Partei von einem Ausschuß geleitet, dessen führende Mitglieder Adolf Gröber, Peter Spahn, Georg Graf Hertling und Karl Trimborn waren; sie alle sollten fast bis zum Ende von Erzbergers Laufbahn Bedeutung behalten, und ihre Namen werden im Verlauf unserer Darstellung immer wieder auftreten. Eine kurze Charakterisierung eines jeden von ihnen wird die Schwierigkeiten deutlich machen, die Erzberger bei seinem Aufstieg zu überwinden hatte, aber auch beweisen, daß niemals ein Mann von Windthorsts Format ihm in den Weg trat. Adolf Gröber (1854—1919) war der einzige von den vier Männern, der Erzberger zu Beginn seiner Laufbahn geholfen hatte, denn er hatte ihm die Aufstellung im sicheren Wahlkreis Biberach verschafft und sollte ihm 1904 zu einem Sitz in der wichtigen Budgetkommission verhelfen. In der Öffentlichkeit wurden Gröber und Erzberger häufig als zwei entgegengesetzte Erscheinungen unter den katholischen schwäbischen Demokraten empfunden. Beide waren von tiefer Frömmigkeit, beide gehörten der Führung des linken Zentrumflügels an, aber sie unterschieden sich in ihren sonstigen Eigenschaften und in ihrem Lebensweg stark von-

---

[1]) Siehe H. Cardauns, *Ernst Lieber. Der Werdegang eines Politikers bis zu seinem Eintritt in das Parlament*, Wiesbaden 1927; M. Spahn, *Ernst Lieber als Parlamentarier*, Gotha 1906, und Bachem, *Zentrumspartei*, Bd. VI, S. 134—144.

einander. Erzberger wurde zunächst als Gröbers Protegé bekannt. Gröber war im Grunde ein tüchtiger „Zweiter“, dessen gut durchschnittliche Leistungen durch die Lauterkeit eines ganz im Glauben ruhenden Mannes ihre besondere Prägung erfuhren. Erzberger andererseits war dazu bestimmt, in die vorderste Reihe deutscher Staatsmänner aufzurücken, aber seine großen Leistungen sollten dadurch geschmälert werden, daß man ihm unangebrachtes, wenn nicht gar unehrenhaftes persönliches Verhalten nachsagte. Ein Vergleich zwischen dem Werdegang beider Männer vermag manchen Einblick in ihr Wesen zu geben.

Gröber, einundzwanzig Jahre älter als Erzberger, zog 1887 in den Reichstag ein, nachdem er eine ausgezeichnete juristische Ausbildung genossen und die ersten Stufen in der Justizlaufbahn zurückgelegt hatte. Windthorst bewunderte seine juristischen Kenntnisse und führte ihn sofort in den internen Kreis der Parteileitung ein. Sein Aufstieg war stetig, aber niemals aufsehenerregend. Erzberger hingegen stützte sich nur auf die Vorbildung durch Journalismus und politische Agitation, als er 1903 sein Reichstagsmandat erhielt. Sein Streben, eine führende Rolle in der Partei zu spielen, stieß auf den Widerstand der Parteileitung, sein Aufstieg war der eines Parteirebellen. Gröber wurde 1889 Abgeordneter im württembergischen Landtag und teilte seine Zeit zwischen Stuttgart und Berlin; Erzberger vermied diesen Fehler, konzentrierte sich ganz auf Reichsangelegenheiten und hielt sich aus der württembergischen Landespolitik heraus. In mancher Hinsicht blieb Gröber ein mehr landschaftlich orientierter Mann mit provinziellem Einschlag, über den Erzberger rasch hinauswuchs. So erklärte Gröber einmal in einer Militärdebatte, es sei die Pflicht der Preußen und nicht der Württemberger, für die Repräsentationskosten des Kaisers aufzukommen. „Der Kaiser ist nicht mein König, er ist nur mein Bundesfeldherr. Mein König residiert in Stuttgart.“[2]) Das war an sich verfassungsrechtlich richtig; aber Erzberger als Angehöriger der jüngeren Generation, für die das deutsche Reich kostbare nationale Wirklichkeit und nicht nur verfassungsrechtliche Theorie war, hätte nicht im Traum daran gedacht, so zu sprechen. Freilich gab es noch andere Faktoren, die Gröbers Aufstieg an die Spitze der Gesamtpartei im Wege standen. Er war fast ebenso fleißig wie Erzberger, neigte aber dazu, sich einseitig auf ein Thema zu konzentrieren. Ihm fehlte Erzbergers glückliche Gabe, die Arbeit an befähigte Hilfskräfte weiterzugeben und jedes Problem im Rahmen der allgemeinen politischen Situation zu sehen. Sein Sinn für Proportionen war mitunter so mangelhaft, daß man fast von politischer Instinktlosigkeit sprechen konnte; das zeigte sich am deutlichsten während des Krieges, als er sich mehrere Monate lang praktisch in sein Arbeitszimmer im Reichstag zurückzog, um eine möglichst vollkommene Geschäftsordnung für den Reichstag zu entwerfen.[3]) Die

---

[2]) H. Cardauns, *Adolf Gröber*, M.-Gladbach 1921, S. 5?.
[3]) *Ibid.*, S. 126.

Zuckerkrankheit, an der er später litt, verstärkte seine ausgeprägte Neigung, das Leben eines gelehrten Einsiedlers zu führen.[4]) Seine persönlichen Beziehungen beschränkten sich auf die kleine Gruppe seiner Zentrumskollegen. Er war nicht verheiratet, da er bereits früh zu der Ansicht gekommen war, daß die Anforderungen einer politischen Karriere mit den Pflichten des Familienlebens kaum in Einklang zu bringen seien. Erzberger dagegen kannte keine Müdigkeit; er liebte die Anregungen und frischen Ideen, die ihm aus dem Kontakt mit neuen Menschen zuflossen, und es wäre ihm schwergefallen, auf die Zuflucht zu verzichten, die ihm ein harmonisches Familienleben bedeutete.

Bei Gröber traten vor allem in seinen späteren Jahren weitere Absonderlichkeiten zutage, die bei anderen in seiner Gegenwart ein Gefühl des Unbehagens hervorriefen. Sein patriarchalisches, bärtiges Antlitz flößte scheue Ehrfurcht ein, und seine Lebensweise brachte ihn in den Ruf eines Heiligen. Er zeigte sich völlig gleichgültig gegenüber Geld, äußerem Aufstieg und Frauen. Ob in Berlin, Stuttgart oder an einem Urlaubsort, er wohnte immer in einem Kloster, ging täglich zur Messe und einmal wöchentlich zur Beichte. Seine Freunde wußten, daß er sich mit dem Gedanken trug, dem Kapuzinerorden beizutreten, und daß er regelmäßig an Exerzitien in einer Jesuitenniederlassung teilnahm.[5]) Erzberger, obwohl ein treuer Sohn der Kirche, stand solchem religiösen Eifer ganz verständnislos gegenüber; er war viel zu sehr mit weltlichen Angelegenheiten beschäftigt, als daß er geneigt gewesen wäre, sich der Mystik hinzugeben.

Gröbers politische Leistungen waren für einen Mann seines Charakters und Temperaments immerhin bemerkenswert. Die schwäbische Zentrumspartei war sein Werk. Seine vorbereiteten Reden im Reichstag — es fehlte ihm Erzbergers Fähigkeit, aus dem Stegreif zu sprechen — ließen Minister erzittern. Zwanzig Jahre lang gehörte er zu den sechs führenden Zentrumsabgeordneten; von 1917 bis 1919 war er der Führer der Partei. Prinz Max von Baden übertrug ihm im Oktober 1918 die Aufgabe, die Verfassungsänderungen im Reichstag durchzubringen. Neben diesen schon an sich nicht unbedeutenden Leistungen müssen aber auch die sicher noch größeren menschlichen Eigenschaften Gröbers gesehen werden. Er war seinen Mitbürgern ein echtes Vorbild an Untadeligkeit, sittlichem Streben und Pflichttreue — etwas was Erzberger, dessen Name einen viel bedeutenderen Platz in der Geschichte einnimmt, nicht zu sein vermochte.[6])

Peter Spahn (1846–1925), ein rheinischer Richter von eng juristischer Denkweise, war seit 1884 Mitglied des Reichstags und spielte von 1882—1909 außerdem eine führende Rolle im preußischen Landtag. Bei seinen späteren

---

4) *Ibid.*, S. 116.
5) *Ibid.*, S. 152 ff.
6) Die einzige Biographie von Gröber ist der schmale Band seines Freundes Cardauns, aus dem die meisten der oben erwähnten Einzelheiten stammen. Siehe auch Bachem, *Zentrumspartei*, Bd. VII, S. 64–75.

Meinungsverschiedenheiten mit Erzberger ärgerte er sich oft über das anmaßende Wesen des jüngeren Mannes, der eine Ansicht anzweifeln konnte, unbekümmert darum, ob sie auf richterlichen Erfahrungen Spahns beruhte, und zwar schon aus einer Zeit, als Erzberger noch ein Dorfjunge in Buttenhausen war. Spahn ließ sich während seines ganzen Lebens niemals von Begeisterung oder neuen Ideen mitreißen und verharrte in stets selbstgerechter Zufriedenheit mit dem Reich und Preußen, wie er sie kannte. Obwohl Katholik und Führer des Zentrums — für gewöhnlich schwere Hindernisse auf dem Wege zu Beförderungen — machte er eine glänzende Karriere im preußischen Justizdienst. In der Zeit von Erzbergers politischem Aufstieg war Spahn Oberlandesgerichtspräsident in Kiel (1905—1910) und Frankfurt (1910—1917); später bekleidete er das Amt des preußischen Justizministers (August 1917 bis November 1918). Er nahm stets seine Pflichten als Richter neben denen des Parlamentariers wahr, selbst dann noch, als er offizieller Führer der Partei war (1912—1917); seine berufliche Arbeit hielt ihn zumindest die halbe Woche vom Reichstag fern. Die zahllosen Eisenbahnfahrten zwischen Berlin, Kiel und Frankfurt gingen weit über seine Kräfte. Erzberger fiel es schwer, einen Mann zu verstehen, dem die Politik Teilberuf statt Lebensaufgabe war, und er lehnte Spahns unbewegliche und formaljuristische Einstellung zu politischen Fragen stets ab. Spahn war konventionell, traditionsverbunden und übervorsichtig, während sich Erzberger in seiner unvoreingenommenen und impulsiven Art gegenüber dem Herkömmlichen gleichgültig und oft auch gegenüber den Folgen sorglos zeigte. Die beiden Männer mußten geradezu scharfe politische Gegner sein.[7])

Graf Hertling (1843—1919) war ein Mann von weit größerem Format. Dieser katholische Edelmann verkörperte eine Richtung, die zu Windthorsts Zeiten im Zentrum vorgeherrscht hatte. Eine gewisse anachronistische Gebundenheit mag die Unfruchtbarkeit seiner äußerlich glänzenden Laufbahn erklären. Als Haupt einer alten hessisch-darmstädtischen Familie mit weitverzweigten österreichischen Verbindungen hatte ihn die bismarcksche Gründung eines von Preußen beherrschten Reiches mit Entsetzen erfüllt. Es war schon in jungen Jahren sein Wunsch, Professor der Philosophie zu werden, aber sein berufliches Fortkommen wurde nicht allein durch seine politischen Ansichten gehindert, sondern auch durch seinen philosophischen Standort im Neu-Thomismus — zu einer Zeit, in der der Neu-Kantianismus noch immer Mode war. So mußte er von der preußischen Universität Bonn nach dem bayerischen München übersiedeln, ehe es ihm gelang, eine ordentliche Professur zu erhalten. Windthorst hatte ihn im Jahre 1875 dazu überredet, Reichstagsabgeordneter zu werden mit der Begründung, ein Katholik müsse in bösen Tagen der Verfolgung für seine Kirche Zeugnis ablegen. Hertling setzte sich

---

7) Über Spahn siehe Bachem, *Zentrumspartei*, Bd. VI, S. 146 f.

einer starken Belastung aus, indem er versuchte, sowohl seinen Aufgaben im Reichstag als auch seiner Münchener Professur gerecht zu werden. Windthorst, ein eminent praktisch denkender Mann, empfand gelegentlich Ungeduld mit Hertlings metaphysischen Gedankenflügen und zwang ihn, zur Erde zurückzukehren, indem er ihn zum Fachreferenten des Zentrums für soziale Fragen bestellte. Der Philosoph arbeitete sich mit gewohnter Gründlichkeit in das ihm unbekannte Gebiet ein und bemühte sich — was ihm freilich nie ganz gelingen sollte —, sich dem demokratisch-industriellen Zeitalter innerlich zu nähern. Doch blieb er in fast jeder Hinsicht zutiefst konservativ. Sozialdemokraten gehörten für ihn nicht zu den „anständigen" Leuten. Seine instinktive Bindung an den monarchisch-bürokratischen Staat ließ ihn die parlamentarischen Geschäfte stets mit Verachtung betrachten. Die langatmigen Reden im Reichstag, die ihn von seiner Münchener Professur fernhielten, mußten ihm bei seinem präzisen Intellekt und seiner Gelehrsamkeit ein Greuel sein. Die Treue zu seiner neuen bayerischen Heimat, zusammen mit den antipreußischen Idealen seiner Jugend, machte ihn zum eingefleischten Föderalisten. Angesichts dieser Entwicklung hätte man bei ihm eine tiefe Abneigung gegen Erzbergers Wesen und Lebensart erwarten können; tatsächlich aber war Hertlings Einstellung zu den Eskapaden des jüngeren Mannes verhältnismäßig milde. Er erkannte Erzbergers ungewöhnliche Fähigkeiten und sagte ihm schon im Jahre 1908 die künftige Führerschaft der Partei voraus.[8]) Hertling sah ein, daß es sinnlos sei, sich einer offenbar unausweichlichen Entwicklung zu widersetzen und zog es vor, seinen Einfluß dazu zu benutzen, Erzberger zu „zähmen", solange das noch möglich war. Die Beziehungen zwischen den beiden Männern sollten bis zu ihrer Entzweiung nach Hertlings Ernennung zum Reichskanzler im Jahre 1918 verhältnismäßig freundlich, zu Zeiten sogar freundschaftlich sein.[9])

Karl Trimborns Laufbahn (1854—1921) bietet eine lehrreiche Parallele zu Erzbergers Karriere. Als Sohn eines erfolgreichen Kölner Rechtsanwaltes arbeitete er im Büro seines Vaters, bis er sich 1895 entschloß, Abgeordneter im Reichstag und im preußischen Landtag zu werden. Windthorst hatte ihn schon fünf Jahre früher zum Hauptorganisator des „Volksvereins für das katholische Deutschland" ausersehen, und Trimborn widmete sich zeitlebens mehr der organisatorischen als der politischen Arbeit. Nach dem Tode des Gründers Franz Brandts[10]) im Jahre 1914 wurde Trimborn Präsident des Volksvereins, und von 1894 bis 1921 bekleidete er das Amt des Vorsitzenden der Rheinischen Zentrumspartei. Seine Einstellung blieb in vieler Hinsicht

8) *Ibid.*, Bd. VII, S. 100.
9) Über Hertling siehe seine Autobiographie, *Erinnerungen aus meinem Leben*, 2 Bde., München 1919 bis 1920; Karl Graf von Hertling, *Ein Jahr in der Reichskanzlei*, Freiburg 1919; Hans Eisele, „Hertling", in: *Hochland*, Bd. X, Sept. 1913, S. 750—755; V. Naumann, *Profile*, München 1925, S. 13—33; und K. Bachem, „Hertling", in: *Deutsches Biographisches Jahrbuch 1917—20*, Stuttgart 1928, S. 416—425.
10) W. Hohn, *Franz Brandts*, M.-Gladbach 1914.

rheinisch-provinziell; er ging sogar so weit, sich an der pseudo-separatistischen Bewegung von 1918 zu beteiligen, die es sich zum Ziel gesetzt hatte, die Unabhängigkeit des Rheinlandes vom preußischen Staat zu erlangen. Trimborn siedelte nie endgültig nach Berlin über und widmete einen großen Teil seiner Zeit seinen Pflichten als kölnischer Stadtverordneter. Der Gegensatz zu Erzberger, der aus seiner gesamtdeutschen Sicht heraus ganz in den großen politischen Fragen aufging, ist auffallend.

Auch die Tätigkeit beider Männer im Parlament verlief in sehr verschiedenen Bahnen. Als Trimborn 1896 in den Reichstag einzog, spezialisierte er sich als jüngerer Kollege Hertlings auf soziale Fragen. Die älteren Männer der Partei hielten ihn für einen radikalen Großstadt-Demokraten und versuchten jahrelang, ihn davon abzuhalten, seine Ansichten zu äußern. Trimborn war nicht der Mann, den Ermahnungen erfahrenerer Männer zu trotzen; Erzbergers selbstbewußtes Vertrauen in seine eigenen Fähigkeiten fehlte ihm völlig. Trimborns Zweifel an sich selbst wurden noch durch einen Sprachfehler verstärkt, der es ihm zur Qual machte, lange Reden zu halten; andererseits aber besaß er nicht den Ehrgeiz, der ein solches Handicap hätte überwinden können. In den Briefen an seine Frau klagt und jammert er häufig, beschwert sich über seine schlechte Gesundheit und sieht sich als Märtyrer, weil er die Anstrengungen des parlamentarischen Lebens auf sich genommen hat. Der Erzbergersche Schwung und die Freude am politischen Kampf waren bei ihm nicht zu finden. Trimborn fühlte sich im Grunde in großen politischen Fragen nie ganz zu Hause und ergriff bei außenpolitischen, militärischen oder finanziellen Debatten fast nie das Wort. Sein Aufstieg zur Führung der Zentrumspartei (1919—1921) nach Gröbers Tod beruhte auf seinem Fleiß, seiner organisatorischen Geschicklichkeit und seiner konzilianten Art, die bewirkte, daß niemand ihm feind war.[11])

Für jeden dieser vier Führer — Gröber, Spahn, Hertling und Trimborn — war es schwer, einen stetigen Einfluß auf die Zentrumspartei auszuüben, weil jeder mit anderen Dingen beschäftigt war und keiner wie Erzberger sich endgültig in Berlin niederließ. Die Tatsache, daß Erzberger sich völlig dem politischen Leben widmete, machte ihn innerhalb der Zentrumspartei zu einem ganz neuen politischen Typ, nämlich zum Berufspolitiker. Das Auftreten dieses Typs — der in der Sozialdemokratischen Partei, wo bezahlte Redakteurstellen zur Verfügung standen, bereits seit einigen Jahrzehnten bekannt war — spiegelte die wachsende demokratische Bewegung im ganzen Lande wider. Die Masse des Volkes gab sich nicht mehr damit zufrieden, daß nur die sozial Höherstehenden nach dem Grundsatz „noblesse oblige“ einen Teil ihres tätigen

---

[11]) Die einzige Biographie Trimborns ist der schmale Erinnerungsband von H. Cardauns, *Karl Trimborn*, M.-Gladbach 1922, dessen Wert durch den Abdruck verschiedener Familienbriefe erhöht wird. Siehe auch K. Bachem, „Trimborn“, in: *Deutsches Biographisches Jahrbuch*, Bd. III (1921), Stuttgart 1927, S. 263 ff.

Lebens der Politik widmeten. Ferner hatte die 1902 eingeführte Gewährung von Diäten an Abgeordnete manchen dazu ermutigt, sich ausschließlich der Politik zuzuwenden. Bei Erzberger ergab sich diese Einstellung aus seinem Temperament, und sie sollte ihm großen politischen Gewinn bringen. Bei Zusammenstößen mit seinen Parteiführern hatte er später den Vorteil des Mannes, der stets zur Stelle war und immer für Besprechungen zur Verfügung stand, um Anhänger für sich zu gewinnen. Seine regelmäßige Anwesenheit bei allen Reichstagssitzungen — während sich Spahn in Kiel, Hertling in München, Gröber in Stuttgart und Trimborn in Köln aufhielten — vermittelte ihm eine meisterliche Beherrschung der laufenden parlamentarischen Geschäfte und ermöglichte es ihm, häufig für die Partei zu sprechen, während die älteren Fraktionskollegen abwesend waren und nicht zu Rate gezogen werden konnten. Die fehlende Verbindung zwischen Erzberger und den offiziellen Parteiführern, dazu seine jugendliche Angriffslust, die ihn sich wenig um etwaige Konsequenzen kümmern ließ, sollten der Partei noch große Schwierigkeiten bereiten.[12])

Das Fehlen einer energischen Parteiführung war besonders schwerwiegend in einer Zeit, in der die Einheit der Partei von der wachsenden Bedeutung sozialer und wirtschaftlicher Fragen bedroht war. Die aus den verschiedensten sozialen und wirtschaftlichen Gruppen bestehende Zentrumspartei wurde durch gemeinsame christliche Grundsätze und durch die Erinnerung an den Kulturkampf zusammengehalten. Alle anderen Parteien beruhten, wie wir gesehen haben, auf einer klaren Klassengrundlage. Die Sozialdemokraten traten für das Proletariat ein, die Freisinnigen für den gewerblichen Mittelstand, die Nationalliberalen für die Industriellen und die Konservativen für die Agrarier. Die Zentrumspartei hingegen war stolz, daß sie sich ohne Rücksicht auf Klassen an alle katholischen Gruppen wandte. Sie mußte eine Sozialpolitik entwickeln, die den schlesischen Gutsbesitzer, den Gewerkschafter von der Ruhr, den rheinischen Großindustriellen, den schwäbischen Handwerker und den bayerischen Bauern gleichermaßen gewinnen konnte. Eine beträchtliche Spannung zwischen dem rechten und dem linken Flügel, die durch regionale Unterschiede nur noch verschärft wurde, war unvermeidlich. Im Reichstag von 1903 war das Zentrum durch 103 Abgeordnete vertreten. Zwölf kamen aus Schlesien und bildeten den Kern eines extrem rechten Flügels, der sich vom preußischen Konservatismus nur noch durch seinen katholischen Glauben unterschied. 28 Abgeordnete waren im Rheinland gewählt worden. Von diesen stammte eine Minderheit aus der katholischen Gewerkschaftsbewegung. Die meisten vertraten das katholische Bürgertum; ihre Einstellung, am deut-

[12]) Julius Bachem, ein prominenter Mitarbeiter der *Kölnischen Volkszeitung*, betonte in einem Artikel vom 17. März 1906, abgedruckt in Bachem, *Zentrumspartei* Bd. VI, S. 345 f., die bösen Folgen der häufigen Abwesenheit der Zentrumsführer von Berlin.

lichsten vertreten durch Peter Spahn, war ein liberaler Konservatismus, der den status quo akzeptierte und nur die Notwendigkeit kleinerer Reformmaßnahmen einräumte. Westfalen schickte neun Zentrumsabgeordnete in den Reichstag, die größtenteils einer patriarchalisch gesinnten Aristokratie angehörten.

Der Kern des linken Flügels der Partei stammte aus Süddeutschland. Baden und Württemberg sandten zusammen elf Männer des Zentrums nach Berlin, die alle vom demokratisch-egalitären Geist des Südwestens erfüllt waren. Die Zentrumswähler in diesem Gebiet waren Bauern und Handwerker von der Art, die auch in Erzbergers eigenem Wahlkreis Biberach vorherrschte. Bayern stellte fast ein Drittel — 30 von 103 — der Zentrumsfraktion im Reichstag. Viele dieser bayerischen Abgeordneten waren Geistliche, deren Einstellung die Ansichten ihrer Gemeindemitglieder aus dem einfachen Volk in Stadt und Land widerspiegelte. Die meisten Abgeordneten vertraten Wahlkreise, in denen das Kleinbauerntum überwog. Ihre politischen Interessen gingen nicht über die Abneigung gegen Preußen und den Wunsch nach hohen Agrarzöllen hinaus; ihre wirtschaftlichen Interessen führten häufig zu einer Übereinstimmung mit den preußischen Junkern, die sie auf jedem anderen Gebiet auf das heftigste ablehnten. Ihr Föderalismus hinderte sie, wie wir gesehen haben, gegen die bestehende autoritäre Regierungsform zu opponieren, während sie zugleich entschiedene Gegner des preußischen Militarismus, der Bürokratie und der Industrialisierung waren.

Das beste Beispiel für diese Einstellung war der Bauerndemagoge Georg Heim. Als Erzberger die in erster Linie preußische Beamte und norddeutsche Kaufleute betreffenden Kolonialskandale aufzudecken begann, jubelte Heim ihm zu. Er sammelte dann auch hinter Erzberger eine bayerische Gruppe, als der konservative norddeutsche Zentrumsführer Peter Spahn die von Erzbergers Anschuldigungen getroffenen Verwaltungsbeamten verteidigte. Nachdem aber Erzberger im Jahre 1919 daran gegangen war, die parlamentarische Regierungsform zu fördern und die deutschen Eisenbahnen auf das Reich zu übernehmen — zwei gewaltige Schritte auf dem Wege zur Zentralisierung —, wurde Heim einer seiner erbittertsten Gegner und führte nach dem Kriege die bayerische Sezession aus dem Zentrum an.[13]) Bis zum Kriege hatten Heim und seine Bayern fast blindlings alles, was Erzberger tat, unterstützt. Die anerkannten Führer der Partei wußten, daß eine Zurechtweisung Erzbergers mehr bedeuten würde als ein Verweis gegen eine einzelne Person; sie hätten damit nämlich den gesamten süddeutschen demokratischen linken Parteiflügel, dessen prominentestes Mitglied Erzberger war, gegen sich aufgebracht. Angesichts der stets gefährdeten Einheit der heterogen zusammengesetzten Partei

13) Eine gute Schilderung der Persönlichkeit Heims gibt Karl Schwend, *Bayern zwischen Monarchie und Diktatur*, München 1954, S. 61—64.

schraken sie vor diesem Schritt zurück. Die Kühnheit, mit der Erzberger den älteren Parteiführern trotzte, entsprang zwar zum Teil seinem Temperament, beruhte aber auch auf der Stärke seiner Position in der Partei.

## Erzbergers frühe Tätigkeit im Reichstag

Das war die Situation in der Partei, aus der heraus Erzberger seinen aufsehenerregenden politischen Aufstieg nahm. Seine Fähigkeit, frei zu sprechen, wandte er im Reichstag immer dann an, wenn ein Gegenstand zur Sprache kam, bei dem ihm seine württembergischen Erfahrungen nützlich waren. Eine Aufzählung einiger Themen, zu denen er während seiner ersten Sitzungsperiode (Dezember 1903 bis Juni 1904) sprach, zeigt den Umfang seiner Interessen. Er sprach über Fragen des Münzwesens, Sonntagsruhe für Post- und Eisenbahnarbeiter, eine Kommission zur Untersuchung von Problemen des Handwerks, Entschädigungen für die durch Quartierleistungen besonders belasteten Gebiete, Schutz für das Schusterhandwerk vor der Konkurrenz durch das Militär, Fleischbeschau, Schutz der Winzer vor Reblausschäden — um nur einige wenige Themen zu nennen.[14]) Er erkannte, welch großen propagandistischen Wert es für ihn hatte, seine Gegner zu reizen und zu persönlichen Bemerkungen herauszufordern. Seine ersten großen Reden vom 26. Januar und 5. Februar 1904 enthielten scharfe Antworten auf sozialdemokratische Kritik an der Sozialpolitik des Zentrums. Sie riefen zornige Erwiderungen von Fischer und Wurm hervor, zwei sozialdemokratischen Abgeordneten, die sich darauf spezialisiert hatten, die angebliche Unzulänglichkeit der Sozialpolitik des Zentrums anzuprangern. Seit diesem Zusammenstoß galt Erzberger als ein unnachgiebiger Feind des Marxismus, ein Leumund, der ihm noch bis weit in den Krieg hinein anhaftete.[15])

Die umfangreiche Redetätigkeit des jungen Abgeordneten ärgerte die anerkannten Führer des Zentrums. Sie waren es gewohnt, die Themen stets untereinander aufzuteilen; neue Abgeordnete sollten nach ihrer Vorstellung mehr gesehen als gehört werden. Mindestens aber wurde von einem jungen Mann erwartet, daß er sich von den Parteiführern beraten ließ und sich Ratschlag und Tadel fügte. Erzberger zeigte sich jedoch jetzt, ebenso wie später, vollkommen gleichgültig gegenüber Ermahnungen aus dem Munde der Parteigewaltigen. Die Sünde, außer der Reihe zu sprechen, machte er wieder gut durch die große Wirksamkeit seiner Reden. Wenn er das Wort ergriff, füllten

---

14) Erzberger, *Die Zentrumspolitik im Reichstag*, Koblenz 1904, Bd. I, *passim*. Im folgenden zitiert als Erzberger, *Zentrumspolitik*.
15) *Verhandlungen des Reichstags*, XI. Legislaturperiode, 26. Januar 1904, Bd. 196, S. 510—516 und 5. Februar 1904, S. 714—720.

sich in der Regel die Bänke; seine Gewandtheit, sein Witz und seine Kenntnisse wurden von Freund und Feind zugleich bewundert. Sein erstaunliches Gedächtnis, zusammen mit seinem Fleiß, brachte ihn bald in den Ruf der Allwissenheit, besonders wenn es um parlamentarische Präzedenzfälle ging. Er benutzte die Jahre 1903—1905, um die stenographischen Protokolle der Reichstagssitzungen der letzten dreißig Jahre systematisch durchzuarbeiten, wobei er sich umfangreiche Notizen für seine Kartei machte.[16]) Diese Kenntnisse ließ er großzügig Mitgliedern aller Parteien zuteil werden, so daß sogar Sozialdemokraten zu ihm kamen, wenn sie historisches Material für ihre Reden brauchten. Einige Jahre später schmeichelte er dem Reichstag in seiner Gesamtheit, indem er unter Benutzung seiner Kartei eine Blütenlese parlamentarischen Humors zusammenstellte, und er förderte damit den esprit de corps eines Gremiums, das für gewöhnlich in bitter verfeindete Parteigruppen zerspalten war.[17])

Erzbergers Allwissenheit isolierte ihn nicht, wie es oft bei gut informierten Parlamentariern geschieht, von den breiten Strömungen der öffentlichen Meinung. Während seiner ersten Sitzungsperiode im Reichstag wurde er in den Petitionsausschuß entsandt, der einen Sammelpunkt für die Interessengruppen des kaiserlichen Deutschlands bildete. Seine kühle, unsentimentale Einstellung zur Politik wird durch die Arbeit in diesem Ausschuß verstärkt worden sein. Aus dieser Zeit stammte auch eine Gewohnheit, die ihm in späteren Jahren so viel Spott und Feindseligkeit eintragen sollte, nämlich seine Hilfsbereitschaft allen zur Verfügung zu stellen, nicht nur seinen Wählern, sondern jedem, dem es gelang, zu ihm vorzudringen. Von allen Abgeordneten in Berlin war Erzberger der zugänglichste, und er fand die Zeit, eine erstaunliche Anzahl von Menschen zu empfangen. Er beriet sie bei allen Problemen, denen sie in ihrem Umgang mit den Behörden begegneten, und war stets bereit, sie bei jedem Beamten einzuführen, der ihnen bei der Erledigung ihrer besonderen Angelegenheit helfen konnte. Die Beamten waren häufig ungehalten über diesen, wie sie meinten, unzulässigen Druck, der auf sie ausgeübt wurde, und ärgerten sich über Erzbergers Ansicht, jeder Bürger besitze das Recht, grundsätzlich von jedem Beamten gehört zu werden, den er zu sprechen wünschte. Seine Gutherzigkeit war oft größer als seine Menschenkenntnis, so daß er gelegentlich, als seine Macht wuchs, seinen Namen von zweifelhaften Charakteren für zweifelhafte Zwecke mißbrauchen ließ.

Gröber trug dazu bei, daß Erzberger im Jahre 1904 in die einflußreiche Budgetkommission entsandt wurde — eine höchst ungewöhnliche Berufung für einen Mann, dem Alter und Erfahrung fehlten, für die aber Erzberger auf Grund seiner in Württemberg erworbenen Beherrschung von Finanz-

---

16) Hugo Baur, „Erzbergers Werdegang", in: *Allgemeine Rundschau*, 18. April 1931, S. 245.
17) Erzberger, *Der Humor im Reichstage. Eine systematisch geordnete Sammlung von Parlamentsscherzen*, Berlin 1910.

fragen wohl vorbereitet war.[18]) Rasch zum fleißigsten Mitglied der Kommission geworden, meldete er sich stets von sich aus, wenn eine weniger reizvolle Aufgabe zu erledigen war. So wurde ihm zum Beispiel die Berichterstattung über eine Gesetzesvorlage zur Reform der Militärpensionen übertragen. Das bedeutete die Behandlung komplizierter rechtlicher und finanzieller Fragen wie die der verschiedenen Ansprüche von Freiwilligen und Eingezogenen, der Methode zur Ermittlung des Prozentsatzes der Invalidität bei Dienstbeschädigungen, der Abstufung der Pensionszahlungen, der Möglichkeit, abgewiesene Forderungen vor ein höheres Gericht zu bringen, und des besten Weges, das gesamte Projekt zu finanzieren. Erzbergers Bericht fand wegen seiner klaren und lebendigen Darstellung einer komplizierten Materie allgemeine Anerkennung. Der preußische Kriegsminister General Karl von Einem erklärte begeistert: „Wenn ein neuer Antrag kommt, den ich nicht gleich verstehe, frage ich zuerst Erzberger. Der kann immer gleich Auskunft geben und weiß viel besser Bescheid als meine Offiziere und Beamten." Erzberger erhielt für seine Arbeit eine offizielle Danksagung von der Militärverwaltung.[19]) Die Bestimmungen des neuen Gesetzes besprach er in populärer Form in zwei Broschüren, die bald zur Standardlektüre in militärischen Kreisen gehörten; sein Name wurde Millionen von Menschen ein Begriff.[20]) Die zahlreichen Bezieher von Militärpensionen sahen voller Bewunderung von nun an in ihm ihren energischen Fürsprecher.[21])

Erzberger benutzte seine Feder, um die allgemeine Aufmerksamkeit auf die Anliegen weiterer Gruppen zu lenken. So gewann er besondere Beliebtheit beim katholischen Klerus, weil er die strittige Frage der Angleichung seiner Gehälter an die der protestantischen Pfarrer und eine Überprüfung der bestehenden staatlichen Regelungen in Angriff nahm. Er bewies durch sorgfältige statistische Berechnungen, daß die katholischen Geistlichen überall, außer in Bayern, geringer besoldet würden als ihre protestantischen Kollegen. Den protestantischen Einwand, der diesen Unterschied durch den Hinweis auf das Zölibat zu rechtfertigen suchte, zog er ins Lächerliche. Der Staat diskriminiere auch bei der Bezahlung anderer Beamten nicht die Junggesellen; die Gehälter richteten sich überall nach der Schwierigkeit der Aufgaben und der dafür notwendigen Ausbildung und Erfahrung, niemals nach den persönlichen Umständen des Empfängers. Dieser Grundsatz erfordere eigentlich, so argumentierte Erzberger scherzhaft, daß katholische Geistliche ein höheres Gehalt als protestantische Pfarrer bekommen müßten, da ihre Pflicht der Sakraments-

---

18) Bachem, *Zentrumspartei,* Bd. VI, S. 343, betont Gröbers Rolle und sagt, der Fraktionsvorstand des Zentrums habe Erzbergers Entsendung nie erörtert.

19) *Ibid.*, S. 351. General von Einem, der Parlamentarier im allgemeinen verachtete, gibt eine günstige Schilderung von Erzberger in seinem Buch *Erinnerungen eines Soldaten,* Berlin 1933, S. 69 f.

20) Erzberger, *Das neue Militärpensionsgesetz für Mannschaften und Militäranwärter,* Berlin 1906, und *Was man von dem neuen Militärpensionsgesetz wissen muß,* Berlin 1906.

21) In seinen *Denkwürdigkeiten,* II, S. 217, nimmt Bülow die Schaffung des Militärpensionsgesetzes für sich in Anspruch und erwähnt dabei Erzberger kleinlicherweise nicht.

verwaltung umfassender sei; er beeilte sich jedoch hinzuzufügen, daß die katholische Kirche einen solchen Anspruch natürlich niemals erheben werde. Sie werde nie um Begünstigungen bitten, müsse aber auf ihren Rechten bestehen. Die deutschen Staaten seien zwar stolz auf ihre religiöse Unparteilichkeit, aber ihre Diskriminierung der katholischen Geistlichen strafe diese Behauptung Lügen. Außerdem hätten die meisten Staaten rechtliche und moralische Verpflichtungen der Kirche gegenüber nach den Bestimmungen der Säkularisationsbeschlüsse von 1802. Erzberger verwies auf sein im Jahre 1902 veröffentlichtes Buch über den Kirchenraub in Württemberg, in dem er bewiesen hatte, daß der Staat aus den Zinsen des beschlagnahmten Vermögens mehr einnehme, als er jährlich für die Kirche ausgebe.[22]) Dieser unerträglichen Lage, die der Vernunft und Gerechtigkeit, den historisch begründeten Rechten und dem Grundsatz der religiösen Parität widerspreche, müsse ein Ende gemacht werden.[23])

Eine weitere Schrift Erzbergers trat für einen Vorschlag des Zentrums — den sogenannten Toleranzantrag — ein, der die noch bestehenden Diskriminierungen der Katholiken beseitigen sollte.[24]) Darin gab er zu, daß die allgemeine Lage der Kirche in den meisten Teilen Deutschlands zufriedenstellend sei, unterstrich jedoch die lästigen Beschränkungen, die in den protestantischen Staaten Sachsen, Braunschweig und Mecklenburg noch bestanden. In diesen Ländern machte der Staat die Abhaltung katholischer Gottesdienste von einer besonderen Erlaubnis abhängig; Priester durften keinen dauernden Wohnsitz dort haben; die Errichtung von Klöstern war untersagt; dem katholischen Religionsunterricht in den Schulen wurden Hindernisse in den Weg gelegt. Es bestand wenig Aussicht, daß die Regierungen dieser Staaten von sich aus solche administrativen Benachteiligungen aufgeben würden, zumal die katholischen Minderheiten klein waren und die protestantische Mehrheit die bestehenden Diskriminierungen billigte. Das Zentrum schlug daher vor, ein Reichsgesetz zu erlassen, das die einzelnen Staaten zwinge, sich an bestimmte allgemeine Grundsätze der Toleranz zu halten. Ein solches Gesetz hätte zwar einen gegen die föderalistischen Grundsätze des Zentrums verstoßenden großen Schritt auf dem Wege zur Zentralisierung bedeutet, es wurde aber dennoch von der Partei vertreten, da ihr der Grundsatz der Glaubensfreiheit höher stand als die föderalistische Dezentralisierung. Der Toleranzantrag wurde wiederholt von der Mehrheit des Reichstags gebilligt, doch die Regierung behauptete jedesmal, Schwierigkeiten mit dem Bundesrat zu haben, und begrub die Frage auf diese Weise. Die Befreiung der katholischen Kirche von den noch vorhandenen Fesseln mußte bis zum Inkrafttreten der Weimarer Verfassung warten.

---

[22]) *Die Säkularisation in Württemberg von 1802—10. Ihr Verlauf und ihre Nachwirkungen*, Stuttgart 1902.
[23]) Erzberger, *Beiträge zur Parität in Württemberg*, Stuttgart 1903; eine allgemeinere Darstellung ist enthalten in Erzberger, *Klerus und Gehaltsfrage. Beiträge zur Parität in den deutschen Bundesstaaten*, Köln 1908.
[24]) Erzberger, *Der Toleranzantrag der Zentrumsfraktion des Reichstages*, Osnabrück 1906.

Erzbergers Schrift war eine energische Widerlegung der Argumente, die die Gegner des Toleranzantrags ins Feld führten. Die Liberalen liebten es, sich über die katholische Kirche lustig zu machen, wenn sie für Toleranz eintrat, und erinnerten an den berüchtigten Wolf im Schafspelz. Erzberger unterschied genau zwischen dogmatischer Toleranz — dem Irrtum also den gleichen Status zu gewähren wie der Wahrheit, was keine sich selbst achtende Kirche zugeben könne — und politischer Toleranz, das heißt, der Gewährung voller Glaubensfreiheit an alle Konfessionen, was im modernen interkonfessionellen Staat unerläßlich sei. Er behauptete, die katholische Kirche habe sich, zumindest in der neueren Zeit, häufig für religiöse Freiheit im politischen Sinne eingesetzt; seine Lieblingsbeispiele aus der Geschichte waren die Gründung des Staates Maryland im Jahre 1634, die „Declaration of Indulgence" Jakobs II. aus dem Jahre 1687 und die grundlegende päpstliche Enzyklika „Immortale Dei" vom 1. November 1885. Mit Vergnügen ging er auf die Herausforderungen der Protestanten ein, die – nach seinen temperamentvollen Ausführungen – gerne eine ganze Schreckenskammer voller Beweise für intolerante katholische Lehren vorführten; nichts gefiel ihm besser als historische Polemik. Die Bulle „Unam Sanctam" des Jahres 1302 habe nur im Mittelalter Bedeutung gehabt; der „Syllabus Errorum" von 1864 sei eine Reihe von ad hoc Feststellungen gewesen, die verschieden ausgelegt werden könnten, was übrigens gleichzeitig weitgehende Freiheit der Kirche beweise; die berühmte Ansprache Papst Pius IX. vom 22. Juni 1868 über die Beziehungen von Kirche und Staat (deren extreme Formulierungen von den Liberalen für außerordentlich bedeutsam gehalten wurden) sei in erster Linie gegen den von Österreich begangenen einseitigen Bruch des kurz zuvor abgeschlossenen Konkordats von 1855 gerichtet gewesen. So bestand Erzbergers Technik immer darin, die gröbsten Behauptungen, die seine Gegner aufstellen konnten, zu widerlegen und dann zu einem energischen Gegenangriff überzugehen. In der erwähnten Broschüre forderte er die deutschen Protestanten auf, den Balken im eigenen Auge zu suchen. Er legte eine höchst provozierende Darstellung der Entwicklung der Glaubensfreiheit im modernen Deutschland vor. Den Protestanten wurde darin vorgeworfen, das „schreckliche Prinzip des cuius regio eius religio" erfunden und den allmächtigen Staat mit seinem Recht, sich in religiöse Angelegenheiten einzumischen, verherrlicht zu haben. Die auf dem Skeptizismus des Herrschers beruhende religiöse Freiheit habe zwar im Preußen Friedrichs des Großen existiert, als Institution sei sie jedoch erst in den vom katholischen Frankreich beherrschten Staaten des Rheinbundes von 1806 in Erscheinung getreten; in die Verfassung habe man sie durch die deutsche Bundesakte von 1815 aufgenommen, die unter dem vorherrschenden Einfluß des katholischen Österreichs ausgehandelt worden sei. Dieses Argument war darauf berechnet, die protestantischen deutschen Nationalisten an einem empfindlichen Punkt zu treffen, nämlich in ihren am meisten gehegten Vorurteilen.

Ein wichtiger Faktor für Erzbergers Aufstieg zur Macht war die Korrespondenz für Zentrumsblätter, die er herausgab.[25]) Als er 1903 nach Berlin übersiedelte, kaufte er eine fast bankrotte Korrespondenz auf und bewies seine journalistische Begabung dadurch, daß er die Beiträge inhaltsreicher und lebendiger gestaltete — während er gleichzeitig persönlich recht gut daran verdiente. Die Artikel wurden rasch zur täglichen Nahrung für hungrige Redakteure kleiner Zentrumsblätter, wodurch Erzberger einen enormen Einfluß auf einen großen Teil der katholischen öffentlichen Meinung in der Provinz gewann. Auf diese Weise behielt er den Kontakt mit dem Volke, der den Führern auf nationaler Ebene so häufig verlorenging. Erzberger spezialisierte sich auf Sensationsgeschichten und setzte seinen Stolz darein, Neuigkeiten schneller als andere Nachrichtendienste zu bringen. Seine Eile führte oft zu Ungenauigkeiten, die widerrufen werden mußten und damit seinem Ansehen schadeten. Sein Freund Josef Hammer versuchte, ihn im Jahre 1907 zu überzeugen, das ganze Unternehmen aufzugeben, aber Erzberger weigerte sich mit der Begründung, es sei für ihn eine finanzielle Notwendigkeit. Er müsse genügend Vermögen ansammeln, damit seine Familie im Falle seines frühen Todes von den Zinsen leben könne, ohne das Kapital angreifen zu müssen; das sei ohne das Einkommen aus der journalistischen Tätigkeit nicht möglich.[26]) Dieses Argument zeigt die Sorgen eines Mannes von einfacher Herkunft, der in eine höhere soziale Schicht hineingeheiratet hatte und dadurch ein übertriebenes finanzielles Verantwortungsgefühl gegenüber seiner Familie entwickelte. Er hat die Korrespondenz bis zum Kriege aufrechterhalten.

Eine ganz andere Art von Veröffentlichung trug viel dazu bei, Erzbergers politischen Ruf zu mehren: der alljährliche Bericht über die Tätigkeit der Zentrumspartei im Reichstag nach dem Muster von zwei Veröffentlichungen, die den gleichen Dienst für zwei Landtage leisteten. Erzbergers Mentor Josef Eckard gab eine jährliche Übersicht über die Tätigkeit des Zentrums in Württemberg heraus, und Karl von Savigny, ein weniger bekannter preußischer Zentrumsführer, schilderte die Arbeit des preußischen Landtages.[27]) Erzbergers Berichte waren stets inhaltsreich, gut geschrieben und angefüllt mit nützlichen Zitaten. Sie wurden zu unentbehrlichen Nachschlagewerken für Politiker und Redakteure; ihr Wert lag in ihrer unangreifbaren Genauigkeit trotz der raschen Veröffentlichung innerhalb einer Woche nach dem Ende jeder Sitzungsperiode des Reichstags. Erzberger stellte nicht nur die Tätigkeit der Zentrumspartei dar, er lobte sie auch; das gleiche gilt für seine Schilderung der verschiedenen Parteiführer, vor allem seiner eigenen Person. Er benutzte die

---

[25]) Bachem, *Zentrumspartei*, Bd. VI, S. 343.
[26]) Hammer, *Erzberger*, S. 8.
[27]) Bachem, *Zentrumspartei*, Bd. VI, S. 343.

alljährlich erscheinenden Bände zur Selbstreklame, indem er über seine eigenen Reden und Anträge viel öfter und ausführlicher berichtete, als es seine tatsächliche Stellung in der Partei rechtfertigte.[28])

Durch diese Vielgeschäftigkeit war Erzberger zwar prominent geworden, aber es fehlte ihm noch immer die Verbindung seines Namens mit einer wichtigen politischen Frage, um auch außerhalb des Parlaments zu einer bekannten Persönlichkeit des öffentlichen Lebens zu werden. Er bewies nun seinen ungewöhnlichen politischen Instinkt, indem er sich bereits im Jahre 1905 auf die Kolonialpolitik zu spezialisieren begann, kurz bevor sie in den Mittelpunkt des politischen Interesses rückte. Bisher hatte er ausschließlich über die sozialen und wirtschaftlichen Probleme gesprochen, die ihm aus seiner Tätigkeit in Württemberg vertraut waren. Während seiner dritten Sitzungsperiode (1905—1906) wendete er jedoch seine Aufmerksamkeit afrikanischen Angelegenheiten zu, einem Gebiet, auf dem das Zentrum keinen Sprecher hatte, der den Standpunkt der Partei überzeugend vertreten konnte. Die meisten Zentrumsführer und -wähler, besonders in Süddeutschland, betrachteten koloniale Unternehmen als Steckenpferd der Hanseaten, das zwar geduldet, aber niemals ermutigt werden durfte; solche Unternehmen auch noch einer ernsthaften Untersuchung zu würdigen, schien ihnen bereits verdächtig. Erzberger überwand diese Vorurteile, vertiefte sich in Kolonialliteratur und offizielle Berichte und wurde alsbald zum Hauptsprecher des Zentrums für alle Kolonialfragen.[29])

## Erzbergers Feldzug gegen die Kolonialskandale

Erzberger war entsetzt über die Zahl der Skandale, die er innerhalb der deutschen Kolonialverwaltung aufstöberte. Wie sozialdemokratische Kritiker es schon vor ihm getan hatten, stellte er das völlige Fehlen einer einzigen richtunggebenden Instanz fest, die verantwortlich gewesen wäre für die Aufstellung von Grundsätzen über die Behandlung der Eingeborenen, über die wirtschaftliche Entwicklung oder die Organisation der Kolonialverwaltung. Der Reichstag besaß keinerlei wirksames Mitspracherecht in Kolonialangelegenheiten, außer wenn diese den Etat betrafen. Diesen Etat aber hatte die Regierung häufig nicht beachtet, indem sie Gelder nach eigenem Ermessen ausgab und dann zusätzliche Mittel verlangte, die nicht abgelehnt werden

---

[28]) Dies geht am deutlichsten aus den Namensregistern der ersten beiden Bände von Erzbergers *Zentrumspolitik* hervor. In dem im Juni 1904 veröffentlichten Band wird der süddeutsche Parteiführer Gröber 44mal erwähnt, die beiden rheinischen Führer Spahn und Trimborn 26- bzw. 25mal, während die Bemühungen Matthias Erzbergers, des Neulings aus Biberach, 35mal erwähnt werden — einschließlich der ausführlichen Wiedergabe einer seiner antisozialistischen Reden, die 20 Seiten in einem schmalen Band von 174 Seiten einnimmt. In dem Juni-Band von 1905 ist Erzberger zum ersten Platz aufgestiegen: er wird 40mal, Spahn 38-, Gröber 32-, Trimborn 14mal erwähnt.

[29]) Die besten Übersichten über die Kolonialpolitik des Zentrums sind enthalten in Hans Pehl, *Die deutsche Kolonialpolitik und das Zentrum 1884—1914*, Limburg 1934, und Bachem, *Zentrumspartei*, Bd. V, S. 50—60.

konnten. Erzberger forderte eine Erweiterung der Kontrollrechte des Reichstags und, als natürliche Folgerung, die Erziehung zu öffentlicher Wachsamkeit; dies sei der beste Weg, um Ordnung in die Kolonialverwaltung zu bringen.[30])

Die Systemlosigkeit war nur ein Teil dessen, was Erzberger das „koloniale Fiasko" nannte. Er fand viele Beispiele der groben Unfähigkeit und, noch schlimmer, der Grausamkeit einzelner Beamter — Fälle von Veruntreuung, Folterung und sogar Mord. Die Mißhandlungen der Eingeborenen beruhten zum Teil auf den rohen Ansichten der deutschen Kolonialbeamten über die Minderwertigkeit der Neger und zum Teil auf dem Umstand, daß diese Beamten keine besondere Ausbildung für ihre schwierige Aufgabe genossen hatten. Von Kolonialbeamten wurde, wie von allen deutschen Beamten, erwartet, daß sie ein juristisches Studium an einer deutschen Universität absolviert hatten, wenn auch zum Beispiel nicht ganz einzusehen war, welche Bedeutung die Kenntnis des deutschen Bürgerlichen Gesetzbuchs für die Verwaltung eines Gebietes mit Negerbevölkerung haben sollte. Bürokratische Hilflosigkeit angesichts nicht vertrauter Verhältnisse war häufig der Grund für rücksichtslose Grausamkeiten. Als Abhilfe schlug Erzberger die exemplarische Bestrafung einiger notorischer Missetäter vor, nachdem das Kolonialamt in Berlin bisher alles getan hatte, um die Schuldigen zu schützen. Er regte gleichzeitig die Einrichtung einer neuen Schule an, die sich auf die Ausbildung von Beamten für die überseeischen Verwaltungsgebiete spezialisieren sollte. Er forderte, der Kolonialbeamte müsse in seinen Beziehungen zu den Eingeborenen nach den Grundsätzen der christlichen Ethik handeln und anerkennen, daß der Neger ebenso mit einer unsterblichen Seele ausgestattet sei wie der Deutsche. Dies waren Feststellungen, die auf wenig Gegenliebe stießen und einen Tumult im Reichstag hervorriefen, als Erzberger sie nüchtern vortrug. Seine religiösen Überzeugungen machten ihn völlig immun gegenüber jeder Art von Rassenchauvinismus.[31])

Das dritte Angriffsziel in Erzbergers Feldzug waren die Privilegien, die eine nachlässige Regierung den Lieferfirmen für die Kolonien gewährt hatte. Eine Firma namens Tippelskirch besaß ein Monopol für die Lieferung von Waren an die in Südwestafrika stationierte deutsche Truppe; unter Benutzung von Informationen, die einige neidische Konkurrenten der Firma Tippelskirch ihm hatten zukommen lassen, wies Erzberger nach, daß der Regierung phantastische Preise berechnet worden waren. Die darauf einsetzende öffentliche Empörung erzwang eine Kündigung des Vertrages. Die Hamburger Schiffahrtslinie Woermann hatte ein Fracht- und Landungsmonopol für die gleiche Kolonie, das sie benutzte, um sehr viel höhere Frachtkosten zu fordern als andere

---

[30]) Erzberger, *Die Kolonial-Bilanz*, Berlin 1906, S. 22—27. *Verhandlungen des Reichstags*, 19. März 1906, XI. Legislaturperiode, Bd. 216, S. 21, 29—36.

[31]) Erzberger, *Kolonial-Bilanz*, S. 73—85; Erzberger, *Kolonial-Berufe*, Berlin 1912, *passim*. Der Tumult im Reichstag fand am 19. März 1908 statt, XII. Legislaturperiode, Bd. 231, S. 4092—4103, besonders S. 4098. Siehe auch Erzberger, *Zentrumspolitik*, Bd. VI (1908), S. 11 f., 75—85.

Firmen für vergleichbare Leistungen. Erzberger erzwang die Kündigung auch dieses Vertrages. Der Deutschen Kolonialgesellschaft für Südwestafrika gehörten 32 v. H. des Grund und Bodens dieser Kolonie. Die Aktionäre der Gesellschaft steckten erhebliche Gewinne ein, während die Kolonie große Zuschüsse aus der Reichskasse erhielt. Erzberger verlangte, daß dieser anomale Zustand durch die Einschränkung der Privilegien der Gesellschaft beendet werde. Der Eifer, mit dem er Ungerechtigkeiten aufdeckte, und seine tiefe Abneigung gegen jede Form der Privilegierung machten ihn zur bête noire all derer, die sich an den Mißständen in den Kolonien bereicherten.[32])

Reichskanzler von Bülow, dem Drängen des Kaisers selbst nachgebend, ernannte im November 1905 den Erbprinzen Ernst zu Hohenlohe-Langenburg zum Direktor des Kolonialamtes mit dem Auftrag, die Mißstände, die Erzberger und andere aufgedeckt hatten, zu beseitigen. Außer seiner Stellung als Prinz und der Tatsache, daß er gerade beschäftigungslos war, besaß der Prinz nur wenige Qualifikationen für sein neues Amt. Erzberger war nicht der einzige, der ihn für ungeeignet hielt, eine Aufgabe zu lösen, die nach einem rührigen Reformer verlangte. Außerdem erregte Hohenlohes prominente Stellung im antikatholischen Evangelischen Bund Erzbergers Mißtrauen. Jedenfalls gewährte er dem neuen Direktor keine Gnade und fuhr fort, koloniale Mißstände zu enthüllen. Es zeigte sich, daß Hohenlohe diesen Angriffen hilflos gegenüberstand und daß selbst sein ungewöhnlich befähigter Mitarbeiter, der junge Volkswirt Karl Helfferich, gezwungen wurde, vor Erzbergers unbarmherzigen Offenbarungen Schritt für Schritt zurückzuweichen. Die bittere persönliche Feindschaft zwischen diesen beiden glänzend begabten Männern, die so schicksalhafte Folgen für die Laufbahn beider haben sollte, datiert aus dieser Zeit.[33])

Erzbergers Feldzug gegen die Kolonialskandale wurde von den älteren Männern der Partei, die seinen moralischen Eifer nicht teilten und Schwierigkeiten mit der Regierung vermeiden wollten, nicht gerne gesehen. Als er seine Tätigkeit nun auch noch auf die persönlichen Beschwerden einzelner Beamter ausdehnte, die sich bei ihm über ungerechte Behandlung beklagten, empörte sich Peter Spahn über diese Verfahrensweise, die die bürokratische Disziplin in der Verwaltung unterminieren müsse; Erzberger entgegnete, eine schlechte Verwaltung und die ungerechte Behandlung Untergebener durch ihre Vorge-

---

[32]) Über den Vertrag mit der Firma Tippelskirch siehe Erzberger, *Zentrumspolitik*, Bd. II (1905), S. 71—78; Erzberger, *Kolonial-Bilanz*, S. 69 ff.; Erzberger, *Die Wahrheit über die deutschen Kolonien*, Berlin 1908, S. 30 ff.; *Verhandlungen des Reichstags*, XI. Legislaturperiode, Bd. 216, S. 2235—2238, 23. März 1906. Über den Vertrag mit der Firma Woermann siehe Erzberger, *Kolonial-Bilanz*, S. 71 ff.; *Verhandlungen des Reichstags*, XI. Legislaturperiode, Bd. 216, S. 2257 f., 24. März 1906 und S. 2605 ff., 4. April 1906. Über die Deutsche Gesellschaft für Südwestafrika siehe Erzberger, *Die Wahrheit*, S. 34 f., Erzberger, *Millionengeschenke*, Berlin 1910, *passim;* Erzberger, *Zentrumspolitik*, Bd. VIII (1910), S. 44—48, und Bd. IX (1911), S. 47 f.

[33]) Eine unfreundliche Schilderung Hohenlohes bringt Bachem in: *Zentrumspartei*, Bd. VI, S. 334 ff.; eine günstigere Darstellung gibt Joachim Haferkorn, *Bülows Kampf um das Reichskanzleramt im Jahre 1906*, Würzburg 1939, S. 46 ff. Die Hauptzusammenstöße zwischen Erzberger und Hohenlohe und Helfferich können nachgelesen werden in: *Verhandlungen des Reichstags*, XI. Legislaturperiode, Bd. 214, S. 320—338, 14. Dezember 1905, und S. 632—637, 18. Januar 1906.

setzten gingen meist Hand in Hand. Bei der Erörterung von Ungerechtigkeiten gegen einen Gerichtsaktuar namens Koch, der wertvolle Informationen über Mißhandlungen von Eingeborenen in Ostafrika geliefert hatte, unterlief Erzberger jedoch ein Irrtum; diese Gelegenheit ergriff Spahn, seinem streitbaren Zentrumskollegen eine Lehre zu erteilen. Im Namen der Partei desavouierte er öffentlich Erzbergers Feldzug gegen die Kolonialskandale und erklärte im Reichstag, der junge schwäbische Abgeordnete habe nur im eigenen Namen gesprochen. Fast jeder andere wäre durch einen solchen Tadel seines Parteiführers zum Schweigen gebracht worden, Erzberger aber meldete sich unbekümmert in einem späteren Stadium der Debatte wieder zu Wort:

> „Ich habe meine Ansicht ausgesprochen, und ich glaube, ich habe nie ein Hehl daraus gemacht, wie meine Ansicht ist. Der Herr Abg. Dr. Spahn hat daraufhin seine Privatansicht ausgesprochen, die von der meinigen abweicht; das braucht nicht zu überraschen, daß in einer so großen Fraktion mit 100 Mitgliedern die Ansichten einmal auseinandergehen. Das nehme ich niemand übel, wenn jemand gegen mich aus meiner eigenen Fraktion einmal auftritt. Das kann man nicht verhindern, das ist jedermanns gutes Recht, wie ich es auch für mich in Anspruch nehme, meine Ansicht auszusprechen."[34])

Erzberger machte damit unausgesprochen den gleichen Status für sich geltend, den der ältere, bedeutende Zentrumsführer genoß.

Die älteren Parteiführer entrüsteten sich über Erzbergers Unabhängigkeit und seine herablassende Art. Der prominente rheinische Abgeordnete Karl Bachem verlangte, daß die Partei Erzberger aus der Budgetkommission abberufe. Der Vorschlag erregte jedoch den Unwillen der demokratischen süddeutschen Elemente der Partei, insbesondere der Bayern unter der Führung von Georg Heim. Es begeisterte sie, daß Erzberger den norddeutschen Führern trotzte, und sie waren stark genug, jede disziplinarische Maßnahme zu verhindern. Daraufhin schied Bachem höchst verärgert selbst aus der Budgetkommission aus, wodurch aber Erzbergers Macht nur verstärkt wurde, weil er nunmehr als Hauptsprecher der Partei in der Kommission übrigblieb. Von der Aura des erfolgreichen Rebellen umgeben, setzte er seinen Feldzug gegen den unglückseligen Hohenlohe fort.[35])

Letzterer trat, seine eigene Unfähigkeit einsehend, im September 1906 von seinem Amt zurück, wofür Erzberger allgemein verantwortlich gemacht wurde. Ihm folgte Bernhard Dernburg, der im Ruf eines rücksichtslosen Geschäftsmannes stand. Er machte einen guten Anfang, indem er die Verträge mit Tippelskirch und Woermann kündigte. Erzberger versuchte, ihm dadurch zu helfen, daß er ihm einen großen Teil des von ihm gesammelten Materials über die Mißstände überließ. Diese Zusammenarbeit fand jedoch bald ein jähes

---

[34]) *Verhandlungen des Reichstags,* 15. März 1906, XI. Legislaturperiode, Bd. 216, S. 2049. Der Fall Koch wird von Erzberger erörtert *ibid.*, 13. März 1906, S. 1979 f., und 15. März 1906, S. 2048 f., und in *Kolonial-Bilanz,* S. 85—89.
[35]) Bachem, *Zentrumspartei,* Bd. VI, S. 346 ff.

Ende. Dernburg ärgerte sich, ebenso wie vor ihm Spahn, über das Interesse, das Erzberger und ein anderer Zentrumsabgeordneter, Hermann Roeren, an den bereits eröffneten Disziplinarverfahren gegen zwei Subalternbeamte, Wistuba und Pöplau, nahmen, die den Abgeordneten amtliches Material geliefert hatten. Als Roeren in der Reichstagssitzung vom 3. Dezember 1906 die schlechte Behandlung einiger Missionare in Togo zur Sprache brachte, schlug Dernburg mit der Behauptung zurück, Roeren und Erzberger hätten unrechtmäßigerweise versucht, politischen Druck auszuüben, um noch schwebende gerichtliche Entscheidungen zu beeinflussen. Er verurteilte diese Art von „Nebenregierung" als schädlich für das Verantwortungsbewußtsein der Exekutive und für die politische Moral. Roeren antwortete mit einem scharfen Angriff auf Dernburgs Vergangenheit als „Börsenjobber", während Erzberger sich mit Roeren, gegen den Dernburg seinen Hauptangriff gerichtet hatte, solidarisch erklärte. Beide wiesen seine Anschuldigungen zurück.[36])

Der Streit wurde am folgenden Tage beigelegt, aber er hatte einen bedeutenden Grad von Spannung zwischen der Regierung und einem Flügel der Zentrumspartei aufgezeigt. Diese Spannung war um so gefährlicher, als Bülow wahrscheinlich gerade damals Streit mit dem Zentrum suchte. Sein Prestige war vor kurzem durch das Scheitern seiner Marokko-Politik ins Wanken geraten; seine Stellung am Hof wurde unter anderem durch protestantische Intriganten bedroht, die seine angebliche Katholikenfreundlichkeit betonten. Seine Gegner beuteten die Tatsache aus, daß seine Frau katholisch war und daß er eine weniger ablehnende Haltung gegen die Katholiken gezeigt hatte als irgendein Kanzler vor ihm. Bülow gedachte wahrscheinlich, seine unsicher gewordene persönliche Position am besten dadurch zu stützen, daß er mit der Zentrumspartei brach und unter Entfachung der stets latenten antikatholischen Leidenschaften eine Wahl gewann. Er hoffte, die Freisinnigen für seine Politik gewinnen und einen politischen „Block" mit Freisinnigen und Konservativen bilden zu können.[37])

Die Gelegenheit bot sich am 13. Dezember 1906. Unter der Führung von Spahn beantragte das Zentrum bei der zweiten Lesung des Nachtragsetats, eine zusätzliche Geldforderung der Regierung für die Unterdrückung des Eingeborenenaufstandes in Südwestafrika um neun Millionen Mark zu kürzen. Der Kürzungsantrag, begleitet von genauen Empfehlungen für Sparmaßnahmen, wurde mit 177 gegen 168 Stimmen angenommen, unterlag aber einer erneuten Überprüfung bei der dritten Lesung. Bülow hätte leicht zu einem

[36]) *Verhandlungen des Reichstags*, 3. Dezember 1906, XI. Legislaturperiode, Bd. 218, S. 4084—4118. Dernburg fühlte sich stark, weil er wußte, daß die eigentliche Führung der Zentrumspartei ihren Kollegen nicht zu Hilfe kommen würde. Bülow schildert ein Treffen von Spahn und Gröber, bei dem beide Abgeordnete Kritik an Erzberger übten, und zitiert sogar Gröber, der bedauerte, Erzberger überhaupt in den Reichstag gebracht zu haben. *Denkwürdigkeiten*, Bd. I, S. 268 f. Die strittigen Tatsachen können, soweit sie Erzberger betreffen, in Anhang II nachgelesen werden.

[37]) Ein ungünstiges Urteil über Bülows Motive siehe bei Bachem, *Zentrumspartei*, Bd. VI, S. 390—393; für eine positive Meinung, Theodor Eschenburg, *Das Kaiserreich am Scheideweg*, Berlin 1929, *passim;* für eine neutrale Schilderung, George D. Crothers, *The German Elections of 1907*, New York 1941, S. 95—103.

Kompromiß mit dem Zentrum kommen können, warf aber bewußt den Fehdehandschuh hin. Er löste den Reichstag auf, weil er eine Gelegenheit sah, das Zentrum als antikoloniale und daher antinationale Partei zu brandmarken. Er wollte bei dem deutschen Wähler den Eindruck erwecken, daß die Haltung des Zentrums bei der südwestafrikanischen Abstimmung lediglich der Höhepunkt einer langen Reihe „antikolonialer Sünden" sei. Da Erzbergers längerer Feldzug gegen die kolonialen Mißstände vorausgegangen war und die dramatische Auseinandersetzung zwischen Dernburg, ihm und Roeren erst zehn Tage zurücklag, erschien dieser Vorwurf einigermaßen plausibel.[38])

Die Regierung, unterstützt von den Konservativen und den liberalen Parteien, stellte das Zentrum als eine Partei egoistischer Politiker hin, die den parlamentarischen Augenblickserfolg höherstellten als die Bedürfnisse des in der afrikanischen Wüste kämpfenden tapferen deutschen Soldaten. Eine berühmte Karikatur zeigte Erzberger und Roeren, die hohnlächelnd einen toten deutschen Soldaten in Südwestafrika betrachten. Die Unterschrift lautete: „Die Fraktionsinteressen stehen ihnen höher!"[39]) Rechtsgerichtete Organisationen sahen in Erzberger das verlockendste Angriffsziel, was ihm erstmals zu nationaler Berühmtheit verhalf. Der Flottenverein, eine angeblich überparteiliche Organisation, finanzierte die Verteilung von Flugschriften, die von der Presseabteilung des Kolonialamtes unter den Titeln „Lügen des Herrn Erzberger" und „Die koloniale Lügenfabrik" verfaßt worden waren.[40]) Erzberger befand sich in der schwierigen Lage, daß viele Anhänger des Zentrums ihn beschuldigten, durch seinen von der Partei nicht gebilligten Feldzug gegen die Kolonialskandale die Auflösung des Reichstags provoziert zu haben. Sie vergaßen dabei, daß der Bruch mit der Regierung durch einen Antrag von Erzbergers Gegner Spahn hervorgerufen worden war und daß Bülow die Abstimmung über eine unwesentliche Kolonialfrage niemals als Grund zur Auflösung benutzt hätte, wenn er nicht ohnehin auf der Suche nach einem Vorwand gewesen wäre. Von Freund und Feind zugleich angegriffen, setzte Erzberger alles daran, seinen Wert für die Partei unter Beweis zu stellen. Er versuchte, zur Offensive überzugehen, indem er Bülow absolutistischer Neigungen beschuldigte und nachdrücklich betonte, daß der Kanzler das Budgetrecht des Reichstags wiederholt mißachtet habe. Außerdem warf er ihm vor, er spalte das deutsche Volk durch die Verschärfung der religiösen Gegensätze.[41])

Der Wahlfeldzug verwickelte Erzberger in einen unangenehmen Vorfall, der ihm bis zum Ende seines Lebens anhängen sollte. Am 4. und 5. Februar

---

[38]) Über Spahns im Grunde freundliche Einstellung zur Regierung im Dezember 1906 siehe den Artikel von seinem Sohn Martin Spahn, „Das Jahr 1906", in: *Das Deutsche Volk*, Bd. III, Berlin 15. Juli 1928, *passim*. Artur Rosenbergs Ansicht, die er in *Entstehung der deutschen Republik*, S. 52, äußert, daß Spahn sich für Dernburgs Angriff gegen Erzberger und Roeren rächen wollte, wird widerlegt von Bachem, *Zentrumspartei*, Bd. VI, S. 365.

[39]) Erzberger, *Bilder aus dem Reichstagswahlkampf 1907*, Berlin 1907, S. 26.

[40]) Erzberger, *ibid.*, S. 48. A. Keim, *Erlebtes und Erstrebtes*, Hannover 1925, S. 125.

[41]) Das waren die Hauptthemen von Erzbergers Flugschrift *Warum ist der Reichstag aufgelöst worden?*, Berlin 1906.

1907, den beiden letzten Tagen der Wahlkampagne, veröffentlichte er anonym zwei Artikel in einer bekannten Tageszeitung des Zentrums, „Bayerischer Kurier". Sie legten die Agitation des Flottenvereins in den vorangegangenen Wochen bloß und zeigten, wie diese angeblich überparteiliche Organisation, zu der Protestanten und Katholiken gleicherweise gehörten, sich an einer unverhohlenen Agitation für die Regierung und gegen das Zentrum beteiligt hatte. Erzbergers Beweis war unwiderlegbar: er druckte Briefe des Geschäftsführers des Vereins, des Generals August Keim, an verschiedene Bezirksvorsitzende ab, in denen jener Ratschläge erteilte, wie sie bei der Agitation gegen Erzberger und das Zentrum verfahren sollten. Keim bestritt die Echtheit der Briefe nicht, behauptete aber, daß sie aus seinem Büro gestohlen worden seien und veranlaßte ein Verfahren gegen Paul Siebertz, den Herausgeber des „Bayerischen Kurier". Die offiziellen Ermittlungen konzentrierten sich bald auf einen Registraturgehilfen namens Oskar Janke, den die Staatsanwaltschaft am 16. März 1907 zu verhaften versuchte. Es erwies sich jedoch, daß er in ein belgisches Benediktinerkloster verschwunden und für ein Verhör nicht verfügbar war. Die Briefe waren nach ihrer Abschrift in die Akten des Flottenvereins zurückgelegt worden, was aber die Straftat im Grunde nicht geringer machte. Das Gericht interessierte sich für Erzberger, da man annahm, daß er die Artikel geschrieben habe, und er wurde in dem Verfahren gegen Siebertz als Zeuge geladen. Der Richter stellte ihm zwei präzise Fragen: ob er wisse, 1. wie die Artikel in den „Bayerischen Kurier" gekommen seien und 2. ob Janke das Material für die Artikel geliefert habe? Erzberger weigerte sich, diese Fragen zu beantworten, da er sich damit möglicherweise „selbst die Gefahr strafrechtlicher Verfolgung zuziehen würde". Es war klar, daß er die Briefe von Janke bekommen und sie benutzt hatte, um den Flottenverein anzugreifen. Seine Feinde behaupteten, er habe den Diebstahl veranlaßt, und es sei charakteristisch für ihn, sich auf diese Weise Informationen zu verschaffen. Diese Version wurde niemals bewiesen. Erzberger machte später geltend, seine Selbstbeschuldigung habe sich nicht auf den Diebstahl, sondern lediglich auf die Verletzung des Urheberrechts an den Briefen, also auf ein weit weniger schweres Vergehen bezogen. Janke habe ihm die Briefe aus freien Stücken gebracht, aus Zorn über den rücksichtslosen antikatholischen Feldzug des Flottenvereins. Im Ergebnis gab Erzberger zu, sowohl die Artikel geschrieben, als auch das unrechtmäßig aus den Akten des Flottenvereins entnommene Material benutzt zu haben. Es kann kein Zweifel bestehen, daß dieses Verhalten seinem moralischen Ruf geschadet hat. Man darf jedoch nicht vergessen, daß er stark provoziert worden war und daß er in Selbstverteidigung handelte. Der Flottenverein führte einen systematischen Rufmord-Feldzug gegen ihn persönlich und gegen die Katholiken im allgemeinen; dabei verstieß er gegen seine eigenen Statuten, die politische Unparteilichkeit vorschrieben, und mißbrauchte das Vertrauen von Tausenden begeisterter katholischer Marinefreunde, die dem Verein ihre Beiträge gezahlt hatten. Die Methoden und Informationen, die Erzberger bei seinem sensationell erfolgreichen Gegenangriff verwandte, mochten bedenklich sein, aber die Politik ist ein rauhes Handwerk, und in dem erbitterten Wahlkampf von 1907 war keine Seite bereit, Pardon zu geben.[42])

Bei den Wahlen errang Bülow einen Pyrrhus-Sieg. Sein sogenannter „Block" aus Konservativen, Nationalliberalen und Freisinnigen gewann 216 von 397 Sitzen, obwohl er nur 43 v. H. der Stimmen vertrat; dies war ein Ergebnis der völlig veralteten Wahlkreiseinteilung. Das Zentrum, dem es gelungen war, die Zahl seiner Sitze von 100 auf 105 zu erhöhen, ging als moralischer Sieger aus der Wahl hervor, obwohl es nun zusammen mit den Sozialdemokraten in die Opposition gedrängt worden war. Die Partei beabsichtigte jedoch, nur solange in dieser Stellung zu verharren, wie der Block zusammenhielt; und da Konservative und Freisinnige über die meisten Probleme, denen sich Deutschland gegenübersah (einschließlich der schwierigen Frage des Dreiklassenwahlrechts), verschiedener Meinung waren, wollte Bülow sich wohl selber Mut machen, als er hoffnungsvoll von „der Paarung von dem konservativem und dem liberalem Geist" sprach. Die Führer des Zentrums warteten zuversichtlich auf den Tag, an dem die von ihren liberalen Partnern bedrängten Konservativen den Wunsch haben würden, die Zusammenarbeit mit dem Zentrum wieder aufzunehmen.[43])

Durch Erzbergers Kolonialfeldzug war es gelungen, eine aufgeklärte öffentliche Meinung für Kolonialfragen zu interessieren. Dernburg erkannte trotz seines persönlichen Streites mit den Zentrumsabgeordneten die grundsätzliche Berechtigung ihrer Anschuldigungen an und führte ihre Vorschläge sowohl vor als auch nach den Wahlen durch. Dadurch erregte er den Unwillen gerade jener Kreise, die sich Erzbergers Reformversuchen widersetzt hatten, wie Erzberger Anfang 1908 in einer Broschüre mit dem Untertitel „Glänzende Rechtfertigung der Kolonialpolitik des Zentrums durch den Staatssekretär Dernburg" betonte.[44]) Er begrüßte es, daß „der materialistische Grundsatz, der die Eingeborenen als Ausbeutungsobjekte für die Weißen betrachtet", durch den „christlichen Grundsatz der Humanität, der Gerechtigkeit und der Mildtätigkeit" ersetzt worden sei.[45]) Dernburg leitete eine „negererhaltende Poli-

---

42) Über den gesamten Fall Janke siehe Grotthus, „Erzberger, ein Kalauer der Weltgeschichte", in: *Der Türmer*, Heft 9, Februar 1918, S. 517 f., eine nachträgliche Zusammenfassung. General Keim schildert den Fall in *op. cit.*, S. 118—125, und druckt einige relevante Dokumente ab, u. a. die Erklärung des Landgerichts Berlin I, Strafkammer (S. 119), und Siebertz' Entschuldigung vom 1. Oktober 1907 (S. 122 f.). Siehe: *Der Erzberger-Prozeß*, Berlin 1920, S. 751—756, 855 f, 878, 901 f., 1051 ff., im folgenden zitiert als *Prozeß*. Zur Verteidigung von Erzbergers Verhalten siehe S. Löwenstein, *Der Prozeß Erzberger—Helfferich*, S. 88—91.

43) G. Crothers, *op. cit.*, S. 166—184, bringt eine gute Analyse der Wahlergebnisse.

44) Erzberger, *Die Wahrheit über die deutschen Kolonien. Glänzende Rechtfertigung der Kolonialpolitik des Zentrums durch Staatssekretär Dernburg*, Berlin 1908.

45) *Ibid.*, S. 6—15.

tik“ ein, gab Gesamtrichtlinien für die Kolonialverwaltung heraus, reformierte die Ausbildung der Kolonialbeamten und widerrief viele der ungerechtfertigten Privilegien, die den Privatfirmen gewährt worden waren. Als er sich 1910 in der Frage der Diamantenverträge gegenüber der Deutschen Kolonialgesellschaft nicht fest genug zeigte, wandte sich Erzberger, der persönliche Antipathien vergessen und ihm nach 1907 freundschaftlichen Beistand geleistet hatte, gegen ihn und beteiligte sich daran, ihn aus dem Amte zu drängen.[46]) Inzwischen aber hatte Deutschlands Kolonialverwaltung einen Stand erreicht, der einen Vergleich mit jeder anderen Macht aushalten konnte.

Die weitreichenden Verbesserungen in der deutschen Kolonialpolitik nach 1906 sind zu einem nicht unerheblichen Teil Erzbergers Verdienst. Auf Grund seiner Rolle als Parlamentarier mußte er sich darauf beschränken, die Funktion eines Kritikers und lästigen Nörglers auszuüben; seine mutige Aufdeckung kolonialer Mißstände in den kritischen Jahren 1905–1906 kennzeichnete indessen den Wendepunkt in der deutschen Kolonialpolitik. Unglückseligerweise sollten seine kritischen Äußerungen den Siegermächten im Jahre 1919 in Versailles die moralische Grundlage dafür bieten, Deutschland die Kolonien fortzunehmen. Dies wiederum sollte dazu führen, daß Erzbergers nationalistische Kritiker ihm vorwarfen, er habe in unpatriotischer Weise dem Feinde Munition geliefert.[47]) In Wirklichkeit hatte Erzbergers Kritik, die den Anstoß zu notwendigen Reformen gab, der Entente jede echte moralische Rechtfertigung ihrer Annexionspolitik genommen. Seine ultrapatriotischen Kritiker haben nie begriffen, daß wirklicher Patriotismus nicht in urteilslosem Stolz auf das eigene Land besteht, sondern in dem Bemühen, aus diesem Lande ein Vaterland zu machen, auf das man in der Tat stolz sein kann. Diese Art von Patriotismus war die Triebfeder des Erzbergerschen Feldzuges für Kolonialreform. In der Wahl seiner Methoden hat er sich gelegentlich vergriffen, in seiner Kritik manchmal über das Ziel hinausgeschossen. Diese Mängel waren die Folge seiner rastlosen Aktivität und seines Eifers; ohne diese Eigenschaften hätte er es aber niemals gewagt, nahezu allein gegen die gesamte Kolonialverwaltung vorzugehen.[48]) Er fand seinen Lohn in der Einführung wichtiger Reformen und in der bedeutenden Stellung, die er so im parlamentarischen Leben Deutschlands errang.

---

46) Bachem, *Zentrumspartei* Bd. VII, S. 131.

47) Alliierte Antwort auf deutsche Gegenvorschläge, 16. Juni 1919, Teil IV, Abschnitt 1. Einen Abdruck bringt Alma Luckau, in: *The German Delegation at the Paris Peace Conference*, New York 1941, S. 434.

48) Eine eingehende Untersuchung über Erzbergers Kolonialfeldzug findet sich in einem Aufsatz des Verfassers „Erzberger and the German Colonial Scandals 1905—1910“, in: *English Historical Review*, Oktober 1959, S. 637—663.

# IV

# Die Vorkriegsjahre 1907–1914

## Einleitung

Im Jahre 1907 gehörte Erzberger zwar schon zu den prominentesten Persönlichkeiten des Zentrums, aber in den internen Gremien der Partei war sein Einfluß einstweilen noch gering. Seine Autorität als Fachmann für Kolonialfragen war unangefochten, die Art und Weise jedoch, wie er von dieser Stellung Gebrauch machte, hatte ihm die Feindschaft des gesamten rechten Parteiflügels eingebracht. Die Vertreter dieser Richtung führten das unerfreuliche Wahlergebnis von 1907 auf Erzbergers unbedachtes Vorgehen zurück und zwangen ihn, sich etwa zwei Jahre lang im Hintergrund zu halten. Erst zur Zeit der Finanzreform von 1909 gelang es ihm, wieder ins Rampenlicht zurückzukehren. Seine offizielle Aufnahme in den Fraktionsvorstand kam schließlich am 7. Februar 1912 zustande, aber er hatte in und außerhalb der Partei schon lange vor diesem Zeitpunkt eine sehr einflußreiche Rolle gespielt.

Während der letzten fünf Jahre vor dem Kriege war Erzberger an der Erörterung aller bedeutenden politischen Fragen hervorragend beteiligt — im Reichstag, auf öffentlichen Versammlungen wie durch einen endlosen Strom von Broschüren und Zeitungsartikeln. Er entwickelte eine umfassende Wirtschafts- und Sozialpolitik, auf die sich die Partei trotz ihrer heterogenen Zusammensetzung einigen konnte. Als dann beim sogenannten Zentrumsstreit ideologische Auseinandersetzungen um die Frage, ob das Zentrum eine enge katholische oder eine breite interkonfessionelle Partei sein solle, die Solidarität der Partei zu sprengen drohten, nahm er eine vermittelnde Stellung ein.

Weiterhin ein energischer Fürsprecher katholischer Anliegen, scheute er keine Anstrengungen, die Belästigungen der Orden, die Diskriminierung der Katholiken in der Bürokratie und das in der Armee noch immer zugelassene Duell zu bekämpfen. Er prangerte die Unterdrückung der polnischen Bevölkerung im östlichen Preußen an und verurteilte die dort angewandten rücksichtslosen chauvinistischen Verwaltungsmaßnahmen, die Deutschlands Ruf im Ausland so sehr geschadet hatten.

Die internationalen Spannungen der Vorkriegszeit zwangen Erzberger, sich auch mit außenpolitischen Fragen zu beschäftigen; in diesen Jahren bildete sich sein außenpolitisches Urteil. Er beteiligte sich führend an der Förderung der deutschen Aufrüstung zu Lande und zur See. Die politische Kontroverse spitzte sich weitgehend auf die Frage zu, nach welchen Methoden ausreichende Steuern zur Deckung der ständig wachsenden nationalen Verteidigungskosten aufgebracht werden könnten. Der Sitz in der Budgetkommission bot Erzberger den Vorteil, bei der gesamten Finanzgesetzgebung als Sprecher der Partei aufzutreten. Starke politische Auswirkungen hatte die Finanzreform von 1909 insofern, als sie zu Bülows Sturz führte. Der Kaiser hatte die Reform zum willkommenen Anlaß genommen, den Kanzler zu entlassen, von dem er glaubte, er habe ihn im Vorjahr bei der berühmten Daily-Telegraph-Affäre verraten. Erzberger wirkte maßgebend daran mit, das Mißtrauen Wilhelms gegen Bülow zu schüren. Die Unbeweglichkeit der deutschen Politik wurde jedoch offenbar, als die Affäre keinerlei verfassungsrechtliche Folgen hatte, obwohl sie manchem – darunter auch Erzberger – die Überzeugung vermittelte, dem Reichstag müßten erweiterte Befugnisse gewährt werden. Am Vorabend des ersten Weltkrieges glaubte Erzberger, die Einführung der parlamentarischen Regierungsform sei unausweichlich geworden, hegte aber gleichzeitig völlig falsche Vorstellungen von der künftigen parteipolitischen Konstellation in Deutschland. Er erwartete, daß eine regierungsfähige Koalition von Zentrum und Konservativen die Mehrheit im Reichstag gewinnen werde, und war maßlos in seinen Schmähreden gegen Liberale und Sozialdemokraten. Es ist eine Ironie der Geschichte, daß er nur drei Jahre später zum Hauptschöpfer der aus Zentrum, Liberalen und Sozialdemokraten gebildeten Weimarer Koalition werden sollte.

## Familienleben

Erzbergers vorübergehende Ausschaltung nach 1907 entsprang nicht nur der Unzufriedenheit über die provozierende Rolle, die er bei der Auflösung des Reichstages gespielt hatte. Das Zentrum hoffte, die Konservativen, die durch Bülows Konzessionen an ihre nationalliberalen Blockpartner beunruhigt waren, für sich zu gewinnen und damit den Bülowblock auseinanderzusprengen. Diese Parteistrategie verlangte eine Gewichtsverlagerung nach rechts und die Neutralisierung des linken Flügels mit Erzberger. Die älteren Parteiführer – Spahn, Hertling, Gröber, Trimborn – nahmen nun die Zügel fester in die Hand und waren entschlossen, Disziplinlosigkeiten in Zukunft zu unterdrücken. Es erleichterte ihre Aufgabe, daß Erzbergers Ruf durch die Pöplau- und Janke-Affären (beide kamen 1907 vor Gericht) gelitten hatte. So mußte er sich zurückhalten bis zur Zeit der Finanzreform im Jahre 1909, als die Partei in der Budgetkommission auf seine Fachkenntnisse nicht mehr verzichten konnte.

In diesen Jahren nach 1907, in denen er politisch brachlag, konnte sich Erzberger mehr als jemals sonst in seinem Leben seiner Familie und seinen Freunden widmen. Seine enge Freundschaft mit Dr. Josef Hammer, der nach Erzbergers Ermordung seine Papiere zu ordnen und seine finanziellen Angelegenheiten zu regeln hatte, begann im Jahre 1906. Der fünf Jahre jüngere, ebenfalls aus Württemberg gebürtige Hammer war ordinierter Priester. Von seinem Bischof nach Berlin geschickt, um dort an der Universität den Doktor der Philologie zu erwerben, lernte er Erzberger im Rahmen seines Amtes als Seelsorger an dem berühmten Hedwigskrankenhaus kennen, das in der Nähe von Erzbergers Wohnung lag. Die beiden Männer unternahmen viele gemeinsame Spaziergänge, bis Hammer im Jahre 1908 Berlin verließ, aber sie kamen auch später noch häufig zusammen.[1]) Hammer hat das Andenken an seinen berühmten Freund treu bewahrt und eine Schrift über ihn verfaßt, die wertvolle Angaben über Erzbergers Privatleben enthält. Über Erzbergers Ehe mit Paula Eberhard schreibt er:

> „Zwei scheinbar gegensätzliche Naturen hatten sich hier zusammengefunden: er voll der männlichsten Energie und eines kämpferischen Wagemutes – sie von zarter Gesundheit und vornehmer, fast scheuer Zurückhaltung. Und doch ergänzten sich beide zu einer selten glücklichen, harmonischen Ehe. Er trug seine schonungsbedürftige Gattin auf den Händen und tat für sie, was in seinen Kräften lag; sie lohnte es ihm durch eine anspruchslose Gegenliebe und ein musterhaft gepflegtes Heim."[2])

Im Jahre 1908 rettete Hammer Frau Erzberger das Leben. Sie war an Tuberkulose erkrankt und überzeugt, daß keine Aussicht auf Genesung bestehe, da vier ihrer Geschwister bereits an der gleichen Krankheit gestorben waren. Erzbergers Drängen, zur Kur nach Italien zu gehen, widersetzte sie sich, weil sie lieber an der Seite ihres Gatten als in einem fremden Lande sterben wollte. Es fügte sich, daß Hammer gerade zu dieser Zeit an einer schweren Rippenfellentzündung erkrankte, die einen längeren Erholungsaufenthalt in Italien notwendig machte. Er überredete Frau Erzberger, einige Monate mit ihm am Gardasee zu verbringen, wo ihre Gesundheit vollkommen wiederhergestellt

---

[1]) Die Angaben über Dr. Hammer stammen aus persönlichen Gesprächen mit ihm.
[2]) Hammer, *Erzberger*, S. 97.

wurde.[3]) Als ich Frau Erzberger, die ein hohes Alter erreicht hat, im Jahre 1956 in Stuttgart besuchte, sprach sie noch immer voller Dankbarkeit von Dr. Hammers Hilfe. Sie wohnte mit ihrer einzigen noch lebenden Tochter in einem katholischen Pflegeheim; ihre Wohnung enthielt viele Zeichen schlichter Frömmigkeit, die alle Freunde Erzbergers als den Hauptzug ihres Charakters bezeichneten.

Während Frau Erzberger in Italien Genesung suchte, wurden die Kinder von Erzbergers Mutter versorgt. Das älteste Kind, der einzige Sohn Oskar, war am 18. Dezember 1900 in Stuttgart geboren und zeigte bald dem Vater ähnliche Eigenschaften. Im Jahre 1907 kam er auf das humanistische Bismarck-Gymnasium in Berlin-Wilmersdorf, wo er besondere Begabung für Geschichte und Mathematik erkennen ließ. Seine Schwester Maria wurde am 13. Oktober 1902 in Stuttgart geboren.[4]) Den Erzbergerschen Haushalt schildert Hammer:

> „Im Hause Erzberger herrschten Frömmigkeit und Gnade, Pünktlichkeit und Ordnung, ein altdeutscher Familiensinn, der sonntags von den Kindern verlangte, daß sie die Hauptgedanken der gehörten Predigt schriftlich wiedergeben sollten. ‚Überhaupt', so schrieb Maria für mich auf, ‚bereiteten wir Kinder dem lieben Vater eine große Freude, wenn wir uns für religiöse Fragen recht interessierten. In mein Erstkommunion-Gebetbuch schrieb der liebe Vater mir folgende Widmung: ‚Liebe Maria! Der schönste Tag deines Lebens ist der 14. April 1912, an dem erstmals der Heiland in dein unschuldiges Herz Einzug hielt. Halte dich dein ganzes Leben hindurch bereit, ihn jederzeit so zu empfangen — sei es als Gnadenspender, sei es als Richter! Dies ist der einzige Wunsch deines Vaters.'"[5])

Die Kinder hingen sehr an ihrem Vater und beklagten sich gelegentlich, ihn so wenig zu sehen. Seine Zentrumskorrespondenz hielt ihn den ganzen Sommer in Berlin fest, während die Familie in der Sommerfrische weilte. Als die Kinder älter wurden, nahm er sie manchmal auf seine politischen Reisen mit, und Maria erinnerte sich später gerne daran, wie er politische Gespräche mit seinen Kollegen häufig unterbrach, um ihre Fragen zu beantworten. Die Familie begegnete seiner beruflichen Tätigkeit mit Ehrfurcht, aber sie verfiel dabei nie in banale Schmeicheleien. Mit Vorliebe brachte Erzberger politische Karikaturen, die gegen ihn selbst gerichtet waren, nach Hause, und die ganze Familie amüsierte sich köstlich darüber.[6]) Zwölf Jahre nach Maria wurde am 20. März 1914 eine zweite Tochter Gabriele in Berlin geboren. Als ich sie 1956 persönlich aufsuchen konnte, arbeitete sie im Archiv einer Stuttgarter Bank. An ihren Vater erinnerte sie sich kaum, da sie erst sieben Jahre alt war, als er ermordet wurde, und Erzberger in der vorausgehenden Zeit durch Krieg und Nachkriegschaos voll in Anspruch genommen war. So hatte sie noch weniger von ihrem Vater gehabt als ihre Geschwister, und selbst jene hatten

---

3) Persönliche Angaben von Dr. Hammer und Frau Erzberger.
4) Hammer, *Erzberger*, S. 98.
5) *Ibid.*, S. 99.
6) *Ibid.*, S. 100.

ihn während der verhältnismäßig ruhigen Jahre von 1907 bis 1914 wenig gesehen. Erzbergers Metier war die Politik, und alle persönlichen Gesichtspunkte wurden seiner politischen Karriere untergeordnet.

## Sozial- und Wirtschaftspolitik

Hauptsächlich beschäftigte sich Erzberger in den Vorkriegsjahren mit der Entwicklung einer umfassenden Sozial- und Wirtschaftspolitik, die ein einigermaßen harmonisches Verhältnis zwischen den heterogenen sozialen Elementen innerhalb des Zentrums aufrechtzuerhalten vermochte. Eine Kompromißlösung für die Differenzen innerhalb der Partei finden, hieß nach Erzbergers Auffassung, nicht nur der Partei, sondern auch der Nation einen Dienst erweisen. Die inneren Gegensätze im Zentrum spiegelten die Spaltungen der Nation im ganzen wider, und ihre Überwindung konnte für die Einigung der Nation vorbildlich werden. Erzberger strich gern heraus, daß seine Partei der Stabilisierung und Verständigung diene, und behauptete, wenn das Zentrum nicht schon existierte, müßte es zum Wohle des Vaterlandes erfunden werden:

> „Der Hauptwert des Zentrums aber liegt darin, daß es unser Vaterland vor plötzlichen parteipolitischen Erschütterungen schützt, daß es für eine gewisse Stetigkeit in der inneren Politik sorgt und einen Ausgleich zwischen den Extremen der Rechten und der Linken darstellt; dabei ist es ein starkes Bollwerk gegen die Sozialdemokratie. Das Deutsche Reich kann das Zentrum auf die Dauer nicht entbehren, ohne daß es selbst Not leidet; zu diesem Ruhme des Zentrums berechtigt ein Blick auf Vergangenheit wie auf Gegenwart, wie auf seine Zusammensetzung. Das Zentrum allein spiegelt unter allen Parteien und Fraktionen den deutschen Reichsgedanken am klarsten wider, denn es umschließt alle Stämme und alle Stände im Reich."[7])

Erzberger hielt die Zentrumspartei für besonders geeignet, soziale Gegensätze zu versöhnen. Ihre christlichen Prinzipien stünden in gleicher Weise zwei sich widerstreitenden Extremen gegenüber: dem laissez-faire, das die Grundforderungen der Gerechtigkeit außer acht lasse, und dem alles regulierenden Staatssozialismus, der den Geist des Fleißes, der Sparsamkeit und der Selbsthilfe zerstöre. Seine eigene Sozialpolitik befürwortete Schutzzölle, Sozialversicherung, staatliche Kartellaufsicht und eine unabhängige Gewerkschaftsbewegung. Zeitlebens war er ein starker Verfechter der Schutzzölle, und zwar mehr aus gesundem Menschenverstand als aus Nationalismus.[8]) Er sah, daß die deutsche Landwirtschaft mit dem amerikanischen Mittelwesten nicht konkurrieren konnte. Auch legte er dar, daß die Industriezölle die wirtschaftliche Entwicklung in Deutschland nicht behindert hätten; vielmehr sei das Tempo des Fortschritts in den Schutzzollstaaten Deutschland und Amerika

---

7) Erzberger, *Das deutsche Zentrum*, Amsterdam 1910, S. 104.
8) Eine gute Darstellung seiner Ansichten über Schutzzölle findet sich in seiner antisozialdemokratischen Schrift *Sozialdemokratie und Zollpolitik*, M.-Gladbach 1908.

rascher gewesen als in dem Freihandelsstaat England. Nach seiner Überzeugung erforderte die weit vorgeschrittene Sozialgesetzgebung in Deutschland hohe Schutzzölle als angemessenen Ausgleich. Auf das deutsche Sozialversicherungssystem war er besonders stolz und hob mit Freude die Rolle des Zentrums bei seiner Entstehung hervor.[9]) Dieses System lindere nicht nur vermeidbare menschliche Leiden, sondern fördere auch die Selbstachtung, indem es Mildtätigkeit durch Rechtsansprüche ersetze. Den Vorwurf konservativer Kritiker, mit dem Sozialversicherungssystem sei Bismarcks Ziel nicht erreicht worden, den Einfluß der Sozialisten auf die Arbeiterklasse zu brechen, wies er ungeduldig zurück. Eine fortschrittliche Sozialpolitik müsse als christlicher Auftrag verstanden werden und nicht als ein opportunistischer politischer Schachzug.[10])

An Erzbergers Einstellung zur Kartellfrage zeigte sich, daß er wohl bereit war, sie als eine unumgängliche Begleiterscheinung des industriellen Zeitalters anzuerkennen. Er teilte nie die liberale Verherrlichung des freien Wettbewerbs. Ebenso war er vernünftig genug, einzusehen, daß sich Monopolisten nicht notwendigerweise so verhalten mußten, wie es die Schule des laissez-faire lehrte. Er vertraute darauf, daß ein starker Staat – vorzugsweise ein demokratischer Staat – monopolistische Mißbräuche eindämmen würde. Aber selbst ein von Junkern beherrschter Staat brauchte nach seiner Ansicht kein kapitalistischen Interessen unterworfenes Instrument zu werden. Von den Ergebnissen des amerikanischen Versuches, marktbeherrschende Kartelle durch gesetzgeberische Maßnahmen aufzulösen, war er mit Recht wenig beeindruckt, ganz abgesehen davon, daß er eine solche Politik bei den völlig anders gelagerten deutschen Verhältnissen für nicht angemessen hielt.[11]) Starke Gewerkschaften galten ihm als wichtiges Korrektiv gegen die Macht der Kartelle, wenn es freilich auch übertrieben wäre, von ihm zu sagen, er habe den klaren Begriff einer ausgleichenden Gegenkraft entwickelt. Er schätzte die Gewerkschaften nicht nur wegen ihrer materiellen Leistungen, sondern auch wegen ihrer erzieherischen Funktion, den Arbeitern Erfahrungen in Organisation und Diskussion zu vermitteln. Gegenüber den sozialistischen Gewerkschaften wurde er um so milder, je weniger er persönlich mit den organisatorischen Kämpfen ihrer christlichen Gegenspieler zu tun hatte; er warf ihnen aber weiterhin die kritiklose Hinnahme undurchführbarer sozialdemokratischer Zielsetzungen vor.[12]) Alle seine Ansichten über Schutzzölle, Versicherungswesen, Kartelle und Gewerkschaften gründeten sich auf seinen nüchternen und praktischen Sinn für die deutsche Wirklichkeit und nicht auf eine allgemeine volkswirtschaftliche Lehre; sie waren im Grunde Ausdruck der Zentrumspolitik, wie sie sich in den vor-

---

[9]) Erzberger berichtet eingehend über die umfassende Reichsversicherung von 1911 in: *Zentrumspolitik*, Bd. IX (1911) S. 126—160. Über die Durchführbarkeit einer Arbeitslosenversicherung war er sich offenbar selbst nicht klar. *Ibid.*, Bd. XII (1914) S. 49 f.

[10]) Erzberger, *Politik und Völkerleben*, S. 54—57.

[11]) *Ibid.*, S. 52 f. Erzberger, *Zentrumspolitik*, Bd. VI (1908), S. 141 f.

[12]) Erzberger, *Politik und Völkerleben*, S. 53 f.

angegangenen vierzig Jahren herausgebildet hatte. Seine Reformbestrebungen waren zu dieser Zeit rein pragmatisch; eine allgemeine Theorie vom sozialen Neuaufbau – die von dem Jesuiten Heinrich Pesch entwickelte Lehre des christlichen Solidarismus – machte sich Erzberger erst nach dem Kriege zu eigen. Seinen Optimismus hinsichtlich der sozialen Struktur Deutschlands hatte er inzwischen weitgehend verloren und eingesehen, daß eine grundlegende Änderung des status quo nach einer generellen Planung notwendig war.

## Der Zentrumsstreit und die katholischen Gravamina

Nicht nur soziale Konflikte drohten, die Einheit der Partei zu zerstören. Zeitweilig schienen ideologische Auseinandersetzungen noch gefährlicher zu werden. In den Jahren 1909 bis 1913 hatte sich der sogenannte Zentrumsstreit, die Auseinandersetzung über den Charakter der Partei, zu einem erbitterten Konflikt ausgeweitet. Eine in Berlin ansässige und daher als „Berliner Richtung" bekannte Gruppe wollte spezifisch katholische Grundsätze zum Wegweiser für die Tätigkeit der Partei auf allen Gebieten machen. Eine größere, in Köln beheimatete Gruppe („Kölner Richtung") wünschte dagegen eine Partei, die sich von allgemein christlichen, nicht aber spezifisch katholischen Grundsätzen leiten lasse. Die Kölner Gruppe fürchtete, daß eine katholisch konfessionelle Partei unweigerlich protestantische Unduldsamkeit nach sich ziehen werde. Die Kölner Führer forderten ein Höchstmaß an Zusammenarbeit mit gleichgesinnten Protestanten; damit wurde die Gruppe zum Vorläufer der nach 1945 gegründeten Christlich-Demokratischen Union. Beide Gruppen beharrten mit leidenschaftlicher Intensität auf dem Standpunkt, daß einzig und allein ihre Richtung die Interessen des Katholizismus in der ihm nicht gerade freundlichen Atmosphäre des Wilhelminischen Deutschlands wahrnehmen könne. Die Kölner hielten die Berliner für engstirnige Doktrinäre. Die Berliner antworteten mit dem Vorwurf, die Kölner seien lauwarme Katholiken; die Berliner gingen sogar so weit, einige Kölner Führer dem Vatikan als exkommunikationsreif anzuzeigen. Infolge der starken Verärgerung auf beiden Seiten ließen auch die Umgangsformen und die großzügige Duldsamkeit nach, die seit Windthorsts Zeiten die Zentrumspartei gekennzeichnet hatten.[13])

Erzberger wurde von der öffentlichen Meinung zunächst mit der Berliner Richtung identifiziert. Sein Mitstreiter im Kolonialfeldzug, Hermann Roeren,

---

[13]) Der beste Bericht über den Zentrumsstreit findet sich bei Bachem, *Zentrumspartei*, Bd. VII, Kap. III, obwohl er sich wie ein Flugblattangriff auf die Berliner Richtung liest. Ludwig Bergsträsser, „Der Riß im Zentrumsturm", in: *Akademische Blätter*, Bd. XXV, Nr. 16, Berlin, 16. November 1910, S. 241—246, ist eine objektive Schilderung von einem liberalen Protestanten. Die wichtigsten Dokumente sind in Ludwig Bergsträsser, *Der politische Katholizismus*, München 1923, Bd. II, S. 332—387, abgedruckt. Die beste Darstellung der Berliner Position findet sich bei H. Roeren, *Zentrum und Kölner Richtung*, Trier 1913. Eine eingehende Behandlung der Erzbergerschen Haltung bringt mein Aufsatz: „Erzberger's Position in the Zentrumsstreit before World War I", *Catholic Historical Review*, XLIV (1958), S. 1—16.

war der Hauptführer der Berliner. Graf Oppersdorff, ein schlesischer Magnat, mit dem Erzberger eng befreundet war, gab „Klarheit und Wahrheit“, das Hauptorgan der Berliner Gruppe, heraus. Im Jahre 1910 schrieb Erzberger, ohne daß er sich als Verfasser zu erkennen gab, eine Broschüre gegen Martin Spahn, den Sohn seines alten Zentrumsfeindes Peter Spahn.[14]) Martin Spahn hatte den Kölner Standpunkt in so übertriebener Weise vorgetragen, daß die Führer dieser Gruppe entschieden von ihm abrückten. Nach der Forderung Spahns sollte die Zentrumspartei praktisch die Grundsätze des preußischen Konservatismus annehmen, damit sie ihren „staatsfremden“ Charakter verliere. Spahn befand sich bereits auf dem Wege, der ihn dazu führte, sich in den ersten Jahren der Weimarer Republik der Deutschnationalen Volkspartei anzuschließen.[15])

Wenn Erzberger allgemein der Berliner Richtung zugerechnet wurde, so ergab sich dies aufgrund seiner persönlichen Beziehungen und seiner Teilnahme an dem Feldzug gegen Spahn. Er selbst aber dachte viel zu vernünftig, um die Einkapselung der Zentrumspartei innerhalb rein konfessioneller Schranken zu begrüßen. Der Versuch der Berliner Gruppe, eine eindeutige Definition des Parteicharakters aufzustellen, widerstrebte außerdem seinem politischen Instinkt. Er erkannte, wie unsinnig es war, alle Parteientscheidungen spezifisch katholischen Prinzipien unterzuordnen. Was waren katholische Prinzipien der Finanz-, Militär- und Außenpolitik? Es gab sie dort einfach nicht. Erzberger beklagte die Taktik der Berliner, die religiöse Überzeugung ihrer Widersacher anzuzweifeln. Die Aussichten, eine breite protestantische Unterstützung für das Zentrum zu gewinnen, beurteilte er zwar skeptisch, unterstützte aber jeden Schritt in dieser Richtung. Der ganze Streit hatte nach seiner Ansicht zu unnötigen Spaltungen der Partei geführt und die Aufmerksamkeit von der Hauptaufgabe abgelenkt, dafür zu sorgen, daß den Katholiken im Rahmen der bestehenden deutschen Gesellschaftsordnung Gerechtigkeit widerfahre.[16])

Wenn sich Erzberger der katholischen Anliegen annahm, so sah er darin nicht nur eine Forderung der Gerechtigkeit, sondern auch ein wertvolles Bindemittel für die Einheit der Partei. Einige Zentrumsführer rieten angesichts der protestantischen Vorurteile zu einer vorsichtigen Haltung, aber Erzberger

---

[14]) Graf Oppersdorff, *Eine Gewissensfrage. Ist Martin Spahn ein Zentrumsmann?*, Berlin 1910. Daß Erzberger der Verfasser war, wußte die Familie Spahn. Brief Richard Müllers an K. Bachem vom 12 Oktober 1928 in: *Bachem Dokumente.*

[15]) Erzberger schildert die Spahn-Affäre in: *Zentrumspolitik*, Bd. IX (1911), S. 6 ff. Spahn hat einen aufschlußreichen autobiographischen Beitrag geliefert für eine von Hans von Arnim und Georg von Below herausgegebene Sammlung konservativer Lebensläufe: *Deutscher Aufstieg*, Berlin 1925, S. 479—488. Die beste Darstellung von Spahns politischen Ansichten findet sich in seiner Schrift *Deutsche Lebensfragen*, München 1914, auf die Joseph Heß antwortete: *Deutsche Lebensfragen? Eine Auseinandersetzung mit Martin Spahn*, Düsseldorf 1914.

[16]) Erzberger griff die Berliner Richtung heftig an in seiner Schrift *Der stille Kulturkampf*, Hamm 1912, S. 52 f. *Das Deutsche Zentrum*, Amsterdam 2. Aufl., 1912, Kap. II, und *Politik und Völkerleben*, Würzburg ohne Datum (1914), S. 18. Eine erbitterte Berliner Entgegnung ist Montanus (Pseudonym) „Opus 117“, in: *Klarheit und Wahrheit* Bd. I, Nr. 44 (3. November 1912), S. 354 ff., eine Besprechung von Erzbergers Schrift *Der stille Kulturkampf*.

teilte diese Ansicht nicht. Er gehörte nie zu denen, die aus Angst vor Vergeltung schweigend etwas über sich ergehen lassen. Seine Einstellung erhellt eine scharfe Erklärung, die sein Verhältnis zur Bürokratie kurz und bündig darlegt:

„Um dieses [die Einstellung der Diskriminierung von Katholiken] zu erreichen, müssen sich die Katholiken auf der ganzen Linie zur Wehr setzen und besonders durch die breite Öffentlichkeit auf die Abstellung der gestreiften Mißstände hinwirken. Man kann die Gründe für das bisherige Schweigen verstehen, aber man kann sie nicht billigen. An vielen Orten ist man der Ansicht: ja nichts in die Presse, ja nichts ins Parlament – sonst gibt es nur neue Schikanen! Das ist einer der größten Trugschlüsse gegenüber der Bürokratie. Die Bürokratie fürchtet nur eines: die Öffentlichkeit. Wer sich vor den Bürokraten duckt, der ist verloren; da wird sie immer anmaßender und brutaler. Schweigen und Dulden ist der fruchtbarste Boden für die Hartherzigkeit der Bürokratie; wer seine Ellenbogen zu gebrauchen versteht, dem weicht der Bürokrat aus, den fürchtet er."[17])

Erzberger stellte eine Liste von Beschwerden über die Bürokratie auf, die antikatholische Gesetze mit bigotter Strenge durchführte. Das Jesuitengesetz von 1872 war ein Überbleibsel des Kulturkampfes; die schlimmste Bestimmung – die totale Ausweisung der Jesuiten aus Deutschland – hatte Bülow bereits aufgehoben, aber die Vorschriften, die jesuitische Vereinigungen verboten und es den einzelnen Jesuiten untersagten, den Aufgaben des Ordens nachzugehen, blieben in Kraft. Die preußische Bürokratie legte diese Bestimmung dahin aus, daß eine jesuitische Vereinigung schon dann existiere, wenn zwei Jesuiten im gleichen Hause wohnten; nach ihrer Auffassung gehörte auch das Lesen der Messe zu den verbotenen Tätigkeiten. Vergeblich forderte Erzberger immer wieder eine großzügigere Auslegung des Gesetzes, wobei die Belästigungen verschiedener anderer katholischer Orden gleichfalls Gegenstand seiner Proteste waren. Die Erlaubnis, neue Niederlassungen zu gründen, wurde meist verweigert oder erst nach endlosem bürokratischen Hin und Her gewährt. Die Beamten bestanden auf häufigen Visitationen, angeblich, um unmoralische Praktiken zu verhindern. Viele deutsche Orden, durch Verbot oder Schikanen aus Deutschland vertrieben, hatten in den Nachbarländern Schulen gegründet, und katholische Eltern schickten ihre Kinder seit langem in diese Institute. Dies aber wurde praktisch unterbunden durch einen Erlaß vom Mai 1912, in dem die dort gebotene Ausbildung als „undeutsch" verurteilt wurde. Auch der Gründung katholischer Schulen in den Gebieten Norddeutschlands, wo sich Katholiken neu angesiedelt hatten, wurden Hindernisse in den Weg gelegt. Mehrere norddeutsche Bundesstaaten setzten ihre gesetzlich gedeckte Diskriminierung der Katholiken fort, weil der Toleranzantrag – für den Erzberger sich im Jahr 1905 mit so beredten Worten eingesetzt hatte – niemals Gesetz geworden war. In all diesen Praktiken sah Erzberger einen „stillen

---

[17]) Erzberger, *Der stille Kulturkampf*, S. 5 f.

Kulturkampf", den kein Katholik, der etwas auf sich halte, länger dulden könne.[18])

Ein weiterer wichtiger Beschwerdepunkt betraf die Benachteiligung der Katholiken in der Verwaltung des Reiches und Preußens. Eine von Erzberger aufgestellte Statistik zeigte, daß es in Deutschland, ebenso wie in Preußen, etwa 62 v. H. Protestanten und 36 v. H. Katholiken gab; in der Verwaltung waren jedoch 71 v. H. protestantische und nur 27 v. H. katholische Beamte beschäftigt. Aber auch diese Zahlen gaben noch kein getreues Bild, denn die schwerste Benachteiligung bestand im praktischen Ausschluß der Katholiken von allen wirklich wichtigen Verwaltungsposten; nur solche Katholiken, die die Zentrumspartei ablehnten, hatten Aussicht auf Beförderung. Im Offizierskorps war das konfessionelle Verhältnis 83 v. H. Protestanten zu 16 v. H. Katholiken; begründet war dies in der Vorherrschaft der protestantischen Junker, aber auch in dem Dilemma, das sich für die katholischen Offiziere aus dem herrschenden Ehrenkodex ergab, der trotz strikten Verbots der katholischen Kirche den Zweikampf verlangte.[19])

Bei der Militärdebatte vom 24. April 1912 hatte Erzberger einen Zusammenstoß mit dem Kriegsminister General von Heeringen, der die Ausschließung von Duellgegnern aus dem Offizierskorps verteidigt hatte. Erzberger entschloß sich, seine Meinung über diese Frage in einer besonderen Broschüre darzulegen. Darin untersuchte er den Ehrbegriff, schilderte die Geschichte des Zweikampfes, zählte die Gegenargumente auf, wies auf die gegenwärtigen Mißstände hin und schlug Abhilfemaßnahmen vor. Die Ehre sei eine persönliche Eigenschaft, die nach christlicher (im Gegensatz zur aristotelischen) Vorstellung von der Meinung anderer unabhängig sei – der Wert eines Christen bemesse sich sogar danach, daß er den Maßstäben der Gemeinschaft trotze, wenn sie den Geboten Gottes entgegenstünden. Seine Ehre könne nicht durch die Handlungen anderer Personen verletzt und deshalb auch nicht dadurch verteidigt werden, daß er diese Personen niederschieße. Der Zweikampf verletze die Fundamente der christlichen Wertordnung und werde von allen christlichen Kirchen und auch von Herrschern christlichen Glaubens verurteilt. Dennoch gelte diese Sitte weiterhin, ja, es bestehe sogar im deutschen Heer fast ein Zwang, eine Herausforderung zum Zweikampf anzunehmen. Duellieren und Fechten gehörten zur Lebensform der studentischen Verbindungen an den Universitäten. Zwar seien strenge Gesetze gegen den Zweikampf erlassen worden, die Staatsanwaltschaft weigere sich jedoch, sie durchzuführen. Erz-

---

[18]) *Ibid.*, S. 21—30.

[19]) *Ibid.*, S. 17—21. Erzberger verteidigte auch die katholische Position, als einige Protestanten in Aufregung gerieten, weil Papst Pius X. den Katholiken den Antimodernisteneid auferlegt hatte; diese Protestanten forderten, daß Personen, die den Eid ablegten, aus öffentlichen Ämtern entfernt werden müßten. Siehe Erzberger, *Der Moderniseteneid*, Berlin 1911, eine Antwort auf protestantische Angriffe, wie z. B. Hermann Mulert, *Antimodernisteneid, freie Forschung und theologische Fakultäten*, Halle 1911.

berger hielt diesen privilegierten Status des Duells für einen öffentlichen Skandal, eine Meinung, die dazu angetan war, den Groll der höheren Gesellschaftsschichten hervorzurufen, da fast alle führenden protestantischen Deutschen auf ihre glücklichen Studentenjahre stolz waren und sich auf die Seite der Armee schlugen.[20])

Erzberger gab sich nie damit zufrieden, einen Mißstand nur anzuprangern, sondern er schlug auch stets konkrete Abhilfen vor. Er forderte eine neue Kabinettsorder, die den Zweikampf verbiete und jede Zuwiderhandlung mit Entlassung aus der Armee bestrafe. Er befürwortete die Einführung besonderer Ehrengerichte, um denjenigen, die weiterhin an ihren nicht-christlichen Ehrbegriffen festhielten, eine andere Form der Genugtuung zu verschaffen. Er hoffte, daß die Anti-Duell-Liga des Pater Raymundus O.P. (früher Fürst zu Löwenstein), dem er seine Schrift gewidmet hatte, eine erzieherische Wirkung auf die öffentliche Meinung ausüben werde und daß dieser nationale Mißstand, der den Katholiken Deutschlands so große Sorge bereitete, bald zu beseitigen sei. Er könne sich nicht vorstellen, daß eine Sitte, die der Vernunft, der Religion und der Gesellschaftsordnung derart widerspreche, weiterhin bestehen bleibe.[21])

## Eintreten für die polnischen Katholiken

Erzbergers katholischer Eifer bestimmte ihn auch zur Opposition gegen die Unterdrückung der vorwiegend katholischen polnischen Bevölkerung in den östlichen Provinzen Preußens.[22]) Die Gabe, fremde Bevölkerungsteile zu verstehen oder zu regieren, gehörte nicht zu den Tugenden des kaiserlichen Deutschlands. Die deutsche Verwaltung in Elsaß-Lothringen, Nord-Schleswig und Posen wies wohl einige gute Leistungen auf, aber es war Deutschland niemals gelungen, die Zuneigung der fremden Bevölkerungsteile zu gewinnen. Dies zeigte sich besonders im Fall der Polen; ihre rasch ansteigende Bevölkerungszahl und ihre schnelle kulturelle Entwicklung erweckten Furcht und Ärger bei den deutschen Nationalisten. Demgegenüber hatte der preußische Staat im Jahre 1886 eine Aussiedlungskommission gegründet mit der Aufgabe, Deutsche im Osten anzusiedeln. Diese Politik wurde von Bülow, der dabei seinen Nationalismus beweisen wollte, durch weitere Maßnahmen ergänzt, so etwa durch die Enteignung polnischen Grundbesitzes lediglich aus Gründen der Volkszugehörigkeit, was man – mit den Worten Erzbergers – „in einem Kulturstaat nicht für möglich gehalten hatte".[23]) Die Anti-Polen-Politik gip-

---

[20]) Erzberger, *Duell und Ehre*, Würzburg 1912. Auch *Zentrumspolitik*, Bd. X (1912), S. 69—73.
[21]) Erzberger, *Duell und Ehre*, S. 37—52.
[22]) Erzberger, *Der Kampf gegen den Katholizismus in der Ostmark. Material zur Beurteilung der Polenfrage durch die deutschen Katholiken*, Berlin 1908.
[23]) *Ibid.*, S. 5.

felte im Jahre 1908 in einem Gesetz, das den Gebrauch der polnischen Sprache bei öffentlichen Versammlungen verbot. Erzberger sah in jedem Angriff auf den Gebrauch der Muttersprache eine eindeutige Verletzung des Naturrechts. Das dieser Politik zugrunde liegende Konzept der Germanisierung war ihm höchst zuwider, besonders da Germanisierung hier auch Diskriminierung der Katholiken bedeutete.[24])

Er wies nach, daß die Aussiedlungskommission die Ansiedlung von Katholiken systematisch verhindert habe, vermutlich in der vorgefaßten Meinung, Katholiken seien schlechte Deutsche; von den seit 1887 angesiedelten rund 100 000 Deutschen waren nur 3½ v. H. Katholiken. Er rief seine katholischen Glaubensgenossen auf, gegen diese Benachteiligung zu protestieren. Allerdings war es nicht so sehr sein Ziel, einer größeren Anzahl von Katholiken die Hilfe der Kommission zukommen zu lassen, als vielmehr, die Kommission in den Augen der Zentrumswähler anzuschwärzen.[25])

Völlig außerstande, eine Mäßigung dieser anti-polnischen Politik herbeizuführen, tröstete er sich damit, zu beweisen, daß sie in grotesker Weise gescheitert war. Das von den Deutschen bebaute Land hatte seit 1886 beträchtlich an Umfang abgenommen. Die seit 1887 angesiedelten 100 000 Deutsche waren ein Tropfen auf einem heißen Stein im Vergleich zu den 4 Millionen Polen, deren Zahl rasch anwuchs. Die Atmosphäre des Nationalitätenkampfes in der Provinz Posen wurde immer unerträglicher. Spionage und Denunzierung angeblich nichtnationalen Verhaltens blühten bei Polen und Deutschen gleichermaßen. Wirtschaftlicher und sozialer Boykott waren häufig. Die Polen griffen zu energischen Gegenmaßnahmen gegen ihre deutschen Unterdrücker, indem sie Genossenschaften, Banken und kulturelle Vereinigungen gründeten und Stipendien für begabte polnische Studenten stifteten. Erzberger begrüßte den Widerstand der Polen und wandte sich gegen den darauf zunehmenden Druck:

> „Angesichts dieser staatlichen Maßnahmen [d. h. Preußens] ist es nicht überraschend, wenn die Polen sich zur Wehr setzen; denn sie werden schlimmer behandelt wie die Eingeborenen in unseren Kolonien. Die Frage, ob die Polen zuerst aggressiv vorgingen [mit Boykottmaßnahmen, Kulturvereinen usw.] oder nicht, hat keine praktische Bedeutung; eine kluge Staatspolitik freut sich darüber, wenn alle Bürger des Landes sich kulturell heben wollen; bei den Polen aber gilt dieses ganz natürliche Streben als ein Verbrechen, dem man mit den schwersten Gesetzen entgegentreten muß. Wenn der Pole noch einen Funken Nationalstolz in sich hatte, so mußte er sich aufbäumen gegen dieses System, wie es der Deutsche auch tut, wenn man ihm seine Muttersprache und seine nationalen Eigenarten nehmen will (siehe Deutsche in Rußland, Ungarn usw.). Nun aber die Polen sich zur Wehr setzten, sprach man wieder über die Unbotmäßigkeit und Illoyalität derselben ...“[26])

---

[24]) *Ibid.*, S. 34—51. Auch Erzberger, *Zentrumspolitik*, Bd. VI (1908), S. 28—57 über die ganze Frage des Vereinsgesetzes, das den Sprachenparagraphen enthielt.
[25]) Erzberger, *Der stille Kulturkampf*, S. 14.
[26]) Erzberger, *Kampf gegen den Katholizismus*, S. 60 f.

Erzberger stand bei seinem Feldzug gegen die Polenpolitik seiner Regierung auf gleicher moralischer Höhe wie bei seiner Aufdeckung kolonialer Mißstände. Er stellte die Gebote der Gerechtigkeit über eine enge chauvinistische Sicht des nationalen Vorteils und rief damit den Zorn der „berufsmäßigen" Patrioten wach. Und doch war seine großzügigere Auffassung des nationalen Interesses weit begründeter als die primitiven Ansichten seiner Kritiker. Er wußte genau, daß die barbarische Anti-Polen-Politik dem deutschen Ruf im Ausland in nicht wiedergutzumachender Weise schadete, und sah, daß sie das deutsch-österreichische Bündnis, den Eckstein der deutschen Außenpolitik, auf das stärkste belastete, weil die Polen eine einflußreiche Gruppe in der habsburgischen Monarchie bildeten.

## Erzbergers außenpolitische Auffassungen

Erzbergers Glaube an das deutsch-österreichische Bündnis spiegelte die in Süddeutschland herrschende katholisch großdeutsche Stimmung wider. Für ihn war der Zweibund von 1879 eine teilweise Sühne Bismarcks für den „Bürgerkrieg" von 1866. An dem Schicksal der letzten großen katholischen Monarchie in Europa nahm er regen Anteil; die Zukunftsaussichten der Habsburger beurteilte er optimistisch, weil er wahrscheinlich die einigende Kraft des Klerikalismus als Gegengewicht zu der zentrifugalen Wirkung des Nationalismus überschätzte. Er vertrat daher nie die Ansicht, daß Deutschland sich an einen sterbenden Partner gebunden habe und lieber lebenskräftigere Verbündete suchen solle. Statt dessen begrüßte er jedes Zeichen einer diplomatischen Regsamkeit Österreichs. Während der bosnischen Krise von 1908–1909 kritisierte er Reichskanzler von Bülow, als dieser anfangs zögerte, seine Pflicht gegenüber dem Verbündeten Deutschlands zu erfüllen; er billigte das deutsche Quasi-Ultimatum an Rußland vom März 1909, das den großen Prestigesieg Österreichs ermöglicht hat. Seine habsburgischen Sympathien machten ihn blind gegenüber den Forderungen des serbischen Nationalismus, hinter dem er nichts als russischen Imperialismus vermutete.[27])

Erzbergers demokratische, klerikale und pro-habsburgische Einstellung trug dazu bei, ihn zum erklärten Gegner des zaristischen Rußlands zu machen. Bei seinen demokratischen Grundsätzen betrachtete er mit Abscheu den bürokratischen Absolutismus, der die Revolution von 1905 überlebt hatte. Da er aus einem anti-preußischen Lande stammte, bedeuteten ihm die traditionellen dynastischen Bande zwischen den Hohenzollern und den Romanows nichts; die herrschende Klasse in Rußland lehnte er wegen ihrer Ähnlichkeit mit dem preußischen Junkertum ab. Sein Katholizismus stand der von Moskau propagierten agressiven griechischen Orthodoxie feindlich gegenüber.

27) Erzberger, *Zentrumspolitik*, Bd. VII (1909), S. 48 ff.

Sympathie für die polnische Bevölkerung ließ ihn die Unterdrückung Polens durch die Russen stark empfinden. Im Panslawismus sah er nicht nur für das habsburgische Reich, sondern für ganz Europa eine Gefahr. Sollte der Einfluß Rußlands bis nach Prag vordringen, so würde dies nach seiner Überzeugung einen tödlichen Schlag für Deutschland bedeuten. Caprivis Weigerung, im Jahre 1890 den Rückversicherungsvertrag weiter zu verlängern, machte er ihm nie zum Vorwurf; hielt er doch offensichtlich die feindselige Haltung Rußlands für eine unausweichliche Tatsache. Bei diesen Ansichten war es verständlich, daß er während des ersten Weltkrieges die Befreiung der Grenzvölker des russischen Reiches mit Nachdruck unterstützte.[28])

Erzberger hoffte auf eine echte deutsch-französische Annäherung, fürchtete aber zugleich, daß das französisch-russische Bündnis ein unüberwindliches Hindernis für sie bilde. Er kritisierte Bülows Behandlung der ersten Marokkokrise, weil der Kanzler die dargebotene Hand Rouviers nach dem Sturz von Delcassé nicht angenommen hatte. Die Verständigung über die Marokkofrage zwischen Deutschland und Frankreich im Jahre 1909 fand Erzbergers volle Billigung, wenn er auch die Ansicht vertrat, daß sie zu begrenzt war und zu spät zustande kam. Mit tiefer Sorge verfolgte er das Anwachsen der Revanchepolitik Poincarés in den Jahren vor 1914, und er gab Frankreich die Hauptschuld an dem Wettrüsten, das beiden Ländern in gleichem Maße unerträgliche Lasten auferlege. Er unterstützte alle Verständigungsversuche zwischen Deutschland und Frankreich und besuchte deshalb die Basler Tagung der Internationalen Parlamentarischen Union im Jahre 1913. Der extreme Franzosenhaß, der nach den antiklerikalen Maßnahmen von 1904 unter deutschen Katholiken herrschte, lag ihm fern. Für Erzberger war Frankreich nicht nur das Land des Freimaurertums, des Atheismus und des epikureischen Materialismus, sondern auch der Ausgangspunkt der modernen katholischen Soziallehre von Lamennais bis Marc Sangnier.[29])

Erzbergers Einstellung zu England beruhte auf Vorurteil und Unkenntnis, doch erwies sich auch hier mitunter sein gesunder Menschenverstand als stärker. Er hat England nie besucht, besaß wenig unmittelbaren Kontakt zu Engländern, und nach seinem ganzen Temperament war ihm die puritanische Tradition völlig fremd. Er teilte die übliche kontinentaleuropäische Ansicht, daß die bei Briten häufig zu beobachtende Gleichsetzung von Eigeninteressen und hohen moralischen Prinzipien eine besondere Begabung zum Heucheln erkennen lasse. Auch machte er sich die Deutung englischer Außenpolitik zu eigen, nach der Großbritanniens Größe auf der Ausnutzung kontinentaler Spannungen im Namen des Gleichgewichts der Mächte beruhe. Ebenso stimmte

---

28) Über Erzbergers Einstellung zu Rußland siehe *Erlebnisse*, S. 11, auf der ein Memorandum von 1914 zitiert wird.
29) Erzberger, *Zentrumspolitik*, Bd. VII (1909), S. 50 und *Die Rüstungsausgaben des deutschen Reichs*, Stuttgart 1914, Kap. III.

er der allgemeinen deutschen Auffassung zu, der englische Widerstand gegen eine stärkere deutsche Flotte sei ein charakteristischer Akt britischer Anmaßung. Seinen besonderen Zorn erregte eine Rede Churchills, in der der englische Staatsmann die britische Marine als Notwendigkeit, dagegen die deutsche lediglich als Luxus bezeichnete. Darauf entgegnete er:

„Wenn der Satz ausgesprochen ist, daß unsere Flotte in Deutschland ein Luxus ist, so muß ich dagegen auch ein Wort sagen. Für einen Luxus kann unsere Flotte nur derjenige ansehen, der auf dem Standpunkt des Brandstifters steht, der hält die Feuerwehr auch für einen Luxus (Heiterkeit), ein anderer aber nicht. Wir werden uns durch alle solche Reden, mögen sie noch so sehr von maßgebenden Stellen in fremden Ländern erfolgen, in der Erkenntnis nicht beeinflussen lassen, daß das deutsche Volk in der Entwicklung, die es genommen hat, mit allen seinen Lebensbedürfnissen, die es als Großmacht und Weltvolk hat, eine große Flotte braucht."[30])

Erzberger fehlte das Verständnis für die Wichtigkeit einer politischen Verständigung mit England. Er war zu sehr Sohn der ausgehenden und von vielerlei Verblendung gezeichneten Wilhelminischen Ära, um wirklich zu übersehen, wie sehr die prekäre geographische Lage Deutschlands besondere Behutsamkeit auf dem Gebiet der Außenpolitik verlangte. Solange Rußlands feindselige Haltung unabänderlich war und eine Annäherung an Frankreich problematisch blieb, hätte die deutsche Außenpolitik wenigstens versuchen müssen, zu einer Verständigung mit England zu gelangen. Das erkannte Erzberger aber nur in gelegentlichen einsichtigen Stunden. Dann verwarf er auch die pessimistische Theorie, daß die Feindschaft Englands angesichts der wirtschaftlichen Expansion Deutschlands und seiner starken kontinentalen Position unvermeidlich sei (wie es Tirpitz und seine Schule sahen). Wohl nahm er die Stärke des englischen Deutschlandhasses wahr, wußte aber dennoch, daß Gegenkräfte am Werke waren, besonders in der nach 1905 regierenden Liberalen Partei. So wandte er sich auch gegen die verantwortungslose Betrachtungsweise, mit der ein großer Teil der deutschen Presse die englischen Angelegenheiten kommentierte, da damit nur weite Kreise der englischen Öffentlichkeit unnötig verärgert würden.[31])

Indessen erfaßte er bei den englischen Angelegenheiten niemals eine grundlegende Tatsache: England mußte den Aufbau der deutschen Flotte als tödliche Bedrohung seiner Großmachtstellung verstehen. Das galt für Tories und Liberale in gleicher Weise. Beide glaubten, ein Flottenabkommen, das die Vormachtstellung Englands sichere, sei die einzige Alternative zu einem Wettrüsten, das die politischen Beziehungen zwischen den beiden Ländern unweigerlich vergiften müsse. Deutschland beabsichtigte zwar nicht, eine Flotte zu bauen, die der englischen gleichkam; aber der offen vertretene Gedanke

30) *Verhandlungen des Reichstags*, XIII. Legislaturperiode, 24. April 1912, Bd. 284, S. 1377.
31) Erzberger, *Zentrumspartei*, Bd. II (1905), S. 67 f.

der „Risikoflotte" – die Bezeichnung für eine Seemacht, die England vor das Risiko so starker Verluste im Kampf stelle, daß es zögern würde, einen Krieg gegen Deutschland zu führen – war für Großbritannien fast ebenso unerträglich. Da Erzberger den Plan der Risikoflotte vorbehaltlos billigte, hatte er auch Anteil an der Verantwortung für die katastrophale Verschlechterung der deutsch-englischen Beziehungen. Er teilte die törichte Auffassung, die Risikoflotte sei ein Bollwerk des Friedens, weil sie dazu diene, einen leichtfertigen Angriff Englands zu verhindern.[32]) Ein Abkommen über eine Begrenzung der Flottenstärke lehnte er kategorisch ab:

> „Eine Verständigung mit England um den Preis der deutschen Seewehr kann es nach unserer Überzeugung nicht geben. Eine solche Verständigung kann es aus deutsch-nationalen Gründen nicht geben. Die Verzichtleistung auf eine unserer Machtstellung gebührende Seewehr würde das deutsche Volk zu einem Vasallenstaat Englands herabdrücken – und das wollen wir nicht. Eine solche Verzichtleistung auf eine nach unserem Ermessen notwendige Seekraft würde das Ende der deutschen Weltmachtspolitik sein. Eine solche Verzichtleistung wäre eine Bankrotterklärung der 17jährigen Flottenpolitik, die meine politischen Freunde immer und mit Erfolg unterstützt haben."[33])

Zusammenfassend kann man sagen, daß Erzbergers Ansichten über Außenpolitik nicht klüger waren als die der meisten seiner Zeitgenossen; jedenfalls reichten sie keinesfalls aus, um den großen Gefahren zu begegnen, denen sich Deutschland gegenübersah. Das europäische System von rivalisierenden souveränen Staaten nahm er als gegeben hin und wünschte nur, darin Deutschlands Sicherheit gewahrt zu sehen. Seine Beurteilung der diesem System angehörenden Staaten war oft willkürlich und subjektiv; er vermochte nicht seine persönlichen Neigungen der strengen und objektiven Lehre von der Staatsräson unterzuordnen. Er war nicht für die in diesem Fall notwendige Kassandra-Rolle geeignet und versäumte, die unfähige offizielle Außenpolitik zu tadeln. Die zuversichtliche Beurteilung der Zukunft Österreichs und die kritiklose Unterstützung der Flottenpolitik waren die Hauptfehler seiner außenpolitischen Konzeption.

Schon vor 1914 verurteilten viele Europäer das traditionelle europäische Staatensystem, das mit seinen Bündnissen unvermeidlich zu Kriegen führen müsse. Sie glaubten, dieses System durch die Forderung nach einer höheren Art von internationaler Ordnung überwinden zu können, so wie sie in den Idealen Cobdens und Gladstones zum Ausdruck gekommen war. Erzberger folgte solchen Gedankengängen nicht, wenn auch die universalistische Tradition seiner Kirche ihm eine Basis hätte geben können, von der aus er über die Vorstellung vom souveränen Einzelstaat als dem höchsten politischen Wert hinaus hätte weiterschreiten können. Seine Hinwendung zum Völkerbunds- und Ab-

---

[32]) *Ibid.*, Bd. IX (1911), S. 66—71. Auch Erzberger, *Rüstungsausgaben*, S. 28.
[33]) *Verhandlungen des Reichstags*, XIII. Legislaturperiode, 19. Februar 1914, Bd. 293, S. 7500.

rüstungsgedanken sollte erst nach den Erfahrungen des ersten Weltkrieges erfolgen. Vor dem Kriege aber wandte er sich gegen jedes System der allgemeinen Abrüstung und wies mit scharfem Verstand auf die einem solchen System innewohnenden Schwierigkeiten hin. Souveräne Nationen könnten sich nicht ohne weiteres über die Stärke ihrer Streitkräfte einigen, ohne daß eine oder beide Seiten sich unsicher fühlten oder einen Prestigeverlust erlitten. Nie könnten sie sich über ein angemessenes Inspektionssystem, nie über die obligatorische Schiedsgerichtsbarkeit in solchen Fällen einigen, in denen ihre lebenswichtigen Interessen berührt würden. Selbst bei scheinbar technischen Fragen wie der Kodifizierung des Seekriegsrechtes würde es unmöglich sein, eine Einigung zu erzielen, solange die nationalen Interessen auseinanderstrebten und damit auch Kriegsgefahren in Rechnung gestellt werden müßten.[34])

Erzberger beklagte, wie sehr die kostspielige Aufrüstung das Vertrauen der Völker untereinander und den inneren sozialen Fortschritt belaste; er bedauerte insbesondere den vordringenden militaristischen Geist, der aus dem Gefühl nationaler Ungesichertheit komme. Aber er sah keine Möglichkeit, diese internationale Anarchie zu überwinden, und hoffte nur, die Furcht vor dem Ausmaß eines modernen Krieges werde die Staatsmänner zu einer friedlichen Gesinnung führen. Die Schrecken eines totalen Krieges zwischen nationalistisch erhitzten Völkern und das ungeheure wirtschaftliche Chaos, das der Zusammenbruch der voneinander abhängigen Industriestaaten hervorrufen würde, waren ihm gleichermaßen klar. Er stellte aber – im Gegensatz zu seiner üblichen Praxis – dieser kritischen Erkenntnis keine positiven Vorschläge gegenüber, wie die Katastrophe zu vermeiden sei. Sein Denken bewegte sich in den Grenzen eines historisch überkommenen internationalen Systems, das stärker war als der gute Wille und die Einsicht der Zeitgenossen. Das bestehende Staatensystem, beruhend auf rivalisierenden Staaten, geleitet – im Idealfall wenigstens – von vernunftbeherrschten Staatsmännern mit begrenzten Zielen, war mit dem Fortschreiten von Demokratie, Nationalismus und industrieller Revolution anachronistisch geworden; wie die meisten aus seiner Generation hatte Erzberger diese neuen Faktoren zu optimistisch eingeschätzt; er erfaßte nicht ganz, daß sie eine völlig neue Haltung gegenüber außenpolitischen Fragen erforderten. Daß er teilweise die Folgen von Demokratisierung und Industrialisierung begriff, machte ihn noch nicht zum Vorkämpfer eines radikal neuen internationalen Systems. Ein solcher Feldzug wäre allerdings auch im Wilhelminischen Deutschland völlig aussichtslos gewesen, und Erzberger war nach seinen Grundanschauungen zeitlebens ein wirklichkeitsnaher Pragmatiker.

---

[34]) Erzberger, *Politik und Völkerleben*, S. 32—35. Erzberger hatte Hertlings Verächtlichmachung von Abrüstungsvorschlägen vom 30. April 1907 gebilligt; siehe *Zentrumspolitik*, Bd. V, 1907, S. 32. Er unterstützte Bethmanns Widerstand gegen die Abrüstung in seiner Schrift *Rüstungsausgaben*, Kap. IV.

Erzberger erkannte deutlich – was die Sozialdemokraten einfach nicht einsehen wollten –, daß eine einseitige Abrüstung für einen Staat in der gefährdeten Lage Deutschlands Selbstmord bedeuten mußte. Sein Realismus beruhte auf genauer Kenntnis militärischer Angelegenheiten. Nach seinem erfolgreichen Eintreten für das Militärpensionsgesetz von 1906 war er zum regelmäßigen Berichterstatter über Militärvorlagen in der Budgetkommission des Reichstags ernannt worden. Die aufeinander folgenden Kriegsminister hatten seine Tätigkeit für das Heer gelobt, obwohl er sich mit ihnen über die Duellfrage wie verschiedene andere Reformen, die hauptsächlich dem einfachen Soldaten zugute kommen sollten, gestritten hatte.[35]) Er war energisch für die großen Heeresvermehrungen von 1911, 1912 und 1913 eingetreten, eine Tatsache, die seinen nationalistischen Kritikern immer einige Verlegenheit bereitete, weil sie nicht recht in ihr Bild von einem Mann paßte, dem angeblich jede Spur von Patriotismus fehlte. Bei allen Militärdebatten verließ sich die Regierung stark auf ihn, besonders zur Zeit der großen Militärvorlage von 1913. Er drang auf deren Annahme unter Hinweis auf die Gefahren einer sich ständig verschlechternden internationalen Lage: das sich vom russisch-japanischen Krieg erholende Rußland, die explosive Situation auf dem Balkan, die starke Aufrüstung in Rußland und Frankreich, die Bindung Italiens durch seine nordafrikanische Expedition, die Feindseligkeit Englands.[36]) Er machte die Opposition der Sozialdemokraten gegen die Vorlage lächerlich, indem er ihr unfruchtbares Festhalten an doktrinären, der gesunden Vernunft widersprechenden Grundsätzen hervorhob. Sozialdemokratische Zeitungen gäben zwar zu, ja betonten sogar, wie bedrohlich die internationale Lage sei, doch die sozialdemokratischen Führer ließen ihre doktrinäre Gewohnheit nicht fallen, gegen jede Militärvorlage zu stimmen ohne Rücksicht auf die Gefahren für Deutschland. Vergeblich versuchte er, sie von einer Haltung abzubringen, die, wenn sie erfolgreich wäre, Deutschland dem Angriff der zaristischen Autokratie ausliefern würde.

Erzberger war stets davon überzeugt, daß Deutschland das verhältnismäßig unschuldige Opfer eines Wettrüstens sei, das seine potentiellen Feinde begonnen hätten, und er wies dies, zumindest für ihn selbst überzeugend, in einer Broschüre vom Juni 1914 nach.[37]) Die jährlichen Rüstungsausgaben je Kopf der Bevölkerung lägen in Rußland ebenso wie in Frankreich höher als in

---

[35]) Wie z. B. jährliche Freifahrten in die Heimat, praktischere Einteilung der Übungszeiten für Reservisten, Einschränkung des Dunkelarrests usw. Erzberger, *Zentrumspolitik*, Bd. XI (1913), S. 44—47, und Bd. XII (1914), S. 35—39.
[36]) Erzberger, *Zentrumspolitik*, Bd. XI (1913), S. 21—35.
[37]) Erzberger, *Rüstungsausgaben*, Kap. III.

Deutschland und Österreich, obwohl Rußland und Frankreich weniger wohlhabend seien und sich nicht in einer so gefahrvollen Lage im Herzen Europas befänden. Er klagt in dieser Schrift über die seit 1900 ständig steigenden Rüstungsausgaben, für die er die wachsende Zahl technischer Neuerungen, besonders aber die Einkreisungspolitik Englands, Frankreichs und Rußlands gegenüber Deutschland verantwortlich macht. Dagegen habe Bismarcks Politik in der Zeit von Deutschlands außenpolitischem Aufstieg so offensichtlich den Frieden zum Ziel gehabt, daß sie kein Wettrüsten von ähnlicher Intensität hervorgerufen habe. Er legt dar, daß Deutschland weder in bezug auf Heeresvermehrungen noch auf technische Neuerungen führend sei. Die Entwicklung von Selbstladegewehren, Maschinengewehren, schwerer Artillerie, Radfahrkompanien und der Militärluftfahrt sei in Deutschland nur langsam vorangekommen. Außerdem hätten die Marinebehörden mit dem Bau von Schlachtschiffen und U-Booten gezögert. Im Sommer 1912 drängte Erzberger umsonst zu einem raschen Ausbau der Militärluftfahrt.[38]) Das deutsche Heer stehe nicht nur hinsichtlich der Ausrüstung, sondern auch in der zahlenmäßigen Stärke zurück. Fiskalische Erwägungen hätten verhindert, daß die Wehrpflicht wirklich allgemein sei. Etwa 100 000 wehrtaugliche junge Männer – auch Erzberger hatte selbst zu ihnen gehört – würden alljährlich nicht zu den Fahnen gerufen. Deutschland habe 1893 die zweijährige Dienstzeit eingeführt, während Frankreich 1913 zur dreijährigen zurückgekehrt sei. Die große deutsche Heeresvermehrung von 1913 stelle eine verspätete Antwort auf französische und russische militärische Vorbereitungen dar. Die Russen hätten riesige französische Kredite bekommen, um zur Beschleunigung ihrer Mobilisierung strategisch wichtige Eisenbahnstrecken in Polen zu bauen. Die Franzosen hätten die Verlängerung der Wehrdienstzeit und eine große Rüstungsanleihe geplant, noch ehe Deutschland die Einzelheiten der Militärvorlage von 1913 bekanntgegeben habe. Angesichts dieser Tatsachen könne Deutschland den üblichen Vorwurf, mit dem Wettrüsten begonnen zu haben, zurückweisen; die Frage sei vielmehr, ob es genug getan habe, um auf alle künftigen Möglichkeiten vorbereitet zu sein.[39])

Erzberger war über die Kosten der Aufrüstung entsetzt, tröstete sich aber damit, daß sie viel geringer seien als die Kosten von Sieg oder Niederlage in einem Kriege. Aufrichtig glaubte er, daß ein starkes Deutschland die beste Garantie für den Frieden in Europa sei:

> „Ein schwaches Deutschland war stets die größte Kriegsgefahr für ganz Europa und das blutige Schlachtfeld der europäischen Völkermassen. Das starke Deutsche Reich ist dagegen ein Hort des Weltfriedens geworden, erkauft durch seine von

---

38) Siehe seinen Briefwechsel mit Tirpitz, der sich im Urlaub in der Schweiz befand, Alfred von Tirpitz, *Erinnerungen*, Leipzig 1920, S. 119 ff.

39) Die Ansicht, daß das Kriegsministerium und der Reichstag ihre Rüstungsbemühungen hätten verstärken müssen, ist die Hauptthese von Hans Herzfeld, *Die deutsche Rüstungspolitik vor dem Weltkriege*, Bonn 1923.

Jahr zu Jahr wachsende Wehrkraft, Wehrfähigkeit und Wehrmacht. Mit teuren Opfern erkauft — gewiß, aber nicht mit zu teuren, wie das Anwachsen unseres Volkseinkommens und Volksvermögens dartut. Vierzig Jahre hoher Militärlasten sind billiger als ein halbes Jahr siegreicher Krieg, von den Opfern eines verlorenen Feldzuges gar nicht zu reden, denn dieses Opfer würde der Fortbestand des geeinten Reiches sein."[40])

Erzberger verteidigte die Militärausgaben als eine Versicherungsprämie, die das Reich zu tragen habe; bei seiner Vorliebe für Statistik gefiel es ihm, diese These in genauen Zahlen auszudrücken. Er rechnete aus, daß die Militärausgaben im Jahre 1914 sich auf 2,2 Milliarden Mark beliefen, also auf nur 5,6 v. H. des Volkseinkommens (40 Milliarden) und 0,67 v. H. des geschätzten Volksvermögens (320 Milliarden). Das sei eine Versicherung, die Deutschland sich gut leisten könne.[41])

Die Regierung brachte die verschiedenen Militärvorlagen während der Vorkriegsjahre ohne größere Schwierigkeiten durch, vor allem dank der Unterstützung der Zentrumspartei und ihres Militärexperten Erzberger. Die Erhebung der dafür notwendigen Steuern erwies sich als eine sehr viel strittigere Angelegenheit, die zu den größten parlamentarischen Kämpfen jener Periode führen sollte. Durch die föderalistische Struktur des Reiches waren, wie wir bereits gesehen haben, schwierige fiskalische Probleme entstanden. Der Bismarcksche Grundsatz, die Steuereinnahmen des Reiches auf indirekte Steuern beschränkt zu halten und die direkten Steuern den Einzelstaaten zu überlassen, zeigte sich den modernen Bedürfnissen Deutschlands immer weniger gewachsen. Die Finanzexperten der Parteien stark föderalistischer Prägung – wie des Zentrums – gestanden sich diese Tatsache verständlicherweise nur zögernd ein. Sie zogen es vor, an dem bestehenden System herumzudoktern, anstatt eine grundlegende Steuerreform herbeizuführen. Die Folgen hatten in den letzten Jahren von Bülows Kanzlerschaft ein nahezu katastrophales Ausmaß erreicht.

Bülow, mehr als großzügig in finanziellen Dingen, hatte die Schuldenlast des Reiches während seiner neunjährigen Regierungszeit über das Doppelte anwachsen lassen (von 2,2 Milliarden auf 4,75 Milliarden). Angesichts der militärischen Bedürfnisse Deutschlands und seiner fortschrittlichen Sozialgesetzgebung waren die erhöhten Ausgaben zum großen Teil unvermeidlich gewesen, aber neue Einkommensquellen hätten gleichzeitig erschlossen werden müssen. Bülow, dessen Mutter zwar aus einer angesehenen Hamburger Kaufmannsfamilie stammte, blieb jedoch zeitlebens in finanziellen Fragen ein aristokratischer Dilettant. Sein mangelhaftes Verständnis für sie und seine Abnei-

---

40) Erzberger, *Rüstungsausgaben*, S. 7.

41) *Ibid.*, S. 62. Erzberger war ein energischer Befürworter von Sparmaßnahmen bei Ausgaben für das Militär, siehe seinen Zusammenstoß mit Tirpitz wegen der Verpflegungszuschüsse für Marineoffiziere, Herzfeld, *op. cit.*, S. 90, und Erzberger, *Zentrumspolitik*, Bd. X (1912), S. 73 ff. Er griff den Vertrag an, der Krupp das ausschließliche Recht gab, Stahl für die Marine zu liefern. *Ibid.*, Bd. VIII (1910), S. 58—68. Das bedeutete nicht, daß er ein Gegner der privatwirtschaftlichen Herstellung von Waffen war. Er war gegen die Verstaatlichung von Rüstungsbetrieben, verteidigte aber die bestehenden staatlichen Arsenale gegen Anschuldigungen von seiten der privaten Industrie. Erzberger, *Rüstungsausgaben*, Kap. V und VII.

gung, umstrittene Probleme vor den Reichstag zu bringen – es sei denn als Teil eines großen politischen Planes wie im Jahr 1906 – trat in der Methode des Treibenlassens zutage. Ein drohendes Defizit von 500 Millionen im Haushalt 1909 zwang die Regierung, ihre nachlässige Politik aufzugeben und ein umfassendes Reformprogramm auszuarbeiten. Die Vorschläge der Regierung sahen im einzelnen ein Mehraufkommen von 380 Millionen Mark aus neuen indirekten Steuern auf Verbrauchsgüter und von weiteren 177 Millionen aus den sogenannten Besitzsteuern vor. Diese setzten sich zusammen aus 25 Millionen Mark aus einer Erhöhung der Matrikularbeiträge (Zahlungen der Einzelstaaten an die Reichskasse) und 92 Millionen aus Besteuerung von Erbschaften, einschließlich des Grundbesitzes. Das System der Matrikularbeiträge war den Herzen der Föderalisten besonders teuer. Sein Hauptvorteil lag in der Tatsache, daß die Ländersteuern in erster Linie direkte Steuern waren; dadurch war das gesamte deutsche Steuersystem gerechter, als es gewesen wäre, wenn es sich ausschließlich auf die indirekten Steuern des Reichs gestützt hätte. Das System der Matrikularbeiträge wurde 1919 von Erzberger endgültig abgeschafft. Mit der von ihm eingeführten Reichseinkommensteuer entfiel das Argument, daß der finanzielle Föderalismus gerechter sei; das alte umständliche System konnte danach keine ernsthaften Fürsprecher mehr finden.

Der Hauptstreit im Jahre 1909 betraf die vorgeschlagenen 92 Millionen Mark aus Erbschaftsteuern, wobei Erzberger als Sprecher seiner Partei gegen die Regierungsvorschläge auftrat. Das Zentrum sah hier eine hervorragende Gelegenheit, den Bülowblock zu sprengen, indem es die Unstimmigkeiten innerhalb des Blocks wegen der Erbschaftsteuer auf Grundbesitz ausbeutete. Der liberale Flügel des Blocks – Nationalliberale und Freisinnige – befürwortete diese Steuern, da er darin eine fortschrittliche Maßnahme und ein Symbol seiner Opposition gegen die einseitigen Interessen der Junker sah. Die Konservativen andererseits fürchteten die Steuer – obwohl es sich nur um geringfügige Summen handelte. Sie erblickten darin einen Schritt auf dem Wege zur weiteren Besteuerung ihres Grundbesitzes durch einen Reichstag, in dem die Linke immer mehr Einfluß gewann. Das Ganze war für sie eine Frage des Prestiges; es bedeutete für sie Ausdruck ihrer Macht im Staate, den Reichssteuern nicht zu unterliegen. Begeisterte Anhänger Bülows oder des Blocks waren sie niemals gewesen, und so wurden sie um so zurückhaltender, je mehr die Freisinnigen – als Preis für ihre weitere Unterstützung des Blocks – Konzessionen in preußischen Angelegenheiten, besonders in der Wahlrechtsreform forderten. So befanden sich die Konservativen in entgegenkommender Stimmung, als das Zentrum ihnen vorschlug, den Bülow-Block durch eine neue Koalition von Konservativen und Zentrum zu ersetzen.

Erzbergers Widerstand gegen die Erbschaftsteuer muß im Lichte seiner politischen Erwägungen gesehen werden. Sein erstes Ziel war es, den Block zu sprengen, die Konservativen zu beschwichtigen und Bülows Sturz zu fördern, indem er ihm die Mehrheit im Parlament entzog – die einzige ihm noch verbleibende Grundlage seiner Macht, seit er vor kurzem beim Kaiser in Ungnade gefallen war. Erzbergers Argumente gegen die Erbschaftsteuer auf Grundbesitz waren geschickt auf die Vorurteile der Konservativen und des Zentrums zugeschnitten. Er führte aus, daß das Eingreifen der „kalten Hand des Staates" in dem Augenblick, in dem eine Familie von dem Verlust eines ihrer Mitglieder getroffen sei, den deutschen Familiensinn verletze. Die Steuer diskriminiere den landwirtschaftlichen Besitzer, der jederzeit greifbar sei und der Steuer nicht so leicht ausweichen könne wie der Besitzer von mobilem Kapital – eine Begründung, die der althergebrachten Feindseligkeit des Zentrums gegenüber Börsenmaklern und reinem Geldvermögen entsprach. Die Steuer sei ungerecht, weil die Umstände eines Erbfalles von Familie zu Familie je nach der Zahl und der bisherigen Vermögenslage der betroffenen Erben sehr verschieden seien.[42]) Diese Argumente waren jedoch nicht so gewichtig, daß sie Erzberger davon abhielten, später zum Hauptfürsprecher der umfassenden Erbschaftsteuer von 1919 zu werden.

Man sprach 1909 davon, statt der umstrittenen Erbschaftsteuer auf Grundbesitz eine Reichseinkommensteuer einzuführen. Damit wäre der Bismarcksche Grundsatz, das Reich von direkten Steuern auszuschließen, durchbrochen worden. Erzberger gehörte zu den heftigsten Gegnern einer solchen Änderung der Steuerpolitik. Er erkannte – zweifellos richtig –, daß eine solche Steuer nicht einfach der Einkommensteuer von Preußen, Württemberg oder der anderen Länder zugeschlagen werden konnte, da die Methoden der Steuerveranlagung und -einziehung von Land zu Land verschieden waren. Erhöhte man die durchschnittlich geltenden Steuersätze um eine Reichseinkommensteuer, so würde sich das gerade für die Länder mit wirksamer und progressiver Einkommensteuer nachteilig auswirken. Die Alternative wäre, eine Reichssteuerverwaltung einzurichten, die die bestehenden vielfältigen Ländersysteme zu ersetzen hätte. Genau das hat Erzberger selbst im Jahre 1919 getan. Aber im Jahre 1909 war er noch ein erbitterter Widersacher einer solchen fiskalischen und verfassungsrechtlichen Neuerung. Eine zentralisierte Steuerverwaltung wäre, so argumentierte er, ein großer Schritt auf dem Wege zum Einheitsstaat und ein schwerer Schlag gegen das föderalistische System. Das Zentrum als föderalistische Partei, die es sich zum Ziele gesetzt habe, die geschichtlich bedingte Mannigfaltigkeit des deutschen Volkes zu erhalten, könne niemals eine so zentralisierende Maßnahme unterstützen.[43]) Dabei vergaß er Disraelis Ratschlag: „Ich sage meinen jungen Leuten immer, in der Politik

---

[42]) Erzberger, *Zentrumspolitik*, Bd. VII (1909), S. 83—88.
[43]) *Ibid.*, S. 92—95.

darf man niemals ‚niemals' sagen." Erzbergers extreme Erklärungen aus dem Jahre 1909 verursachten ihm in späteren Jahren erhebliche Verlegenheit.

Das besondere finanzielle Problem von 1909 — die Beseitigung des erwarteten Defizits von 500 Millionen – führte zum Zusammenbruch des Bülowblocks und zur Bildung einer Koalition von Zentrum und Konservativen. Die von der Regierung vorgeschlagenen Verbrauchsteuern von 380 Millionen wurden vom Reichstag im wesentlichen, nämlich in Höhe von 365 Millionen, bewilligt. Erzberger tat sich viel auf diese Minderung von 15 Millionen gegenüber der Regierungsvorlage zugute, da sie in erster Linie auf den Verbrauch der ärmeren Schichten entfalle. Die Erhöhung der Matrikularbeiträge um 25 Millionen wurde angenommen, die Erbschaftsteuer aber mit den Stimmen des Zentrums und der Konservativen abgelehnt. Übrig blieb das Problem, einen Ausgleich für die 92 Millionen zu finden, die die Erbschaftsteuer eingebracht hätte. Dabei mußte es sich um eine Besteuerung des Besitzes handeln, um der politischen Gefahr zu begegnen, die die Verwerfung der populären Erbschaftsteuer heraufbeschworen hatte. Erzberger gehörte zu denjenigen, die Steuern vorschlugen, von denen vor allem Grundstücksspekulanten, Bankiers, Börsenjobber, Kapitalisten und „Couponabschneider" betroffen werden würden – alles Gruppen, die bei den Wahlen zu den Liberalen neigten. Die angenommenen Vorschläge sahen 40 Millionen neuer Steuern vor, und zwar auf den Grundstückserwerb und den unverdienten Wertzuwachs bei Grundstücken (sie wurden erst beim Verkauf erhoben und trafen daher fast ausschließlich städtischen Grundbesitz, da ländlicher Grundbesitz nur selten den Eigentümer wechselte); weitere 70 Millionen erwartete man aus einer Erhöhung der Steuer auf die Ausgabe von Wertpapieren, aus der Talonsteuer (Steuer auf die Ausgabe von Gewinnanteil- und Zinsbogen) und aus einer Stempelsteuer auf Schecks, Bankquittungen und langfristige Wechsel. Der gesamte Ertrag dieser Steuern wurde auf 110 Millionen Mark geschätzt im Vergleich zu den nur 92 Millionen, die die Regierung vorgeschlagen hatte. Der Überschuß von 18 Millionen machte also die Streichung von 15 Millionen an indirekten Steuern in der Regierungsvorlage mehr als wett. Erzberger begrüßte dies als Beweis, daß die Vorschläge des Zentrums und der Konservativen fortschrittlicher seien als die ursprünglichen Pläne der Regierung — das heißt, daß durch sie der Besitz der Reichen mehr belastet werde als der Verbrauch der Armen. Der Finanzreform von 1909 gelang es, das Defizit im Reichshaushalt zu beseitigen, und dafür gebührt Erzberger — was auch immer man von seinen Motiven für die Ablehnung der Erbschaftsteuer auf Grundbesitz halten mag — ein großer Teil des Verdienstes. Der Reichshaushalt wies bis zum Jahre 1912 Überschüsse aus.[44])

---

[44]) *Ibid.*, Kap. III. Erzberger, *Müssen wir Zentrum wählen? Die Zentrumspolitik im Lichte der Wahrheit*, Berlin ohne Datum (1911), Kap. IV. Erzberger interessierte sich besonders für die Durchführung der Besteuerung des unverdienten Wertzuwachses von Grundstücken. Er gab den Konservativen nach, die Steuerfreiheit von der Zuwachssteuer für die Landesfürsten forderten. *Zentrumspolitik*, Bd. IX (1911), S. 95—109.

Die Militärvorlage von 1912 drohte, ein neues Defizit im Reichshaushalt hervorzurufen. Der Reichstag glaubte, neue Besitzsteuern einführen zu sollen, konnte sich aber nicht darauf einigen, wie diese lobenswerte Absicht durchzuführen sei. Das Ergebnis war ein Antrag, den Erzberger für das Zentrum und Ernst Bassermann für die Nationalliberalen gemeinsam einbrachten, und in dem die Regierung aufgefordert wurde, bis zum 30. April 1913 einen Gesetzentwurf über eine allgemeine Besteuerung des Besitzes vorzulegen. Genaue Angaben über die Art der Steuern, die die Mehrheit des Reichstags wünschte, enthielt der Antrag nicht – ein erstaunliches Eingeständnis der Unfähigkeit des Reichstags, eine eigene konstruktive Finanzpolitik zu entwickeln, und ein schlechtes Omen für die Sache der parlamentarischen Regierung in Deutschland.[45])

Deutschlands finanzielle Lage wurde durch die Annahme der großen Militärvorlage von 1913 noch mehr erschwert. Gleichzeitig machte die Regierung den kühnen Vorschlag einer Vermögensabgabe, des sogenannten Wehrbeitrags, der 1 200 Millionen Mark einbringen sollte, um die, wie behauptet wurde, einmaligen Ausgaben zur Stärkung der Sicherheit Deutschlands zu bestreiten. Diese Art der Steuererhebung war bisher nirgendwo ausprobiert worden und führte verständlicherweise zu umfangreichen politischen und wissenschaftlichen Auseinandersetzungen, woran sich Erzberger aktiv beteiligte. Er veröffentlichte eine ausführliche Broschüre über die Festsetzung und Erhebung einer Vermögensabgabe.[46]) Seine von Fachkenntnissen gestützte Befürwortung der Vorlage ebnete dem Wehrbeitrag den Weg durch den Reichstag. Diese Kenntnisse sollten sich als außerordentlich wertvoll erweisen, als er im Jahre 1919 Finanzminister wurde. Zu dieser Zeit führte er eine zweite Vermögensabgabe durch, das Reichsnotopfer, mit dem der verlorene Krieg, den der Wehrbeitrag von 1913 nicht verhindern konnte, bezahlt werden sollte.

## Bülows Entlassung

Erzberger trat in der politischen Arbeit nicht nur bei militärischen und finanziellen Fragen hervor. So nahm er zur Zeit der Daily-Telegraph-Affäre im November 1908 eine ausgesprochen oppositionelle Haltung zu Bülow ein. Das Prestige des Kaisers war durch die Veröffentlichung eines Gespräches mit einem ihm bekannten Engländer stark erschüttert worden. Seine Ausführungen ließen ein völliges Unverständnis für die englische wie für die deutsche Menta-

---

45) *Ibid.*, S. 90—94. Der gesamte Haushalt wird *ibid.*, S. 76—109 erörtert. Der konservative Führer Graf Kuno Westarp benutzt in seinem Buch *Konservative Politik im letzten Jahrzehnt des Kaiserreichs*, Berlin 1935, Bd. I, S. 247 ff., seinen Bericht über den Erzberger-Bassermann-Antrag, um Erzbergers Charakter allgemein anzugreifen. Dieser Bericht sollte jedoch verglichen werden mit den sehr lobenden Äußerungen des früheren Finanzministers Adolf Wermuth über Erzbergers Fähigkeiten als Finanzexperte in: *Ein Beamtenleben*, Berlin 1922, S. 304.

46) Erzberger, *Der Wehrbeitrag*, Stuttgart 1913.

lität erkennen. Der Kaiser hatte sich selbst als einen Freund Englands in einem England feindlich gesonnenen Lande dargestellt, behauptet, daß der Feldzugsplan von ihm stamme, nach dem die Buren im Jahre 1900 besiegt worden waren, und schließlich erklärt, die deutsche Flotte werde gegen Japan und nicht gegen England gebaut. Das waren nur die schlimmsten diplomatischen faux pas in dem auch sonst unglaublichen Interview.

Für den Inhalt des Interviews wurde mit Recht der Kaiser verantwortlich gemacht, die Veröffentlichung beruhte jedoch auf einer Reihe von technischen Versehen des Kanzlers von Bülow und des Auswärtigen Amtes. Der Kaiser hatte den formalen Geschäftsgang beachtet und die Zustimmung des Kanzlers eingeholt, bevor er die Veröffentlichung gestattete, während die Angelegenheit von Bülow, der sich gerade im Urlaub befand, mit großer Nachlässigkeit behandelt worden war. Bei der darauf folgenden Reichstagsdebatte konnte Bülow seine formale Verantwortung nicht abstreiten, versicherte aber – wahrscheinlich wahrheitsgemäß –, er habe den Artikel selbst nicht gelesen, würde aber mit Sicherheit der Veröffentlichung widerraten haben, wenn er ihn gekannt hätte. Damit schob er das eigentliche Verschulden auf den Kaiser und zwang ihn sogar, am 17. November 1908 eine öffentliche Erklärung abzugeben, in der er versprach, künftig größere Zurückhaltung zu üben – eine Demütigung, die Wilhelm weder vergeben noch vergessen konnte. Bülow errang zwar dadurch einen vorübergehenden parlamentarischen Sieg, aber sein Verhalten war dennoch töricht, da er sich den Kaiser zum Todfeind gemacht hatte. Wilhelm beschloß, Bülow bei erster Gelegenheit zu entlassen. Sie bot sich sechs Monate später, als Bülows Erbschaftsteuer von der Koalition aus Zentrum und Konservativen abgelehnt wurde.[47])

Erzberger vertrat eine Theorie über Bülows Verhalten, die die Billigung des Kaisers fand und seinen Zorn gegen den Kanzler schürte. Danach habe Bülow die Veröffentlichung des explosiven Interviews absichtlich betrieben, um das Prestige des Kaisers zu untergraben und ihn von Bülow abhängig zu machen. Selbst wenn die Veröffentlichung von Bülow nicht geplant gewesen sei, so habe er doch mit Sicherheit den Artikel gelesen und ohne Widerspruch durchgelassen. Der Beweis für diese überraschende Theorie wurde in angeblichen früheren offiziellen Versuchen gesehen, den Kaiser in Pressekontroversen hineinzuziehen, so daß es jetzt den Anschein erwecken mußte, das Daily-Telegraph-Interview sei der Höhepunkt eines seit langem bestehenden Planes, Wilhelm in Mißkredit zu bringen. Diese früheren Artikel waren jedoch alle etwas zweifelhafter Natur, und es ist nie bewiesen worden, daß Bülow an ihrer Veröffentlichung beteiligt war. Eine mildere und sehr viel plausiblere

[47]) Die neueste Schrift über die *Daily-Telegraph-Affäre,* in der alle zweifelhaften Punkte aufgeklärt, aber keine neuen Theorien aufgestellt werden, ist Wilhelm Schüßler, *Die Daily-Telegraph-Affäre. Fürst Bülow, Kaiser Wilhelm und die Krise des Zweiten Reiches,* Göttingen 1952.

Version besagt, Bülow habe sich nach der unglückseligen Veröffentlichung illoyal und ungeschickt verhalten. Er hätte das Interview (selbst wenn seine getreue Wiedergabe nicht ganz geleugnet werden konnte) als harmlos hinstellen und die Verantwortung auf sich nehmen sollen, um den Kaiser aus dem Konflikt herauszuhalten. Erzberger meinte, Bülow hätte sich als Schild vor den Kaiser stellen und die gegen ihn gerichtete Kritik auffangen müssen: Bülow weigerte sich jedoch, den Kaiser im Reichstag eindeutig zu verteidigen und tat nichts, um dem Sturm von Presseanschuldigungen entgegenzutreten, der auf Wilhelm niederging.[48])

In seinen Lebenserinnerungen erklärt Bülow, die Erzbergersche Theorie sei dem Kaiser erstmalig von seinem Zeremonienmeister Eugen von Röder, der ein Freund Erzbergers war, unterbreitet worden. Der frühere Kanzler deutet an, Erzberger habe diese Darstellung in Zeitungsartikeln gegeben, um die Gunst des Kaisers für die Zentrumspartei zu gewinnen und einen neuen „blauschwarzen Block" der Konservativen und des Zentrums zustande zu bringen der den Bülowblock ersetzen sollte. In der Tat irrte sich Bülow gründlich über die Motive Erzbergers im Winter 1908/09. Zwar wünschten die Führer des Zentrums eine Zusammenarbeit mit den Konservativen, aber Erzberger leistete bis zum Frühsommer 1909 Widerstand gegen diese Politik. Er mißtraute den Konservativen wegen ihrer Teilnahme an dem antikatholischen Feldzug von 1907 und ihrer Unterstützung der Anti-Polen-Politik im östlichen Preußen. Für die Zukunft zog er eine Zusammenarbeit ad hoc mit wechselnden Partnern vor. Er erwartete, daß kulturelle und wirtschaftliche Fragen in den Hintergrund treten und Verfassungsfragen große Bedeutung erlangen würden. Dabei rechnete er mit einer Erweiterung der Befugnisse des Reichstags und mit der schließlichen Einführung der parlamentarischen Regierungsform. Auf dem Wege dahin würden Liberale und Sozialdemokraten die natürlichen Verbündeten des Zentrums sein. Der Antiklerikalismus der Liberalen werde, wie er glaubte, seine Schärfe verlieren. Diese Hoffnungen erfüllten sich jedoch nicht, und Erzberger ging bald dazu über, die offizielle Parteipolitik zu unterstützen, die den Bülowblock durch die Umwerbung der Konservativen zu sprengen suchte.[49])

Erzbergers Theorie über die Daily-Telegraph-Affäre war zweifellos falsch. Einmal setzte sie ein zu hohes Maß an Verschlagenheit bei Bülow voraus, und überdies gab es eine viel einfachere Erklärung der Tatsachen. Bülow, welche

48) Die Theorie wird von Erzberger in *Zentrumspolitik* Bd. VII (1909), S. 14—33, entwickelt. Die ausführlichste Darstellung findet sich bei Rudolf Martin, *Fürst Bülow und Kaiser Wilhelm II.*, Leipzig 1909. Der frühere Staatssekretär des Auswärtigen Amtes Schoen nennt Erzberger den Urheber der Theorie bei F. Thimme, Hrsg., *Front wider Bülow*, S. 79. Schüßler in *op. cit.*, S. 83, zitiert Wilhelms Randbemerkung über Erzbergers Darstellung der Theorie in einer Zeitung: „Die Tatsachen sind absolut richtig."

49) Bülow, *Denkwürdigkeiten*, Bd. II, S. 494, und III, S. 61 f. Erzbergers Artikel in: *Der Tag* vom 12. Dezember 1908 „Neuer Block oder alte Abwehrmehrheit". Erzberger wollte ausdrücklich die deutsche Verfassung dem Vorbild der westeuropäischen Staaten angleichen, was eine scharfe Antwort von Martin Spahn hervorrief in: *Der Tag* vom 6. Januar 1909.

Fehler er auch immer gehabt haben mag, kannte jedenfalls die verfassungsrechtlichen Realitäten des deutschen Lebens. Sich den Kaiser zum Feind zu machen, bedeutete für einen Kanzler politischen Selbstmord. Es gab nur eine Chance für Bülow, an der Macht zu bleiben, nachdem er sich dem Kaiser entfremdet hatte; sie lag darin, das volle parlamentarische Regierungssystem einzuführen oder zumindest eine zuverlässige Mehrheit im Parlament zu schaffen, die ihn vom Kaiser unabhängig machen würde. Ersteres war unmöglich, das zweite scheiterte an den Reibereien innerhalb des Bülowblocks. So hatte Bülow alles zu verlieren und nichts zu gewinnen, wenn er die Verantwortung für die Demütigung des Kaisers auf sich nahm. Warum behauptete er also, er habe den Artikel vor der Veröffentlichung nicht gelesen, wodurch er Wilhelm belastete, während er selbst nur eine rein formale Verantwortung übernahm? Die einfachste und teilweise richtige Erklärung ist, daß dies sicherlich der Wahrheit entsprach. Wahrhaftigkeit freilich wäre bei Bülow niemals der Hauptbeweggrund gewesen, hätten ihn nicht noch andere Erwägungen geleitet. Eitelkeit und Feigheit kamen wohl auch ins Spiel. Wenn Bülow, ein erfahrener Diplomat, erklärt hätte, er habe den Artikel gelesen, seine explosive Wirkung aber nicht vorausgesehen, so wäre er in ganz Deutschland verlacht worden. Ohnedies aber hatte die Veröffentlichung des Interviews zu einem spontanen Ausbruch von Feindseligkeit gegen den Kaiser geführt, der von Konservativen bis zu Sozialdemokraten reichte und zeigte, daß sich hier ein lang aufgestauter Groll endlich Luft machte. Bülow hätte sich vorübergehend großer Unbeliebtheit ausgesetzt, würde er diesen Zorn, wie Erzberger es im Sinn hatte, auf sich gelenkt haben. Diese Überlegungen lassen Erzbergers Theorie über Bülows Verhalten nicht sehr plausibel erscheinen; es muß jedoch betont werden, daß die Theorie auf Wilhelms Entschluß, Bülow bei der ersten passenden Gelegenheit zu entlassen, wahrscheinlich nicht ohne Einfluß gewesen ist.

Das bemerkenswerteste an der ganzen Daily-Telegraph-Affäre blieb, daß sie für die deutsche Verfassungsentwicklung keinerlei ernsthafte Folgen zeitigte. Zwar minderte sie das Ansehen des Kaisers und deckte die Nachlässigkeit seines Kanzlers auf, aber sie brachte nicht die naheliegende Abhilfe – nämlich einen Schritt vorwärts auf dem Wege zum parlamentarischen Regierungssystem. Die Konservativen kritisierten immerhin Wilhelm und bewiesen damit ihren Männerstolz vor Fürstenthronen, gaben sich aber mit dem status quo zufrieden. Das Zentrum war mehr daran interessiert, den Bülowblock zu sprengen und die Gunst der Konservativen zu erwerben, als Verfassungsänderungen voranzutreiben. Die Nationalliberalen glaubten, Bülow könne „nicht unrecht tun", und betrachteten ihn als unersetzlich für die Führung der Außenpolitik. Die Freisinnigen waren machtlos und die Sozialdemokraten konnten schon gar nicht ernsthaft mitreden. Alle Parteien trösteten sich mit Wilhelms Versprechen, sich künftig zurückzuhalten. Es mußte ein sehr viel größerer Schock als die Veröffentlichung eines unglücklichen Interviews eintreten, ehe die erstarrte Verfassungsstruktur Deutschlands geändert werden konnte.

## Politische Probleme 1909 – 1914

Voll Genugtuung über den Zusammenbruch des Bülowblocks und die Entlassung seines persönlichen Feindes Bülow 1909, teilte Erzberger einige Jahre die allgemeine Zufriedenheit mit dem status quo. Auch die Tatsache, daß die Koalition von Zentrum und Konservativen im preußischen Landtag Bethmann Hollwegs sehr maßvolle Vorschläge für die Reform des preußischen Wahlrechts im Jahre 1910 scheitern ließ, konnte ihn nicht erregen, doch kritisierte er Bethmann wegen seines bemerkenswerten Angriffs vom 10. Februar 1910 auf demokratische Wahlsysteme. So nahm er auch den berühmten Fall Oldenburg in der Reichstagssitzung vom 29. Januar 1910 mit Ruhe hin. Oldenburg-Januschau, ein ostpreußischer Junker, dessen unrühmliche Karriere dreiundzwanzig Jahre später darin gipfeln sollte, sich an den Intrigen zu beteiligen, die Hitler an die Macht brachten, griff in die Militärdebatte des Reichstags ein, um seine Meinung über das angemessene Verhältnis zwischen Monarch, Heer und Parlament zum besten zu geben: „Der König von Preußen und der Deutsche Kaiser muß jeden Moment imstande sein, zu einem Leutnant zu sagen: ‚Nehmen Sie zehn Mann und schließen Sie den Reichstag!'" Als Haußmann, Erzbergers alter Rivale aus Württemberg, und der Sozialdemokrat Noske, der spätere Kabinettskollege Erzbergers, gegen diese Beleidigung der Würde des Reichstags protestierten, hätte man erwarten sollen, daß Erzberger sich ihnen anschließen würde. In seinem Bericht über den Fall nahm er jedoch eine auffallend neutrale Haltung ein und legte offensichtlich mehr Wert auf die Solidarität mit den antiparlamentarisch eingestellten Konservativen als auf eine Verteidigung der Rechte des Reichstags.[50])

Erzbergers fortschrittliche Haltung lebte jedoch wieder bei der Erörterung der Verfassung von Elsaß-Lothringen im Jahre 1911 auf, als er für die Einführung eines voll demokratischen Wahlrechts und hinreichender Garantien des Budgetrechts der zweiten Kammer eintrat. Er sprach sich für eine weitgehende Selbstverwaltung in Elsaß-Lothringen aus, weil sie das einzige Mittel sei, der Ungeschicklichkeit der bürokratischen preußischen Verwaltung zu begegnen.[51]) Seine Hoffnung, daß die Gewährung der Selbstverwaltung ein großer Schritt auf dem Wege zur deutsch-französischen Verständigung sein werde, sollte sich nicht erfüllen. Dafür war es genau vierzig Jahre zu spät.

---

[50]) *Zentrumspolitik*, Bd. VIII (1910), S. 24—29. Seine Kritik gegen Bethmann in Form der Unterstützung von Gröbers Angriff findet sich *ibid.*, S. 19 f. Zu Oldenburgs eigenen verteidigenden Bericht über seine Rede siehe Elard von Oldenburg-Januschau, *Erinnerungen*, Leipzig 1936, S. 109—112.
[51]) Erzberger, *Zentrumspolitik*, Bd. IX (1911), S. 11—23.

Aus Erzbergers Wahlbroschüre für die Reichstagswahl vom Januar 1912 geht hervor, daß er mit einer Fortdauer der Koalition von Konservativen und Zentrum im neuen Reichstag rechnete. Er fürchtete den Sieg des „Großblocks", der von dem Sozialdemokraten August Bebel bis zu dem Nationalliberalen Ernst Bassermann reichte und dessen prominentester Fürsprecher Friedrich Naumann von der Fortschrittlichen Volkspartei war. In Baden regierte der Großblock erfolgreich gegen Zentrum und Konservative. Sein wirkungsvoller Schlachtruf „Gegen Ritter und Heilige" entsprach dem demokratischen und säkularen Empfinden der Zeit. Erzberger vermied jeden Angriff gegen die Konservativen und konzentrierte sein Feuer ausschließlich auf Liberale und Sozialdemokraten. Den Liberalen warf er vor, sie wollten einen neuen Kulturkampf entfachen, den Sozialdemokraten, wie schon so oft, sie seien eine verantwortungslos demagogische Partei. Er verteidigte die Finanzreform von 1909 – die die Oppositionsparteien zum Hauptangriffspunkt in der Wahlagitation gemacht hatten – als das Werk einer konstruktiven Gesetzgebung, die das bedrängende Problem eines Defizits im Reichshaushalt mutig gelöst habe. Die Kritik der Liberalen und Sozialdemokraten widerlegte er Punkt für Punkt, befand sich aber in der unglücklichen Lage, immer in der Defensive bleiben zu müssen. Sein Loblied auf die Wirtschafts- und Sozialgesetzgebung der letzten Jahre – eine geschickte Aufzählung zahlreicher kleinerer in der großen Reichsversicherungsordnung von 1911 zusammengefaßter Leistungen – blieb, ebenso wie seine Parole „Schutzzoll in Gefahr", ziemlich wirkungslos. Es gelang ihm nicht, mit seiner Broschüre den Abstieg des Zentrums zu bremsen.[52])

Bei dieser letzten Wahl im kaiserlichen Deutschland kam es nicht zu dramatischen Zwischenfällen. Bethmann Hollweg fehlte völlig Bülows Fähigkeit, die Volksmassen zu begeistern und zu lenken. Das Ergebnis war eine Katastrophe für die Regierung. Die Zahl der sozialdemokratischen Sitze stieg von 53 auf 110, während alle anderen Parteien Verluste erlitten. Die Abgeordnetenzahl der Fortschrittlichen Volkspartei fiel von 49 auf 42, die der Nationalliberalen von 50 auf 43. Die Konservativen erhielten statt 90 nur noch 62 Sitze, obwohl viele Zentrumsanhänger schon im ersten Wahlgang die Konservativen gewählt hatten, um die Gefahr sozialdemokratischer Gewinne zu verringern. Die Mandate der Zentrumspartei gingen von 103 auf 92 zurück; die Zahl der für sie abgegebenen Stimmen hatte sich von 2,2 Millionen auf 2,0 Millionen verringert. Es war der erste erhebliche Verlust seit der Gründung der Partei. Bei den darauf folgenden internen Auseinandersetzungen wurden viele Erklärungen hierfür gefunden. Die einfachste war, daß mindestens 200 000 Zentrumsanhänger, den Weisungen der Partei folgend, die Konservativen gewählt

[52]) Erzberger, *Müssen wir Zentrum wählen? Die Zentrumspolitik im Lichte der Wahrheit,* Berlin o. J. (1911).

hatten; dies ließ sich jedoch statistisch nicht nachweisen. Aber es gab noch andere Deutungen. Einige Anhänger der Berliner Richtung Roerens hatten aus Verärgerung keinen Gebrauch von ihrem Wahlrecht gemacht. Die Wahldisziplin der gegnerischen Parteien hatte sich als besser erwiesen. Wegen der unpopulären Finanzreform von 1909 und seiner Opposition gegen die Wahlrechtsreform in Preußen war das Zentrum Angriffen ausgesetzt. Beide Themen waren bei den Wählermassen der Großstädte besonders wirksam gewesen, wo selbst die Katholiken für den Marxismus anfällig zu werden begannen. Alle diese Gründe zeigten, daß das Zentrum nicht ruhen durfte, sondern versuchen mußte, mit der Linksströmung in der deutschen Politik Schritt zu halten.

Auch im neuen Reichstag, der bis 1918 unverändert bestehen bleiben sollte, da im Kriege keine Wahlen abgehalten werden konnten, war das Zentrum wieder das Zünglein an der Waage zwischen den Alternativen einer Rechts- und einer Linkskoalition. Die Rechtsparteien – Konservative, Nationalliberale und einige kleinere Parteien – hatten von 397 Sitzen 147, die Linksparteien – Sozialdemokraten und Fortschrittliche Volkspartei – 152. Die 92 Abgeordneten des Zentrums konnten sich auf die eine oder die andere Seite schlagen. In den fünf Jahren nach 1912 arbeitete das Zentrum in erster Linie mit den Rechtsparteien zusammen, bis Erzberger zur Zeit seiner Anstrengungen um die Friedensresolution von 1917 die große Verschiebung der Parteibündnisse bewirkte.[53])

Die Reichstagssession von 1913 erlebte den antimilitaristischen Ausbruch der Mehrheit des Hauses über die Zabern-Affäre. Elsässische Zivilisten in der kleinen, nordwestlich von Straßburg gelegenen Stadt Zabern waren von preußischen Offizieren brutal behandelt worden. Der Kriegsminister von Falkenhayn hatte sofort für die Offiziere Partei ergriffen, ohne sich im geringsten um die Zusammenhänge des Vorfalls zu kümmern. Bethmann Hollweg fühlte sich, entgegen seiner zu den Zivilisten neigenden Grundhaltung, verpflichtet, das Verhalten Falkenhayns zu verteidigen. Daraufhin sprach der Reichstag dem Kanzler seine Mißbilligung mit 293 gegen 54 Stimmen aus – ein bemerkenswertes Zeichen für die Abneigung der großen Mehrheit des deutschen Volkes gegen den zügellosen Militarismus. Das Abstimmungsergebnis offenbarte auch die tragische Isolierung Bethmann Hollwegs. Erzberger teilte den tiefen Unwillen der deutschen Bevölkerung und verachtete Bethmann wegen seiner Unfähigkeit, die Militärs unter Kontrolle zu halten. Dieses Unvermögen, das auch während des Krieges wieder hervortreten sollte, verstärkte Erzbergers Überzeugung, daß es unerläßlich sei, das parlamentarische Regie-

---

53) Das beste Buch über den Hintergrund und die Ergebnisse der Wahl von 1912 ist Walter Koch, *Volk und Staatsführung vor dem Weltkrieg*, Stuttgart 1935. Über die Linksschwenkung des Zentrums siehe Erzberger, *Zentrumspolitik*, Bd. X (1912), S. 18.

rungssystem einzuführen, damit sich die Ansichten der Bevölkerung gegenüber autokratischen Launen und militärischen Einflüssen durchsetzen könnten. Er verwarf jedoch ausdrücklich Scheidemanns Ansicht, der Reichstag solle bewußt eine Verfassungskrise hervorrufen, indem er den ganzen Etat ablehne.[54])

## Erzbergers politische Ansichten im Jahre 1914

Eine systematische Darstellung seiner politischen Ansichten veröffentlichte Erzberger in einer Broschüre kurz vor dem Krieg.[55]) Darin gibt er seiner Zuversicht Ausdruck, das parlamentarische Regierungssystem, wie es in den westlichen Demokratien bereits bestand, müsse sich unweigerlich in jeder modernen Gemeinschaft durchsetzen; auch Deutschland werde keine Ausnahme bilden. Er behauptet sogar, es setze sich schon allmählich in Deutschland durch. Einen Beweis biete die Tatsache, daß Bülow gestürzt wurde, als er sich nicht mehr auf die Unterstützung des Parlamentes verlassen konnte. Die monarchische Autokratie sei im Zeitalter des sich immer weiter verbreitenden politischen Bewußtseins geschichtlich überholt. Das deutsche System des „Konstitutionalismus" werde von konservativen Theoretikern als ein dem germanischen Wesen entsprechendes Gegenstück zur „parlamentarischen Autokratie" anderer Länder gepriesen. Dies sei aber nur eine schöne Bezeichnung, die umsonst versuche, die Herrschaft einer klassenbewußten, arroganten, Inzucht treibenden Bürokratie zu verdecken; in Wirklichkeit regiere sie häufig (wie bei der Zabern-Affäre) unter schroffer Mißachtung der öffentlichen Meinung. Bereitwillig gibt er auch zu, daß das parlamentarische Regierungssystem, besonders wie es in Frankreich und Italien gehandhabt werde, die Hoffnungen der Liberalen durch seinen Nepotismus, seine Korruption, seine leichtfertige Gesetzgebung und die Demoralisierung des Verwaltungsapparates enttäuscht habe. Aber er meint, daß diese Übel in Autokratien noch weiter verbreitet seien, so beispielsweise in der Türkei und Rußland, und daß sie unter dem „deutschen Konstitutionalismus" bedauerlicherweise auch nicht zu den unbekannten Erscheinungen gehörten.

Erzberger knüpfte an die Einführung des parlamentarischen Regierungssystems die Erwartung bestimmter positiver Ergebnisse, deren Aufzählung melancholisch stimmt, wenn man sich die späteren Weimarer Erfahrungen in Erinnerung ruft; es muß jedoch betont werden, daß die Weimarer Republik unter außergewöhnlich ungünstigen Umständen ins Leben trat, die Erzberger unmöglich voraussehen konnte.

---

[54]) Erzberger, *Zentrumspolitik*, Bd. XII (1914), S. 11—22.
[55]) Erzberger, *Politik und Völkerleben*, Würzburg o. J., (1914).

1. Er erwartete, die Einführung eines uneingeschränkten parlamentarischen Regierungssystems werde das Verantwortungsgefühl der Oppositionsparteien wecken, sobald sie ständig der Möglichkeit gewärtig sein müßten, zur Regierung berufen zu werden. Diese Voraussage war richtig, soweit es sich um die große Mehrheit der Sozialdemokraten handelte. Aber er übersah dabei, daß eine neugewonnene verantwortliche Haltung der Sozialdemokraten zum Abfall eines radikalen linken Flügels führen mußte. Ebensowenig vermochte er sich vorzustellen, daß die Verdrängung der Konservativen aus ihrem quasi-Monopol der politischen Macht einen rücksichtslosen Rechtsradikalismus zur Folge haben würde, der dann nur zu leicht in das Barbarentum der Nationalsozialisten einmünden sollte.

2. Erzberger war der Ansicht, das parlamentarische Regierungssystem werde das wirkliche Prestige der Monarchie stärken, indem es sie aus dem politischen Tageskampf heraushalte. Er vergaß dabei, daß kein Hohenzoller, der in der Tradition des Herrschertums von Gottes Gnaden erzogen worden war, sich mit einer Verminderung der Macht des Monarchen jemals abfinden würde – jedenfalls weder der Kaiser noch der Kronprinz (der erst 1951 starb). Erzbergers parteipolitische Grundsätze hinderten ihn daran, die Notwendigkeit einer republikanischen Staatsform für Deutschland einzusehen.

3. Er rechnete damit, daß das parlamentarische Regierungssystem die Kluft zwischen dem Volk und der Staatsgewalt schließen werde, da es die Regierung zum Diener und nicht zum Herrscher des Volkes mache. Diese Bindung zwischen Staat und Volk wäre in der Tat mit all ihren Vorzügen eingetreten, wenn das parlamentarische Regierungssystem das Ergebnis einer langsamen Entwicklung und nicht Folge der alles erschütternden militärischen Niederlage gewesen wäre. Als dieses System im Jahre 1919 eingeführt wurde, brachte es lediglich das Resultat, daß eine starre Linksopposition ihre Ablösung in einer ebenso starren Rechtsopposition fand, die die Weimarer Republik genausowenig als „ihren Staat" ansah wie die Sozialdemokraten der Vorkriegszeit das Kaiserreich. Eine gemeinsame sittliche Grundhaltung der Nation, die immer Voraussetzung, manchmal auch Ergebnis eines erfolgreichen parlamentarischen Regierungssystems ist, wurde nicht erreicht.

4. Ferner glaubte Erzberger, daß die Einführung des parlamentarischen Regierungssystems politische Begabungen, deren Entfaltung durch den bürokratischen Staat verhindert worden war, freilegen und fruchtbar machen würde. Zweifellos dachte er dabei an seinen eigenen politischen Weg. Im Kaiserreich konnte er nie mehr als ein großer parlamentarischer Kritiker sein, unter dem neuen Regime hingegen sollte er Finanzminister werden, dem keine Grenzen zum weiteren Aufstieg gesetzt waren. Und doch brachte die Weimarer Republik, von einigen ungewöhnlichen Erscheinungen wie Erzberger, Rathenau und Stresemann abgesehen, keine Staatsmänner von wirklichem

Format hervor. Ihre Kanzler waren im allgemeinen weniger bedeutend als ihre Vorgänger im Kaiserreich, und ebenso war das Durchschnittsniveau ihrer Minister eher niedriger, wobei freilich mitsprach, daß es kaum noch – außer in einigen Schlüsselpositionen – eine Kontinuität gab. Auch darf man nicht vergessen, daß die Weimarer Republik Nationalsozialisten, die es im Kaiserreich zu nichts gebracht hätten, erstaunliche Karrieren ermöglichte. Die enttäuschenden Ergebnisse von Weimar können natürlich nicht dem parlamentarischen Regierungssystem als solchem zugeschrieben werden, sondern nur der Art und Weise, wie sich dieses System unter den besonders unglücklichen deutschen Verhältnissen entwickelte. Sie beweisen keinesfalls, daß Erzberger ein schlechter Prophet war, sondern nur, wie faszinierend unvoraussehbar sich die deutsche Geschichte vollzog.[56])

Erzberger hatte begriffen, daß der „Aufstand der Massen" das Hauptthema der Geschichte des zwanzigsten Jahrhunderts sein werde. Er sah die unvermeidbare Demokratisierung des modernen Lebens voraus, und billigte sie trotz gelegentlicher taktischer Zurückhaltung:

„Die Politisierung der Massen läßt sich nicht aufhalten; sie ist das ganz natürliche Produkt der neuzeitlichen Verhältnisse. Sie ist an und für sich auch kein Übel, sondern für Volks- und Staatsleben erwünscht. Stumpfsinnige Bürger und politisch träge Nationen sind den Anforderungen der Gegenwart nicht gewachsen; reges politisches Leben erzeugt Anteilnahme an allen öffentlichen Vorgängen, gibt einer Nation Kraft und Lebensmut, stärkt das Verantwortlichkeitsgefühl der Machthaber und Herrschenden, ist eine unentbehrliche Kontrolle über deren Handlungen und Unterlassungen. Militärpflicht und Steuerpflicht zwingen den Bürger zur lebhaften politischen Betätigung in Stadt und Land. Daß diese, im Übermaß betrieben, ihre Nachteile hat, ist selbstverständlich."[57])

Erzberger erkannte und fürchtete die Gefahr der Radikalisierung; darunter verstand er die Ausbreitung säkularer Ideen, sei es in liberaler, sei es in sozialistischer Gestalt. Er erwartete, daß die künftige Trennungslinie im politischen Leben zwischen den Anhängern „liberaler" und „autoritärer" Prinzipien verlaufen würde. Den Unterschied zwischen den beiden Richtungen sah er darin, daß die erstere den eigenen Willen zur bestimmenden Quelle ihrer Wünsche mache, während sich die andere dem göttlichen Gesetz unterordnete:

„Das liberale System ist aufgebaut auf dem großen Irrtum, daß der Staat die Quelle allen Rechtes sei; die Staatsallmacht könne alles regeln nach ihrem Belieben und sei an keine andere Norm gebunden; die Majorität entscheide und bestimme alles; die Religion habe auf dem Markte der öffentlichen Angelegenheiten nichts zu sagen (man lobt sie dann dafür um so mehr für den Hausgebrauch, übt sie aber in der Regel auch hier nicht), Freiheit sei die große Parole des Volkes, und sie führe alles aufwärts. Auf diesem liberalen System ruhen alle liberalen Parteien aller Länder, aber auch die Sozialdemokratie steht auf diesem Boden; sie unterscheidet

---

56) Erzbergers Ansichten über das parlamentarische Regierungssystem sind *ibid.*, Kap. III, enthalten.
57) *Ibid.*, S. 6.

sich nur in wirtschaftlichen Fragen stärker vom Liberalismus. Der reiche Liberale nennt sich liberal in den verschiedensten Benennungen, der arme Liberale ist Sozialdemokrat."[58])

Im Gegensatz zu diesem „liberalen" Prinzip stünden die „Autoritätsparteien":

> „Die Autoritätsparteien halten sich bei ihrer gesamten Wirksamkeit an die Quelle aller Autorität, den persönlichen Gott, der sich der Menschheit offenbart hat; sie anerkennen und respektieren dessen Gesetze und Anordnungen, setzen sich nicht in Gegensatz zu denselben, sondern arbeiten im Rahmen derselben an der Wohlfahrt der Völker. Ihr oberster Ruf ist nicht Freiheit, die staatliche Gesetzgebung ist ihnen nicht die Quelle allen Rechtes, sie anerkennen das Naturrecht und das göttliche Gesetz. Ihre Autorität und die ihrer Gesetze leiten sie ab von der höchsten Autorität. Die Achtung vor dem obersten unabsetzbaren Gesetzgeber gibt daher auch ihrer Politik eine ganz andere innere Kraft und Stärke."[59])

Diese Einstellung kennzeichnet Erzbergers Denken in den Jahren vor dem Kriege und ist bemerkenswert für einen Mann, der das Zentrum in absehbarer Zeit zu einer Koalition mit den Sozialdemokraten und Liberalen führen sollte. Mit seiner Befürwortung der parlamentarischen Regierungsform war diese Auffassung kaum zu vereinen; sie setzte einen solchen Grad von polarer Scheidung im politischen Leben voraus wie auch das Fehlen moralischer Übereinstimmung, daß eine reibungslose Übertragung der Macht von der Regierung auf die Opposition kaum vorstellbar gewesen wäre. Erzberger erwartete offensichtlich, daß die „Autoritätsparteien" eine dauernde Mehrheit erlangen würden. Er glaubte, daß sich die wirtschaftlichen und sozialen Probleme auch in Kürze nach seinen christlichen Grundsätzen lösen ließen. Die Probleme der Zukunft würden in erster Linie kultureller und religiöser Art sein, wobei das Wiederaufleben des Kulturkampfes eine ständige Gefahr bedeute. Nach seiner Überzeugung gingen scheinbar weltliche Probleme oft letztlich auf Fragen des Glaubens zurück oder bezogen zumindest von hier aus das geistige Rüstzeug zu ihrer Bewältigung. Als Beispiel nannte er den Geburtenrückgang in Deutschland mit seinen wirtschaftlichen und militärischen Folgen. Als Katholik war er natürlich Gegner der Geburtenkontrolle und unterstützte einen Gesetzentwurf, der den Bundesrat ermächtigen sollte, den Handel mit Geburtenverhütungsmitteln zu untersagen. „Das sittliche Niveau eines Volkes drückt sich in seiner Gesamtheit sehr deutlich aus in der Häufigkeit der Geburten; jedenfalls zeigen degenerierte Völker eine rasche künstliche Abnahme der Geburten, während jugendfrische, kraftstrotzende Völker sich durch rasche Vermehrung auszeichnen."[60])

In der Stärkung religiöser Überzeugungen sah er die selbstverständliche Antwort, wie das Bevölkerungsproblem und viele andere Fragen zu lösen

---

58) *Ibid.*, S. 8.
59) *Ibid.*, S. 11.
60) Erzberger, *Zentrumspolitik*, Bd. XII (1914), S. 75.

seien. Sein Ideal war ein gottesfürchtiges Land, in dem ein gläubiger Geist das politische Leben trägt:

„Selbst, wenn scheinbar rein politische Motive oder wirtschaftliche Machtfragen den öffentlichen Markt zu beherrschen scheinen, gar bald und schnell zeigt es sich, daß der Kern der Streitfragen doch ein religiöser ist. Die Religion ist die Königin der Politik und des Völkerlebens; sie ist Leitstern, Wärmequelle, Kraftstrom und Ziel in gleicher Weise. Eine religionsfeindliche Politik führt die Völker in Elend und Zerrüttung, religionsfreundliche Politik gibt den Staaten Stärke, Gedeihen und Wachstum in den sonnigen Tagen des Friedens und den schmerzensreichen Nächten nationalen Unglücks. Die Religion veredelt und adelt die Politik, die ohne Religion nur zu einem Streit um die besseren Futterplätze herabsinkt. Der Sieg im politischen Kampfe wird daher auch trotz aller Erschwernisse zufallen der christlichen Staatspolitik."[61])

Die große Gefahr für Deutschlands Zukunft lag nach Erzbergers Ansicht in der Stärke der Sozialdemokratie mit ihrer unversöhnlichen Feindseligkeit gegenüber christlichen Idealen. Er hielt es für außerordentlich schwierig, mit diesem tiefverwurzelten Ressentiment fertig zu werden:

„Deutschland hat die stärkste Sozialdemokratie, obwohl es an sozialer Fürsorge weiter als alle anderen Staaten geht. Die Ursachen dieser überraschend seltsamen Erscheinung sind fast nur auf religiösem Gebiet zu suchen; denn die denkbar weitgehendste Sozialpolitik kann die Quelle der Sozialdemokratie nicht versiegen machen. Die Sozialdemokratie ist eine Krankheit des Herzens und eine Verirrung des Willens; da können staatliche und private Mittel der Aufklärung und der Fürsorge wohl vorbeugend und lindernd wirken; aber heilen kann nur die Religion. ‚Ohne die Zuhilfenahme von Religion und Kirche ist kein Ausweg aus diesem Wirrsal zu finden.' (Papst Leo XIII.) Darum darf auch die gesamte staatliche Tätigkeit zugunsten des Arbeiterstandes nicht in erster Linie und nicht überwiegend unter dem Gesichtswinkel der Bekämpfung der Sozialdemokratie betrachtet werden, sondern sie ist einfach Christenpflicht und Menschenpflicht."[62])

Nur die Religion biete eine wirkliche Heilung, wenn auch Sozialreformen, im rechten Geist durchgeführt, eine Unterstützung seien. Eine vorübergehende Abhilfe könne sich aus der Zusammenarbeit aller nichtsozialistischen Parteien gegen die sozialistische Gefahr ergeben:

„Das größte Problem, das der inneren Politik des Reiches zur Lösung gestellt ist, ist die Zertrümmerung der gewaltigen Macht der Sozialdemokratie; hinter dieser Kernfrage des innerpolitischen Lebens stehen alle anderen zurück ... Rechte, Zentrum und Nationalliberale müssen ihn [d. h. den Kampf gegen die Sozialdemokratie] . . . mit aller Entschiedenheit und allen Konsequenzen aufnehmen und geschlossen führen – im Interesse des Staatsganzen. Es gibt keine notwendigere Aufgabe der Gegenwart als diese, und die künftige Generation würde uns nie von der Schuld des Parteiegoismus, der berechtigten Anklage der politischen Kurzsichtigkeit und Unfähigkeit lossprechen können, wenn diese Parteien versagen wollten."[63])

---

[61]) Erzberger, *Politik und Völkerleben,* S. 75.
[62]) *Ibid.*, S. 54 f.
[63]) Erzberger in einem Zeitungsartikel in: *Der Tag,* 13. Mai 1914, zitiert von Max Taube, *Erzberger — Der Totengräber des Deutschen Reiches,* Berlin 1919, S. 11.

Erzberger galten Religion, soziale Reformen und Solidarität der Bürgerlichen als wichtigste Mittel zur Bekämpfung des Sozialismus. Aber auch Polizeimaßnahmen wollte er nicht ausschließen, wenn sie angebracht erschienen. Die sozialdemokratische Haltung gegenüber außenpolitischen Gefahren hatte seinen besonderen Zorn erregt. Unter den Sozialdemokraten sprach man viel davon, sich im Falle eines Krieges der Mobilisierung zu widersetzen, einen Generalstreik oder andere unpatriotische Unternehmen zu organisieren. Erzberger befürwortete in der besonderen Notlage eines Krieges stärkstmögliche Schritte, einschließlich der Einsperrung aller sozialdemokratischen Führer, um die nationale Sicherheit zu schützen.[64]) Er vergaß nie – und ließ es auch niemals die Sozialdemokraten vergessen – daß sie während der zweiten Marokkokrise (1911) gezögert hatten, die Regierung zu unterstützen, sogar auf die Gefahr hin, daß die Kosaken Berlin besetzen würden:

> „Das landesverräterische Verhalten der Sozialdemokratie bei der Marokkofrage bedarf noch einer besonderen Erwähnung. Während alle bürgerlichen Parteien in den Marokkowirren hinter der Regierung standen, veranstalteten die deutschen Sozialdemokraten (die französischen und englischen nicht) sogenannte Friedensdemonstrationen, die im Ausland den Eindruck erwecken mußten, als wünsche Deutschland den Krieg ... Was die Sozialdemokratie im Vaterlande in den letzten Monaten gesündigt hat, soll ihr nie vergessen bleiben; sie würde kaltblütig unser Vaterland fremden Horden preisgeben, in der Hoffnung, daß sie dann für die Revolution ihre Ziele erreicht."[65])

Es war ein Glück für Deutschland, daß Bethmann Hollweg die sozialistische Gefahr im Jahre 1914 mit größerer Ruhe betrachtete und wahrnahm, daß die marxistischen Phrasen nicht in Fleisch und Blut übergegangen waren. Die große Mehrheit der deutschen Sozialdemokraten sollte ihre Vaterlandsliebe während des Krieges beweisen.

Erzberger blieb während der Vorkriegsjahre derselbe, der er schon 1906 gewesen war: einer aus dem Halbdutzend der prominenten Reichstagspolitiker. Er gehörte inzwischen zu den anerkannten Führern der Zentrumspartei und hatte es nicht mehr nötig, als enfant terrible aufzutreten, um seine Ziele zu erreichen. Seine Kollegen akzeptierten seine Energie und seine Angriffslust als besondere Merkmale dieses Mannes. Er war der Hauptsprecher des Zentrums für Finanz- und Militärfragen, den beiden wichtigsten Kampfgebieten der Gesetzgebung. Auch an den Debatten über religiöse, politische und soziale Fragen beteiligte er sich in beträchtlichem Umfang. Die Führung des linken Parteiflügels lag unwidersprochen in seinen Händen, während der rechte Flügel immer mehr zugeben mußte, daß Erzberger der kommende Führer der gesamten Partei sei. Seine unentwegte Feindseligkeit gegenüber dem Sozialismus verschleierte in gewissem Maße seine fortschrittlichen demo-

---

64) Erzberger in: *Der Tag*, 28. Juli 1914, zitiert *ibid.*, S. 11.
65) Erzberger, *Müssen wir Zentrum wählen?* S. 22.

kratischen Ansichten, so daß er dem rechten Flügel langsam genehmer wurde. Außerdem herrschte in weiten Kreisen der Partei die Überzeugung, daß eine Hinwendung nach Links unumgänglich sei, wenn die Partei im Hauptstrom der deutschen Politik bleiben wolle. Durch den Krieg und die gewaltsame Abkürzung seines Lebens war es Erzberger nicht vergönnt, zur vollen Entfaltung seiner Fähigkeiten zu kommen. Sonst wäre er wahrscheinlich als ein zweiter Windthorst oder Lieber in die Annalen der deutschen Geschichte eingegangen: als einer der Männer, die großen parlamentarischen Einfluß in einem politischen System besaßen, in dem das Parlament aber keine entscheidende Stimme hatte. In fünfunddreißig Jahren eines konstruktiven und geachteten parlamentarischen Lebens wären die stürmischen Anfangsjahre vergessen worden. Aber der erste Weltkrieg und Erzbergers unstillbarer Tatendrang verhinderten die Verwirklichung eines solchen gefälligen, allerdings nicht zu erregenden Idylls. Sie sollten ihn immer mehr in heftigste politische Kontroversen verwickeln und ihn schließlich der Hand von Mördern ausliefern, deren Tat von Millionen seiner Landsleute offen gebilligt wurde.

# V

# Propaganda und Kriegsziele

## Erzberger und Bethmann Hollweg

Der Ausbruch des ersten Weltkrieges rief in Deutschland eine patriotische Solidarität hervor, die die Spaltungen in der wilhelminischen Gesellschaftsstruktur überbrückte und eine vorübergehende Eintracht bewirkte. Das ganze Volk glaubte, einen Verteidigungskrieg zu führen, und selbst die Sozialdemokraten stimmten für die Kriegskredite. Diese nationale Einmütigkeit konnte jedoch nicht lange aufrechterhalten werden. Deutschland zerfiel bald in zwei feindliche Lager, die sich über die drängenden Fragen der Kriegsziele und innenpolitischen Reformen stritten. Konservative und Nationalliberale wünschten weitreichende Annexionen, um sowohl die militärische Sicherheit in künftigen Kriegen zu verstärken als auch den innenpolitischen status quo zu erhalten, der einem verlorenen Krieg zum Opfer fallen mußte. Vor allem fürchteten sie, ihre Machtstellung in Deutschland könnte erschüttert werden, wenn etwa die Forderungen nach Reform des preußischen Wahlrechts und Einführung des parlamentarischen Regierungssystems unter Berufung auf die Einigung der Nation und zur Belohnung der unteren Klassen für ihre vaterländische Haltung im Kriege gestellt würden. Die Sozialdemokraten andererseits verlangten innenpolitische Reformen sowie einen Frieden ohne Annexionen und gingen zeitweise sogar so weit, der herrschenden Schicht vorzuwerfen, sie ziehe den Krieg unnötig in die Länge, um ihre eigenen egoistischen Ziele zu verfolgen. Das Zentrum und die Freisinnigen verhielten sich im Grunde genommen opportunistisch; sie unterstützten die Forderung nach Annexionen, solange die militärischen Aussichten gut waren, und zeigten sich gleichzeitig bereit, erheblichen innenpolitischen Veränderungen zuzustimmen.[1])

Diese Einstellung teilte Reichskanzler von Bethmann Hollweg, ein aufgeklärter, aber etwas farbloser Bürokrat. Er versuchte, die Einheit durch vage Reden zu fördern, die ebensogut als Befürwortung eines Annexionsfriedens wie eines Status-quo-Friedens ausgelegt werden konnten; er sprach sich für innenpolitische Reformen aus, wünschte aber, sie bis nach dem Kriege hinauszuschieben. Die Konservativen haßten ihn, weil sie merkten, daß er in bezug auf die Kriegsziele maßvoll war, in innenpolitischen Angelegenheiten aber zu Reformen neigte; die Sozialdemokraten mißtrauten ihm, weil ihm die persönliche Kraft fehlte, sich gegen Konservative und Militärs durchzusetzen. Der Kaiser trat seit Ausbruch des Krieges immer mehr in den Hintergrund und konnte seinem Kanzler wenig Rückhalt geben. Der Generalstab wurde von Konservativen beherrscht, denen Bethmanns versöhnliches Verhalten den Sozialdemokraten gegenüber mißfiel. Bethmanns Position hing davon ab, daß ihn der Reichstag unterstützte, daß aber auch kein überzeugender Nachfolger zu sehen war.[2])

Die kalte und professorale Art des Reichskanzlers erschwerte den Kontakt mit den Reichstagsabgeordneten. Eine Ausnahme bildete jedoch Erzberger. In ihm hatte der Kanzler einen nützlichen Gehilfen für die Durchführung der verschiedensten kriegsbedingten Aufgaben gefunden. Die Beziehung der beiden Männer, die sich aufs beste ergänzten, beruhte auf der Anziehungskraft von Gegensätzen. Bethmann war langsam, schwerfällig und gründlich, Erzberger war rasch, lebhaft und oft oberflächlich. Alle Probleme belasteten Bethmann schwer, er rang sich mühsam zu Lösungen durch, schob Entscheidungen immer wieder hinaus und zweifelte an jedem schon gefaßten Entschluß. Erzberger hingegen erledigte alles mit leichter Hand, und es fehlte ihm nie daran, sich eine große Zahl möglicher Lösungen vorzustellen; er arbeitete außergewöhnlich schnell und war immer vollständig von der Richtigkeit seiner Entscheidungen überzeugt — was ihn aber nicht hinderte, manchmal ein paar Wochen später zu einem genau entgegengesetzten Schluß zu kommen.

Die harmonische Zusammenarbeit zwischen zwei so verschiedenen Männern erregte in politischen Kreisen beträchtliches Aufsehen. Bülow fragte Erzberger einmal geradeheraus, wie er seinen Einfluß auf Bethmann erkläre, und erhielt folgende in seinen Lebenserinnerungen sinngemäß wiedergegebene Antwort: „Er

---

1) Über die Politik in Deutschland während des Krieges im allgemeinen siehe die ausgezeichneten Bücher von V. Bredt, *Der deutsche Reichstag im Weltkrieg*, Berlin 1926, (Bd. VIII des Werkes des Parlamentarischen Untersuchungsausschusses, das unter dem Titel *Das Werk des Untersuchungsausschusses*, 4. Reihe, „Die Ursachen des deutschen Zusammenbruchs", 12 Bde, Berlin 1925—1929, veröffentlicht wurde; im folgenden zitiert als *U. A.*); ferner H. Gatzke, *Germany's Drive to the West*, Baltimore 1950; A. Rosenberg, *Entstehung der deutschen Republik*, Berlin 1928, 3. Aufl. 1961; E. O. Volkmann, *Die Annexionsfrage des Weltkriegs*, Berlin 1926; und F. Fischer, *Griff nach der Weltmacht*, Düsseldorf 1961.

2) Es gibt keine zulängliche Biographie von Bethmann Hollweg. Seine unvollendeten Lebenserinnerungen, *Betrachtungen zum Weltkrieg*, 2 Bde, Berlin 1919—1921, sind sehr wichtig, trotz ihrer apologetischen Tendenz. Eine umfassende Kritik vom Standpunkt der Rechten findet sich bei Hans von Liebig, *Die Politik von Bethmann Hollweg*, München 1919. Vom Standpunkt der Linken bei F. Fischer, *Griff nach der Weltmacht*, Düsseldorf 1961.

wisse selbst nicht, warum der Reichskanzler einen solchen Affen an ihm gefressen hätte. Er müsse mindestens einmal wöchentlich bei ihm speisen. Neulich habe ‚der Herr Kanschler‘ zu ihm gesagt: ‚Wie fangen Sie es nur an, um so viele gute Einfälle zu haben? Mir fällt nie etwas ein.‘ Erzberger erzählte das ohne jede Ironie.“[3])

Der bekannte Publizist Maximilian Harden zitiert Bethmann selber zum gleichen Thema: „Dieser Erzberger! Woher er nur immer wieder neue Einfälle und Gedanken nimmt.“[4]) Bethmann schätzte Erzbergers Einfallsreichtum und Verantwortungsfreudigkeit; er bewunderte seinen politischen Instinkt und seinen Spürsinn für die untergründigen Strömungen im Volk, Eigenschaften, die Bethmann selbst völlig fehlten. Bei Erzbergers Macht in der Zentrumspartei war es lohnend, sich mit ihm gut zu stellen, und sicherer, ihn zum Freunde als zum Feinde zu haben. Aus all diesen Gründen nahm Bethmann ihn in seinen engsten Kreis auf, weihte ihn in geheime Informationen des Auswärtigen Amtes ein und verwandte ihn für viele wichtige diplomatische Missionen. Erzbergers Stellung im Reichstag und seine engen Beziehungen zum Kanzler verstärkten seine Macht während des Krieges. Seine Kollegen beeindruckte es tief, daß ihm amtliche Verantwortung übertragen wurde und daß er Zugang zu streng geheimen Informationen erhielt. Ein Zentrumsführer beklagte sich einmal bei Max Wallraf, dem damaligen Oberbürgermeister von Köln:

> „Wenn ich in der Fraktion mitteilte, der Kanzler hat mir gestern das und das anvertraut, dann schneite Erzberger plötzlich in die Fraktion hinein und sagte: ‚Die Sache liegt ganz anders, das hat mir eben vor einer Viertelstunde der Kanzler mitgeteilt.‘ “[5])

Bethmann wiederum maß Erzbergers Urteil wegen des starken Einflusses, den er auf seine Reichstagskollegen ausübte, besondere Bedeutung bei. Auf diese Weise gelangte Erzberger zu einer Stellung, die in der parlamentarischen Geschichte Deutschlands einzigartig war.

## Erzbergers Propagandatätigkeit

Erzbergers Vertrauensverhältnis zu Bethmann und die Macht, die er während des Krieges gewann, gingen darauf zurück, daß er die Verantwortung für die deutsche Propaganda im neutralen Ausland übernahm. Er wurde bei Kriegsausbruch nicht eingezogen, weil er nie gedient hatte und daher der sofortigen Einberufung nicht unterlag. Später mokierten sich seine politischen Gegner über den gesunden Achtunddreißigjährigen, der den ganzen Krieg in seinem Sessel in Berlin, statt im Schützengraben verbracht habe. Die Gründe dafür waren

---

3) Bülow, *Denkwürdigkeiten*, Bd. III, S. 210.
4) Maximilian Harden in einem Nachruf in der Berliner *Nationalzeitung* vom 28. August 1921.
5) Max Wallraf, *Aus einem rheinischen Leben*, Berlin 1926, S. 126.

jedoch nicht Feigheit oder mangelnde Vaterlandsliebe. Sofort nach Ausbruch des Krieges hatte sich Erzberger dem Auswärtigen Amt, dem Kriegsministerium und dem Reichsmarineamt für jeden Dienst, zu dem er geeignet erschien, zur Verfügung gestellt. Auch darf nicht vergessen werden, daß er zehn Jahre lang Berichterstatter für Militärfragen im Reichstag gewesen war und wohl als der am besten informierte Zivilist auf diesem Gebiet in ganz Deutschland gelten konnte. Der Regierung war er für den einfachen Heeresdienst zu wertvoll. Das Reichsmarineamt und das Auswärtige Amt forderten ihn auf, die Leitung der deutschen Auslandspropaganda für das neutrale Ausland zu übernehmen.[6])

Hinsichtlich der politischen Verhältnisse im kaiserlichen Deutschland ist es interessant, daß diese Aufforderung in der dritten Augustwoche zuerst von zwei Marineoffizieren, Löhlein und Dänhardt, an Erzberger herangetragen wurde. Beide hatten vor ihrem Besuch bei Erzberger zwar mit Bethmanns Stellvertreter, dem Staatssekretär Clemens von Delbrück, gesprochen und dessen Zustimmung eingeholt.[7]) Die Offiziere wollten ein Propagandabüro unter der Aufsicht des Reichsmarineamtes einrichten, das aber eng mit dem Auswärtigen Amt zusammenarbeiten sollte. Erzberger lehnte ihren Vorschlag, Leiter dieses Büros zu werden, zunächst bescheiden ab, da er, wie er offen zugab, wenig Auslandserfahrung habe, und erbot sich, statt dessen für die inländische Presse zu arbeiten. Doch einem dringenden Appell an seine vaterländische Pflicht, unterstützt noch durch den Hinweis, daß kein besserer zur Verfügung stehe, gab er bald nach. Das größte Handikap für diese Arbeit lag in seiner unzureichenden persönlichen Kenntnis fremder Völker. Dagegen brachte er als besondere Vorzüge unbegrenzte Energie, Einfallsreichtum und Phantasie für die neue Aufgabe mit, und machte hierdurch die in seiner Herkunft begründeten Mängel mehr als wett, zumal er die Gabe hatte, tüchtige Untergebene zu finden, die seine eigenen Unzulänglichkeiten ausgleichen konnten.

Erzberger war sich bewußt, welche außerordentlich großen Schwierigkeiten die ihm bevorstehende Aufgabe in sich barg. Schon in der dritten Augustwoche hatte sich wegen der Verletzung der belgischen Neutralität eine einheitliche öffentliche Meinung in der Welt gegen Deutschland gebildet. Der Einmarsch in Belgien wurde nicht nur als Akt rücksichtsloser Gewaltanwendung gegenüber einem schwachen Nachbarn angesehen, sondern auch als Sieg rein militärischer Zweckmäßigkeit über alle Grundsätze der Gerechtigkeit. Jeder deutsche Propagandist, der Erzbergers Aufgabe übernommen hätte, würde sich deshalb von Anfang an vor einer solchen Welle der Ablehnung gesehen haben, gegen die anzukämpfen fast aussichtslos gewesen wäre.

Als weiteres Hindernis erwies sich, daß Deutschland vor dem Kriege keinerlei Vorbereitungen für eine Aufklärungsarbeit im Ausland getroffen hatte. Das

---

6) Bachem, *Zentrumspartei*, Bd. IX, S. 406.
7) Erzberger, *Erlebnisse*, S. 4.

kaiserliche Regime kümmerte sich wenig um den Eindruck, den es im Ausland machte. Das Auswärtige Amt hatte im Jahre 1910 einen schwachen Versuch unternommen, seinen Pressefonds zu erhöhen, um auf die öffentliche Meinung im Ausland einzuwirken, aber das gemeinsame Auftreten von Sozialdemokraten, Liberalen und Zentrum, darunter auch Erzberger, verhinderte die Bewilligung; sie fürchteten, der Fonds würde mißbräuchlich zur Beeinflussung der öffentlichen Meinung in Deutschland benutzt werden, seitdem ein Teil des Personals der Presseabteilung das Mißfallen des Reichstags erregt hatte.[8]) Erzberger, der die Forderung des Auswärtigen Amtes an sich für berechtigt hielt, legte im nächsten Jahr den Antrag vor, einen Fonds „zur Verbreitung deutscher Nachrichten im Ausland" zu schaffen; der Reichstag nahm 1911 den Antrag an.[9]) Das Auswärtige Amt hatte es jedoch versäumt, ein Netz von Kontaktstellen im Ausland zu entwickeln, ja, es hatte nicht einmal die Namen potentieller Freunde Deutschlands in einer Liste erfaßt, wie Erzberger zu seiner Bestürzung feststellen mußte, als er diese Arbeit übernahm. Er machte es sich zu seiner ersten Aufgabe, eine Versandliste von mehreren tausend Adressen im Ausland aufzustellen, und brachte dies im Laufe weniger Tage zustande.[10])

Im Hause Budapester Straße 14, im Herzen Berlins direkt gegenüber dem Zoo, richtete Erzberger sein Nachrichtenbüro ein. Eine tüchtige Bürovorsteherin wurde in Fräulein Bretschneider gefunden, die jahrelang die Geschäfte der „Zentrumskorrespondenz" geführt hatte;[11]) rasch wurde ein Stab ausgezeichneter Übersetzer aufgebaut, zu denen viele Ausländer gehörten — ein Umstand, an dem einige Militärs Anstoß nahmen. Die Propagandaarbeit wurde durch einen Fonds des Auswärtigen Amtes finanziert, über dessen Verwendung Erzberger, der Natur der Aufgabe entsprechend, nie voll Rechenschaft ablegen konnte. Später entstanden zahlreiche Gerüchte über die Summen, die er für seine Arbeit ausgegeben habe, aber seine Versicherung, es habe sich um „nicht einmal ein Dutzend Millionen Mark" gehandelt, ist nie überzeugend widerlegt worden. Der häufig geäußerte Vorwurf, er habe sich persönlich bereichert oder persönliches Vermögen unter dem Schutz seiner Propagandatätigkeit ins Ausland transferiert, war völlig aus der Luft gegriffen.[12])

Der Kanzler gab Anweisung, Erzberger zu allen Geheimkonferenzen des Auswärtigen Amtes, des Kriegsministeriums und des Reichsmarineamtes zuzulassen

---

8) W. E. Schoen, *Erlebtes*, Berlin 1921, S. 117. W. Nicolai, *Nachrichtendienst, Presse und Volksstimmung im Weltkrieg*, Berlin 1920, S. 53.

9) Erzberger, *Erlebnisse*, S. 3; Walter Vogel, „Die Organisation der Presse und amtlichen Nachrichtenstellen von Bismarck bis 1933", in: *Die Zeitungswissenschaft*, hrsg. von W. Heide und K. D'Ester, Bd. XVI, Nr. 7 f., Berlin 1941, S. 34. Im folgenden zitiert als Vogel, *Organisation*. Erzberger drängte auf die Einrichtung eines zentralen Pressebüros, siehe *Verhandlungen des Reichstags*, 24. April 1912, XIII. Legislaturperiode, Bd. 284, S. 1378.

10) *Ibid.*, S. 5. P. Eltzbacher, *Die Presse als Werkzeug der auswärtigen Politik*, Jena 1918, S. 48 ff. Georg Schreiber, *Zwischen Demokratie und Diktatur*, Münster 1949, S. 90.

11) Die *Korrespondenz* wurde zu dieser Zeit an Franz Fortmann verkauft. Bachem, *Zentrumspartei*, Bd. IX, S. 406.

12) Erzberger, *Erlebnisse*, S. 21. Die Finanzierung der Auslandspropaganda wird in *Prozeß* erörtert auf den Seiten 645—654, 824 f., 930 f., 954 f., 1030—1033. Erzberger setzte sich oft für Ein- und Ausfuhr-

nach dem vernünftigen Prinzip, daß ein erfolgreicher Propagandist genaue Kenntnisse von der Politik seines Landes haben müsse. Er erhielt volle Freiheit, alle Informationen in jeder ihm angemessen erscheinenden Form zu verwenden. Von dieser Befugnis machte er alsbald in dramatischer Weise Gebrauch, um seinen Ruf für schnelle, zuverlässige und genaue Nachrichtenvermittlung im neutralen Ausland zu begründen — ein Ziel, das ihm vielleicht infolge seiner unglücklichen früheren Erfahrungen mit der „Zentrumskorrespondenz" nahelag. Bachem berichtet von folgendem Vorfall, der ihm von Erzberger noch am selben Tage mitgeteilt wurde:

„Da ereignete es sich, daß am Morgen des 27. August in den Finnischen Schären infolge dichten Nebels der kleine Kreuzer *Magdeburg* bei der Insel Odensholm auf einen Felsen auflief und in die Luft gesprengt werden mußte, um nicht den Russen in die Hände zu fallen. Als diese Nachricht in der Konferenz des Reichsmarineamtes bekanntgegeben wurde, rang die Marine die Hände und beschwor alle Anwesenden, doch nur ja die Sache streng geheim zu halten. Erzberger erklärte, diese Geheimhaltung sei zwecklos; denn er werde die Nachricht sofort an über 3000 Adressen ins Ausland telegraphieren. Nun drang alles auf ihn ein, um ihn zu beschwören, das zu unterlassen. Erzberger aber bemerkte: ‚Die Russen wissen doch Bescheid und telegraphieren das Unglück sofort nach Stockholm, von wo es nach London, Paris und allen neutralen Ländern unverzüglich weitergegeben wird; wenn die Neutralen diese Nachricht nur von der Entente erhalten und nicht von mir, bin ich diskreditiert; wenn sie dieselbe aber von mir zuerst erhalten, werden sie erkennen, daß ich völlig objektiv berichte, und auch meinen Siegesnachrichten Glauben schenken.' Erzberger erklärte ruhig: ‚Ich habe Vollmacht und ich telegraphiere ins ganze neutrale Ausland.' "[13])

Schwere Behinderungen erwuchsen Erzbergers Propagandatätigkeit aus der Starrheit deutschen militärischen Denkens. Die einseitigen Kommuniqués der Obersten Heeresleitung waren im neutralen Ausland schon früh verlacht worden. Die militärischen Vorstellungen von Männlichkeit führten dazu, daß alle Propaganda, die an das Mitleid appellierte, verboten wurde. Erzberger wollte jedoch Sympathie im Ausland gewinnen und hielt es deshalb für richtig, die durch die englische Blockade verursachten Leiden unschuldiger Frauen und Kinder hervorzuheben.[14]) Am allerschlimmsten aber war die völlige Gleichgültigkeit gegenüber dem Urteil, das sich einflußreiche Kreise des neutralen Auslands über Deutschland bildeten. Im September 1914 kam Erzberger auf den Gedanken, den früheren Präsidenten der Vereinigten Staaten Theodore Roosevelt zu einem Besuch in das deutsche Hauptquartier einzuladen und ermittelte auch durch seine amerikanischen Vertrauensleute, daß Roosevelt eine solche Einladung annehmen würde. Das war während der allerersten Kriegswochen, als Roosevelt, der „Rough Rider", mit seiner primitiven Bewunderung für Taten um ihrer selbst

---

genehmigungen ein, um Propagandadienste im Ausland bezahlen zu können. *Ibid.*, S. 823 f., 896 und 593—597.

13) Bachem, *Zentrumspartei*, Bd. IX, S. 407.

14) Erzberger, *Erlebnisse*, S. 7 f.

willen nahe daran gewesen war, den deutschen Einfall in Belgien zu verteidigen. Der Vorschlag wurde jedoch von der Obersten Heeresleitung abgelehnt.[15])

Erzbergers propagandistische Bemühungen richteten sich in erster Linie an die Katholiken im neutralen Ausland. Als prominente französische Geistliche unter der Führung des Rektors der Katholischen Universität in Paris, Alfred Baudrillart, einen berühmt gewordenen Angriff auf den deutschen Katholizismus als angeblichen Verbündeten des militaristischen Pangermanismus veröffentlichten, organisierte Erzberger einen Ausschuß deutscher Katholiken, der eine Entgegnung vorbereiten sollte. Er bat Professor A. J. Rosenberg, Paderborn, eine ausführliche Erwiderung zu schreiben, nachdem er der Bitte Papst Benedikts nachgegeben hatte, den deutschen Episkopat aus dem Streit herauszuhalten. Der Papst wünschte verständlicherweise, eine Polemik zwischen hohen Geistlichen der kriegführenden Länder zu vermeiden; Erzberger teilte diese Ansicht als treuer Katholik sowie als Anhänger des Gedankens, daß die Kirche ein Instrument der Versöhnung sei, die über nationalistischen Streitigkeiten stehe.[16])

Erzberger war auch der führende Kopf des „Arbeitsausschusses zur Verteidigung deutscher und katholischer Interessen", der im Juli 1915 gebildet wurde. Der Ausschuß förderte viele Veröffentlichungen wissenschaftlicher oder auch mehr populärer Art für fortlaufende Informationsblätter. Georg Pfeilschifters Buch „Deutsche Kultur, Katholizismus und Weltkrieg" erschien in deutscher Ausgabe (15 000) wie in englischer (30 000), französischer (10 000), italienischer (6000), spanischer (10 000), portugiesischer (15 000) und holländischer (6000) Sprache.[17]) Pfeilschifter gab auch eine Sammlung von Briefen deutscher katholischer Soldaten heraus, die den im deutschen Heer herrschenden religiösen Geist bezeugen sollten.[18]) Dr. Schnitzler verfaßte regelmäßig erscheinende „Katholische Wochenbriefe", die an Klöster und Kongregationen im Ausland verschickt wurden. Professor Krebs von der Universität Freiburg gab „Katholische Monatsbriefe" heraus mit dem Zweck, den Vorwurf der Barbarei und des Immoralismus zu widerlegen, der in der neutralen Welt gegen Deutschland erhoben wurde. Letztere erschienen in einer Auflage von 30 000 Exemplaren in sieben Sprachen. Mit Erzbergers Hilfe veröffentlichten Meinertz und Sacher ein Standardwerk über Deutschland und den Katholizismus.[19]) Der Erfolg dieser propagandistischen Tätigkeit war so groß, daß sie in England zur Nachahmung anregte; die „British Catholic Information Society" unter Leitung des Jesuitenpaters Martindale rief eine Reihe ähnlicher Publikationen ins Leben.[20])

---

15) *Ibid.*, S. 10. Roosevelts anfängliche prodeutsche Haltung wird, mit besonderem Bezug auf die Belgienfrage, von H. F. Pringle dokumentiert in seinem Buch *Theodore Roosevelt*, New York 1931, S. 578—581.

16) Erzberger, *Erlebnisse*, S. 11 f.; Alfred Baudrillart, *La Guerre allemande et le Catholicisme*, Paris 1915; A. J. Rosenberg, *Der deutsche Krieg und der Katholizismus*, Berlin 1915.

17) Georg Pfeilschifter, *Deutsche Kultur, Katholizismus und Weltkrieg*, Freiburg 1915—1916.

18) Georg Pfeilschifter, *Sammlung katholischer Soldatenbriefe*, Freiburg 1915.

19) M. Meinertz und H. Sacher, *Deutschland und der Katholizismus*, Freiburg 1918, 2 Bde.

20) Über diese ganze Tätigkeit siehe Erzberger, *Erlebnisse*, S. 11—17.

Das Hauptunternehmen Erzbergers zur Beeinflussung der katholischen öffentlichen Meinung war eine Geldsammlung für den Vatikan.[21]) Der fromme Papst Pius X. war ein schlechter Verwalter gewesen, und sein Nachfolger fand die Kassen vollständig leer. Als Erzberger dies erfuhr, organisierte er sofort eine Geldsammlung in Deutschland, wobei er sich gleichermaßen an Katholiken und Protestanten wandte. In seinem Eifer bot er preußische Titel und Orden als Belohnung für große Spenden an, nachdem er erfahren hatte, daß seine Empfehlungen ernsthaft erwogen würden. Diesen privaten Fonds ergänzte er aus den Mitteln, die ihm das Auswärtige Amt für seine Propagandatätigkeit im Ausland zur Verfügung gestellt hatte. Der Papst, der durch Erzbergers Bemühungen aus einer schwierigen Situation befreit wurde, war außerordentlich dankbar. Er machte Erzberger verschiedene Geschenke, darunter seinen eigenen Kardinalshut und einen kostbaren Ring; außerdem verlieh er ihm das Großkreuz des Sylvesterordens. Erzberger war stolz, katholischen und deutschen Interessen gleichzeitig dienen zu können. Der Vatikan wahrte seine Unabhängigkeit gegenüber der zunehmenden ententefreundlichen Stimmung in Italien und leistete später starken Widerstand gegen Italiens Eintritt in den Krieg. Während seiner drei Missionen nach Rom, im Frühling 1915, stand Erzberger in enger Verbindung mit dem Papst.[22])

Die Propaganda richtete sich jedoch nicht ausschließlich an Katholiken. Im Auftrage Erzbergers verfaßte ein Berliner Theologe, der Lutheraner Professor Deißmann, die „Evangelischen Wochenbriefe", die an angesehene Lutheraner in den Vereinigten Staaten verschickt wurden. Der Generalsekretär des „Federal Council of the Churches of Christ in America" beteiligte sich an der Verteilung dieser Veröffentlichung. Noch wichtiger war eine monatliche „Kriegschronik", die Erzberger in einer Auflage von 100 000 finanzierte; auch diese wurde bald vom britischen Propagandadienst nachgeahmt.[23]) Im Jahre 1915 gelang es Erzberger, die Dienste eines elsässisch-französischen Journalisten, G. Loretz, zu gewinnen, der eine zweimal wöchentlich erscheinende Zeitschrift für ihn herausgab. Loretz hatte eine verblüffende Karriere hinter sich. 1860 im Elsaß geboren, war er 1876 nach Frankreich geflüchtet, weil er mit den Franzosen sympathisierte und sich dem deutschen Militärdienst entziehen wollte. Dort bewegte er sich in revanchistischen Kreisen und war sogar eine Zeitlang Privatsekretär des Generals Boulanger gewesen, als jener Demagoge auf dem Gipfel seiner Macht stand. Danach wurde Loretz, während er allmählich seine antideutschen Ansichten aufgab, ein bekannter Journalist. Den französischen Behörden war er 1914

---

21) Diese Tatsache wird durch ein Memorandum im Nachlaß Karl Bachem belegt. Vgl. Anhang III.
22) Memorandum von Karl Bachem vom 21. Mai 1918 in: *Bachem Dokumente*, Akte 89. Erzberger erwähnt in einem Brief an Hertling vom 12. Februar 1915, *Erzberger Dokumente*, Akte 32, daß er Mittel des Auswärtigen Amtes gebraucht habe, um dem Vatikan zu helfen. Bachem erklärt in einem Brief an F. von Buhl vom 16. Mai 1918, Erzberger habe das Geld mit ausdrücklicher Billigung Bethmanns und Jagows gesammelt. *Bachem Dokumente*, Akte 89.
23) Erzberger, *Erlebnisse*, S. 18 f.

so verdächtig, daß sie ihn ein Jahr lang einsperrten; nach seiner Entlassung war er dann sehr bereit, für Deutschland zu arbeiten. Erzberger machte ihn zum Herausgeber der „Correspondance politique de l'Europe centrale“, die in der Reichsdruckerei in Berlin gedruckt, vom Auswärtigen Amt zur deutschen Gesandtschaft in der Schweiz geschickt und von dort aus an englische, französische, italienische und spanische Zeitungen in einer Form verteilt wurde, die ihren offiziellen deutschen Ursprung verheimlichen sollte. Loretz gab außerdem eine Wochenzeitschrift unter dem Titel „La Paix“, in einer Auflage von 50 000 Exemplaren zur Verbreitung an französische und italienische Kriegsgefangene heraus.[24])

Erzbergers Beauftragte versuchten verschiedentlich im Laufe des Krieges, ausländische Zeitungen in Rom, Bukarest und Paris für Deutschland aufzukaufen — er bestreitet es zwar in seinen „Erlebnissen“, aber das darf nicht zu wörtlich genommen werden.[25]) Einige seiner Vertrauensleute gaben Bolo Pascha, dem bekannten Organisator des Defaitismus in Frankreich, zehn Millionen Francs, um eine führende Pariser Zeitung zu kaufen, obwohl Erzberger behauptet, er habe sich diesem Versuch als einem hoffnungslosen Unternehmen widersetzt.[26]) Größeren Erfolg hatte er mit gewissen Veröffentlichungen, die er in der Schweiz unterstützte. Zwei französische Journalisten der Linken, Henri Guilbeaux und Charles Hartmann, gründeten 1917 die Zeitungen „Demain“ und „Paris Genève“. Mit ihnen war beabsichtigt, in Frankreich, vor allem aber in der französischen Schweiz, der deutschen Sache zu dienen. Durch ihren scharfen ententefeindlichen Ton verstießen sie gegen Gesetze zum Schutze der Schweizer Neutralität und wurden Ende 1917 von der Schweizer Regierung verboten. Die beiden Herausgeber gingen kurz darauf in die Sowjetunion und entzogen sich auf diese Weise nach 1918 der Verfolgung durch die französischen Gerichte. Sie wurden im Februar 1919 von einem Militärgericht wegen defaitistischer Propaganda und der Annahme finanzieller Zuwendungen vom Feinde in Abwesenheit zum Tode verurteilt.[27])

Es erschwerte Erzbergers Propagandatätigkeit sehr, daß er auf diesem Gebiet nicht allein arbeitete. Sein Büro war keineswegs das einzige, das die öffentliche Meinung im Ausland zu beeinflussen suchte. Den erstaunlichen Mangel an Vorbereitungsarbeiten für den Kriegsfall löste ein ebensolches gedankenloses Übermaß an offiziellen, halboffiziellen und inoffiziellen Propagandabüros nach

---

24) Erzberger, *Erlebnisse*, S. 20, erwähnt Loretz nicht mit Namen. H. P. Hannsen, *Diary of a Dying Empire*, Bloomington 1955, S. 261 f.

25) Erzberger, *Erlebnisse*, S. 10.

26) Hannsen, *op. cit.*, S. 263. Erzberger nahm am 16. März 1915 persönlichen Kontakt mit dem früheren Khediven von Ägypten im St.-Gotthard-Hotel in Zürich auf. Der Khedive lobte Bolo Pascha als einen zuverlässigen Mann, der über gute französische Kontakte verfüge und den Frieden wünsche. Galliénis Drohung, jeden ohne Gerichtsverhandlung zu erschießen, der mit dem Feinde verhandle, hielt Bolo davon ab, Erzberger persönlich zu sprechen: Erzbergers Bericht an Bethmann über eine Reise in die Schweiz vom 8. März 1915, *Hertling Dokumente, Geheimes Staatsarchiv*, München. Im folgenden zitiert als *Hertling Dokumente*.

27) *Petit Parisien*, 22. Februar 1919; *Gazette de Lausanne*, 25. Februar 1919. Über die Pressegesetze zum Schutz der Schweizer Neutralität siehe J. Ruchti, *Geschichte der Schweiz während des Weltkrieges 1914 bis 1919*, 2 Bde., Bern 1928, Bd. I, S. 141—146.

Kriegsausbruch ab. Erzberger, dem im Oktober 1914 siebenundzwanzig solcher Stellen bekannt waren, wirkte entscheidend bei der Einrichtung einer Koordinierungsstelle mit, der „Zentralstelle für Auslandsdienst“, deren Leitung der frühere Botschafter in Tokio, Freiherr von Mumm, übernahm. Erzberger, der bekannte Publizist Paul Rohrbach und der Hauptfürsprecher der deutsch-türkischen Freundschaft Ernst Jäckh gehörten dem Vorstand an. Otto Hammann, Pressechef des Auswärtigen Amtes, Wilhelm Solf, Kolonialstaatssekretär, Arnold Wahnschaffe, Bethmanns Chef der Reichskanzlei, August Stein, Berliner Korrespondent der „Frankfurter Zeitung“, Erzberger und einige andere kamen täglich im Auswärtigen Amt zusammen, um die allgemeine Kriegslage zu besprechen und Propagandadirektiven aufzustellen. In seinen Berichten über diese Konferenzen ist Hammann des Lobes voll für Erzbergers Leistungen und betont, daß seine Einstellung zu nationalen Fragen nie durch enge konfessionelle Rücksichten verzerrt worden sei.[28])

Ein endgültiges Urteil über Erzbergers Propagandatätigkeit ist nur schwer zu fällen. Er konnte nicht verhindern, daß von Anfang an die öffentliche Meinung im neutralen Ausland zum größeren Teil scharf anti-deutsch war und so blieb. Es gelang ihm auch nicht, die öffentliche Meinung in Italien und Rumänien so weit zu beeinflussen, daß die beiden Länder vom Eintritt in den Krieg gegen die Mittelmächte abgehalten worden wären — doch das Eigeninteresse beider Länder bestimmte sie, aus der Gegnerschaft gegen die Mittelmächte Gewinn zu ziehen, und Propaganda kann selten über solche Interessen den Sieg davontragen. Erzbergers Erfolg in der Beeinflussung der Katholiken im neutralen Ausland ist allgemein anerkannt (im nächsten Kapitel wird gezeigt, wie freundlich die katholische öffentliche Meinung in Italien den Mittelmächten gegenüber bis zum Eintritt Italiens in den Krieg blieb). Mit den glänzenden Leistungen von Lord Northcliffe in England und George Creel in den Vereinigten Staaten darf man Erzbergers Bemühungen freilich nicht vergleichen. Er erhielt nie eine klar umrissene Position mit ausschließlichen Vollmachten, sondern wurde während des ganzen Krieges immer von den Militärs behindert; Northcliffe und Creel hingegen dienten Regierungen, bei denen die Überordnung der zivilen Gewalt als selbstverständliche Regierungsmaxime galt. Die größte Beeinträchtigung für Erzberger ergab sich aber durch die politische Situation in Deutschland, wo die liberal-demokratischen Grundsätze fehlten, die — von Präsident

---

28) Erzberger, *Erlebnisse*, S. 5. Otto Hammann, *Bilder aus der letzten Kaiserzeit*, Berlin 1922, S. 113 — 126. Hammann betrachtete Erzbergers propagandistische Bemühungen zunächst mit Skepsis. H. Stegemann, *Erinnerungen aus meinem Leben und aus meiner Zeit*, Stuttgart 1930, S. 274. Über die Gesamtorganisation der deutschen Propaganda siehe H. D. Lasswell, *Propaganda Technique in the World War*, New York 1927, S. 22 ff., und vor allem Vogel, *Organisation*, S. 26—34. Die Hauptorganisationen, die sich in diesem bürokratischen Wirrwarr Konkurrenz machten, waren die Nachrichtenabteilung (III b) der Obersten Heeresleitung unter Nicolai, die militärische Verbindungsstelle zum Auswärtigen Amt unter v. Haeften, die Nachrichtenabteilung des Auswärtigen Amtes unter Hammann, die Zensurstellen der Wehrkreiskommandos und Erzbergers Dienststelle. Ein von Erzberger, Rohrbach und Jäckh unterzeichneter Brief an Bethmann vom 1. Oktober 1914 hatte zu einer ersten Zusammenarbeit in der „Zentralstelle“ geführt. Ein weiterer Schritt zur Zentralisierung durch die Schaffung des Kriegspresseamtes im Oktober 1915 trug nur wenig zur Behebung des Chaos bei. *Ibid.*, S. 35.

Wilson so energisch vertreten — der Propaganda der Entente ihre Überzeugungskraft im feindlichen ebenso wie im neutralen Ausland verliehen. Für einen nationalistischen, militaristischen, halb-autokratischen Staat, dessen Kriegsanstrengungen die Freiheit und das Gleichgewicht in Europa bedrohten, als Propagandist zu arbeiten, hieß eine Aufgabe übernehmen, bei der keine großen Erfolge zu erwarten waren. Unter diesen sehr schwierigen Verhältnissen tat Erzberger sein Bestes.[29])

## Erzbergers extremer Annexionismus im Jahre 1914

Die extrem militaristischen und chauvinistischen Verstiegenheiten, die Erzbergers Aufklärungsarbeit behinderten, wurden von ihm selbst während der ersten Kriegsphasen vollauf geteilt. Am 2. September 1914, kurz ehe der deutsche Vormarsch an der Marne zum Stehen kam, verfaßte er ein höchst extremes Memorandum, das ihm in späteren Jahren große Verlegenheit bereitete. Im Siegesrausch forderte er damals:

1. Die Annexion ganz Belgiens sowie der französischen Kanalküste bis Boulogne.

2. Von Frankreich aus strategischen Gründen die Stadt Belfort, aus wirtschaftlichen Gründen die Eisenerzlager von Briey und Longwy sowie das erwähnte Stück der Kanalküste.

3. Im Osten die Auflösung des russischen Reiches in seine nationalen Bestandteile: Polen und die baltischen Länder sollten Satelliten Deutschlands, die Ukraine Satellit Österreichs werden, womit Rußland sowohl von der Ostsee wie vom Schwarzen Meer abgeschnitten worden wäre. Alle von Deutschland annektierten Gebiete sollten in loser Form zusammengeschlossen werden, die ihnen innere Autonomie gewährte, aber eine Vertretung der neuen Bevölkerungsteile im Reichstag ausschloß.

4. Die Schaffung eines deutschen zentralafrikanischen Reiches unter Einschluß des Französischen und Belgischen Kongos.

5. Eine riesige Reparationsrechnung mit folgenden Posten: 10 Milliarden Mark direkte Kriegskosten; Wiederaufbau Ostpreußens, das die Russen vor der Schlacht von Tannenberg verwüstet hatten; Zurückzahlung der gesamten

---

29) Erzbergers Propagandaarbeit wurde, wie alle seine Tätigkeiten, nach der Friedensresolution von 1917 von Politikern der Rechten scharf angegriffen. Graf Westarp, der Führer der Konservativen, stellte zu Beginn der Reichstagssitzung vom 7. Juni 1918 der Regierung einige sehr präzise Fragen über Erzberger. Der Vertreter des Auswärtigen Amtes, Deutelmoser, antwortete in einer für Erzberger sehr positiven Weise; er bemerkte nämlich, daß das Auswärtige Amt selbst auf Grund eines freundschaftlichen Übereinkommens den größten Teil von Erzbergers Propagandatätigkeit und ebenso von seinem Büropersonal im Lauf des vergangenen Jahres allmählich übernommen habe. Erzberger legte Wert darauf, seine Tätigkeit nach dem Sturz Bethmanns im Juli 1917 niederzulegen, da es ihm nicht gelang, vertrauensvolle Beziehungen zu den folgenden Kanzlern herzustellen. Siehe *Verhandlungen des Reichstags,* 7. Juni 1918, XIII. Legislaturperiode, Bd. 312, S. 5261 f. Einige Freunde Erzbergers fanden, Deutelmosers Erklärung sei nicht großzügig genug gewesen, aber Erzberger war befriedigt; er hatte den Text mit Deutelmoser selbst abgesprochen: Erzberger an Dr. Paul Styger, einen seiner Schweizer Vertrauensleute, am 15. Juni 1918. *Erzberger Dokumente,* Akte 37.

Reichsschuld, eine Forderung, die mit Recht dem Feinde aufgebürdet werden könne, da 80 v. H. dieser Schuld auf Militärausgaben zurückzuführen seien (womit dem deutschen Steuerzahler 250 Millionen Mark an jährlicher Zinslast erspart würden); Schaffung eines reichlich ausgestatteten Fonds für die Versorgung der Kriegsversehrten; Wiederaufbau von Telegraphen- und Funkstationen, die von den Engländern zerstört worden waren; Dotationen an Staatsmänner und Generale nach dem Vorbild von 1871; ein umfangreiches Wohnungsbauprogramm, damit Deutschlands Kriegsteilnehmer nicht mehr in Elendsvierteln leben müßten.[30])

Mit diesem phantastischen Programm, das, von allen moralischen Einwänden abgesehen, gänzlich außer acht ließ, daß Europa niemals eine deutsche Hegemonie zulassen würde, stand Erzberger hinsichtlich des Kriegszielprogramms den extremsten Konservativen nicht nach. Das einzige, was zu seiner Entschuldigung vorgebracht werden kann, ist das frühe Datum des Memorandums. Es wurde geschrieben, ehe sich die Schwierigkeiten der deutschen Position deutlich gezeigt hatten; und schließlich war Erzberger im Unterschied zu den meisten Annexionisten einsichtig genug, diese törichten Ziele im weiteren Verlauf des Krieges fallenzulassen.

Zu Anfang des Krieges gab er noch einige weitere extravagante Erklärungen ab. Ein gutes Beispiel ist sein engstirnig chauvinistischer Aufruf vom Oktober 1914 zur Annexion ganz Belgiens:

„England ist am Kriege schuld, es hat den Krieg gewollt. Englands Macht und brutale Gewaltherrschaft muß gebrochen werden, es koste, was es wolle ... Zwei Fragen rein militärischer Art werden über die künftige Gestaltung Belgiens allein die Entscheidung geben können, und kein Unkenruf und keine berufene oder unberufene Diplomatie wird gegenüber diesen Kernfragen ins Gewicht fallen können. Die erste Frage geht dahin, daß unter allen Umständen sichergestellt werden muß, daß wir an unserer westlichen Grenze in Zukunft keinen angeblich neutralen Staat dulden können, der zum Spielball uns feindlicher Mächte wird, und die zweite Frage lautet: Wie sichern wir uns gegenüber England die freie Durchfahrt durch den Kanal? ... Es soll nur gesagt werden, daß unter dem Gesichtspunkt der militärischen Sicherung unseres Volkes das künftige Schicksal Belgiens ganz allein entschieden werden darf ... Darum kann das Schicksal Belgiens von Deutschland nur unter dem einen Gesichtspunkt beurteilt werden: Wie ist das heute in unserem Besitz befindliche Belgien künftig als schärfste Schutz- und Trutzwaffe gegen England zu gestalten? ... Das Schwert ist gezogen und das Schwert allein muß entscheiden über Belgiens künftiges Schicksal ... Nie und nimmer hat der Kaiser sich verbürgt, daß die Grenzen des Reiches nicht geändert werden sollen. Nie und nimmer hat der Kaiser sein Wort dazu gegeben, daß die europäische Weltherrschaft

---

30) Tirpitz, *Politische Dokumente*, Berlin 1924—1926, Bd. II, S. 69 ff. Erzberger entschuldigte seine extreme Annexionspolitik in: *Verhandlungen der Deutschen Nationalversammlung*, 25. Juli 1919, Bd. 328, S. 1927. Es muß übrigens hervorgehoben werden, daß Erzbergers Torheiten nicht nur von den Militärs, sondern auch von dem relativ nüchternen Bethmann geteilt wurden, wie F. Fischer in seiner wertvollen Studie, *Griff nach der Weltmacht*, Düsseldorf 1961, überzeugend zeigt. Siehe Fischers Entdeckung von Bethmanns sogenanntem September-Programm des Jahres 1914 (S. 107 ff.), dessen Bedeutung für die späteren Kriegsjahre Fischer allerdings überschätzt.

nach diesem blutigen Kriege ebenso aussehen werde wie vor demselben. Man darf noch ein Mehr sagen: Niemand im deutschen Volke würde es verstehen, wenn auf die heutigen schweren Opfer nicht ein Siegespreis kommen würde, der diese Opfer in etwa lohnt, und lediglich von diesem Gesichtspunkt aus betrachtet das deutsche Volk das Schicksal Belgiens."[31])

Erzberger tat sein möglichstes, um einflußreiche Kreise für seine belgischen und anderen Kriegsziele zu gewinnen. Bei einem Besuch in München im Spätjahr 1914 versuchte er, den Plan der preußischen Annexion Belgiens mit den dynastischen Interessen der Wittelsbacher zu vereinbaren, indem er vorschlug, Bayern mit dem Elsaß zu entschädigen. In einem Brief an das Auswärtige Amt erklärte er, der bayerische Ministerpräsident Hertling sei damit einverstanden, daß Belgien der preußischen Krone zufalle, vorausgesetzt daß gleichzeitig Elsaß-Lothringen aufgeteilt und das Elsaß dem bayerischen Staat einverleibt werde. Der bayerische König habe diesem Projekt in einer Unterredung mit Erzberger zugestimmt:

„Der König tritt mit großer Lebhaftigkeit für die neue Regelung der Reichslandesverhältnisse ein, und zwar in dem Rahmen, wie mit dem Ministerpräsidenten bereits besprochen. Belgien muß unter allen Umständen deutsch werden. Wenn Preußen ablehnen sollte, es zu übernehmen, würde er [der bayerische König] es ohne weiteres übernehmen unter der Voraussetzung, daß von der bayerischen Pfalz eine Verbindung mit Belgien hergestellt wird. Das deutsche Volk könne nie darauf verzichten, Belgien in seine Macht zu bekommen."[32])

Bethmann fand diesen Plan lächerlich und ärgerte sich, daß Erzberger ohne irgendeinen offiziellen Auftrag mit Hertling und dem bayerischen König über Belgien und das Elsaß verhandelt hatte. Er wies das Auswärtige Amt an, Erzbergers Bericht dem bayerischen Gesandten in Berlin, Graf Lerchenfeld, zu zeigen und zwar mit einem Vermerk, der „die unerwünschten und gefährlichen Folgen, wenn Privatpersonen sich mit diesen Fragen beschäftigen", nachdrücklich betonte.[33]) Lerchenfeld schrieb darauf an Hertling und erhob seine Einwände gegen die königlichen Ansichten, wie Erzberger sie dargestellt hatte; er drang in Hertling, daß er Schritte unternehmen möge, um Erzberger an der weiteren Verbreitung seines Interviews mit dem König zu hindern.[34]) Der phantastische Plan wurde von Erzberger danach fallengelassen.

Zur Unterstützung der Annexionspolitik vertrat Erzberger auch noch eine rücksichtslose Kriegführung, eine Haltung, die einem künftigen Vorkämpfer für den Völkerbund schlecht anstand. Die schlimmsten Äußerungen dieser Art finden sich in einem Zeitungsartikel mit der Überschrift „Nur keine Sentimentalität", der im Februar 1915 veröffentlicht wurde, als Marinekreise Bethmann

---

[31]) Erzberger in: *Allgemeine Rundschau*, Oktober 1914, zitiert von F. Hussong, *Erzbergers Wege*, S. 39 f. Einige Wiederholungen sind gestrichen worden.

[32]) Erzberger an das Auswärtige Amt, 29. Dezember 1914. *Erzberger Dokumente*, Akte 32.

[33]) Bethmann an das Auswärtige Amt, 2. Januar 1915, *Auswärtiges Amt, Politisches Archiv*, Akte 1498. Im folgenden zitiert als *A. A.*

[34]) Lerchenfeld an Hertling, 8. Januar 1915. *Hertling Dokumente.*

und seiner Umgebung eine zu weiche Haltung gegenüber England vorwarfen. Erzürnt über diese Anschuldigungen, verlangte Erzberger härteste Maßnahmen, einschließlich der Bombardierung ziviler Ziele in England als Vergeltung für die britische Blockade. Er verstieg sich sogar zu folgenden Behauptungen:

„Die größte Rücksichtslosigkeit im Kriege gestaltet sich tatsächlich bei vernünftiger Anwendung zur größten Humanität. Wenn man in der Lage ist, durch ein Mittel ganz London zu vernichten, so ist das humaner, als wenn man noch einen einzigen deutschen Volksgenossen auf dem Kampffelde bluten läßt, weil eine solche Radikalkur am schnellsten zum Frieden führt."[35])

## Erzbergers Einstellung zu den Kriegszielen bis 1917

Nur allmählich rückte Erzberger von seinem extremen Annexionismus ab. Es gibt kein bestimmtes Ereignis und keinen genauen Zeitpunkt, von dem an man eine grundsätzliche Meinungsänderung feststellen könnte. Im Juni 1915 schrieb er folgenden Brief an den großen Stahlmagnaten August Thyssen:

„Alle maßgebenden Kreise sind der festen Überzeugung, daß absolut notwendig ist, daß der Friedensschluß nur auf einer Basis erfolgen kann, welche reale Garantien für die friedliche Weiterentwicklung unseres Volkes bietet. Zu diesen realen Garantien dürften gehören:

1. Die militärische, politische und wirtschaftliche Abhängigkeit Belgiens, so daß die Kraft dieses Landes nie mehr gegen Deutschland ausgenutzt werden kann.
2. Die Erwerbung des Erzgebietes von Briey und Longwy, um unsere Erznot zu beseitigen.
3. Eine erheblich bessere Grenze in den Vogesen, damit nicht mehr deutsches Blut den Bergkamm tränken muß.
4. Wenn irgend möglich die Erwerbung von Belfort, mindestens die Schleifung.
5. Nach Osten eine erheblich bessere strategische Grenze, dabei aber auch berücksichtigen, daß die Erwerbung von Ansiedlungsland für deutsche Bauern eine der wichtigsten Forderungen unserer Nation ist.
6. Zahlung ausreichender Kriegsentschädigung, weil bei einer langen Dauer des Krieges ohne Entschädigung die jährliche Steuerlast um ca. 3 Milliarden Mark erhöht werden müßte, was unser Volk kaum zu tragen fähig ist und was die wirtschaftliche Weiterentwicklung hemmen würde, wirtschaftlichen Sieg Englands und der Vereinigten Staaten garantieren würde."[36])

---

[35]) Erzberger in: *Anklamer Zeitung*, 18. Februar 1915. Abgedruckt und mit einem gesalzenen Kommentar versehen, der Erzbergers Meinungsumschwung verhöhnt, in einer Broschüre der sächsischen *Landespartei der Vaterlandspartei* im Herbst 1917. Abschrift bei den *Bachem Dokumenten*, Akte 90. Siehe den ganzen Artikel in Anhang IV, wo der Leser noch ein weiteres Beispiel für Erzbergers pathologische Englandfeindschaft finden wird.

[36]) Erzberger an Thyssen, 24. Juni 1915. *Erzberger Dokumente*, Akte 27. Dieser Brief, ebenso wie viele andere in diesem Kapitel erörterten Dokumente, zeigt, daß Erzberger bei seiner Zeugenaussage im Prozeß von 1920 ungenaue Angaben machte, als er sein Memorandum vom 2. September 1914 als eine auf den Siegesrausch zurückzuführende kurze Verirrung abtat und andeutete, er habe bald nach dem Debakel an der Marne begonnen, einen Versöhnungsfrieden zu befürworten. *Prozeß*, S. 68 f., 82 f. Siehe auch seinen Brief an Bethmann vom 28. Juni 1915, zitiert in: Westarp, *Konservative Politik*, Bd. II, S. 53 f. Daß er weiterhin Anhänger der Annexionspolitik blieb, ist um so bemerkenswerter, als er auf Falkenhayn verwies, der ihm im Herbst 1914 gesagt habe, der Krieg sei nach der Marneschlacht „eigentlich verloren". *Erlebnisse*, S. 314.

Erzbergers enge Beziehung zu dem Industriellen August Thyssen trug viel zu seinem Ruf bei, ein extremer Annexionist zu sein. Im Mai 1915 wurde er Mitglied des Aufsichtsrats der Firma Thyssen[37]). Dieser Firma, die in katholischen Händen lag, wurden nach Thyssens Meinung aus konfessionellen Gründen von den protestantischen preußischen Verwaltungsbeamten, die das komplizierte System kriegswirtschaftlicher Bestimmungen zu handhaben hatten, erhebliche Schwierigkeiten bereitet. Thyssen brauchte einen einflußreichen Fürsprecher in Berlin, der seine Interessen wahrnehmen konnte, und wandte sich verständlicherweise an das Zentrum um Hilfe, da die Nationalliberale Partei — normalerweise die Partei der Schwerindustrie — zu protestantisch war, um Verständnis für seine Sorgen zu haben. Er kannte Erzberger seit etwa 1908 und hatte ihm für einen Angriff gegen die Bevorzugung, die zwei seiner Konkurrenten, Krupp und Stumm, bei der Vergabe von Regierungsaufträgen genossen, Material geliefert. Er bewunderte Erzbergers Tatkraft und Kenntnisse und besprach sich im Frühjahr 1915 immer öfter mit ihm über seine geschäftlichen Probleme.

Bald wurde es Thyssen peinlich, Erzbergers Zeit so viel und ohne Gegenleistung in Anspruch zu nehmen, und er forderte ihn auf, Mitglied des Aufsichtsrats der Firma mit einem Jahresgehalt von 40 000 Mark zu werden. Erzberger, dem das Einkommen aus der „Zentrumskorrespondenz“ jetzt fehlte und der sich noch immer Sorgen über die finanzielle Zukunft seiner Familie machte, nahm ohne großes Zögern an. Er glaubte — was zu der Zeit auch tatsächlich zutraf —, daß Thyssen seine allgemeinen Ansichten über die politische Lage teile. Da Thyssen große Rüstungsaufträge erhalten hatte, gab Erzberger seine Arbeit als Militärberichterstatter im Reichstag auf, um jeden Anschein eines Interessenkonflikts zu vermeiden. Er gab seine Ernennung in der Presse bekannt, damit die Beamten, an die er sich für Thyssen wandte, wußten, daß er als Vertreter der Firma und nicht als Reichstagsabgeordneter sprach, wenn auch viele von ihnen diesen Unterschied zweifellos nicht machten. Daß Parlamentarier hohe Stellungen in der Industrie bekleideten, widersprach weder dem Ethos noch der Übung des Reichstags; Männer von unangefochtener persönlicher Integrität wie Bassermann und Stresemann hatten viele solcher Posten.[38])

Erzbergers Verbindung zu Thyssen brachte ihm später den Vorwurf ein, er habe Politik und Geschäft in unrechtmäßiger Weise vermischt. Während der zwei Jahre seiner Mitgliedschaft im Aufsichtsrat von Thyssen (1915—1917) verwandte er sich mehrfach bei Verwaltungsbeamten für die Interessen der Firma. Seine Interventionen, von denen einige fragwürdig, aber keine unehrenhaft waren, wurden während des Beleidigungsprozesses gegen Helfferich im Jahre 1920

37) Eine kurze Darstellung über Thyssen findet sich bei F. Pinner, *Deutsche Wirtschaftsführer*, Charlottenburg, 15. Aufl. 1925, S. 66—74.
38) Erzberger gab eine gute Darstellung von Thyssens Angebot und seiner Annahme; *Prozeß*, S. 65—68. Siehe *ibid.* die Zeugenaussage von Fritz Thyssen, S. 140—151, und August Thyssens schriftliche eidesstattliche Erklärung, S. 275—280; auch S. 77—82, 808 ff., 863 ff., 883—886, 916—920, 999 f.

sehr ausführlich erörtert.[39]) Die schwerste Anschuldigung Helfferichs, Erzberger sei, solange er für Thyssen gearbeitet habe, begeisterter Annexionist gewesen, sobald er aber Thyssen verlassen habe, ein scharfer Gegner dieser Politik geworden, brach dabei völlig zusammen. Das Verhältnis von Ursache und Wirkung lag genau umgekehrt. Erzberger wurde im Frühjahr 1917 zum Gegner der Annexionspolitik aus verschiedenen Gründen, die alle nichts mit Thyssen zu tun hatten und die später noch darzulegen sind. Er war sich darüber klar, daß seine neuen Ansichten zu einem Konflikt mit Thyssen, damit zu einer Trennung von der Firma und gleichzeitig zum Verlust seines Haupteinkommens von jährlich 40 000 Mark führen mußten. Dennoch hielt er an seiner Meinung fest. Thyssen, weiterhin hartnäckiger Anhänger der Annexionspolitik, bedauerte zwar Erzbergers neugewonnene Sicht, bewunderte aber den Mann, dessen politische Wandlung nicht durch finanzielle Interessen beeinträchtigt wurde. Sie trennten sich mit dem Ausdruck gegenseitiger Achtung, und Thyssen legte dem Gericht im Jahre 1920 eine eidesstattliche Erklärung vor, die für Erzberger sehr vorteilhaft war.[40])

Erzbergers Haltung zur Frage der Kriegsziele blieb, ebenso wie die der gesamten Zentrumspartei, noch während des ganzen Jahres 1916 annexionsfreundlich.[41]) Er bedauerte die Spaltung des deutschen Volkes in der Kriegszielfrage und führte sie auf Bethmanns mangelnde Führung zurück. In einem Memorandum vom 15. April 1916 schrieb er:

> „Bei der öffentlichen Erörterung der Kriegsziele muß die *Regierung* unbedingt die Führung in der Hand haben. Wenn die Regierung die öffentliche Meinung nicht führt, werden einzelne mächtige Interessentengruppen die Führung an sich reißen und das deutsche Volk gegen die Regierung aufmarschieren lassen oder auf Wege bringen, die zur Verlängerung des Krieges führen. Das deutsche Volk hat während des ganzen Krieges gezeigt, daß es einer zielbewußten Regierung Folge leistet.“[42])

Erzberger schlug Bethmann ein genau ausgearbeitetes Programm für die einheitliche und unauffällige Lenkung der öffentlichen Meinung vor. Ein besonderes Büro unter dem harmlosen Namen „Deutscher Nachrichtendienst aus Anlaß der Friedensverhandlungen“ sollte eingerichtet und durch Zuwendungen des Auswärtigen Amtes in Höhe von einer Million Mark finanziert werden. Dieser Nachrichtendienst, der seine politischen Direktiven vom Reichskanzler zu erhalten hätte, sollte die öffentliche Meinung lenken, indem er die Presse beeinflußte, Vortragsreihen vor allem von Universitätsprofessoren veranstaltete, Bil-

---

39) Das Beweismaterial wird in Anhang V in zusammengefaßter Form dargelegt.
40) *Prozeß*, S. 95—98 (Helfferichs Anschuldigung), S. 279 f. (August Thyssens Erklärung, die Trennung sei für Erzberger ehrenhaft gewesen). Noch am 14. Oktober 1917 versuchte Thyssen, Erzberger von den Übeln der Friedensresolution zu überzeugen. Erzberger schrieb ihm zwei Tage später eine freundlich gehaltene Verteidigung. *Erzberger Dokumente*, Akte 27.
41) F. Wacker, *Die Haltung der deutschen Zentrumspartei zur Frage der Kriegsziele im Weltkrieg 1914 bis 1918*, Lohr 1937, Kap. I passim, und die Arbeit von John K. Zeender „The German Center Party during World War I“ in: *Catholic Historical Review*, Bd. 42, Januar 1957, S. 441—468, passim.
42) Erzbergers Memorandum vom 15. April 1916 über die Notwendigkeit einer zentralen Leitung der Erörterung der Kriegsziele. *Erzberger Dokumente*, Akte 4.

dungsarbeit bei der Armee durchführte und die Hilfe angesehener Organisationen wie der Gewerkschaften und des Volksvereins in Anspruch nahm. Von der Liste solcher Organisationen schloß Erzberger den Flottenverein, den Bund der Landwirte und den Alldeutschen Verband ausdrücklich aus. Für die Leitung des neuen Büros empfahl er seinen Freund Stockhammern, einen bayerischen Diplomaten. Bethmann weigerte sich, Erzbergers Vorschlag anzunehmen, da er fürchtete, ein im Namen der Regierung gefördertes Programm werde zu diesem späten Zeitpunkt das Volk nicht einigen, sondern nur die Regierung isolieren. Seine Ansichten über die kritischen Fragen Belgien, Elsaß und Polen blieben ziemlich nebelhaft und erregten immer mehr Unwillen bei Freunden wie Gegnern der Annexionspolitik.

Erzberger hatte zu allen drei Problemen entschiedene Ansichten, obwohl diese sich im Laufe des Krieges noch ändern sollten. In der Belgienfrage blieb er bis zum Frühjahr 1917 verhältnismäßig annexionsfreundlich. Er bedauerte und verteidigte zugleich die deutsche Verletzung der Neutralität Belgiens als einen Fall, in dem die Notwendigkeit, d. h. die Staatsräson, über das Völkerrecht habe siegen müssen, während er gleichzeitig betonte, daß Belgien sowohl Entschuldigungen als auch Reparationen beanspruchen könne.[43]) Er war bemüht, den Zustand der Bevölkerung des besetzten Landes zu lindern und versuchte, wenn auch vergeblich, Ludendorffs Politik der Deportation belgischer Arbeiter nach Deutschland Einhalt zu gebieten. Er mokierte sich über die offizielle Ansicht, daß dies eine humane Lösung der Arbeitslosenfrage in Belgien sei, und schuf einen Hilfsfonds zur Linderung der schlimmsten Not.[44])

Obwohl Erzberger viel tat, um die Leiden Belgiens zu erleichtern, und einsah, daß die deutsche Invasion eine grobe Gewalttat gewesen war, wünschte er doch lange Zeit die verschleierte Annexion Belgiens durch Deutschland. In einem Brief vom 28. Juli 1915 an seinen Freund Gerlach, den Sekretär des Papstes, schrieb er:

> „Dann Belgien! Die Frage der Annexion Belgiens ist nicht akut und wird auch von der Regierung nicht erwogen. Ich habe wiederholt mit dem Reichskanzler darüber gesprochen, und wir sind vollkommen darüber einig, daß die Eingliederung Belgiens in das deutsche Reich ein Ding der Unmöglichkeit ist. Ich selbst wünsche es weder vom deutschen noch vom katholischen Standpunkt aus. Wir Deutschen haben nicht Geschick, fremde Völker zu regieren. Vielleicht liegt es daran, daß die Mehrheit des deutschen Volkes protestantisch ist. Für Belgien denke ich mir die Lösung der Frage so (der Reichskanzler stimmt mir im allgemeinen bei): Erhaltung des Königreichs Belgien als souveräner Staat, Schaffung einer Zoll- und Wirtschaftsunion mit Belgien, Schleifung der Festungen Belgiens, Eisenbahngemeinschaft

43) Siehe z. B. seinen Artikel in der holländischen Zeitung *Tidj* vom 29. September 1914 „Das deutsche Zentrum und die Verletzung der belgischen Neutralität". Exemplar bei den *Erzberger Dokumenten*, Akte 27. Den gleichen Standpunkt vertrat er noch am 27. Februar 1918 im Reichstag, obwohl er ihn dann als Teil eines Argumentes für die völlige Wiederherstellung Belgiens benutzte. *Verhandlungen des Reichstags*, 27. Februar 1918, XIII. Legislaturperiode, Bd. 311, S. 4223.

44) Erzberger, *Erlebnisse*, S. 199 ff. Erzberger an Ludendorff am 7. Juni 1917 (in: *Erlebnisse*, S. 200, irrtümlich der 10. Juni angegeben). *Erzberger Dokumente*, Akte 6.

Deutschlands mit Belgien, Pachtung der Häfen Zeebrügge und Ostende durch Deutschland auf 99 Jahre mit der Maßgabe, daß das Pachtverhältnis früher aufgehoben wird, sobald Deutschland und England sich endgültig verständigt haben. In seiner ganzen inneren Politik, also sowohl in Schulfragen wie in kirchenpolitischen Fragen würde Belgien danach völlig unabhängig bleiben."[45])

Im Frühjahr 1916 glaubte Erzberger, dieses Programm könne in etwas gemäßigter Form auf dem Wege von Separatverhandlungen zwischen Deutschland und Belgien durchgeführt werden. Sein Freund Gerlach im Vatikan hatte mit der Schwester und dem Schwager des belgischen Königs Albert, dem Herzog und der Herzogin von Vendam, Kontakt aufgenommen. Diese behaupteten, König Albert wünsche, im Gegensatz zu seinen ententefreundlichen Ministern, einen baldigen Frieden mit Deutschland, vorausgesetzt, daß annehmbare Bedingungen geboten würden. Gerlach berichtete seinerseits, der Vatikan würde einen solchen Friedensschluß begrüßen. Daraufhin sondierte Erzberger bei der deutschen Regierung, erhielt aber lediglich eine platonische Antwort, in der die Vermittlung des Papstes als willkommen bezeichnet wurde.[46]) Der Vatikan ließ die Sache fallen, als Deutschland keine konkreten Bedingungen anbot und König Albert erkennen mußte, daß er sein Kabinett für einen Separatfrieden nicht gewinnen könne. Der Versuch Erzbergers, in Verhandlungen einzutreten (dieses Mal durch die Vermittlung des bayerischen Herzogs Karl Theodor, des Vaters der belgischen Königin), wurde im Juni 1916 auf Anordnung Bethmanns abgebrochen, weil ein solcher Versuch nicht allein aussichtslos erschien, sondern auch den Eindruck von deutscher Schwäche erwecken konnte.[47])

Im späten Frühjahr des Jahres 1917 gewann Erzberger auf Grund seiner Auslandsverbindungen die Überzeugung, daß Belgien — von einem totalen Sieg Deutschlands abgesehen — bei den kommenden Friedensregelungen unweigerlich allgemein den Angelpunkt bilden würde. Er begann einzusehen, daß die belgische Frage, jedenfalls in den Augen Englands und Amerikas, in erster Linie eine moralische Frage sei, die nur durch die bedingungslose Wiederherstellung des früheren Zustands von Deutschland gelöst werden könnte. In einer solchen Wiederherstellung der belgischen Unabhängigkeit sah er die Voraussetzung für Verhandlungen über jede andere Frage, und er wurde daher zum energischsten deutschen Fürsprecher dieser Politik. Diese unpopuläre Meinung äußerte

---

45) Erzberger an Gerlach am 28. Juli 1915. Der Papst war entsetzt über dieses Programm und forderte die völlige Wiederherstellung der belgischen Unabhängigkeit: Gerlach an Erzberger am 17. August 1915. *Erzberger Dokumente,* Akte 6. Karl Bachem riet Erzberger, die Ansichten des Papstes geheimzuhalten, damit sie nicht den Zorn der Alldeutschen hervorriefen: Bachem an Erzberger am 3. September 1915. *Erzberger Dokumente,* Akte 27.

46) Gerlach an Erzberger am 26. April 1916. *Erzberger Dokumente,* Akte 6. Erzberger an Gerlach am 16. Mai 1916. Abgedruckt in: *Erlebnisse,* S. 206.

47) Naumann, *Profile,* S. 186 f. Erzbergers Gespräche mit Bethmann und Jagow informierten ihn über „die Haltung der entscheidenden örtlichen Kreise" Berlins in der belgischen Frage, die sich seit seinem oben zitierten Brief an Gerlach vom 28. Juli 1915 nicht geändert hatte. Siehe Erzbergers Brief an Gerlach vom 14. 6. 1916, teilweise abgedruckt bei F. Fischer, *Griff nach der Weltmacht,* S. 272 ff. Dort auch zum erstenmal etwas ausführlichere Dokumentation der deutsch-belgischen Friedensgespräche während des Winters 1915—1916, die dem Kontakt über das Herzogpaar Vendam vorangingen.

er immer häufiger in öffentlichen Versammlungen, im Reichstag und bei seinen Besprechungen mit Militärs und Ministerialbeamten. Zusammen mit einer Gruppe um Prinz Max von Baden vertrat er die Auffassung, daß ein vernünftiges deutsches Angebot in bezug auf Belgien den englischen Entschluß, den Krieg bis zu Deutschlands totaler Niederlage fortzusetzen, ins Wanken bringen könne. Die Gegner der unnachgiebigen Politik Lloyd Georges, zu denen der linke Flügel der Labour-Partei, die Asquith-Gruppe der Liberalen und die konservativen Gefolgsleute Lansdownes gehörten, würden sich nach Erzbergers Meinung durch einen deutschen Verzicht auf Belgien gestärkt fühlen und darauf hinweisen können, daß die Feindseligkeiten nur darum unnötig in die Länge gezogen würden, weil Frankreich auf der Rückgewinnung Elsaß-Lothringens bestand, woran England nicht entscheidend interessiert sei. Gelänge es den Gemäßigten in England, Lloyd George zu stürzen, so werde ein Frieden durch Verhandlungen möglich; aber selbst wenn sie scheiterten, müsse ihre wachsende Stärke eine lähmende Wirkung auf Englands Kriegsanstrengungen ausüben. Auf diese Weise verbanden sich in Erzberger moralische und macchiavellistische Erwägungen, ohne ihn selbst sonderlich zu beschweren — und der Saulus, der 1914 die Annexionspolitik vertrat, konnte 1917 zum Paulus werden, der die Wiederherstellung der belgischen Unabhängigkeit predigte.[48])

Nächst der belgischen war die elsässische Frage das größte Hindernis auf dem Wege zu einer Friedensregelung im Westen. Frankreich forderte die Rückgabe der Provinzen Elsaß und Lothringen, die Deutschland 1871 annektiert hatte. Wie wir im Zusammenhang mit der elsässischen Verfassungsregelung von 1911 und der Zabern-Affäre von 1913 gesehen haben, war es Deutschland nicht gelungen, die Sympathien auch nur der deutschsprachigen Bevölkerung des Elsaß zu gewinnen. Für Erzberger bestand kein Zweifel, daß das Problem Elsaß-Lothringen in einer Weise gelöst werden müsse, die die Bevölkerung versöhnte, bevor es zur Erörterung dieser Frage auf einer Friedenskonferenz käme.

Bis zu seiner plötzlichen Meinungsänderung im Juli 1917 nahm er an, dies könne am besten durch den etwas überraschenden Plan einer Aufteilung Elsaß-Lothringens unter Bayern und Preußen erreicht werden. Der bayerische Ministerpräsident Hertling stimmte diesem Projekt begeistert zu. Erzberger war der Ansicht, daß die soziologischen Strukturen Bayerns und des Elsaß sehr ähnlich seien und die Assimilierung vereinfachten, insbesondere weil das Elsaß nicht auf eine Tradition als unabhängiger Staat zurückblicken könne: das politische System beruhe jeweils auf dem allgemeinen Wahlrecht, die soziologische Struktur sei beiderseits durch den vorwiegend landwirtschaftlichen Charakter, durch Vorherrschen der Kleinindustrie und einen tief eingewurzelten Katholizismus bestimmt. Die Angliederung Lothringens an Preußen sollte sich nach Maßgabe

48) Erzberger, *Erlebnisse*, S. 207 f. Prinz Max von Baden, *Erinnerungen und Dokumente*, Stuttgart 1927, Teil II, Abschn. 5—6.

der gemeinsamen wirtschaftlichen Interessen vollziehen; für diesen Teil des Planes konnte sich Erzberger freilich nie besonders erwärmen.[49])

Er sagte sich, daß die einzige Alternative zur Aufteilung die Schaffung eines neuen, vollberechtigten Bundesstaates sei. Im Laufe eines Gesprächs mit Oberst Bauer, Ludendorffs rechter Hand, Anfang Juni 1917 äußerte er:

„Diese Forderung [nach dem Rechtsstatus eines selbständigen Bundesstaates] stelle die Entente selbst bei einem günstigen Ausgang des Krieges, weil sie Bundesgenossen im eigenen Lande habe (Sozialdemokratie, Polen, Freisinnige Volkspartei). Elsaß-Lothringen sei als selbständiger Bundesstaat eine unmögliche Konstruktion. Der Staat sei als solcher unhaltbar und gehe dem deutschen Reich ideell verloren und in einem weiteren Krieg auch territorial. Die Erörterung der elsaß-lothringischen Frage in der deutschen Presse sei Öl in das Feuer der französischen Revancheidee. Wenn Elsaß-Lothringen jetzt aufgeteilt würde und dem Reichstag zu seiner nächsten Sitzung ein entsprechender Gesetzentwurf zugehe, so sei die Frage erledigt und die französische Revancheidee sei zerschlagen. Wenn die Elsässer jetzt eine volle Autonomie gleich der aller Bayern und die Lothringer eine solche gleich der aller Preußen erhalten, so sind die ganzen Presseerörterungen verschwunden. In Rußland werde sicher durch eine solche Aufteilung erreicht, daß Verständnis und Geneigtheit für die französischen Kriegsziele vollkommen aufhören würden. Aus internationalen Gründen wäre es ein zwingendes Gebot, sofort eine Aufteilung herbeizuführen.“[50])

Kaum sechs Wochen später ließ Erzberger diesen sehr bestimmten Standpunkt fallen, nachdem seine Friedensresolution die gesamte deutsche Politik verwandelt hatte. Seine neue Verbindung mit den Sozialdemokraten verlangte, daß er ihren Autonomieplan für Elsaß-Lothringen akzeptierte. Der taktischen Erwägung folgte rasch die eigene Einsicht — ein gutes Beispiel dafür, wie sich Erzberger unter dem Druck äußerer Ereignisse blitzschnell entscheiden konnte und Torheit besserer Einsicht wich. Am 20. Juli 1917 legte er dem neuen Reichskanzler Michaelis ein ausführliches Memorandum vor, in dem er auf die dringende Notwendigkeit hinwies, Elsaß-Lothringen sofort den Status eines selbständigen Bundesstaates zu gewähren, und konkrete Vorschläge über die verfassungsrechtliche Struktur des Landes machte. Seine frühere Ansicht, daß ein solcher Staat eine „unmögliche Konstruktion“ sei, wurde in dem neuen Memorandum nicht erwähnt.[51]) Der weniger bewegliche Hertling, der sich stark für die Teilung eingesetzt hatte, war über diese plötzliche Sinnesänderung bestürzt und verärgert, erhielt aber auf seine Vorwürfe hin von Erzberger nur folgende Erklärung und Tröstung:

„Nach den Juliereignissen geht diese beste Art der Lösung [die Aufteilung] nicht mehr; aus internationalen und innerpolitischen Gründen muß vielmehr die Schaffung eines selbständigen Bundesstaates mit allem Nachdruck angestrebt wer-

---

49) Über die ganze elsässische Frage siehe Erzberger, *Erlebnisse*, Kap. XIII, und *Erzberger Dokumente*, Akte 11.

50) Erzbergers Memorandum über seine Unterhaltung mit Oberst Bauer vom 10. Juni 1917. *Erzberger Dokumente*, Akte 18. Das Gespräch wird kurz erwähnt in: *Erlebnisse*, S. 163.

51) Das Memorandum vom 20. Juli 1917 wird von Erzberger wiedergegeben in: *Erlebnisse*, S. 164 ff.

den. Die hierdurch erzielte Befriedigung der Wünsche der elsaß-lothringischen Bevölkerung muß in der ganzen Welt friedensfördernd wirken, und dies ist die erste aller Pflichten der heutigen Politik. Für die Teilung ist heute keine Mehrheit mehr im Reichstag, selbst wenn das Zentrum geschlossen hierfür eintritt, da 189 prinzipielle Gegner (110 Sozialdemokraten, 46 Volkspartei, 19 Polen, 9 Elsässer, 5 Welfen) vorhanden sind und mindestens 20 Nationalliberale. Diesen Stand der Dinge haben wir absolut sicher festgestellt. Die Hindernisse im Bundesrat sind bekannt. Die Teilung geht nicht mehr, wie ich es seit geraumer Zeit vorhersagte und kommen sah.

Für die Schaffung eines selbständigen Bundesstaates aber ist auch große Mehrheit im Reichstag vorhanden [in diesem Fall einschließlich der Stimmen der Zentrumspartei]. Eine erbliche Monarchie ist gegeben; ein bayerischer Prinz hat die besten Aussichten. Die Lösung sollte nicht mehr verschoben werden, sondern muß aus eigenem Antrieb gegeben werden; nicht fremde Mächte dürfen in diese innere deutsche Angelegenheit hineinreden wie 1648 und 1806."[52])

Der Druck, den Erzberger und die Reichstagsmehrheit zugunsten der Autonomie Elsaß-Lothringens ausübten, sollte sich als zu schwach erweisen, um den Widerstand der Bürokratie, des Militärs und der nachfolgenden Reichskanzler zu überwinden. Die Frage war noch immer ungelöst, als Deutschland im November 1918 zusammenbrach und die verbitterte Bevölkerung von Elsaß-Lothringen die französische Armee als Befreier begrüßte.[53])

Der Unzufriedenheit der Elsaß-Lothringer im Westen entsprach die der Polen im Osten. Wir haben bereits gesehen, wie sich Erzberger vor dem Kriege energisch für die Forderungen der Polen gegenüber der preußischen Tyrannei einsetzte. Das Problem war durch die deutsch-österreichische Eroberung von Russisch-Polen im Jahre 1915 noch schwieriger geworden. Erzberger entwickelte nun ein Programm zur Gründung eines unabhängigen polnischen Staates mit freiwilligem Anschluß an die Mittelmächte. Ein deutschfreundliches Polen würde, nach der Argumentation Erzbergers, Deutschland in Zukunft weit größeren strategischen Schutz bieten als jede direkte Annexion. Ein solches Polen setze jedoch eine einfallsreiche Politik von seiten der Mittelmächte voraus. Dazu müßten Posen und Galizien, zwei Provinzen mit vorwiegend polnischer Bevölkerung, dem neuen Staat angegliedert werden, während Preußen die übrige polnische Bevölkerung durch die Aufhebung aller antipolnischen Gesetze zu versöhnen hätte. Dieses Programm rief den erbitterten Widerstand der preußischen Konservativen hervor, die die Polen seit langem haßten und eine Rückkehr zu der auf gemeinsamer Ablehnung polnischer Forderungen beruhenden Freundschaft mit dem zaristischen Rußland herbeisehnten.[54])

Bei den endlosen deutsch-österreichischen Erörterungen über die Beziehungen eines neuen polnischen Staates zu den Mittelmächten vertrat Erzberger die soge-

---

52) Erzberger an Hertling am 30. Juli 1917. *Erzberger Dokumente*, Akte 32.
53) Erzberger, *Erlebnisse*, S. 167 ff.
54) Erzberger legte seine Polenpolitik dar in: *Erlebnisse*, S. 172 ff.

nannte „austro-polnische Lösung", die den neuen Staat als dritten Partner einer vergrößerten Habsburger Monarchie vorsah. Durch eine solche Regelung glaubte er, nicht nur polnischen, sondern auch habsburgischen innenpolitischen Problemen gerecht zu werden. Sie würde den Würgegriff beseitigen, in dem die Ungarn die gesamte Monarchie hielten, weil sich in Zukunft Warschau mit Wien gegen Budapest vereinigen könnte. Die Loslösung des polnischen Gebietes von Österreich würde den Deutschen die Vorherrschaft im restlichen Teil des Staates bringen. Dies könnte dann, so hoffte Erzberger, einen vernünftigen Ausweg für die tschechische Frage erschließen, sobald die Deutschen sich von der Furcht vor der Beherrschung durch die Slawen freigemacht hätten. Erzberger betrachtete die austro-polnische Lösung als Teil der von Friedrich Naumann vertretenen Mitteleuropaidee. Hierbei war an gemeinsame militärische und wirtschaftliche Institutionen des deutschen und habsburgischen Reiches gedacht, die wohl zu einer kaum verhüllten Hegemonie Deutschlands geführt hätten.[55])

Bei Erzbergers Aufstieg bis 1917 tritt als bemerkenswertester Zug hervor, daß er sich fast ausschließlich mit außenpolitischen Fragen beschäftigte. Die wachsende Forderung nach einer sofortigen Reform des preußischen Wahlrechts interessierte ihn wenig; zwar unterstützte er sie grundsätzlich, hielt aber die Durchführung während des Krieges für unangebracht. Auch mit den Problemen der Kriegswirtschaft befaßte er sich nicht ernsthaft, obwohl wirtschaftliche Fragen vor dem Kriege zu seinen Spezialitäten gehört hatten. Er konzentrierte sich auf Belgien, Elsaß-Lothringen, Polen und die anderen Probleme von internationalem Gewicht. Seine Propagandatätigkeit trug dazu bei, daß er sich nahezu ausschließlich der Außenpolitik zuwandte und sich umfassende Kenntnisse auf diesem Gebiet verschaffte, die bald durch seine diplomatischen Missionen nach Rom, Wien, Budapest, Konstantinopel, Sofia und Bukarest erweitert wurden. Die erste und interessanteste dieser Missionen führte ihn im Frühjahr 1915 dreimal nach Italien.

---

55) Über Erzbergers Befürwortung der austro-polnischen Lösung siehe *ibid*. Über Mitteleuropa vgl. die ausgezeichneten Arbeiten von Henry Cord Meyer, *Mitteleuropa in German Thought and Action 1815—1945*, Den Haag 1955, und Jacques Droz, *L'Europe Centrale: Evolution Historique de l'idée de „Mitteleuropa"*, Paris 1960. Erzbergers Sympathie mit dem polnischen Nationalismus machte ihn nicht blind gegenüber der wichtigeren Erwägung, ob ein Separatfrieden mit Rußland wünschenswert sei. So warnte er z. B. vor der Proklamation des polnischen Staates am 5. November 1916, weil sie eine vielversprechende Friedensmöglichkeit zerstöre und weil sie außerdem auf der irrigen Hoffnung beruhe, daß sich polnische Soldaten für die deutsche Armee stellen würden. In diesem Sinne schrieb er am 16. November 1916 an Ludendorff. *Erzberger Dokumente*, Akte 29. Die beste Darstellung der ganzen damaligen polnischen Frage bietet jetzt W. Conze, *Polnische Nation und deutsche Politik im ersten Weltkrieg*, Köln, Graz 1958. Ein wichtiger Teilabschnitt wird behandelt von Immanuel Geiss, *Der polnische Grenzstreifen 1914—1918. Ein Beitrag zur deutschen Kriegszielpolitik im Ersten Weltkrieg*, Lübeck 1960. Die offizielle deutsche Politik erscheint hier in einem äußerst ungünstigen Lichte.

# VI

# Diplomatische Tätigkeit

## Die Lage in Italien 1914–1915

Italien war die einzige europäische Großmacht, die 1914 neutral blieb. Italiens Verpflichtungen aus dem Dreibund galten zwar bei einem von Österreich begonnenen Angriffskrieg nicht, aber die Mittelmächte hatten dennoch das Gefühl, von ihrem früheren Verbündeten verraten worden zu sein. Vielleicht hätte man Italien durch die bestechende Aussicht auf französische Kolonien zum Kriegseintritt bewegen können, aber solche Angebote verloren an Reiz, nachdem die deutschen Armeen an der Marne aufgehalten worden waren.[1]) Die italienische Regierung unter der Führung des Ministerpräsidenten Salandra forderte alsbald Konzessionen von Österreich als Preis für die fortgesetzte Neutralität.[2]) Sie verlangte im besonderen die Abtretung von Provinzen des habsburgischen Reiches, in denen eine große Anzahl „unerlöster Italiener" lebte: dabei handelte es sich um das Gebiet von Trient, das Isonzotal, Triest und Teile der dalmatinischen Küste. Es folgten lange Verhandlungen zwischen Wien und Rom. Da die Österreicher verständlicherweise nur ungern solche Konzessionen machen wollten, drohte Italien, besonders der energische Außenminister Sonnino, mit Krieg. Er glaubte, Italien müsse eine einmalig günstige internationale Lage ausnutzen, um seit langem angestrebte nationale Ziele zu erreichen.[3])

Es gab jedoch in Italien verschiedene Gruppen, die, auch abgesehen von der Gelegenheit, territoriale Gewinne einzuheimsen, für eine Politik der Interven-

---

[1]) Bülow, *Denkwürdigkeiten*, Bd. III, S. 187—191.
[2]) Salandras Ansichten sind am besten dargelegt in seinem Buch *Italy and the Great War: From Neutrality to Intervention*, London 1932.
[3]) Bülow, *op. cit.*, Bd. III, S. 219; Salandra, *op. cit.*, S. 145.

tion gegen die Mittelmächte eintraten. Liberale und Rechtssozialisten predigten den ideologischen Krieg gegen die deutsche und die österreichische „Autokratie", die Freimaurer agitierten für einen solchen Feldzug, und die wachsende nationalistische Bewegung unter der Führung des Dichters d'Annunzio wollte Taten um ihrer selbst willen sehen und erhoffte sich von der anfeuernden Wirkung von Kanonendonner und Giftgas eine Reinigung der dekadenten italienischen Seele.[4])

Einige einflußreiche Gruppen sprachen sich dagegen weiterhin für den Neutralitätskurs aus. Der schon seit vielen Jahren bedeutende Politiker Giovanni Giolitti, der etwa 300 von den 500 Abgeordneten im Parlament hinter sich hatte, sah mit prophetischer Gabe einen langen und blutigen Krieg voraus. Er glaubte, Italien könne große Konzessionen von Österreich erreichen, auch ohne in den Krieg einzutreten; mindestens solle es diesen Schritt so lange hinausschieben, bis Österreich durch seine anderen Feldzüge geschwächt sei. Aber solange das Parlament nicht tagte, war Giolittis Macht gering, und Salandra machte rücksichtslosen Gebrauch von seiner Stellung als Chef der Exekutive, um ein fait accompli zu schaffen.[5]) Die linksgerichteten Sozialisten waren Gegner des Krieges aus pazifistischer Überzeugung, doch schadeten sie durch ihre Radikalität jeder Sache, die sie unterstützten. Die Führung der neutralistischen Kräfte lag in den Händen des Vatikans. Besonders Papst Benedikt XV. fürchtete den Eintritt Italiens in den Krieg wegen der Schwierigkeiten, die der Kirche daraus erwachsen könnten: der Vatikan wäre von den Katholiken der Mittelmächte abgeschnitten; im Falle einer Niederlage Italiens könnten soziale Umwälzungen den Papst zwingen, Rom zu verlassen; im Falle eines Sieges würde sich Italien in der römischen Frage wahrscheinlich noch unversöhnlicher als bisher verhalten. Eine Niederlage Österreichs würde den Zusammenbruch der letzten großen katholischen Monarchie bedeuten. Die stärksten Befürworter des Kriegseintritts waren die Freimaurer, deren Hauptziel die Vernichtung des Katholizismus war. Aus diesen Gründen war der eigentliche Gegner von Salandra und Sonnino die katholische Kirche.

Der Kampf zwischen Interventionisten und Neutralisten tobte vom Spätherbst 1914 bis Mai 1915. Die Mittelmächte versuchten, die neutralistische Partei zu stärken; mit dieser delikaten Mission beauftragte die deutsche Regierung im Dezember 1914 den früheren Reichskanzler von Bülow, der auf Grund seiner italienischen Verbindungen besonders geeignet war, diese Aufgabe zu übernehmen. Noch vor seiner Berliner Karriere war er Botschafter in Italien gewesen, seine Frau war eine italienische Gräfin, er sprach fließend italienisch und hatte nach seinem Sturz im Jahre 1909 regelmäßig den Winter in Rom verbracht, wo er

4) Eine gute Schilderung der kriegsbejahenden Gruppen findet sich bei Benedetto Croce, *Geschichte Italiens 1871—1915*, Berlin 1928, S. 271 ff.
5) Giolittis Stellung kommt am deutlichsten zum Ausdruck in seinem Buch *Memoirs of My Life*, London 1923, Kap. XVI.

die prachtvolle Villa Malta besaß. Wenn überhaupt ein Außenstehender Italien bewegen konnte, neutral zu bleiben, so war es Bülow; diese Meinung hatte sich in Berlin nach einem langen und beachtlichen Gewirr von Intrigen endlich durchgesetzt.

Die Männer um Bethmann, besonders Staatssekretär von Jagow, im Auswärtigen Amt, leisteten erbitterten Widerstand gegen die Entsendung Bülows nach Rom. Ein Erfolg in Rom, so fürchteten sie, müsse unweigerlich dazu führen, daß die Öffentlichkeit seine Rückkehr auf den Kanzlerposten verlangen würde. Außerdem nahmen sie ihm übel, daß er eine Pressekampagne inszeniert hatte, die seine Ernennung zum Botschafter in Rom betreiben sollte.[6]) Ihre feindselige Haltung ging sogar so weit — wenigstens nach Bülows und Erzbergers Meinung —, daß sie Bülows Bemühungen in Rom hinter seinem Rücken sabotierten nach dem Grundsatz, ein feindliches Italien sei immer noch besser als ein eigener politischer Machtverlust.[7]) Erzberger gehörte zu denen, die Bülows Entsendung nach Italien befürworteten. Von Natur aus nie nachtragend, hatte er die Feindseligkeiten bereitwillig begraben, die durch die Auflösung des Reichstags im Jahre 1906 und sein Mißtrauen gegen Bülows Verhalten zur Zeit der Daily-Telegraph-Affäre im Jahre 1908 hervorgerufen worden waren. Bülow bewies seine Anpassungsfähigkeit, indem er sich herabließ, Erzberger zu schmeicheln, und sich sogar für seinen Bruch mit dem Zentrum im Jahre 1906 als „der größten Dummheit seines Lebens" entschuldigte.[8])

Bei seiner Ankunft in Rom fand Bülow eine für die Mittelmächte sehr ungünstige politische Situation vor, da die österreichisch-italienischen Verhandlungen auf Grund der Verzögerungstaktik Österreichs zum Stillstand gekommen waren. Seine ersten Berichte nach Berlin, ebenso wie seine Privatbriefe an Erzberger, waren sehr pessimistisch gehalten. Die Reaktion des Bethmannkreises wurde von Erzberger wie folgt geschildert: „Fürst Bülow malt außerordentlich düster; man sieht, wie er Meister der Regie ist. Geht es dann später gut, so wird der Fürst sagen, daß trotz der schlechten Aussichten ihm das schwere Werk gelungen sei. Geht es schlecht, so wird der Fürst erklären, man habe ihn zu spät nach Italien entsandt."[9]) Bülow erkannte, daß nur starker deutscher Druck Österreich zwingen könne, Konzessionen zu machen, die die italienischen Neutralisten befriedigen würden, und daß der Vatikan der Ansatzpunkt sei, von dem aus der Neutralismus am ehesten gestärkt werden könne. Er hielt Erzberger für den Mann, der ihm bei der Förderung dieser beiden Ziele am besten helfen könne. Erzberger hatte gute Beziehungen zu der Christlich-Sozialen Par-

---

[6]) Bülows These, er sei gegen seinen Willen dazu überredet worden, die Mission anzunehmen, braucht nicht ernst genommen zu werden, *Denkwürdigkeiten*, Bd. III, S. 195 ff. Jagow gibt die Gründe an, aus denen er gegen Bülows Mission war, in: *Front wider Bülow*, hrsg. von F. Thimme, S. 212 ff. Bülows Haß auf Jagow wird am deutlichsten in: *Denkwürdigkeiten*, Bd. III, S. 33—36.
[7]) Erzberger, *Erlebnisse*, S. 23; Bülow, *Denkwürdigkeiten*, Bd. III, Kap. XV—XVIII, passim.
[8]) Bachem, *Zentrumspartei*, Bd. VII, S. 81.
[9]) Erzberger, *Erlebnisse*, S. 23.

tei in Wien, die einen gewissen Einfluß auf Außenminister Graf Burian ausüben konnte, und würde außerdem als prominenter Zentrumsabgeordneter leicht Zugang zum Vatikan finden.

## Erzbergers erste Mission

Auf Drängen Bülows, aber mit voller Billigung Bethmanns, kam Erzberger Anfang Februar 1915 nach Rom mit dem Wunsch, zwischen diesen beiden Feinden zu vermitteln. Bülow glaubte zunächst, Erzberger sei von Bethmann angewiesen, ihn zu beobachten; in seinen Memoiren stellt er die unglaubwürdige Behauptung auf, Erzberger sei zu diesem Zweck mit einer besonderen Chiffre ausgerüstet worden.[10]) In Wirklichkeit aber hat Erzberger alle seine Berichte Bülow vorgelegt, bevor er sie nach Berlin schickte, und ihre Zusammenarbeit wurde bald so eng, daß sie häufig gemeinsame Depeschen abfaßten.[11])

Der erste Bericht gab einen ausgezeichneten Überblick über die römischen Quellen, deren er sich bediente, um sich ein umfassendes Bild der politischen Lage in Italien zu verschaffen:

„Ich hatte in Rom Gelegenheit, mit allen Kreisen direkt und indirekt in Fühlung zu treten und die Ansichten derselben zu hören. Der Papst, Kardinalstaatssekretär [Gasparri] und der Unterstaatssekretär Pacelli [später Papst Pius XII.], Monsignore Gerlach, die deutschen Prälaten in Rom, der General des Jesuitenordens Graf Ledochowski, der deutsche Provinzial der Jesuiten Pater Ehrle, Pater Fonck [Leiter des Bibelinstituts], Pater von Loßberg, Kapuzinerpater Cölestin [ein einflußreicher Wiener Mönch] gaben als die Vertreter der vatikanischen Auffassung eingehendsten Aufschluß. Italienische Abgeordnete und Senatoren (Capelli, Cirmini, Santini usw.), italienische Politiker dürfen als Repräsentanten der italienischen regierungsfreundlichen Öffentlichkeit bezeichnet werden. Der türkische Botschafter und türkische Militärattaché, der bulgarische Gesandte und der frühere bulgarische Minister Genadiew, deutsche Journalisten usw. stehen als neutrale Beobachter daneben. Von österreichischer Seite sprach ich auf dessen Wunsch sehr lange mit dem Botschafter Baron Macchio. Das übereinstimmende Urteil, von dem österreichischen Botschafter abgesehen, geht dahin: *Italien wird unabwendbar in den Krieg hineingetrieben werden, wenn nicht baldigst eine Verständigung mit Österreich herbeigeführt wird. Die unbedingte Neutralität Italiens ohne Konzessionen von Österreich ist beim besten Willen der Regierung nicht zu halten. Aber ebenso bestimmt kann gesagt werden, daß bei einem relativ kleinen Entgegen-*

---

10) Bülow, *Denkwürdigkeiten*, Bd. III, S. 210. Über die besondere Chiffre macht sich Wahnschaffe lustig in: *Front wider Bülow*, S. 305.

11) Die Hauptquelle für Erzbergers römische Missionen sind seine drei Berichte an Bethmann, die sich bei den *Erzberger Dokumenten*, Akte 34, und bei den *Hertling Dokumenten* befinden. Sie werden zitiert als *Erster, Zweiter* und *Dritter Bericht*. Sie sind undatiert, man kann jedoch aus den inhaltlichen Zusammenhängen schließen, daß sie am 28. Februar, 9. April und 20. Mai 1915 verfaßt sein müssen. Erzberger benutzte sie, mit vielen bedeutsamen Auslassungen, als Grundlage für Kap. II seines Buches *Erlebnisse im Weltkrieg*. Sie füllen viele Lücken aus, die die neueste Arbeit über Italiens Eintritt in den Krieg noch offengelassen hat: W. W. Gottlieb, *Studies in Secret Diplomacy during the First World War*, London 1957, Kap. XXI—XXIII.

*kommen Österreichs die wohlwollende Neutralität Italiens für die ganze Dauer und Wechselfälle des Krieges gesichert erscheint. Die österreichischen Konzessionen können geheimgehalten werden* [bis zum Ende des Krieges]. *Deutschland hätte nur in irgendeiner Form eine Art Bürgschaft zu übernehmen.* Dieses übereinstimmende Urteil Italiens erscheint mir so fest begründet, daß eine Änderung in dieser Auffassung nicht eintreten kann."[12])

Die optimistische Annahme, daß verhältnismäßig geringe Konzessionen nicht nur die Neutralität, sondern sogar die wohlwollende Neutralität Italiens sichern könnten, beruhte in erster Linie auf einem Gespräch Erzbergers mit dem Vizepräsidenten der Abgeordnetenkammer Capelli, der beteuerte, ein Anhänger der Ansichten des Außenministers Sonnino zu sein. Capelli glaubte, das baldige Angebot des Trentino allein würde schon genügen, um die Neutralität Italiens zu sichern, wenn gleichzeitig die bessere Behandlung der italienischen Bevölkerung innerhalb des österreichischen Reiches versprochen würde. Sonnino sei über die österreichische Politik des Hinhaltens und den offensichtlichen Mangel an Bereitwilligkeit sehr verärgert, hoffe aber immer noch auf einen befriedigenden Abschluß der Verhandlungen.[13]) Erzberger, der sich von Capelli überzeugen ließ, hielt es geradezu für verbrecherisch, wenn Österreich sich weigern sollte, die Neutralität Italiens zu einem so günstigen Preis sicherzustellen. Er war entsetzt über die Ansichten des österreichischen Botschafters Baron Macchio, der getreulich der Überzeugung seines Vorgesetzten Burian folgte, daß keinerlei Konzessionen nötig seien und daß Österreich keinen ernsthaften Schaden erleiden würde, selbst wenn Italien sich zum Eintritt in den Krieg entschließen sollte.[14]) Erzberger sah, daß nur ein starker Druck auf Wien den baldigen italienischen Kriegseintritt verhindern konnte.

Diese Beurteilung der Lage wurde von Papst Benedikt XV. geteilt, der Erzberger am 23. Februar 1915 zu einer langen Privataudienz empfing. Dabei kamen zum Teil auch Fragen zur Sprache, die mit der italienischen Situation nichts zu tun hatten, wie zum Beispiel die Behauptung der Entente, deutsche protestantische Soldaten hätten während der Invasion Belgiens 2000 Nonnen vergewaltigt (was Erzberger bezweifelte, aber untersuchen zu lassen versprach), und die Frage der Neubesetzung des erzbischöflichen Stuhles in Posen-Gnesen (wobei Erzberger zusicherte, der deutschen Regierung die Ansichten des Papstes nahezubringen).[15]) Das Hauptgesprächsthema war jedoch, wie Italiens Eintritt in den Krieg am besten zu verhindern sei. Über die Einstellung des Papstes berichtete Erzberger an Bethmann Hollweg: „Der Papst legt den denkbar größten Wert auf Aufrechterhaltung des Friedens zwischen Italien und Österreich, und zwar aus allgemein katholischem Interesse heraus, um die ungehinderte Ver-

---

12) *Erster Bericht*, S. 1 f., zum Teil zitiert in: *Erlebnisse*, S. 24. Hervorhebungen von Erzberger.
13) *Erster Bericht*, S. 4 f. Die Unterhaltung mit Capelli wird, ohne Namensnennung, geschildert in: *Erlebnisse*, S. 24 f.
14) *Erster Bericht*, S. 6 f., *Erlebnisse*, S. 25 f.
15) Erzberger, *Erlebnisse*, S. 41 ff.

waltung der Kirche weiterführen zu können, und aus Interesse für Österreich, das er als katholische Großmacht erhalten sehen will."[16])

Daraufhin drängte Erzberger den Papst, seinen Einfluß in Wien zu benutzen, um die Konzessionen zu erreichen, die allein den Frieden sichern konnten:

„Wenn Eure Heiligkeit die Güte hätten, in Wien in irgendeiner Form auf den Ernst der Situation hinzuweisen, wäre das ein großer Dienst im Interesse des Friedens. Man versteht die österreichischen Bedenken, die sich dahin zusammenfassen:

1. Ist Italien wirklich befriedigt nach Genehmigung einer Grenzberichtigung und verlangt es nicht sofort weit mehr, z. B. Abtretung von Triest, was im deutschen und österreichischen Interesse unannehmbar wäre?

2. Kann eine solche Abmachung unbedingt geheim bleiben [bis Kriegsende], so daß die Nationalitäten Österreichs in diesem Entgegenkommen nicht den Anfang einer Auflösung des österreichisch-ungarischen Staates erblicken?

Diese beiden Garantien sind die Voraussetzung für eine glatte Erledigung der Frage."[17])

Benedikt XV. stimmte Erzbergers Analyse über die Haupthindernisse zu, die einer befriedigenden Lösung im Wege standen. Die Österreicher waren nicht bereit, irgendwelche Konzessionen zu machen, weil sie argwöhnten, Italien werde sie nur als Grundlage für weitere Erpressungen benutzen. Wien bestand auf Geheimhaltung jedes Übereinkommens, das erreicht würde, und dies bedeutete, daß etwa versprochene Gebietsabtretungen erst nach Kriegsende realisiert werden konnten. Aber gerade in der Frage des Zeitpunktes solcher Gebietsabtretungen — vorausgesetzt, daß man sich überhaupt darüber einigen konnte — ließ das gegenseitige Mißtrauen zwischen Italien und Österreich eine Einigung praktisch nicht zu. Salandra und Sonnino zweifelten daran, ob Österreich seine Versprechen nach einem Siege tatsächlich erfüllen würde.[18]) Burian andererseits hielt es für unmöglich, irgendwelche Gebiete vor Beendigung der Feindseligkeiten herauszugeben; sofortige Abtretungen würden das Prestige der Habsburger zerstören und den Appetit anderer Nationalitäten auf Zugeständnisse erregen; auch wären Österreichs Grenzbefestigungen, die in dem von Italien beanspruchten Gebiet lagen, den unzuverlässigen Italienern ausgeliefert. Bestand nicht die Gefahr, daß die Italiener aus Furcht vor einem Sieg Österreichs den Krieg erklären könnten, sobald sie Österreichs militärische Befestigungen auf dem Verhandlungswege in die Hand bekommen hätten mit der Aussicht, ungehindert nach Wien zu marschieren? Waren die Landsleute Macchiavellis nicht durchaus eines derartigen Gaunerstückes fähig?[19])

Erzberger glaubte, diese Hindernisse seien überwindbar. Seine nach der Rückkehr von seiner ersten Mission niedergelegten Empfehlungen an Bethmann sahen

---

16) Erzbergers Bericht an Bethmann über die Unterhaltung mit dem Papst, nicht datiert. *Erzberger Dokumente*, Akte 34.
17) *Erzberger Dokumente*, Akte 34.
18) Salandra, *op. cit.*, S. 240—244, 255, 257.
19) Graf Stefan Burian, *Drei Jahre aus der Zeit meiner Amtsführung im Kriege*, Berlin 1923, Kap. I.

ein umfassendes Programm vor, Österreich unter Druck zu setzen, damit es sich zu Konzessionen bereit erkläre, die Italien befriedigten, ohne für die österreichisch-ungarische Regierung unerträglich zu sein:

„Auf Grund dieser allseitigen Informationen komme ich zu folgenden Vorschlägen:

1. Eine Verständigung zwischen Österreich und Italien muß unter Deutschlands Führung und Garantie unter allen Umständen schnellstens herbeigeführt werden, da sonst die Gefahr besteht, daß durch das Eingreifen von Italien und Rumänien [von dem man annahm, es werde sich Italien anschließen] der Weltkrieg eine für Deutschland unheilvolle Wendung nimmt.

2. Die Widerstände in Wien können überwunden werden durch Geheimhaltung des Abkommens, durch Entsendung von Persönlichkeiten, welche in den maßgebenden Wiener Kreisen genügenden Einfluß besitzen (Pater Cölestin, Pater Andlau), durch Briefe, welche, wenn gewünscht, der Papst an einflußreiche Kardinäle (Czernoch, Hornich, Piffl) zu senden bereit ist, sowie durch sofortige Fühlungnahme mit den Führern der Christlich-Sozialen Partei, wozu sich auf Wunsch der Unterzeichnete bereit erklärt.

3. Als Gegengabe für die an Italien zu gewährenden Konzessionen sollte Deutschland Österreich geben:

a) die Regulierung der Elbe ohne Schiffahrtsabgaben, was Böhmen und den vertschechten Hochadel Böhmens gewinnen wird;

b) Überlassung des Sosnowicer Kohlengebietes, enteignet von den bisherigen Besitzern, an Österreich-Ungarn, was die ungarischen Kreise als Hauptkohleninteressenten der Verständigung zugänglicher machen würde.

4. Die Befürchtung, daß durch einen zu starken Druck von Deutschland aus Österreich einen Separatfrieden mit Rußland abschließen würde, ist hinfällig angesichts des Umstandes, daß Deutsche, Ungarn und Polen in gleicher Weise Front gegen eine solche Politik machen müßten. Ich füge noch ausdrücklich bei, daß nach meiner Überzeugung die schnellste Erledigung geboten erscheint."[20])

Von Erzbergers Bericht stark beeindruckt, vermittelte Bethmann ihm eine Audienz beim Kaiser am 1. März 1915, um Wilhelm zu bewegen, den gewünschten Druck auf Kaiser Franz Josef in Wien auszuüben. Wie hatten sich die Zeiten geändert, daß ein Hohenzollernkaiser von Gottes Gnaden bereit war, einen Schneidersohn aus Buttenhausen zu empfangen! Auf die Bemerkung des Flügeladjutanten, der Erzberger im Schloß Bellevue vor der Audienz empfing, „Sie werden Seiner Majestät doch nur gute Nachrichten bringen?" antwortete Erzberger, er werde die Wahrheit, wie er sie sehe, sagen. Karl Bachems Bericht über den Anfang des Gesprächs beruht auf Mitteilungen Erzbergers vom gleichen Nachmittag:

„Der Kaiser ließ ihn bald eintreten, empfing ihn sehr freundlich, lud ihn ein sich zu setzen und präsentierte ihm seine Zigarettendose. Erzberger sagte: ‚Ich danke, Eure Majestät.' Darauf der Kaiser: ‚Nanu, das ist mir doch in meinem ganzen Leben nicht passiert, daß einer eine Zigarette ablehnt, welche ich ihm anbiete.'

---

[20]) *Erster Bericht*, S. 7. f. Kurze Zusammenfassung in: *Erlebnisse*, S. 26.

Erzberger antwortete frischweg: ‚Ja, Majestät, ich bin wirklich Nichtraucher.' Da lachte der Kaiser, und Erzberger hatte gewonnenes Spiel."[21])

Die Unterhaltung zwischen dem Kaiser und Erzberger erwies sich als nicht sehr ergiebig, aber es gelang Erzberger, Wilhelm von der Notwendigkeit zu überzeugen, auf Franz Josef einzuwirken. Wilhelm meinte nachdenklich, Franz Josef sei „sein einziger Freund in der Welt, der ihm noch geblieben sei". Erzbergers allgemeine Beurteilung des Kaisers lautete:

„Der Kaiser war während der ganzen Unterredung sehr liebenswürdig und sprach frisch und munter. Es hielt nicht leicht, ihm zusammenhängend über eine Materie erschöpfend Vortrag zu halten, da der Kaiser immer wieder unterbrach und neue Fragen berührte. Immerhin hatte ich den Eindruck, daß es nicht allzu schwer sei, den Kaiser, wenn man selbst eine klare, feste Absicht habe, für diese zu gewinnen."[22])

Der Kaiser, offensichtlich entzückt von seiner neuen schwäbischen Bekanntschaft, entließ ihn mit den Worten: „Herr Erzberger, Sie können jederzeit zu mir kommen, bei Tag und bei Nacht; Sie brauchen sich nur melden zu lassen." Erzberger war weltgewandt genug, diese Aufforderung nicht ernst zu nehmen.[23])

Schwierig war, daß die öffentliche Meinung in Deutschland keinen Druck auf Österreich ausüben, sondern lieber ihrer moralischen Entrüstung über Italien Luft machen wollte, anstatt die Lage kühl und realistisch zu betrachten. Erzberger benutzte seine Verbindungen zur Presse, um hier erzieherisch zu wirken und eine etwas vernünftigere Anschauung zu erzielen.[24]) Die Österreicher sollten fühlen, daß die deutsche Regierung ihre Hartnäckigkeit für gefährlich halte.

Der sich Anfang März immer mehr steigernde Druck Deutschlands und des Vatikans auf Wien führte wenigstens insofern zum Erfolg, als Franz Josef die Notwendigkeit von Verhandlungen mit Italien einsah — wenn er auch die vorgeschlagene Abtretung des Trentino als „Selbstmord Österreichs" bezeichnete.[25]) Der Papst drängte den Wiener Kardinal Piffl, den Jesuitengeneral Ledochowski, Unterstaatssekretär Pacelli und den Wiener Nuntius Scapinelli, ihren Einfluß auf den alten Kaiser auszuüben; auch Katharina Schratt, Schauspielerin und Freundin des Kaisers, wurde für den gleichen Zweck eingespannt.[26]) Bethmann wies den deutschen Botschafter in Wien, von Tschirschky, an, Druck auf Burian auszuüben, und schickte außerdem den Grafen Monts, einen im Ruhestand lebenden prominenten Diplomaten, mit dem gleichen Auftrag nach Wien,

---

21) Bachem, *Zentrumspartei*, Bd. VI, S. 18.
22) Erzberger, *Erlebnisse*, S. 50 ff., fast wörtliche Wiedergabe eines Memorandums vom 1. März 1915, das sich bei den *Erzberger Dokumenten*, Akte 34, befindet.
23) Bachem, *Zentrumspartei*, Bd. VI, S. 18.
24) Brief des Verlages der Kölnischen Volkszeitung an Bethmann vom 6. März 1915, Abschrift bei den *Erzberger Dokumenten*, Akte 34.
25) Erzberger, *Erlebnisse*, S. 27.
26) Memorandum von Stockhammern, undatiert, aber auf Grund verschiedener Indizien im Jahre 1921 verfaßt; abgedruckt bei Wilhelm Patin, *Beiträge zur Geschichte der Deutsch-Vatikanischen Beziehungen in den letzten Jahrzehnten*, Berlin 1942, S. 17. Im folgenden zitiert als Patin, *Beiträge*. Siehe auch Salandra, *op. cit.*, S. 232 und 239. Piffl bestritt, daß der Papst ihn gedrängt habe, mit Franz Josef zu sprechen. Vgl. Karl von Macchio, *Wahrheit! Fürst Bülow und ich in Rom*, Wien 1931, S. 63.

obwohl Bülow, ein persönlicher Feind des Grafen, glaubte, letzterer habe der Sache eher geschadet als genutzt.[27]) Erzberger selbst wandte sich an den früheren Minister für öffentliche Arbeiten Dr. Albert Geßmann und an den Fürsten Alois Liechtenstein, Fraktionsführer der Christlich-Sozialen Partei, die beide beim österreichischen Außenministerium einigen Einfluß besaßen. Beide wirkten auf den widerspenstigen Burian ein, die Verhandlungen mit Italien etwas beweglicher zu führen. Das Ergebnis war ein neuer Vorschlag Burians vom 9. März 1915, durch den es wenigstens zu einer Verlängerung der Verhandlungen kam.

Erzberger nahm stolz das Verdienst in Anspruch, hier zum Erfolg beigetragen zu haben: „Die von mir vorgeschlagene deutsche Gegenleistung brachte in Wien das Eis zum Brechen."[28]) In dieser Meinung wurde er bestätigt durch schmeichelhafte Briefe von Persönlichkeiten, die die Lage in Rom übersehen konnten. So schrieb der preußische Gesandte am Vatikan, von Mühlberg, am 9. März 1915: „Den schweren Stein ins Rollen gebracht zu haben, dafür gebührt Ihnen allein das Verdienst." Am 27. März schrieb Bülow: „Daß Sie, nachdem Sie in voller Unabhängigkeit und mit absoluter Unbefangenheit die Sonde angelegt hatten, zu denselben Resultaten kamen wie ich, ist mir eine Genugtuung. Indem Sie ihre Eindrücke in Berlin mit gewohnter Unerschrockenheit zur Geltung brachten, haben Sie sich ein großes Verdienst um unser Vaterland erworben."[29])

## Erzbergers zweite Mission

Auf Bülows Wunsch schickte Bethmann Erzberger in der ersten Aprilwoche zum zweitenmal nach Rom. Am 3. April gewährte der Papst ihm eine weitere Audienz, bei der wiederum viele schwebende Fragen erörtert wurden. Erzberger legte dem Papst nahe, den belgischen Kardinal Mercier bei seinen unaufhörlichen Konflikten mit der deutschen Militärverwaltung zur Zurückhaltung zu ermahnen — eine Bitte, auf die Benedikt nur eine unverbindliche Antwort gab. Der Papst verwandte sich mit großem Nachdruck für einen zweitägigen Waffenstillstand auf dem blutigen Schlachtfeld von Nieuwe Chapelle, damit die Toten beerdigt werden könnten; hierzu erhielt Erzberger innerhalb von wenigen Tagen die Zusage der deutschen Militärs. Benedikts politische Haltung faßte Erzberger in einem Telegramm an Bethmann wie folgt zusammen:

> „Papst hat durch Mittelsperson bereits bei Cadorna [dem kriegerischen italienischen Oberbefehlshaber] eingewirkt, wird seine Bemühungen fortsetzen. Sieht

27) Bülow, *Denkwürdigkeiten*, Bd. III, S. 197.
28) Erzberger, *Erlebnisse*, S. 27.
29) *Ibid.*, S. 26. Macchio, *op. cit.*, S. 112, behauptet, Erzbergers Druck auf den österreichischen Hof habe keine Wirkung gehabt.

Situation zwischen Italien und Österreich-Ungarn durchaus nicht pessimistisch an. England habe Italien Milliarden-Anleihe angeboten. Wegen amerikanischer Kriegslieferungen [an die Entente] hat Wiegand morgen Audienz beim Papst und Kardinalstaatssekretär."[30])

Karl von Wiegand, der berühmte Korrespondent der „New York World", wurde tatsächlich am 5. April vom Papst empfangen und veröffentlichte einige Tage später einen sensationellen Artikel, in dem er, zu Recht oder zu Unrecht, schrieb, der Papst habe angedeutet, er werde ein amerikanisches Waffenembargo begrüßen, das der Entente schweren Schaden zufügen würde. Diese von Erzberger indirekt angeregte Erklärung des Papstes löste in England und Frankreich große Entrüstung aus; England ging sogar so weit, offiziellen Protest gegen die päpstlichen Äußerungen zu erheben.[31]) Über diese Entwicklung war Benedikt wahrscheinlich verstimmt, und es mag bei dieser Gelegenheit gewesen sein, daß er das von Bülow später zitierte Urteil über Erzberger äußerte: „Pare che questo famoso Erzberger sia molto bravo nel parlamento. Ma come, per Bacco, si mescola nella diplomazia per la quale mi pare non sia adatto a fatto."[32]) Erzberger war in der Tat sehr anders als die üblichen Diplomaten, und mancher Berufsdiplomat empfand seine zwanglose Haltung und seinen Übereifer als ärgerlich. Man darf aber nicht vergessen, daß Benedikt, welche Vorbehalte er auch immer persönlich gehabt haben mag, sogar noch bei der dritten Reise Erzbergers nach Rom in engem Kontakt mit ihm blieb, und daß Bülow Erzbergers Dienste offenbar doch hoch genug einschätzte, um ihn auf dem Höhepunkt der Interventionskrise zur Rückkehr nach Rom zu veranlassen.

Am 6. April hatte Erzberger eine lange Unterredung mit Außenminister Sonnino, bei der er ihn von dem deutschen Druck auf Wien und von der Bereitwilligkeit Deutschlands unterrichtete, die Einhaltung eines etwaigen Abkommens durch Österreich zu garantieren. Die Unterredung war von Capelli vorgeschlagen und von Bülow arrangiert worden. Erzberger hatte den zutreffenden Eindruck, daß Sonnino trotz seiner Unzufriedenheit mit dem unzulänglichen österreichischen Angebot vom 9. März noch kein Abkommen mit der Entente unterzeichnet habe. Er benutzte folgende Argumente, um Sonnino zur Aufrechterhaltung der Neutralität zu überreden:

„Meine Darlegungen gingen im allgemeinen dahin, das deutsche Volk lege den größten Wert auf ein freundschaftliches Verhältnis zu Italien und wünsche, daß zwischen Österreich und Italien ebenfalls freundschaftliche Beziehungen, und zwar solche von dauernder Art gesichert würden. Deshalb habe die kaiserliche Regierung ungeachtet großer, fast unüberwindlicher Schwierigkeiten in Wien alles getan, um die Basis für eine Verständigung zu schaffen. Deutschland sei bereit, volle Garantie für den Vollzug etwaiger Abmachungen zu übernehmen, und sei stark genug,

30) *Zweiter Bericht*, S. 1.
31) Erzberger, *Erlebnisse*, S. 43 f., zitiert den Artikel von Wiegand. Brief Mühlbergs an Erzberger vom 22. April 1915 in: *Erzberger Dokumente*, Akte 34.
32) Bülow, *Denkwürdigkeiten*, Bd. II, S. 170.

um dieser seiner Bürgschaft Nachdruck zu verleihen. Unsere militärische Lage sei ausgezeichnet, wir stünden an beiden Fronten in Feindesland, und zwar unerschütterlich, und wir würden diese Fronten halten, wie lange auch immer der Krieg dauern möge. Soldaten, Munition, Lebensmittel und sonstiger Kriegsbedarf, und ganz besonders Geld, sei in einem Maße vorhanden, das jedem Anspruch genüge. Italien müsse sich sagen, daß es auch im Falle eines günstigen Krieges nicht mehr werde erhalten können als auf dem Wege friedlichen Ausgleiches. Was insbesondere etwaige Aspirationen Italiens auf Triest betreffe, so dürfe sich Italien im Hinblick auf die jüngsten, nicht mißzuverstehenden Pressestimmen aus Rußland keinem Optimismus hingeben, müsse vielmehr damit rechnen, daß die Slawen Triest und Dalmatien für sich beanspruchen. Die ungeheuren Opfer an Menschenleben und Geld, die ein Krieg Italien kosten würde, würden demnach umsonst gebracht."

Erzberger schloß mit dem Appell an Sonnino, das Nationalitätsprinzip zu beobachten, das Zurückhaltung bei Italiens adriatischen Forderungen verlange. Er rief zur Mäßigung auf, indem er Sonnino an Bismarcks Verhalten im Jahre 1866 erinnerte, als die sehr zurückhaltenden preußischen Forderungen an Österreich den Weg für eine langdauernde österreichisch-preußische Freundschaft geebnet hätten. Schließlich unterstrich er die Notwendigkeit einer raschen Verständigung, damit nicht eine für Italien sehr unfreundliche Stimmung in Deutschland entstehe.

Sonnino erwiderte, das jüngste österreichische Angebot sei ganz und gar unzureichend und müsse auf jeden Fall erweitert werden. Außerdem betonte er — und dies war eine sehr ernste Angelegenheit —, mit der Geheimhaltung eines etwaigen Abkommens könne er sich nicht einverstanden erklären. Parlament und Volk Italiens müßten sichtbare Ergebnisse der jetzigen Verhandlungen vorgelegt werden, sonst werde man der Forderung nach Krieg nicht mehr widerstehen können. Nur eine volle Veröffentlichung des Vertrages könne, so demütigend das auch für die habsburgische Monarchie sein möge, Italien zufriedenstellen.[33])

Der Jesuitengeneral Ledochowski war jetzt viel pessimistischer als im Februar, da er glaubte, das italienische Freimaurertum stelle seinen Haß auf das katholische Österreich über die Erreichung nationaler Ziele im Trentino.[34]) Andere waren jedoch zuversichtlicher. Der angesehene Kardinal Lorenzelli hielt Krieg für ausgeschlossen, wenn das Trentino abgetreten würde, und entwickelte die Theorie, die intensiven militärischen Vorbereitungen Italiens richteten sich nicht gegen Österreich, sondern seien eher als Druckmittel auf Frankreich zu verstehen, falls man die österreichischen Zugeständnisse erlange. Sei Österreich einmal gezwungen, das Trentino als Preis für die Neutralität Italiens abzutreten, warum sollte dann Frankreich nicht auch genötigt werden, Tunesien oder Korsika für

---

33) *Zweiter Bericht*, S. 3 f. Erzberger erwähnt Sonninos, aber nicht seine eigenen Argumente in: *Erlebnisse*, S. 28.

34) *Zweiter Bericht*, S. 2. Erzberger nennt bei der Schilderung in seinen *Erlebnissen* Ledochowski nicht mit Namen.

den gleichen Zweck herauszugeben?[35]) Erzbergers Freund Capelli, Vizepräsident der Abgeordnetenkammer, war noch immer überzeugt, daß die Regierung keinen Krieg wolle.[36]) Auf Grund dieser Unterredungen kam Erzberger am Ende seines zweiten römischen Aufenthaltes zu folgendem Schluß: „Italien verlangt von Österreich ein Entgegenkommen, das über die erste Offerte hinausgeht; Italien wird viel größere Gegenforderungen stellen, wird aber dann zufrieden sein, wenn auf einer mittleren Linie eine Verständigung ohne Krieg herbeigeführt wird."[37])

Erzberger unterbrach seine Rückreise in Wien, um führende Persönlichkeiten von der Dringlichkeit eines Angebots zu überzeugen, das über Burians Note vom 9. März hinausging. Er sprach mit verschiedenen Mitgliedern des Hauses Parma, das starken Einfluß besaß, da Zita, die Gemahlin des Thronfolgers Karl, die Tochter der Herzogin von Parma war. Es gelang ihm, die Herzogin und ihre Tochter für weiteres Entgegenkommen Italien gegenüber zu gewinnen, obwohl beide über den Druck, den Deutschland auf Wien ausübte, verstimmt waren. Er besuchte hochstehende Geistliche, den Kardinal Piffl, den Kapuzinerpater Cölestin und den Jesuitenprovinzial Andlau sowie den einflußreichen Minister Morawski und seine früheren Verbindungsleute Geßmann und Liechtenstein. Seinem Eintreten für ein neues österreichisches Angebot an Italien stellte sich ein weiteres Hindernis in den Weg: Wiener Kreise waren entrüstet über Bülows Verhalten in Rom, weil er ständig auf Macchio einrede, immer größere Konzessionen zu machen.

Diese Einstellung Österreichs ergab sich zum Teil bereits daraus, daß Bülow die ihm zugewiesene Aufgabe erfüllte, die Neutralität Italiens auf Kosten Österreichs aufrechtzuerhalten. Sie wurde aber noch verstärkt, als der deutsche Staatssekretär des Äußeren von Jagow Berichte Bülows aus Rom, die Österreichs hinhaltende Politik tadelten, dem österreichischen Botschafter in Berlin zeigte.[38]) Auch Erzberger war wahrscheinlich — wenn auch eher aus Unvorsichtigkeit als aus bösem Willen — mitverantwortlich für die unfreundliche Stimmung in Wien gegenüber Bülow; er hatte dem ungarischen Erzbischof Arpad Varady Abschriften von einigen Berichten geschickt, die er gemeinsam mit Bülow verfaßt hatte, um den Erzbischof für Zugeständnisse an Italien zu gewinnen. Diese Politik, so hoffte Erzberger, könnte Ungarn vielleicht zu unterstützen bereit sein, weil es am österreichischen status quo wenig interessiert war. Varady zeigte jene Berichte, die viele unfreundliche Bemerkungen über die habsburgische Diplomatie enthielten, seinem Freunde, dem ungarischen Ministerpräsidenten Graf Stefan Tisza, der sie nach Wien weiterleitete. Dadurch wurde die Stimmung gegen Bülow immer feindseliger, und sie verband sich mit verletzter persönlicher

35) *Zweiter Bericht*, S. 2.
36) *Zweiter Bericht*, S. 2. Erzberger nennt Capelli nicht mit Namen in seinen *Erlebnissen*.
37) Erzberger, *Erlebnisse*, S. 27.
38) Bülow, *Denkwürdigkeiten*, Bd. III, S. 217. Erzberger deutet Jagows Intrigen an in: *Erlebnisse*, S. 29.

Eitelkeit zu tiefgreifenden Unstimmigkeiten in der Politik. Erzberger selbst wurde als zweitrangiger Helfer ohne offiziellen Status mit größerer Nachsicht behandelt.[39]) Der Groll gegen Bülow sollte im Juli 1917 wichtige Folgen haben, als Bülows Hoffnung, Bethmanns Nachfolger zu werden, mit an der österreichischen Opposition scheiterte.[40])

Erzberger vermeinte, bei seinem Besuch in Wien gute Fortschritte erzielt zu haben, und schrieb an Bethmann: „Ich glaube, sagen zu dürfen, daß durch meinen Besuch in Wien erreicht worden ist, daß die weitergehenden Forderungen Italiens nicht mit einem glatten Nein und einem Abbruch der Verhandlungen beantwortet werden."[41]) Er wurde bei Bethmann vorstellig, weiterhin Druck auf Wien gelegentlich der offenen Aussprache auszuüben, die Bethmann und Burian für den 25. April 1915 vereinbart hatten. Bei diesem Gespräch zitierte der Reichskanzler den Chef des Generalstabes von Falkenhayn, der gesagt habe, Italiens Kriegseintritt werde unweigerlich zur Niederlage der Mittelmächte führen. Auch erläuterte er Burian, daß es Deutschland gänzlich unmöglich sei, den Österreichern an einer etwaigen italienischen Front irgendwelche Hilfe zu leisten. Bei dieser Sachlage gebe es keine andere Alternative, als Italiens Bedingungen zu akzeptieren.[42]) In ihrer Eindeutigkeit beweist diese Erklärung, daß Bethmann selbst, wie auch immer seine Umgebung gedacht haben mag, die Bülow-Erzbergersche Politik nachdrücklich unterstützte; freilich war es bedauerlich, daß er das nicht zwei Monate früher getan hatte, denn schon am nächsten Tag sollte das Spiel für die Mittelmächte verloren sein.

## Erzbergers dritte Mission

Am 26. April 1915 unterzeichnete Italien das Londoner Abkommen mit den Ententemächten und verpflichtete sich damit, innerhalb eines Monats auf seiten der Entente in den Krieg einzutreten; als Gegenleistung wurden ihm große Versprechungen auf Kosten Österreichs gemacht. Dieses Abkommen blieb jedoch mehrere Wochen geheim, und Bülow gab sich bis Anfang Mai der Hoffnung hin, daß eine Verständigung zwischen Österreich und Italien noch möglich sei. Ende April zum drittenmal von Bülow nach Rom gerufen, traf Erzberger am 1. Mai zu seinem letzten Besuch in der italienischen Hauptstadt ein. Er stürzte sich sofort in eine Reihe von Besprechungen, die teilweise unter dramatischen und konspirativen Bedingungen erfolgen mußten:

---

39) Bachem, *Zentrumspartei*, Bd. IX, S. 410 f. Graf Botho Wedel, „Diplomatisches und Persönliches" in: *Front wider Bülow*, S. 251—256; Graf Stefan Tisza, *Briefe 1914—1918*, Berlin 1928, hrsg. von Oskar von Wertheimer, S. 236—244.
40) Bülows griesgrämige Unfreundlichkeit gegenüber Erzberger in seinen *Denkwürdigkeiten* mag hierauf zurückzuführen sein. Siehe auch Bachem, *Zentrumspartei*, Bd. IX, S. 381—386.
41) Erzberger, *Erlebnisse*, S. 29.
42) Protokoll der Bethmann-Burian-Konferenz, *A. A.*, Akte 1498.

„Täglich fanden Konferenzen mit den verschiedensten Persönlichkeiten statt, vielfach außerhalb Roms wegen der Angst auch der deutschfreundlichsten Männer, von ihren Volksgenossen als Verräter des Vaterlandes denunziert zu werden [wenn sie mit Erzberger gesehen würden], Konferenzen in Kirchen, in Krypten, in Klöstern außerhalb Roms, auf der Straße, wechselten mit den Besprechungen in der Villa Malta [Bülows Residenz] und im Palazzo Caffarelli [deutsche Botschaft], in der Villa Bonaparte [Residenz des preußischen Gesandten], in der Wohnung des bayerischen Gesandten Baron Ritter."[43])

In einer weiteren Unterredung mit Sonnino und seiner ersten mit Premierminister Salandra unternahm Erzberger den letzten Versuch, die italienische Regierung zu beeinflussen. Nachdem Kardinal Gasparri den Verdacht geäußert hatte, Italien habe sich bereits der Entente gegenüber gebunden, sprach Erzberger am 3. Mai mit Sonnino, der sich natürlich bemühte, den gegenteiligen Eindruck zu vermitteln. Sonnino beklagte sich mit bitteren Worten über die Verhandlungstechnik Macchios, pries aber Bülows Arbeit. Bülow habe — zweifellos in gutem Glauben — immer wieder erklärt, Wien sei zu bestimmten Konzessionen bereit; diese seien aber dann später, wenn Macchio sie offiziell unterbreitet habe, wesentlich eingeschränkt worden. Sonnino verlangte, daß diese Doppelzüngigkeit aufhören müsse, was Erzberger so beeindruckte, daß er eine alarmierende Depesche an Bethmann schickte und zu einem Ultimatum an Wien riet: „Für uns kann und darf es kein Zaudern und kein Schwanken geben. Wir müssen Österreich mit Bestimmtheit und, wenn dies nicht genügt, mit Rücksichtslosigkeit binnen drei Tagen zum Nachgeben zwingen. Anderenfalls ist unsere Sache hier aufzugeben."[44]) Mit dem gleichen Nachdruck sprach er sich auch Macchio gegenüber aus, der versprach, innerhalb der nächsten Tage ein endgültiges österreichisches Angebot an Italien zu erwirken.[45])

Erzberger hatte mit Salandra am 4. Mai eine lange Unterredung; beide Männer haben darüber eine Aufzeichnung hinterlassen. Salandra fand in Erzberger „einen raschen und kühnen Geist. Er sprach lebhaft und klug, aber ein wenig vulgär. Im ganzen eine komplizierte Persönlichkeit und ein bedeutender, wenn auch nicht unbedingt sympathischer Mann."[46]) Im Laufe des Gesprächs wiederholte Salandra, wie Erzberger berichtet, Sonninos Klagen über Österreich, äußerte jedoch bemerkenswert gemäßigte Ansichten, indem er nur einen Teil des Trentino beanspruchte und für Triest den Status einer freien Stadt vorschlug.[47]) Vermutlich sollte Erzberger damit irregeführt werden, da Salandra bereits durch das Londoner Abkommen gebunden war, das Italien das ganze Trentino, die ganze istrische Halbinsel einschließlich Triest und mehrere adriatische Inseln zugesprochen hatte. In seinen Memoiren bestreitet Salandra ausdrücklich die Rich-

---

43) *Dritter Bericht*, S. 1.
44) Erzberger, *Erlebnisse*, S. 31.
45) *Ibid*, S. 32.
46) Salandra, *op. cit.*, S. 315 f.
47) Erzberger, *Erlebnisse*, S. 32.

tigkeit von Erzbergers Darstellung (die 1920 veröffentlicht worden war), aber das Motiv dafür liegt auf der Hand, da Erzberger das „Lügen zum Wohle des Vaterlands" von Salandra aufgedeckt hatte. Außerdem ärgerte sich Salandra über Erzbergers enge Beziehung zum Vatikan, der, wie der Premierminister wußte, der stärkste Gegner seines Kriegskurses war. „Er stand in ständiger Verbindung mit dem Vatikan, natürlich nicht mit dem Papst persönlich, wenn er auch öfter so tat, als vertrete er ihn und lege seine Absichten aus."[48])

Erzberger und Bülow hegten den Verdacht, daß Salandra und Sonnino sich bereits unwiderruflich zum Kriegseintritt verpflichtet hatten, und bemühten sich nunmehr, unmittelbar auf den Sturz der italienischen Regierung hinzuarbeiten, anstatt zu versuchen, sie zu einer neutralistischen Politik zu überreden. Zu diesem für einen akkreditierten Botschafter ungewöhnlichen Verhalten wurde Bülow durch die drängenden Ereignisse bestimmt, und sein Hauptmitarbeiter Erzberger beteiligte sich eifrig an seinen Intrigen. Nach dem Schlachtplan sollten prominente wohlhabende Neutralisten zur Finanzierung einer Antikriegspropaganda gewonnen werden, um das Kabinett, dem auch einige kriegsfeindliche Mitglieder angehörten, noch mehr aufzuspalten. Diese Bemühungen würden von weiteren, durch deutsche Garantien unterstützten Angeboten Österreichs zu begleiten sein, die die meisten Forderungen Italiens befriedigen könnten. Erzberger wollte die Offerten bei den Politikern der Opposition — die keine Vorstellung davon hatten, wie weit Österreich zu Konzessionen bereit war — verbreiten, um ihre Auffassung zu stützen, daß der Kriegseintritt unnötig sei. Das letzte Ziel schließlich war, Salandra durch Giolitti oder einen anderen neutralistischen Politiker zu ersetzen. Die Erfolgschance lag in der weitverbreiteten neutralistischen Einstellung, die außerhalb der Regierungskreise und vor allem in der Abgeordnetenkammer herrschte.

Seit dem 4. Mai hatte Erzberger allmorgendliche Zusammenkünfte mit einem süditalienischen Erzpriester namens Lopoma, der sich bereit erklärt hatte, Unterschriften für eine Bittschrift von Geistlichen gegen den Krieg zu sammeln. Sechzig Bischöfe trugen sich im Laufe der folgenden Woche in die Listen ein. Außerdem trat Lopoma mit dem Erziehungsminister Grippo, dem Wortführer der Neutralisten im Kabinett, in Verbindung. Grippo berichtete, daß vier Minister, Salandra, Sonnino, Zupelli (Kriegsminister) und Martini (Kolonialminister) unwiderruflich den Kriegseintritt anstrebten, während sieben andere schwankten und zwei, Cavasola (Landwirtschaftsminister) und Riccio (Postminister), zu seinen, Grippos, eigenen neutralistischen Ansichten neigten. Er versprach, den Zwiespalt im Kabinett zu schüren, wobei sich in seinen Motiven persönliche Überzeugung, vatikanische Überredungskunst und Empfänglichkeit für Erzbergers Geld vermischten.[49])

---

48) Salandra, *op. cit.*, S. 36.

49) *Dritter Bericht*, Tagebucheintragungen vom 4., 6., 8., 9. Mai 1915. Salandra, *op. cit.*, S. 364, bestreitet, daß eine Spaltung im Kabinett eingetreten sei, seine Darstellung wird aber durch Erzbergers

Bülow und Erzberger bedienten sich rücksichtsloser Methoden, um ein österreichisches Angebot zu erwirken, das Grippo und den Neutralisten außerhalb der Regierung den Rücken stärken könnte. Macchio, durch Burians Anweisungen gebunden, war aber nicht in der Lage, das Erzberger am 3. Mai versprochene Angebot zu machen, und begann auch allmählich spürbar unter der psychologischen Spannung zu leiden, die sich aus seiner schwierigen Lage ergab. Das veranlaßte Erzberger zu der Forderung, daß die volle Verantwortung für die Verhandlungen in Bülows Hände gelegt werden müsse. Am 9. Mai schickte er folgende scharfe Depesche an Bethmann:

> „Es gibt keine Schonung und kein Mitleid für Macchio und es gibt keine Rücksicht auf Wien. Die jämmerliche Entschlußlosigkeit Macchios kann uns zum Verhängnis werden. Er hat die Flinte ins Korn geworfen und mit den Amerikanern bereits wegen Verwahrung seiner Effekten verhandelt [im Kriegsfalle sollte der amerikanische Botschafter die Interessen Österreichs wahrnehmen]. Ein Mann, der Weinkrämpfe bekommt, wenn er den Boden unter sich schwanken fühlt, muß weg, erbarmungslos. Das Schicksal von Millionen, die Früchte der Blutopfer der Nation, die Zukunft unseres Vaterlandes kann nicht von der Unfähigkeit *eines* Mannes abhängen, der hier unsere Arbeit vereitelt. Ich bitte Eure Exzellenz, sich die Verantwortung zu vergegenwärtigen, die Sie dem deutschen Volke und der Geschichte gegenüber übernehmen, wenn Sie uns weiter in Abhängigkeit von diesem Schwachkopf belassen. Wird er krank, so ist die Lage geklärt. Zeit für Ersatz ist zu kurz, und Verhandlungen gehen von selbst in *eine* Hand, was sonst nur schwer zu erreichen wäre. Ich stehe Wien gegenüber für jedes Wort dieser Depesche ein."[50])

Am 10. Mai schien die Lage so kritisch, daß Erzberger glaubte, nicht mehr bis zu Macchios Entfernung warten zu können, ehe er weitere Schritte unternahm. Die italienischen Neutralisten brauchten ein konkretes österreichisches Angebot, um ihre Position gegenüber den Interventionisten zu stärken. In einem Gespräch mit Macchio am Morgen des 10. Mai formulierte Erzberger dessen Inhalt. In dem Dokument wurden folgende italienische Forderungen akzeptiert: 1. das Trentino, d. h. der italienische Teil Tirols; 2. das Isonzogebiet einschließlich Gradiska; 3. für Triest volle städtische Selbstverwaltung, Freihafen und eine italienische Universität; 4. Valona; 5. völlig freie Hand im restlichen Albanien; 6. Schutz der kulturellen Rechte der unter österreichischer Herrschaft verbleibenden italienischen Minderheit; 7. weitere Verhandlungen über die immer noch offenen Fragen von Görz und den adriatischen Inseln; 8. deutsche Garantie für das Abkommen. Macchio weigerte sich, ohne vorherige Beratung mit Wien diese Vorschläge zu billigen, was jedoch Erzberger nicht davon abhielt, sie Abgeord-

---

Schilderung seiner engen Beziehungen zu Grippo widerlegt sowie durch seine Erklärung, der Papst habe noch am 18. Mai versucht, Riccios Neutralismus zu bestätigen. Herbert von Hindenburg, Botschaftsrat an der deutschen Botschaft, erinnerte sich, daß Erzberger zu dieser Zeit plante, hundert Millionen Lire für die Bestechung von 200 Abgeordneten aufzuwenden. *Am Rande zweier Jahrhunderte*, Berlin 1938, S. 281; Kap. XVII—XIX dieser wertvollen Memoiren behandelt Hindenburgs Jahre in Rom. Bogdan Hutten-Czapski, *Sechzig Jahre Politik und Gesellschaft*, 2 Bde., Berlin 1936, Bd. II, S. 204, berichtet, Papst Benedikt selbst habe Erzberger bei einer Audienz am Abend des 6. Mai gesagt, Italien werde noch vor Ende des Monats in den Krieg eintreten — eine weitere Erklärung für Erzbergers fieberhafte Tätigkeit.

50) Erzberger, *Erlebnisse*, S. 33 f.; Macchio, *op. cit.*, S. 110 ff., protestiert gegen Erzbergers Charakterisierung.

neten der Opposition zu übergeben, darunter auch Giolitti, mit dem er durch den späteren Premierminister Facta Kontakt aufgenommen hatte. Giolitti mißtraute verständlicherweise diesem völlig inoffiziellen Dokument und bat um eine von Bülow und Macchio unterzeichnete Abschrift, um sie bei einer bevorstehenden Unterredung mit dem König zu benutzen. Von dieser Aussicht auf Erfolg beschwingt, brachte Erzberger rasch eine Besprechung mit Bülow und Macchio in der Villa Malta zustande, bei der es den beiden Deutschen gelang, den Österreicher so einzuschüchtern, daß er unterschrieb — eine Handlung, die Macchio noch am selben Abend bereute, als Erzberger ihn in den Hotels und Nachtclubs von Rom suchte, um seine Unterschrift für weitere Abschriften zu bekommen. Giolitti hatte nämlich angedeutet, daß es ungehörig sei, wenn ein diplomatisches Angebot der Opposition übergeben werde, ohne daß die verantwortlichen Minister es auch nur zu Gesicht bekämen, worauf Erzberger Abschriften auch für Salandra und Sonnino anfertigen ließ.[51])

Dieses weitreichende Angebot hatte eine elektrisierende Wirkung auf die politische Lage. Sonnino und Salandra fühlten, daß ihnen der Boden unter den Füßen schwand. Die Interventionisten versuchten, das Dokument vom 10. Mai zu entwerten, indem sie Österreichs Zuverlässigkeit anzweifelten und auf das Fehlen „eiserner" Garantien, über die zweifelhaften Versprechen Deutschlands hinaus, verwiesen. Das auf Wahrheit beruhende Gerücht kam auf, Burian habe Macchio wegen der Unterzeichnung des Dokuments vom 10. Mai Vorwürfe gemacht, obwohl Burian selbst am 12. Mai dem Vorschlag zustimmte. Um diesen Behauptungen entgegenzutreten, verfaßte Erzberger am 12. Mai 1915 folgendes Memorandum, das das Vertrauen der Neutralisten in die Zuverlässigkeit der österreichischen Konzessionen stärken sollte:

„1. Burian hat gemeinsames Exposé der beiden Botschafter glatt angenommen:

2. Neue Garantien:
   a) Persönliche Garantie des deutschen Kaisers.
   b) Feierliche Proklamation des Kaisers von Österreich.
   c) Sofortige Einsetzung einer gemischten Kommission zur Durchführung der Abtretung der betreffenden Gebiete.
   d) Sofortige Freilassung aller aus diesen Gebieten stammenden österreich-ungarischen Kombattanten.
   e) Sofortige Übernahme der Zivilverwaltung.

3. Unannehmbar ist die Besetzung der Grenzbefestigungen durch die Italiener während der Dauer des Krieges.

4. Garantien für dauernden Besitz der neuerworbenen Gebiete:
   a) Persönliche Garantie des deutschen Kaisers.
   b) Erneuerung des Dreibundes auf der Grundlage gegenseitiger Garantien der neuen Grenzen.

---

51) *Ibid.*, S. 34 ff., der französische Text des Angebots findet sich auf S. 35.

c) Erwägung, daß neutral bleibendes Italien nach dem Kriege stärker ist als durch Krieg geschwächtes Österreich.

d) Erwägung, daß kriegerische Eroberungen eher zu Revanche-Kriegen führen als friedliche Abtretung."[52])

Inzwischen war die politische Stimmung in Rom auf den Siedepunkt gestiegen. Giolitti war von seinem Landsitz in die Stadt gekommen, um das Kommando über die kriegsgegnerischen Kräfte persönlich zu übernehmen; etwa 300 von den 500 Abgeordneten hatten ihre Visitenkarten bei ihm abgegeben und brachten damit ihre Billigung seiner Haltung zum Ausdruck. Aber vergeblich mühte er sich, den König zu einem friedlichen Kurs zu bestimmen. Die Interventionisten beschlossen, sich auf die Macht der Straße zu verlassen, und brachten d'Annunzio nach Rom, um die Leidenschaften der Menge durch feurige Reden aufzuputschen. Gewaltige Demonstrationen zogen durch die Straßen. Abgeordnete, die Anhänger der Neutralität waren, wurden eingeschüchtert und ihre Familien bedroht. Giolitti selbst konnte sich nicht ohne militärischen Schutz in der Öffentlichkeit zeigen, und sein Haus wurde beinahe vom Pöbel geplündert.[53]) Schon am 9. Mai hatte Erzberger Grund, eine Verhaftung zu befürchten, und schrieb an diesem Tage in sein Tagebuch:

„Abends 9 Uhr kommt der bekannte Prälat aus dem Vatikan und teilt mir mit, daß der uns befreundete Abgeordnete Valenzani ihm soeben gesagt habe, daß ich heute abend noch verhaftet und ausgewiesen werde. Minister Sonnino habe sich aber dagegen ausgesprochen, da sonst der Lärm zu groß würde. Der Maestro di Camera habe ihm, dem Prälaten, gesagt, daß der französische Abgeordnete Lasson ihm eröffnet habe, daß ich verhaftet werden sollte, und er ließe mich warnen. Auf Anfrage in der Villa Malta zog ich sofort an diesem Abend nach dort hin und wurde am anderen Tage der deutschen Botschaft attachiert, um die Rechte der Exterritorialität zu erhalten und ungehindert arbeiten zu können."[54])

Diese letzte Begebenheit wird auch von Bülow in seinen „Denkwürdigkeiten" geschildert:

„Als er [Erzberger], nicht ohne Grund, für seine persönliche Sicherheit fürchtete, weil seine häufigen Besuche im Vatikan von der italienischen Presse abfällig kritisiert worden waren, forderte ich ihn auf, bei mir in der Villa Malta Wohnung zu nehmen, und zeigte gleichzeitig der Consulta [italienisches Außenministerium] an, daß der Abgeordnete Erzberger von mir der Botschaft interimistisch attachiert worden sei. Der gute Matthias schien dies als eine erfreuliche Vorbedeutung für künftigen diplomatischen Aufstieg aufzufassen. Ich räumte ihm zwei schöne Zimmer im zweiten Stock ein, von wo er einen herrlichen Rundblick auf die Ewige Stadt, die mächtige Kuppel der Peterskirche und die Berge hatte, die Rom umkränzen. Er war mir und meiner Frau ein angenehmer Hausgenosse. Er war natürlich und behaglich, er konnte auch drollig sein, wenn er, gemütlich schwäbelnd, von Berlin erzählte."[55])

---

52) *Dritter Bericht*, S. 27.
53) Giolitti, *op. cit.*, S. 397 ff., und Salandra, *op. cit.*, S. 353.
54) *Dritter Bericht*, S. 22, zum Teil wiedergegeben in: *Erlebnisse*, S. 34.
55) Bülow, *Denkwürdigkeiten*, Bd. III., S. 210.

Die Attachierung an die Botschaft rettete Erzberger zwar vor der offiziellen Ausweisung, bot aber keinen Schutz vor Ausschreitungen. Am 13. Mai empfing eine Volksmenge, die „A basso Erzberger!" schrie, sein Auto mit einem Steinhagel.[56]) Am 16. Mai stieß er überraschend mit einer italienischen Militärpatrouille zusammen, deren „befehlender Offizier mit seinem blanken Säbel auf das Dach unseres offenen Autos [schlug]; nur dem Umstand, daß ich und der mich begleitende Diplomat uns tief bückten und rasch davonfuhren, verdankten wir, daß wir unverletzt blieben und mit heiler Haut davonkamen."[57])

Salandra entschloß sich, die schwierige politische Situation durch den dramatischen Rücktritt seiner Regierung am 13. Mai zu klären, in der Hoffnung, daß seine neutralistischen Gegner nicht bereit oder nicht in der Lage wären, eine Regierung zu bilden, die den Frieden aufrechterhalten würde. Als Erzberger am 14. Mai zu seiner täglichen Konferenz mit dem Erzpriester Lopoma in der Laterankirche zusammentraf, wurde er mit dem Ruf „Hurra, Viktoria!" begrüßt.[58]) Man nahm an, Giolitti werde noch am gleichen Tage das Amt des Ministerpräsidenten übernehmen: das noch verbleibende Haupthindernis war der anhaltende Zweifel, ob die österreichischen Konzessionen vom 10. Mai wirklich authentisch seien. Der „Corriere della Sera", die führende Zeitung der Kriegsanhänger, brachte am 14. Mai die Nachricht, die österreichischen Konzessionen seien erst gemacht worden, nachdem Italien den Dreibundvertrag aufgekündigt habe (4. Mai), und gab zum erstenmal die Existenz des am 26. April 1915 unterzeichneten Londoner Abkommens bekannt, dessen Verletzung das diplomatische Prestige Italiens ernstlich schädigen müsse. Außerdem entfachte die Zeitung nationalistische Gefühle im Volke durch den begründeten Vorwurf, das österreichische Angebot vom 10. Mai stelle eine unerlaubte Einmischung in die italienische Innenpolitik dar, weil es an die Opposition und nicht an die Regierung gerichtet worden sei.[59]) Es wurde davon gesprochen, jenes Angebot sei nur ein Mittel, um Salandra zu stürzen, und es werde bedenkenlos zurückgezogen werden, sobald Giolitti an die Macht gekommen sei. Bülow, Erzberger und der Vatikan machten große Anstrengungen, um diese Behauptung zu widerlegen, wie aus Erzbergers Depesche vom 14. Mai an das deutsche Auswärtige Amt ersichtlich ist. „Kardinalstaatssekretär teilte mir selber mit, daß er dem österreichischen Botschafter noch heute erklären werde, daß Wien unter keinen Umständen von der gemeinsamen Offerte vom 10. Mai auch nur eine Kleinigkeit zurücknehmen dürfe; das neue [italienische] Kabinett müsse vielmehr ein Mehr in irgendeiner Form erhalten."[60]) Die Depesche schloß mit folgendem bedeutungs-

---

56) Erzberger, *Erlebnisse*, S. 38.
57) *Ibid.*, S. 39. Salandra, *op. cit.*, S. 348, der den Straßenterror gerne leugnen wollte, behauptet, Erzberger habe nur unter imaginären Gefahren gelitten. Der britische Botschafter gab das Gegenteil zu. Sir James R. Rodd, *Social and Diplomatic Memories*, Bd. III, *1902—1919*, London 1925, Kap. X.
58) *Dritter Bericht*, Eintragung vom 14. Mai.
59) Salandra, *op. cit.*, S. 13.
60) *Dritter Bericht*, Eintragung vom 14. Mai.

vollen Anliegen: „Erbitte sofort auf Konto Monte bei Nast-Kolb und Schumacher in Rom die Summe von 5 Millionen Lire."[61]) Der Zweck, dem das Geld dienen sollte, geht eindeutig aus folgender Eintragung hervor: „In den tagsüber stattgefundenen Besprechungen wurden für die gegen den Krieg stimmenden Abgeordneten ausreichende Mittel für die nächsten Wahlen zur Verfügung gestellt."[62]) Grippo erhielt ein paar Tage später „jede Garantie für die Sicherheit seiner Familie".[62a])

Erzbergers Freude dauerte nicht lange. Der König, der sich der Kriegspolitik Salandras verschrieben hatte, weigerte sich, den Rücktritt der Regierung anzunehmen. Er fürchtete, die kriegswillige Volksmenge werde sein Leben bedrohen, wenn er einen Neutralisten zum Ministerpräsidenten ernenne. Giolitti enttäuschte die Neutralisten durch sein Verhalten auf dem Höhepunkt der Krise. Erzberger behauptete von ihm, er habe einen körperlichen und seelischen Zusammenbruch erlitten, der ihn zwang, sich in seine piemontesische Villa zurückzuziehen; außerdem möge seine Angst vor Gewalttaten ihn davon abgehalten haben, sich energisch um das Amt des Ministerpräsidenten zu bemühen.[63]) Es gab aber noch viele andere Gründe für sein Zögern, an die Stelle Salandras zu treten. Giolitti hatte niemals Frieden um jeden Preis gewollt, und er mag mit Recht vor den möglichen Folgen einer Änderung der Kriegspolitik zu so später Stunde zurückgeschreckt sein — vor Straßenkämpfen, die an Bürgerkrieg grenzten, vor der möglichen Abdankung des Königs, vor heftiger Feindschaft der Entente, ohne die Freundschaft der Mittelmächte gewonnen zu haben. Es war nicht absolut sicher, daß Österreich seine Verpflichtungen wirklich einhalten werde, und es bestand große Gefahr, daß Italien sich zwischen zwei Stühle setzen könnte. Diese Erwägungen machten Giolitti zwar nicht zum Fürsprecher des Krieges, aber sie lähmten seine Bemühungen, ein Friedenskabinett zu bilden. Daß er nicht mehr tat, als vom Kriege abzuraten, verurteilte Erzbergers Mission zum Scheitern.[64])

Als Salandra am 17. Mai wieder an die Macht kam und Erzberger von Italiens endgültiger Zusage erfuhr, bis zum 26. Mai (einen Monat nach Abschluß des Londoner Abkommens) in den Krieg einzutreten, sah er, daß er in Rom

---

61) *Ibid.*
62) *Ibid.* 62a) *Ibid.*, S. 40.
63) Erzberger, *Erlebnisse*, S. 38.
64) Diese Analyse wird durch den wichtigen Aufsatz von Edgar R. Rosen, „Italiens Kriegseintritt im Jahre 1915 als innenpolitisches Problem der Giolitti-Ära", in: *Historische Zeitschrift*, Bd. 187 (1959), S. 289—363, weitgehend bestätigt. Das Bahnbrechende an diesem Aufsatz ist die etwas überspitzte These des Primates der Innenpolitik für Salandra; nach Rosen wünschte er den Kriegseintritt als Mittel zu dem innenpolitischen Zweck der Festigung der staatlichen Autorität durch Rückkehr zur konstitutionellen (im Gegensatz zur parlamentarischen) Monarchie und einer konservativen Erneuerung des Liberalismus. Beides verlangte die Auflockerung der Giolitti-hörigen Mehrheit des italienischen Parlamentes durch die Durchsetzung der von Giolitti nicht gebilligten Interventionspolitik. Besonders wertvoll bei Rosen: der Gegensatz der innenpolitischen Konzeptionen von Giolitti und Salandra (S. 291—325), die Rolle des Königs bei der Entscheidung für den Krieg (S. 342 f.), und die Bedeutung des taktisch bedingten Rücktritts von Salandra am 13. Mai 1915 (S. 358 ff.), den Erzberger so emphatisch begrüßte. Rosens Darstellung der Uneinigkeiten innerhalb des italienischen Kabinetts ist auf der Basis des Erzberger-Nachlasses ergänzungsbedürftig.

nichts mehr ausrichten konnte. Er beschloß, sofort nach Berlin zurückzukehren, da seine weitere Anwesenheit dem Vatikan Verlegenheit bereitete. Einige neutralistische Freunde versprachen, ihre Bemühungen fortzusetzen, und Erzberger stattete sie mit reichlichen Mitteln aus, obwohl die volle Zahlung bis zu einem späteren Termin verschoben werden sollte. „Ich unterschrieb einen Schuldschein in Höhe von 50 Millionen Mark, zahlbar, wenn Neutralität bis zum Schluß des Krieges aufrechterhalten bleibt."[65]) Sein Freund Capelli erkannte zwar, daß Italiens Eintritt in den Krieg unabwendbar geworden war, erwartete aber einen kurzen Krieg von vier bis acht Wochen und italienische Niederlagen, die mit Sicherheit eine Revolution auslösen würden. Für diesen Fall verpflichtete er sich, die Anklage gegen Salandra und Sonnino wegen verbrecherischer Unfähigkeit zu führen.[66]) Erzberger mag auf Grund seines sanguinischen Temperaments diesen Standpunkt geteilt haben. Ein paar Tage später schrieb er an Gerlach, den Sekretär des Papstes, Benedikt möge sich darauf einrichten, nach Einsiedeln in der Schweiz zu gehen, sobald eine militärische Niederlage Papsttum und Monarchie zugleich bedrohe.[67])

Bethmann konnte noch immer nicht glauben, daß Italien zum Eintritt in den Krieg fest entschlossen sei; er bat Erzberger am 22. Mai, ein viertes Mal nach Rom zu fahren — eine zwecklose Reise, die er zu unternehmen vernünftigerweise ablehnte.[68]) Dies dürfte ein klarer Beweis für die Unrichtigkeit von Bülows Behauptung sein, Erzberger selbst habe optimistische Illusionen über Italiens Absichten gehegt:

> „Als er wenige Tage [sic] vor der italienischen Kriegserklärung München passierte, suchte er die dort wohnende Mutter meines ausgezeichneten Mitarbeiters, des Legationsrates von Stockhammern, auf. Wie ein Wirbelwind fuhr er in das Empfangszimmer der Generalin. ‚Ich bringe Ihnen Grüße von Ihrem Sohn. In zwei Tagen wird er selbst hier sein. Er hat mitgeholfen, den Frieden zu erhalten, der jetzt völlig gesichert ist.' Als die kluge alte Dame vierundzwanzig Stunden [sic] später in den ‚Münchener Neuesten Nachrichten' die italienische Kriegserklärung an Österreich las, schrieb sie ihrem Sohn: ‚Daß ein so konfuser Mensch wie dieser aufgeregte Schwabe jetzt eine große Rolle in Berlin spielen kann, macht mich ganz tiefsinnig.' "[69])

Unmöglich zu sagen, ob diese Anekdote — wie so viele andere in Bülows „Denkwürdigkeiten" — reine Erfindung ist oder ob Erzberger nur Stockhammerns Mutter beruhigen wollte, die um die Sicherheit ihres Sohnes besorgt gewesen sein muß, so daß also Bülow diese Worte lediglich zum Beweis für Erzbergers politischen Leichtsinn aufgebauscht hatte.

---

65) *Dritter Bericht*, S. 40.
66) *Ibid.*
67) Erzberger an Gerlach vom 22. Mai 1915. *Erzberger Dokumente*, Akte 34.
68) Erzberger, *Erlebnisse*, S. 40.
69) Bülow, *Denkwürdigkeiten*, Bd. III, S. 236.

In seinem offiziellen Bericht an Bethmann vom 20. Mai (vier Tage vor der italienischen Kriegserklärung) nannte Erzberger folgende Gründe, warum Italiens Kriegseintritt unabwendbar geworden sei:

„1. Der Wille des Königs, beeinflußt von der Königin und Königinmutter. Ohne den Entschluß des Königs wäre Italien nie in den Krieg eingetreten. Der König erklärte Marchese Capelli, daß er den Krieg führen müsse, weil sonst eine Revolution ausbrechen und er den Thron verlieren würde. Ein siegreicher Krieg eröffne aber die Möglichkeit, das Haus Savoyen in Italien zu befestigen.

2. Die jahrelange Minierarbeit der Freimaurerei, welche im französischen Solde stehe und kein anderes Ziel kenne, als gegen das katholische Österreich und gegen Deutschland als einen Hort der Ordnung und Autorität anzustürmen.

3. Die unehrliche Politik des Ministeriums Salandra-Sonnino.

4. Das Versagen Giolittis im entscheidenden Moment, als es sich um die Neubildung des Kabinetts handelte.

5. Die zu langsam und zu spät gewährten Konzessionen Österreichs und die Art und Weise, wie der österreichische Botschafter in Rom die Verhandlungen geführt hat.

Das italienische Volk selbst in seiner Mehrheit will den Krieg nicht, die italienische Kammer und der Senat ebenfalls nicht, wenn sie auch für die Kriegsvorlagen stimmen. Aber die Angst vor der Straße, die in den letzten Tagen vor meiner Abreise in Rom offen hervorgetretene Gewaltherrschaft der Straße, schüchterte auch die deutschfreundlichsten und friedliebendsten Elemente derart ein, daß sie einen Protest nicht mehr wagten. Italien führt einen Krieg, der durch einige Zeitungen und Advokaten hervorgerufen und geschaffen worden ist. Eine Reihe uns wohlgesinnter Italiener in angesehensten Stellungen erklärte, daß nach den ersten Niederlagen, welche die italienische Armee erleiden werde, nicht nur eine große Enttäuschung um sich greifen, sondern auch die Revolution sicher sein würde. Dann sei auch der Zeitpunkt gekommen, an welchem sofort ein Friede mit Italien geschlossen werden könne."[70])

An den schweren und bitteren Vorwürfen, die sich nach Italiens Kriegseintritt Berlin und Wien gegenseitig machten, beteiligte sich auch Erzberger. Die Österreicher bestritten, daß eine beweglichere Politik die Neutralität hätte erhalten können. Sie stellten sich auf den Standpunkt, Italien sei von Anfang an entschlossen gewesen, in den Krieg einzutreten, und habe während der Verhandlungen lediglich mit Österreich gespielt — womit sie eine gute Entschuldigung für ihr eigenes Zaudern gewannen. Gegen diese Theorie vom unvermeidbaren Krieg wandte sich Erzberger in einem am 9. Juni 1915 verfaßten zwölfseitigen Memorandum. Darin gab er die Richtigkeit einiger österreichischer Prämissen zu: die langjährigen Differenzen zwischen Österreich und Italien, die einzigartige Gelegenheit, die der erste Weltkrieg Italien bot, seine Ziele zu erreichen, sowie die kriegsbetonte Haltung von Cadorna und Sonnino. Trotzdem aber be-

70) *Dritter Bericht*, S. 1 f.

stritt er die Richtigkeit der österreichischen Schlüsse. Er wies darauf hin, daß der Vatikan diese Theorie nicht akzeptiert habe, sondern im Gegenteil sehr bemüht gewesen sei, deutsche Garantien für die österreichischen Vorschläge zu erlangen, da sie den Krieg abwenden könnten. Er betonte, Italien habe den Kriegseintritt mehrere Monate hinausgezögert, und erklärte weiter, die Angst vor dem wirtschaftlichen Zusammenbruch müsse eine verzögernde Rolle bei dem Entschluß Italiens gespielt haben. Hier sei der ungeschickten österreichischen Diplomatie eine wirkliche Gelegenheit entgangen, den Krieg zu vermeiden. Wäre das Angebot vom 10. Mai 1915, das er Macchio entlockt habe, zwei Monate früher gekommen, ehe Italien das Londoner Abkommen unterzeichnet und den Dreibundvertrag aufgekündigt hatte, und hätte Österreich in vertrauenerweckender Art und Weise verhandelt, anstatt erst im letzten Augenblick seine hartnäckige Haltung aufzugeben und sich zu großen Konzessionen bereit zu erklären, so wäre es sehr wohl möglich gewesen, daß Italien seine Neutralität aufrechterhalten hätte — wenn nicht unter Salandra, dann unter Giolitti.[71])

In diesem Memorandum wiederholte Erzberger das, was er während seiner gesamten römischen Mission vertreten hatte. Ob diese Haltung richtig war, kann nicht schlüssig bewiesen werden, aber man kann sagen, wenn es überhaupt eine Chance gab, daß Italien neutral blieb, dann war Erzbergers Politik die beste, um diese Chance zu nutzen. Ihm gebührt das Verdienst, klar gesehen zu haben, daß frühe, weitreichende und ehrlich gemeinte österreichische Konzessionen der Schlüssel zur Erhaltung des Friedens waren, daß nur deutscher Druck diese Konzessionen erreichen und nur deutsche Garantien sie für die Italiener annehmbar machen konnten. Von einer solchen Politik hatten die Mittelmächte nichts zu verlieren und viel zu gewinnen. Selbst wenn es letztlich nicht gelang, Italiens Kriegseintritt zu verhindern, so mußte sie sich dennoch bezahlt machen, indem sie die interne Opposition gegen die Kriegsanstrengungen in Italien stärkte. Erzbergers Scheitern in Rom beruhte nicht auf fehlender Einsicht oder mangelnder Tatkraft seinerseits, sondern auf der in der Sache selbst liegenden Aussichtslosigkeit der durch die österreichische Diplomatie geschaffenen Situation. Diese Ansicht teilte auch Bethmann, der Erzberger weiterhin für die verschiedensten schwierigen Missionen verwandte.

## Balkanfragen

Im Juni 1915 schickte Bethmann Erzberger nach Wien und Budapest, um die habsburgische Regierung zu Konzessionen an die unterdrückten Rumänen in Ungarn zu bewegen. Es war zu befürchten, die Rumänen könnten, dem italie-

---

[71]) Erzbergers Memorandum vom 9. Juni 1915 findet sich in: *Erzberger Dokumente*, Akte 34. Die entgegengesetzte These der Unvermeidbarkeit von Italiens Kriegseintritt wird gut vertreten von W. Petzold, *Italiens Eintritt in den Weltkrieg*, Leipzig 1934, besonders S. 54—58.

nischen Beispiel folgend, Österreich den Krieg erklären, um ihre Volksgenossen zu „erlösen". Am 4. Juni 1915 fand eine stürmische Unterredung zwischen Erzberger und dem Grafen Tisza, dem starken Mann der ungarischen Regierung, statt. Hierbei entwickelte Erzberger einen ins einzelne gehenden Plan für kleine territoriale Zugeständnisse an Rumänien und für eine bessere Behandlung der in Ungarn verbleibenden rumänischen Minderheit. Die rumänische Sprache sollte in der örtlichen Verwaltung zugelassen werden, die rumänische Minderheit größere Autonomie in Schulfragen erhalten und das Wahlrecht so ausgedehnt werden, daß den Rumänen dreißig Sitze im Parlament gesichert würden.[72])

Tisza war zu diesen Konzessionen nicht bereit und behauptete, die Rumänen würden in jedem Falle neutral bleiben. Schroff erklärte er, Erzberger möge sich um seine eigenen Angelegenheiten kümmern. Erzberger ließ sich jedoch durch Tiszas Hartnäckigkeit nicht entmutigen und wiederholte seine Vorschläge schriftlich am 8. Juni 1915. Tiszas scharfe Antwort begann mit den Worten:

> „Ihren Aufsatz habe ich dankend erhalten und mich bei der Lektüre desselben staunend gefragt, wie diese gehässige Mischung von wenig Wahrheit mit viel Dichtung von demselben Manne herrühren könne, mit welchem ich über dieses Thema unlängst gesprochen habe. Ich habe fürwahr keine Zeit, die lange Reihe der in diesem Aufsatz enthaltenen Irrtümer richtig zu stellen, muß mich aber gegen diese Entstellung der Begebenheiten auf das Entschiedenste verwahren."

Umsonst versuchte Erzberger, den Schriftwechsel durch einen versöhnlichen Brief vom 15. Juni wieder in Gang zu bringen; Tisza weigerte sich zu antworten.[73]) Die Ansicht des ungarischen Ministerpräsidenten, daß die feigen Rumänen auch dann nicht in den Krieg eintreten würden, wenn sie keine Konzessionen erhielten, erwies sich bis August 1916 als richtig, weil die Rumänen durch die deutschen Siege gegen Rußland nach dem Durchbruch bei Gorlice (Mai 1915) verängstigt waren.

Im Februar 1916 reiste Erzberger in die Türkei, um zu sehen, was sich zum Schutze des katholischen Eigentums machen ließe, das von der türkischen Regierung beschlagnahmt worden war. Die Türken hatten die Tatsache, daß dieses Eigentum im wesentlichen französischen Kongregationen gehörte, benutzt, um eine seit langem gewünschte Politik der Säkularisierung und Ausweisung der Geistlichen durchzuführen. Erzberger drängte die türkischen Politiker Enver-Pascha und Talaat-Pascha, deutsche und österreichische Katholiken an die Stelle der ausgewiesenen Staatsangehörigen der Ententestaaten treten zu lassen. Die Türken waren bereit, sie für die Arbeit in Schulen und Krankenhäusern zuzulassen, wollten jedoch nicht das Eigentum der beschlagnahmten französischen Missionsanstalten zur Benutzung freigeben.[74])

---

[72]) Erzberger, *Erlebnisse,* S. 104 f.; Tisza, *Briefe 1914—1918.* S. 228 ff.
[73]) Die drei Briefe sind in Tiszas *Briefen* abgedruckt, S. 231—234.
[74]) Der beste Bericht über Erzbergers Tätigkeit in der Türkei findet sich in: *Erlebnisse.* Kap. V und VI. Vgl. hierzu auch seinen Bericht an Bethmann vom 25. Februar 1916 in: *Erzberger Dokumente,* Akte 28.

Der zweite Zweck von Erzbergers Reise war, die furchtbaren Deportationen in Armenien aufzuhalten, die die Türken unter dem Vorwand militärischer Notwendigkeiten durchführten. Einige deutsche Kreise glaubten, man sollte mit der Kündigung des deutsch-türkischen Bündnisses drohen, um die Türken zur Vernunft zu bringen; auch Erzberger erwog diesen Schritt ernsthaft, kam aber zu dem Schluß, daß eine solche Drohung angesichts der Hartnäckigkeit der Türken wirkungslos bleiben würde.[75]) Statt dessen versuchte er bei seiner Unterredung mit Enver-Pascha und Talaat-Pascha, an das Eigeninteresse der Türken mit dem Hinweis zu appellieren, der Ruf der Brutalität, in den die Türkei gerate, schade ernsthaft den nationalen Zielen des Landes. Den Türken lag an der Aufhebung des Systems der „Kapitulationen", das Ausländer in der Türkei besonderen Gerichten ihres eigenen Staates unterstellte. Die Türken verhandelten gerade über einen Vertrag mit Deutschland, in dem letzteres die Beendigung solcher völkerrechtlichen Verpflichtungen anerkennen sollte. Erzberger wies darauf hin, daß die Deportationen von Armeniern zusammen mit der unfreundlichen Behandlung katholischer Institutionen in Deutschland ein politisches Klima schafften, das die Ratifizierung des Vertrages durch den Reichstag erschwere. Dabei versäumte er nicht, mit der Opposition, speziell des Zentrums, zu drohen. Die Türken ließen sich aber nicht beeindrucken und lehnten Erzbergers Vorschläge für die allmähliche Rückführung der Armenier in ihre Heimat ab. Sie gestatteten ihm jedoch, ein Hilfswerk für die unglücklichen Flüchtlinge zu organisieren.[76]) Das Scheitern seiner Mission in Konstantinopel erfüllte Erzberger mit Entrüstung und Enttäuschung. Seine Abneigung gegen die Türken führte ihn dazu, eine Teilung der Türkei nach dem Kriege, gleichgültig wer siegen würde, für unabwendbar zu halten.[77])

Auf der Rückreise nach Berlin besuchte Erzberger Bulgarien und Rumänien, um sich über die politische Lage in diesen Ländern zu orientieren. Die Bulgaren standen treu zu dem Bündnis mit Deutschland. Mehrere Kabinettsmitglieder, insbesondere Finanzminister Tontschew, äußerten die Ansicht, die deutsch-bulgarischen Beziehungen könnten noch verbessert werden, wenn bestimmte Schritte unternommen und bestimmte Ärgernisse beseitigt würden. Dieser Ansicht stimmte auch der tüchtige deutsche Gesandte Graf Oberndorff zu, der 1918 mit Erzberger zusammen Mitglied der Waffenstillstandskommission werden sollte. Erzberger regte die Gründung einer guten, in deutschen Händen befindlichen Zeitung in Sofia an, er empfahl ferner, gewisse arrogante deutsche Offiziere durch Männer zu ersetzen, die sich Deutschlands Bundesgenossen gegenüber verständnisvoller zeigten, sowie — als Zeichen enger Freundschaft zwischen den beiden Ländern — parlamentarische Delegationen auszutauschen. Er

75) Erzberger, *Erlebnisse*, S. 81 f.
76) Über Erzberger und die Armenier siehe *Erlebnisse*, Kap. VI, und Akte 3 der *Erzberger Dokumente*.
77) Der erfahrene österreichische Botschafter in Konstantinopel, Graf Pallavicini, beeinflußte Erzberger bei diesen Ansichten. Erzberger, *Erlebnisse*, S. 62 f.

trug wesentlich dazu bei, den letzten Vorschlag zu einem großen propagandistischen Erfolg zu machen, und nahm persönlich an dem Besuch der deutschen Abordnung in Sofia im Juni 1916 teil.[78])

Bei dieser Gelegenheit führte er lange Gespräche mit Zar Ferdinand und Kronprinz Boris über die Möglichkeit einer Union der bulgarischen Kirche mit Rom. Ferdinand erklärte, dies dadurch begünstigen zu wollen, daß er nach dem Kriege den russischen Einfluß zurückdrängen wolle, der von der orthodoxen Kirche in seinem Lande ausging. Erste Schritte würden die Aufnahme diplomatischer Beziehungen zwischen Sofia und dem Vatikan und Verhandlungen über ein Konkordat sein. Der Plan wurde jedoch fallengelassen, da der Vatikan Repressalien seitens der Ententemächte und eine Einbuße in seinem Ansehen als neutrale Macht befürchtete.[79])

Vom 18. bis 20. Februar 1916 besuchte Erzberger Bukarest, um sich ein Urteil zu bilden, ob Rumänien neutral bleiben werde. Erzbischof Netzhammer in Bukarest, ein deutscher Benediktiner, ermöglichte ihm eine lange Unterredung mit König Ferdinand, von der Erzberger in seinen „Erlebnissen" ausführlich berichtet.[80]) Der König war zweifellos deutschfreundlicher als seine Regierung, besaß aber keinen starken politischen Einfluß. Der liberale Ministerpräsident Bratianu stand der Entente wohlwollend gegenüber und hielt den Anschluß Siebenbürgens, des im wesentlichen von Rumänen bevölkerten Teils Ungarns, für das natürliche Ziel der rumänischen Außenpolitik. Eine kleine Partei unter der Führung des früheren Premierministers Marghiloman, dem Erzberger eine deutsche Mätresse mit sehr viel Geld zugespielt hatte,[81]) betrieb den Anschluß an die Mittelmächte mit dem Hauptziel, Rußland Bessarabien wegzunehmen. Erzberger gewann den Eindruck, daß der König der letzteren Ansicht zuneige, sich aber nicht stark genug fühle, Bratianu auszubooten. Dies veranlaßte Erzberger, folgenden ungeschickten Vorschlag zu machen (den er in seinen „Erlebnissen" verschweigt): „Auf meine Bemerkung, daß den rumänischen Interessen absolut sichere Gewähr geboten würde durch ein Mitgehen mit Deutschland und ob eventuell zu diesem Zweck ein Druck von außen einen Kabinettswechsel herbeiführen könnte, erwiderte der König nur ‚Das ist Ihre Sache'."[82]) Ebenso wie im Vorjahr in Rom zeigte Erzberger auch jetzt, daß er keine Bedenken gegen den Versuch hatte, eine ausländische Regierung, die den deutschen Interessen feindlich gesinnt war, zu stürzen.

---

78) Zu Erzberger und Bulgarien siehe seinen Bericht an Bethmann über seine Reiseeindrücke in Bulgarien vom 14. bis 18. Februar (Berlin, 25. Februar 1916). *Erzberger Dokumente,* Akte 28. Zusammengefaßt in: *Erlebnisse,* Kap. VIII.
79) Brief Erzbergers an Gerlach vom 30. Juni 1916. *Erzberger Dokumente,* Akte 8. Erzberger, *Erlebnisse,* S. 99 f.
80) Erzberger, *Erlebnisse,* S. 106—109. Diese Schilderung beruht auf dem noch ausführlicheren Bericht an Bethmann vom 25. Februar 1916 in: *Erzberger Dokumente,* Akte 28.
81) Hannsen, *op cit.,* S. 112, wo Erzberger damit prahlt, Marghiloman eine Mätresse mit einem Blankoscheck der Deutschen Bank zugeführt zu haben.
82) Erzbergers Bericht an Bethmann vom 25. Februar 1916. *Erzberger Dokumente,* Akte 28.

Die rumänische Regierung wartete, ebenso wie Italien, offensichtlich auf einen günstigen Augenblick, um in den Krieg einzutreten, wenn auch die Tatsache, daß Italiens Kriegseintritt nicht zu entscheidenden Ergebnissen geführt hatte, sie vorsichtig stimmte. Erzberger neigte zu einer doppelschichtigen Politik, um Rumäniens Ziele zu vereiteln. Wir haben gesehen, wie er den Grafen Tisza umsonst bedrängte, eine Beschwichtigungspolitik zu betreiben, die die berechtigten rumänischen Beschwerden aus dem Wege räumen würde. Nun aber wünschte er, Beschwichtigung durch Druck zu ergänzen. Die allgemeine militärische Position Deutschlands und seiner Verbündeten war im Februar 1916 sehr günstig. Diese vorteilhafte Lage wollte Erzberger ausnutzen, um Rumänien zu zwingen, sich entweder den Mittelmächten anzuschließen (oder wenigstens wohlwollende Neutralität bis zum Ende des Krieges zuzusichern) oder sich einer sofortigen Invasion auszusetzen — ein Präventivultimatum, das zu einem Präventivkrieg führen konnte. Er bezweifelte, und dabei verließ er sich auf Netzhammers Urteil, daß die Rumänen eine Politik der verbrannten Erde betreiben, ihre Getreidevorräte vernichten und ihre Ölquellen zerstören würden, um Deutschland als Vergeltung für eine Invasion wirtschaftlich zu schaden. Ein Ultimatum, schmackhaft gemacht durch das Versprechen von Bessarabien und einer gemeinsamen militärischen Besetzung der Ukraine, hatte, wie Erzberger glaubte, große Aussicht angenommen zu werden; der König würde auf jeden Fall zustimmen. Die rumänische Regierung versetzte der Gedanke an eine solche Politik in Angst und Schrecken, und ihre Bereitwilligkeit, Deutschland weiterhin mit Getreide zu versorgen — eine Haltung, die im scharfen Gegensatz zu der im allgemeinen ententefreundlichen Politik des Kabinetts stand —, ging auf diese Angst zurück. Erzberger wies warnend darauf hin, daß Rumänien seinen guten Willen auf wirtschaftlichem Gebiet ebenso wie seine Neutralität mit Sicherheit aufgeben werde, sobald sich Deutschlands militärische Lage verschlechtere — eine Voraussage, die sich bald erfüllen sollte. Es enttäuschte deshalb Erzberger stark, daß seine wiederholten Mahnungen den schwachen Bethmann von der Notwendigkeit eines Präventivultimatums nicht überzeugen konnten.[83])

## Erzbergers kirchendiplomatische Projekte

Das diplomatische Projekt, das Erzberger während des ganzen Krieges am meisten am Herzen lag — die Wiederherstellung der weltlichen Macht des Papstes — hatte niemals die geringste Aussicht, verwirklicht zu werden. Die Stellung des Papstes nach 1870 als „Gefangener im Vatikan“ bekümmerte die

83) Erzberger, *Erlebnisse*, S. 109 f.

Katholiken seit langem; nach Italiens Eintritt in den Krieg wurde sie ganz und gar untragbar. Papst Benedikt wurde der freie Verkehr mit den deutschen und österreichischen Katholiken untersagt, und der „Osservatore Romano", die halbamtliche Zeitung des Vatikans, wurde unter italienische Zensur gestellt. Als patriotischer Deutscher wie als eifriger Katholik war Erzberger der Ansicht, daß diese Lage geändert werden müsse, solange die Weltlage noch im Fluß war.

Nach Beratung mit dem Münchner Nuntius Frühwirth übernahm er im Winter 1916/17 die Führung bei der Gründung der Internationalen Katholischen Union mit Sitz in der Schweiz. Sein enger Freund Georg Baumberger, Herausgeber der „Züricher Neuesten Nachrichten", wurde Generalsekretär. Der Organisation gehörten Katholiken aus beiden Kriegslagern und aus neutralen Ländern an. Ihr Hauptzweck war, die Weltöffentlichkeit zu einer für den Papst befriedigenden Lösung der römischen Frage anzuregen, obwohl der Vatikan, der Komplikationen mit der italienischen Regierung befürchtete, zu gemäßigten Formulierungen riet und anregte, die Union möge sich in der Öffentlichkeit auch mit anderen Problemen, zum Beispiel der sozialen Frage, beschäftigen.[84])

Erzberger verließ sich nicht ausschließlich auf die öffentliche Meinung, um eine solche Regelung herbeizuführen, sondern arbeitete zwei Pläne aus, die er der deutschen und der österreichischen Regierung vorlegen wollte, um ihre diplomatische Unterstützung für eine dem Papst günstige Lösung zu gewinnen. Ein im November 1915 dem deutschen Auswärtigen Amt vorgelegtes Memorandum von 35 Seiten nahm in vieler Hinsicht Mussolinis Lateran-Vertrag vorweg. Darin führte Erzberger folgende Argumente für die Wiederherstellung der weltlichen Macht des Papstes an: Zweckmäßigkeit (Erfahrungen des jetzigen Krieges), die maßgebliche Meinung dreier Päpste (Pius IX., Leo XIII., Benedikt XV.) und das Urteil aufgeklärter protestantischer Staatsmänner (Guizot, Palmerston, Bismarck). Er behauptete, die historische Gerechtigkeit verlange eigentlich die Wiederherstellung eines Kirchenstaates vom Tyrrhenischen Meer bis zur Adria, war sich jedoch bewußt, daß dies unzweckmäßig sein würde, weil ständige Reibereien mit dem italienischen Staat daraus entstehen müßten. Außerdem würde die damit notwendig werdende Unterstützung durch fremde Mächte die Unabhängigkeit des Vatikans einschränken und ihm unerwünschte Verwaltungsaufgaben auferlegen. Die ideale Lösung schien Erzberger darin zu liegen, dem Papst die Souveränität über einen kleinen Teil Roms zusammen mit einem Korridor zum Meer zu gewähren. Diese Einrichtung, die unter internationale Garantien gestellt werden könnte, würde von Dauer sein, da sie keine wesentlichen italienischen Interessen beeinträchtige. Das Gebiet wäre so klein, daß es keiner be-

---

84) Erzberger an Frühwirth am 3. Oktober 1915. In einem Brief vom 26. September 1915 hatte Gerlach eine ausweichende Antwort auf Erzbergers Bitte um den Entwurf eines für den Vatikan annehmbaren Vertrages gegeben. *Erzberger Dokumente*, Akte 33. Offensichtlich war es Erzbergers Absicht, dem Vatikan zu helfen, ohne ihn zu kompromittieren. Über Erzbergers Rolle bei der Katholischen Union siehe *Erlebnisse*, S. 17 f.; sein Briefwechsel mit Baumberger findet sich in: *Erzberger Dokumente*, Akte 27.

sonderen Selbstverwaltung (parlamentarischer oder kommunaler Art) bedürfe, die Erzberger mit der päpstlichen Theokratie für unvereinbar hielt.

Diese Regelung sollte, nach Erzbergers Vorstellung, durch direkte Verhandlungen zwischen Italien und dem Vatikan zustande gebracht werden. Scheiterten sie, so sollte die Frage auf der allgemeinen Friedenskonferenz durch den Druck aller interessierten Mächte gelöst werden. Würden die Mittelmächte einen vollen Sieg erringen, so hätten sie Italien diese Regelung aufzuerlegen, wenn es Erzberger auch klar war, daß nur ein freiwillig geschlossenes Abkommen von Dauer sein könne. Er ging davon aus, daß von einem Land wie Deutschland mit seiner vorwiegend protestantischen Bevölkerung keine großen Opfer für eine in erster Linie katholische Sache erwartet werden könnten, betonte aber am Schluß seines Memorandums die allgemeine Bedeutung der Frage und forderte die Regierung dringend auf, sie nicht aus den Augen zu verlieren. Es war für ihn bezeichnend, daß er dem Memorandum einen ins einzelne gehenden Vertragsentwurf beilegte, der nach eingehender Beratung mit Völkerrechtlern aufgestellt worden war.[85])

Die deutsche Regierung behandelte Erzbergers Vorschlag in freundlicher, aber unverbindlicher Weise, da vor Kriegsende eine Entscheidung nicht getroffen zu werden brauche. Inzwischen stellte Erzberger einen neuen, ziemlich verblüffenden Plan auf, der dieses Mal dem österreichischen Kaiser vorgelegt werden sollte. Der Plan sah vor, Benedikt XV. die weltliche Souveränität zu verschaffen, indem man den Fürsten von Liechtenstein überredete, seine Souveränität an den Papst abzutreten. Damit wäre zwar die römische Frage nicht unmittelbar gelöst, aber der Papst hätte einen Zufluchtsort und einen weltlichen Rang, der spätere Verhandlungen mit der italienischen Regierung erleichtern könne. Zunächst hatte Erzberger an die Wiedererrichtung eines der im Jahre 1802 säkularisierten geistlichen Fürstentümer — etwa Salzburg oder Brixen — gedacht; davon wollte aber die österreichische Regierung nichts wissen. Auf Liechtenstein verfiel er wegen der idealen Lage dieses Gebietes in unmittelbarer Nachbarschaft der neutralen Schweiz; damit wäre in Kriegszeiten allen Mächten der freie Zugang gesichert. Der Chef des herrschenden Fürstenhauses könne zum erblichen Regenten mit dem Rang eines Kardinalerzbischofs ernannt werden, wodurch der Vatikan von unmittelbaren Verwaltungsaufgaben befreit wäre und der Souveränitätsverlust des Hauses Liechtenstein nur formale Bedeutung hätte. Außerdem wollte Erzberger österreichische Konzessionen an das Fürstenhaus erwirken, um ihm die ganze Transaktion schmackhafter zu machen. In einer Denkschrift für Franz Josef drängte er den Kaiser, Liechtenstein dadurch zu vergrößern, daß einige in verschiedenen Teilen der österreichischen Monarchie gelegene

---

[85]) Memorandum über die Zukunft des Heiligen Stuhles vom 11. November 1915. *A. A.*, Akte 1498. Der Vertragsentwurf ist abgedruckt in: *Erlebnisse*, S. 130—133. Erzberger hatte die historischen Daten aus G. J. Ebers, *Italien und das Garantiegesetz*, Köln 1915, entnommen.

Güter des Fürstenhauses den Status voller Souveränität erhielten. Außerdem könne man dem herrschenden Fürsten durch die Aufnahme in den Orden vom Goldenen Vließ schmeicheln.[86])

Erzberger benutzte einen zehntägigen Osteraufenthalt in Wien vom 17. bis 26. April 1916, um für dieses Projekt zu werben; dabei schaltete er einflußreiche Persönlichkeiten ein wie die Herzogin von Parma, die Erzherzogin Maria Theresia, den Jesuiten Andlau und Kardinal Piffl. Letzterer war sehr skeptisch hinsichtlich der Durchführbarkeit des Planes, überredete aber die Familie Liechtenstein durch die Schwester des regierenden Fürsten Johann, Gräfin Fünfkirchen, Erzberger zu empfangen.[87]) Zunächst besuchte er am 23. April 1916 Johanns Bruder, den Fürsten Franz von Liechtenstein. Franz verhielt sich ablehnend gegenüber einem Projekt, das zu einem Souveränitätsverlust seines Hauses führen und das die Bevölkerung von Liechtenstein nie akzeptieren würde. Außerdem glaubte er, ein Opfer Liechtensteins werde dem Papst nicht zugute kommen, da Italien dessen neu errungene Souveränität wahrscheinlich überhaupt nicht anerkennen würde. Erzbergers Argument, das Haus Liechtenstein könne zu einem Ruhm gelangen, „der hinter dem eines Pippin nicht im mindesten zurücksteht", ließ ihn unbeeindruckt.

Anschließend besuchte Erzberger den Fürsten Johann selbst und berichtete über die Begegnung:

> „Unmittelbar darauf (23. April) fand die Unterredung mit dem regierenden Fürsten Johann statt, der den Eindruck eines schwachen, kranken Mannes machte und sich sofort auf die Meinung des Prinzen Franz berief. Er selbst würde auf seine Souveränität verzichten, aber er darf nicht mit Rücksicht auf die anderen Agnaten. Er könne keine Initiative ergreifen, er sei zu alt, er wolle keine Unruhe in die Familie bringen und er sehe lauter Schwierigkeiten; dabei betonte er, daß er gern bereit sei, seine Souveränität auf den Papst zu übertragen, aber er darf nicht. Aus dieser Unterredung und den weiteren Verhandlungen gewann ich den Eindruck, daß Prinz Franz die Seele des Widerstandes [gegen diesen Plan] ist."[88])

Erzberger, der sich nicht leicht entmutigen ließ, setzte die Gespräche fort, in denen eine Formel gesucht wurde, die die Bedürfnisse des Papstes befriedigen und zugleich die Souveränität des Fürsten von Liechtenstein erhalten würde — offenbar hoffte er immer noch, daß Fürst Johann den Widerstand seines Bruders Franz überwinden könnte, wenn das Hindernis des Souveränitätsverlustes erst einmal aus dem Wege geräumt sei. Als er Wien verließ, faßte er die Lage wie folgt zusammen:

---

[86]) Erzberger Memorandum für Franz Josef vom 28. April 1916. *Erzberger Dokumente*, Akte 33. Die ganze Frage wird erörtet in: *Erlebnisse*, S. 134—137.

[87]) Über Piffls Skepsis siehe Naumann, *Profile*, S. 347 f., und von dem gleichen Verfasser *Dokumente und Argumente*, Berlin 1928, S. 201.

[88]) In einem Brief an Gerlach vom 27. April 1916 gibt Erzberger einen ausführlichen Bericht über seine Wiener Gespräche. Schon am 27. März 1916 hatte er einen detaillierten Entwurf (zehn Artikel) eines Vertrages zwischen dem Papst und dem Fürsten von Liechtenstein an Gerlach geschickt und diesen gedrängt, zu weiteren Erörterungen in die Schweiz zu kommen. *Erzberger Dokumente*, Akte 33.

„1. Die Familie Liechtenstein ist zum Verzicht auf ihre Souveränität im Gebiet des Fürstentums bereit, wenn die Souveränität auf andere Weise erhalten bleibt.

2. Zur Erhaltung der Souveränität des Hauses Liechtenstein sind zwei Wege möglich: entweder Teilung des Fürstentums, was ich aber vorher erst ablehnte wegen der internationalen Schwierigkeiten und weil ich auch nicht wußte, wie Seine Heiligkeit darüber denkt.

3. Erweiterung des Fürstentums durch Zuschlag von liechtensteinschen Gütern, das letztere kann Österreich allein machen, und zwar, da das Parlament nicht tagt, im Wege einer Notverordnung."[89])

Die österreichische Regierung machte keine Anstrengungen, das Haus Liechtenstein durch Bestechung oder Druck zu beeinflussen, und der Fürst und sein Bruder zeigten sich weiterhin nicht bereit, in die Fußstapfen Pippins des Kurzen zu treten. Dennoch blieb Erzbergers Optimismus unerschüttert, ja, wurde sogar gestärkt, als der an sich sehr vorsichtige Hertling ihm nach der Lektüre eines seiner Memoranden für Franz Josef schrieb: „Ich hielt es [das liechtensteinische Projekt] für ziemlich utopistisch, gestehe aber, daß es durch die Ausführungen der Denkschrift einer praktischen Verwirklichung nähergerückt ist."[90])

Der Vatikan sah jedoch das Projekt, das ihn wohl von Anfang an nicht überzeugt hatte, nüchterner an. Anfang Mai 1916 schrieb Gerlach an Erzberger, der liechtensteinsche Widerstand sei offenbar nicht zu erschüttern und der Papst halte die Frage für erledigt: „Vor allem darf an eine Teilung Liechtensteins nicht gedacht werden, da ja das sonst überhaupt kein souveräner Staat mehr wäre, sondern ein lächerliches Gebilde. Die Sache wäre schön gewesen, wenn das Haus Liechtenstein freiwillig das Fürstentum angeboten hätte, so wie die Sache aber jetzt steht, ist es besser, dieselbe fallen zu lassen, da sonst daraus noch Schwierigkeiten für die Kirche entstehen können."[91]) Erzberger sträubte sich noch lange dagegen, diese Ansicht gelten zu lassen, und versuchte weiterhin, einflußreiche Persönlichkeiten für seinen Plan zu gewinnen. Erst im Spätsommer 1916 sah er ein, daß es unmöglich war, die Haltung des Fürsten Franz zu ändern. In seinen 1920 erschienenen „Erlebnissen" schreibt er mit fast wehmütigen Worten von dem Plan und fügt ein wenig bitter hinzu: „Daher blieb die Angelegenheit unerledigt, bis wenig mehr als 24 Monate später das Haus Liechtenstein seine Souveränität verlor, ohne daß ein welthistorischer Akt damit verknüpft gewesen wäre."[92]) Es gibt kein Ereignis in Erzbergers Laufbahn, das ihm, als es nach dem Kriege bekannt wurde, so viel Hohn und Spott einbrachte wie dieser Versuch, dem Papst die Souveränität des Fürstentums Liechtenstein zu verschaffen; und doch ist keines charakteristischer für ihn.

---

89) Erzberger an Gerlach am 27. April 1916. *Erzberger Dokumente*, Akte 33.
90) Hertling an Erzberger am 1. Mai 1916, *ibid.*
91) Gerlach an Erzberger am 9. Mai 1916, *ibid.*
92) Erzberger an Prinz Heinrich von Bayern am 15. Juni 1916 und an Gerlach am 18. August 1916, *ibid.* Erzberger, *Erlebnisse*, S. 137. Wirtschaft und Verwaltung Liechtensteins wurden 1919 der Schweiz angeschlossen.

Ein anderes von Erzberger befürwortetes kirchenpolitisches Projekt hing mit seiner obenerwähnten Reise in den Vorderen Orient zusammen. Er schlug vor, daß die deutschen Katholiken das Coenaculum, eine kleine Moschee auf dem Zionsberg in Jerusalem, erwerben sollten, das als Stätte des letzten Abendmahles galt. Diese Angelegenheit, die christliche Kreise seit Jahrzehnten beschäftigte, hatte den Widerstand der Moslems hervorgerufen, da das Coenaculum oberhalb einer großen Moschee lag, in der sich, wie die Moslems (nach Erzbergers Ansicht zu Unrecht) glaubten, das Grab Davids befand. Erzberger arbeitete genaue Richtlinien aus, nach denen Deutschland Druck auf den Sultan ausüben sollte, damit er das Coenaculum erwerbe, um es anschließend dem deutschen Kaiser zu schenken; als Gegengabe sollte dem Sultan der deutsche Marschallstab verliehen und die Summe von drei Millionen Francs gezahlt werden, was mehr als genügend war, um den Kaufpreis zu decken. Erzberger traute es sich zu, diese Summe bei den deutschen Katholiken in kurzer Zeit aufzubringen. Der nächste Schritt wäre dann, daß der deutsche Kaiser das Coenaculum dem König von Bayern als dem führenden katholischen Herrscher Deutschlands schenke.[93])

Bethmann nahm diesen phantastischen Plan mit Zurückhaltung auf, die Türken zeigten sich mißtrauisch und feindselig. Der Vatikan war gegen den Erwerb des Coenaculums durch Deutsche und berief sich darauf, daß das finanzielle Opfer zu groß sei. Der eigentliche Grund lag vermutlich darin, daß die Katholiken der Ententeländer, besonders in Frankreich, empört sein würden, wenn Deutschland gerade in dem Augenblick eine Heilige Stätte erwerbe, in dem brutale türkische Maßnahmen die Arbeit französischer Geistlicher unmöglich gemacht hatten. Im Juli 1916 ließ der Kardinalstaatssekretär Erzberger durch den Münchner Nuntius Frühwirth mitteilen, er ziehe einen direkten Kauf durch den Vatikan dem deutschen Plan vor. Erzberger erwiderte jedoch, dies sei unmöglich, da deutscher diplomatischer Druck das wesentlichste Mittel sei, um den Sultan zu beeinflussen. Die Türkei und Deutschland hatten den Vertrag über die Aufhebung der Kapitulationen endlich unterzeichnet. Erzberger verlangte, daß das Zentrum — wie er es Enver Pascha angedroht hatte — gegen den Vertrag stimme, wenn nicht die Frage des Coenaculums zuerst geregelt werde. Den Türken sollte gesagt werden, daß die feindselige Haltung Deutschlands, die auf der Beschlagnahme christlichen Eigentums und auf den armenischen Deportationen beruhe, sich nur ändern könne, wenn die Heilige Stätte in deutsche Hände überginge.[94])

Erzberger war enttäuscht und entrüstet, als der Staatssekretär des Auswärtigen von Jagow eine Verquickung zwischen der Erwerbung des Coenaculums und der Ratifizierung des Vertrags mit der Türkei ablehnte. Die Sache zog sich monatelang hin, ohne zu einem endgültigen Abschluß zu kommen, und wurde immer

---

[93]) Erzberger an Bethmann am 2. März 1916. *Erzberger Dokumente,* Akte 10. Dieser Brief ist in verkürzter Form abgedruckt in: *Erlebnisse,* S. 86 f.

[94]) Siehe Erzbergers Denkschrift vom 17. Januar 1917 über die Schritte, die von Februar bis Dezember 1916 zur Erwerbung des Coenaculums unternommen wurden. *Erzberger Dokumente,* Akte 10.

aussichtsloser durch den Vormarsch der britischen Armeen auf Jerusalem. Als die Türken weiterhin die Bedeutung des Grabes Davids in der großen Moschee unter dem Coenaculum betonten, kam Erzberger der Gedanke, dieses Hindernis könne dadurch überwunden werden, daß der Sarkophag unter dem Vorwand, ihn vor dem Artilleriebeschuß der Engländer zu schützen, in eine neue Moschee überführt würde; diese könnte der Sultan mit Geldern bauen, die ihm deutsche Katholiken zur Verfügung stellten.[95]) Ehe dieser Gedanke verwirklicht werden konnte, wurde Jerusalem mit all seinen heiligen Stätten von den Engländern erobert; damit endete diese Episode in Erzbergers Laufbahn. Sie gehört zu den wenigen Fällen, in denen Erzberger eindeutig ein spezifisch katholisches Interesse höher stellte als das allgemeine nationale Wohl. Die Tatsache, daß er die Erfüllung bestimmter katholischer Forderungen zur Voraussetzung für freundschaftliche Beziehungen zwischen Deutschland und der Türkei machte, gab protestantischen Patrioten berechtigten Grund zur Beschwerde.

Mit dem Vatikan stand Erzberger während des Krieges in ständiger Verbindung, zunächst durch seine Korrespondenz mit dem Sekretär des Papstes, Gerlach, später (nachdem Gerlach Italien verlassen hatte) durch regelmäßige Berichte an den Münchner Nuntius Pacelli. Er wußte, daß er sich auf die Diskretion des Vatikans verlassen konnte, und hielt es für seine Pflicht als Katholik, den Papst so gut wie möglich auf dem laufenden zu halten. Seine Beziehung zu Pacelli, dem späteren Papst Pius XII., der von Mai 1917 ab in München residierte, war besonders eng und führte zu vielen Freundlichkeiten Pacellis gegenüber Erzbergers Familie.[96]) Fast jede Woche verfaßte Erzberger eine lange Denkschrift für Pacelli und beantwortete häufig Fragen über Dinge, die Pacellis umfassende Wißbegier erweckt hatten. Viele dieser Denkschriften finden sich bei den „Erzberger-Dokumenten" in Koblenz und bilden eine der wichtigsten Quellen für Erzbergers Tätigkeit während der einflußreichsten Periode seines Lebens.

Dem Papst regelmäßig zu berichten war Erzberger um so mehr bestrebt, als er glauben mußte, daß die Politik des Vatikans — vielleicht weil Benedikt von allen gewohnten Verbindungen mit Deutschen abgeschnitten war — immer ententefreundlicher wurde. Am 8. Januar 1917 schrieb er an Hertling:

> „Ich habe mich lange gesträubt, kann aber hier der Überzeugung nicht mehr entgegentreten, daß der Herr Kardinalstaatssekretär nicht nur kein Freund der Mittelmächte ist, sondern systematisch gegen uns arbeitet. Die Urkundendokumente in der letzten Zeit haben sich ungemein vermehrt. Der Heilige Vater selbst ist in der denkbar schwierigsten Situation. [Es folgen Beispiele für Unhöflichkeiten des Vatikans gegenüber deutschen Diplomaten und Erzbergers Proteste an Gerlach;

95) Erzberger, *Erlebnisse*, S. 89. Das ganze Kapitel VII des Buches befaßt sich mit der Coenaculumfrage. Die Schilderung beruht auf Material, das in Akte 10 der *Erzberger Dokumente* enthalten ist.
96) Pacelli besuchte Erzbergers Tochter Maria im Internat, als sie erwog, Nonne zu werden (1920). Zum 80. Geburtstag von Frau Erzberger (1955) schickte er ein besonderes Glückwunschtelegramm. Diese beiden Vorgänge wurden von Frau Erzberger und Dr. Hammer im Jahre 1956 erwähnt.

aber Gerlach, der kurz vor der Ausweisung aus Italien stand, antwortete nicht und hatte nun auch keinen Zugang mehr zum Papst.]. Es ist eine gewiß unwürdige Lage für das Oberhaupt der Kirche, wenn es nicht einmal frei entscheiden kann, welche Personen in seinem Privatdienst stehen. Wenn aber Herr Prälat von Gerlach abreist, so befürchte ich, daß die Politik des Kardinalstaatssekretärs immer mehr in den Vordergrund tritt und Deutschland immer mehr Unannehmlichkeiten erwachsen werden. Ich bin kein Pessimist, aber ich habe die Befürchtung, daß schließlich ein neuer Kampf gegen Rom in Deutschland entbrennen wird, und das, was in zwei Jahren so mühsam für den Heiligen Stuhl aufgebaut wurde, ist mit einem Schlag zertrümmert. Wenn die letzte deutsche Vertrauensperson aus der Umgebung des Heiligen Vaters entfernt oder in Rom völlig ausgeschaltet wird, so ist das sowohl für die deutschen Interessen als auch für Rom ein schwerer Nachteil. Ich habe mich auch an Eminenz Frühwirth in dieser Sache gewandt und ihn gebeten, Seiner Heiligkeit persönlich alle diese Gesichtspunkte vortragen zu wollen, denn davon bin ich nach wie vor fest überzeugt, daß Benedikt XV. im Innern vollkommen auf unserer Seite steht und daß viele seiner Handlungen nur unter dem äußeren Zwang erfolgt sind. Wenn er aber von Deutschland aus gar nicht mehr unmittelbar informiert wird, so befürchte ich nicht ohne Recht, daß die andere Mächtegruppe immer mehr im Vatikan in den Vordergrund tritt."[97])

Das waren für Erzberger ungewöhnlich starke Worte der Kritik am Papsttum. Er erwartete vom Vatikan keine Begünstigung der deutschen Sache, obwohl er überzeugt war, daß Deutschland einen reinen Defensivkrieg gegen räuberische Feinde führe. Er sah ein, daß der Vatikan versuchen müsse, über den kriegführenden Parteien zu stehen und bei Kontroversen eine Festlegung zu vermeiden. Gelegentlich eines Vorschlages, Benedikt solle in der belgischen Frage vermitteln, erzählte Erzberger anerkennend folgende Anekdote: „Als eine römische Dame im Februar 1915 von ihm verlangte, er möge entscheiden, wer recht und wer unrecht habe, erwiderte Seine Heiligkeit: ‚Was würden Sie, liebe Gräfin, tun, wenn zwei Ihrer Kinder sich zanken oder schlagen? Sie würden nicht fragen, wer recht und wer unrecht hat, sondern beide auseinanderreißen, um Frieden zu stiften. So fasse ich auch meine Aufgabe gegenüber Deutschland und Belgien auf.‘ "[98])

Da Erzberger annahm, der Papst werde diese Einstellung während des ganzen Krieges beibehalten, war er natürlich beunruhigt, als die Diplomatie des Vatikans zeitweise Deutschlands Feinde zu begünstigen schien. Diesen bedauerlichen Umstand versuchte er mit der Behauptung zu erklären, der frankophile Kardinalstaatssekretär Gasparri zwinge seine Ansichten dem wohlwollenden Benedikt auf, nur weil der Papst von allen deutschfreundlichen Beratern abgeschnitten sei. Erzberger bemühte sich weiterhin, der Einseitigkeit der Informierung durch seine langen Berichte an Pacelli entgegenzuwirken. Er zweifelte niemals daran, daß der Papst, trotz Gasparris Politik, letztlich wenn nicht prodeutsch, so doch zumindest neutral geblieben sei; hierin sah er sich bestätigt, als der Ver-

---

97) Erzberger an Hertling am 8. Januar 1917. *Hertling Dokumente.*
98) Erzberger an Bergen am 7. Juli 1916. *Erzberger Dokumente,* Akte 5.

such Benedikts, im August 1917 zwischen den Kriegführenden Frieden zu stiften, den Zorn der Chauvinisten bei der Entente und in Deutschland zugleich hervorrief. Erzbergers persönliche Beziehungen zu Pacelli wurden durch sein Mißtrauen gegen Gasparri nie getrübt.

Ein Gesamturteil muß hervorheben, daß es Erzberger nicht gelungen ist, seine außenpolitischen Ziele zu erreichen. Seine Bemühungen, Italien aus dem Krieg herauszuhalten, blieben erfolglos. Er konnte Tisza nicht dazu überreden, Konzessionen an Rumänien zu machen. Bethmann lehnte den Gedanken eines Präventivultimatums an Rumänien ab. Erzbergers Anstrengungen, katholisches Eigentum in der Türkei zu schützen und den armenischen Deportationen Einhalt zu gebieten, scheiterten an dem unbeugsamen Widerstand der Türken. Sein Plan, das Coenaculum zu erwerben, fand in Berlin kaum Unterstützung und wurde durch die britische Eroberung Jerusalems gegenstandslos. Seine Bestrebungen, eine bulgarische Union mit Rom zustande zu bringen, wurden vom Vatikan für inopportun erklärt. Sein Eintreten für das liechtensteinsche Projekt rief Unbehagen in Rom und Feindseligkeit in Wien hervor. Seine Hoffnung, im Vatikan eine echte Neutralität zu fördern, wurde, seiner Ansicht nach, durch Gasparris starken Einfluß auf Papst Benedikt enttäuscht.

Die Gründe für diese Fehlschläge sind vielfältig. Manche seiner Projekte, besonders solche, die seinem katholischen Eifer entsprangen, müssen als von Anfang an hoffnungslos bezeichnet werden. Der Coenaculum-Plan ließ den Fanatismus des Islams und das hartnäckige Mißtrauen der türkischen Regierung völlig außer acht. Das Liechtenstein-Projekt war kompliziert und künstlich und der Appell, dem leuchtenden Beispiel Pippins des Kurzen zu folgen, um tausend Jahre überholt. Eine Union der bulgarischen Kirche mit Rom als Kriegsmaßnahme ohne geistige Fundierung hatte weder für Sofia noch für Rom einen inneren Sinn.

Die meisten anderen Ziele Erzbergers waren an sich vernünftig, stießen aber auf einen Widerstand, den ein Mann in seiner Position nicht überwinden konnte. Die Regierung Salandra-Sonnino besaß die Macht, Italien unwiderruflich zum Kriege zu verpflichten. Tisza war ein fanatischer Vertreter der Magyaren-Herrschaft. Der unentschlossene, an sich selbst zweifelnde Bethmann konnte nicht dafür gewonnen werden, Rumänien eine Option aufzuzwingen. Erzbergers Tätigkeit hinterläßt den Eindruck großer Anstrengungen bei nur geringen Ergebnissen, wenn man von der Festigung seiner persönlichen Position absieht. Sie trug nämlich wesentlich dazu bei, ihm die umfassende Kenntnis der allgemeinen Kriegslage zu vermitteln, die sich im Jahre 1917 als bedeutender Faktor für seinen Aufstieg in die entscheidende Stelle im Parlament erweisen sollte.

---

Anmerkung: Eine eingehende Untersuchung über einen Aspekt der Erzbergerschen Balkanpolitik — sein Eintreten für eine militärische Aktion gegen Serbien im Sommer 1915 — ist enhalten in Klaus Epstein, „Erzberger's Political Operations: A Case Study", *Journal of Central European Affairs*, Bd. 19 (1959), S. 174—179.

# VII

# Vorspiel zur Julikrise

## Erzbergers Widerstand gegen den U-Bootkrieg

Die schärfste innenpolitische Kontroverse im kriegführenden Deutschland ging um die Frage, ob es im deutschen Interesse sei, einen U-Bootkrieg gegen England zu entfesseln, ohne die vom Völkerrecht geforderten Einschränkungen zu beachten.

Die Angreifbarkeit der U-Boote, selbst durch leichtbewaffnete Handelsschiffe, ließ es selbstmörderisch erscheinen, einen U-Bootkrieg nach den Regeln der allgemein anerkannten Seekriegsordnung zu führen, da diese die Warnung und den Schutz der Besatzung forderten, ehe ein Handelsschiff versenkt werden durfte. Ein U-Boot, das sich an diese Regeln hielt, würde sich stets in großer Gefahr befinden, da auch die kleinste Beschädigung des Schiffskörpers (selbst wenn sie nur von Geschossen kleiner Kanonen verursacht worden war) die Tauchfähigkeit möglicherweise zerstören konnte. Aus diesem Grunde war man in Kreisen der Marine fast einstimmig der Meinung, daß U-Booten die Torpedierung aller Schiffe, die sich der englischen Küste näherten, ohne vorherige Warnung oder Untersuchung gestattet werden müsse. Ausnahmen für Schiffe unter neutraler Flagge sollten abgelehnt werden, da britische Schiffe diese regelmäßig zur Tarnung benutzten. Man war sich jedoch darüber im klaren, daß die Torpedierung amerikanischer Schiffe wahrscheinlich zum Kriegseintritt Amerikas führen würde.

Die durch diese Frage hervorgerufenen leidenschaftlichen Auseinandersetzungen beruhten darauf, daß die Konservativen, die verzweifelt auf einen entscheidenden deutschen Sieg hofften, um ihre wankende innenpolitische Position zu halten, das U-Boot als den deus ex machina ansahen, der den Krieg rasch beenden könne. Das Reichsmarineamt unter der Führung von Tirpitz schreckte nicht vor einem Pressefeldzug zurück, in dem die baldige Aushungerung Englands versprochen wurde. Auch scheute man sich nicht, Bethmann und die sozialdemokratischen und freisinnigen Kreise, die gegen den uneingeschränkten U-Bootkrieg waren, als unpatriotische Anglophile hinzustellen. Bethmann, bedrückt von der Sorge, Amerika könne in den Krieg eintreten, war gegen diese Taktik. Er war entsetzt über die seltsame Situation in Deutschland, in der die Konservativen grundsätzliche Fragen der militärischen Strategie durch Zeitungsartikel und öffentliche Versammlungen zu entscheiden suchten — und das in einem Staat, dessen Verfassung seit langem gerade auch mit der Begründung verteidigt wurde, daß Militär- und Außenpolitik in den Händen einer autoritären Monarchie liege, die sich nicht durch die öffentliche Meinung ins Wanken bringen lasse.[1])

Im Winter 1914/15 hatte Erzberger selbst — und das gehörte zu den Torheiten, die er im Anfang des Krieges beging — die Einführung des U-Bootkrieges befürwortet.[2]) Im Sommer 1915, als Deutschland während der Lusitania-Krise die feindselige Haltung Amerikas zu spüren bekam, änderte er jedoch seine Meinung und unterstützte Bethmanns überlegene Behandlung dieses Falles, während er sich gleichzeitig über die, wie er meinte, zweideutige Rolle des amerikanischen Botschafters Gerard aufregte. Er ging sogar so weit, dem Kanzler nahezulegen, Gerard zur persona non grata zu erklären, und behauptete, ein großer Teil der deutschen Öffentlichkeit werde diesen Schritt lebhaft begrüßen.[3]) Auch im Fall des Admirals von Tirpitz, der von Bethmann ausgeschaltet, im September 1915 mit seinem Rücktritt drohte, trug Erzberger, wiederum unter dem Druck der öffentlichen Meinung, wesentlich dazu bei, einen Kompromiß zustande zu bringen, der für Tirpitz das Gesicht wahrte, ihm aber die Möglichkeit, Unheil zu stiften, weitgehend beließ.[4])

Als im Winter 1915/16 die Frage des uneingeschränkten U-Bootkrieges in der Öffentlichkeit erneut erörtert wurde, zeigte es sich, daß Erzberger inzwischen zu einem ausgesprochenen Gegner dieser Form der Kriegführung geworden war. Es muß hervorgehoben werden, daß seine Gegnerschaft, anders als bei vielen Sozialdemokraten, in keiner Weise auf humanitäre oder völkerrechtliche Erwägungen zurückging. Sie beruhte einzig und allein auf der utilitaristischen Abneigung, das U-Boot einzusetzen, solange es bei nüchterner Betrachtung unwahrscheinlich erschien, daß diese Waffe entscheidende Ergebnisse herbeiführen

---

1) Erzberger vergleicht die demagogische Agitation in der U-Bootfrage mit der Terrorherrschaft der „Straße" in Rom im Mai 1915. *Erlebnisse*, S. 214. Zur ganzen U-Bootfrage vgl. jetzt zwei glänzende neue Darstellungen: Karl Birnbaum, *Peace Moves and U-Boat Warfare*, Uppsala 1958 und Ernest May, *The World War and American Isolation 1914—1917*, Cambridge/Mass. 1959, Buch II und V.
2) Gespräch mit Bachem am 31. Juli 1915. Bericht in: *Bachem-Dokumente*, Akte 90.
3) Erzberger an Bethmann am 11. September 1915. *Erzberger Dokumente*, Akte 32.
4) Erzberger, *Erlebnisse*, S. 211 f., beruht auf einem Memorandum über Gespräche mit verschiedenen Personen vom 4.—7. September 1915. *Erzberger Dokumente*, Akte 44.

werde. Erzberger hatte sich darüber unterrichtet, daß Deutschland nur fünfzig U-Boote besaß, von denen jeweils nur ein Drittel eine Blockade Englands durchführen konnte, da sich ein Drittel auf der Hin- oder Rückfahrt befand und der Rest zur Überholung in deutschen Docks lag. Damit blieben 17 U-Boote für die Blockade von rund 2700 Kilometern britischer Küste oder etwa ein U-Boot für 160 Kilometer: eine lächerlich geringe Zahl, besonders in Anbetracht des häufigen Nebelwetters vor den britischen Inseln. Erzberger war daher höchst erstaunt, als Tirpitz ihm bei einer Unterredung am 10. Januar 1916 versicherte, der uneingeschränkte U-Bootkrieg könne Großbritannien in sechs Wochen auf die Knie zwingen. Der Chef des Admiralstabes von Holtzendorff war weniger optimistisch und sprach vierzehn Tage später von sechs Monaten als der erforderlichen Zeit. Keiner der beiden Admirale war in der Lage, stichhaltige Gründe für diese optimistischen Erwartungen vorzubringen.

Bei einer Unterhaltung im Februar 1916 mit zwei engen Mitarbeitern von Tirpitz, den Kapitänen Löhlein und Vanselow, wies Erzberger nach, wie töricht der U-Bootkrieg sei, selbst wenn die Behauptung der Marine zuträfe, daß fünf Millionen Tonnen Ententeschiffsraum in sechs Monaten versenkt werden könnten. In der gleichen Zeit könnten die Ententemächte eine Million Tonnen neuer Schiffe bauen und würden dazu über die 1,7 Millionen Tonnen deutschen Schiffsraums verfügen, die jetzt in neutralen, zum größten Teil amerikanischen Häfen interniert seien (wenn Amerika in den Krieg eintrete). Der Nettoverlust für die Entente werde daher nur 2,3 Millionen Tonnen betragen, das sei nur etwa ein Achtel der bekannten britischen Tonnage (18 Millionen Tonnen). Unter diesen Umständen die Aushungerung Großbritanniens für möglich zu halten, hieße die einfachsten Regeln des Rechnens außer acht lassen. Da mit der kleinen verfügbaren Zahl von U-Booten eine totale Blockade Englands undurchführbar erschien, schlug Erzberger vor, statt dessen die Blockade nur über bestimmte Häfen zu verhängen, wie zum Beispiel die englischen Kohlenhäfen im Nordwesten, deren Ausfuhr für die französische und italienische Wirtschaft lebenswichtig war. Da für die gesamte Kohlenausfuhr nur britische und französische Schiffe benutzt wurden, war die Gefahr von Zwischenfällen mit Neutralen kaum gegeben. Dieser Vorschlag, den Erzberger in einer Denkschrift vorlegte, wurde jedoch am 14. März 1916 in einem Brief eines einflußreichen Mannes der Marine, Widenmann, an Karl Bachem (den Erzberger als Vermittler benutzt hatte) abgelehnt. In dem Brief hieß es in Erzbergers Wiedergabe:

„... daß die Sperrung der Kohlenausfuhr marinetechnisch unmöglich sei, da die Kohlen von England unter starker Bewachung über den Kanal gingen, dann die Küste entlang nach Le Havre und von da durch die Eisenbahn ins Innere; hier aber könne die Marine mit U-Booten nicht erfolgreich auftreten. Ich erwiderte, daß, wenn die englische Kohlenausfuhr, die ich auf mindestens 30 Millionen Tonnen im Jahr schätzte, diesen Weg gehe, es doch noch viel leichter sei, daß die Getreideeinfuhr nach England, die jährlich höchstens 7 Millionen Tonnen ausmache, den umgekehrten Weg einschlage; so falle die ganze Behauptung von der Möglichkeit der Aushungerung Englands durch die U-Boote in sich zusammen."[5])

Erzberger war bestürzt, daß seine Argumente keinerlei Eindruck auf die Herren der Marine machten. Die begeisterten U-Boot-Anhänger zogen Invektiven nüchternen Argumenten vor, und Löhlein sagte ihm, er gelte als der schärfste Gegner des U-Bootkrieges:

„Ich erklärte, daß ich der wärmste Freund des U-Bootkrieges der Denkschrift sei [d. h. begrenzt auf die englischen Kohlenhäfen] und ebenso der eifrigste Anhänger des rücksichtslosen U-Bootkrieges gegen alle Schiffe, sobald die Marine die nötige Zahl von U-Booten habe, um die absolute Sicherheit geben zu können, daß England niedergeworfen werde."[6])

Diese Erklärung gab Erzberger ab, um sich gegen die Anschuldigung zu verteidigen, er lasse sich von humanitären oder gar anglophilen Skrupeln bewegen. Er sah, daß es bei der U-Bootfrage nicht um die technische Berechnung der zu versenkenden Tonnage gehe, sondern vielmehr um die politische Beurteilung, ob Amerika in den Krieg eintreten werde oder nicht. Wie Bethmann war auch Erzberger fest überzeugt, daß Amerikas Kriegseintritt unausweichlich zur Niederlage Deutschlands führen müsse. Beide ließen sich weder durch die kläglich geringe Stärke der amerikanischen Armee noch durch die pazifistische Stimmung der Zivilbevölkerung in Amerika täuschen — den Hauptgründen, warum die deutschen Militaristen die Macht Amerikas gering schätzten. Erzberger erkannte die entscheidende Bedeutung des amerikanischen Wirtschaftspotentials und hielt Amerika mit Recht für einen schlafenden Riesen, der zwar schwer zu wecken, aber unüberwindlich sei, wenn seine Energien einmal für den Krieg mobilisiert worden seien. Auch die fatale Frage, die die Anhänger des U-Bootkrieges ihren Gegnern vorzulegen pflegten: Wie soll denn England besiegt werden, wenn nicht durch den Einsatz des U-Boots? beeindruckte ihn nicht. Er behauptete gar nicht, ein besseres Rezept für den Sieg zu besitzen, aber daß der U-Bootkrieg nicht zum Erfolg führen könne, wußte er genau; seine Gedanken wandten sich nun einem auf dem status quo ante beruhenden Verständigungsfrieden zu. Dies schien ihm eine bessere Lösung zu sein, als Amerikas Eintritt in den Krieg zu provozieren.[7])

Erzbergers Ansichten stimmten mit denen des Reichskanzlers voll überein. Offen blieb indessen, ob sich Bethmann gegen die mächtigen Kräfte, die hinter Tirpitz standen, durchsetzen würde, wenn die Frage, ob der U-Bootkrieg begonnen werden solle oder nicht, dem Kaiser im März 1916 zur Entscheidung vorgelegt würde. Erzberger versuchte, Hertling zur Unterstützung des Kanzlers zu ge-

---

5) Erzberger, *Erlebnisse*, S. 215 f. Die letzten beiden Absätze beruhen auf einer neunseitigen Denkschrift Erzbergers über die U-Bootfrage vom 20. März 1916 in: *Erzberger Dokumente*, Akte 44. Der Bericht in: *Erlebnisse*, S. 212—216, basiert auf dieser Denkschrift.
6) Erzbergers Denkschrift vom 20. März 1916 in: *Erzberger Dokumente*, Akte 44.
7) Lerchenfeld berichtete Hertling über Erzbergers Ansichten am 26. Februar 1916. *Hertling Dokumente*.

winnen, und drängte ihn, sich der offiziellen „Bayerischen Staatszeitung“ zu bedienen, um gegen die Intrigen, die von den U-Boot-Anhängern gegen Bethmann gesponnen wurden, vorzugehen. Auch Hertling war der Ansicht, daß Bethmanns Sturz eine Katastrophe wäre und erklärte sich bereit, einen in Berlin geschriebenen Artikel zu veröffentlichen, vorausgesetzt, daß Bethmann ihn darum bitte. Bethmann war jedoch zu stolz, um diese Art von Hilfe nachzusuchen. Tatsächlich zeigte sich auch, daß er stark genug war, einen entscheidenden Sieg über Tirpitz zu erringen. Der Kaiser entschied sich gegen den U-Bootkrieg und nahm den angebotenen Rücktritt des Admirals am 17. März 1916 an. Die Konservativen und Nationalliberalen wollten zur Hilfe ihres entlassenen Helden eine Reichstagskrise heraufbeschwören; dieser Plan verlief jedoch im Sande, als das Zentrum, vor allem dank der erfolgreichen Stellungnahme Erzbergers gegen die große Gruppe der U-Boot-Anhänger in seiner Partei, einen für Bethmann annehmbaren Antrag einbrachte.[8]) So wurde die größte aller Torheiten, Amerikas Kriegseintritt zu provozieren, noch ein Jahr hinausgeschoben; dafür kommt zwar Bethmann das Hauptverdienst zu, aber Erzberger hat ihn während der ganzen Krise treu unterstützt, und sein Einfluß innerhalb des Zentrums hat den Kanzler vor einem parlamentarischen Dolchstoß geschützt.

Ohne es zu wollen, förderte Erzberger die Entwicklung, die schließlich doch zum Beginn des U-Bootkrieges führte, indem er dazu beitrug, Falkenhayn im August 1916 durch Hindenburg und Ludendorff zu ersetzen. Seine Bedenken gegen Falkenhayn faßte er in einem undatierten Memorandum zusammen, das wahrscheinlich Anfang August 1916 geschrieben wurde. Falkenhayn habe als Kriegsminister Deutschlands Munitionsbedarf im Kriege nicht richtig vorausberechnet; der Feldzug in Flandern im Jahre 1914 und die Schlacht um Verdun von 1916 seien blutige Fehlschläge geworden; er habe das Kriegspresseamt unter seinem Leiter Deutelmoser benutzt, um die eigenen Leistungen herauszustreichen und die anderer mit Schweigen zu übergehen; alle tüchtigen und im Volk beliebten Rivalen (die Generäle Beseler, Kluck, Lauenstein und Mudra) habe er ausgeschaltet und das glänzende Zweigespann Hindenburg-Ludendorff, das er nicht völlig ausschalten konnte, auf ein Nebengleis geschoben. Deutschlands große Erfolge im Jahre 1915 an der Ostfront und in Serbien schrieb Erzberger General von Seeckt zu und behauptete, Falkenhayn habe keinen Teil daran gehabt. Die Denkschrift schloß mit der Hoffnung, Falkenhayn möge bald durch Hindenburg ersetzt werden.[9])

Erzberger ließ den Militärbevollmächtigten von Bayern und Württemberg in Berlin Abschriften seines Memorandums zugehen mit der Bitte, sie an die be-

---

8) Erzberger berichtete Hertling ausführlich am 18. März 1916 über diese komplizierten parlamentarischen Manöver. Die Hauptstelle ist als Anhang VI abgedruckt. Sein erster Brief an Hertling wurde am 2. März 1916 verfaßt, Hertlings Antwort am 4. März 1916. Der gesamte Briefwechsel befindet sich in: *Hertling Dokumente*.

9) Erzbergers Denkschrift befindet sich bei den *Erzberger Dokumenten*, Akte 23.

treffenden Monarchen weiterzugeben. Die beiden süddeutschen Könige setzten sich auch tatsächlich beim Kaiser für die Entlassung Falkenhayns ein; ob das jedoch auf Erzbergers Einfluß oder auf andere Faktoren zurückging, ist nicht feststellbar. Der Druck, den sie ausübten, trug jedenfalls zu Hindenburgs und Ludendorffs Aufstieg bei, wenn dieser auch in erster Linie darauf zurückzuführen war, daß die Öffentlichkeit nach Rettern aus der schwierigen militärischen Lage des Sommers 1916 verlangte.[10]) Die Berufung Hindenburgs, der in allen wichtigen Fragen Wachs in den Händen seines energischen Untergebenen Ludendorff war, zum Chef des Generalstabs ist ein Wendepunkt in der Geschichte Deutschlands im Weltkrieg. Die Oberste Heeresleitung sollte während des letzten Drittels des Krieges zum Hauptgegner der innen- und außenpolitischen Anschauungen Erzbergers werden.

Ludendorff besaß fast alle Vorzüge und Fehler, die das preußische Offizierskorps kennzeichneten. Er war ein hervorragender Soldat, pflichttreu und mutig; sein größter Mangel war eine unglaubliche politische Naivität, die zur großen Gefahr wurde, als er, seiner militärischen Unentbehrlichkeit bewußt, anfing, mit seinem Rücktritt zu drohen, um Entscheidungen auf nicht-militärischem Gebiet zu erzwingen. Er machte sich die Ansichten der Konservativen Partei zu eigen, forderte gewaltige Annexionen und lehnte jede innenpolitische Reform ab. Seine Haltung in der Annexionsfrage beruhte in erster Linie auf engen, berufsbedingten Erwägungen: sein Hauptziel bestand darin, Deutschland für den von ihm als unvermeidlich angesehenen nächsten Krieg eine bessere strategische Position zu verschaffen. Er forderte die Herrschaft über Belgien, um die Ruhr vor feindlichen Angriffen zu schützen, und große Annexionen in Polen und an der Ostsee, um einen künftigen Einfall Rußlands in Ostpreußen zu verhindern. Innenpolitisch war er überzeugt, daß die Staatsform des Kaiserreiches der Gipfel der Vollkommenheit sei, unerfreuliche Phänomene seien lediglich der Aufstieg der Sozialdemokratischen Partei und der Einfluß, der gelegentlich den Reichstagsabgeordneten gewährt werde. Er war ein Gegner des demokratischen Wahlrechts für Preußen und fürchtete vor allem, daß die parlamentarische Regierungsform, die die Armee den zivilen Politikern unterstelle, die preußische Militärtradition zerstören werde, der er sein Leben gewidmet hatte.

Vom August 1916 an war Ludendorff in der Lage, seine Ansichten durchzusetzen, da sein von ihm beherrschter Vorgesetzter Hindenburg das Prestige und die moralische Autorität besaß, die ihn beliebt und unersetzlich zugleich mach-

---

10) A. Rechberg, *Reichsniedergang*, München 1919, S. 62 ff. Die Frage wird ohne Quellenangabe erwähnt von J. Wheeler-Bennett, *Wooden Titan: Hindenburg in Twenty Years of German History 1914—1934*, New York 1936, S. 69. Dieser Bericht beruht vermutlich auf M. Ludendorff, *Als ich Ludendorffs Frau war*, München 1929, S. 178—181. Frau Ludendorff behauptet, Erzberger habe ihr gesagt, er habe mit den Herrschern von Bayern und Württemberg und auf deren Veranlassung mit Kaiser Franz Josef gesprochen, ehe er Kaiser Wilhelm selber gesagt habe, er müsse Falkenhayn entlassen — eine unwahrscheinliche Geschichte, die durch keine andere Quelle belegt ist. Vgl. zur ganzen Frage der Absetzung Falkenhayns jetzt K. H. Janssen, „Der Wechsel in der OHL 1916", *Vierteljahrshefte für Zeitgeschichte*, Bd. 7 (1959), S. 337 ff.

ten. Er sah sich einem politischen Vakuum gegenüber, das durch einen unsichtbaren Kaiser, eine Folge schwacher Kanzler und einen gespaltenen Reichstag ohne konstruktives Programm herbeigeführt worden war. Dieses Vakuum füllte er aus, nicht aus brutaler Herrschsucht oder einer angeborenen Neigung zu Politik, sondern vielmehr aus einem Gefühl der Verpflichtung gegenüber dem, was er für das wohlverstandene Interesse Deutschlands hielt. Seine quasi-Diktatur wurde, solange er siegte, von mindestens dreiviertel der deutschen Bevölkerung gutgeheißen, und auch Kaiser, Kanzler und Reichstag willigten in sie ein. Sie sollte zu einer phantastischen Folge von Fehlern und Torheiten führen, die Deutschlands Niederlage unausweichlich machten. Es ist bei liberalen Historikern Mode geworden, diese Fehler Ludendorff persönlich vorzuwerfen, aber die Schuld liegt eher in der verfassungsrechtlichen Situation, die letzte politische Entscheidungen in die Hände eines Soldaten legte, dem alle Voraussetzungen fehlten, um ihnen gerecht zu werden.[11])

Die größte Torheit Ludendorffs war die Aufnahme des U-Bootkrieges im Februar 1917. Durch Tirpitz' Entlassung im März 1916 war die Frage vertagt, aber nicht gelöst worden. Im Oktober 1916 brachten die Rechtsparteien die Sache im Reichstag wieder auf, und dieses Mal gelang es Erzberger nicht, seine eigene Partei bei der Stange zu halten. Sein alter Mentor Gröber und sein alter Gegner Spahn traten beide für den Beginn des U-Bootkrieges ein, und es bestand die Gefahr eines offenen Bruchs innerhalb der Partei über diese Angelegenheit. Bei den Erörterungen in der Budgetkommission traten beklagenswerte innere Spaltungen im Kabinett zutage. Bethmanns Widerstand gegen den U-Bootkrieg war nur schwach. Der Vizekanzler Karl Helfferich benutzte seine große pädagogische Begabung, um auf der Grundlage unwiderlegbarer Zahlen zu beweisen, daß es unmöglich sei, England auszuhungern. Dem Staatssekretär des Auswärtigen von Jagow stellte Erzberger die Frage, durch welches Mittel Deutschland Amerika besiegen könne, wenn das U-Boot Amerikas Eintritt in den Krieg hervorrufen sollte, selbst unter der günstigen Annahme, daß England zum Frieden gezwungen würde. Jagow erwiderte, es gebe kein solches Mittel, und diese Tatsache allein genüge, um die bisherige Politik zu rechtfertigen. Capelle, Tirpitz' Nachfolger im Marineamt, vertrat aus engen Ressortgründen den entgegengesetzten Standpunkt. Als er für die Aufnahme des U-Bootkrieges plädierte, verstieg er sich zu der Behauptung, die militärische Wirkung des Kriegseintritts Amerikas werde „gleich Null" sein. Diese törichte Bemerkung beantwortete Erzberger mit dem ungläubigen Zwischenruf „Oho!", aber Capelle zögerte nicht, seine Meinung zu wiederholen und sie im Protokoll unmißverständlich festzuhalten.[12])

---

11) Die beste Biographie Ludendorffs ist Karl Tschuppik, *Ludendorff, Die Tragödie des Fachmanns*, Wien 1931.

12) Hannsen, *op. cit.*, bringt einen guten Bericht über Erzbergers Rede gegen den U-Bootkrieg vom 5. Oktober 1916, S. 149 ff. Siehe auch Erzbergers Schilderung in: *Erlebnisse*, S. 217 f.

Die Konservative und die Nationalliberale Partei waren für, die Fortschrittspartei und die Sozialdemokraten gegen die Aufnahme des U-Bootkrieges. Die Führer des Zentrums brachten mit Billigung Erzbergers am 7. Oktober 1916 eine Kompromißresolution ein, die die internen Spaltungen der Partei überbrücken sollte. Darin hieß es, die letzte Verantwortung für die Entscheidung dieser Frage müsse beim Kanzler bleiben, von dem man wußte, daß er gegen den U-Bootkrieg war; er solle sich aber bei seiner Entscheidung nach der Meinung der Obersten Heeresleitung richten, der man mit Recht unterstellte, daß sie die Aufnahme des U-Bootkrieges unterstütze. Diese doppeldeutige Resolution befriedigte alle bis auf die Sozialdemokraten; die bürgerlichen Anti-U-Boot-Politiker beruhigten ihr Gewissen mit der Hoffnung, Bethmann werde sich doch noch durchsetzen, wie mit der anhaltenden Ungewißheit, was die Oberste Heeresleitung wirklich wolle. Im August 1916 war Ludendorff gegen den U-Bootkrieg gewesen, nicht weil damit Amerika, sondern Dänemark und Holland zum Kriegseintritt provoziert werden könnten. Die Übertragung der Entscheidung auf das beliebte Hindenburg-Ludendorff-Zweigespann war in jedem Fall ein geschicktes Mittel, um die Verantwortung abzuwälzen. Der 7. Oktober 1916, an dem die Zentrumsresolution angenommen wurde, erwies sich als ein schwarzer Tag für Deutschland. Als Ludendorff im Januar 1917 die Aufnahme des U-Bootkrieges forderte, war sich Bethmann schon im voraus darüber klar, daß der Reichstag Ludendorff und nicht ihn unterstützen werde, und gab deshalb wider besseres Wissen nach. Nur ein festes Bündnis zwischen Bethmann und dem Reichstag hätte Aussicht gehabt, sich gegen die Oberste Heeresleitung durchzusetzen.[13])

Erzbergers unglückselige Zustimmung zur Oktoberresolution war ein Opfer, das er der Einigkeit der Partei brachte, obwohl zu seiner Verteidigung gesagt werden muß, daß er der Führer des gegen den U-Bootkrieg eingestellten Flügels der Partei war und vor dem ganzen Reichstag klarstellte, er lehne die Vorschläge der Marine ab. Sein unverbesserlicher Optimismus zeigte sich darin, daß er lange glaubte, die Oberste Heeresleitung teile in Wirklichkeit seine Meinung. Sein Freund Dr. Hammer schildert ein Gespräch vom Dezember 1916:

„Im Dezember 1916 drahtete mir Erzberger, daß er mit dem Abendzug in Friedrichshafen [wo Hammer Lehrer war] eintreffen und alsbald in die Schweiz weiterreisen werde; ich möchte zur Begrüßung an die Schiffslände kommen. Meine

---

13) Eine wichtige Monographie über die Resolution vom 7. Oktober 1916 ist Willy Bongard, *Die Zentrumsresolution vom 7. Oktober 1916*, Köln 1937; diese Dissertation verwertet die unveröffentlichten Protokolle der Budgetkommission. Ihr Wert liegt in der sorgfältigen Analyse der Kommissionserörterungen und der Beziehungen zwischen Bethmann und der Obersten Heeresleitung von August bis Dezember 1916. Ihre Hauptthese, die Resolution vom 7. Oktober sei *nicht* als Stärkung der Obersten Heeresleitung im Kampf gegen Bethmann gedacht gewesen — wenn sie auch diese Wirkung gehabt habe —, weil im Oktober 1916 kein solcher Kampf stattgefunden habe, wirkt gezwungen. Sie geht davon aus, daß Ludendorffs Befürwortung des U-Bootkrieges, wenn bestimmte Bedingungen erfüllt seien, nicht allgemein bekannt war. In einem Brief an Hertling vom 8. Oktober 1916 erklärte Erzberger, kein Kanzler könne gegen den U-Bootkrieg sein, wenn Hindenburg ihn fordere. Das war die nüchterne Einsicht in eine unausweichliche Tatsache. *Erzberger Dokumente*, Akte 32.

erste Frage an ihn war: ‚Werden wir den uneingeschränkten U-Bootkrieg eröffnen und damit Amerika zum Kriege reizen?' Seine Antwort lautete: ‚Seien Sie beruhigt! Wir werden mit Amerika keinen Krieg anfangen. Als ich gestern mit Herrn von Bethmann noch einmal darüber sprach, sagte er mir wörtlich: ‚Niemals — das könnte nur eine Tat des Wahnsinns sein. Selbst wenn wir militärisch den Krieg noch gewinnen könnten, würde alsbald danach der Wirtschaftskrieg gegen uns einsetzen, der uns durch Hunger auf die Knie zwingen würde.' Ebenso ablehnend äußerte sich Herr von Hindenburg, den ich in dieser Angelegenheit vor einigen Tagen im Großen Hauptquartier aufsuchte. Auch Staatssekretär Helfferich hat uns schon im Oktober an Hand genauer Zahlen nachgewiesen, daß der U-Bootkrieg nicht zum Ziele führen könne.' "[14])

Erzberger war zwar aus politischen Gründen gegen den U-Bootkrieg, beschäftigte sich aber charakteristischerweise mit den technischen Maßnahmen, die dieser Waffe zum Erfolg verhelfen könnten, wenn sie entgegen seinem Rat dennoch eingesetzt werden sollte. Ende Dezember 1916 legte er dem Admiralstab die Denkschrift eines bekannten Kieler Ingenieurs H. Bruns vor, die detaillierte Vorschläge für die Massenherstellung von U-Booten enthielt. Sie legte dar, wie auf zwölf Werften zweihundert U-Boote in einem Zeitraum von sieben bis acht Monaten gebaut werden könnten, wenn dem U-Bootbau absolute Priorität vor anderen Schiffen gewährt würde. Nach Beendigung dieses Bauprogramms wäre eine wirksame Blockade der Britischen Inseln möglich, wobei hundert U-Boote an der 2700 km langen Küste — also ein U-Boot auf etwa 27 km — jederzeit eingesetzt werden könnten. Sobald die vorgeschlagene Zahl von U-Booten zur Verfügung stünde, würde, so war Erzbergers Auffassung, der im Augenblick wirkungslose U-Bootkrieg wenigstens technisch, wenn auch nicht politisch, überzeugender.[15])

Ludendorff, dem Rat der Marine und dem Geschrei der Konservativen nachgebend, erzwang Anfang Januar 1917 eine Entscheidung zugunsten des uneingeschränkten U-Bootkrieges. Als Erzberger dies erfuhr, schrieb er einen langen Brief an Bethmann, in dem er Vorschläge zur Verringerung des voraussichtlichen Schadens machte. Er forderte, daß der Beginn des uneingeschränkten U-Bootkrieges noch einen Monat bis zum März 1917 hinausgeschoben werde, um etwaigen Friedensbestrebungen Zeit zum Reifen zu lassen. Der stürmische Monat Februar sei auf jeden Fall für U-Boot-Operationen wenig geeignet. Er riet dazu, Personendampfer von der Torpedierung auszuschließen, da die Versenkung solcher Schiffe die größten Schwierigkeiten mit den Neutralen verursachen werde; ein U-Boot-Kommandant habe ihm erklärt, dies bereite keine technischen Probleme, da man Personendampfer von Handelsdampfern ebenso

---

14) Hammer, *Erzberger*, S. 55.

15) Erzberger an den Admiralstab am 23. Dezember 1916 in einem Begleitschreiben für die Brunssche Denkschrift. *Erzberger Dokumente*, Akte 44. Erzberger interessierte sich auch weiterhin für die Massenherstellung von U-Booten; so schrieb er am 19. August 1917 Reichskanzler Michaelis einen dringenden zehn Seiten langen Brief aus Kiel. *Ibid*. Die Technik des Krieges interessierte Erzberger immer wieder. Er befürwortete den Bau von Tanks schon im November 1914. *Erlebnisse*, S. 314 f.

leicht unterscheiden könne wie einen Ochsen von einer Katze. Schließlich riet Erzberger, sich noch eine Rückzugslinie offenzuhalten, indem die neue Politik nicht bekanntgegeben werde; dann könne man sie immer noch fallenlassen, wenn die ersten Versenkungsziffern den Erwartungen nicht entsprächen:

„Der Beginn des uneingeschränkten U-Bootkrieges sollte den Neutralen nicht angezeigt werden. Wenn man mit neuen Kanonen schießt und mit neuen Bomben geworfen wird, so wird das auch nicht vorher angezeigt. Eine Anzeige des uneingeschränkten U-Bootkrieges würde uns in den Augen der Neutralen von vornherein ins Unrecht setzen. Die Anzeige führt naturgemäß zu Protesten, da die neutralen Regierungen unter dem Druck ihrer Völker zu solchen Protesten greifen müssen. Ehe ein greifbarer Erfolg des uneingeschränkten U-Bootkrieges sich zeigt, ist dann schon ein gefährlicher Protest da. Es kommt noch folgendes hinzu: niemand kann über den Erfolg des uneingeschränkten U-Bootkrieges vorher etwas ganz Bestimmtes sagen. Er kann erheblich kleiner sein, als die sachverständigen Marinekreise heute annehmen. In drei bis vier Wochen uneingeschränkten U-Bootkrieges kann man sein Urteil auf Grund von Tatsachen fällen. In diesem Zeitraum können eventuelle Proteste der Neutralen auf die Seite gelegt werden mit dem Bemerken, daß das U-Boot noch nicht zurück sei, so daß eine Möglichkeit der Untersuchung des Tatbestandes nicht vorliege usw. Tritt der vielfach erwartete große Erfolg des uneingeschränkten U-Bootkrieges nicht ein, so steht noch die Möglichkeit offen, mit den Neutralen zu einer Verständigung zu gelangen und eine neue Kriegsgefahr abzuwenden [indem der U-Bootkrieg eingestellt wird]. Auch wissen die Neutralen dann nicht, daß wir unsere letzte und stärkste Waffe schon ohne den erwarteten oder befürchteten Erfolg aus der Hand gegeben haben.“[16])

Diesen schlauen und macchiavellistischen Rat nahm die deutsche Regierung nicht an. Bethmann lehnte ihn wahrscheinlich als unehrenhaft ab, weil damit das Leben Neutraler ohne Warnung gefährdet werde; das Marineamt verwarf ihn, denn die Seeleute wünschten eine unwiderrufliche Entscheidung zugunsten des U-Bootkrieges. Karl Helfferich erregte Erzbergers besonderen Zorn, da er sich im Februar gerade für die U-Bootpolitik einsetzte, die er im Oktober aus schlüssigen Gründen abgelehnt hatte, eine Leistung, die um so bemerkenswerter war, als er genau die gleichen Zahlen benutzte, um entgegengesetzte Schlüsse zu belegen.

Alle Bemühungen Erzbergers, den U-Bootkrieg zu verhindern, hinauszuschieben oder zu mildern, waren zum Scheitern verurteilt, und Deutschland fällte die Entscheidung, die Amerika in den Krieg hineinzog. Und doch waren diese Bemühungen nicht ganz umsonst gewesen, denn sie verhalfen ihm später zu dem Ruf eines Propheten, dessen Rat in einer für Deutschland unheilvollen Stunde verworfen worden war. Seine Hinweise auf das Scheitern des U-Bootkrieges im Juli 1917 waren um so wirksamer, weil seine frühere Einstellung gegen den

---

16) Erzberger an Bethmann am 16. Januar 1917. *Erzberger Dokumente*, Akte 44. Ein großer Teil des Briefes findet sich in zusammengefaßter Form in: Erzberger *Erlebnisse*, S. 220 f.; sein Vorschlag, die Neutralen nicht zu warnen, ist allerdings weggelassen.

Einsatz dieser Waffe wohl bekannt war: der Eindruck, den seine Darlegungen hinterließen, sollte wesentlich zum Zustandekommen der Friedensresolution beitragen. Erzberger war mit Recht stolz auf das klare Urteil, das er in der komplizierten Frage des U-Bootkrieges bewiesen hatte: „Es hat sich auch hier gezeigt, daß der ‚Laie' mit gesundem, klarem Menschenverstand die Wahrheit findet, die der angebliche ‚Fachmann' durch künstliche Berechnungen mit irrigen Schlußfolgerungen verdunkelte."[17]) Den Fachleuten, Zivilisten und Militärs, die die deutsche Regierung führten, mußte diese berechtigte Bemerkung wenig schmackhaft sein. Erzbergers Vertrauen in sein eigenes Urteil, von jeher nicht gering, stieg, als sich erwies, daß seine Berechnungen sehr viel richtiger waren als die detaillierten Denkschriften der besten Marine- und Schiffahrtsexperten Deutschlands; auch wurde sein Urteil über seine Fähigkeiten bei der Fortschrittspartei und bei den Sozialdemokraten zunehmend anerkannt, ein Umstand, der ihm den Weg bereitete, um im Juli 1917 die Führung der Reichstagsmehrheit zur Durchsetzung der Friedensresolution zu übernehmen.

## Erzbergers Nachrichtendienste

Erzbergers nüchterne Beurteilung der wahrscheinlichen Folgen des U-Bootkrieges war durch Berichte beeinflußt worden, die er von Personen im neutralen Ausland erhalten hatte. Schon 1915 hatte er einen Nachrichtendienst aufgebaut, der Informationen über die Lage hinter den feindlichen Linien sammelte. Die Hauptauskunftsstellen befanden sich in der Schweiz, in Holland, Dänemark und Schweden.

Baron von Stockhammern, ein junger bayerischer Diplomat, den Erzberger im Frühjahr 1915 in Rom kennengelernt hatte, war Leiter des Schweizer Büros und gehörte gleichzeitig formell der bayerischen Gesandtschaft in Bern an. Mit bewundernswerter Unparteilichkeit sammelte er Material aus zwei miteinander in bitterem Streit liegenden Lagern: dem Vatikan und der italienischen Freimaurerei. Seine Hauptquelle im Vatikan war ein merkwürdiger, etwas abenteuerlicher Mann, der päpstliche Kammerherr Rudolf von Gerlach, dem wir bereits als Erzbergers wichtigsten Verbindungsmann zum Papst begegnet sind. Gerlach war der einzige Staatsangehörige der Mittelmächte, der nach der italienischen Kriegserklärung noch im Vatikan blieb. Er lieferte Stockhammern viele Berichte, in denen offizielle Informationen des Vatikans verwertet waren. Ohne Wissen des Papstes fungierte Gerlach als Erzbergers Zahlstelle für mehrere italienische Zeitungen, die defaitistische Propaganda verbreiteten. Außerdem diente er als Verbindungsmann für ein deutsches Spionagenetz unter der Leitung eines gewissen Ambrogetti, der sich in die italie-

---

[17]) Erzberger an Baron von Schönberg-Thammenheim am 20. März 1918. *Erzberger Dokumente*, Akte 44.

nische Marine eingeschlichen hatte. Im Januar 1917 mußte Gerlach in die Schweiz fliehen, da die italienische Polizei ihm auf die Spur gekommen war.[18])

Stockhammerns wichtigster Informant bei den Freimaurern war ein früherer Orator des Großorients Rom, der in den „Erzberger Dokumenten" als „Seneca" bezeichnet wird. Die Gründe, aus denen er in Erzbergers Dienste trat, waren offenbar Ablehnung der italienischen Kriegspolitik, Eifersucht auf den Großmeister der Loge Ferrari, der seinen eigenen Aufstieg zu dieser Stellung verhindert hatte und Geldgier. Er hatte Zugang zu dem Archiv des Großorients in Rom, wo unzählige Mitteilungen von Logen aus der ganzen Welt einliefen. Außerdem hatte Seneca besondere Vertrauensmänner in Paris, London und Petersburg, die in den Akten nur „99", „33" usw. genannt, aber ziemlich genau beschrieben werden. In einem Brief an Erzberger vom 5. September 1916 schildert Stockhammern den englischen Vertrauensmann mit den Worten:

„Im Einzelnen hat mir 99 berichtet, daß er mit Hilfe seines Pariser Kollegen tatsächlich einen englischen 33 gewonnen hat. Kostenpunkt 4000 Frcs. französischer Währung plus Grenzüberschreitungsspesen, über die noch gesondert Voranschlag kommen wird. Der neue Mann, dem ich in der Berichterstattung den Namen Alkibiades geben werde, war bis zu den letzten Wahlen Mitglied des Parlaments. Er wurde nicht wiedergewählt, da er anti-home-rule ist. Er ist angesehener Anwalt, Mitarbeiter verschiedener großer Zeitungen, 33 einer großen Londoner Loge. Seine soziale Stellung ist gut, seine Vermögensverhältnisse sind geregelt. Er gehört als Nachgeborener einer vornehmen Familie an, will aber, wie 99 andeutet, Geld verdienen (make money). Er weiß nicht, daß er für *deutsche* Kreise berichtet, sondern er glaubt, dissidierende Elemente der italienischen Freimaurerei zu informieren. Da die englische Freimaurerei, wie Ihnen aus den früheren Berichten 99 bekannt ist, selbst der apolitischen Gruppe der Freimaurerei angehört, ja in ihr eigentlich die führende Rolle spielt, sympathisiert Alkibiades mit 99, dessen Abneigung gegen den gegenwärtigen Großorient Rom ihm seit langem bekannt ist."[19])

Alle Vertrauensleute lieferten ausführliche Darstellungen der wirtschaftlichen und politischen Verhältnisse, die regelmäßig an Erzberger weitergeleitet wurden. Sie erwiesen sich ihm und der deutschen Regierung als außerordentlich wertvoll für die objektive Beurteilung der Lage hinter den alliierten Fronten.[20])

Das holländische Büro in Rotterdam wurde von F. Stephan geleitet, der seine Mitarbeit bei dem Nachrichtendienst durch seine Tätigkeit als Korrespondent verschiedener deutscher Zeitungen tarnte. Sein Spezialgebiet waren

18) Zu Stockhammern und Gerlach siehe die wertvolle, aber voreingenommene Arbeit von W. Patin, *Beiträge zur Geschichte der deutsch-vatikanischen Beziehungen in den letzten Jahrzehnten*, Berlin 1942. Der nationalsozialistische Verfasser hatte Zugang zu den beschlagnahmten Papieren Stockhammerns. Viele Berichte Stockhammerns befinden sich in: *Erzberger Dokumente*, Akte 41 und 42. Das Spionagenetz von Ambrogetti wurde bei der Gerichtsverhandlung gegen ihn aufgedeckt, Bericht in: *The London Times* vom 8. August 1917.

19) *Erzberger Dokumente*, Akte 36.

20) Über den Freimaurer-Nachrichtendienst siehe Erzberger, *Erlebnisse*, Kap. XII; *A. A.*, Akte 1498—1500; *Erzberger Dokumente*, Akte 13, 20, 37 und 41; Patin, *op. cit.*, S. 55—89.

Berichte aus England.[21]) Leiter des Kopenhagener Büros war Leo Winz, ein russischer jüdischer Journalist, der wegen der antisemitischen Politik der zaristischen Regierung mit den Mittelmächten sympathisierte.[22]) Erzberger beschreibt seine Organisationspläne für sein Stockholmer Büro in einem Bericht vom Herbst 1916:

„Stockholm muß der Hauptsitz der neuen Organisation werden. In Stockholm ist eine ‚politische Entlausungsanstalt' zu errichten, durch die sämtliche Russen, die nach dem Westen reisen, bei unseren Agenten durchgehen müssen. Alle müssen ausgefragt werden.

Hierzu bedarf es einer guten, absolut geheim arbeitenden Organisation, welche ihre Tätigkeit auch auf die zahlreichen in Stockholm lebenden russischen Journalisten zu erstrecken hat. In den Dienst dieser Organisation sind zu stellen nicht nur zuverlässige Deutsche, sondern auch zuverlässige Neutrale. Von Stockholm aus muß es auch gelingen, Beziehungen zu den maßgebendsten russischen Kreisen und Behörden zu erhalten, selbst wenn ‚goldene Brücken' geschlagen werden müssen, sind diese nicht zu teuer.

Als Ziel muß angestrebt werden ein Wochen- oder Vierzehntage-Bericht a) aus dem kaiserlichen Hauptquartier selbst, b) aus dem Ministerium des Äußeren in Petersburg, c) aus dem Ministerium des Innern in Petersburg. Diese drei Stellen sind die Brenn- und Sammelpunkte aller politischen Vorgänge in Rußland. Es kann nicht allzu schwerfallen, nach einiger Zeit entsprechende Beziehungen zu erreichen.

Als Chef und Haupt der Organisation schlage ich Herrn *Ziese* vor. Derselbe ist der Bruder des Geh. Kommerzienrats Ziese, des Besitzers der Schichau-Werft in Elbing; er selbst besitzt in Riga eine Werft und hat großen Grundbesitz in Rußland. Durch seine vielseitigen Unternehmungen hat er enge Beziehungen zum russischen Kriegs- und Marineministerium und zu russischen Großfürsten. Er kennt die Verhältnisse in Rußland durch und durch. Dabei darf er als absolut zuverlässig gelten. Keine andere Persönlichkeit dürfte so geeignet sein als Ziese, der auch bereit ist, mit seiner Frau alsbald nach Stockholm abzureisen.

Ihm können beigegeben werden *Herr Iversen mit seiner Tochter,* die mit einem schwedischen Offizier verheiratet ist. Herr Iversen kennt Schweden und hat auch in Rumänien viel Erfahrungen gesammelt und darf wohl als zuverlässig bezeichnet werden. Er würde sich in Schweden als Berichterstatter der ‚Münchner Neuesten Nachrichten' niederlassen, da er in München lebt. Dadurch fiele seine Tätigkeit in Stockholm nicht weiter auf. Herrn Iversen denke ich als eine Art Generalsekretär von Herrn Ziese.

Ferner käme in Betracht *Herr Goldberg,* der gute Beziehungen zur russischen Presse unterhält und hauptsächlich die russischen Journalisten auszufragen hätte.

Die Organisation würde in der Weise zu erfolgen haben, daß sie sich nicht an die Gesandtschaft anlehnt, daß aber alle Berichte, die bei Herrn Ziese zusammenzulaufen haben, durch die Gesandtschaft gehen, daß dort ein Exemplar gleich hinterlegt wird und ein anderes nach Berlin geht. Dadurch würde der Gesandte in Stockholm rasch das ganze Material erhalten und dann in dringenden Fällen chiffrieren können, so ähnlich wie es in der Schweiz eingerichtet ist. Die entstehenden Ko-

---

21) Zu Stephan siehe *A. A.*, Akte 2024, und *Erzberger Dokumente,* Akte 37.
22) Winz an Erzberger am 15. Februar 1919. *Erzberger Dokumente,* Akte 36.

sten lassen sich derzeit noch nicht übersehen. Es handelt sich nur darum, zunächst einen Versuch zu machen."[23])

Die Berichte aus Stockholm dienten Erzberger als Grundlage für die wichtigste Aktion seiner Laufbahn als Amateur-Diplomat — seinen Verhandlungen mit Rußland über den Abschluß eines Separatfriedens im Frühjahr 1917.

## Verhandlungen mit Rußland

Der Zusammenbruch der zaristischen Autokratie im März 1917 erweckte in Deutschland gewaltige Hoffnungen. Es war bekannt, daß die russischen Volksmassen außerordentlich kriegsmüde waren. Die Provisorische Regierung stieß bald auf eine starke Abneigung im Volke gegen die von ihr erklärte Absicht, den Krieg weiterzuführen und jeden Gedanken an einen Separatfrieden mit Deutschland abzuweisen. Die Opposition gegen den Krieg konzentrierte sich im Sowjet von Petrograd, dessen bolschewistischer linker Flügel das Schlagwort vom „Frieden um jeden Preis" aufbrachte.

Als Erzberger vom Ausbruch der russischen Revolution hörte, besuchte er gerade den damaligen Generalstabschef der Ostfront, General Hoffmann. Er erkannte sofort, daß die Hoffnungen auf einen Separatfrieden zwischen Deutschland und Rußland, die durch die polnische Proklamation vom 5. November 1916 zunichte gemacht worden waren, jetzt vielleicht neu belebt werden könnten. Sein Wunsch nach einem solchen Frieden wuchs, als General Hoffmann ihm und seinem nationalliberalen Reisegefährten von Richthofen ein sehr pessimistisches Bild von Deutschlands militärischer Gesamtsituation entwarf. Der General zerstörte die wenigen Siegesillusionen, die Erzberger nach der Aufnahme des U-Bootkrieges noch hegte, und stärkte seine Überzeugung von der absoluten Notwendigkeit, einen Verständigungsfrieden in naher Zukunft herbeizuführen.[24])

Die Gelegenheit, auf dieses Ziel hinzuarbeiten, ergab sich früher als erwartet. Um den 20. März wurde Erzberger durch einen Mittelsmann gebeten, nach Stockholm zu kommen, und zwar zu einer Besprechung — wie er es Bethmann schilderte — mit „dem russischen Staatsrat Joseph von Kolyschko, früherer Unterstaatssekretär im Finanzministerium unter Graf Witte [bis zu seinem Tode im Jahre 1915 ein Gegner der russischen Kriegspolitik] und persönlicher Vertrauter desselben, der in Stockholm als angesehener und sehr liberaler russischer Schriftsteller seit Kriegsausbruch lebt".[25]) Kolyschko, der mit

---

23) Undatierte Denkschrift Erzbergers vom Herbst 1916. *Erzberger Dokumente*, Akte 36, und *A. A.*, Akte 2089.
24) Max Hoffmann, *Aufzeichnungen*, hrsg. von K. F. Nowak, Berlin 1929, Bd. I, S. 161 f.; Richthofen in: *Erzberger Heft*, S. 687 f., und in: *U. A.*, Bd. VII (2), S. 217—220.
25) Erzbergers Bericht an Bethmann über seine erste Reise nach Stockholm vom 26. bis 28. März 1917 (7 Seiten), o. J. (1917), *Erzberger Dokumente*, Akte 36. Im folgenden zitiert als *Erster Bericht*.

einer Deutschen verheiratet war, hatte sich seit langem um russisch-deutsche Zusammenarbeit bemüht. Er war gerade aufgefordert worden, nach Rußland zurückzukehren und eine hohe Stellung in der Provisorischen Regierung einzunehmen. Ehe er nach Petrograd ging, wollte er mit Erzberger über etwaige deutsch-russische Friedensbedingungen sprechen.[26])

Nachdem er Bethmanns Zustimmung eingeholt hatte, fuhr Erzberger für drei Tage nach Stockholm (26. bis 28. März 1917). Nach seiner Rückkehr berichtete er Bethmann:

„26. März vormittags traf ich in Stockholm ein und hatte sofort mit kurzen Unterbrechungen eine zwölfstündige Unterredung mit Herrn von Kolyschko in der Privatwohnung des Warschauer Großindustriellen Gurewicz, der seit über einem Jahr in Stockholm lebt. Das Resultat der Verhandlungen sei im Nachstehenden niedergelegt: Als wichtigste Friedensbedingung nennt Herr von Kolyschko die Ablehnung größerer Annexionen. Es könnten nur Grenzberichtigungen in Betracht kommen. Die neue Regierung wolle gut Freund mit Deutschland werden. Annexionen verhindern Freundschaft und würden Rußland vollständig in die Hände Englands treiben. Ich stellte durch Zwischenfragen fest, daß er solche Grenzberichtigungen vom russischen Maßstabe aus ansieht, daß sie also immerhin erhebliche Teile umfassen können. Rußland will von dem von ihm eroberten Gebiet einen Teil (Ost-Galizien) erhalten. Wilna dürfe unter keinen Umständen von Rußland losgelöst werden. Ganz Kurland und Litauen Deutschland anzugliedern, würde erhebliche Schwierigkeiten bereiten. Die polnische Frage habe Deutschland durch seine Proklamation sehr erschwert. Nachdem ich auf das erste Aufrollen der polnischen Frage durch Rußland hingewiesen hatte [schon 1914] und erklärt habe, daß die polnische Proklamation [vom November 1916] kein unüberwindbares Hindernis darstellt und daß das deutsche Programm über Polen aller Welt bekannt sei, glaubte Herr von Kolyschko auch, daß eine Verständigung möglich sei. Ich bat ihn, das russische Programm zu übermitteln.

Für die Aufhebung der Kapitulationen in der Türkei könne Rußland eintreten, es muß aber die Zusicherung der guten Dienste Deutschlands bei der Regelung der Dardanellen- und Armenierfrage erhalten. Kriegskostenentschädigung werde Rußland nie bezahlen, dagegen könnten langfristige Handelsverträge zwischen Rußland und Deutschland im Friedensvertrag aufgenommen werden."[27])

Diese Ansichten ließen nach Erzbergers Auffassung den Weg für vielversprechende Verhandlungen offen; er schrieb sofort an Bethmann, der zwei Tage später eine große außenpolitische Erklärung im Reichstag abzugeben hatte, und riet ihm, eine sehr maßvolle Rede zu halten, die die russische Friedenspartei ermutigen solle:

„Die Lage ist heute ganz ähnlich wie 1866, wo Bismarck durch seine von seinem König und dem Militär zuerst nicht verstandene Mäßigung 1870/71 die Schaffung

---

26) *Ibid.* Die Stockholmer Verhandlungen schildert Erzberger ohne Einzelheiten in: *Erlebnisse*, S. 234 bis 238. Sie werden erwähnt von R. Fester, *Die politischen Kämpfe um den Frieden (1916—1918) und das Deutschtum*, München 1938, S. 69; von E. Hoelzle, *Der Osten im Weltkrieg*, Leipzig 1944, S. 42; und von M. Hoffmann, *Der Krieg der versäumten Gelegenheiten*, München 1923, S. 168 f. Vgl. jetzt auch die Gesamtdarstellung von F. Fischer, *Griff nach der Weltmacht*, Düsseldorf 1961, S. 478—485, die sich auf die gleichen Akten wie meine Darstellung stützt.
27) *Erster Bericht.*

des deutschen Reiches ermöglichte und 1879 das Bündnis mit Österreich-Ungarn. Ein 1866 geschmälertes Österreich wäre nie unser Bundesgenosse geworden.

Entweder will man gute Beziehungen zum neuen Rußland, oder man schafft sich einen Todfeind, — ein Drittes dürfte es nicht geben, da eine Vernichtung Rußlands militärische und politische Utopien sind. Alte Revanchegelüste im Westen haben wesentlich zum heutigen Krieg beigetragen, neue Revanchegelüste im Osten verewigen die Kriegsgefahr.

Rußland hat ein Kriegsziel erreicht: Beseitigung der Autokratie [sic]; Deutschland kann eines heute recht schnell erreichen: Sprengung der Entente.

Es ist nicht viel, was Euer Exzellenz im jetzigen Augenblick zur Erreichung dieses Zieles tun müssen. Einer jener Momente in der Menschheitsgeschichte ist gekommen, von dem Bismarck so schön schreibt, daß er sich in den größten Augenblicken seines Lebens damit begnügt habe, beim Schreiten der Vorsehung durch die Weltgeschichte den Saum des Kleides der Vorsehung zu berühren."[28])

Bei seiner Rede vom 29. März 1917 richtete sich Bethmann nach den Vorschlägen Erzbergers.[29])

Kolyschko erkundigte sich auch, welche Bedingungen Deutschland im Westen und Österreich an Italien stellen würden — Fragen, die Erzberger ausweichend beantwortete, obwohl er Österreich gegen alle italienischen Forderungen in Schutz nahm.[30]) Kolyschko hatte das Ziel, auf einen allgemeinen Frieden hinzuarbeiten, bei dem England und Frankreich mit Rußland zusammengehen würden. Erzberger zweifelte an der Möglichkeit, daß ein solcher Frieden zu diesem Zeitpunkt erreichbar sei. Er wollte in erster Linie einen Sonderfrieden mit Rußland allein schließen. Mit seinem üblichen Optimismus übertrieb er die Bereitwilligkeit der russischen Provisorischen Regierung, einen Separatfrieden in Erwägung zu ziehen. Die in der Tiefe gärende Revolutionsgefahr mußte nach seiner Auffassung die Führer dieser Regierung überzeugen, daß ein sofortiger Friede unbedingt notwendig sei, vorausgesetzt, daß er zu ehrenhaften Bedingungen geschlossen werden könne. Er schnitt sogar die Frage an, ob Deutschland mit Friedensangeboten warten solle, bis eine sozialistische Regierung die jetzige bürgerliche Koalition ersetzt habe, was er für unvermeidbar hielt, wenn der Krieg weiter andauere. Er war jedoch gegen eine abwartende Politik:

„Es kann aber auch leicht eintreten, daß die Sozialdemokraten nicht im ganzen Reich zur Macht gelangen, daß in einigen Provinzen Gegenströmungen auftauchen und eine Reihe von Regierungen sich etablieren. Dann würde der Krieg im Osten versumpfen, und es wäre kein Ende abzusehen; es ist dann unsicher, ob eine Regierung sich für einen Frieden stark genug fühlt. Wer bald einen Frieden wolle, dürfe

---

28) Erzberger an Bethmann am 27. März 1917. *Erzberger Dokumente*, Akte 36. Zusammengefaßt ohne Schilderung des unmittelbaren Hintergrundes in: *Erlebnisse*, S. 235.
29) T. von Bethmann Hollweg, *Kriegsreden*, Stuttgart 1919, S. 225 ff.
30) Erzberger vertrat schon lange die Ansicht, daß keine Konzessionen an Italien gemacht werden sollten. Siehe seinen Bericht an Bethmann über fehlgeschlagene Friedensverhandlungen, die er am 12. Juli 1916 in der Schweiz mit einem italienischen Offizier geführt hatte. *Erzberger Dokumente*, Akte 17.

deshalb nicht damit rechnen, daß eine sozialdemokratische Regierung diesen schneller herbeiführen könne [als die jetzige Provisorische Regierung]."[31])

Für das erste Gebot der Stunde hielt Erzberger ein rasches deutsches Angebot mit maßvollen Friedensbedingungen. Man kam überein, daß Kolyschko nach Petrograd fahren und mit Mitgliedern der russischen Regierung sprechen solle, während Erzberger nach Berlin zurückkehrte, um Bethmann zu berichten. Eine zweite Zusammenkunft am 20. April in Stockholm zwecks weiterer Verhandlungen wurde vereinbart.[32])

Die russische Provisorische Regierung gab am 9. April 1917 eine vage „Erklärung über die Kriegsziele" ab, die am frühen Morgen des 12. April in Berlin eintraf.[33]) Sie wurde in Deutschland als verschleierter Friedensfühler verstanden, obwohl sie vornehmlich aus innenpolitischen Gründen abgegeben worden war. In Deutschland fanden sofort Beratungen über eine angemessene Antwort statt. Erzberger sprach um 9.30 Uhr mit Bethmann, um 11 Uhr mit Helfferich, um 12 Uhr mit dem Staatssekretär des Auswärtigen Zimmermann und um 13 Uhr mit Unterstaatssekretär Stumm. Er schlug vor, man möge Rußland nicht direkt antworten, vielmehr solle der Kaiser einen offenen Brief an Bethmann richten, in dem der russische Wunsch nach Frieden begrüßt und dem Kanzler volle Verhandlungsfreiheit gewährt werde. Ein Sonderfrieden solle in dem Brief nicht ausdrücklich gefordert werden, da Rußland über den offenen Vorschlag, sich seinen Verbündeten gegenüber illoyal zu verhalten, beleidigt sein würde. Erzberger wünschte, Rußland möge selbst die Notwendigkeit eines Separatfriedens einsehen, nachdem der russische Versuch gescheitert war, England und Frankreich zu überzeugen, von Deutschland angebotene maßvolle Bedingungen anzunehmen.[34])

Erzberger entwarf einen entsprechenden Brief und schickte ihn an den Chef des Marinekabinetts, Admiral von Müller, der ihn dem Kaiser vorlegen sollte. In seinem Begleitbrief wies er auf die besonderen Vorzüge eines solchen kaiserlichen Schreibens hin: Rußland würde von der deutschen Friedensbereitschaft erfahren, ohne daß das indirekte russische Angebot einer direkten Antwort gewürdigt werde; die Monarchie würde dadurch gestärkt, daß der Kaiser mit dem ersten Schritt zum Frieden sichtbar in Verbindung gebracht werde; Bethmanns Stellung gegenüber seinen innenpolitischen Widersachern könnte durch den ostentativen Ausdruck des kaiserlichen Vertrauens für die kommenden Friedensverhandlungen gefestigt werden.[35]) Der letzte Gedanke zeigt, daß

---

31) *Erster Bericht.* In einem Brief an R. A. Ziese vom 25. April 1917 bringt Erzberger den gleichen Gedanken zum Ausdruck. *Erzberger Dokumente,* Akte 36.
32) *Erster Bericht.*
33) Für den Text siehe W. H. Chamberlin, *Die russische Revolution 1917—1921,* 2 Bde., Frankfurt/Main 1958, Bd. 1, S. 407 f.
34) Denkschrift vom 12. April 1917, die Erzberger über seine Tätigkeit an diesem Tage verfaßte. *Erzberger Dokumente,* Akte 36.
35) Erzberger an Admiral von Müller, *ibid.*

Erzberger im April 1917 weit davon entfernt war, Bethmanns Entlassung zu wünschen, obwohl bis zur Julikrise nur noch drei Monate vergehen sollten.

Die Oberste Heeresleitung, die bereits Bethmanns Sturz plante, sprach sich gegen einen Brief des Kaisers aus. Daraufhin schlug Erzberger vor, die Regierung möge statt dessen in der halbamtlichen „Norddeutschen Allgemeinen Zeitung" eine versöhnliche Erklärung gegenüber Rußland veröffentlichen. Für diesen Vorschlag trat Unterstaatssekretär Stumm energisch ein, der nach einem Aufenthalt in Wien berichtete, die österreichische Regierung dränge darauf, Rußland in irgendeiner Form zu antworten. Am 15. April 1917 wurde die Erklärung veröffentlicht. Am gleichen Tage erhielt Erzberger eine Botschaft von Kolyschko, der ihn dringend bat, am 18. April nach Stockholm zu kommen. Bei einer Besprechung am 17. April hörte Erzberger von Bethmann, der Frieden könne nicht mehr durch Reichstagsreden und halbamtliche Zeitungsartikel gefördert werden, nunmehr sei der Augenblick für Verhandlungen zwischen bevollmächtigten Vertretern gekommen.[36])

Vor dieser zweiten Reise nach Stockholm wurde Erzberger in ein Ereignis verwickelt, das eine größere Wirkung auf den Gang der Weltgeschichte haben sollte als jede andere Handlung seines ganzen Lebens. Ein gewisser Dr. Parvus, ein sozialistischer Bekannter aus der Zeit ihrer gemeinsamen Aufdeckung der Kolonialskandale, trat im Auftrag von zwei Schweizer Sozialisten, Robert Grimm und Fritz Platten, an ihn heran. Beide wünschten, einigen russischen Revolutionären — darunter Lenin —, die in der Schweiz im Exil lebten, zur Rückkehr nach Rußland über Deutschland zu verhelfen. Erzberger begrüßte diesen Wunsch und drängte das Auswärtige Amt, ihn zu erfüllen. Baron von Maltzahn, ein hoher Beamter der Ost-Abteilung, ließ sich leicht dafür gewinnen und sprach gemeinsam mit Erzberger bei Bethmann vor, um dessen Billigung einzuholen, für die auch Ludendorff eintrat. Daraufhin wurde der deutsche Gesandte in Bern, Romberg, ermächtigt, eine Vereinbarung mit Lenin zu unterzeichnen (6. April 1917). Die Ententemächte hatten Lenins Antrag, durch ihr Gebiet reisen zu dürfen, abgelehnt, da sie glaubten, seine Anwesenheit in Rußland könnte die Fortsetzung der Kriegsanstrengungen gegen Deutschland unterminieren. Erzberger befürwortete Lenins Durchreise aus dem gleichen Grunde und erwies sich damit als guter Prophet der unmittelbaren Zukunft. Welche Folgen Lenins Rückkehr im weiteren geschichtlichen Ablauf haben würde, konnte er nicht vorausahnen.[37])

36) Erzbergers Memorandum über seine Tätigkeit am 13.—17. April 1917, o. J., *Erzberger Dokumente*, Akte 36.

37) Die Erzberger Dokumente enthalten nichts über seine Intervention für Lenin. Sie wird erwähnt bei Max Hoffmann, *op. cit.*, Bd. II, S. 174. Margarethe Ludendorff, *op. cit.*, S. 180 f., die angeblich Erzbergers eigene Äußerungen bei einem Essen wiedergibt, enthält einige Ungenauigkeiten. Über Alexander Helphand, *alias* Parvus, siehe Fester, *Die politischen Kämpfe*, S. 62—66, und das lobende Erinnerungsbuch von K. Haenisch, *Parvus*, Berlin 1925. Die Zusammenarbeit mit Erzberger bei der Aufdeckung der Kolonialskandale wird bestätigt von Parvus, *Die Kolonialpolitik und der Zusammenbruch*, Leipzig 1907. Vgl. jetzt die wichtigen Dokumente in Z. A. B. Zeman, *Germany and the Revolution in Russia 1915—1918*, London 1958 und Werner Hahlweg, *Lenins Rückkehr nach Rußland: die deutschen*

Die zweite Unterredung mit Kolyschko fand am 19. April 1917 in Stockholm statt. Kolyschko sprach mit Wärme von Deutschlands Friedensbemühungen seit ihrer letzten Zusammenkunft am 26. März: Bethmanns Rede am 29. März, Lenins Rückkehr nach Rußland, die Zeitungserklärung vom 15. April. Er wünschte jedoch, daß die Presse einen Versöhnungsfrieden mit Rußland energischer unterstütze, um die Provisorische Regierung davon zu überzeugen, daß die deutsche öffentliche Meinung hinter Bethmann stehe, wenn dieser sich dem annexionistischen Friedensprogramm der Alldeutschen widersetze. Diese Klage veranlaßte Erzberger, dem Kanzler vorzuschlagen, einflußreiche Redakteure zusammenzurufen, um die erwünschte Presseunterstützung zu mobilisieren. Kolyschko berichtete Erzberger über die Lage in Rußland, die er, was die Frage Krieg oder Frieden betraf, als sehr unsicher bezeichnete. Die Entente übe durch eine Sondermission unter der Leitung des französischen Sozialisten Albert Thomas einen starken Druck aus, um der Kriegspartei den Rükken zu stärken. Die Fortführung des Krieges befürworte Miljukow bei der Regierung und Plechanow bei den Sozialisten, während Kerenskij als Anführer der Friedenspartei gelte. Kolyschko drängte darauf, Deutschland möge letzteren durch versöhnliche Erklärungen unterstützen und von militärischen Angriffen absehen, die den russischen Chauvinismus reizen könnten (wie es durch eine deutsche Offensive im Stochodabschnitt vor kurzem geschehen war). Erzberger versprach, sein möglichstes zu tun, um beide Ziele zu fördern.[38])

Die beiden Männer arbeiteten ein detailliertes Waffenstillstandsabkommen aus, das ihren Regierungen vorgelegt werden sollte. Ein handschriftlicher Entwurf Erzbergers findet sich noch bei seinen Papieren mit der ergötzlichen Überschrift: „Herr Staatsrat von Kolyschko und Matthias Erzberger verpflichten sich, mit allen ihren Kräften die Regierungen von Rußland und Deutschland zu folgendem Abkommen zu bewegen.“ Das Dokument ist der konkreteste halbamtliche Friedensvorschlag, der während des ganzen Krieges von zwei Kriegführenden aufgestellt wurde, und verdient daher, ungekürzt abgedruckt zu werden. Erzbergers Kommentare an Bethmann sind in gekürzter Form an den entsprechenden Stellen in Klammern eingefügt:

„Mit Wirkung vom ... Mai vormittags 6 Uhr bis ... Juni 1917 vormittags 6 Uhr wird ein allgemeiner sechswöchentlicher Waffenstillstand aller Streitkräfte zwischen Deutschland und Rußland mit Rumänien unter Belassung der Landtruppen in den am Tage des Vertragsabschlusses befindlichen Stellungen geschlossen. Zweck dieses Waffenstillstandes ist die Herbeiführung eines dauerhaften für beide Teile ehrenvollen Friedens auf folgender Grundlage:

[Es wird davon ausgegangen, daß Deutschland die Zustimmung Bulgariens, der Türkei und Österreichs einholt.]

---

*Akten,* Leiden 1957. Die genaue Beurteilung der Rolle, die Erzberger bei der Rückkehr Lenins gespielt hat, ist unmöglich, weil verschiedene deutsche Stellen gleichzeitig mit der Frage beschäftigt waren.

38) Erzbergers Bericht an Bethmann über seine zweite Stockholmer Reise vom 20. April 1917. Im folgenden zitiert als *Zweiter Bericht. Erzberger Dokumente,* Akte 36.

1. Die am 1. 8. 1914 vorhandene Grenze Rußlands wird wiederhergestellt; dabei sind Grenzberichtigungen (ausdrücklich) vorbehalten.

[„Grenzberichtigungen" verstehen sich nach russischem Maßstab, d. h. sie können erheblich sein. Erzberger warnte Bethmann davor, von „Annexionen" zu sprechen.]

2. Die Grenze des neuen Staates Polen wird von Rußland, Deutschland und Österreich-Ungarn bestimmt. Durch eine vor dem ... Juni 1917 stattfindende Abstimmung der männlichen Bewohner über 25 Jahre des Staates Polen ist festzustellen, ob Polen unter russischer Oberhoheit oder als freie Republik oder als erbliche Monarchie errichtet werden soll.

[Erzberger wies darauf hin, daß der Einfluß der polnischen Geistlichkeit zu einem für Deutschland günstigen Ergebnis, d. h. zu einer mit den Mittelmächten eng verbundenen erblichen Monarchie, führen würde.]

3. Rußland stimmt der Aufhebung der Kapitulationen in der Türkei zu, wogegen Deutschland seine guten Dienste in der Regelung der Dardanellenfrage und Armeniens zusagt.

4. Alle privaten Rechtsverhältnisse der Staatsbürger von Rußland und Deutschland, wie sie am 1. 8. 1914 bestanden haben, treten wieder in Kraft. Können sie *in natura* nicht wiederhergestellt werden, so ist vollwertiger Ersatz *in natura* zu stellen; liegt die Unmöglichkeit hierfür vor, so setzt im Streitfalle die Höhe der Geldentschädigung das Schweizer Bundesgericht in Lausanne fest.

[Erzberger stellte fest, daß Punkt 2, 3 und 4 bereits bei seiner Unterredung mit Kolyschko am 26. März vereinbart worden seien.]

5. Der am 1. 8. 1914 in Kraft gewesene Handelsvertrag zwischen Deutschland und Rußland wird verlängert, bis ein neuer Handelsvertrag zustande kommt. Beide Staaten dürfen keine Auswandererverbote, keine Ausfuhrverbote und keine Transiterschwerungen festsetzen.

[Kolyschko hatte Erzberger mitgeteilt, Rußland werde auf einem neuen Handelsvertrag bestehen, weil es den alten unter den ungünstigen Bedingungen seiner Niederlage im russisch-japanischen Krieg unterzeichnet habe. Erzberger wünschte die vollständige Abschaffung von Ausfuhrzöllen, Kolyschko bestand jedoch darauf, daß Rußland Zölle auf die Getreideausfuhr aus fiskalischen Gründen erheben müsse.]

6. Jeder der beiden kriegführenden Teile zahlt seine Kriegskosten und Kriegsschäden selbst.

7. Alle anderen Fragen werden im Friedensvertrag geregelt.

8. Rußland und Deutschland verpflichten sich, für internationale Beschränkung der Rüstungen einzutreten.

9. Bevor eines der beiden Länder vorbereitende Kriegsmaßnahmen (Kriegszustand, Mobilmachung usw.) anordnet, muß es die strittigen Fragen einem Schiedsgericht unterbreiten.

[Diesen Punkt wollte Kolyschko konkreter gestalten, indem er bestimmte Schiedsrichter nannte: den König von Spanien, den Papst, den Schweizer Bundespräsidenten; dies lehnte Erzberger jedoch ab.]

10. Auf Wunsch Rußlands ist Deutschland bereit, jederzeit einen Waffenstillstand mit den anderen kriegführenden Mächten behufs Herbeiführung des allgemeinen Friedens abzuschließen.

[Dieser Punkt war Rußland besonders wichtig, damit es das Odium der Unterzeichnung eines Separatfriedens vermeiden konnte. Erzberger bezeichnet die

Punkte 8 bis 10 als besonders wichtig, um die Zustimmung der „idealistischen" russischen Friedenspartei unter der Führung von Kerenskij zu erwirken.]

Die in gehöriger Form unterzeichneten Urkunden über diesen Vertrag sind möglichst bald, spätestens in vier Wochen, also am 18. Mai 1917, in Stockholm auszutauschen.

Stockholm, d. 20. April 1917."[39])

In seinem allgemeinen Kommentar zu den Bedingungen erklärte Erzberger noch, Rußland werde darauf bestehen, daß Deutschland die Zahl seiner Streitkräfte an der Ostfront während der Friedensverhandlungen nicht verringere, da ein deutscher Angriff im Westen mit aus dem Osten abgezogenen Truppen Rußlands Beziehungen zu seinen alten Verbündeten vergiften würde. Kolyschko war damit einverstanden, daß der russisch-deutsche Handel während des Waffenstillstandes wieder aufgenommen werde, wobei Rußland Getreide und Mangan gegen deutsche Kohle und Chemikalien liefern werde. Er weigerte sich jedoch, dieses Angebot unter den schriftlich formulierten Bedingungen mitaufzuführen, weil er befürchtete, England und Frankreich würden sich sofort über Rußlands Hilfeleistungen für den gemeinsamen Feind beschweren.[40])

Erzberger kehrte am 20. April in Hochstimmung nach Berlin zurück. Am Vormittag des 21. sprach er mit dem Staatssekretär des Auswärtigen Zimmermann und mit dem Referenten für Österreich im Auswärtigen Amt von Bergen; beide waren von dem Stockholmer Entwurf begeistert. Zimmermanns Wunsch nach einem baldigen Frieden war weit stärker geworden, nachdem gerade ein pessimistischer Bericht, den der österreichische Außenminister Graf Czernin über die Aussichten Österreichs am 12. April 1917 für Kaiser Karl verfaßt hatte, eingetroffen war. Czernin sagte Österreichs Zusammenbruch voraus, wenn der Krieg noch einen Winter dauere. Der Bericht beeindruckte Erzberger stark. Im Hinblick auf die Rolle, die dieser berühmte Bericht später gespielt hat, ist es wichtig festzustellen, daß — nach Erzbergers Aufzeichnungen vom 21. April — Zimmermann (mit Bethmanns Billigung) Bergen anwies, Erzberger das Dokument noch am gleichen Nachmittag lesen zu lassen.

Erzberger sprach Bethmann am Mittag eben desselben Tages. Der Kanzler erklärte sich mit der Stockholmer Abmachung einverstanden, bemerkte jedoch, der einzige schwache Punkt sei die Ungenauigkeit in bezug auf die künftigen Grenzen — ein Punkt, der absichtlich zweideutig gehalten worden war, weil er das größte Hindernis für eine Regelung darstellte:

„Bethmann wünscht, daß noch vor Zustandekommen des Waffenstillstandes nähere Erklärung darüber gegeben wird, was unter Grenzberichtigung zu verstehen sei. Ich [Erzberger] verwies auf Ziffer 2, welche die gemeinsame Festsetzung der polnischen Grenzen behandelt. Die Polen der ganzen Welt würden verlangen,

---

39) *Zweiter Bericht.* Die Waffenstillstandsbedingungen finden sich in einem besonderen Anhang.
40) *Ibid.*

daß Grodno und Wilna zu Polen geschlagen werden. Rußland würde das nicht zugeben. Wir könnten uns dann leicht auf die Seite Rußlands stellen und einen besseren Vertragsabschluß für Kurland und Litauen zu erreichen suchen. Wir hätten so zwei Eisen im Feuer und der Erfolg würde uns sicher sein."[41])

Erzberger teilte Bethmann mit, daß er noch am gleichen Abend nach Wien reise, um seine österreichischen Freunde zu sprechen. „Der Reichskanzler bat mich, bei den Besprechungen in Wien von dem Stockholmer Abkommen nichts zu erwähnen und dafür zu sorgen, daß die falsche Auffassung über die U-Boote [wegen mangelnder Erfolge] nicht weiter um sich greife."[42]) Diese Anweisungen zeigen, daß Erzberger mit voller Zustimmung Bethmanns nach Wien reiste.[43])

Sonntag und Montag, den 22. und 23. April, verbrachte Erzberger in Wien mit dem Zweck, der österreichischen Kriegsmüdigkeit entgegenzuwirken, die in Czernins Bericht wie in weitverbreiteten Streiks, erregten Ansammlungen und dem Gerücht, Österreich versuche einen Sonderfrieden zu schließen, zum Ausdruck kam. Die Affäre des Prinzen Sixtus von Bourbon-Parma, der von sich aus einen Separatfrieden zwischen der französischen Regierung und dem Wiener Hof vermitteln wollte, fiel in jene Zeit, in der Kaiser Karl mit dem Gedanken spielte, Deutschland im Stich zu lassen; sein Schwager Sixtus, Bruder der Kaiserin Zita, hatte Wien Ende März zum erstenmal besucht.[44]) Erzberger führte zunächst Gespräche mit den Persönlichkeiten am Hofe, zu denen er im Kontakt stand — der Erzherzogin Maria Theresia, der Herzogin von Braganza und der Herzogin von Parma — um ihre Unterstützung zu gewinnen, auf das Kaiserpaar Karl und Zita einzuwirken, daß sie an der Bündnistreue gegenüber Deutschland festhalten müßten. Es folgte eine lange Unterredung mit Graf Czernin, der Erzberger die Schwierigkeiten der österreichischen Situation auseinandersetzte, aber die Gefährlichkeit der Streiks bagatellisierte. Die beiden Männer stimmten überein, daß es notwendig sei, einen baldigen Frieden herbeizuführen, und beschlossen, über einen Freund Czernins, Wassilko, der regelmäßig zwischen Berlin und Wien hin und her reiste, weiterhin in Fühlung zu bleiben. Dabei führte Erzberger Bethmanns Auftrag gewissenhaft aus, indem er hervorhob, der U-Bootkrieg sei während der ersten

---

41) Erzbergers Memorandum über seine Berliner Gespräche vom 21. April 1917, am gleichen Tage niedergeschrieben. *Erzberger Dokumente,* Akte 36. In einem Memorandum vom 5. September 1917, *ibid.,* Akte 18, erklärt Erzberger noch einmal, Bethmann habe Bergen ausdrücklich angewiesen, ihm (Erzberger) den Czernin-Bericht zu zeigen.

42) Erzbergers Memorandum vom 21. April 1917. *Erzberger Dokumente,* Akte 36.

43) Erzbergers Behauptung, er sei mit Instruktionen Bethmanns nach Wien gefahren, wurde strittig zur Zeit des Beleidigungsprozesses gegen Helfferich im Jahre 1920. Helfferich warf Erzberger bewußte Unwahrheit vor, die aus dem Wunsch entstanden sei, seine eigene Bedeutung zu vergrößern. Bethmann — über Erzberger verbittert, weil dieser der Hauptanstifter seines Sturzes war — bestätigte Helfferichs Anschuldigung, aber Erzbergers Aufzeichnungen aus der fraglichen Zeit zeigen, daß Bethmann an einer Gedächtnislücke litt. Das Gericht erklärte die Angelegenheit für ein Mißverständnis. *Prozeß,* S. 735—739, 848 f., 904, 1042 f.

44) Der beste Bericht hierüber ist noch immer Richard Fester, *Die Politik Kaiser Karls und der Wendepunkt des Weltkrieges,* München 1925, der auf offiziellen deutschen Dokumenten beruht; diese wurden dem Untersuchungsausschuß des Reichstags vertraulich zur Verfügung gestellt. Fester konnte sie infolge eines Vertrauensbruches von Dietrich Schäfer, der Fachberater des Ausschusses war, benutzen.

zwei Monate ein großer Erfolg gewesen, und seine wahren Auswirkungen könnten erst Mitte des Sommers beurteilt werden.[45])

Am nächsten Tag konferierte Erzberger mit Kardinal Piffl, der ihm versicherte, es bestehe in Österreich keine unmittelbare Gefahr revolutionärer Aufstände. Danach besuchte Erzberger den Wiener Bürgermeister Weißkirchner, der ebenfalls zuversichtlich glaubte, Ruhe und Ordnung aufrechterhalten zu können. Das Hauptereignis des Tages war jedoch eine lange Audienz beim österreichischen Kaiser. Dieser versicherte Erzberger, daß er treu zum deutschen Bündnis halten werde, betonte aber, Österreich könne den Krieg nicht viel länger fortführen. Zur Beweisführung überreichte er Erzberger eine Abschrift des Czernin-Berichts mit der Ermächtigung, ihn nach Gutdünken zu benutzen, wenn es das gemeinsame Ziel eines baldigen Friedensschlusses fördern könne. Auf diese Ermächtigung ging Erzbergers späterer Entschluß zurück, die Denkschrift auf einer Parteiversammlung des Zentrums in Frankfurt vorzulesen. Das Gespräch zwischen Kaiser Karl und Erzberger verlief in sehr freundschaftlicher Form. „Zum Schluß bat der Kaiser mich, ihn auf dem laufenden zu halten und ständig zu informieren."[46]) Diese Audienz sollte wegen der bald darauffolgenden stürmischen Auseinandersetzungen über Erzbergers Benutzung des Czernin-Berichtes für mehrere Monate die letzte sein.

Als er am 24. April nach Berlin zurückkehrte, mußte er feststellen, daß sein Stockholmer Entwurf eines Waffenstillstandsabkommens erregte Kontroversen ausgelöst hatte. Vor seiner Wiener Reise hatte er eine Abschrift an Admiral von Müller im Großen Hauptquartier geschickt mit dem Vermerk: „Streng vertraulich, nur zur persönlichen Kenntnisnahme bestimmt."[47]) Ungeschickterweise zeigte Müller das Schriftstück dem Vertreter des Auswärtigen Amtes im Großen Hauptquartier Grünau, der es auf eigene Verantwortung bei Besprechungen mit General Ludendorff und dem Kaiser benutzte. Kaiser und General waren in gleicher Weise empört. Grünau berichtete am 27. April aus dem Auswärtigen Amt: „Infolge der Erzberger-Sache war heute auf der ganzen Linie schwerste Gewitterstimmung mit zeitweisen Entladungen".[48]) Kaiser Wilhelm fühle sich hintergangen, da Bethmann ihn nicht im voraus über Erzbergers Mission in Kenntnis gesetzt habe. Grünaus Bericht über den kaiserlichen Wutausbruch gegen Erzberger enthält auch den sich auf ihn beziehenden Passus:

---

45) Erzbergers Bericht an Bethmann über seine Reise nach Wien vom 22. bis 23. April 1917, datiert Berlin, 24. April 1917, *Erzberger Dokumente,* Akte 36. Das Gespräch mit Czernin schildert Erzberger in: *Erlebnisse,* S. 117 f. Wassilko war ruthenisches Mitglied des österreichischen Parlaments und wurde 1918 ukrainischer Gesandter in Wien. K. Werkmann, *Deutschland als Verbündeter,* Berlin 1931, S. 179.

46) Erzbergers Bericht an Bethmann vom 24. April 1917. In *Erlebnisse,* S. 118 f., gibt Erzberger seinen damaligen Bericht über sein Gespräch mit dem Kaiser fast vollständig wieder. Die Tatsache, daß Karl Erzberger die Czernin-Denkschrift gab, geht aus *Erlebnissen,* S. 119—122, implizite hervor, obwohl Erzberger sich ritterlicherweise weigerte, dies zu Lebzeiten des Kaisers zu behaupten. Kühlmann versichert es aus eigener Kenntnis in seinen *Erinnerungen,* Heidelberg 1948, S. 491 ff.

47) Erzberger an Admiral Müller am 21. April 1917, *Erzberger Dokumente,* Akte 36. Erzbergers Beziehungen zu Admiral Müller erklären sich durch die politische Aufgeschlossenheit der Marinekabinettschefs. Vgl. die wertvolle Quellenpublikation von Walter Görlitz, *Regierte der Kaiser? Kriegstagebücher, Aufzeichnungen und Briefe des Chefs des Marinekabinetts Admiral G. A. von Müller,* Göttingen 1959.

48) *AA,* Akte 2112 H, S. 457 093.

„Ferner haben S. M. den bestimmten Wunsch ausgesprochen, daß künftig vor der Entsendung von Mittelspersonen seine Genehmigung hinsichtlich der Persönlichkeit und ihres Auftrages eingeholt und er über ihre Tätigkeit auf dem laufenden gehalten wird".[49])

Der Staatssekretär Zimmermann wagte immerhin eine halbe Verteidigung der Mission Erzbergers. Man habe den Zentrumsabgeordneten zu Kolyschko geschickt, um einen Kontakt zu Kerenskij herzustellen; als Vermittlungsmann sei er doch zumindest einem Sozialdemokraten vorzuziehen, und er hätte sich rein rezeptiv verhalten sollen. Zimmermann fuhr fort:

> „Erzberger hat seinen Auftrag in dem Wunsch überschritten, Kaiser und Reich zu dienen. Auf meine Vorhaltungen über die Übertretung der Instruktionen bat er mich spontan, ihn zu desavouieren und fallen zu lassen, wenn dies im Reichsinteresse läge. Eine Schädigung unserer Interessen befürchte ich nicht, da Erzberger nach seinen wiederholten Versicherungen Kolyschko gegenüber keinen Zweifel darüber gelassen hat, daß er keinen Auftrag und keine Vollmacht hatte und weil wir an seine Erklärungen nicht gebunden sind, sondern ihn einfach verleugnen können, falls Kolyschko auf die Sache zurückkommt. Für mich kommt Erzberger als Nachrichtensammler nicht als Mittelsperson in Betracht."[50])

Kaiser Wilhelm verwies nochmals auf die Angelegenheit in einem Brief an Bethmann Hollweg vom 28. April:

> „Ich muß bestimmt erwarten, daß AA die Vertrauensmänner, die es aussendet, ganz genau prüft, ob sie *vertrauenswürdig* sind, und *dann* mit von *mir gebilligten*, absolut bindenden Instruktionen versieht. Erzberger bringt uns durch seine Eigenmächtigkeit in die Lage, daß wenn die Russen auf seine Vorschläge eingehen, ich sie desavouieren muß, und dadurch in das Licht der *Treulosigkeit* komme!"

Der Brief endet mit der Feststellung: „Eine solche Eigenmächtigkeit eines Unterhändlers darf *nie* wieder passieren".[51])

General Ludendorff war ebenso wie der Kaiser äußerst erregt. Er war vor allem darüber entrüstet, daß die Bedingungen eines möglichen Waffenstillstandsabkommens ohne vorherige Beratung mit ihm aufgestellt worden waren, und erklärte Erzberger für einen diplomatischen Amateur, der überhaupt kein Recht habe, sich in seine, Ludendorffs, militärischen Angelegenheiten einzumischen. Er vergaß jedoch dabei, daß Erzberger als Bethmanns autorisierter Beauftragter gehandelt hatte und daß die Stockholmer Verhandlungen in erster Linie eine politische Angelegenheit waren. Außerdem erregte die Milde der von Erzberger vorgeschlagenen Bedingungen, besonders die Ungenauigkeit des Ausdrucks „Grenzberichtigungen", seinen Zorn. Ludendorff hatte nämlich gerade am 23. April die offizielle Aufstellung extrem annexionistischer Kriegsziele auf

---

49) *Ibid.* S. 457 090.
50) Zimmermann an Grünau, 27. April 1917. *Ibid.* S. 457 091-2.
51) *Ibid.* S. 457 095. Die ganze Episode ist dafür bezeichnend, daß der Kaiser keineswegs nur eine *quantité négligeable* während des Krieges war. Seine Umgebung hat viel Kraft und Zeit gebraucht, um ihn zu informieren und auf seine Entscheidungen einzuwirken.

der Kreuznacher Konferenz erreicht — Ziele, die in scharfem Widerspruch zu den Erzberger-Kolyschko-Vereinbarungen standen.

Admiral von Müller entschuldigte sich bei Erzberger am 27. April wegen der unbeabsichtigten Folgen seiner Nachlässigkeit und erklärte: „Ich ging dabei von der Ansicht aus — die ich noch heute habe —, daß die ‚Aufzeichnung' nicht eine *Abmachung*, sondern nur ein *Referat* über die russischerseits gewünschten Schritte zur Ermöglichung von Friedensverhandlungen enthielt." Im gleichen Brief an Erzberger kritisierte er Ludendorffs Opposition gegen „Ihre ganze Tätigkeit, für die Ihnen meiner Ansicht nach nur Dank gebührt".[52]) Erzberger antwortete Müller in freundlicher Form, da er glaubte, der Admiral könne sich noch als nützlich erweisen, um Ludendorff vernünftiger zu stimmen:

> „Ich würde Eurer Exzellenz sehr dankbar sein, wenn Sie die Güte hätten, Exzellenz Ludendorff im Sinne Ihrer und meiner Auffassung zu informieren, daß es sich unter keinen Umständen um eine Abmachung handelt, sondern nur um Sondierung des Terrains und um Fixierung der Voraussetzungen für einen Waffenstillstand und Friedensverhandlungen. Eine solche Sondierung muß immer stattfinden. Ich kann heute noch nicht sagen, ob sie zum gewünschten Resultat führt, obwohl ich gute Hoffnung in dieser Richtung habe. Möge Exzellenz Ludendorff versichert sein, daß durch alle diese Dinge den von ihm vertretenen militärischen Interessen in keiner Weise zu nahegetreten wird und daß es sich auch nicht um Verletzung von seiner [militärischen] Kompetenz handelt."[53])

Über Erzbergers geheime Verhandlungen in Stockholm hatte Ludendorff schon Bescheid gewußt, bevor ihm eine Abschrift der Waffenstillstandsformulierungen infolge der Unvorsichtigkeit Müllers zuging. Das Reichsmarineamt unterhielt einen umfangreichen Spionagedienst, der alle Kontakte Erzbergers in den skandinavischen Ländern überwachte und seine Ermittlungen an die Oberste Heeresleitung weitergab. Auf diesem Wege waren detaillierte Berichte über Erzbergers Verhandlungen an den General gelangt, wie Erzberger einige Wochen später durch die prahlerischen Indiskretionen eines Marineoffiziers erfahren sollte.[54]) Ludendorff hatte sofort den Industriellen Hugo Stinnes, der die extrem annexionistischen Ansichten der Obersten Heeresleitung teilte, nach Stockholm geschickt, um auf Kolyschko einzuwirken, von weiteren Verhandlungen mit Erzberger Abstand zu nehmen. Die Stinnes-Mission war ein Beispiel für das merkwürdige Verhältnis zwischen der Obersten Heeresleitung und der Regierung im kaiserlichen Deutschland. Stinnes bot Kolyschko Geld, um als deutscher Agent auf Rußlands Auflösung hinzuarbeiten. Diesen Vorschlag, wie den weiteren, eine friedensfreundliche Zeitung in Petrograd zu gründen, lehnte Kolyschko empört ab. Stinnes' Hauptzweck war, Erzberger, und indirekt auch Bethmann, in Mißkredit zu bringen, indem er, was in der Tat der Wahrheit

52) Admiral Müller an Erzberger am 27. April 1917. *Ibid.*
53) Erzberger an Admiral Müller am 28. April 1917. *Ibid.*
54) Erzberger Memorandum vom 27. April 1917 über seine Reibereien mit Stinnes. *Ibid.*

entsprach, erklärte, die Oberste Heeresleitung werde die maßvollen Vorschläge des Stockholmer Abkommens für einen allgemeinen Frieden niemals annehmen. Damit war deutlich gesagt, daß Verhandlungen mit Erzberger eine Zeitverschwendung seien, er aber — Stinnes — die Kreise vertrete, die in Deutschland wirklich etwas zu sagen hätten, und deshalb alle russisch-deutschen Verhandlungen von jetzt an nur mit ihm geführt werden sollten.[55])

Erzberger erfuhr zum erstenmal von Stinnes' Tätigkeit durch den Vorwurf Kolyschkos, er wisse nicht mehr, welche Ansicht die maßgebenden deutschen Stellen verträten. Er wünsche, alle weiteren Verhandlungen ausschließlich mit Erzberger zu führen und die nutzlosen Zusammenkünfte mit Stinnes einzustellen. Letzterer war schon 1916 mehrfach in Stockholm gewesen, in der Absicht, einen deutsch-japanischen Sonderfrieden zustande zu bringen (dem beizutreten Rußland auch aufgefordert werden könnte), und hatte Kolyschko bei diesen Gelegenheiten gesprochen.[56]) Stinnes' gelegentliche Kontakte mit den Russen wurden erst regelmäßig, als Erzberger seine sehr viel aussichtsreicheren Bemühungen aufgenommen hatte. Erzberger war entrüstet, daß das Reichsmarineamt und die Oberste Heeresleitung alle Schritte zu sabotieren versuchten, die zu einem vernünftigen Frieden führen konnten. Zimmermann gegenüber äußerte er am 27. April 1917, Stinnes sei für jede Art von Verhandlung ungeeignet:

„Herr Kolyschko hat mir auch erklärt, daß es ganz ausgeschlossen sei, mit Herrn Stinnes erfolgreich zu verhandeln, da ihre Anschauungen so weit auseinandergehen, daß sie nicht zur Verständigung kommen könnten. Dazu kommt noch ein zweites. Die Regierung in Rußland geht zweifellos nach links. Wenn nun den russischen Sozialisten bekannt wird, von deutscher Seite wird durch Herrn Stinnes verhandelt, so werden sofort, das ist meine feste Überzeugung, alle Verhandlungen abgebrochen. Denn Herr Stinnes ist im Ausland durch sein Auftreten bei Streiks gegen Arbeiterinteressen so bekannt, daß jeder russische Sozialist sich weigern wird, mit ihm zu sprechen. Es ist auch genügend bekannt, daß auf Betreiben von Stinnes Zwangsdeportationen von belgischen Arbeitern durchgeführt worden sind... Er ist aber weiter bekannt als ein Mann mit den weitgehendsten Annexionsplänen und als Gegner unserer heutigen Reichsleitung."[57])

Nachdem Ludendorff den Entwurf des Waffenstillstandsabkommens gesehen hatte, protestierte er offiziell beim Auswärtigen Amt gegen Erzbergers Tätigkeit. Statt der Obersten Heeresleitung energisch zu sagen, sie möge sich um ihre eigenen Angelegenheiten kümmern, gab Zimmermann die schwache

---

55) Erzberger an Zimmermann am 12. Mai 1917. In diesem langen Brief wird Stinnes' Tätigkeit und Kolyschkos Reaktion darauf geschildert. *Erzberger Dokumente*, Akte 36. Vgl. außerdem Erzbergers frühere „Aufzeichnung über die Beziehungen zwischen J. von Kolyschko und Stinnes" vom 21. April 1917. *A. A.*, Akte 2112 H, S. 457060 f. Stinnes' Kontakte mit Kolyschko werden in den verschiedenen Biographien nicht erwähnt. H. Brinckmeyer, *Hugo Stinnes*, München 1921; G. Raphael, *Hugo Stinnes*, Berlin 1925; K. Heinig, *Stinnes und seine 600 000 Arbeiter*, Berlin 1925; E. Ortner, *Gott Stinnes*, Hannover 1922.
56) Über die deutsch-russischen Verhandlungen und Stinnes' Teil daran siehe den Aufsatz von Erwin Hoelzle „Deutschland und die Wegscheide des ersten Weltkrieges", in: *Festschrift für Otto Becker*, hrsg. von M. Göhring und A. Scharff, Wiesbaden 1954, S. 266—285; auch Erzberger *Erlebnisse*, S. 231 f. Vgl. jetzt die zusammenfassende Darstellung von F. Fischer, *Griff nach der Weltmacht*, S. 278—288.
57) Erzberger an Zimmermann am 12. Mai 1917. *Erzberger Dokumente*, Akte 36.

Antwort, das Stockholmer Protokoll stelle lediglich eine Sondierung dar und Ludendorff werde in späteren Verhandlungsstadien zu Rate gezogen werden.[58]) Ludendorffs Proteste bestimmten jedoch das Auswärtige Amt am 25. April 1917 zu einer „unklaren Erklärung", die für die Russen sehr viel unbefriedigender war als frühere Verlautbarungen.[59]) Kolyschko telegrafierte sofort aus Petrograd, diese Erklärung „macht Verhandlungen nahezu aussichtslos, wenn nicht sofort Klarstellung veranlaßt wird".[60]) Noch am gleichen Tage antwortete Erzberger, die Erklärung vom 25. April ändere die Grundlagen des Entwurfs für das Waffenstillstandsabkommen nicht und er setze sich energisch für die Annahme ein.[61])

In Wirklichkeit aber waren seine Bemühungen durch den Aufstieg Ludendorffs und die Schwäche Bethmann Hollwegs zum Scheitern verurteilt. Der Kaiser hatte am 23. April — während Erzberger in Wien war — eine Geheimkonferenz zwischen dem Kanzler und der Obersten Heeresleitung zur Erörterung der Kriegsziele nach Bad Kreuznach einberufen. Hierbei hatte sich Bethmann, angeblich unter dem Druck einer Rücktrittsdrohung Ludendorffs, mit einer extremen Annexionspolitik einverstanden erklärt, die jede Art von Verständigungsfrieden ausschloß. Im Protokoll von Bad Kreuznach wurde gefordert: im Westen militärische Kontrolle über ganz Belgien und direkte Annexion von Lüttich, der flandrischen Küste, Luxemburgs und des Briey-Longwy-Gebiets; im Osten Annexion von Kurland, Litauen und der Inseln in der Rigaer Bucht sowie erhebliche Grenzberichtigungen in Polen. Dafür sollte Rußland Kompensationen auf Kosten Österreichs und Rumäniens in Galizien und in der Moldau erhalten, und Österreich zum Ausgleich große Teile von Serbien und Rumänien.[62]) Bethmann wußte, wie phantastisch diese Ziele, besonders in bezug auf den Westen waren, und erklärte ausdrücklich sowohl während der Konferenz als auch später, daß er sich nicht unter allen Umständen an sie gebunden fühle. Dennoch war es ein Akt der Schwäche seinerseits, daß er, wenn auch nur vorläufig und bedingt, diesen Zielen zustimmte.[63])

Die vielversprechende Verbindung zu Kolyschko wurde Mitte Mai abgebrochen, als sich deutlich zeigte, daß Erzberger die Regierung in Berlin nicht bewegen konnte, den Stockholmer Entwurf anzunehmen. Am 14. Mai bat er Bethmann, in der für den nächsten Tag vorgesehenen Reichstagsrede wenigstens ein Lippenbekenntnis für eine modifizierte Version der sozialistischen

---

58) Erzbergers Memorandum vom 27. April 1917 über ein Gespräch vom Vortage mit Zimmermann. *Ibid.*
59) Erzberger, *Erlebnisse*, S. 236.
60) Erzberger Memorandum vom 27. April 1917 über seinen Tagesablauf. *Erzberger Dokumente*, Akte 36.
61) *Ibid.*
62) E. O. Volkmann in *U. A.*, Bd. XII(I), S. 200 ff.
63) Bethmanns Ansicht, daß sein Einverständnis mit den Kriegszielen von Bad Kreuznach nur provisorisch gewesen sei, kommt deutlich zum Ausdruck in einem Brief an Hertling vom 26. Januar 1918. *A. A.*, Akte 1499. Siehe auch seine Aktenvermerke, abgedruckt bei Westarp, *Konservative Politik*, Bd. II, S. 85. Die Kontroverse über die Kriegsziele im Frühjahr 1917 habe ich behandelt in: „The Development of German-Austrian War Aims in the spring of 1917", *Journal of Central European Affairs*, Bd. XVII, Nr. 1, April 1957, S. 24—47. Vgl. jetzt F. Fischer, *Griff nach der Weltmacht*, Kap. XII, dessen These von einer grundsätzlichen Übereinstimmung zwischen Reichsleitung und OHL mir aber sehr fraglich erscheint.

Formel „keine Annexionen und Kriegsentschädigungen" als Grundlage für einen allgemeinen Frieden zwischen allen Mächten abzulegen. Die wahrscheinliche Ablehnung einer solchen Formel könnte, so argumentierte Erzberger, für einen Sonderfrieden mit Rußland allein den Weg bereiten. Er schrieb:

„Die Absage an die Forderung der Sozialdemokratie: keine Annexionen, keine Kontributionen, würde das sozialistische Rußland vollständig in die Arme Englands treiben. Das aber wäre der größte Verlust für Deutschland, vielleicht der Verlust des Krieges. Noch aber halte ich in Anbetracht der Gesamtverhältnisse die Formel, welche ich Eurer Exzellenz zu übersenden mir gestattete, für ein Mittel, solche Folgen zu umgehen und zu verhüten ... ‚Keine Annexionen, keine Kriegskostenentschädigung, aber Kompensationen für die besetzten Gebiete.' Eine solche Formel vergibt nichts, lehnt den Gedanken des Eroberungskrieges ab, einigt im Innern, wird die Weltparole werden und schließt auch nach den ersten Stürmen die öffentliche Debatte."[64])

Diese zweideutige Formel wies Bethmann zurück, obwohl sie besser als überhaupt keine war, und zog vor, sich in vagen Gemeinplätzen zu ergehen.[65]) Die Reaktion in Rußland war verständlicherweise feindselig, da die öffentliche Meinung sein Schweigen über die sozialistische Formel als eine praktische Absage auslegte.[66]) Erzberger war der Ansicht, die Rede habe der Sache des Friedens keinen guten Dienst getan, und begann, sich Gedanken darüber zu machen, ob ein Mann wie Bethmann stark genug sein würde, trotz Ludendorffs Opposition Verhandlungen aufzunehmen.[67])

Es ist wahrscheinlich, daß Kolyschko, wenn sich auch in den Erzberger-Dokumenten nichts darüber findet, mit der Provisorischen Regierung in Rußland ähnliche Schwierigkeiten hatte wie Erzberger mit der deutschen. Die kriegswilligen Kräfte in der Regierung warfen Kolyschko vor, er sei ein deutscher Agent, und drohten ihm mit Verhaftung. Erzberger war es nie ganz klar geworden, welche Gruppen in Petrograd Kolyschko vertrat; sicher waren seine Befugnisse niemals von der speziellen Art wie die Erzbergers, obwohl mehrere Kabinettsmitglieder seine Verhandlungen mindestens duldeten. Als Erzberger am 20. März 1917 zum drittenmal nach Stockholm reiste, lehnte Kolyschko eine weitere Zusammenkunft ab. Daß Stinnes seine Sabotagetätigkeit fortgesetzt und versucht hatte, Frau Kolyschko während der Abwesenheit ihres Mannes in Petrograd zu beeinflussen, mag dabei auch eine Rolle gespielt haben.[68])

---

64) Erzberger an Bethmann am 14. Mai 1917. *Erzberger Dokumente,* Akte 32. Bethmann erhielt ähnliche Ratschläge von sehr verschiedenen Persönlichkeiten wie dem Sozialdemokraten Adolf Müller, dem schweizerischen Bundesrat Arthur Hoffmann und dem georgischen Fürsten Matschabelli. F. Fischer, *Griff nach der Weltmacht*, S. 496 ff.

65) Bethmann Hollweg. *Kriegsreden,* S. 238—245.

66) Erzberger bringt Auszüge aus russischen Zeitungsartikeln, die sein Kopenhagener Büro gesammelt hatte, in: *Erlebnisse*, S. 238.

67) Erzberger, *Erlebnisse*, S. 237 f. P. Hannsen, *op. cit.*, S. 262, zitiert Loretz im Hinblick auf Erzbergers Zorn über Bethmanns Schwäche.

68) Erzberger an Frau Martha Schiftan (seine Stockholmer Beauftragte) am 1. und 9. Mai 1917. Frau Schiftan an Erzberger am 11. Mai 1917. *Erzberger Dokumente,* Akte 36. Als Alexander Kerenskij nach Kolyschko gefragt wurde, erinnerte er sich nur vage. Er sagte, Kolyschko sei tatsächlich verhaftet, aber auf Grund einer Amnestie im September 1917 wieder freigelassen worden. Diese Auskunft verdanke ich Herrn Professor Michael Karpowich von der Harvard Universität.

Erzbergers Wunsch nach Frieden hatte Mitte Juni ein merkwürdiges Nachspiel. Wir haben bereits gesehen, wie er, nachdem sich der Schweizer Sozialist Robert Grimm an ihn gewandt hatte, Lenins Reise durch Deutschland unterstützte. Grimm fuhr Ende April selbst nach Rußland, um die Rückkehr anderer Verbannter vorzubereiten, und erbot sich, die Aussichten für einen Friedensschluß zu sondieren. Erzberger begrüßte in Übereinstimmung mit Zimmermann den weiteren Kontakt, um Kolyschkos Einstellung zu überprüfen. Grimm sprach in Petrograd mit verschiedenen führenden Persönlichkeiten, darunter zwei menschewistischen Kabinettsmitgliedern, Tseretelli und Skobelev (Post- und Arbeitsminister). Diese verlangten eine maßgebliche deutsche Erklärung über die Friedensbedingungen, ehe sie sich zu einer Friedenspolitik verpflichten könnten — eine verständliche Forderung, da Deutschland nichts unternommen hatte, um den Waffenstillstandsentwurf von Kolyschko und Erzberger voranzubringen, und Bethmanns Rede vom 15. Mai sehr vage gewesen war. Daraufhin benutzte Grimm — mit Zustimmung des Schweizer Außenministers Arthur Hoffmann und des Schweizer Gesandten in Petrograd Odier — die diplomatischen Nachrichtenwege der Schweiz, um am 25. Mai 1917 Angaben über die deutschen Kriegsziele von Hoffmann zu erbitten. Hoffmann, bemüht, den Krieg, der auch seinem Lande schwere wirtschaftliche Nachteile auferlegte, zu beenden, war gerne bereit, diese Bitte zu erfüllen. Von Romberg, dem deutschen Gesandten in Bern, erhielt er am 31. Mai eine Aufzeichnung über die deutschen Kriegsziele im Osten in einer zweideutigen Form, die einen Kompromiß zwischen Ludendorffs und Erzbergers Auffassungen darstellte. Diese Angaben kabelte er am 3. Juni 1917 an Grimm. Die russische Regierung, die noch immer von den Verfechtern des Kriegskurses beherrscht war, fing das Kabel auf, dechiffrierte es und veröffentlichte den Inhalt in einer ententefreundlichen schwedischen Zeitung. Gleichzeitig wurde Grimm als deutscher Agent aus Rußland ausgewiesen. Die Ententemächte protestierten sofort in Bern gegen Hoffmanns neutralitätswidriges Verhalten, und es war in der Tat ungehörig, daß ein neutraler Außenminister einen deutsch-russischen Sonderfrieden zum Schaden der anderen Ententemächte förderte. Hoffmann trat sofort zurück (18. Juni 1917), beteuerte aber, er habe nur die Interessen der Schweiz im Auge gehabt. Er wurde durch Gustav Ador ersetzt, einen französischen Schweizer, der der Entente ebenso zuneigte wie Hoffmann den Deutschen; jedoch waren beide gute Schweizer, die sehr wohl wußten, daß Neutralität den Interessen ihres Landes am besten diene. Erzbergers Kritiker auf der Rechten haben später seine Rolle bei der ganzen sogenannten „Grimm-Hoffmann-Affäre“ als typische Ungeschicklichkeit des Amateurdiplomaten verurteilt. So war es jedoch keineswegs. Die Hilfe des Schweizer Außenministers für die Förderung deutscher Interessen gewonnen zu haben, war eine große Leistung Erzbergers, während das Auffangen diplomatischer Depeschen ein unglücklicher Zwischenfall war, der nicht vorausgesehen werden konnte. Die Ersetzung des deutschfreundlichen Hoffmann durch den frankreichfreundlichen Ador erwies sich für Deutschland als ein unbedeutendes Ereignis ohne nachträgliche Folgen.[69])

Erzbergers Versuch, im Frühjahr 1917 einen Sonderfrieden zwischen Deutschland und Rußland zustande zu bringen, blieb ohne Erfolg. War dieser Fehlschlag unvermeidlich? Hierzu muß in erster Linie festgehalten werden, daß die Erzbergersche Politik nie ausprobiert worden ist, allen Ententemächten einen allgemeinen „Versöhnungsfrieden" anzubieten, und zwar als Auftakt zu dem Versuch, Rußland zu der Erwägung eines Sonderfriedens zu bewegen. Ludendorff und Bethmann tragen zu gleichen Teilen die Verantwortung für Deutschlands Weigerung, auf alle Annexionen zu verzichten, auch wenn diese Weigerung nur auf taktischen Gründen beruhte. Ihre falsche Politik muß zum Teil ihren persönlichen Fehlern zugeschrieben werden, aber es darf auch nicht vergessen werden, daß ihre Annexionspolitik von einem großen Teil der deutschen Öffentlichkeit gutgeheißen wurde.

Die allgemeinen Hindernisse für jede Art von Friedensverhandlungen waren während des ganzen Weltkrieges sehr groß. Europa war in eine Periode populären Nationalismus eingetreten, der den Geist des totalen Krieges mit dem Ziel des totalen Sieges erzeugte. Kosmopolitische Diplomaten einer früheren Zeit konnten mit begrenzten Mitteln begrenzte Kriege zu begrenzten Zwecken führen. Sie dachten niemals daran, die Empfindungen der Massen aufzupeitschen, um riesige Opfer von ihnen fordern zu können, und sie reizten niemals ein Verlangen in den Massen, aus dem sich Enttäuschung ergeben mußte, sofern der Lohn des Sieges den Anstrengungen der totalen Mobilisierung nicht entsprach. Die Mächte des ersten Weltkrieges aber hätten sich tief enttäuschten Volksmassen gegenübergesehen, wenn sie einem maßvollen Verständigungsfrieden zugestimmt hätten. Bei dem erhitzten Zustand der öffentlichen Meinung wäre es für Frankreich nahezu unmöglich gewesen, Frieden zu schließen, ohne das Elsaß zurückzugewinnen; das gleiche galt für Italien, wenn es auf das Trentino verzichtet hätte, für Österreich, wenn es Serbien nicht niedergeworfen, für England, wenn es die deutsche Marine nicht empfindlich geschwächt, für Deutschland, wenn es nicht erhöhte Sicherheit vor künftiger Kriegsgefahr gewonnen, für Rußland, wenn es nicht die Kontrolle über die Dardanellen errungen hätte.

Deutschland als halb-absolutistischer Staat, in dem das Volk keinen unmittelbaren Einfluß auf die Außenpolitik ausübte, war theoretisch in der Lage, nach den Gesetzen der Staatsräson zu handeln. Hätte es einen starken und

69) Zur Grimm-Hoffmann-Affäre siehe Ruchti, *op. cit.*, Bd. 1, S. 229—266; Fester, *Die Politischen Kämpfe*, S. 71—75; Olga Gankin und Harold H. Fisher, *The Bolsheviks and the World War*, Stanford 1940, S. 613—629.

klarsichtigen Kanzler gehabt, so hätte es trotz des Geschreis der Annexionisten einen status-quo-ante-Frieden angeboten. Ein solcher Friede, von den Ententemächten angenommen, wäre in Wirklichkeit einem deutschen Sieg gleichgekommen. Ein Deutschland, das trotz des anglo-französisch-russischen Bündnisses aus dem Weltkrieg unversehrt herauskam, hätte auch ohne territoriale Ausdehnung die Hegemonie über Europa erlangt.

Die Entente war daher gar nicht in der Lage, einen status-quo-ante-Frieden anzunehmen. Diese Tatsache hätte Deutschland ausnutzen müssen, um die Verantwortung für die Verlängerung des Krieges seinen Feinden zuzuschieben. Das hätte nicht nur einen großen propagandistischen Vorteil für Deutschland, sondern auch eine Stärkung der Friedenskräfte in allen Ententeländern bedeutet. Freilich war kaum anzunehmen, daß diese Kräfte in innerlich festgefügten Staaten wie England und den Vereinigten Staaten oder selbst Frankreich Einfluß auf die Politik gewonnen hätten; aber ein deutscher Friedensschritt hätte in der chaotischen Situation Rußlands im Frühjahr 1917 entscheidend sein können. Dort begann die für den populären Nationalismus charakteristische politische Unnachgiebigkeit unter dem Druck ständiger militärischer Niederlagen zusammenzubrechen. Ein einflußreicher Teil der öffentlichen Meinung, von den Sowjets organisiert, verlangte nach einem Versöhnungsfrieden. Ein großzügiges, für Rußland annehmbares, für die Entente aber nicht annehmbares deutsches Angebot hätte die kriegswillige Provisorische Regierung ernstlich in Verlegenheit gebracht und vielleicht im Falle der Ablehnung zu ihrem raschen Sturz geführt. Bei einem solchen Angebot hatte Deutschland nichts zu verlieren und alles zu gewinnen.

Es ist ein Plus für Erzberger, daß er die Chance für Deutschland erkannte, die Einheit der Entente zu spalten und Rußland aus dem Kriege auszuschalten. Wahrscheinlich überschätzte er die Stärke derjenigen Kräfte in der Provisorischen Regierung, die für eine Friedenspolitik gewonnen werden konnten; das war jedoch kein Grund, diese Richtung nicht soviel wie möglich durch ein großzügiges deutsches Friedensangebot zu unterstützen. Gewiß war dies auch Bethmanns Ansicht, als er die Stockholmer Verhandlungen genehmigte und ehe er sich in Bad Kreuznach Ludendorffs unvernünftigen Kriegszielen beugte. Die deutschen Annexionisten, die über die Oberste Heeresleitung und Industrielle wie Stinnes handelten, wollten Deutschlands große Chance nicht erkennen, weil sie von der Vorstellung neuer Eroberungen hypnotisiert waren und weil ihnen die Einsicht fehlte, Deutschlands wahre Lage richtig einzuschätzen. Bethmann erwies sich als zu schwach, um ihrem verhängnisvollen Einfluß Widerstand zu leisten; und dies war der Grund, warum Erzberger einige Wochen später einen neuen Kanzler wünschte. Die Verhandlungen mit Rußland hielt er für eine große Gelegenheit, die durch die Hartnäckigkeit der Militärs und die Unfähigkeit der Zivilisten versäumt worden sei.

# VIII

## Die Friedensresolution Juli 1917

### Einführung

Die Reichstagskrise vom Juli 1917, die die Friedensresolution und den Sturz Bethmann Hollwegs herbeiführte, war ein Wendepunkt in der Entwicklung Deutschlands während des Krieges, ein Anzeichen für das nahende Ende des bürokratisch-autoritären Regimes und für das Vordringen des liberal-parlamentarischen Regierungssystems. Diese folgenschwere Krise hatte ihren Hintergrund in der aussichtslosen innen- und außenpolitischen Lage, in der sich Deutschland im Frühsommer 1917 befand. Der U-Bootkrieg, der im Februar in der Erwartung begonnen worden war, England in sechs Monaten zu bezwingen, verfehlte ganz offensichtlich seinen Zweck. Amerikas Kriegseintritt hatte den Ententemächten großen psychologischen Auftrieb gegeben. England verfolgte unter der Führung von Lloyd George eine Politik des „K. o.-Schlags". Frankreich schien sich trotz der gescheiterten Frühjahrsoffensive des Generals Nivelle zu behaupten. Rußland, das zwei Jahre fast unaufhörlicher Niederlagen hinter sich hatte, war gleichwohl seinen westlichen Verbündeten treu geblieben. Wie konnte Deutschland, so von Feinden umringt, erwarten, den Krieg militärisch zu gewinnen? Arbeitete nicht die Zeit für die Seite der Entente, je mehr Amerika seine Hilfsquellen erschloß? Diese Fragen mußten tiefe Sorge bei allen Reichstagsabgeordneten erwecken, die gewillt waren, der Wirklichkeit ins Auge zu sehen.

Auch die innenpolitische Lage in Deutschland war immer schwieriger geworden. Die Lasten des sich hinziehenden Krieges riefen tiefe Enttäuschung und Verbitterung hervor. Lebensmittelknappheit, Kohlenmangel, endlose Verluste an den Fronten setzten die menschliche Leidensfähigkeit stärksten Belastungsproben aus. Die disziplinierte Einheit der Sozialdemokratischen Partei zerbrach unter dieser Spannung. Alle Schwierigkeiten Deutschlands spiegelten sich in der Spaltung zwischen dem Mehrheitsflügel unter Ebert und Scheidemann, der weiterhin die Kriegsanstrengungen unterstützte, und den Unabhängigen Sozialdemokraten unter der Führung von Haase und Ledebour, die in die Opposition gingen und jede Unzufriedenheit im Volke rücksichtslos ausnützten.[1]) Für die Mißstände infolge materieller Not gab es keine Abhilfe, aber jene, die auf Deutschlands überalteter innenpolitischer Struktur beruhten, hätten von der Regierung beseitigt werden können. Bethmanns Ruf nach innerer Neuorientierung bestand jedoch nur in wohltönenden Worten und nicht in konstruktiven Leistungen. In der Osterbotschaft von 1917 versprach die Regierung endlich eine Reform des preußischen Wahlrechts, aber die Durchführung wurde bis nach Kriegsende verschoben, und die Regierung vermied es sorgfältig, sich auf ein wirklich demokratisches Wahlsystem zu verpflichten.[2])

Im März 1917 begann ein Reichstagsausschuß Verfassungsänderungen zu erörtern, die auf einen stärkeren Einfluß des Parlaments hinzielten, jedoch erregte der hierbei diskutierte Gedanke, die Armee der Regierung zu unterstellen, den Zorn des Kaisers und der Militärs gleichermaßen. Für die Mehrheitssozialisten wurde es immer schwieriger, ihre Politik vor einem großen Teil ihrer traditionellen Anhänger zu rechtfertigen. Ihre Lage wurde dadurch noch problematischer, daß Bethmann sich in der Frage der Kriegsziele auch jetzt nicht festlegte. Die Unabhängigen Sozialisten agitierten, der Krieg werde durch den Annexionsehrgeiz der herrschenden Schicht unnötig in die Länge gezogen. Hugo Haase machte bei seinen im allgemeinen eindrucksvollen Philippiken gegen Bethmanns Politik geltend, daß ein „Verständigungsfriede" jederzeit möglich wäre, wenn Deutschland nur auf seine Annexionswünsche verzichte. Dabei übertrieb er stark den potentiellen Einfluß seiner Gesinnungsgenossen in den verschiedenen Ententeländern.[3]) Aber seine falsche Beurteilung der Verhältnisse in anderen Ländern beeinträchtigte die Wirkung seiner Agitation nur wenig. In dem Hauptpunkt, Deutschlands Annexionisten seien das größte Hindernis für Friedensverhandlungen, hatte er recht. Millionen Deutscher standen der Regierung immer verbitterter gegenüber und zweifelten an einer erfolgreichen Fortführung des Krieges. Die Mehrheitssozialisten, von den Unabhängigen bedrängt, glaubten im Juli 1917, als neue Kriegskredite im Reichstag bewilligt werden sollten, dagegen stimmen zu müssen, solange sie dem Volk nicht ver-

---

[1]) Carl Schorske, *German Social Democracy 1905—1917; the Development of the Great Schism*, Cambridge 1955, entwickelt in glänzender Weise die These, die Spaltung im Kriege sei der natürliche Höhepunkt der Vorkriegskontroversen innerhalb der Partei gewesen.

[2]) Über die Frage des preußischen Wahlrechts während des Krieges siehe *U. A.*, VIII, S. 180—197, und L. Bergsträsser, *Die preußische Wahlrechtsfrage im Kriege*, Tübingen 1929.

[3]) Hugo Haase, *Reichstagsreden gegen die deutsche Kriegspolitik*, Berlin 1919. Vgl. auch die tiefschürfende Kritik von Hans Herzfeld, *Die deutsche Sozialdemokratie und die Auflösung der nationalen Einheitsfront im Weltkriege*, Leipzig 1928; dieses Buch geht jedoch etwas zu weit in der Richtung der „Dolchstoßlegende".

sichern konnten, Deutschland führe einen reinen Defensivkrieg. Um den politischen Bedürfnissen der Sozialdemokraten entgegenzukommen, teils auch um Eberts Position gegenüber Haase zu stärken, faßte Erzberger den Plan zu einer Friedensresolution.

Die Entwicklung der Julikrise sei hier kurz dargestellt. Der Hauptausschuß des Reichstags trat in der ersten Juliwoche 1917 zu dem Zweck zusammen, die Abstimmung über die Kriegskredite vorzubereiten. Nach einer Rede am 4. Juli, in der er den Admiralstab angriff und auf das Scheitern des U-Bootkrieges hinwies, sprach Erzberger am 6. Juli ausführlich über die Lage Deutschlands. Diese Rede löste wegen ihrer pessimistischen und detaillierten Schilderung der sehr ungünstigen militärischen Aussichten eine allgemeine Panik aus. Erzberger rief den Reichstag auf, als Einleitung zu einem Verständigungsfrieden, in dem er Deutschlands einzige Hoffnung sah, eine Resolution gegen Annexionen anzunehmen. Weder Helfferich, der unmittelbar darauf antwortete, noch Bethmann, der am nächsten Tage sprach, wirkten überzeugend, als sie einen solchen Schritt unangemessen nannten, da er im Ausland als Zeichen der Schwäche ausgelegt werden könne. Ein Interfraktioneller Ausschuß, dem Abgeordnete der Nationalliberalen Partei, des Zentrums, der Fortschrittspartei und der Mehrheitssozialisten angehörten — nicht aber die beiden extremen Richtungen, Konservative und Unabhängige Sozialisten — trat am Nachmittag des 6. Juli zusammen, um eine Resolution nach Erzbergers Vorschlag zu entwerfen. Die politische Erregung erreichte am nächsten Tage den Siedepunkt: Ludendorff kam in der Absicht nach Berlin, die drohende Spannung zwischen Reichstagsmehrheit und Regierung zum Sturz Bethmanns auszunutzen. Der Kaiser, treu zu seinem Kanzler stehend und empört über die direkte Einmischung des Militärs in politische Angelegenheiten, befahl Ludendorff, auf seinen Posten an der Front zurückzukehren. Der General ließ seinen Vertrauten Oberst Bauer in Berlin zurück, um die Intrige gegen den Kanzler fortzusetzen. Die allgemein bekannten Ansichten der Obersten Heeresleitung stärkten die Position der Feinde Bethmanns. Zu Konservativen und Nationalliberalen, die seinen Rücktritt seit langem forderten, gesellte sich jetzt das Zentrum, das unter Erzbergers Einfluß ebenfalls nach einem neuen Kanzler rief.

Der Interfraktionelle Ausschuß verlangte gleichzeitig die baldige Einführung des demokratischen Wahlrechts in Preußen und, als Schritt auf dem Wege zur parlamentarischen Regierungsform, die Berufung prominenter Abgeordneter zu Ämtern in der preußischen und in der Reichsregierung. Bethmann erklärte sich bereit, diese Forderungen zu erfüllen, und erreichte im Kronrat am 9. Juli auch die Zustimmung des Kaisers. Diese Konzession schien Bethmanns Position zu stärken, obwohl sich der nationalliberale Abgeordnete Stresemann noch am gleichen Tage im Reichstag unverblümt für die Entlassung des Kanzlers aussprach. Es sah so aus, als werde Bethmann im Amt bleiben, gestützt auf eine

Linkskoalition von Zentrum, Fortschrittspartei und Mehrheitssozialisten, deren Programm die Durchführung innenpolitischer Reformen und die Annahme von Erzbergers Friedensresolution in leicht verwässerter Form vorsah.

Die Lage änderte sich jedoch, als der Kronprinz am 11. Juli in Berlin erschien, angeblich, um mit seinem Vater über die preußische Wahlrechtsreform zu beraten, in Wirklichkeit aber, um als Abgesandter Ludendorffs Bethmann zu Fall zu bringen. Er arbeitete eng mit Oberst Bauer zusammen, der für den 12. Juli Besprechungen mit einigen ausgesuchten Parteiführern, darunter auch Erzberger, arrangierte, was in der Absicht geschah, zu beweisen, wie wenig Rückhalt der Kanzler im Reichstag habe. Der Kronprinz nutzte Bethmanns schwache Stellung im Parlament aus, um den Kaiser zur Entlassung des Kanzlers zu bewegen; entscheidend war jedoch das scharfe Ultimatum Ludendorffs vom 12. Juli, entweder er oder Bethmann müsse gehen. Der Kanzler, der sich des Ansehens der Obersten Heeresleitung im Volke bewußt war und der außerdem nicht der Mann war, für seine Stellung zu kämpfen, trat am nächsten Tage (13. Juli) zurück. Daraufhin ernannte der Kaiser, nachdem Graf Hertling eine Berufung abgelehnt hatte, den unerfahrenen Dr. Georg Michaelis, der bis dahin preußischer Staatskommissar für Volksernährung war, zum Nachfolger. Der Interfraktionelle Ausschuß, entrüstet, daß der Kaiser ihn in der Frage des neuen Kanzlers übergangen hatte, und voller Verdacht, daß Michaelis im Grunde Annexionist sei, drängte immer energischer auf die Annahme der Friedensresolution im Reichstag. Bei einem zweiten Aufenthalt in Berlin versuchte Ludendorff umsonst, die Resolution durch Besprechungen mit Parteiführern zu verhindern oder mindestens abzuändern, und ließ sich in die Rolle des Sprechers der annexionistischen Minderheit drängen (13. bis 14. Juli). Als sich jedoch die Mehrheit bei der Verteidigung ihrer Politik als unbeeinflußbar erwies, gab Ludendorff nach; er hatte immerhin sein erstes Ziel, Bethmann zu Fall zu bringen, erreicht und vertraute außerdem darauf, daß Michaelis Erzbergers Politik sabotieren würde. Der Reichstag nahm die Resolution am 19. Juli mit 212 gegen 126 Stimmen an: Zentrum, Fortschrittspartei und Mehrheitssozialisten stimmten dafür, Konservative und Nationalliberale dagegen. Außerdem waren die Unabhängigen Sozialisten gegen die Resolution, die sie nicht für annexionsfeindlich genug hielten. Der neue Kanzler nahm sie mit dem fatalen Zusatz an: „wie ich sie auffasse". Dieses Warnzeichen offenbarte den nahenden Konflikt mit der Reichstagsmehrheit. Das Ergebnis der Krise waren ein neuer, doch weit schlechterer Kanzler, eine enttäuschte Reichstagsmehrheit, die sich als unfähig erwies, der Regierung ihren Willen aufzuzwingen, und die Fortsetzung der Diktatur Ludendorffs.[4])

---

[4]) Es gibt keine ausführliche Monographie über die Julikrise. Das einschlägige Material findet sich in vielen Memoiren und Biographien. Die besten allgemeinen Schilderungen sind Bredt, *U. A.*, VIII, S. 69 bis 131; J. Hohlfeld, *Geschichte des deutschen Reiches 1871—1924*, Leipzig 1924, S. 531—554; und Rosenberg, *op. cit.*, Kap. V. Weiteres wertvolles Material zur Julikrise findet sich im 2. Teil der monumentalen Quellenpublikation von Erich Matthias und Rudolf Morsey, *Der Interfraktionelle Ausschuß 1917—1918*,

Erzbergers Rolle bei diesen Ereignissen ist der umstrittenste Teil einer Laufbahn, die nur selten unumstritten war. Sein Verhalten hatte entscheidenden Einfluß auf Deutschlands Entwicklung, aber seine Ziele und Motive sind schwer zu entwirren. Sie waren damals seinen Freunden wie seinen Feinden ein Rätsel, und seine eigene Darstellung bei dem Prozeß gegen Helfferich im Jahre 1920 sollte ihm die Beschuldigung mehrfachen Meineids eintragen.

## Die Hintergründe von Erzbergers Verhalten

Welche Erwägungen veranlaßten Erzberger in seiner Rede vom 6. Juli zu dem aufsehenerregenden Angriff auf die Annexionisten und zu dem Vorschlag einer Friedensresolution? In erster Linie handelte er unter dem Eindruck des gescheiterten U-Bootkrieges. In einem am Ende der Krise verfaßten Memorandum vom 15. Juli 1917 schrieb er:

> „Nach der Reise nach Schweden (20. Mai 1917), nach der Rücksprache mit Nuntius Pacelli (6. Juni 1917), nach bestimmten Mitteilungen der Herren 99, 33, 32, nach den Berichten aller Agenten und Legationen stand für mich fest, daß die Berechnung des Admiralstabes und anderer Regierungsstellen, daß der uneingeschränkte U-Bootkrieg zum Friedensschluß Ende Juli oder Anfang August führen müsse, falsch sei. Eine Aussprache mit dem Herrn Reichskanzler, mit Staatssekretär Helfferich, Staatssekretär Zimmermann ergab vollkommene Übereinstimmung über diese Auffassung.“[5])

Als Erzberger dem Admiralstab am 16. Juni 1917 Tonnagezahlen vorlegte, die er auf Grund seiner ausländischen Informationen zusammengestellt hatte, wies er gleichzeitig auf den grundsätzlichen Fehler hin, der alle Berechnungen der U-Bootanhänger zunichte mache. Alle rechneten nämlich nur mit der englischen, statt mit der gesamten Welttonnage und ließen dabei außer acht, daß England die neutralen Mächte zwingen konnte, ihm ihren Schiffsraum zur Verfügung zu stellen. Am 3. Juli erhielt Erzberger eine ausweichende Antwort des Admiralstabs, in der behauptet wurde, seine Zahlen seien von einem angesehenen Fachmann, dem Chefingenieur der Hamburger Vulkanwerft Müller, geprüft und verworfen worden. Es wurde keinerlei Versuch gemacht, Erzbergers eingehende Berechnungen mit stichhaltigen Gründen zu widerlegen.[6])

Noch nie hatte er sich aber von dem Urteil eines Fachmannes beeindrucken lassen, wenn es seinem gesunden Menschenverstand widersprach. Er war überzeugt, daß das U-Boot Deutschland nicht zum Siege verhelfen werde, und dar-

---

2. Bde. Düsseldorf 1959. Die Einleitung von Erich Matthias enthält eine ausgezeichnete Darstellung der Entstehung der Friedensresolution und des Interfraktionellen Ausschusses, unterschätzt aber m. E. die Rolle Erzbergers. Siehe meine Miszelle „Der Interfraktionelle Ausschuß und das Problem der Parlamentarisierung 1917—1918“. *Historische Zeitschrift*, Bd. 191 (1960), S. 562—584, besonders S. 569 ff.

5) Zehnseitiges Memorandum vom 15. Juli 1917, das von Erzberger verfaßt wurde, um sein Verhalten während der Julikrise zu dokumentieren. *Erzberger Dokumente*, Akte 18. Im folgenden zitiert als *Memorandum vom 15. Juli*.

6) Erzberger, *Erlebnisse*, S. 222 ff.

aus zog er den unausweichlichen Schluß, da Deutschland nicht mehr hoffen könne, den Krieg militärisch zu gewinnen, müsse es sich um einen Verständigungsfrieden bemühen als der einzigen, ihm noch verbleibenden Möglichkeit, einigermaßen unversehrt aus dem Kriege herauszukommen.[7])

Die Einsicht, daß der U-Bootkrieg gescheitert sei, war nicht der ausschließliche Grund für Erzbergers pessimistische Beurteilung der militärischen Lage Deutschlands; sein Pessimismus war schon bei seinem Besuch bei General Hoffmann in Brest im März verstärkt worden,[8]) und wurde am 10. Juni 1917 durch eine wichtige Unterredung mit Oberst Bauer bestätigt, den er am nächsten Tage Hertling gegenüber als „Ludendorffs rechte Hand in politischen Fragen" bezeichnete.[9]) Bauer sagte ihm, Ludendorff teile den Optimismus der Marine hinsichtlich einer baldigen Beendigung des Krieges nicht, sondern bereite einen Winterfeldzug vor. Bauer malte ein düsteres Bild der deutschen militärischen Lage und erklärte, die Ententemächte seien Deutschland an Munition um das Vierfache überlegen. Erzberger erwiderte, die Oberste Heeresleitung habe bisher den Eindruck erweckt, daß sie den Optimismus des Admiralstabs teile; das deutsche Volk sei über die wahre Lage, in der es sich befinde, gröblich getäuscht worden. Als Bauer dies zugab, begannen beide, Pläne für die Einrichtung einer Art „geistigen Kriegsernährungsamtes" aufzustellen, welches das Volk auf einen vierten Kriegswinter vorbereiten sollte.[10])

Von Bauers überraschenden Auffassungen berichtete Erzberger am 16. Juni 1917 Bethmann in einem langen, freundlichen Brief, aus dem hervorgeht, daß ihre persönlichen Beziehungen noch drei Wochen vor der Julikrise ungetrübt waren.[11]) Bei einer zweiten Unterredung am 19. Juni wiederholte Bauer seine Ansichten und beeindruckte Erzberger erneut.[12]) Der Plan für ein „geistiges Kriegsernährungsamt" wurde von Ludendorff akzeptiert, aber von Bethmann mit der üblichen Verzögerungstaktik behandelt. Diese Tatsache wird einer der Gründe gewesen sein, warum Erzberger in seiner Rede vom 6. Juli drastische Methoden anwandte, um dem Reichstag die Dringlichkeit der Lage vor Augen zu führen. Ludendorffs Unterstützung und Bethmanns Gleichgültigkeit trugen dazu bei, Erzbergers Bündnis mit Ludendorff gegen Bethmann den Weg zu bereiten.[13])

---

7) *Ibid.*, S. 266 f.
8) *Supra*, Kap. VII.
9) Erzberger an Hertling, 11. Juni 1917. *Erzberger Dokumente*, Akte 32.
10) Erzbergers Aufzeichnung vom 10. Juni 1917 über seine Unterredung mit Bauer. *Erzberger Dokumente*, Akte 18. Zusammengefaßt in: *Erlebnisse*, S. 252.
11) Erzberger an Bethmann, 16. Juni 1917. *Erzberger Dokumente*, Akte 18.
12) Erzbergers Aufzeichnung über seine Unterredung mit Bauer am 19. Juni 1917. *Erzberger Dokumente*, Akte 18.
13) *Memorandum vom 15. Juli*. Bauer geriet in Schwierigkeiten mit Ludendorff, als Bethmann sich beim Kaiser darüber beschwerte, daß Erzbergers neuer politischer Kurs die Folge des von Bauer in der Unterredung vom 10. Juni geäußerten Pessimismus sei. Bauer bat in einem Brief an Erzberger vom 6. Juli 1917 um die Feststellung der „Unrichtigkeit dieser Verdächtigung", da ihr Gespräch einen rein privaten Charakter gehabt habe. Bauer: „Ich habe also nicht im Auftrage der OHL gesprochen." Erzberger antwortete in einem entgegenkommenden Brief vom 8. Juli: „Ihre Angaben über Munitionsversorgung haben meine politische Stellungnahme in keiner Weise beeinflußt." An der Bedeutung des Gesprächs als e i n e r unter vielen anderen Ursachen von Erzbergers Juliaktion ist natürlich kein Zweifel möglich. *Erzberger Dokumente*, Akte 18.

Auch seine pessimistische Beurteilung der Lage Österreichs bestärkte Erzberger in der Überzeugung, daß ein baldiger Verständigungsfrieden für die Mittelmächte eine zwingende Notwendigkeit sei. Czernins unumwundene Erklärung in seiner Denkschrift vom 12. April 1917, daß Österreich vor Jahresende aus dem Kriege ausscheiden müsse, hatte einen unauslöschlichen Eindruck auf Erzberger gemacht, um so mehr als dies auch die Meinung Kaiser Karls war. Seit seinem Besuch in Wien im April hatte Erzberger in regelmäßiger Verbindung mit Czernin gestanden und wußte von dessen Hoffnung, daß der Reichstag den Annexionismus der deutschen militärischen Führer zügeln werde. Czernin hat später behauptet, er habe Erzberger dazu bewogen, für die Friedensresolution einzutreten.[14]) Diese Behauptung wiederum wurde zur Grundlage für den späteren Vorwurf gegen Erzberger, er habe als österreichischer Agent den Defaitismus gefördert.[15])

Es war Erzbergers Absicht, eine günstige Atmosphäre für die päpstliche Friedensnote zu schaffen, die, wie er wußte, Anfang August veröffentlicht werden sollte. Mit Pacelli, dem neuen Münchner Nuntius, hatte er am 27. Mai in Luzern gesprochen, als er sich im Zusammenhang mit der Grimm-Hoffmann-Affäre in der Schweiz aufhielt, dann am 6. Juni in München und am 26. Juni in Berlin, wo Pacelli vorbereitende Gespräche mit Bethmann über die zu erwartende päpstliche Note führte. In seinen „Erlebnissen" erklärt Erzberger ausdrücklich, daß er zu dieser Zeit über die vom Papst im einzelnen vorgeschlagenen Friedensbedingungen nichts erfahren habe, leugnet aber nicht, daß er von einem bevorstehenden päpstlichen Schritt im voraus unterrichtet worden sei.[16]) Sein Freund Müller (Fulda), mit dem er am 2. Juli sprach, erinnerte sich später: „Ich traf im Reichstag den Abgeordneten Erzberger und besprach mit ihm die ungünstige Stimmung, welche vielfach infolge der Lebensmittelnot herrschte. Er erklärte mir, daß Deutschland den Frieden haben könne, wenn es ernstlich wolle; er erwähnte die beabsichtigte Friedensvermittlung des Papstes und sagte, es käme jetzt darauf an, diese durch eine Kundgebung des Reichstags für einen annexionslosen Frieden zu unterstützen."[17]) Nationalistische Historiker haben diese Tatsachen verzerrt, um Erzberger vorzuwerfen, er sei ein Agent nicht nur Österreichs, sondern auch des Vatikans gewesen. Dabei vergessen sie, daß die Vermittlung des Papstes die beste, wenn auch nur eine geringe, Chance bot,

---

14) Ottokar Czernin, *Rede über die Politik während des Weltkriegs,* Wien 1919, S. 16. Ebenso Czernin, *Im Weltkrieg,* Wien 1919, S. 211.

15) R. Fester, *Politik Kaiser Karls,* S. 135—142.

16) Erzberger, *Erlebnisse,* S. 274. Siehe auch seinen wichtigen Zeitungsartikel „Neues zur päpstlichen Friedensvermittlung im Jahre 1917", in: *Germania,* 22. April 1921. Dort widerlegt er einen Artikel des Jesuiten Robert Leiber, „Die Friedenstätigkeit Benedikts XV.", in: *Stimmen aus Maria Laach,* Bd. 51 (Januar 1921), S. 267—280.

17) *U. A.,* VII (I), S. 384. Johannes Bell, ein Zentrumskollege, schrieb Karl Bachem am 5. und 22. Februar 1932, es sei ihm bekannt, daß Erzberger von der päpstlichen Aktion im voraus gewußt habe und sie unterstützen wollte. *Bachem Dokumente,* Akte 90. Als Erzberger leugnete, nach päpstlichen Direktiven gehandelt zu haben, ging er doch nie soweit, zu behaupten, er habe von der päpstlichen Aktion nicht im voraus gewußt. Siehe z. B. einen deutlichen Brief an Pfeffer, den Redakteur einer Zeitung in Frau Erzbergers Heimatstadt, vom 30. August 1917; Pfeffer hatte ihn nach seinen Beziehungen zum Vatikan während der Julikrise gefragt und die Antwort erhalten, es habe keinen Vorschlag, keinen Befehl und keine gegenseitige Verständigung gegeben. *Erzberger Dokumente,* Akte 21.

einen Verständigungsfrieden — die einzige Hoffnung Deutschlands — herbeizuführen. Es war nichts Unpatriotisches dabei, wenn ein deutscher Politiker sein möglichstes tat, seine Regierung zu einer freundlichen Aufnahme der päpstlichen Bemühungen zu bewegen. Obwohl der Vatikan mitgeholfen hatte, die Juli-Ereignisse herbeizuführen, befriedigten ihn die Ergebnisse nur wenig. Die Ersetzung Bethmanns durch Michaelis, der sehr viel weniger als seine Vorgänger geneigt war, mit dem Vatikan zusammenzuarbeiten, war ein schwerer Schlag gegen die Erfolgsaussichten der päpstlichen Friedensnote, während die Friedensresolution sich als vollkommen wertlos erwies, da sich Michaelis nicht daran gebunden fühlte.[18])

Sein alter Wunsch, die Stellung des Reichstags im Rahmen der Verfassung zu stärken, veranlaßte Erzberger, eine Erklärung des Reichstags über die Kriegsziele zu befürworten. Er hielt es für unwürdig, daß die Vertreter des Volkes zur wichtigsten Frage, der sich die Nation gegenübersah, nicht gehört wurden, zumal bekannt war, daß Regierung und Oberste Heeresleitung über die Kriegsziele keineswegs einer Meinung waren. Ein von einer starken Mehrheit befürworteter Friedensappell würde nach seiner Auffassung großes Gewicht im Ausland haben und zugleich auf den wachsenden Einfluß des Reichstags in Deutschland hinweisen. Die Beteiligung des Parlaments an der Gestaltung der Außenpolitik dürfte Wilsons demokratischem Feldzug gegen die preußische Autokratie den Wind aus den Segeln nehmen.[19])

Daß ein Verständigungsfriede angesichts der unermeßlichen Kriegsopfer große Verbitterung im Volke hervorrufen würde, war Erzberger klar, und er wußte, daß der Reichstag bei einem Erfolg der Friedensresolution mit einem Odium belastet bliebe. In einem Brief vom 6. Februar 1918 stellte er dies jedoch — zumindest ex post facto — als einen Vorteil seiner Politik hin:

> „Der Reichstag hat durch diese Erklärung die Verantwortung für den Frieden, der den Erwartungen weiter Volkskreise nicht entsprechen wird, übernommen und sich vor die Krone und die Regierung gestellt. All der Unwillen, der heute sich gegen die Reichstagsresolution wendet, würde nach dem Friedensschluß gegen die Krone anschwellen. Die Reichstagsresolution bedeutet so den stärksten Schutzwall für die Krone, wobei besonders wertvoll ist, daß auch die Sozialdemokratie hierzu gehört."[20])

Abgesehen von der Einsicht, daß ein Verständigungsfriede Deutschlands einzige Hoffnung sei, ohne allzu großen Schaden aus dem Kriege hervorzugehen, war Erzbergers stärkster Beweggrund der Wunsch, die innere Eintracht zu fördern und die Loyalität der Mehrheitssozialisten hinsichtlich der Kriegsanstren-

---

18) Hinsichtlich eines nationalistischen Angriffes auf die „päpstliche Inspiration" bei der Haltung Erzbergers vgl. Fester, *Die politischen Kämpfe*, S. 87—90.
19) Erzberger, *Erlebnisse*, S. 230 und 267, auch *Memorandum vom 15. Juli 1917*.
20) Erzberger an Bergen am 6. Februar 1918, der ihn offiziell gebeten hatte, die Motive zusammenzufassen, die ihn zur Unterstützung der Friedensresolution bewegt hatten. *Erzberger Dokumente*, Akte 18; *Erlebnisse*, S. 267.

gungen zu erhalten. Hinzu kam wohl auch das parteipolitische Motiv, das immer populärer werdende Schlagwort „keine Annexionen" nicht ganz den Sozialdemokraten zu überlassen. Als Erzberger am 7. Juli seine Haltung bei den Ereignissen am Vortage vor der Zentrumsfraktion verteidigte, sagte er:

„Das Volk erwartet vom Reichstag eine Aktion, bevor er die neuen Kriegskredite bewilligt. Die Sozialdemokratie hat erklärt, daß sie die neuen Kredite nicht bewilligen könnte, wenn nicht Klarheit über die Kriegsziele geschaffen würde und gewisse Reformen sich durchsetzen. Es sei verkehrt, die Friedensbewegung ganz allein den Sozialdemokraten zu überlassen, da hierdurch Nachteile für Staat, Kirche, Bürgertum und Zentrumspartei entständen. Die Friedenssehnsucht der ganzen Welt sei, ebenso wie die Angst vor dem neuen Kriegswinter, sehr groß, so daß man nur auf ein erlösendes Wort warte. Der Reichstag werde vor die Entscheidung gestellt, weil die Sozialdemokratie einen entsprechenden Antrag einbringen würde (gegen Annexionen). Bei Ablehnung desselben lehne sie die Kriegskredite ab, was von großem Nachteil für uns sein würde (Eindruck im Ausland, Streiks im Innern)."[21])

So bemühte sich Erzberger, sowohl die Mehrheitssozialisten zur Bewilligung der Kriegskredite zu bewegen (indem er die Behauptung der Unabhängigen widerlegte, der Krieg werde wegen der Annexionen fortgesetzt), als auch das Zentrum mit der wachsenden Forderung nach einem baldigen Verständigungsfrieden in Verbindung zu bringen.

## Das Überraschungsmoment

Die oben dargelegten Beweggründe genügen vollauf, um Erzbergers Haltung zu erklären. Was den späteren Beobachter überrascht, ist nicht, daß er einen Verständigungsfrieden forderte, sondern daß seine Forderung bei den rund hundert Reichstagsabgeordneten, die seine Rede hörten, einen derart starken Eindruck hinterließ. Dies ging zweifellos auf den Ruf Erzbergers zurück, Geheiminformationen zu besitzen, weil er Bethmanns Intimus und Deutschlands Propagandachef war und über ungewöhnlich gute Verbindungen mit dem Ausland verfügte. Wenn Erzberger sprach, trat er mit der Überzeugungskraft eines Mannes auf, der vieles wußte, was vor dem durchschnittlichen Reichstagsmitglied geheimgehalten worden war. Daß er einmal selbst Annexionist gewesen war, verlieh ihm den Eifer eines Konvertiten. Die scharfen Worte, die er für seine früheren Verbündeten fand, trugen ihm den Beifall der Linken ein. „Man möge", sagte Erzberger, „sich dabei gar nicht um die 25 000 Alldeutschen kümmern, sondern die Leute ruhig verrückt werden lassen. Sanatorien für sie zu bauen ist viel billiger, als den Krieg noch ein Jahr lang fortzuführen."[22])

---

21) *Memorandum vom 15. Juli.* Siehe auch *Erlebnisse*, S. 267.
22) Eine Zusammenfassung von Erzbergers Rede findet sich in *U. A.*, VIII, S. 108—111.

Sowohl der Hauptausschuß des Reichstags als auch die Regierung waren von der Schärfe seines Angriffs und der Genauigkeit seiner Zahlenangaben in der U-Bootfrage überrascht. Gerade die Einfachheit seiner Argumente wirkte überzeugend: Die Rechte habe vor sechs Monaten die Einführung des U-Bootkrieges gefordert mit der Begründung, dies sei der einzige Weg, auf dem Deutschland noch immer einen militärischen Sieg erringen könne. Die Waffe sei erprobt worden und habe versagt. Deutschland müsse daher auf alle Siegeshoffnungen verzichten und einen Frieden auf der Grundlage des status quo ante zu schließen versuchen, solange es sich noch in einer starken Verhandlungsposition befinde. Die Offenheit, mit der Erzberger diese unangenehmen Tatsachen äußerte, war etwas Neues für die Abgeordneten. Einer von ihnen schrieb:

> „Noch niemals war die nackte, brutale Wahrheit so deutlich ausgesprochen worden, wie es jetzt geschah. Was die meisten fühlten, aber noch nicht zu sagen wagten, wurde hier mit einem Male klar und bündig vor Augen geführt. Für die Linksstehenden war es eine Art Bankrotterklärung, für die Rechtsstehenden war es eine Art Sakrileg, was hier mit einem Male geschah. Für die Regierung vollends war es ein Schlag, den man kaum noch zu parieren wußte, weil man Tatsachen nicht anführen konnte und Vertröstungen nicht mehr verfingen.“[23])

Für die Regierung kam Erzbergers Angriff völlig überraschend, und ihre Verteidigung war in höchstem Maße schwach. Erzbergers Feinde haben später geltend gemacht, er hätte angesichts seiner engen Beziehungen zu Bethmann den Kanzler rechtzeitig warnen müssen. Darauf erwiderte er, er habe tatsächlich schon im Juni verschiedenen hochgestellten Persönlichkeiten gegenüber — darunter Bethmann und Helfferich — seine Unzufriedenheit mit der Regierung zum Ausdruck gebracht. Am 15. Juli schrieb er zur Verteidigung seiner Haltung: „In den zahlreichen Besprechungen ... wies ich auf den Ernst der Lage hin und forderte ein positives Programm der Regierung. Ich erklärte den Herren wörtlich: ‚Ich stelle mich an die Spitze der Opposition.‘ Die bisherige Haltung ginge nicht weiter, absolute Klarheit [über Kriegsziele und das Versagen des U-Bootkrieges] müsse geschaffen werden, Worte genügten nicht mehr.“[24]) Die Ministerialbeamten, an die Erzberger herantrat, nahmen seine Erklärungen nicht ernst genug, um auf eine große Explosion im Reichstag gefaßt zu sein.[25])

---

23) V. Bredt in *U. A.*, VIII, S. 73.

24) *Memorandum vom 15. Juli. Prozeß*, S. 698—709. Siehe auch Erzbergers Brief an Michaelis vom 1. August 1917. *Erzberger Dokumente*, Akte 5.

25) Zu den Personen, mit denen Erzberger sprach, gehörten Staatssekretär Solf (Kolonialamt), Graf Rödern (Schatzamt) und verschiedene hohe Beamte des Auswärtigen Amtes (Zimmermann, Stumm, Bergen). Solf und Bergen bestätigten Erzbergers Darlegung bei dem Prozeß im Jahre 1920 und bei dem späteren Ermittlungsverfahren wegen Meineids. *Prozeß*, S. 718 ff. Löwenstein, *op. cit., S.* 58—67. Helfferich warf Erzberger 1919 vor, er habe seine Pläne absichtlich vor der Regierung geheim gehalten. Er erinnerte sich an eine Besprechung im Innenministerium am 30. Juni 1917, bei der Erzberger seine tiefe Sorge über das Scheitern des U-Bootkrieges äußerte. Helfferich habe ihn gefragt, ob er vorhabe, die Sache bei der kommenden Reichstagssitzung vorzubringen, und erinnerte sich, eine negative Antwort erhalten zu haben. Zwei anwesende Zeugen, der Zentrumsführer Spahn und Helfferichs Unterstaatssekretär Lewald — beide Erzberger feindlich gesinnt — erinnerten sich an Helfferichs Frage wie auch an Erzbergers Antwort. Erzberger behauptete, Helfferich gesagt zu haben, er beabsichtige nicht, die Frage jetzt anzuschneiden, werde aber vielleicht seine Meinung ändern, wenn er eine unbefriedigende Antwort des Admiralstabs auf sein Memorandum vom 16. Juni erhalte. Wie wir gesehen haben, wurde die Antwort des Admiralstabs

Mit wem hat sich Erzberger beraten, ehe er die Rede hielt, die die gesamte Julikrise auslöste? Sein Vertrauen auf sein eigenes Urteil geht aus der Tatsache hervor, daß er sich lediglich mit einigen persönlichen Freunden über seine Absichten beriet und die offizielle Führung seiner Partei ignorierte. Schon am 2. Juli sprach er mit seinem Freund Müller (Fulda) und bat ihn, bei den Führern der Fortschrittspartei zu sondieren, wieweit eine Zusammenarbeit in einem Interfraktionellen Ausschuß möglich sei, um die Regierung in der Frage der Kriegsziele unter Druck zu setzen. Am 4. und 5. Juli sprach Erzberger mit den sozialdemokratischen Abgeordneten Südekum und Cohen-Reuss. Außerdem wandte er sich am 5. Juli persönlich an Haußmann, einen der einflußreichsten Führer der Fortschrittspartei, legte diesem seine Pläne im einzelnen dar und regte eine enge Zusammenarbeit zwischen Zentrum und Fortschrittspartei an. Haußmann folgte Erzbergers Vorschlag und setzte noch am gleichen Nachmittag bei der Parteizusammenkunft die Ernennung von vier führenden Parteimitgliedern durch, die in den geplanten Interfraktionellen Ausschuß entsandt werden sollten. Den sechs Zentrumsmitgliedern des Hauptausschusses, darunter auch Spahn, teilte Erzberger am 3. Juli seine Absicht mit, das U-Bootfiasko zu enthüllen. Einige mißbilligten diese Absicht, was Erzbergers Zögern verstärkt haben mag, im eigenen Parteikreis seine Pläne für die Rede, die den Hauptausschuß am 6. Juli erschütterte, im einzelnen darzulegen.[26])

Erzberger hat jedoch seine Pläne mit vier prominenten Zentrumsabgeordneten durchgesprochen: Gröber, Giesberts (ein Gewerkschaftsfreund, den er seit zwanzig Jahren kannte), Dr. Pfeiffer (der eine prominente Rolle im Volksverein spielte) und Graf Praschma (Mitglied des konservativen Flügels), die er alle zur Verschwiegenheit verpflichtete. Er behauptete, die Billigung jedes einzelnen für ein energisches Vorgehen im Reichstag erhalten zu haben.[27]) Bei

---

vom 3. Juli, die eine Verkennung der wirklichen Lage verriet, tatsächlich ein Hauptanlaß für Erzbergers Rede vom 6. Juli. Während des Prozesses im Jahre 1920 wurde er dadurch in Verlegenheit gebracht, daß Helfferich, Spahn und Lewald sich alle an seine negative Antwort erinnerten, jedoch ohne die Einschränkung, die er gemacht zu haben behauptete. Das Gericht hielt für erwiesen, daß Erzberger wissentlich die Unwahrheit gesagt habe, und lehnte jede Erklärung ab, daß es sich etwa um ein Mißverständnis gehandelt habe, obwohl dies wegen der persönlichen Antipathie aller Zeugen gegen Erzberger einigermaßen plausibel erschien. Außerdem ließ das Gericht die Wahrscheinlichkeit außer acht, daß Erzberger seinen direkten Angriff auf die Regierung erst im letzten Augenblick geplant hatte und daher nicht schon am 30. Juni über seine Absichten am 6. Juli sprechen konnte.

Erzbergers Verhältnis zur Regierung kurz vor der Julikrise mag folgendermaßen zusammengefaßt werden: Seine allgemeine Unzufriedenheit mit der Regierungspolitik brachte er verschiedenen hohen Beamten gegenüber mehrfach im Laufe des Juni zum Ausdruck. Über seine Haltung am 6. Juli ließ er nichts vorher verlautbaren. Die Frage, in welchem genauen Zeitpunkt er die Wendung gegen Bethmann vollzog, ist unlösbar, da sein Verhalten selbst während der Julikrise zweideutig war. Ende Mai 1917 erlebte er eine Enttäuschung, als die Verhandlungen mit Kolyschko wegen Bethmanns Schwäche gegenüber Ludendorff zusammenbrachen. Stockhammern schrieb Erzberger am 3. Mai 1917 und warnte ihn davor, sich zu eng mit einem Kanzler zu identifizieren, der immer unbeliebter werde, da sonst Gefahr bestünde, daß er mit ihm zusammen zu Fall kommen könne. In seiner Erwiderung vom 15. Mai dankte Erzberger für den Rat, betonte aber, daß Bethmann gegen seine alldeutschen Angreifer unterstützt werden müsse. *Erzberger Dokumente*, Akte 41. Es ist denkbar, daß Erzbergers Verhalten im Juli zum Teil durch den Wunsch bestimmt war, das sinkende Schiff zu verlassen.

26) Brief von Richard Müller (Fulda) an Karl Bachem vom 12. Juli 1930. *Bachem Dokumente*, Akte 90. Dieser Brief ist die Grundlage für Bachems Äußerungen in: *Zentrumspartei*, Bd. IX, S. 450. Conrad Haußmann, *Schlaglichter, Reichstagsbriefe und Aufzeichnungen*, hrsg. von U. Zeller, Frankfurt 1924, S. 96. Erzberger, *Erlebnisse*, S. 255. Auch *Memorandum vom 15. Juli 1917*. Spahn wurde durch Erzbergers Vorgehen völlig überrascht und war empört darüber. Siehe „Der Fall Spahn—Erzberger", in: *Kreuzzeitung* vom 17. Januar 1918. Vgl. jetzt Erich Matthias, *Der Interfraktionelle Ausschuß*, Bd. I, S. XXIX ff.

27) *Memorandum vom 15. Juli 1917.*

einer Fraktionssitzung am 5. Juli versuchte er, eine allgemeine Erörterung politischer Fragen herbeizuführen. Zehn Tage später schrieb er: „In der Fraktionssitzung vom 5. Juli unterstützte ich den Antrag des Abgeordneten Becker, sofort in die Besprechungen über die politische Lage einzutreten mit der ausdrücklichen Motivierung, daß sehr Wichtiges beschlossen werden müsse und Eile notwendig sei. Die Fraktion lehnte den Antrag ab und beschloß, zunächst die Wahlrechtsfrage zu behandeln.“[28]) Erzberger machte zwar kein Hehl aus seinen allgemeinen Ansichten, legte aber aus taktischen Gründen Wert auf das Überraschungsmoment. Er hatte sich mit einer genügenden Zahl von Zentrumsabgeordneten beraten, um sicher zu sein, daß er sich nach einem fait accompli auf die Unterstützung seiner Partei verlassen könne. Seine Erkundigungen bei der Fortschrittspartei und den Sozialdemokraten hatten ergeben, daß er mit ihrer Hilfe rechnen konnte. Da diese drei Parteien zusammen eine Zweidrittelmehrheit im Reichstag hatten, war damit der Erfolg des Erzbergerschen Vorstoßes gesichert.

## Der Sturz Bethmann Hollwegs

Das bemerkenswerteste Ergebnis der Julikrise war der Sturz Bethmann Hollwegs. Die Frage, welche Rolle Erzberger dabei gespielt hat, gehört zu den umstrittensten seiner Laufbahn. Hatte er schon in dem Augenblick, in dem er am 6. Juli seine sensationelle Rede im Reichstag hielt, die Absicht, den Kanzler zu Fall zu bringen? Oder war das die unbeabsichtigte Nebenwirkung einer Krise, die er aus ganz anderen Gründen auslöste? Zu welchem Zeitpunkt schloß sich Erzberger den Kritikern Bethmanns auf der Rechten an, gegen die er bisher Front gemacht hatte? Welche Motive bestimmten sein Verhalten? Diese Fragen wurden zur Zeit des Beleidigungsprozesses gegen Helfferich im Jahre 1920 ausführlich erörtert und können zum größten Teil aus den Zeugenaussagen und aus dem in den Erzberger-Dokumenten erhaltenen Beweismaterial beantwortet werden.

Bethmann hatte der Sitzung des Hauptausschusses, bei der Erzberger seinen sensationellen Vorstoß unternahm, nicht beigewohnt. Sobald ihm Berichte über Erzbergers Rede zu Ohren kamen, ließ er ihn zu sich kommen und beschwerte sich darüber, daß er derart überrascht werde. Erzberger erinnerte den Kanzler, daß er ihn schon früher warnend auf seine Unzufriedenheit mit der Regierungspolitik aufmerksam gemacht habe. Diese Äußerungen hatte Bethmann jedoch nicht als Ankündigung einer Reichstagsaktion aufgefaßt. Erzberger bemerkte noch — so entsann sich Bethmann im Jahre 1920 —, der Zweck seiner

---

28) *Ibid., Erlebnisse,* S. 255.

Rede sei gewesen, eine Reichstagsmehrheit für Bethmanns vernünftige Haltung in der Kriegszielfrage zu schaffen und ihn gegen seine alldeutschen Gegner zu stärken. Diese Begründung war an sich einleuchtend, da der Kanzler als maßvoller Politiker bekannt war. Bethmann las dann Erzberger die Absätze über die Kriegsziele aus seiner für die nächsten Tage geplanten Reichstagsrede vor. Erzberger billigte den Entwurf, und sie schieden in freundlichem Einvernehmen. Bethmann aber zeigte seine politische Instinktlosigkeit, als er die Tragweite der durch Erzbergers Aktion hervorgerufenen Krise nicht erfaßte. In seinem Vortrag tags darauf beim Kaiser stellte er die Aufregung im Reichstag als vorübergehend hin und prophezeite, sie werde sich geben, sobald er im Reichstag gesprochen habe.[29])

Sollte Erzberger tatsächlich am 6. Juli beabsichtigt haben, Bethmanns Position zu stärken, dann muß er seine Meinung geändert haben, sobald er die notwendigen Folgen seiner Politik genau durchdacht hatte. Der mit seiner Hilfe gebildete Interfraktionelle Ausschuß trat nach dem 6. Juli fast täglich zusammen und arbeitete den Entwurf der sogenannten Friedensresolution aus. Es entstanden alsbald ernste Zweifel, ob Bethmann der richtige Mann zur Durchführung der neuen Politik sei. Zwar stand fest, daß er sie an sich billigte und die Torheiten der Annexionisten seit langem mit Sorge und Verärgerung betrachtete, aber da er und sein erster Gehilfe Helfferich sich gegen den Gedanken einer Reichstagsresolution jeder Art ausgesprochen hatten, war es nun schwierig für die Regierung, eine solche Resolution ohne Prestigeverlust hinzunehmen. Außerdem gab es noch weitere Einwände gegen die Fortsetzung von Bethmanns Kanzlerschaft. Im Ausland betrachtete man ihn mit Mißtrauen, weil er bei Kriegsausbruch Kanzler gewesen war, die formelle Verantwortung für die Verletzung der belgischen Neutralität und für die Einführung des U-Bootkrieges trug und sehr zweideutige Erklärungen über Kriegsziele abgegeben hatte. Der Obersten Heeresleitung war er mit kläglicher Schwäche entgegengetreten, wie Erzberger von dem Schicksal seiner Stockholmer Waffenstillstandsbemühungen her nur allzu gut wußte. Die Ausführung der Friedensresolution aber forderte einen Mann, der in der Lage war, den politischen Einfluß General Ludendorffs zu brechen. Bei der Suche nach einem anderen Kandidaten hielt Erzberger den Fürsten Bülow für den einzigen, der dieser Aufgabe gewachsen sei. Nach Erzbergers Auffassung verfügte er über Energie, Prestige und Beweglichkeit — alles Eigenschaften, die Bethmann fehlten.[30])

Erzbergers Wunsch, Bethmann durch Bülow zu ersetzen, wurde wahrscheinlich durch rein taktische Erwägungen verstärkt. Für den Erfolg seiner Friedenspolitik benötigte er eine überwältigende Mehrheit im Reichstag. Die unver-

---

29) Erzberger, *Erlebnisse*, S. 257 f. *Prozeß*, S. 712—718. *U. A.*, VIII, S. 71.

30) Es gibt erstaunlich wenig detailliertes Material über Erzbergers Eintreten für Bülow, obwohl dies immer wieder als selbstverständlich dargestellt wird. Z. B. *U. A.*, VII (2), S. 304 (Stresemann), S. 358 (Bell), S. 361 (Dittman). Westarp, *Konservative Politik*, Bd. II, S. 354 f.

söhnlichen Konservativen würden sicher gegen jede Resolution dieser Art stimmen, aber die Nationalliberalen ließen sich vielleicht doch auf die Seite des Zentrums, der Fortschrittspartei und der Sozialdemokraten herüberziehen. Die Nationalliberalen waren tief gespalten: die Mehrheit der Partei forderte weiterhin große Annexionen, während eine Minderheit unter der Führung von Erzbergers Freund Richthofen für einen Frieden ohne Annexionen eintrat. Unter Stresemanns wachsendem Einfluß war die Einstellung der Partei zu den Fragen des parlamentarischen Regierungssystems und der preußischen Wahlrechtsreform sehr viel positiver geworden als vor dem Kriege. Stresemann wünschte vor allem, Bethmann Hollweg auszuschalten, den er für einen schwachen und unentschlossenen Charakter hielt. Auch er trat für Bülow als Nachfolger ein, dem er zeit seines Lebens eine übertriebene Bewunderung entgegenbrachte.[31]) Diese gemeinsame Basis wollte Erzberger offenbar ausnutzen, um die Nationalliberalen für die Friedensresolution zu gewinnen. Erklärten sich die Nationalliberalen hierzu bereit, so würde sich das Zentrum als Gegenleistung für den Sturz Bethmanns einsetzen. Ein direkter Beweis für Erzbergers Absicht, ein solches Geschäft zu machen, läßt sich nicht finden, aber diese Hypothese liefert die beste Erklärung für sein Vorgehen während der Julikrise. Fest steht, daß Erzberger am 7. Juli mit Stresemann zusammen war und das Schicksal Bethmanns mit ihm erörterte.[32])

Die beiden Männer speisten an diesem Abend zusammen mit Oberst Bauer in einem Berliner Restaurant. Diese Zusammenkunft hatte eine bedeutsame Vorgeschichte. Als Kriegsminister General von Stein die gewaltige Wirkung erkannte, die die Erzbergersche Rede auf die Abgeordneten hatte, bat er Hindenburg und Ludendorff sofort nach Berlin. Die Generäle trafen am Morgen des 7. Juli ein und wollten, nachdem sie sich beim Kaiser gemeldet hatten, mit verschiedenen Abgeordneten sprechen. Oberst Bauer arrangierte für den Abend ein Treffen zwischen Ludendorff, Erzberger und Stresemann. Bethmann, empört über Ludendorffs Ankunft mitten in der Krise, hatte den General mit Recht im Verdacht, er wolle Intrigen zugunsten eines Kanzlerwechsels einfädeln, und überzeugte auch den Kaiser von seiner Ansicht. Wilhelm, der demonstrieren wollte, daß er zu Bethmann stehe, bereitete Hindenburg und Ludendorff einen kühlen Empfang und befahl ihnen, sofort an die Front zurückzukehren. Ludendorff mußte deshalb seine Verabredung mit den Abgeordneten absagen. Erzberger, den der Bote des Generals nicht rechtzeitig erreicht hatte, war überrascht, nur Stresemann und Oberst Bauer vorzufinden, und empört, daß Bethmann die Zusammenkunft mit Ludendorff vereitelt hatte. Später erklärte er, dieser Zwischenfall sei in erster Linie der Grund für seine Meinungsänderung

---

31) Stresemann erörtert seine Einstellung im Jahre 1917 zu Bethmann, in: *U. A.*, VII (2), S. 302—305.
32) *Prozeß*, S. 723 und 827—830. Stresemann erinnerte sich an eine Zusammenkunft um 7 Uhr morgens, von der Erzberger nichts mehr wußte. Wenn sie tatsächlich stattgefunden hat, wirft sie ein ungünstiges Licht auf Erzberger, da er schon sechzehn Stunden, nachdem er Bethmann seine Unterstützung zugesagt hatte, gegen ihn intrigiert hätte.

hinsichtlich der weiteren Kanzlerschaft Bethmanns gewesen. Mit Bauer und Stresemann erörterte er die allgemeine politische Lage und drängte Stresemann, die Friedensresolution zu unterstützen.[33])

Wieweit sich Erzberger an diesem Abend verpflichtete, als Gegenleistung auf Bethmanns Sturz hinzuarbeiten, ist nicht genau bekannt. Seine wahren Motive konnte er Stresemann und Bauer nicht erklären. Sie wollten Bethmann ausschalten, weil seine gemäßigte Linie der Obersten Heeresleitung oft Schwierigkeiten bereitete. Bülow würde, so glaubten sie, reibungslos mit ihnen zusammenarbeiten. Erzberger hingegen wollte Bülow als Kanzler, um die Annexionisten zu zügeln und die Oberste Heeresleitung der Regierung unterzuordnen. Nach dem 7. Juli war er aus sachlichen und aus taktischen Gründen endgültig dafür, Bethmann auszuschalten. Sein Hauptziel blieb nach wie vor, eine Reichstagsmehrheit — möglichst mit den Nationalliberalen — für die Friedensresolution zustandezubringen. Ob Bethmann an der Macht blieb, war ihm eine wichtige, aber doch nur sekundäre Überlegung. Dies erklärt, weshalb er sich weigerte, die Forderung der Nationalliberalen nach einem neuen Kanzler öffentlich zu unterstützen, und erklärt auch seine spätere Behauptung, seine Aktion im Hauptausschuß habe nicht Bethmanns Sturz zum Ziel gehabt. Im Laufe der weiteren Entwicklung der Julikrise erweckte Erzberger den Eindruck der Unentschlossenheit, als ob er nicht genau wüßte, was er in der Kanzlerfrage tatsächlich wolle.

Am gleichen Tage, an dem er mit Stresemann speiste, verteidigte Erzberger seine Rede vom 6. Juli vor der zunächst feindselig eingestellten Zentrumsfraktion. Es gelang ihm, die Fraktion zur fast einstimmigen Annahme der Friedensresolution zu gewinnen, allerdings wurde die Bedingung gestellt, daß die Nationalliberalen das gleiche täten. Bethmanns Stellung stand nicht zur Debatte, da Erzbergers Rede sich mehr gegen die Marine und die Alldeutschen als gegen den Kanzler gerichtet hatte.[34]) Sein erster öffentlicher Angriff auf Bethmann fand bei einer Sitzung des Interfraktionellen Ausschusses am 8. Juli statt. Er warf ihm vor, den Ernst der parlamentarischen Krise nicht erfaßt zu haben, und betonte, die äußere und innere Lage Deutschlands habe tiefe Sorge bei den Abgeordneten ausgelöst. Die Zeit sei gekommen, energisch zu handeln statt beruhigende Worte zu gebrauchen. Außerdem beschwerte er sich darüber, daß Bethmann die notwendige Fühlungnahme zwischen den Abgeordneten und der Obersten Heeresleitung vereitelt habe.[35])

Das Vertrauen zum Reichskanzler geriet ins Wanken, als Stresemann am 9. Juli bei seinen Ausführungen vor dem Hauptausschuß unverblümt den Rücktritt Bethmanns wegen Schwäche und Unfähigkeit forderte. Bethmann, der

---

33) *Ibid.*, S. 722 ff., 730—733.
34) *Memorandum vom 15. Juli*. Haußmann, *Schlaglichter*, S. 112.
35) Haußmann, *op. cit.*, S. 106 f. Haußmanns Bericht beweist, daß Erzbergers Schilderung aus dem Jahre 1920, warum er sich gegen Bethmann gewandt habe, nicht nachträglich entstanden war. Siehe auch Scheidemann, *Der Zusammenbruch*, Berlin 1920, S. 87. Ein kurzer Bericht über Erzbergers Rede findet sich in: *Interfraktioneller Ausschuß*, Bd. 1, S. 18.

jetzt endlich seine Verwundbarkeit erkannte, bat Erzberger zu einer Besprechung in eine Saalecke und fragte, ob er noch mit dem Vertrauen des Zentrums rechnen könne. Erzberger antwortete ausweichend, seine politischen Freunde hätten in dieser Frage keine einheitliche Meinung, eine offizielle Entscheidung sei noch nicht gefallen. In einer Rede vom gleichen Tage betonte er erneut, wie sehr erwünscht die Friedensresolution sei, ließ jedoch das Problem der Kanzlerschaft offen. Nachdrücklich bemerkte er allerdings, daß die Wirkung der Resolution davon abhänge, von Kanzler und Reichstag ohne Vorbehalt angenommen zu werden, denn er sah voraus, daß jede Resolution sinnlos sein müßte, die von der deutschen Regierung sabotiert würde. Um eine enge Zusammenarbeit zwischen Regierung und Reichstag zu ermöglichen, sei als erster Schritt auf dem Wege zum parlamentarischen Regierungssystem die sofortige Berufung von Abgeordneten in die Regierung unerläßlich. Dieses Argument entsprach Erzbergers tiefster Überzeugung, sollte aber auch, da Stresemanns Neigung zum parlamentarischen Regierungssystem bekannt war, dazu beitragen, die Nationalliberalen zu gewinnen.[36])

Bethmann bat noch am gleichen Nachmittag um eine offizielle Erklärung, wie sich das Zentrum zu seinem weiteren Verbleiben im Amt stelle. Daraufhin fand um 17 Uhr eine Sondersitzung des Fraktionsvorstandes statt, deren Ergebnis eine unbestimmt gehaltene und im ganzen für Bethmann ungünstige Erklärung war: „Die Zentrumsfraktion des Reichstags sieht das Verbleiben des Herrn von Bethmann Hollweg im Reichskanzleramt angesichts des Umstandes, daß er beim Ausbruch des Krieges die Reichsgeschäfte führte, als eine Erschwerung der Herbeiführung des Friedens an; sie überläßt es jedoch dem pflichtmäßigen Ermessen des Reichskanzlers, zu welchem Zeitpunkt er seinen Rücktritt nimmt.“[37]) Die Partei spaltete sich tatsächlich in einen Flügel, der seinen sofortigen Rücktritt wollte, und einen anderen, der vorher noch unter seiner Leitung die Durchführung der preußischen Wahlrechtsreform und die Berufung von Abgeordneten in die Regierung wünschte. Die Entscheidung der Partei wurde durch die von Oberst Bauer verbreitete Nachricht beeinflußt, Ludendorff verlange Bethmanns Entlassung. Während der Debatte hielt sich Erzberger im Hintergrund. Dieses für ihn wenig charakteristische Verhalten mag auf Unentschlossenheit beruht haben, wahrscheinlicher aber ist, daß er erkannte, um wieviel wertvoller die Entscheidung, die er für richtig hielt, sein würde, wenn sie nicht auf seine direkte Einwirkung zurückginge. Bei dem Prozeß von 1920 ergab sich aus zahlreichen Aussagen, daß viele seiner Kollegen nicht glaubten, er habe zu dieser Zeit Bethmanns Entlassung gewünscht.[38])

---

36) *U. A.*, VIII, S. 125—131; Erzberger, *Erlebnisse*, S. 259; ungekürzter Text von Erzbergers Rede vom 9. Juli in: *Erzberger Dokumente*, Akte 32. Eine Zusammenfassung findet sich in: *Erlebnisse*, S. 259 f.
37) Erzberger, *Erlebnisse*, S. 261.
38) *Prozeß*, S. 756—770, 825 ff., 830—833, 836 ff. Sowohl Giesberts (einer seiner engsten Parteifreunde) als auch David (sein Hauptvertrauensmann bei den Sozialdemokraten) sagten in diesem Sinne aus.

Bethmann war es inzwischen (am 9. Juli) gelungen, eine Entscheidung des Kronrats zugunsten der Einführung des demokratischen Wahlrechts in Preußen herbeizuführen — vielleicht, um seine wankende Position zu stärken, aber jedenfalls auch, weil eine solche Entscheidung seinen eigenen Ansichten entsprach. Weiteren Rückhalt gewann er, als der Kaiser sein Rücktrittsgesuch am 11. Juli ablehnte. Erzberger wurde am gleichen Tage von dem einflußreichen Chef des Zivilkabinetts Valentini zu einer Besprechung gerufen, bei der ihm die Gründe für die Entscheidung des Kaisers dargelegt wurden: Das Fehlen eines geeigneten Nachfolgers sei genügend Grund, Bethmann im Amt zu lassen, Kaiser Wilhelm beabsichtige, seinen Kanzler bis zum Ende des Krieges zu behalten. Erzberger nannte den Fürsten Bülow als den geeignetsten Mann für das Amt, Valentini erwiderte jedoch, der Kaiser wolle ihn nicht, weil ihre persönlichen Beziehungen seit der Daily Telegraph-Affäre von 1908 getrübt seien. Erzberger, der selbst einen erbitterten Streit mit Bülow begraben hatte, war der Ansicht, die Staatsräson gehe dem persönlichen Ärger des Kaisers vor. Von Valentini erfuhr er auch, daß der österreichische Botschafter in Berlin, Fürst Hohenlohe, energisch gegen Bülows Ernennung protestiert hatte, weil in Österreich an Bülows Aktivität in Rom im Jahre 1915 immer noch Anstoß genommen werde. Obwohl Erzberger jederzeit bereit war, österreichische Empfindlichkeiten soweit wie möglich zu schonen, schien es ihm doch kaum angebracht, diesem Protest nachzugeben.[39])

Niemand vermag zu sagen, ob Bülows Ernennung im Jahre 1917 für Deutschland im Ergebnis günstig gewesen wäre. Sein unbestreitbares Geschick im Umgang mit Menschen fehlte Bethmann. Daß Bülow seinerseits die positiven Eigenschaften gewissenhaften Abwägens und einer wirklich festbegründeten politischen Überzeugung fehlten, hätte in einer schwierigen Lage, die erhebliche Fähigkeiten zu manövrieren und manipulieren erforderte, von Vorteil sein können. Bülow war durchaus bereit, die Entwicklung des parlamentarischen Regierungssystems in Deutschland zu fördern und seine Stellung auf eine Reichstagsmehrheit aufzubauen. Seine realistische Beurteilung der internationalen Lage hatte ihn aus rein pragmatischen Gründen zum Feind des Annexionismus gemacht. Die kluge Art, mit der er seine Ansichten zu verschweigen verstand, hätte ihn zumindest vorübergehend vor Angriffen der Rechten geschützt. Wenn überhaupt ein Zivilist Ludendorff hätte Zügel anlegen können, so wäre es Bülow gewesen.[40])

Ludendorff hatte sich entschlossen, die noch im Fluß befindliche politische Situation zu nutzen, um den Kaiser zur Entlassung Bethmanns zu zwingen. Zu

---

39) Erzberger, *Erlebnisse*, S. 262. Vgl. Bülows Schilderung, warum er nicht Kanzler wurde, in: *Denkwürdigkeiten*, Bd. III, S. 115. Valentini schildert sein Gespräch mit Erzberger vom 11. Juli in: *Kaiser und Kabinettchef*, Oldenburg 1931, S. 163. Erzberger hatte Bülow im Frühjahr 1917 immer wieder in Luzern besucht, und man kann davon ausgehen, daß er mit Bülows voller Billigung handelte. *U. A.*, VII (2), S. 365 f.

40) Bülow schildert seine Pläne im Jahr 1917 in: *Denkwürdigkeiten*, Bd. III, S. 266.

diesem Zweck kam der Kronprinz am 12. Juni 1917 nach Berlin und sprach mit einer Reihe von prominenten Abgeordneten, um festzustellen, ob Bethmann entlassen werden konnte, ohne die Führer des Reichstags vor den Kopf zu stoßen. Die Führer der Konservativen und der Nationalliberalen verlangten, wie erwartet, die sofortige Entlassung des Kanzlers. Der Fortschrittler Payer und der Sozialdemokrat David wollten Bethmann behalten, ohne sich freilich mit Wärme für ihn einzusetzen. Erzberger äußerte sich entschieden gegen den Kanzler. Er betonte, daß er ungeeignet sei, Frieden im Sinne der Friedensresolution zu schließen, da Präsident Wilson, wie man wußte, wegen des U-Bootkrieges stark gegen ihn eingenommen war. Erzberger formulierte es (wenn man Bülows Bericht glauben kann) mit den drastischen Worten: „Bethmann kann sich mit seiner ganz bekleckerten Weste unmöglich an einen Konferenz- oder Friedenstisch setzen!“[41]) Er verurteilte Bethmanns Hinausschieben innenpolitischer Reformen und bezeichnete ihn als Hindernis für freundliche Beziehungen zwischen Reichstag und Oberster Heeresleitung. Der Ärger über die nicht zustande gekommene Verabredung mit Ludendorff am 7. Juli war noch nicht abgeklungen. Offenbar glaubte Erzberger nicht, daß das kaiserliche Veto gegen Bülow unumstößlich sei, sonst erschiene seine scharfe Opposition gegen Bethmann unverständlich.

Erzbergers Auffassungen, die Bauer sofort telegrafisch an Ludendorff weitergab, werden den General in seinem Entschluß bestärkt haben, Bethmanns Entlassung durch ein Ultimatum zu erzwingen. Damit fällt Erzberger ein wesentlicher Teil der Verantwortung für Bethmanns Sturz zu. Hätte das Zentrum den Kanzler zusammen mit den Fortschrittlern und den Sozialdemokraten unterstützt, so wäre für Bethmann eine Mehrheit im Parlament sicher gewesen. Selbst Ludendorff dürfte gezögert haben, einen scharfen Konflikt wegen der Kanzlerfrage hervorzurufen, wenn der Reichstag seine feste Entschlossenheit gezeigt hätte, Bethmann zu halten.[42])

Über seine Unterredung mit dem Kronprinzen berichtete Erzberger bei einer Fraktionssitzung, die einberufen worden war, um einen endgültigen Beschluß über die Friedensresolution herbeizuführen. Inzwischen hatte sich klar herausgestellt, daß die Nationalliberalen, trotz der Bemühungen von Richthofens linkem Flügel und trotz Erzbergers Werbungen, sich entschieden hatten, gegen die Resolution zu stimmen — vielleicht weil sie sicher waren, die Oberste Heeresleitung werde Bethmanns Sturz auf jeden Fall erreichen. Die Mehrheit des Zentrums war aber dennoch überzeugt, daß Erzbergers politische Linie durchaus Unterstützung verdiene, selbst wenn das eine neue Koalition mit der Linken bedeuten sollte. Sogar Spahn begann zögernd, sich dieser Ansicht zuzuwenden, obwohl er erst vor fünf Monaten offen für große Annexionen eingetreten

41) *Ibid.*, S. 265.
42) Ludendorff, *Urkunden der Obersten Heeresleitung*, Berlin 1920, S. 409 f.

war. Seine Stimme zählte aber nicht mehr, da er mitten in der Sitzung einen schweren Zusammenbruch erlitten hatte, der ihn zwang, der aktiven Politik fernzubleiben. Auch Gröber, immer noch Annexionist, war zu dieser Zeit krank. Damit fiel Erzberger die wirkliche Führung der Partei in den Schoß. Nahezu einstimmig billigte die Fraktion sowohl seine Opposition gegen Bethmann als auch die Friedensresolution. Die Annexionisten der Partei freuten sich so über Bethmanns Sturz, daß sie bereit waren, die Friedensresolution dafür in Kauf zu nehmen. Dies mag ein weiterer Grund gewesen sein, warum Erzberger einen Kanzlerwechsel wollte.[43])

Am 12. Juli stellte Ludendorff dem Kaiser das Ultimatum, entweder Bethmann müsse gehen oder er werde von seinem Amt in der Obersten Heeresleitung zurücktreten. Der Kaiser war höchst ungehalten über das beispiellose Ereignis, daß ein Mitglied des Offizierskorps, das sich stets seiner monarchischen Gesinnung gerühmt hatte, Druck auf ihn auszuüben versuchte. Bethmann besaß nicht die Standhaftigkeit, seine Stellung und die geltende Verfassungsordnung gegen Ludendorffs Anmaßung zu verteidigen. Eine stärkere Persönlichkeit hätte vielleicht darauf beharrt, daß Ludendorff und nicht er gehen müsse. Er hätte Wilhelms Empörung über den General anfachen und sich durch ein Bekenntnis zur Friedensresolution mit der linken Reichstagsmehrheit verbünden können. Es wäre ihm möglich gewesen, Ludendorff in Verruf zu bringen, indem er seinen wilden Annexionismus und seine Verantwortung für den U-Bootkrieg gegeißelt oder aus dem von ihm soeben erwirkten Versprechen des Königs, das demokratische Wahlrecht in Preußen einzuführen, Kapital geschlagen hätte. Auch hätte er seine Stellung durch die Berufung von Parlamentariern in die Regierung verbessern können. Einem geschickten Mann wäre es vielleicht sogar gelungen, Hindenburg von Ludendorff zu trennen, wie es im Oktober 1918 geschehen sollte; Hindenburg hätte dabei in seiner repräsentativen Stellung beibehalten werden können. Das hätte die allgemeine Erregung gedämpft, die Ludendorffs Entlassung in rechtsstehenden Kreisen auslösen mußte. Bethmanns Stellung wäre, da die deutsche Tradition einen militärischen coup d'état ausschloß, durch die Unterstützung von Kaiser und Reichstagsmehrheit politisch unangreifbar gewesen. Aber Bethmann hatte nicht das Zeug für einen Kampf gegen den General. Sein Rücktritt zeigte, ebenso wie seine Amtsführung als Kanzler, Schwäche und Mangel an politischem Instinkt. Zwar hatte Erzberger, als er die Panik vom 6. Juli auslöste und die Zentrumspartei in die Opposition gegen Bethmann führte, die Stellung des Kanzlers er-

[43]) Erzberger, *Erlebnisse*, S. 262; Haußmann, *op. cit.*, S. 124; Bachem, *Zentrumspartei*, Bd. IX, S. 455. Eine ausgezeichnete Schilderung der Fraktionssitzung vom 12. Juli findet sich in einem Brief Richard Müllers (Fulda) an Bachem vom 14. Juli 1929 in: *Bachem Dokumente*, Akte 90. Die Einstellung des Zentrums zu Bethmann war bis zu der entscheidenden Sitzung immer noch unsicher. Der Nationalliberale Schiffer erfuhr an diesem Morgen von Trimborn, daß die Partei hinter dem Kanzler stehe. Als Schiffer sich bei Erzberger danach erkundigte, sagte dieser „mit höhnischem Lachen, ich solle nur die Sitzung seiner Fraktion um 3 Uhr abwarten". Schiffer, *Ein Leben für den Liberalismus*, Berlin 1951, S. 196.

schwert, aber die Verantwortung für Bethmanns Zurückweichen vor Ludendorffs Ultimatum fällt nur auf ihn selbst und kann nicht Erzberger zur Last gelegt werden. In gewissem Sinne rechtfertigte die Schwäche des Kanzlers gegenüber Ludendorff Erzbergers Wunsch nach seiner Entfernung aus dem Amte. Doch sollte sich sein Nachfolger als noch unfähiger erweisen.

Bethmann trat am 13. Juli, dem Tage nach Ludendorffs Ultimatum, zurück. Ein paar Tage später hatte er mit seinem Freunde Theodor Wolff, dem Herausgeber des liberalen „Berliner Tageblatts", ein Gespräch, in dem jener die Ansicht des Kanzlers über die Julikrise in anschaulicher Weise wiedergab. Über Erzbergers Aktion vom 6. Juli äußerte Bethmann:

> „Der Schrecken ist mit ihm durchgegangen. ‚Ich — Wolff — entgegnete, daß ich im ersten Augenblick geglaubt hätte, er [Bethmann] sei mit der Aktion Erzbergers einverstanden gewesen, die ihm Luft verschaffen und die Dinge vorwärts bringen sollte, aber ich wisse jetzt, daß es nicht so war.' ‚Nein,' sagte er, ‚ich habe nichts davon gewußt. Manches in seiner Rede war ja ganz gut, und es schadete nichts, daß einmal in die nationalistische Phrase hineingeleuchtet und die Wahrheit gesagt wurde, aber ich finde doch, daß er zu weit gegangen ist und zuviel Porzellan zerschlagen hat.' Er sprach dann von der Friedensresolution und äußerte: ‚Ich hoffe, daß sie nicht ganz ohne Einfluß auf unsere Gegner bleiben wird!' Es schien ihm überhaupt nicht ausgeschlossen, daß es im Herbst zum Frieden kommen werde, denn ‚die Engländer werden nicht abwarten wollen, daß sie durch Amerika herausgerissen werden, das ist gegen ihr Interesse, und mitwirkt doch auch der U-Bootkrieg.' ... Obgleich Herr von Bethmann Hollweg an diesem Tage reichliche Ursache gehabt hätte, bitter über Erzberger zu denken, verbarg er auch jetzt nicht seine Sympathie. Erzberger erschien ihm mit all seinen Fehlern als einer der wenigen rührigen und zur Tat befähigten Parlamentarier und als eine sehr verwendbare Kraft."[44])

Am 14. Juli ernannte der Kaiser Dr. Georg Michaelis, politisch ein völlig unbeschriebenes Blatt, zum Nachfolger Bethmanns. Eine groteskere Ernennung war kaum vorstellbar, und sie zeigte, mehr noch als Ludendorffs Ultimatum, den völligen Bankrott der Bismarckschen Reichsverfassung. Michaelis hatte bisher im politischen Leben keine Rolle gespielt. Ein gewissenhafter preußischer Verwaltungsbeamter, hatte er in der Öffentlichkeit durch eine energische Rede im Landtag Aufsehen erregt, bei der er in seiner Eigenschaft als Staatskommissar für Volksernährung versprochen hatte, streng gegen Schieber vorzugehen. Ludendorff, der oft eine energische Sprache mit Klugheit verwechselte, war davon beeindruckt gewesen und glaubte, Michaelis habe sich damit für die Kanzlerschaft qualifiziert. Der Kaiser hatte Michaelis vor seiner Ernennung persönlich nie kennengelernt. Wer zuerst den Einfall gehabt hat, Michaelis vorzuschlagen, ist niemals eindeutig festgestellt worden; nach dem Fiasko seiner kur-

44) Theodor Wolff in einem Nachruf auf Erzberger in: *Berliner Tageblatt*, 29. August 1921. Eine Abschrift findet sich bei den *Erzberger Dokumenten*, Akte 43.

zen Amtszeit war niemand bereit, die Verantwortung dafür zu übernehmen. Bethmanns Rat wurde nicht erbeten. Die Führer des Reichstags wurden absichtlich ignoriert aus Angst vor Präzedenzfällen, die das parlamentarische Regierungssystem fördern könnten. Die Schwäche der führenden Politiker des Reichstags lag darin, daß ihnen ein Kandidat fehlte, auf den sich die Mehrheit hätte einigen können. Fürst Bülow, der das Vertrauen des Reichstags hätte gewinnen können, war auf Grund des kaiserlichen Vetos aus dem Rennen ausgeschieden. Graf Hertling, der greise bayerische Ministerpräsident, den die Parteien im Oktober akzeptieren sollten, hatte das Amt abgelehnt, als es ihm vor der Ernennung Michaelis' angeboten worden war. Das autoritäre monarchische System, obwohl durch verantwortungslose militärische Einflüsse bereits stark geschwächt, hielt sich zäh am Leben.[45])

Michaelis zögerte, wie gerechterweise gesagt werden muß, ein Amt zu übernehmen, für das er offensichtlich ungeeignet war. Aber ein irregeleitetes Pflichtgefühl, verstärkt durch seine religiösen Überzeugungen, verleiteten ihn dazu, die Berufung anzunehmen. Seine Gedanken, kurz bevor Valentini seine Wohnung betrat, um ihm die Kanzlerschaft offiziell anzutragen, beschrieb Michaelis mit folgenden Worten:

> „Das war die schwerste Stunde meines Lebens. Kein Mensch war da, aber Gott war bei mir; in den Losungen der Brüdergemeinde, die mir, wie Tausenden, einen täglichen Geleitspruch auf die Lebensfahrt geben, stand für den Tag Vers neun aus dem ersten Kapitel des Buches Josua: ‚Siehe ich habe dir geboten, daß du getrost und freudig seiest. Laß dir nicht grauen und entsetze dich nicht; denn der Herr, dein Gott, ist mit dir in allem, was du tun wirst!"[46])

Michaelis verstand den Text der Losung als einen Ruf Gottes, die Kanzlerschaft anzunehmen. Die Parteiführer, weniger erleuchtet, waren über die unerwartete Ernennung überrascht und entrüstet. Daß es Erzberger nicht gelungen war, Bülows Kanzlerschaft durchzusetzen, muß nachträglich bittere Gedanken über seinen Anteil an Bethmanns Sturz hervorgerufen haben. Haußmann, der Erzberger die Hiobsbotschaft überbrachte, sagte, Michaelis werde „nur ein Provisorium" sein, worauf Erzberger ergänzte: „Ein ‚Zweimonatskindle', wie man bei Hof sagt."[47]) Erzberger bemühte sich inzwischen, das Übel der Kanzlerschaft von Michaelis zu mildern, indem er die Friedensresolution durchbrachte in der Hoffnung, sie werde dem neuen Kanzler als Wegweiser für die Außenpolitik dienen.

---

45) Magnus von Braun, damals Pressechef im Innenministerium, hat vor kurzem zugegeben, Ludendorff den Namen Michaelis genannt zu haben, wobei unklar bleibt, ob dieser Vorschlag entscheidend war. *Von Ostpreußen bis Texas*, Stollhamm 1955, S. 113—117.
46) Michaelis, *Für Staat und Volk*, Berlin 1922, S. 321.
47) Haußmann, *op. cit.*, S. 129. Bei dieser Gelegenheit konnte Erzberger der Versuchung nicht widerstehen, mit seinem politischen Einfluß zu prahlen, und behauptete, Michaelis „gemacht" zu haben. Das wirft ein ungünstiges Licht auf seinen Charakter, ist aber in der Sache unberechtigt. Bachem, *Zentrumspartei*, Bd. IX, S. 386.

## Annahme und Bedeutung der Friedensresolution

Erzberger war zu stark mit Fraktionssitzungen beschäftigt, um selber an dem Entwurf der Friedensresolution mitzuarbeiten. Folgender Wortlaut wurde vom Interfraktionellen Ausschuß am 12. Juli beschlossen:

> „Der Reichstag erklärt: Wie am 4. August 1914 gilt für das deutsche Volk auch an der Schwelle des vierten Kriegsjahres das Wort der Thronrede: ‚Uns treibt nicht Eroberungssucht!' Zur Verteidigung seiner Freiheit und Selbständigkeit, für die Unversehrtheit seines territorialen Besitzstandes hat Deutschland die Waffen ergriffen.
>
> Der Reichstag erstrebt einen Frieden der Verständigung und der dauernden Versöhnung der Völker. Mit einem solchen Frieden sind erzwungene Gebietserwerbungen und politische, wirtschaftliche oder finanzielle Vergewaltigungen unvereinbar."

Es folgten Sätze, die wirtschaftliche Diskriminierung in der Nachkriegswelt verurteilten und die Freiheit der Meere sowie die Schaffung internationaler Rechtsorganisationen befürworteten. Die Resolution warnte alle feindlichen Regierungen davor, ihre Eroberungspläne weiter zu verfolgen oder die ausgestreckte Friedenshand zurückzuweisen, da sonst „das deutsche Volk wie ein Mann zusammenstehen, unerschütterlich ausharren und kämpfen [wird], bis sein und seiner Verbündeten Recht auf Leben und Entwicklung gesichert ist".[48])

Die Fassung der Resolution wurde damals wie später von den entgegengesetzten Extremen, Konservativen und Unabhängigen Sozialdemokraten, kritisiert. Die ersten beschimpften sie als einen feigen Verzicht auf Eroberungen, die letzteren bezeichneten sie als heuchlerisch, weil sie Annexionen zu verurteilen scheine, ihnen dabei aber die Türen offenhalte. Für die sozialistische Ansicht ließ sich manches sagen. In der Resolution wurde ausdrücklich weder ein Friede auf der Basis des status quo ante gefordert, noch die sozialistische Formel „keine Annexionen oder Kriegsentschädigungen" angeführt. Sie sprach sich lediglich gegen „erzwungene Gebietserwerbungen und politische, wirtschaftliche oder finanzielle Vergewaltigungen" aus. Erzberger hatte nicht die Absicht, auf Verhandlungen beruhende Gebietsaustausche unmöglich zu machen, und auch die Ausdrücke „erzwungene Gebietserwerbungen" und „Vergewaltigungen" konnten verschieden ausgelegt werden, je nachdem, welche Zustände zur Zeit des Verhandlungsbeginns tatsächlich herrschten. Diese Möglichkeit hatte Michaelis am 19. Juli im Sinn, als er die Friedensresolution „wie ich sie auffasse" annahm. Erzberger selbst hat damals dem Prinzen Max von Baden versichert, Deutschland könne, ohne die Bedingungen der Resolution zu

[48]) Die Entstehung der erstgültigen Fassung der Friedensresolution kann jetzt verfolgt werden in: *Interfraktioneller Ausschuß*, Bd. I, S. 110—113.

verletzen, durch einen beide Seiten befriedigenden Austausch in den Besitz der Erzgebiete von Briey-Longwy gelangen.[49]) Als seine bulgarischen Freunde gegen die Resolution protestierten, weil sie ihr Hauptkriegsziel, die Vereinigung aller Bulgaren — das hieß, Mazedonien von den Serben zu erobern — auszuschließen scheine, beruhigte er sie mit dem Hinweis auf den Satz über das „Recht auf Leben und Entwicklung" Deutschlands und seiner Verbündeten und fügte noch hinzu: „Sie können sich darauf verlassen, die Vereinigung aller Bulgaren bleibt ein deutsches Kriegsziel."[50]) Außerdem schrieb Erzberger am 18. Juli, dem Tage vor der Annahme der Resolution, an Michaelis und drängte darauf, so rasch wie möglich einen unabhängigen litauischen Staat zu schaffen. Dies könne nicht eigentlich als Verletzung der Resolution aufgefaßt werden, da es sich um keine „erzwungene Gebietserweiterung" handele.[51]) Eine ähnlich freie Auslegung sollte Erzberger im nächsten Jahr dazu veranlassen, die Bestimmungen des Vertrages von Brest-Litowsk als mit der Friedensresolution vereinbar zu bezeichnen.

Es waren nie moralische Gründe, die Erzberger zum Gegner des Annexionsgedankens machten. Er war im Sommer 1917 ebenso wie später darauf aus, wirtschaftliche und strategische Gewinne für Deutschland zu erzielen, vorausgesetzt, daß der dadurch hervorgerufene Unwille im Ausland nicht größer würde als die greifbaren Vorteile für das Deutsche Reich. Die wilden Annexionspläne, die er in den ersten Jahren des Krieges befürwortet hatte, lehnte er 1917 freilich ab, hoffte aber immer noch, daß ein lohnender Gebietsaustausch für Deutschland möglich sein werde. Die Unabhängigen Sozialdemokraten waren, von ihrem Standpunkt aus gesehen, berechtigt, gegen Erzbergers Friedensresolution zu stimmen, denn im Unterschied zu ihnen war er nicht daran interessiert, für edle Grundsätze Zeugnis abzulegen. Er verfolgte das begrenztere Ziel, die deutsche Regierung gegen ihre annexionistischen Feinde zu stärken, die sie bei allen späteren Friedensverhandlungen in Verlegenheit bringen mußten. Ein Friede auf der Grundlage des status quo ante war nach seiner Auffassung das beste, was im Sommer 1917 noch zu erreichen war; er wollte jedoch nicht auf alle Annexionen verzichten, wenn sich die Gesamtkriegslage Deutschlands bessern oder das Lockmittel der Annexionen sich als notwendig erweisen sollte, um die Vertragstreue der Verbündeten Deutschlands (z. B. Bulgariens) zu erhalten. Territoriale Veränderungen schienen ihm im Westen weniger aussichtsreich zu sein als im Osten, wo sie in der Form echter Selbstbestimmung der früheren russischen Gebiete wie Polen und Litauen durchgeführt werden könnten. Abgesehen von gelegentlichen Illusionen über Briey-Longwy war ihm klar, daß Deutschland im Westen die Vorkriegsgrenzen akzep-

[49]) Max von Baden, *op. cit.*, S. 114.
[50]) Oberndorff (Deutscher Gesandter in Sofia) an das Auswärtige Amt am 18. Juli 1917 und Erzbergers undatierte Antwort an Oberndorff (wahrscheinlich am gleichen Tage depeschiert) in: *A. A.*, Akte 1499. Erzberger, *Erlebnisse*, S. 265.
[51]) Erzberger an Michaelis am 18. Juli 1917, *A. A.*, Akte 1499.

tieren müsse. Kurz vor der Julikrise hatte Pacelli ihm gesagt: „Sie können jetzt den Frieden haben, wenn Deutschland eine klare Erklärung abgibt, daß Belgien völlig freigegeben wird."[52]) Der Vatikan hielt nach wie vor Deutschlands Verzicht auf Belgien für die Voraussetzung von Friedensverhandlungen jeglicher Art zwischen Deutschland und England. Erzberger hatte Bethmann schon seit einiger Zeit gedrängt, eine solche Erklärung abzugeben und hatte in der Friedensresolution den ausdrücklichen Verzicht auf Belgien gewünscht. Er konnte sich jedoch nicht durchsetzen gegen den vereinten Widerstand derer, die Belgien in der Hand behalten wollten, wie jener, die es für schlechte Taktik hielten, einen Trumpf vor der Aufnahme von Friedensverhandlungen aus der Hand zu geben.[53])

Da Erzberger und seine politischen Freunde im Interfraktionellen Ausschuß bezweifelten, daß Michaelis die Friedensresolution eine Herzenssache war, entschlossen sie sich, um so nachdrücklicher die Resolution ohne weitere Verwässerung im Reichstag durchzubringen. Ihre Aufgabe wurde erschwert, als Hindenburg und Ludendorff zum zweiten Mal innerhalb einer Woche nach Berlin kamen, um sich in die Politik einzumischen. Die beiden Generäle äußerten sich nun offen gegen jede annexionsfeindliche Resolution, eine Ansicht, die sie bisher verschwiegen hatten, solange sie ihr Hauptziel in dem Sturz Bethmanns sahen und dafür immer noch der Hilfe Erzbergers bedurften. Zusammen mit Mayer (Kaufbeuren) vom Zentrum und den beiden Sozialdemokraten Ebert und Scheidemann besuchte Erzberger am Spätnachmittag des 13. Juli Ludendorff. Der General bemühte sich, sie über die militärische Lage zu beruhigen. Erzberger war erfreut, daß Ludendorff, der noch vorsichtig sondierte, bei dieser Gelegenheit nur geringe Einwände gegen die Friedensresolution erhob. Um so entsetzter aber war er, als der General bei einer privaten Unterredung am nächsten Morgen (14. Juli) sich scharf gegen die Fassung der Resolution äußerte. Gegenüber Erzbergers Argumenten im Zusammenhang mit dem Scheitern des U-Bootkrieges und der daraus folgenden Notwendigkeit, die Annexionspolitik aufzugeben, zeigte er sich vollkommen unzugänglich.[54])

Bei einer von Helfferich veranstalteten Zusammenkunft im Garten des Reichsamtes des Innern lernten die führenden Männer des Reichstags Michaelis kennen. Auch Hindenburg und Ludendorff waren anwesend. Auf dieser Gesellschaft entwickelte sich eine scharfe Auseinandersetzung zwischen den Generälen und den Abgeordneten über den Wortlaut der vorgeschlagenen Friedensresolution. Erzberger bestand darauf, daß die Resolution, so wie sie vom Interfraktionellen Ausschuß formuliert worden war, angenommen werden müsse, während Ludendorff Änderungen des Wortlauts verlangte, die allen Zielen

52) Bachem, *Zentrumspartei*, Bd. IX, S. 499.
53) Erzberger, *Erlebnisse*, S. 207.
54) *Memorandum vom 15. Juli.* Auch *Erlebnisse*, S. 264. Scheidemann, *Zusammenbruch*, S. 92 ff.

Erzbergers zuwiderliefen. Michaelis, der in die Kontroverse hineingezogen wurde, machte sich lächerlich durch die Erklärung, er würde das Kanzleramt nie übernommen haben, wenn er nicht unter dem irrigen Eindruck gestanden hätte, zwischen Reichstag und Oberster Heeresleitung herrsche volle Übereinstimmung. Kurz zuvor hatte er Scheidemann gesagt, er müsse sich langsam in die Politik hineinfinden, da er bisher „als gewöhnlicher Zeitgenosse neben dem Wagen der Politik hergelaufen" sei und sich nur „wie ein Zeitungsleser auf dem laufenden zu halten gesucht" habe.[55]) Die Auseinandersetzung zwischen den Parteiführern und den Generälen verlief ergebnislos; Ludendorff wünschte eine weitere Zusammenkunft am nächsten Tage. Scheidemann beendete — auf eigene Verantwortung — die Diskussion kurzerhand, indem er am gleichen Abend eine Abschrift des Textes, wie er vom Interfraktionellen Ausschuß entworfen worden war, dem „Vorwärts" zur Veröffentlichung übergab. Dieses Vorgehen erregte zwar verständlicherweise den Unwillen des Kanzlers Michaelis und der Generäle, sie konnten es aber nicht dementieren, ohne einen katastrophalen Eindruck im In- und Ausland zu erwecken.[56])

Der Reichstag nahm die Friedensresolution am 19. Juli an, dem Tage, an dem Michaelis seine erste Kanzlerrede hielt. Über die außenpolitischen Abschnitte hatte er sich bereits mit Erzberger und Scheidemann beraten und deren Billigung gefunden, da er in seiner Rede die volle Unterstützung der Resolution forderte.[57]) Doch im gesprochenen Text der Rede fügte er die einschränkenden und bedeutungsschweren Worte hinzu: „wie ich sie auffasse". Mit diesem Zusatz hatte er sich keineswegs versprochen, sondern die Bemerkung sollte die Tür für das ganze Annexionsprogramm der Obersten Heeresleitung offenhalten. In der Aufregung der Plenarsitzung des Reichstags wurde die Bedeutung der Einschränkung nicht sogleich erfaßt;[58]) aber es zeigte sich bald, daß Michaelis sich in erster Linie als Sprachrohr Ludendorffs fühlte und keinerlei Absicht hatte, ein parlamentarischer Kanzler zu sein. Am 25. Juli schrieb er an den Kronprinzen: „Die berüchtigte Resolution ist mit 212 gegen 126 Stimmen bei 17 Stimmenthaltungen angenommen. Durch meine Interpretation derselben habe ich ihr die größte Gefährlichkeit geraubt. Man kann schließlich mit der Resolution jeden Frieden machen, den man will."[59])

---

55) Haußmann, *op. cit.*, S. 131.
56) Die beste Schilderung des Gartenfestes findet sich bei Haußmann, *op. cit.*, S. 130—137. Auch Scheidemann, *op. cit.*, S. 98—102.
57) Scheidemann, *op. cit.*, S. 100—105.
58) *U. A.*, VIII, S. 86 ff.
59) Michaelis an den Kronprinzen am 25. Juli 1917. *U. A.* VII (2), S. 390.

## Die Frankfurter Versammlung der Zentrumspartei

Die Friedensresolution, die im Ausland wenig Eindruck machte, löste in Deutschland einen heftigen innenpolitischen Streit aus. Der Hauptzweck, die Sozialdemokraten zu einer weiteren Unterstützung der Kriegsanstrengungen zu bewegen, wurde zwar erfüllt, dieser Erfolg aber — jedenfalls soweit es sich um die innenpolitische Verständigung handelte — wurde weitgehend wieder aufgehoben durch die wilde Hetze der Annexionisten in der neugegründeten Vaterlandspartei. Diese Kreise erhoben den Vorwurf gegen Erzberger, er habe den deutschen Siegeswillen untergraben und sei der glorreichen Armee in den Rücken gefallen. Diese Ansicht teilte der rechte Flügel der Zentrumspartei, wenn auch mehr innerhalb des Parteiapparats als unter den Abgeordneten, die Erzbergers Rede gehört hatten. Am 23. Juli wurde eine Sondersitzung des Reichsausschusses der Zentrumspartei und des Vorstands des „Augustinus-Vereins zur Pflege der katholischen Presse" nach Frankfurt am Main einberufen, bei der Erzberger Gelegenheit erhalten sollte, zu seiner Politik zu sprechen. An der Sitzung nahmen vierundsechzig Männer teil. Das einleitende Referat hielt der Führer des badischen Zentrums Fehrenbach, der Erzbergers Aktion billigte. Einer der bayerischen Parteiführer, Held, griff Erzbergers Haltung an. Darauf antwortete Erzberger in einer zweistündigen Rede, in der er vieles erneut darlegte, was er vierzehn Tage früher in Berlin zum erstenmal enthüllt hatte. Der Eindruck für seine Zuhörer war wiederum niederschmetternd. Um die wenigen Teilnehmer, die immer noch nicht von der verzweifelten Lage der Mittelmächte überzeugt waren, zu bekehren, las Erzberger die Czernin-Denkschrift vor, die Kaiser Karl ihm im April zur Verwendung nach eigenem Ermessen gegeben hatte. Bachem, der anwesend war, berichtet, Erzberger habe strenge Vertraulichkeit verlangt, da er sich klar war, daß das Bekanntwerden der Denkschrift in Deutschland Bestürzung, bei den Ententemächten Jubel hervorrufen mußte. „Erzberger machte im voraus darauf aufmerksam, daß von diesem Bericht unbedingt nichts in die Öffentlichkeit dringen dürfte. Alle Anwesenden wurden ehrenwörtlich verpflichtet, nicht das mindeste nach außen über den Bericht verlauten zu lassen. Alle Türen waren verschlossen und von außen bewacht. Erzberger betonte, daß keinerlei schriftliche Notizen gemacht werden dürften. Er verlas dann den Bericht in einem äußerst raschen Zeitmaß, so daß man nur schwer folgen konnte."[60])

Erzbergers Schocktaktik führte zu einem sofortigen Erfolg, denn die Versammlung stimmte der Politik der Friedensresolution ausnahmslos zu. Für diesen Triumph zahlte Erzberger jedoch auf Kosten seines Rufes einen zu hohen

---

60) Bachem, *Zentrumspartei,* Bd. IX, S. 439. Die Versammlung wird ausführlich geschildert auf S. 437—441. Eine weitere gute Schilderung eines Teilnehmers bei Hugo Baur, „Mein politischer Lebenslauf", in: *Deutsche Bodenseezeitung* 2. März 1929. Abschrift bei *Erzberger Dokumente,* Akte 90.

Preis. Ein so wichtiges Dokument vierundsechzig Menschen vorzulesen und absolute Verschwiegenheit von ihnen zu erwarten, war naiv. Als die Czernin-Denkschrift im Spätsommer des Jahres 1917 bei den Ententemächten bekannt wurde, begannen Erzbergers Feinde, ihn als Verräter zu brandmarken, der wichtige amtliche Informationen habe durchsickern lassen. Ob ihn Bestechung von englischer Seite oder einfach nur Unvorsichtigkeit dazu veranlaßt hatte, war, wie sie großmütig zugaben, nicht eindeutig festzustellen. Auch ist niemals nachgewiesen worden, daß die Entente die Denkschrift über Frankfurt erhalten hatte, obwohl Erzbergers Gegner das weiterhin kategorisch behaupteten. Der Vorwurf, er habe sich der Indiskretion schuldig gemacht und in verantwortungsloser Weise streng geheime Informationen benutzt, um seine persönliche Stellung in der Partei zu schützen (wenn nicht zu schlimmeren Zwekken), haftete ihm bis an sein Lebensende an.[61])

Die Verlesung des Berichts muß zwar als große Unvorsichtigkeit bezeichnet werden, ist aber nicht unehrenhaft zu nennen; man sollte bedenken, daß Erzberger vor einer Zuhörerschaft stand, die zu überzeugen für ihn von größter Bedeutung war. Er war auf vollkommen legale Weise in den Besitz der Denkschrift gekommen und hatte die Vollmacht erhalten, sie in jeder ihm geeignet erscheinenden Weise zu benutzen, um einen Verständigungsfrieden zu fördern: die Zentrumspartei für die Friedensresolution zu gewinnen war auf jeden Fall ein Zweck, der den Absichten Kaiser Karls entsprach. Er hatte strengste Vorsichtsmaßnahmen getroffen, um ein Durchsickern zu verhindern. Außerdem sei daran erinnert, daß die Denkschrift bereits drei Monate alt war, als Erzberger sie verlas, und daß sie keine besonderen Tatsachen enthielt, die den Spionagediensten der Entente nicht längst bekannt waren; verfügten sie doch auch über andere Möglichkeiten, in den Besitz der Denkschrift zu gelangen. Es ist dann auch Erzbergers Feinden nie gelungen, ihre Behauptung zu belegen, er sei für das Bekanntwerden der Denkschrift in London und Paris verantwortlich. Weiter wurde behauptet, die Denkschrift habe die im Jahre 1917 bestehenden vielversprechenden Friedensaussichten zerstört und die Bereitschaft der Entente, den Krieg weiterzuführen, durch die Aussicht auf einen baldigen Sieg gestärkt. Dies ließ sich ebensowenig beweisen. Die Anschuldigungen kamen von Gegnern der Friedensresolution, die meist argumentierten, Erzberger und die Sozialdemokraten seien einer gefährlichen Täuschung erlegen, als sie einen Verständigungsfrieden für möglich hielten. In Wirklichkeit werde sich aber die Entente in ihrer Unversöhnlichkeit erst zufrieden geben,

---

61) Das Durchsickern der Czernin-Denkschrift löste im Sommer 1919 erhebliche Auseinandersetzungen aus, als Czernin sich den Gegnern Erzbergers anschloß. In einem Brief an Czernin vom 30. Juli 1919 verlangte Erzberger Beweise dafür, daß die Denkschrift die Entente über Frankfurt erreicht habe. Czernin erwiderte am 8. August 1919, er habe keine Beweise, glaube aber, daß nichts, was einer großen Zahl von Menschen bekannt sei, geheimgehalten werden könne. In seiner Antwort vom 18. August 1919 wies Erzberger auf einige Fehler in Czernins letztem Brief hin. Czernin zog es dann vor, die Korrespondenz zu beenden. *Erzberger Dokumente*, Akte 8.

wenn Deutschland eine totale Niederlage erlitten habe. Auffallend ist der Mangel an Konsequenz der Erzbergerschen Kritiker. Dieselben Kreise, die andauernd erklärten, daß ein Verständigungsfrieden mit der Entente ausgeschlossen sei, warfen Erzberger vor, durch angebliche Indiskretion eben diese Friedensmöglichkeiten gestört zu haben.[62])

## Die Folgen der Julikrise

Wer sich über Erzbergers Verhalten während der Krise vom Juli 1917 ein Urteil bilden will, muß Voraussetzungen und Begleitumstände berücksichtigen, über die sich die Historiker niemals ganz einigen werden. Welche Aussichten hätte ein Verständigungsfriede im Sommer 1917 gehabt, wäre von der deutschen Regierung ein ernsthaftes, auf der Friedensresolution beruhendes Angebot gemacht worden? Man kann nur wiederholen, was über die allgemeinen Friedensaussichten zur Zeit der Stockholmer Verhandlungen gesagt wurde: sie waren nicht sehr vielversprechend. England, Frankreich, Italien und die Vereinigten Staaten waren nicht bereit, einen auf dem status quo ante beruhenden Frieden anzunehmen, solange sie noch die Aussicht hatten, einen vollen militärischen Sieg zu erringen. Die Hoffnungen auf einen deutschen Sonderfrieden mit Rußland hatten sich verflüchtigt, seitdem die Verhandlungen zwischen Erzberger und Kolyschko von Ludendorff und Stinnes durchkreuzt worden waren. Die Wahrscheinlichkeit, daß die Entente bereit sein würde, das Erzbergersche Programm zu akzeptieren, war zwar sehr gering, zumindest aber sicherte die Friedensresolution der deutschen Regierung die Unterstützung des Reichstags, sofern diese von jeder sich bietenden Gelegenheit wirklich Gebrauch machte.

Diese geringe Erfolgschance bedeutete nicht, daß Erzbergers Politik ihrem Wesen nach falsch war. Sie wäre selbst dann gerechtfertigt gewesen, wenn die Regierungen der Entente jedes vernünftige deutsche Friedensangebot abgelehnt hätten. Ein teilweiser Erfolg — in dem Sinne, daß die Antikriegs-Stimmung in den verschiedenen Ententeländern gestärkt wurde — war sicher, w e n n die Resolution im Ausland ernstgenommen worden wäre. Unglücklicherweise bezeichnete dieses „w e n n" eine kaum sichtbare Möglichkeit. Im Ausland glaubte man (nicht zu Unrecht), daß die Stimme des Reichstags in Deutschland nicht entscheidend sei und keinen unmittelbaren Einfluß auf die Außenpolitik ausübe. Die Bedeutung der Worte des Reichskanzlers Michaelis „wie ich sie auffasse" wurde im Ausland sofort erfaßt. Man vermutete zutreffend, daß er für eine mächtige annexionistische Gruppe spreche, die, falls es zu einer Aus-

62) Ein Beispiel dieses Vorwurfs bei K. Helfferich, *Fort mit Erzberger*, Berlin 1919, S. 6, 45.

einandersetzung kommen sollte, die Unterstützung der Obersten Heeresleitung genießen würde. Jeder Erfolg der Erzbergerschen Politik — selbst wenn er sich darauf beschränkte, in den Ententeländern das Gefühl zu verstärken, der Krieg werde durch die Eroberungslust der Entente unnötig in die Länge gezogen — setzte eine verfassungsrechtliche Revolution in Deutschland voraus, nämlich die Einführung des parlamentarischen Regierungssystems oder zumindest die volle Übereinstimmung zwischen der Reichstagsmehrheit und der Regierung in der Frage der Kriegsziele. Darüber hinaus hätte sich die Oberste Heeresleitung ganz einem Kanzler unterordnen müssen, der ein überzeugter Anhänger der Friedensresolution war.

Es spricht für Erzberger, daß er die Bedeutung dieser Tatsachen erkannte. Mit seiner Forderung, Bülow zum Kanzler zu ernennen und Abgeordnete in die Regierung zu berufen, wollte er Deutschland einen starken Reichskanzler geben, der sich des Reichstags bedienen könnte, um Ludendorffs Annexionismus zu zügeln. Wäre Bethmann im Amt geblieben, Ludendorff aber entlassen worden, so hätte man diesen Zustand nahezu erreicht. Fast alle positiven Auswirkungen, die sich vielleicht aus der Friedensresolution ergeben hätten, machte jedoch die Ernennung von Michaelis sofort zunichte. Es ist eine Ironie, daß Erzberger durch den Feldzug, den er zusammen mit Stresemann gegen Bethmann führte, zu diesem Ergebnis beigetragen hat. Dieses eine Mal in seinem Leben ist er überspielt worden und hatte sich von seinen intriganten Bundesgenossen dazu benutzen lassen, den Mann zu Fall zu bringen, der im Grunde seiner Politik zustimmte. Seine Hoffnung, Stresemann und Ludendorff für seine eigenen Projekte einspannen zu können, nämlich um Bülows Ernennung zum Kanzler durchzusetzen und die Unterstützung der Nationalliberalen für die Friedensresolution zu erreichen, scheiterte in beiden Punkten. Erzberger beging den größten politischen Fehler seiner Laufbahn, als er sich Bethmanns Gegnern von der Rechten anschloß, ohne sich vorher zu vergewissern, ob ein besserer Kanzlerkandidat zur Verfügung stehe. Er hätte wissen müssen, daß seine Hoffnungen auf Bülow illusorisch bleiben mußten, solange er den Kaiser nicht zwingen konnte, den Fürsten zu ernennen. Waren dafür doch erforderlich: eine solide Reichstagsmehrheit, geeint durch gemeinsame Grundsätze, ein starker Wille zur Macht und geschlossenes Eintreten für die Kandidatur Bülows.

Erzberger versuchte, eine solche Mehrheit, bestehend aus Zentrum, Fortschrittspartei und Sozialdemokraten, zu schaffen. Daß es ihm gelang, diese Parteien auf der gemeinsamen Grundlage der Friedensresolution zu sammeln, war eine große Leistung und bedeutete eine grundsätzliche Umwälzung der deutschen Innenpolitik, denn damit wurden der bisherige Würgegriff der Konservativen und Nationalliberalen im Reichstag gelockert und die Sozialdemokratie zum erstenmal für eine verantwortungsbewußte politische Zusammenarbeit mit anderen Parteien gewonnen. Das Zentrum, bisher der linke Flügel einer Rechtskoalition, wurde durch Erzberger zum rechten Flügel einer Linkskoalition. Die Zusammenarbeit der drei Parteien bereitete den Weg für die Einführung des parlamentarischen Regierungssystems und für die Aufhebung der unglückseligen Entfremdung zwischen dem größten Teil der Arbeiterklasse und dem bestehenden Regierungssystem, die die Zeit vor dem Kriege kennzeichnet. Die neue Koalition war ein konstruktiver Versuch, die Strukturfehler des Bismarckschen Systems zu beseitigen.[63])

Die neue Mehrheit war jedoch noch nicht stark genug, um die Einführung des parlamentarischen Regierungssystems durchzusetzen. Der Kaiser überging die Fraktionsführer des Reichstags, als er Michaelis ernannte, und diese konnten sich der vollzogenen Ernennung nicht widersetzen. Sie konnten zwar darauf bestehen, daß Michaelis, sehr gegen seine eigene Überzeugung, die Friedensresolution schluckte, aber sie waren nicht stark genug, um sofort gegen seinen Zusatz „wie ich sie auffasse" Einspruch zu erheben. Sie waren nicht bereit, vom Budgetrecht her, das durch die ständige Forderung nach Kriegskrediten beträchtlich gewonnen hatte, die Regierungsgeschäfte nach ihrem Willen und ihrer Politik führen zu lassen.

Das Erbe der unrühmlichen Geschichte der parlamentarischen Institutionen in Deutschland erklärt diese Schwäche. Die Parteien im Reichstag waren es gewohnt, als Interessentengruppen und nicht als verantwortliche Koalitionspartner zu handeln — daher ihre Unfähigkeit, sich auf ein gemeinsames Programm zu einigen, das alle Probleme des deutschen Lebens umfaßte. Es war Erzberger gelungen, in der lebenswichtigen Frage der Kriegsziele auf dem Wege über die Friedensresolution eine Einigung herbeizuführen; diese Resolution aber konnte verschieden ausgelegt werden. Das Zentrum, die Fortschrittspartei und sogar einige Sozialdemokraten kamen wieder auf ihre annexionistischen Wünsche zurück, sobald sich die militärische Lage verbesserte. Bei den Mehrheitsparteien herrschte keine Übereinstimmung, ob das parlamentarische Regierungssystem wünschenswert sei, noch viel weniger, ob es klug wäre, es gerade jetzt einzuführen. Außerdem fehlte ihnen ein überzeugender Sprecher, der ihre gemeinsamen Auffassungen zum Ausdruck bringen und für sie den Anspruch auf die Kanzlerschaft erheben konnte. Erzberger selbst kam als Kandidat nicht in Frage, er galt immer noch als zu jung, zu umstritten und zu sehr als enfant terrible seiner Partei. Sein Verhalten während der Julikrise hatte ihn zwar an Einfluß gewinnen lassen, aber seinem Ruf war es nicht förderlich gewesen.

Die allgemeinen Umstände im Juli 1917 wirkten sich auf die Möglichkeit, große innenpolitische Leistungen zu vollbringen, ebenso ungünstig aus wie die

---

[63]) Eine Würdigung von Erzbergers „revolutionärer Leistung" gibt A. Rosenberg, *Entstehung*, S. 156.

Schwäche, die Uneinigkeit und der Mangel an geeigneten Führern bei den Mehrheitsparteien. Der Krieg hatte durch die häufig notwendigen Kreditbewilligungen dem Reichstag seine Chance geboten, ihn aber zugleich daran gehindert, sie zu nutzen. Die Einführung der parlamentarischen Regierungsform durch die erzwungene Ernennung eines dem Parlament verantwortlichen Kanzlers zu erreichen, bedeutete eine verfassungsrechtliche Revolution inmitten einer für die Nation gefahrvollen Situation. Selbst in den Reihen der Reichstagsmehrheit gab es viele ängstliche und manche überpatriotische Männer, die glaubten, der innenpolitische Streit lenke die Kräfte des Volkes von der höchsten Verpflichtung ab, den Kampf gegen die äußeren Feinde Deutschlands zu führen. Dabei vergaßen sie, daß die Beibehaltung der überalterten kaiserlichen Verfassung Unzufriedenheiten wachrief, die ihrerseits auch wieder eine erfolgreiche Kriegführung erschwerten. Sie vergaßen, daß die politische Macht gerade dann in den Händen Ludendorffs blieb, wenn die parlamentarische Regierungsform nicht eingeführt wurde. Viele glaubten auch, die Oberste Heeresleitung werde sich nicht beugen, sondern sich vielmehr widersetzen, wenn der Reichstag versuchen sollte, seine Autorität geltend zu machen, so daß eine scharfe verfassungsrechtliche Auseinandersetzung, vielleicht auch eine offene Militärdiktatur, die Folge sein könnte. Es ist jedoch zweifelhaft, ob Ludendorff so weit gegangen wäre. Man darf nicht vergessen, daß er eine echte Abneigung gegen die Politik empfand und sich hier nicht einmischte, um weitgespannte politische Ziele zu erreichen, sondern eben aus einem Gefühl der Enttäuschung und Verärgerung über die bestehende politische Führung. Er war kein Mann von napoleonischem Format. Er hatte bei der Annahme der Friedensresolution, die ihm sehr zuwider war, nachgegeben und wäre wahrscheinlich auch in anderen Fragen zurückgewichen, wenn er sich einer unangenehmen Alternative gegenüber gesehen hätte. Der Reichstag beging einen Fehler, als er Ludendorffs mangelnde Bereitschaft, sich in einen großen politischen Konflikt zu verstricken, nicht ausnutzte, aber viele seiner Mitglieder ließen sich eben nach wie vor von dem Prestige des preußischen Generalstabs hypnotisieren.[64])

---

64) Bredts Kritik an der Ängstlichkeit der Reichstagsmehrheit — das Hauptthema seines als Teil des Werkes des *U. A.* (VIII) veröffentlichten Buches — geht davon aus, daß die Mehrheitsparteien etwas anderes waren als das, was die geschichtliche Entwicklung und die Umstände des Jahres 1917 aus ihnen gemacht hatten. Siehe besonders S. 85.
Die Kritik, die Arthur Rosenberg, *op. cit.*, S. 156 ff., an Erzberger übt — er habe den Fehler begangen, keine feste Mehrheitskoalition zu schaffen, die ihre Ansichten durchsetzen konnte —, läßt die deutschen Parteigegebenheiten außer acht, mit denen Erzberger arbeiten mußte. Es war schon eine große Leistung, eine vorübergehende Zusammenarbeit für die Friedensresolution erreicht zu haben. Mehr zu verlangen heißt einen perfektionistischen Maßstab anlegen, der unter den Verhältnissen von 1917 gegenstandslos ist. Ein weiterer wichtiger Punkt der Kritik Rosenbergs — Erzberger hätte seine oratorischen Breitseiten gegen den Hauptschuldigen Ludendorff und nicht gegen Bethmann, den unschuldigen Komplizen in der U-Bootfrage, richten sollen — beruht ebenfalls auf einem Nichtverstehen der wirklichen Lage. Im Juli 1917 Ludendorffs Entlassung durchzusetzen, ging sicherlich über die Möglichkeiten jedes deutschen Parteipolitikers hinaus. Bethmann wäre es vielleicht mit Hilfe des Kaisers und des Ansehens des Kanzleramtes möglich gewesen, eine Reichstagsmehrheit gegen Ludendorff zustande zu bringen, nachdem der General seine Entlassung durch ein Ultimatum zu erzwingen versucht hatte. Ein Parteiführer wie Erzberger konnte eine solche Aufgabe niemals erfolgreich durchführen, selbst wenn er in gleicher Weise provoziert worden wäre. Was Erzberger tun konnte und auch tat, war, die Annahme der Friedensresolution gegen Ludendorffs Widerstand durchzusetzen und damit jedem Kanzler eine Waffe gegen den Annexionismus der Obersten Heeresleitung in die Hand zu geben.

Es ist Erzberger nicht gelungen, die außenpolitischen Ziele seiner Friedensresolution — den Abschluß eines Verständigungsfriedens oder zumindest eine Steigerung der Kriegsmüdigkeit in den Ententeländern — zu erreichen; bei den sekundären innenpolitischen Zielen hatte er jedoch mehr Erfolg. Die Mehrheitssozialisten stimmten weiterhin für die Bewilligung der Kriegskredite. Ihre Position gegenüber den Unabhängigen hatte zumindest vorübergehend eine Stärkung erfahren. Die verfassungsrechtliche Stellung des Reichstags war erheblich gekräftigt worden, obwohl er nicht die Ernennung des neuen Kanzlers zu beeinflussen vermochte. Zwei Abgeordnete, der Nationalliberale von Krause und der Zentrumsführer Spahn, wurden zu Leitern des Reichsjustizamtes beziehungsweise des preußischen Justizministeriums ernannt, ein kleiner Schritt in der Richtung, Männern aus dem Reichstag eine wichtigere Rolle in der Regierung zuzugestehen. Die neue Mehrheitskoalition, bestehend aus Zentrum, Fortschrittspartei und Sozialdemokraten, stellte eine Macht dar, mit der die Regierung von nun an zu rechnen hatte und deren Gewicht drei Monate später bei der nächsten Kanzlerkrise noch erheblich größer sein sollte.[65])

Das unerfreulichste Ergebnis der Julikrise blieb, daß sie keine eindeutigen Entscheidungen herbeiführte. Sie schuf eine mächtige Reichstagskoalition, die aber die Regierungspolitik nicht bestimmen konnte. Sie ließ einen schwachen und unfähigen Mann Kanzler werden, der aber so stark war, daß er gegen den Willen des Reichstags handeln konnte. Sie demütigte den Kaiser, der sich einem militärischen Ultimatum beugte, ließ aber seine Privilegien uneingeschränkt bestehen. Endlich stärkte sie General Ludendorffs Position, weil ihn der Erfolg seiner politischen Intervention zu weiteren Aktionen gleicher Art ermunterte; aber seine verfassungsrechtliche Stellung blieb ebenso unklar wie bisher. Niemand wußte, welches die deutschen Kriegsziele waren oder ob Reichstag, Kanzler, Kaiser oder Oberste Heeresleitung befugt waren, sie im einzelnen festzulegen, wenn sich eine Gelegenheit zu Friedensverhandlungen ergeben sollte. Die innenpolitische Lage Deutschlands blieb völlig in der Schwebe. Die preußische Wahlrechtsreform war versprochen, aber nicht durchgeführt worden. Es gab eine Reichstagsmehrheit, die für erweiterte Befugnisse des Parlaments eintrat, aber durch inneren Zwiespalt und Angst vor einem Verfassungskonflikt mitten im Kriege gelähmt war. Eine scharfe, latente Spannung herrschte zwischen den neuen demokratisch-parlamentarischen Kräften und dem alten autoritär-bürokratischen Militärstaat, doch zögerten beide Seiten, in den offenen Kampf einzutreten. Das Ergebnis war eine heillose Verwirrung, die jede Entwicklung einer einheitlichen außen- und innenpolitischen Linie in Deutschland aufhielt.

---

[65]) Erzberger, wie immer ein unverbesserlicher Optimist, übertrieb die positiven Ergebnisse seiner Resolution in einem Memorandum vom 6. Februar 1918, das er für von Bergen verfaßte. *Erlebnisse*, S. 266 ff.

Auf Erzbergers persönliche Stellung wirkte sich die Julikrise teils erfreulich, teils verhängnisvoll aus. Einerseits ging er als Deutschlands mächtigster Abgeordneter daraus hervor, dessen Name mit dem Versuch verknüpft wurde, den Krieg durch einen Verständigungsfrieden zu beenden. Das trug ihm große Beliebtheit ein, vor allem in den unteren Schichten. Andererseits wurde er der bestgehaßte Mann in all den deutschen Kreisen — vor allem in der Oberschicht —, die einen Annexionsfrieden wünschten und eine Änderung der sozialen und politischen Struktur Deutschlands von sich wiesen. Mit unglaublicher Heftigkeit wurde er als Agent der Engländer, der Österreicher oder des Vatikans angegriffen. Alte Anschuldigungen, die auf seinen Feldzug gegen die kolonialen Mißstände und seine unglückselige Rolle bei der Pöplau- und Janke-Affäre zurückgingen, wurden für die Öffentlichkeit wiederbelebt und ausgeschmückt. Eine Flüsterkampagne brandmarkte ihn als Drückeberger und Kriegsgewinnler, als einen Mann, der seine Propagandatätigkeit zur persönlichen Bereicherung ausnutze und Auslandsreisen mache, bei denen er die Rationierungsbeschränkungen umgehe. Keine Anschuldigung war zu unsinnig, um nicht gegen Erzberger erhoben zu werden, und Millionen von Menschen begannen, in ihm den bösen Geist Deutschlands zu sehen. In diesen Tagen wurde die Saat gelegt für seine spätere Ermordung durch junge irregeleitete Männer, ihr Denken hatte eine Hetze vergiftet, die von jenen Schichten geschürt wurde, die sich in ihrer überkommenen Herrschaft über Deutschland bedroht fühlten.[66])

66) Die erste größere Anti-Erzberger-Schrift, F. Hussong, *Matthias Erzbergers Wege und Wandlungen*, erschien in Berlin Anfang September 1917. Erzberger wandte sich gegen die gemeinen und lächerlichen Angriffe, siehe *Verhandlungen des Reichstags*, 27. Februar 1918, XIII. Legislaturperiode, Bd. 311, S. 4226 ff.

# IX

# Von Michaelis zu Hertling
# Juli bis Oktober 1917

## Nach der Friedensresolution

Obwohl über die Ernennung von Michaelis verärgert, entschloß sich Erzberger dennoch, mit dem neuen Kanzler zusammenzuarbeiten in der optimistischen Mutmaßung, dieser werde die Politik der Friedensresolution unterstützen. Michaelis wußte nicht ganz, wie er Erzberger behandeln solle, als dieser ihm Ende Juli einen Privatbesuch abstattete, um sich zu erkundigen, ob sein bisheriges Vertrauensverhältnis zum Auswärtigen Amt auch unter der neuen Regierung fortbestehen werde. Der Kanzler antwortete zunächst ausweichend, ließ dann am 7. August die drei Zentrumsabgeordneten Spahn, Porsch und Giesberts zu sich kommen, um sie nach Erzbergers Eigenschaften und Stellung auszufragen; vermutlich wollte er herausfinden, ob sich nicht ein Keil zwischen Erzberger und seine Partei treiben ließe. Alle drei lobten das Verhalten ihres Parteifreundes — wobei die ersten beiden die Parteitreue ihren persönlichen Überzeugungen voranstellten —, und warnten Michaelis davor, Erzberger in die Opposition zu treiben.[1]) Daraufhin entschloß sich Michaelis, Erzberger den Zugang zu den Akten des Auswärtigen Amtes weiterhin zu gewähren, entzog ihm aber den Paß, der es ihm bisher ermöglicht hatte, überall ins Ausland zu reisen, ohne vorher eine besondere Genehmigung für jede Reise einholen zu müssen. Da Pässe von den Militärs bewilligt wurden, die dem Urheber der Friedensresolution im allgemeinen feindselig gesinnt waren, erhielten Erzbergers Gegner Gelegenheit, ihn zu schikanieren. Als er im September 1917 zum

---

[1]) Memorandum von Dr. Pfeiffer vom 11. August 1917, der die Tatsachen von Spahn erfuhr. Auch Brief Giesberts an Michaelis vom 8. August 1917. *Erzberger Dokumente,* Akte 18.

Beispiel auf Einladung des Katholischen Volksvereins in Budapest über die Friedensaussichten sprechen wollte, wurde ihm die Ausreise einfach verweigert.[2]) Einige Militärs wollten sogar noch weiter gehen und erwogen ernsthaft, Erzberger durch Einberufung in die Armee zum Schweigen zu bringen. Dieser Wunsch wurde jedoch vereitelt, da das Auswärtige Amt weiterhin auf seiner Zurückstellung bestand.[3])

Erschöpft von den Anstrengungen der letzten Monate, fuhr Erzberger Ende Juli zu einem kurzen Urlaub in die Schweiz. Ehe er sich in Brunnen niederließ, verbrachte er ein paar Tage in Zürich. Dort machte er eine unglückliche Äußerung, die den Ruf der Arroganz und Leichtfertigkeit, der ihm anhaftete, vermehrte. Ein Gespräch über Friedensbedingungen, das er mit Lord Weardale, einem sich um den Austausch von Kriegsgefangenen bemühenden Engländer geführt hatte, vermittelte ihm offensichtlich ein falsches Bild von der maßvollen Haltung Englands. Er stellte sich vor, daß die Vernunft der Engländer, zusammen mit der Friedensresolution, Europa zu einem baldigen Frieden verhelfen könnte. Daß Michaelis dabei ein Hindernis sein dürfte, weigerte er sich, seinem optimistischen Temperament entsprechend, in Betracht zu ziehen. Er sprach dann mit seinem Freund Georg Baumberger, dem Chefredakteur der deutschfreundlichen „Neuen Züricher Nachrichten", der ihn, nach dem Bericht des Erzberger befreundeten Arnold Rechberg, „zu seiner machtvollen Kampagne für den Frieden" beglückwünschte, doch gleichzeitig die kritische Bemerkung hinzufügte:

> „Er verhehlte ihm aber nicht, daß die Berufung von Dr. Michaelis eher als Symptom einer neuen Verschärfung der Kriegslage eingeschätzt werde. Erzberger erwiderte: ‚Die Beurteilung des neuen Kanzlers als ‚Kriegskanzler' ist eine durchaus falsche. Er selber faßt seine Mission als Friedenskanzler auf und so auch der Reichstag, der für die Berechtigung dieser Auffassung vollwertige Garantien besitzt. Die Berufung von Dr. Michaelis bedeutet keine Abschwächung der Friedensresolution, sie ist eine Verstärkung derselben in allen Teilen ... Wäre mir in nächster Zeit Gelegenheit geboten, mich mit Lloyd George oder Balfour oder mit einem ihrer Vertrauensmänner zu unterhalten, würden wir uns sehr wahrscheinlich in wenigen Stunden über die Verständigungs-, das heißt die Friedensbasis so weit geeinigt haben, daß die amtlichen Friedensverhandlungen danach sofort beginnen könnten.' Baumberger sagte hierauf: ‚Diese letzteren Sätze sind von so ungeheurer Wichtigkeit, daß ich Sie ausdrücklich frage, ob ich dieselben wörtlich veröffentlichen darf.' Erzberger erwiderte: ‚Tun Sie das ruhig, ich verbürge mich dafür.'"[4])

---

2) *U. A.*, VII (2), S. 108 (Aussage von Michaelis). Erzberger, *Erlebnisse*, S. 268. Der Kaiser billigte die Paßentziehung. Grünau an Michaelis am 5. Oktober 1917. *A. A.*, Akte 1499.

3) Diese Tatsache wurde zuerst von Erzbergers Feinden enthüllt, als sie die Akte über sein Militärverhältnis aus dem Kriegsersatzamt entwendeten. *Kölnische Volkszeitung*, 8. August 1919. Sie wird bestätigt in den Erinnerungen des Abteilungsleiters im preußischen Kriegsministerium Ernst von Wrisberg, *Erinnerungen an die Kriegsjahre im Königlich-preußischen Kriegsministerium*, Leipzig 1922, Bd. II, S. 93.

4) Arnold Rechberg in: *Tägliche Rundschau* vom 25. Juli 1919, zitiert von F. von Lama, *Die Friedensvermittlung Papst Benedikts XV. und ihre Vereitelung*, München 1932, S. 57, Anm. 12. Die letzten zwei Sätze sind in einem zeitgenössischen Bericht in der *Kölnischen Volkszeitung* vom 28. Juli 1917 enthalten. Abschrift in: *Erzberger Dokumente*, Akte 5.

Diese Erklärung löste in Deutschland große Erregung aus und wurde von rechtsstehenden Kreisen gebrandmarkt, weil sie Illusionen nähre, die die deutschen Kriegsanstrengungen unterminieren müßten. Als die Konservativen ihn im Reichstag fragten, welche Bedingungen er Lloyd George vorgeschlagen hätte, antwortete er ausweichend.[5]) So fügten die Konservativen ihrem ohnehin negativen Bild von Erzberger noch die Vorstellung eines leichtsinnigen Mannes hinzu, der glaube, er könne die politische Gesamtlage Europas durch ein paar Privatgespräche verändern.

## Erzberger und die päpstliche Friedensnote

Im Spätsommer 1917 wurde die diplomatische Bühne von dem päpstlichen Versuch, den Frieden zu vermitteln, beherrscht. Nuntius Pacelli kam unmittelbar nach der Annahme der Friedensresolution nach Berlin, um die mit Bethmann im Juni aufgenommenen Erkundungsgespräche nun mit dem neuen Kanzler Michaelis fortzusetzen. Dieses Mal brachte er eine Reihe detaillierter Friedensvorschläge mit, die zur Grundlage der späteren päpstlichen Note wurden: 1. Freiheit der Meere; 2. Abrüstung; 3. Schiedsgerichtsbarkeit zur Beilegung von Streitigkeiten; 4. Räumung von Belgien, des besetzten französischen Gebiets und der deutschen Kolonien; neue Garantie der belgischen Neutralität; 5. wirtschaftliche Zusammenarbeit der Völker nach dem Kriege; 6. friedliche Regelung der territorialen Streitigkeiten zwischen Deutschland und Frankreich (Elsaß-Lothringen) sowie zwischen Österreich und Italien (Trentino); 7. Wiederherstellung Polens, Serbiens, Rumäniens und Montenegros. Pacelli unterhielt sich mit Erzberger am 25. Juli über diese Vorschläge, die die volle Billigung des Zentrumsabgeordneten fanden. Erzberger regte nur an, einige Punkte genauer zu spezifizieren, so zum Beispiel Punkt 5, bei dem die Politik der offenen Tür ausdrücklich gefordert werden sollte. Diese Bedingungen geben die Vorstellungen, die Erzberger sich nur sechs Tage nach der Annahme der Friedensresolution von einer Friedensregelung machte, getreulich wieder.[6])

Die päpstliche Note wurde der Weltöffentlichkeit Mitte August bekanntgegeben. Michaelis erörterte sie am 20. August mit den führenden Politikern des Reichstags; bei dieser Gelegenheit wurde es den Mehrheitsparteien aus den allgemeinen Bemerkungen des Kanzlers zum erstenmal bewußt, daß er die Poli-

---

[5]) Die Anfrage der Konservativen wurde am 28. August 1917 im Hauptausschuß gestellt. Siehe *Kreuzzeitung* vom 31. August 1917. Abschrift in: *Bachem Dokumente*, Akte 89.

[6]) Abschrift von Pacellis Bedingungen mit Randbemerkungen Erzbergers in: *Erzberger Dokumente*, Akte 18. Pacelli war übrigens verärgert, daß Erzberger den genauen Text der Vorschläge durch eine Indiskretion — vermutlich durch Erzbergers Intimus Legationsrat von Bergen — schon 24 Stunden nach der vertraulichen Überreichung an den Reichskanzler kannte. Siehe einen Schriftwechsel zwischen Pacelli und Michaelis aus dem Jahre 1930, mitgeteilt in dem wichtigen Aufsatz von Wilhelm Michaelis, „Der Reichskanzler Michaelis und die päpstliche Friedensaktion 1917. Neue Dokumente", in: *Geschichte in Wissenschaft und Unterricht*, Bd. 12 [1960] S. 424 f. Der Aufsatz, im folgenden zitiert als *Michaelis II*, enthält weitere Hinweise über das häufig gespannte Verhältnis zwischen Pacelli und Erzberger. Vgl. auch Anm. 7.

tik der Friedensresolution im Grunde mißbillige. Ein scharfer Zusammenstoß war die Folge. Michaelis versuchte, das Mißtrauen des Reichstags zu zerstreuen, indem er der Ernennung eines Siebenerausschusses — zu dem auch Erzberger gehörte — zustimmte, der mit der Regierung über die deutsche Antwort an den Papst beraten sollte. Während Deutschland zögerte, erklärte der englische Außenminister Balfour in einem Brief vom 21. August 1917 an den englischen Gesandten beim Heiligen Stuhl, Graf Salis, eine endgültige englische Antwort auf die päpstliche Note könne erst dann formuliert werden, wenn Deutschland seine Pläne in bezug auf Belgien zu erkennen gegeben habe. Frankreich schloß sich am 23. August dem in diesem Brief vertretenen Standpunkt an. Dieser anglo-französische Schritt wurde bei den nachfolgenden Kontroversen zu einem „Friedensangebot" umgedeutet, obwohl der Ausdruck den Sachverhalt keineswegs traf; handelte es sich doch nur um den Wunsch nach einer einseitigen deutschen Erklärung zu einer der Fragen, die erst bei den späteren Friedensverhandlungen erörtert werden konnten. Der Vatikan erkannte die Berechtigung der anglo-französischen Forderungen an, und Pacelli richtete am 30. August ein besonderes Schreiben an Reichskanzler Michaelis, in dem er darauf hinwies, wie überaus wichtig es sei, daß die deutsche Antwortnote an den Vatikan den ausdrücklichen Verzicht auf Belgien enthalte. Das bedeutsame Schreiben wurde im Siebenerausschuß, dessen Rat einzuholen die Regierung versprochen hatte, zwar erwähnt, der genaue Wortlaut wurde ihm aber vorenthalten.[7])

Offizielle Beratungen des Ausschusses fanden zweimal mit der Reichsleitung statt, in der Richard von Kühlmann, der gerade zum Nachfolger Zimmer-

---

[7]) Über die gesamten päpstlichen Friedensbemühungen siehe Lama, *op. cit.*, ein leidenschaftlicher, aber in gelehrter Form vorgebrachter Angriff gegen Michaelis mit der unhaltbaren These, Michaelis habe den päpstlichen Friedensschritt aus konfessionellem Vorurteil abgelehnt; Victor Bredt, *U. A.*, VIII, S. 132—155 mit der noch heute umstrittenen These, die Reichsregierung habe den Friedensschritt in unverantwortlicher Weise abgelehnt und außerdem den Siebenerausschuß hintergangen; Friedrich Meinecke, „Kühlmann und die päpstliche Friedensaktion 1917", *Sitzungsbericht der Preußischen Akademie der Wissenschaften* 1928, S. 174 ff., eine Verteidigung Kühlmanns mit der fragwürdigen These, die deutsche Antwort an den Papst sei ein „bedingtes Ja" zur Wiederherstellung Belgiens gewesen. Von neueren Arbeiten sind wichtig: John Snell, „Benedict XV, Wilson, Michaelis and German Socialism", *Catholic Historical Review*, Bd. 37 (1951), S. 151—178; Ernst Deuerlein, „Zur Friedensaktion Benedikts XV.", in: *Stimmen der Zeit*, Bd. 155 (1955), S. 241—255, besonders wertvoll als Verteidigung Michaelis' von katholischer Seite in einer katholischen Zeitschrift auf Grund bisher unbenutzter bayerischer Archivalien; und Wilhelm Michaelis (Sohn des Reichskanzlers, heute Oberstadtdirektor in Recklinghausen), „Der Reichskanzler Michaelis und die päpstliche Friedensaktion von 1917", in: *Geschichte in Wissenschaft und Unterricht*, Bd. 7 (1956) S. 14—24, und Nachtrag auf S. 128. Michaelis' Aufsatz, eine würdige Verteidigung seines Vaters, führte zu einer scharfen, aber fruchtbaren Kontroverse im 7. Band der gleichen Zeitschrift: Ernst Schütte, „Noch einmal: Der Reichskanzler Michaelis und die päpstliche Friedensaktion von 1917", S. 293—297; Wilhelm Michaelis, „Stellungnahme zu dem vorstehenden Aufsatz", S. 297—303, im folg. zitiert als Michaelis I [1956]; und die „Schlußbemerkung" des Herausgebers K.D. Erdmann (ibid. S. 304—307), der sich vorwiegend auf die Seite Schüttes stellt. W. Michaelis hat 1960 die Auseinandersetzung erneut aufgegriffen, gestützt auf bisher unbekannte Dokumente aus dem Nachlaß seines Vaters; dies ist geschehen in dem wichtigen in Anmerkung [6]) zitierten Aufsatz. Zusammenfassend kann gesagt werden: Der Vorwurf Lamas, Michaelis habe aus konfessioneller Voreingenommenheit gehandelt, kann heute nicht mehr ernst genommen werden; die Identifizierung Michaelis' mit den alldeutschen Annexionsforderungen in Belgien wird ihm nicht gerecht, doch bleibt als Residuum früherer Anklagen seine mangelnde Festigkeit gegenüber den Ansprüchen der OHL nach dem Kronrat vom 11. September 1917 (der die bedingte — nicht die absolute — Wiederherstellung Belgiens beschlossen hatte); Michaelis' Antwort vom 24. September 1917 auf Pacellis Anfrage vom 30. August in bezug auf Belgien war ausweichend, läßt also sowohl eine negative (Bredt) als auch eine positive (Meinecke) Auslegung zu. Sie hat zweifellos den Vatikan enttäuscht und die päpstliche Friedensaktion zum Stillstand gebracht. Über die sehr umstrittene Haltung Erzbergers in der ganzen Angelegenheit siehe unten.

manns als Staatssekretär des Äußeren ernannt worden war, die führende Rolle spielte. Michaelis hatte zwar zunächst beabsichtigt, Helfferich dieses Amt zu übertragen, jedoch wandte Erzberger mit Erfolg ein, daß Helfferich für den Reichstag persona non grata und durch frühere annexionistische Äußerungen auch dem Ausland gegenüber unmöglich sei.[8]) Kühlmann hingegen, dem der Ruf eines maßvollen und stets einsichtigen Politikers vorausging, wurde von Erzberger, wie sich später erweisen sollte, mit übermäßigem Vertrauen behandelt.

Die erste Konferenz zwischen der Reichsleitung und dem Siebenerausschuß über die deutsche Antwortnote an den Papst fand am 28. August 1917 statt. Erzberger und verschiedene andere Ausschußmitglieder drängten Kühlmann (gegen den energischen Widerspruch des konservativen Abgeordneten Westarp), den ausdrücklichen Verzicht auf Belgien in die deutsche Antwortnote aufzunehmen. Dieser Vorgang beweist, wie sehr Erzberger sich der Bedeutung der belgischen Frage für die Anbahnung von Friedensverhandlungen bewußt war. Das offizielle Protokoll der Konferenz zeigt aber außerdem, daß Erzberger unter dem erforderlichen Verzicht auf Belgien keineswegs die Rückkehr zum status quo von 1914 verstand. Nach der stichwortartigen Zusammenfassung des Protokollführers soll er gesagt haben:

> „Belgien muß [in der Antwortnote] berücksichtigt werden. Das ‚Setzen an Friedenstisch' muß erreicht werden. Gleiches Ziel wie Papst. Die alten Verträge [von 1839 über die belgische Neutralität] haben keine Garantie gegeben [gegen Anschluß Belgiens an die Feindmächte?]. Es muß ein neues Belgien mit neuen Garantien gemacht werden (unabhängig gegen alle). Es bindet uns nicht die Hände. Solche Erklärung hindert nicht unsere Bewegungsfreiheit. Entwaffnung, Regelung der Flamenfrage, Entfestigung. Alles dies kann im Rahmen der Papstnote erreicht werden. Passus über Belgien ist nötig. Kann so formuliert werden, daß unsere Interessen gewahrt."[9])

Nach diesen eigentümlichen Äußerungen erregt es Erstaunen, daß der Ultra-Annexionist Westarp ein paar Minuten später erklärte: „Gegensatz zu Erzberger unüberbrückbar."[10])

Es ist natürlich möglich, daß Erzbergers Argumentation — der offizielle Verzicht auf Belgien im Sinne der Papstnote schließe die obengenannten „Sicherungen für Deutschland nicht aus — nur rein taktisch auf die Reichsregierung zugeschnitten war. Er mag sich auf den Standpunkt gestellt haben, die Erwähnung Belgiens (selbst wenn durch fragwürdige ad hoc Argumente erreicht) sei der entscheidende Schritt, um Verhandlungen zu ermöglichen; der utopische Charakter der deutschen Forderungen würde sich dann bald von selbst heraus-

---

8) Erzberger, *Erlebnisse*, S. 288.
9) *Interfraktioneller Ausschuß*, Bd. 1, S. 177 f. Die in diesem Bande abgedruckten Sitzungsprotokolle des Siebener-Ausschusses sind von grundlegender Bedeutung für die weitere Forschung.
10) *Ibid.*, Bd. 1, S. 178.

stellen und als Friedenshindernis ausscheiden. Diese Erklärung für Erzbergers Haltung ist natürlich nur eine mögliche Hypothese: der prima facie Charakter seiner Anschauungen — sechs Wochen nach der Friedensresolution! — kann nur als bedenklich bezeichnet werden.

Übrigens zeigte Erzberger zur gleichen Zeit, daß ihn die Vernunft keineswegs verlassen hatte. Der amerikanische Präsident Wilson hatte am 30. August 1917 auf die päpstliche Friedensnote in einer für Deutschland beleidigenden Form geantwortet. Wilson akzeptierte zwar die päpstlichen Vorschläge im wesentlichen, deutete jedoch an, daß Deutschland erst dann als zuverlässiger Verhandlungspartner angesehen werden könne, wenn Kaiser Wilhelm abgedankt habe und die deutsche Militärmacht gebrochen sei. Diese Einmischung in die Innenpolitik erregte verständlicherweise in ganz Deutschland große Empörung, wobei der konservative Führer von Heydebrand und der alldeutsche Publizist Graf Reventlow die Schmähreden gegen Präsident Wilson anführten. Erzberger hingegen betonte, daß viele der Vorschläge Wilsons (Abrüstung, Schiedsgerichtsbarkeit usw.) für Deutschland durchaus annehmbar seien, und äußerte in einem Interview mit einem ungarischen Journalisten, das in den deutschen Zeitungen weite Verbreitung fand, sehr vernünftige Ansichten:

> „Man darf Politik nicht mit Entrüstung und Gefühl machen, sondern mit dem kalten Verstand und mit dem Bleistift in der Hand. Man weist kränkende Zumutungen und unberechtigte Einmischungen mit aller Kraft und Entschiedenheit zurück. Man ist aber auch gegenüber dem Gegner verpflichtet, seine Antwort auf den materiellen Inhalt [und nicht nur auf die beleidigende Form] zu prüfen. Wilson bleibt Präsident bis 1921. Wird Graf Reventlow und Herr von Heydebrand vielleicht fordern, Wilson aus seinem Amte vorher zu entfernen? Ich glaube auch nicht, daß beide Herren der Auffassung sind, daß der Krieg mit Amerika so lange zu führen sei, bis Amerika einen neuen Präsidenten wählt. Also wird aller Voraussicht nach Deutschland mit Wilson den Frieden schließen. Diese einfache Erwägung zwingt jeden ruhig denkenden Deutschen bei der entschiedensten Betonung seines Standpunktes, nicht durch böse Worte neue Erbitterung in das schwierige Friedenswerk zu tragen, um dieses so zu stören und zu gefährden."[11])

Die entscheidende zweite Konferenz zwischen der Reichsleitung und dem Siebenerausschuß fand am 10. September statt. Staatssekretär von Kühlmann sprach sich entschieden gegen die offene Preisgabe Belgiens aus — er entwickelte die sogenannte „Faustpfandtheorie" — und bat um das Vertrauen der Reichstagsabgeordneten. Er erklärte ihnen, der Kardinalstaatssekretär habe schon „eine ganz vertrauliche Anfrage" über die Stellungnahme der deutschen Regierung zu Belgien an den Reichskanzler gerichtet, und zwar auf Grund einer Anfrage einer feindlichen Macht, die „unsere Kriegsziele . . . und besonders un-

---

[11]) *Rheinisch-Westfälische Zeitung*, 9. September 1917. *Bachem Dokumente*, Akte 89. Ernst von Reventlows Artikel wurden in Berlin im Jahre 1941 neu gedruckt unter dem Titel *Die Neutralität der USA 1914—1918*.

sere Stellungnahme zu Belgien“ wissen wolle.[12]) Diese Andeutung bezog sich natürlich auf den Pacellibrief vom 30. August. Die Abgeordneten gewannen den Eindruck, die Reichsleitung beabsichtige, die Anfrage des Vatikans vertraulich im Sinne eines Verzichtes auf Belgien zu beantworten. Unter diesen Umständen verzichteten sie auf die ausdrückliche Erwähnung Belgiens in der ihnen vorgeschlagenen offiziellen Antwortnote. Der Verzicht — der verständlich war, da die Abgeordneten einen offenen Bruch mit dem in seinen Kriegszielen als maßvoll bekannten Kühlmann vermeiden wollten — wurde ihnen erleichtert, weil sich der Staatssekretär bereit erklärte, die Friedensresolution vom 19. Juli 1917 in der deutschen Antwortnote ausdrücklich zu erwähnen. Die Mehrheitsparteien glaubten, damit sei unausgesprochen auch die Wiederherstellung Belgiens gemeint, obwohl ihnen klar sein mußte, daß die Friedensresolution im Ausland kaum in diesem Sinne ausgelegt wurde. (Übrigens war nach Erzbergers Argumentation vom 28. August das Mißtrauen des Auslands keineswegs ungerechtfertigt!)

Die offizielle deutsche Antwortnote an den Papst, die am 19. September nach Billigung durch den Siebenerausschuß abgesandt wurde, war sehr allgemein gehalten und wurde von der Kurie als völlig unzulänglich empfunden. Michaelis' vertrauliche Antwort vom 24. September auf Pacellis Belgienanfrage vom 30. August war ebenso unbefriedigend, da er Pacelli nur auf die Zukunft vertröstete. Die deutsche Regierung hoffe, in nicht allzu ferner Zeit „in der Lage zu sein, Euere Exzellenz über die Absichten und nötigen Forderungen der kaiserlichen Regierung, insbesondere in bezug auf Belgien, genauer unterrichten zu können“.[13]) Diese Antwort, die natürlich vertraulich blieb, kann nicht als rein negativ bezeichnet werden (wie Lama und andere Kritiker meinen); sie entsprach aber keineswegs den Erwartungen des Siebenerausschusses, als er im Vertrauen auf Kühlmanns Geheimdiplomatie an einer öffentlichen Verzichterklärung auf Belgien nicht mehr festhielt. Erzberger hat es später (nämlich im Juli 1919, als die gesamte päpstliche Friedensaktion zum Gegenstand scharfer Parteikämpfe wurde) bitter bereut, nicht auf der ausdrücklichen Erwähnung Belgiens in der Antwortnote vom 19. August bestanden zu haben. Er entschuldigte sich und den Siebenerausschuß aber damit — und in seiner Entschuldigung lag gleichzeitig ein Vorwurf gegen die damalige Reichsregierung —, daß er die Pacellianfrage vom 30. August (und die dahinterstehende anglo-französische Anfrage über Deutschlands Haltung hinsichtlich Belgiens vom 23. August) nicht gekannt oder sie zumindest auf Grund der Hintergehung durch die Reichs-

[12]) *Interfraktioneller Ausschuß*, Bd. 1, S. 187. Ibidem Bericht über die ganze Sitzung aus dem Nachlaß Erzberger, S. 184—194, aus dem Staatsarchiv Bremen (Bericht des Hansischen Gesandten Sieveking, S. 195—198) und aus den Akten der Reichskanzlei, S. 199—204. Diese verdienstvolle Quellenzusammenstellung ermöglicht jetzt eine genaue Überprüfung der Memoirenliteratur, z. B. Erzberger, *Erlebnisse*, S. 278 f.; Kühlmann, *Erinnerungen*, S. 478; Scheidemann, *Zusammenbruch*, S. 113 f. Besonders beachtenswert ist außerdem die bibliographische Zusammenstellung der gesamten Literatur über die päpstliche Friedensvermittlung in: *Interfraktioneller Ausschuß*, Bd. 1, S. 186, Anm. 18.

[13]) Der Passus aus der Antwort von Michaelis ist zitiert aus V. Bredt, *U. A.*, VIII, S. 147.

regierung nicht in ihrer Bedeutung voll erfaßt habe; außerdem habe er mit dem vertraulichen Verzicht auf Belgien in der Antwort von Michaelis an Pacelli vom 24. September gerechnet. Der Wortlaut dieses Briefes sei ihm erst im Juli 1919 aus den Akten bekanntgeworden. Er sprach voller Entrüstung über den Betrug der Reichsregierung gegenüber dem Siebenerausschuß.[14])

Erzbergers Haltung gegenüber der päpstlichen Friedensaktion zeigt ihn in einem fragwürdigen Licht. Rühmlicher für ihn ist, daß er sich in dieser Zeit energisch und öffentlich für einen Verständigungsfrieden einsetzte. Dies bewies eine heftig umstrittene Rede, die er am 16. September 1917 in Biberach — dem Mittelpunkt seines Reichstagswahlbezirks — hielt, und die den Unwillen der Marine hervorrief. Es war der erste Besuch, den er seinem Wahlkreis seit 1913 abstattete. Zu welcher Bedeutung er inzwischen gelangt war, ging aus der Tatsache hervor, daß die württembergische Eisenbahnverwaltung ihm einen Sonderzug von Ulm nach Biberach zur Verfügung stellte, als seine rechtzeitige Ankunft in Biberach durch eine unvorhergesehene Verzögerung gefährdet schien. Wenige Tage zuvor war die sogenannte Vaterlandspartei gegründet wor-

---

14) Der alte Reichskanzler Michaelis blieb Erzberger die Antwort nicht schuldig. Er verbat sich die Kritik der Antwortnote vom 19. September, da Erzberger dieser nicht nur in der Konferenz vom 10. September 1917 zugestimmt, sondern sie auch in der Sitzung des Hauptausschusses vom 28. September 1917 gelobt habe. Ferner vermutete Michaelis, daß Erzbergers Entschuldigungsgrund — er habe den Pacellibrief vom 30. August nicht gekannt — nicht der Wahrheit entspreche. Erzberger habe nämlich am 4. September 1917 in der Reichskanzlei angefragt, ob ein wichtiger Brief von der Münchner Nuntiatur angekommen sei. Dabei konnte es sich nur um den Pacellibrief handeln. (Vgl. Michaelis in: *U. A.*, VII (2), S. 108 f.). In seiner Reichstagsrede vom 28. Juli 1919 gab Erzberger offen zu, er habe von der Existenz, nicht aber von dem Inhalt des Briefes Kenntnis gehabt. *Verhandlungen der Deutschen Nationalversammlung*, Bd. 328, S. 2026 f. Pacelli bestätigte Erzbergers Darstellung in der Zeitung *Augsburger Post* vom 30. Juli 1919, zitiert bei Lama, *op. cit.*, S. 157, Anm. 19. Erzbergers Gegner haben seiner Behauptung, er habe von dem Inhalt des Briefes keine Kenntnis gehabt, natürlich nicht geglaubt, waren aber nicht in der Lage, das Gegenteil zu beweisen. Für den Historiker ist die Frage unlösbar, da sie letztlich von der stark umstrittenen Wahrhaftigkeit Erzbergers abhängt.

Dr. Wilhelm Michaelis, der Sohn des verstorbenen Reichskanzlers, hat in seinen beiden genannten Aufsätzen von 1956 und 1960 den Versuch unternommen, Erzberger als Lügner abzustempeln. Er ist felsenfest davon überzeugt, daß Erzberger den Pacellibrief schon vor der Sitzung des Siebenerausschusses gekannt habe, bringt aber keine schlagenden Beweise. Wichtiger ist sein Versuch, nachzuweisen, daß Erzberger nicht nur den Pacellibrief vom 30. August, sondern auch die Antwort des Reichskanzlers Michaelis vom 24. September schon zur Zeit der Absendung gekannt habe; Erzbergers Dementi (z. B. noch in: *Erlebnisse*, S. 282) und seine Kritik an Michaelis' Antwort im Juli 1919 werfe ein ungünstiges Licht auf Erzbergers Charakter. In dem ersten Aufsatz aus dem Jahre 1956 stützt Wilhelm Michaelis seine Behauptungen auf mündliche Mitteilungen Kühlmanns aus dem Jahre 1942 — also ein Vierteljahrhundert nach den hier besprochenen Ereignissen — gegenüber Dr. von Kameke (früher Adjutant von Michaelis). Kühlmann behauptete — laut Kameke —, er habe vor Absendung der offiziellen Antwortnote Erzberger als Mittelsmann zu Pacelli benutzt; Erzberger habe damals Pacellis Einverständnis im voraus eingeholt. (Letzteres ist unwahrscheinlich, da Pacelli die nichtssagende Antwort unmöglich billigen konnte.) Die ganze Geschichte brachte — abgesehen davon, daß sie unwahrscheinlich ist — nichts Neues zu der umstrittenen Frage, ob Erzberger den Pacelli-Michaelis-Briefwechsel gekannt hat.

Kühlmann hatte 1942 von einem inkriminierenden Erzberger-Bericht gesprochen, der seine These über Verhandlungen zwischen Erzberger und Pacelli vor der Absendung der deutschen Antwortnote im September 1917 bestätigte; er, Kühlmann, habe sogar eine Photokopie des Berichtes im Jahre 1919 bei einem vergeblichen Versuch benutzt, Erzbergers Enthüllungsreden zu bremsen: (Siehe Kap. XIII.) Die jüngsten Forschungen von Dr. Steglich haben jedoch ergeben, daß Kühlmann einer Datumsverwechslung erlegen ist. Der „inkriminierende Bericht" Erzbergers stammte nämlich nicht aus dem September 1917 (vor Absendung der deutschen Antwortnote), sondern vom 15. Dezember 1917 (d. h. zwei Monate nach der Absendung). Erzberger berichtete darin Kühlmann von seiner Unterredung mit Pacelli in München am 14. Dezember. (Erzberger, *Erlebnisse*, S. 284.) Anlaß der Unterredung war folgender: Durch eine russische Indiskretion war bekannt geworden, daß Kühlmann im September 1917 sich eines spanischen Diplomaten — anstatt der Kurie — bedient hatte, um Friedensfühler nach England auszustrecken. Pacelli fühlte sich verständlicherweise umgangen, Erzberger versuchte, ihn zu beruhigen. Der wichtigste Passus in Erzbergers Bericht lautete: „Ich erklärte Nuntius Pacelli an Hand des Antwortschreibens des Reichskanzlers vom 24. September 1917, daß in diesem bereits ein Passus enthalten sei, in welchem darauf hingewiesen wird, daß Deutschland sich erst Klarheit verschaffen müsse, ehe es die Anfrage über die Kriegsziele beantworten könne. Dies sei durch den Schritt über Spanien, über dessen Entstehung ich nichts Näheres wisse, versucht worden." Vgl. *Michaelis* II, S. 422. Erzbergers Bericht

den — eine Partei, die es sich zum Ziel gesetzt hatte, alle Annexionisten in Deutschland zum Kampf gegen die Friedensresolution zusammenzufassen. Ihrem Hauptgegner Erzberger warfen sie nicht nur schwächlichen Defaitismus im allgemeinen, sondern auch die Sabotierung des U-Bootkrieges im Frühjahr 1916 vor (als die Erfolgsaussichten angeblich am größten waren). Stark verärgert, schlug Erzberger in seiner Biberacher Rede kräftig zurück und beschuldigte die Annexionisten, sich in Illusionen zu ergehen und Deutschlands Kriegsanstrengung zu schaden, indem sie weite Kreise der Bevölkerung der Regierung entfremdeten. Den Vorwurf, er habe die Einführung des U-Bootkrieges sabotiert, widerlegte er durch die Erklärung, Deutschland habe im Frühjahr 1916 weniger als 50 seetüchtige U-Boote besessen, während die Anhänger des U-Bootkrieges das Gerücht verbreitet hätten, es seien dreihundert.[15]) Die Veröffentlichung dieser Rede in Deutschland wurde von der Militärzensur verboten. Als die Zeitung „Germania“ am 19. September Auszüge druckte, wurde die gesamte Ausgabe von der Regierung beschlagnahmt.[16]) Die Marine warf Erzberger vor, er habe militärische Geheimnisse an den Feind verraten, obwohl diese sogenannten Geheimnisse bereits achtzehn Monate alt waren. Sie versuchte, ein Strafverfahren wegen Landesverrats gegen ihn einzuleiten, was jedoch vom Oberreichsanwalt verhindert wurde.[17])

---

beweist zweierlei: 1) Er erfuhr von dem Inhalt des Michaelis-Briefes vom 24. September 1917 spätestens am 15. Dezember 1917. Seine Beteuerungen im Juli 1919, er habe ihn erst damals kennengelernt, beruhen also entweder auf einer Gedächtnislücke oder auf einer bewußten Lüge; 2) Erzberger hat Michaelis' Antwortbrief vom 24. September dem Nuntius gegenüber am 14. Dezember positiv interpretiert (vgl. dazu seine Darstellung in: *Erlebnisse*, S. 284: „Ich legte am 14. Dezember dem Nuntius erneut die Frage vor, ob er nicht seinerseits eine Anfrage nach Berlin richten könne, ob man ihm nunmehr die am 24. September in Aussicht gestellten Kriegsziele mitteilen würde“.) Mit anderen Worten: Im Dezember 1917 — nach Kenntnis der einschlägigen Dokumente (mit der möglichen, aber unwahrscheinlichen Ausnahme des genauen Textes des Pacellibriefes vom 30. August und der vorausgegangenen anglo-französischen Anfrage) — hat Erzberger die deutsche Antwort auf die päpstliche Friedensnote keineswegs negativ beurteilt. Im Gegenteil, er hat Pacelli ermuntert, den Michaelisbrief vom 24. September als positiven Zwischenbescheid anzusehen und die Sache jetzt weiterzuverfolgen. Diese Tatsache wirft ein ungünstiges Licht auf die moralische Entrüstung, die er im Juli 1919 bei seinen „Enthüllungen“ über den Michaelisbrief zum Ausdruck bringt. Darüber vgl. Kap. XIII, wo auch die Frage erörtert wird, warum Kühlmann Erzberger nicht durch die „Gegenenthüllung“ der hier dargelegten Tatsachen bremsen konnte.

Zusammenfassend kann gesagt werden: Erzberger war als Mitglied des Siebenerausschusses mitverantwortlich für die unbefriedigende deutsche Antwortnote an den Papst vom 19. September. Bei der ersten Sitzung des Ausschusses am 28. August trat er für eine offene Verzichterklärung auf Belgien ein, verband aber den „Verzicht“ mit merkwürdigen Kautelen; in der zweiten Sitzung des Ausschusses am 10. September ließ er die Verzichtforderung fallen, beruhigt durch die Versicherung Kühlmanns, er werde die Kurie auf vertraulichem Wege über den deutschen Verzicht informieren. Erzbergers Bemühungen, einen deutschen Verzicht auf Belgien zu erreichen, liefen parallel mit Pacellis Bestrebungen. Ob er den genauen Inhalt des Pacellibriefes vom 30. August 1917 kannte, ist ein unlösbares Problem: hier stehen Michaelis' Vermutungen gegen Erzbergers Versicherungen (wobei bemerkt werden muß, daß Erzbergers Wahrhaftigkeit stark umstritten ist). Wann und von wem Erzberger den Text der Michaelis-Antwort erfahren hat, läßt sich nicht ermitteln; jedenfalls kannte er ihn am 14. Dezember 1917, so daß seine spätere Behauptung, er habe ihn erst im Juli 1919 kennengelernt, objektiv unwahr ist. Erstaunlich bleibt ferner, daß er nach voller Kenntnis des Michaelisbriefes nicht energisch bei der Reichsleitung protestierte, weil der Brief den Zusicherungen Kühlmanns vom 10. September 1917 über den vertraulichen Verzicht auf Belgien keineswegs entsprach. Anzunehmen ist ferner, daß er den Michaelisbrief als positiven Zwischenbescheid empfand; damit wird Meineckes These, der Brief sei ein „bedingtes Ja“ auf die päpstliche Verzichtfrage gewesen, unterstützt. Erzbergers „Enthüllungsrede“ vom Juli 1919 stellte sie als ein „verklausuliertes Nein“ dar. Sie entspricht meines Erachtens mehr der historischen Wahrheit als die Auslegung von 1917: ein weiteres Beispiel für Erzbergers immer wieder in Erscheinung tretende Eigenschaft, Neues dazuzulernen und die Anhänger seiner eigenen früheren Meinung mit Spott zu überschütten.

15) Erzberger, *Erlebnisse*, S. 227.

16) H. Frenzel, *Erzberger, der Reichsverderber*, Leipzig 1919, S. 11. Ein ausführlicher Bericht über die Biberacher Versammlung findet sich in: *Augsburger Post*, 18. September 1917. Abschrift in: *Bachem Dokumente*, Akte 89.

17) Erzberger, *Erlebnisse*, S. 227. Magnus von Braun, *Von Ostpreußen bis Texas*, S. 144.

Eine Woche später, am 23. September 1917, hielt Erzberger eine große Rede in Ulm vor dem württembergischen Parteitag des Zentrums, in der er seine gesamte Friedenspolitik darlegte und verteidigte. Diese Rede verdient eine ausführliche Wiedergabe. Die Friedensresolution, die päpstliche Friedensnote und die deutsche Antwortnote bezeichnete er als die „drei Ecksteine des Friedens" und brachte seine Überzeugung zum Ausdruck, daß Friedensverhandlungen aufgenommen werden würden, sobald die Ententemächte dem Papst geantwortet hätten. Kühlmann pries er als Diplomaten, der sehr geeignet sei, Verhandlungen über eine gegenseitig annehmbare Regelung zu führen. Zum erstenmal gab er die Motive bekannt, die ihn zur Einbringung der Friedensresolution veranlaßt hatten: die Unmöglichkeit, einen vollen Sieg über „eine Welt von Feinden" zu erringen angesichts ihrer geographischen Lage und ihrer wirtschaftlichen Hilfsmittel; die Notwendigkeit, eine europäisch-christliche Kultur wiederaufzubauen auf der Grundlage von Kompromiß und Versöhnung statt von brutaler Gewalt; die Schwäche Österreichs; der Wunsch, die Friedensbewegung in den Ententeländern zu stärken; das Erfordernis einer Absage an den Annexionismus, um die sozialdemokratische Unterstützung für die weitere Kriegführung zu erhalten.[18])

Das Hauptmotiv für seinen Vorstoß — das U-Bootfiasko — konnte Erzberger nicht erwähnen. Ulm war eine Festung, die dem Militär unmittelbar unterstand, und der Festungskommandant hatte ihn vor Beginn seiner Rede gewarnt, daß jede Erwähnung der U-Bootfrage seine sofortige Verhaftung zur Folge haben werde.[19]) Da seit seiner Biberacher Rede ohnehin ein Strafverfahren wegen Landesverrats drohte, zog Erzberger es vor, kluge Zurückhaltung zu üben. Die ganze Episode beleuchtet die Bedingungen, denen eine politische Kontroverse in Deutschland während des Krieges unterworfen war.

Der Hauptteil der Rede bestand in einer energischen Verteidigung der Friedensresolution und einer Widerlegung der Einwände, die immer wieder gegen sie erhoben wurden. Sie bringe, so behaupteten ihre Gegner, den Wunsch nach einem unehrenhaften Verzichtfrieden zum Ausdruck. Verzicht auf Eroberungen werde jedoch von allen Kriegführenden erwartet — so werde England zum Beispiel gezwungen sein, die deutschen Kolonien und die asiatische Türkei zurückzugeben. Deutschland brauche keine weiteren Industriegebiete in Europa, es brauche vielmehr Zugang zu überseeischen Rohstoffen, Freiheit der Meere, wirtschaftliche Zusammenarbeit mit den Ententeländern nach dem Kriege und vielleicht eine Ausdehnung seiner Kolonien auf Grund friedlicher Verhandlungen. All dies sei im Rahmen der Friedensresolution erreichbar. Ihre Gegner griffen sie auch an, weil sie im Ausland den Eindruck der Schwäche erwecke

---

18) Erzberger, *Der Verständigungsfriede*, Stuttgart 1917, S. 3—13. Hier handelt es sich um die Ulmer Rede, die die württembergische Zentrumspartei drucken ließ.
19) Erzberger, *Erlebnisse*, S. 227.

und damit den Siegeswillen der Entente stärke. Erzberger war für Argumente, die keine Friedensangebote vor dem totalen Siege gelten lassen wollten, unzugänglich. Deutschland könne es sich leisten, ein Friedensangebot zu machen, gerade weil es sich in einer starken, unbesiegbaren Verteidigungsstellung befinde. Hierbei verwies er auf die zahlreichen Friedensangebote, die Bismarck im Laufe des Krieges von 1870/71 Frankreich unterbreitet hatte.[20])

Anschließend lobte Erzberger die päpstliche Friedensnote und meinte, die Friedensresolution habe einer günstigen Aufnahme der Note in Deutschland den Weg bereitet. Die deutsche Antwortnote vom 19. September begrüßte er, weil sie eine Grundlage für Verhandlungen mit der Entente geschaffen habe. Die Antwortnote bringe den völligen Verzicht auf Belgien eindeutig zum Ausdruck, schließe dabei aber nicht die Errichtung neuer Nationalstaaten im Osten auf Kosten Rußlands aus (Polen, Litauen, Kurland) — eine Frage, die noch ausführlicher erörtert werden wird. Da die neue russische Regierung den Grundsatz der nationalen Selbstbestimmung akzeptiert habe, sei eine umfangreiche territoriale Umgestaltung Osteuropas möglich, ohne einen „Verständigungsfrieden" zwischen Deutschland und Rußland zu verhindern.[21]) Die Versammlung schloß mit der einstimmigen Annahme einer Resolution, in der Erzbergers Politik gebilligt und der Kurs der Vaterlandspartei scharf verurteilt wurden.

Der optimistische Ton, den Erzberger in Ulm anschlug, beruhte auf seinem allzu großen Vertrauen zu Kühlmann. Daß dieser sein Versprechen, sich für einen Frieden auf der Grundlage des Verzichts auf Belgien einzusetzen, nicht halten würde, kam Erzberger kaum in den Sinn, weil Kühlmann als Mann ohne Illusionen galt und eine Erklärung, ob offiziell oder geheim, über Belgien offensichtlich die Voraussetzung für die Aufnahme von Verhandlungen war. Die Gründe für Kühlmanns ausweichende Antwort an den Papst sind auch heute noch nicht aufgeklärt, und die Veröffentlichung seiner Erinnerungen im Jahre 1948 hat das Dunkel nur noch undurchdringlicher gemacht.[22]) Man muß also Verständnis für Erzberger haben, wenn er eine Verhaltensweise nicht erfaßte, die den Historikern von heute immer noch ein Rätsel ist.

## Die Kanzlerschaft Hertlings

Seit der obenerwähnten Zusammenkunft des Reichskanzlers Michaelis mit den Parteiführern am 20. August 1917 hatte die Reichstagsmehrheit die außenpolitischen Auffassungen des Kanzlers argwöhnisch und mit einem Unwillen verfolgt, der durch die Aufstellung des Siebenerausschusses nicht eben be-

20) Erzberger, *Verständigungsfriede*, S. 14—19.
21) *Ibid.*, S. 19—26.
22) Kühlmann, *Erinnerungen*, S. 486 f.

schwichtigt worden war. Das Verdienst für die vermeintlich günstige Antwort an den Papst wurde weniger dem Kanzler als Kühlmann zugeschrieben. Die persönliche Unzulänglichkeit von Michaelis, seine Unfähigkeit, mit dem Reichstag zusammenzuarbeiten, konnten weder dem Kaiser noch der Öffentlichkeit, ja nicht einmal der Obersten Heeresleitung länger verborgen bleiben. Der Anlaß für seinen raschen und unvermeidlichen Sturz war ein schlecht vorbereiteter Angriff des Marinestaatssekretärs Capelle vom 9. Oktober 1917 gegen die Führung der Unabhängigen Sozialdemokraten, weil diese angeblich eine vor kurzem ausgebrochene Meuterei bei der Marine angestiftet hatte. Eine beiläufige Bemerkung, die ganze Partei müsse verboten werden, wurde als gefährliches Symptom der alten autoritären Mentalität aufgefaßt.

Erzberger war empört über Capelles Rede — nicht in erster Linie, weil den Unabhängigen Unrecht geschehen war (ihre Einstellung zum Kriege mißbilligte er ohnehin), sondern weil das Gewicht, das die verhältnismäßig unbedeutenden Marinemeutereien damit erhielten, Deutschland im Ausland unermeßlich schaden und die Friedensaussichten herabsetzen konnte. Ein paar Tage nach der kritischen Reichstagssitzung schrieb er an seinen Freund Dr. Hansen, den Herausgeber des „Deutschen Volksblattes", der Stuttgarter Zeitung, bei der er vor zwanzig Jahren seine journalistische Lehre absolviert hatte:

> „Die politische Gesamtsituation ist so, daß der jetzige Reichskanzler als unhaltbar bezeichnet werden muß. Er ist seiner schwierigen Aufgabe nicht gewachsen. Mit der Ausschaltung einiger seiner Mitarbeiter [z. B. Capelle] ist es nicht getan, denn damit wächst seine Qualität nicht... Das unbegreifliche Verhalten des Reichskanzlers und des Herrn von Capelle kostet uns mehrere Monate Krieg. Es bedeutet die größte Schädigung der Friedensaktion, die man sich denken kann. Das Ausland glaubt jetzt, daß alle Disziplin aufgehört habe und daß es nur noch eine gewisse Zeit dauern könne, dann würde das deutsche Heer über den Haufen geworfen werden. Das ist natürlich ein Irrtum, aber wenn das Vergehen einiger weniger in Kiel vom Regierungstisch so maßlos aufgebauscht wird, dann muß schließlich das Ausland zu dieser Auffassung kommen. So wurden leider von amtlicher deutscher Stelle neue Friedenshindernisse geschaffen, während es schon Arbeit genug kostet, um die vom Feinde geschaffenen Hindernisse zu beseitigen."[23])

Der Interfraktionelle Ausschuß trat am 22. Oktober 1917 zusammen, um die Forderung, der Kaiser möge Reichskanzler Michaelis sofort entlassen, gemeinsam zu entwerfen — eine verfassungsrechtliche Neuerung, die bewies, daß Deutschland sich auf das parlamentarische Regierungssystem zubewegte. Die Parteiführer konnten sich jedoch nicht über einen geeigneten Nachfolger, geschweige denn darüber einigen, ob es angebracht sei, dem Kaiser einen Kandidaten aufzudrängen. Erzberger setzte sich erneut für Bülow ein, aber die Sozialdemokraten bezweifelten, daß er ihrer Partei genehm sein werde. Dagegen be-

[23]) Erzberger an Dr. Hansen am 17. Oktober 1917. *Erzberger Dokumente*, Akte 18.

stand volle Einigkeit, daß Dr. Helfferich ganz und gar unannehmbar sei.[24]) Eine Delegation wurde gewählt, die sich am nächsten Tage mit dem Chef des Zivilkabinetts Valentini in Verbindung setzen und die Entlassung von Michaelis fordern sollte, aber „es wurde nochmals ausdrücklich festgestellt, daß die Herren keine Persönlichkeit als Nachfolger nennen sollen, damit nicht in irgendeiner Form in die Entscheidung Seiner Majestät des Kaisers eingegriffen würde."[25])

Bei einer späteren Sitzung folgte der Beschluß, man werde, falls der Kaiser die Parteien auffordern sollte, einen Kandidaten zu benennen, den Abgeordneten Fehrenbach, einen angesehenen, aber etwas farblosen Zentrumsführer, vorschlagen — obwohl es höchst unwahrscheinlich war, daß der Kaiser ein solches Verfahren ohne entsprechenden Druck des Reichstags ausüben werde.[26])

Der Interfraktionelle Ausschuß konnte sich nicht entschließen, auf die Ernennung eines parlamentarischen Kanzlers zu drängen, legte aber Valentini nahe, daß jeder künftige Kanzler vor seiner endgültigen Berufung „eine offizielle Aussprache mit den Parteien zu halten habe, um ein einheitliches Programm bis Kriegsende mit ihnen festzustellen."[27]) Erzbergers Vorschläge für ein Vier-Punkte-Programm, auf dem die Parteien bei einer solchen Aussprache bestehen sollten, wurden vom Interfraktionellen Ausschuß angenommen:

„1. In der auswärtigen Politik stellt sich der neue Reichskanzler auf die Antwort der deutschen Regierung vom 19. September zur Friedenskundgebung des Papstes.

2. Die preußische Wahlreform muß rasch und loyal durchgeführt werden.

3. Die politische Zensur wird beseitigt und die Einmischung des Heeres in die Politik hört auf.

4. An sozialen Gesetzen sind zu schaffen der Erlaß des Arbeitskammergesetzes und die Beseitigung des § 152, Absatz 2 der Gewerbeordnung (Boykottparagraph."[28])

Dieser letzte Punkt mag inmitten eines großen Krieges kleinlich, ja vielleicht sogar als ein Erpressungsversuch erscheinen, bei dem die schwierige Lage der Nation ausgenutzt werden sollte, um eine alte Forderung der Sozialdemokratischen Partei durchzusetzen. Erzberger hatte ihn auf Verlangen der Sozialdemokraten hinzugefügt, die sich trotz Annahme der Friedensresolution von ihren Unabhängigen Konkurrenten hart bedrängt fühlten. Wichtige Gruppen des Reichstags, darunter der rechte Flügel des Zentrums, versuchten, die Juli-Mehrheit auseinander zu bringen und die traditionelle Feindschaft aller bürgerlichen Parteien gegenüber den Sozialisten neu zu beleben, die die Politik des

---

24) Protokoll der Sitzung des Interfraktionellen Ausschusses vom 22. Oktober 1917. *Erzberger Dokumente*, Akte 18. Jetzt abgedruckt in: *Interfraktioneller Ausschuß*, I, S. 248 ff. Vgl. die Berichte über die gleiche Sitzung von Südekum und Haußmann. *Ibid.*, S. 233—249.
25) *Ibid.*, (Sitzung vom 23. Oktober 1917) I, S. 265.
26) Erzberger, *Erlebnisse*, S. 291.
27) *Ibid.*, S. 289.
28) *Ibid.*, S. 289 f.

Kaiserreichs vor 1917 gekennzeichnet hatte. Erzberger war gegen jede Kombination, die die Sozialdemokraten wieder in die Opposition drängen würde:

„Ich führte demgegenüber aus, daß eine solche Lösung den Ruin des Reiches bedeute, da der Krieg restlos verloren sei, wenn die Sozialdemokratie und mit ihr die Arbeitermassen auch nur in eine passive Resistenz übergingen ... Die Sozialdemokratie habe bisher keine Bedingungen gestellt, welche die bürgerlichen Parteien nicht nach eigener Überzeugung hätten annehmen können; wenn die Sozialdemokratie sich jetzt in den Staat eingliedere, müßten die bürgerlichen Parteien alles tun, um dieses große politische Werk zu fördern, während es ein Verbrechen am Vaterland sei, Pläne zu verfolgen, die der Sozialdemokratie die Mitarbeit unmöglich machen wollten."[29])

Erzberger kann, ebenso wie den anderen Mitgliedern des Interfraktionellen Ausschusses der Vorwurf nicht erspart bleiben, daß er es unterlassen hat, seine starke politische Stellung zu nutzen, um eine befriedigende Lösung der Kanzlerkrise zu erzwingen. Die Unfähigkeit Michaelis' hatte sich auf das Ansehen des Kaisers und der Obersten Heeresleitung schädlich ausgewirkt, beide waren in einer schwächeren Position als im Juli. Michaelis' Sturz kam, anders als bei Bethmann, weder plötzlich noch unerwartet. Die Parteiführer hatten Gelegenheit gehabt, ihre Pläne in Ruhe zu entwickeln und konnten nicht vor das fait accompli eines neuen Kanzlers gestellt werden. Sie waren für die Entlassung Michaelis' unmittelbar verantwortlich, während Bethmann sich einem Ultimatum Ludendorffs gebeugt hatte; das legte ihnen die besondere Verpflichtung auf, für einen geeigneten Nachfolger zu sorgen. Weder der Kaiser noch Ludendorff konnten in diesem Augenblick eine große Verfassungskrise wünschen. Daß die Parteien es unterließen, einen geeigneten Nachfolger zu nennen, mag angesichts des Mangels an Kandidaten entschuldbar sein, aber dafür, daß sie nicht auf einem absolut eindeutigen Programm bestanden, gab es keine Entschuldigung. Die Forderung, daß die deutsche Antwortnote an den Papst als Grundlage für die Außenpolitik des neuen Reichskanzlers zu dienen habe, genügte nicht. Erzberger hätte auf der ausdrücklichen Anerkennung der Friedensresolution und der ausdrücklichen Verpflichtung, Belgien wiederherzustellen, bestehen müssen. Auch die Forderung nach Unterstützung der preußischen Wahlreform genügte nicht. Erzberger hätte sich nicht davon abbringen lassen dürfen, daß der neue Kanzler verpflichtet sei, die Reform um jeden Preis durchzuführen, selbst um den der Auflösung des widerspenstigen Abgeordnetenhauses mitten im Kriege. Das Verlangen, daß die Einmischung des Heeres in die Politik aufhören müsse, war lobenswert, aber bedeutungslos, solange die Oberste Heeresleitung nicht der Regierung unterstellt wurde. Die sozialen Forderungen besaßen lediglich symbolischen Wert. Das gesamte von Erzberger aufgestellte Vier-Punkte-Programm war in der Krise, in der sich Deutschland im Oktober

---

[29]) *Ibid.*, S. 291.

1917 befand, völlig unzureichend. Es zur Grundlage für Verhandlungen mit dem neuen Kanzler zu machen, hieß die Unentschlossenheit und mangelnde Zielstrebigkeit fortsetzen, die die Außen- und Innenpolitik des Interfraktionellen Ausschusses von Anfang an in gleichem Maße kennzeichneten.

Diese ungünstige Prognose bestätigte sich, als der Kaiser, wiederum ohne die Reichstagsfraktionen zu hören, am 28. Oktober 1917 den vierundsiebzigjährigen Grafen Hertling zum Reichskanzler ernannte. Zu einer früheren Zeit wäre diese Ernennung einer politischen Revolution gleichgekommen, denn Hertling hatte als Parteiführer des Zentrums und als Politiker im Reichstag Karriere gemacht, während die Kanzler bisher nur aus der Armee, dem diplomatischen Dienst oder der Verwaltung hervorgegangen waren. Nach den Begriffen der alten Ordnung hätte es einen beunruhigenden Präzedenzfall bedeutet, wenn die Kanzlerschaft ein erreichbares Ziel für den Ehrgeiz der Parlamentarier geworden wäre. Einen frommen Katholiken in das Amt Bismarcks zu berufen, stellte ebenfalls eine große politische Neuerung dar;[30]) sie zeigte, daß die Ära des Kulturkampfes der Vergangenheit angehörte. Dabei war Hertling mindestens zur Hälfte selbst Bürokrat und seine politischen Grundsätze standen denen des preußischen Konservatismus nicht allzu fern. Er war im Grunde eine Übergangsgestalt, durch die die verfassungsrechtliche Entwicklung eher aufgehalten als beschleunigt wurde. Seine Ansichten waren die gleichen geblieben, wie sie in Kapitel III geschildert wurden, was ihn nun noch anachronistischer erscheinen ließ. Die parlamentarischen Institutionen betrachtete er noch immer mit tiefer Verachtung; er zog eine autoritäre Monarchie, die den Regierungschef ernannte, einer auf die Reichstagsparteien gestützten Regierung bei weitem vor. Diese Überzeugung war durch seine Erfahrungen als bayerischer Ministerpräsident nur verstärkt worden, als er dort in den Jahren nach 1911 mit einem schwierigen Parlament zusammenarbeiten mußte. Ebenso hatten ihn seine Münchner Erfahrungen in seinem Glauben an den Föderalismus und die damit verbundene Abneigung gegen ein unitarisches parlamentarisches System bekräftigt. Er haßte die Demokratie als zerstörendes Element der ihm teuren alten aristokratischen Ordnung, und wenn er die preußische Wahlreform akzeptierte, so geschah dies keinesfalls aus leidenschaftlicher Überzeugung. Auch den Forderungen der Sozialreformer stand er innerlich trotz seines eingehenden Studiums der sozialen Frage weitgehend fremd gegenüber. Er vertrat den weit überholten Standpunkt, daß die Erbsünde wirtschaftliche Mißstände letztlich unausrottbar mache. Der Staat dürfe nur eingreifen, um bestimmte Rechte des einzelnen Menschen zu schützen, nicht aber, um die allgemeine Wohlfahrt zu fördern. Auch seine außenpolitischen Ansichten entsprachen nicht den Sorgen und Nöten des Jahres 1917. Er war ein ausgeprägter Nationalist, und dies

30) Fürst Hohenlohe, Kanzler von 1894 bis 1900, war nur nomineller Katholik und außerdem ein besonders scharfer Gegner der Jesuiten.

um so mehr, als sich sein Nationalismus erst relativ spät — nämlich nachdem die Wunde von 1866 geheilt war — entwickelt hatte. Die Forderung fortschrittlicher Kreise vor 1914 nach internationaler Abrüstung hatte er ins Lächerliche gezogen.

Hertlings gesamte politische Vergangenheit war höchst unglücklich für einen Kanzler, der auf die Mitarbeit der Reichstagsmehrheit vom Juli angewiesen war und von dem man die Aufnahme von Friedensverhandlungen mit dem Feinde erwartete. Sein hohes Alter und seine körperliche Hinfälligkeit unterstrichen noch diese Unzulänglichkeiten. Da er fast blind war, mußte er sich nahezu alles von seinem Sohn vorlesen lassen. Sein Tageslauf war genau geregelt, um übermäßige Anstrengungen oder Aufregungen zu vermeiden. Abendliche Besprechungen waren praktisch ausgeschlossen, wie dringend auch der Anlaß sein mochte.[31])

Wie wir gesehen haben, stimmte Erzberger bis 1917 mit vielen innen- und außenpolitischen Ansichten Hertlings überein. Die persönlichen Beziehungen zwischen den beiden Männern waren bis zur Friedensresolution freundlich, wurden danach etwas kühler, blieben aber bis Oktober 1917 noch gut. Hertling hatte sich der Forderung des Interfraktionellen Ausschusses, der künftige Kanzler müsse sich vor endgültigen Entscheidungen mit den führenden Männern des Reichstags beraten, nur ungern gefügt. Als erster Abgeordneter wurde Erzberger am 28. Oktober zu einer Besprechung gebeten. Ihm erklärte Hertling, er habe geglaubt, die Kanzlerschaft, nachdem sie ihm zum zweitenmal in einem Jahr angeboten worden sei, nicht ablehnen zu dürfen; er schlug jedoch zur Verringerung seiner Arbeitslast vor, Michaelis möge preußischer Ministerpräsident bleiben und die Wahlreform durchführen. Erzberger widersetzte sich sofort dem Gedanken einer Trennung beider Ämter aus verfassungsrechtlichen, politischen und personellen Gründen.[32]) Von Erzbergers Bedenken beeindruckt, bat ihn Hertling, eine Denkschrift darüber zusammenzustellen, was Erzberger am nächsten Tage (29. Oktober) tat. Gegen die Trennung der Ämter führte er folgende Einwände an: Die Macht des Kanzlers würde eingeschränkt und die Interessen des Reiches würden geschädigt werden, wenn man dem Kanzler die direkte Kontrolle über den preußischen Hegemonialstaat nehme; die beiden bisherigen Trennungsversuche (1872 und 1892) seien gescheitert; Hertling wäre bei der Behandlung von Reichsproblemen gehindert, sobald diese — wie die Polen- und Litauenfrage — Preußen unmittelbar berührten; Hertlings Regierung würde im In- und Ausland Mißtrauen erregen, wenn Michaelis das Amt des preußischen Ministerpräsidenten behielte, da dies

---

31) Bibliographie über Hertling, siehe Anm. 9 zu Kap. III. Über Hertlings beschränkte Arbeitskraft siehe Kühlmanns *Erinnerungen*, S. 511, und die aufschlußreichen Geständnisse seines Sohnes Karl von Hertling, *Ein Jahr in der Reichskanzlei*, Freiburg 1919, S. 45 ff.
32) Erzberger, *Erlebnisse*, S. 292 f.

als Fortführung konservativer Vorherrschaft angesehen würde; ein Kampf zwischen dem plutokratischen Landtag und dem demokratischen Reichstag wegen der Wahlrechtsfrage könnte leicht entstehen. Alle diese Erwägungen deuteten auf unvermeidliche politische Auseinandersetzungen, Deutschland brauche aber vor allem innenpolitische Ruhe für die letzte Phase des Krieges. Außerdem meinte Erzberger, das Prestige Hertlings erfordere, beide Ämter zugleich innezuhaben. Der baldige Sturz Michaelis' sei auch dann unvermeidlich, wenn er als Kanzler zurücktrete und nur das Amt des preußischen Ministerpräsidenten behalte. Sein Sturz aber könne auch Hertling zu Fall bringen, was eine dritte Kanzlerkrise innerhalb von sechs Monaten bedeuten würde. Die Schwierigkeiten, die Hertling sehe — die Sorge, daß die Belastung zu groß und er selbst für die Durchführung der preußischen Wahlrechtsreform ungeeignet sei —, könne am besten durch die Ernennung eines Vizepräsidenten des Staatsministeriums gelöst werden, der die Einzelarbeiten unter Hertlings Leitung zu erledigen hätte. Der Abgeordnete Robert Friedberg vom rechten Flügel der Nationalliberalen Partei eigne sich gut für diese Stellung.[33])

Erzbergers Argumente waren so überzeugend, daß Hertling den Gedanken aufgab, die beiden Ämter zu trennen; damit war Michaelis' Schicksal besiegelt. Erzberger hatte sein Hauptziel erreicht, eine nicht funktionsfähige Regelung zu verhindern; möglicherweise verfolgte er noch das weitere Ziel, Hertling indirekt zur Ablehnung des Kanzleramtes zu bewegen, indem er die schwere und unvermeidbare Belastung, die dieses Amt mit sich brachte, unterstrich. Hierin hatte er jedoch keinen Erfolg. Er war gegen die Kanzlerschaft Hertlings, konnte sich aber wegen ihrer gemeinsamen Zugehörigkeit zum Zentrum und ihrer bisherigen engen Beziehungen nicht offen dagegen wenden. Erzbergers Freund Richthofen, mit dem er in dieser kritischen Zeit täglich sprach, sagte vor dem Untersuchungsausschuß des Reichstags von 1926, der sich mit der Oktoberkrise von 1917 befaßte:

> „Es kann keinem Zweifel unterliegen, daß Herr Erzberger ein starker Gegner der Ernennung des Grafen Hertling gewesen ist. Er hielt den Grafen Hertling für eine für dieses Amt durchaus ungeeignete Persönlichkeit. Zunächst hielt er ihn für viel zu alt. Erzberger glaubte nicht, daß er schon rein körperlich imstande sein würde, dieses Amt noch auszufüllen. Er war weiterhin der Meinung, daß er doch zu sehr in seinen ganzen Anschauungen noch in der Vergangenheit lebe, als daß er in der Lage sein würde, den Bedürfnissen der damaligen Zeit sowohl außenpolitisch wie innenpolitisch Rechnung zu tragen. Namentlich war er der Überzeugung, daß er nicht die nötige Energie gegenüber der O. H. L. aufzubringen in der Lage sein würde, die Erzberger mit mir und vielen anderen als das wichtigste für die Stellung des Reichskanzlers ansah. Herr Erzberger war für die Ernennung des Fürsten Bülow zum Reichskanzler ... Es hat einmal einen Zeitpunkt gegeben, in dem

---

33) Erzbergers achtseitiges Memorandum vom 29. Oktober 1917 befindet sich bei den *Erzberger Dokumenten.* Akte 22. Zusammengefaßt in: *Erlebnisse*, S. 293. Jetzt abgedruckt in: *Interfraktioneller Ausschuß*, I, S. 327—332.

die Ernennung des Reichskanzlers Graf Hertling äußerst fraglich geworden war. Es handelte sich dabei um zweierlei, sowohl um eine Festlegung des Grafen Hertlings bekannter politischer Forderungen, unter denen die Zukunft Elsaß-Lothringens erhebliche Schwierigkeiten bereitete, sowie um Personalfragen."[34])

Die beiden von Richthofen erwähnten Schwierigkeiten verlängerten die politische Krise um mehrere Tage. Mit dem von Erzberger am 22. Oktober aufgestellten Vier-Punkte-Programm hatte sich Hertling sofort einverstanden erklärt. Dieses Programm wurde nun um einen fünften Punkt — Autonomie für Elsaß-Lothringen — erweitert, der seit Juli von der Reichstagsmehrheit gefordert worden war. Es ist möglich, wenn auch nicht zu beweisen, daß dahinter die wohlüberlegte Absicht stand, Hertling zu bewegen, von der Kandidatur zurückzutreten; es war bekannt, daß er eine andere Lösung, nämlich eine Teilung des Reichslandes, bevorzugte. Die nicht unerhebliche Opposition gegen Hertling konnte sich nicht offen äußern, und mußte deshalb versuchen, seine Ernennung durch indirekte Mittel zu verhindern. Strenge Protestanten, die ohnehin einen katholischen Kanzler ablehnten, hielten seine Berufung im Jahr des Reformationsjubiläums für besonders unangebracht.[35]) Manche Katholiken fürchteten, ein katholischer Kanzler könnte zum Sündenbock für einen etwaigen unglücklichen Ausgang des Krieges gemacht werden. Die Führer der Reichtagsmehrheit gaben bei einer Sitzung des Interfraktionellen Ausschusses am 29. Oktober ihr Mißfallen über Hertlings von Grund auf konservative Haltung zu erkennen, glaubten aber, sich nicht gegen einen Mann stellen zu können, der einer der ihren war und die verfassungsrechtliche Neuerung eingeführt hatte, sich mit ihnen zu beraten, bevor er dem Kaiser seine endgültige Zusage zu der Übernahme des Kanzlerpostens gab.[36])

Schließlich erklärte sich Hertling mit der Autonomie für Elsaß-Lothringen einverstanden; das war allerdings ein bedeutungsloses Versprechen, da es ihm gelang, der Erfüllung bis Kriegsende auszuweichen. Eine Einigung über die Zusammensetzung seiner Regierung erwies sich als schwieriger; hier konnte er den Wünschen des Reichstages nicht mit einer Verzögerungstaktik begegnen. Hertling wollte den tüchtigen, aber wenig beliebten Karl Helfferich als Vizekanzler behalten, ein Plan, den die Reichstagsmehrheit unter der Führung Erzbergers ablehnte. Sie verlangte für dieses Amt den Führer der Fortschrittspartei Friedrich von Payer, der das Vertrauen seiner Partei, aber ebenso auch das der Sozialdemokraten besaß. Daß diese Forderung gestellt wurde, war ein Zeichen für das weitere Vordringen des parlamentarischen Regierungssystems.

---

34) *U. A.*, VII (2), S. 222. Erzberger erwähnt diese Angelegenheit verständlicherweise nicht in seinen *Erlebnissen*, Kap. XXI.

35) Diese Ansicht kommt deutlich zum Ausdruck in Paul Hoensbroech, *Graf Hertling, Reichskanzler und Ministerpräsident. Ein offener Brief*, Leipzig 1918.

36) Protokolle der Sitzung des Interfraktionellen Ausschusses vom 29. Oktober 1917, *Erzberger Dokumente*, Akte 22. Zusammengefaßt in: *Erlebnisse*, S. 293 f. Jetzt abgedruckt in: *Interfraktioneller Ausschuß*, I, S. 359—362. Vgl. die Berichte von Südekum und Haußmann: *ibid.*, S. 334—358.

Die gleichzeitige Forderung der Nationalliberalen, das Amt des Vizepräsidenten im preußischen Staatsministerium von Friedberg zu geben, wurde ebenfalls von den anderen Parteien unterstützt.

Hertling machte kein Hehl aus seiner Entrüstung, daß der Reichstag, entgegen der bisherigen verfassungsrechtlichen Praxis, die Auswahl seiner engsten Mitarbeiter kontrollieren wollte. Er erwog ernsthaft, das Kanzleramt ganz abzulehnen und äußerte diese Absicht in Gegenwart einiger Abgeordneter am 31. Oktober. Daraufhin beauftragte der Interfraktionelle Ausschuß Erzberger, Hertling „zu bitten, dem Kaiser selbst die Gründe der Ablehnung des Kanzleramtes mitzuteilen, da die Parteien zu den anderen Instanzen um den Kaiser kein Vertrauen hätten [weil sie ihn häufig falsch informierten], zugleich aber auch Hertling zu danken, daß er den Wünschen der Parteien gemäß mit diesen eingehende politische Aussprache gepflogen habe".[37]) Erzberger hatte schon Hertling gratulieren wollen, weil er der schweren Belastung des Kanzleramtes entronnen sei, mußte aber zu seiner Überraschung feststellen, daß dieser sich wieder anders entschlossen hatte und nunmehr zu den notwendigen Konzessionen an die Mehrheitsparteien bereit war. Kühlmann erläuterte Erzberger, er halte Hertlings Ernennung aus außenpolitischen Gründen für wünschenswert und glaube, daß eine fruchtbare Zusammenarbeit zwischen Kanzler und Reichstag durchaus möglich sei. Erzberger versprach darauf, Hertlings Kandidatur unter folgenden Bedingungen zu unterstützen: Entlassung von Michaelis und Helfferich, Berufung von Payer, Autonomie für Elsaß-Lothringen. Fortan bemühte er sich, gemeinsam mit Kühlmann die noch verbleibenden Schwierigkeiten aus dem Wege zu räumen, bestand allerdings darauf, daß seine Bedingungen in allen Punkten eingehalten würden.[38])

Als Erzberger noch dachte, Hertling kandidiere nicht mehr, hatte er Richthofen zum Fürsten Bülow geschickt, in dem er, ebenso wie im Juli 1917, den geeignetsten Kandidaten für das Kanzleramt sah. Bülow, der nach Berlin gekommen war, um seine Rückkehr zur Macht auch selbst zu betreiben, sagte Richthofen, bei den jetzigen Verhandlungen hänge alles von Kühlmann ab, da nur er das Vertrauen des Kaisers, Hertlings und der führenden Reichstagsabgeordneten in gleichem Maße besitze. Richthofen diskutierte die Lage mit Kühlmann, der erklärte, er persönlich stehe der Kandidatur Bülows nicht ablehnend gegenüber, doch seien die Widerstände des Kaisers unüberwindlich.[39]) In den folgenden Tagen wandte Kühlmann sein großes Verhandlungsgeschick an, um die Kluft zwischen Hertling und den Reichstagsparteien zu überbrük-

---

37) Erzberger, *Erlebnisse*, S. 294.

38) Erzbergers Memorandum über Unterredungen mit Hertling und Kühlmann, *Erzberger Dokumente*, Akte 22. Jetzt abgedruckt in: *Interfraktioneller Ausschuß*, I, S. 380—384 mit Kühlmann am 30. Oktober und I, S. 427 ff. mit Hertling am 2. November 1917. Zusammengefaßt in: *Erlebnisse*, S. 294 f. Erzbergers Opposition gegen Hertling wurde keineswegs von allen Zentrumsführern geteilt; Trimborn z. B. hatte Hertling stark zugeredet, das Kanzleramt anzunehmen. Valentini, *op. cit.*, S. 180.

39) *U. A.*, VII (2), S. 223 f.

ken. In den Fragen Friedberg und Elsaß-Lothringen gab Hertling bereitwillig nach, während er hinsichtlich der Ernennung Payers vielerlei Schwierigkeiten machte.[40])

Auf diesem Punkt beharrten jedoch die Reichstagsmitglieder. Schließlich begaben sich Erzberger und Richthofen (letzterer im Auftrag seines Parteiführers Stresemann) am Abend des 7. November zur Bayerischen Gesandtschaft, wo Hertling wohnte, um dem endlosen Hin und Her ein Ende zu machen. Lerchenfeld, der bayerische Gesandte, teilte ihnen mit, Hertling sei von den Besprechungen des Tages zu erschöpft und könne keine weiteren Besucher empfangen. Hierauf hinterließen die beiden Reichstagsführer ein strenges Ultimatum: stimme Hertling der Ernennung Payers nicht bis zum nächsten Morgen zu, so würden ernste Folgen eintreten. Hertling über das Verhalten der beiden Abgeordneten verärgert, beauftragte Lerchenfeld, jenen seine Beschwerde über ihr Vorgehen zu übermitteln. Als Erzberger und Richthofen jedoch ihr Ultimatum wiederholten, wußte Hertling, daß er geschlagen war, und gab am 9. November die Ernennung Payers zum Vizekanzler bekannt. Das Kabinett Hertling-Friedberg-Payer, das Deutschland bis Oktober 1918 regieren sollte, war damit gebildet.[41])

Die Episode trug viel zur Verschlechterung der Beziehungen zwischen Erzberger und Hertling bei. Hertling hatte bisher Wert auf Erzbergers Freundschaft gelegt, weil er seine guten Informationen schätzte und seine allgemeinen politischen Ansichten teilte. Er war von Erzbergers Meinungsumschwung zur Zeit der Julikrise überrascht, und er erschrak über den Triumph des linken Flügels des Zentrums und das Zustandekommen der neuen Reichstagsmehrheit. Daß Erzberger ihm die Ernennung Payers und das Bündnis mit den Sozialdemokraten abgenötigt hatte, erschien ihm ganz unerträglich, und er beschloß, die Unterhöhlung des politischen Einflusses von Erzberger zu einer der Hauptaufgaben seiner Kanzlerschaft zu machen. Er schloß sich der alldeutschen Meinung an, Erzberger sei der böse Geist Deutschlands, und äußerte in einem Gespräch mit dem rechtsstehenden Zentrumsabgeordneten Graf Galen: „Erzberger ist das Verderben für das Zentrum; aber nicht bloß für die Partei, sondern für unser ganzes Vaterland und vor allem für die katholische Kirche, denn nach fünfzig Jahren [1968] wird man uns alle die Dinge vorhalten, die jetzt Erzberger während des Krieges gegen unser Vaterland getrieben hat."[42])

Hertlings Zorn gegen Erzberger wurde noch heftiger, als sich im Januar 1918, entgegen den wahren Vorgängen, bei ihm die Überzeugung bildete, Erz-

---

40) Siehe die Protokolle von mehreren Besprechungen zwischen Kühlmann und den Reichstagsführern, besonders vom 6. und 8. November 1917. *Erzberger Dokumente*, Akte 22. Jetzt abgedruckt in: *Interfraktioneller Ausschuß*, I, S. 513 und S. 549 ff.
41) *U. A.*, VII (2), S. 225 f. Erzberger deutet die Episode an in: *Erlebnisse*, S. 297.
42) Dr. Eisele an die Redaktion der *Kölnischen Volkszeitung* vom 22. März 1918. *Bachem Dokumente*, Akte 90.

berger habe im Dezember 1917 eine geheime Reise nach Wien unternommen, um beim österreichischen Hof gegen ihn, Hertling, zu intrigieren. Seiner Umgebung gegenüber bezeichnete er Erzberger als Lügner, weil jener bestritt, eine solche Reise unternommen oder Kaiser Karl gesehen zu haben. Erzbergers Hinweis, er habe ihm, Hertling, von seinem keineswegs geheimen Aufenthalt in Wien im Dezember 1917 berichtet, ließ der verärgerte Hertling nicht gelten; er hielt daran fest, daß Erzberger in Wirklichkeit ein zweites Mal in Wien gewesen sei und Kaiser Karl gesprochen habe. Verschiedenen Zentrumsführern gegenüber äußerte er, er werde Erzberger nie wieder in der Reichskanzlei empfangen. Gekränkt über den Vorwurf der Unwahrhaftigkeit, der von seinen zahlreichen Feinden rasch ausgeschlachtet wurde, schrieb Erzberger sofort einen energischen Brief an den Kanzler, in dem er sein Verhalten zusammenfaßte und hinzufügte:

„Eure Exzellenz werden zugeben, daß es mich angesichts dieses klaren Sachverhalts peinlich berühren muß, zu hören, daß Euer Exzellenz an der Auffassung festhalten, ich hätte... Euer Exzellenz damit bewußt in einer politischen Angelegenheit die Unwahrheit gesagt. Ich sehe ganz davon ab, wie wenig diese Annahme aus dem einfachen Grunde haltbar ist, daß das Bestreiten einer Auslandsreise unter den derzeitigen Grenzverhältnissen ein zu törichter Schritt wäre, als daß man ihn einem ernsthaften Manne zumuten könnte. Ich sehe weiter ganz davon ab, nachzuprüfen, welchen Sinn es denn eigentlich gehabt hätte, im Januar Euer Exzellenz gegenüber eine Reise abzuleugnen, über die ich Ihnen seinerzeit unmittelbar nach meiner Rückkehr berichtet habe. Ich will endlich nicht in längere Untersuchungen darüber eintreten, warum ausgerechnet ich, der vom ersten Tage Ihrer Hierherberufung an, wie jeder der eingeweihten Kollegen mir bestätigen kann, sich rückhaltlos für Euer Exzellenz eingesetzt und alles getan hat, was zum Ausgleich anfangs bestehender und, wie Euer Exzellenz sich erinnern werden, nicht unbeträchtlicher Meinungsverschiedenheiten dienen konnte [bezieht sich auf Erzbergers Verhandlungen mit Kühlmann], Euer Exzellenz gegenüber eine so ablehnende und wenig loyale Stellung einnehmen sollte, wie Euer Exzellenz dies zu meinem Bedauern anzunehmen scheinen."[43])

Erzberger drohte, die ganze Angelegenheit vor die nächste Parteiversammlung zu bringen, wenn Hertling seine Erinnerung nicht auffrische und seine Anschuldigung zurücknehme.

Nunmehr begann Hertling, gegenüber Gröber und Fehrenbach von einem „Mißverständnis" zu sprechen. Erzberger, dem diese Entschuldigung nicht genügte, schrieb eine Woche später einen noch schärferen Brief und erreichte so, daß Hertling zugab, seine Anschuldigungen seien unbegründet (4. März 1918).[44]) Doch dieses Eingeständnis war nicht geeignet, den persönlichen Bruch mit dem Kanzler wiedergutzumachen. Erzberger hatte von nun an nicht mehr die

---

43) Erzberger an Hertling, 23. Februar 1918. *Erzberger Dokumente*, Akte 32.
44) Erzberger an Hertling am 1. März 1918. *Ibid.* Die ganze Angelegenheit wird in einem offensichtlich von Erzberger veranlaßten Artikel erörtert im *Deutschen Volksblatt* vom 14. Juni 1918. Abschrift in: *Bachem Dokumente*, Akte 90. Siehe auch die kurze Darstellung in: *Erlebnisse*, S. 300.

guten Beziehungen, und der Name des Kanzlers wurde gegen ihn verwandt. Die allgemeine Ruhe in der deutschen Innenpolitik während des größten Teils von Hertlings Kanzlerschaft schadete Erzbergers Einfluß noch mehr. Seine Macht war immer am stärksten in Krisenzeiten, wie im Juli und Oktober 1917. Während des größten Teils des Jahres 1918 blieb er im Hintergrund und gelangte erst wieder zu größerem Einfluß, als im Oktober 1918 die militärische Niederlage drohend bevorstand.

# X

# Erzberger während der Kanzlerschaft Hertlings Oktober 1917 bis September 1918

## Brest-Litowsk

Der größte politische Erfolg des Hertling-Kabinetts bestand darin, daß sich das politische Leben in Deutschland zumindest an der Oberfläche beruhigte. Der latente Konflikt zwischen der Reichstagsmehrheit und der Obersten Heeresleitung aufgrund der Innenpolitik wie hinsichtlich der Kriegsziele kam nicht zum offenen Ausbruch. Bei den meisten Fragen stellte sich Hertling auf die Seite der Obersten Heeresleitung. Sein großes Ansehen half ihm, den Reichstag so weit einzuschläfern, daß er sich gegenüber Ludendorffs Wünschen passiv zustimmend verhielt. Hertling brachte die preußische Wahlrechtsreform im Landtag ein, weigerte sich aber, die Angelegenheit zum Äußersten zu treiben, als das von den Konservativen beherrschte Parlament die Reform sabotierte. Der Ruf nach Einführung des vollen parlamentarischen Regierungssystems war durch das halbparlamentarische Regime von Hertling, Friedberg und Payer vorübergehend beschwichtigt worden. Zentrum, Nationalliberale und Fortschrittler waren alle in der Regierung direkt vertreten, wenn auch sämtlich durch Männer, die dem äußersten rechten Flügel ihrer jeweiligen Parteien angehörten. Die Sozialdemokraten lehnten es zwar ab, unmittelbare Verantwortung in der Regierung zu übernehmen, erwarteten jedoch, daß Payer ihre Ansichten vertreten werde. Diese scheinbar enge Zusammenarbeit zwischen Exekutive und Legislative täuschte indessen. Hertling betrachtete sich selbst als ernannten Reichskanzler, der seine Machtbefugnisse vom Kaiser erhalten hatte, und nicht als Diener einer Mehrheit des Reichstags, dem er seit 1911 nicht mehr angehörte. Payer und

Friedberg mußten ihre Reichstagsmandate auf Grund einer Verfassungsbestimmung niederlegen, die die gleichzeitige Mitgliedschaft im Reichstag und im Bundesrat verbot (Art. 9 Satz 2). Ihr Einfluß im Reichstag ließ sofort nach, als sie in das Kabinett eintraten. Die neue Regierung stellte eindeutig einen Übergang vom autoritären System der Vergangenheit zur parlamentarischen Demokratie der Zukunft dar.

Hertlings Aufgabe, die innere Ruhe wiederherzustellen, wurde erleichtert, weil die Mehrheitsparteien im Reichstag nicht energisch und entschieden auftraten. Wir haben gesehen, daß ihnen wärend der Juli- und Oktoberkrisen des Jahres 1917 ein festes Programm fehlte und daß sie einem Verfassungsstreit aus dem Wege gingen. Ihr Widerstand gegen den Annexionismus – der ursprüngliche Grund für das Zustandekommen der Julimehrheit – wurde schwächer, als nach dem militärischen Zusammenbruch Rußlands die Möglichkeit riesiger Eroberungen im Osten winkte. Hertlings dilatorischer Behandlung der innenpolitischen Reformen begegneten sie gleichfalls mit mangelnder Standhaftigkeit. Das Land raffte alle seine Kräfte zusammen, um das letzte Kriegsjahr mit seinen ganzen Belastungen zu bestehen. Die Passivität des Reichstags, das ungebrochene Prestige Ludendorffs und Hertlings Fähigkeit, Konflikte zu überbrücken, trugen zur allgemeinen Ruhe bei. Die Alternativen einer Militärdiktatur oder der Vollendung des parlamentarischen Regierungssystems wurden gleichermaßen vermieden.

Die Friedensverhandlungen zwischen Rußland und den Mittelmächten in Brest-Litowsk beherrschten die politischen Ereignisse des Winters 1917/18. Die Bolschewisten nutzten den Umstand, daß es der Kerenskij-Regierung nicht gelungen war, mit Deutschland Frieden zu schließen, und eroberten im November 1917 die Macht. Lenin erkannte die Notwendigkeit, den Krieg sofort zu beenden. Die deutsche Regierung legte Wert auf den Abschluß eines formalen Friedensvertrages, der die Verlegung der Truppen an die gefährdete Westfront ermöglichen würde. Über die Rußland zu stellenden Bedingungen bestanden jedoch starke Meinungsverschiedenheiten zwischen den Zivilisten unter der Leitung von Kühlmann und den Militärs unter der Führung von Ludendorff. Kühlmann wollte die Reichstagsmehrheit, die die Friedensresolution angenommen hatte, befriedigen und den schlechten Eindruck vermeiden, den ein unverhohlener deutscher Imperialismus im Ausland hinterlassen würde; er gedachte deshalb, die Hegemonie Deutschlands in Osteuropa durch ehrliche und volle Verwirklichung des Selbstbestimmungsrechtes bei den Polen, Litauern usw. herzustellen. Ludendorff hingegen verlangte direkte, mit dem Schwert durchzusetzende Annexionen. Kühlmanns Politik erforderte Geduld und Beweglichkeit bei den Verhandlungen, sie erstrebte eine Änderung der Zusammensetzung und eine Ausweitung der Befugnisse der Volksvertretungen (Landesräte, Regentschaftsräte), die von den Deutschen in den besetzten Gebieten eingerichtet worden waren. Ludendorffs Politik ging dahin, die Russen zum Unterzeichnen zu zwingen und so zu tun, als gäben die nicht-repräsentativen Landesräte tatsächlich ein getreues Bild der öffentlichen Meinung wieder.

Die Bedingungen des Friedensvertrags von Brest-Litowsk entsprachen im wesentlichen den Ansichten Ludendorffs. Rußland verzichtete auf alle Rechte in den deutsch-besetzten Gebieten Polen, Litauen und Kurland, die weiterhin unter unmittelbarer deutscher Militärverwaltung blieben. Ferner versprach Rußland, seine Truppen aus Finnland, Estland, Livland und der Ukraine zurückzuziehen, und es war leicht vorauszusehen, daß das so entstehende militärische Vakuum alsbald unter dem einen oder anderen Vorwand durch deutsche Truppen ausgefüllt werden würde. Bei diesem „Siegfrieden" bedeutete das Fehlen von Reparationsforderungen den einzigen Lichtblick.[1])

Erzberger hatte bei den Besprechungen zwischen Regierung und Reichstagsabgeordneten während der langen Verhandlungen in Brest (Dezember 1917 bis März 1918) Kühlmanns Position kräftig gestützt. Vor allem lag ihm daran, daß die Bedingungen der Friedensresolution nicht verletzt würden. Da er erkannte, daß der status quo der Vorkriegszeit auf keinen Fall wiederhergestellt werden könne und daß ausgedehnte Grenzveränderungen unvermeidlich seien, versuchte er, Gewissen und Wirklichkeit miteinander zu versöhnen, indem er scharf unterschied zwischen direkten deutschen Annexionen und der Lostrennung russischer Randstaaten im Namen der Selbstbestimmung. Er ging sogar so weit, zu behaupten, Deutschland sei berufen, für die Freiheit der bisher unterdrückten östlichen Völker einzutreten.[2])

In diesem Zusammenhang muß auch Erzbergers berühmte und oft zitierte Reichstagsrede vom 27. Februar 1918 gesehen werden, in der er von der Vereinbarkeit des Vertrages von Brest-Litowsk mit der Friedensresolution sprach:

> „Deutschland kann den Frieden, den es im Osten geschlossen hat, so haltbar machen, daß ihn keine Revisionsinstanz mehr antasten kann, aber nur unter einer Voraussetzung, wenn das Programm der Julimehrheit gegenüber den Ostvölkern restlos durchgeführt wird, und insofern ist dieser Friede ganz im Rahmen unserer Resolution. [Hervorhebung v. V.] Deutschland kann diesen Frieden zu einem haltbaren machen und wird es machen, wenn es die jetzige Zeit bis zum allgemeinen Frieden dazu benutzt, um die Zufriedenheit der Westrandvölker Rußlands herbeizuführen, wenn es so arbeitet, daß beim allgemeinen Frieden kein Protest der Polen, der Litauer, der Kurländer, der Esten und Livländer, die uns ja zunächst weniger angehen, erfolgt. Wenn bei dem allgemeinen Friedensschluß kein Kläger mehr vorhanden ist, dann wird es keine Instanz geben, die sich dann noch zum Richter aufwerfen will. Das ist unsere große Aufgabe, die wir jetzt drüben im

1) Der Hintergrund und die Bedingungen des Friedens von Brest-Litowsk sind glänzend dargestellt von John Wheeler-Bennett, *The Forgotten Peace: Brest-Litowsk, March 1918*, New York 1938.
2) Wegen Erzbergers Haltung siehe z. B. das Protokoll einer Besprechung zwischen Roedern und den Führern des Interfraktionellen Ausschusses am 18. Januar 1918. *Erzberger Dokumente*, Akte 36. Jetzt gedruckt in: *Interfraktioneller Ausschuß*, Bd. 2, S. 116 ff.

Osten durchzuführen haben, und die kann sich nur auf dem Boden des Selbstbestimmungsrechts der Völker vollziehen. Jedes andere Prinzip — das ist meine felsenfeste Überzeugung —, sei es Annexionsprinzip, sei es Vergewaltigungsprinzip, wird uns im Osten zum Schiffbruch führen und würde das, was wir jetzt errungen haben, nicht dauernd in die deutsche Scheuer bringen."[3])

Alle Theorien über eine „Herrenrasse" in bezug auf Deutschlands Beziehungen zu Osteuropa, die dem Annexionismus der Rechten zugrunde lagen – freilich viel weniger deutlich ausgesprochen als 25 Jahre später –, lehnte Erzberger energisch ab:

„Was dem deutschen Volke recht und billig ist, darf auch anderen Völkern nicht vorenthalten werden, die genauso ihre Existenzberechtigung auf der Welt haben. Ich kenne keine bessere Begründung der berechtigten deutschen Ansprüche auf der ganzen Welt, als wenn ich dasselbe Recht, das ich für mein Volk verlange, auch jedem anderen Volk gebe. Die Durchführung dieses Satzes allein kann uns auch vor der Wiederkehr des großen Unglückes, das über Europa hereingebrochen ist, behüten."[4])

Während des ganzen Jahres 1918 bewies Erzberger, nicht allein durch seine Äußerungen, sondern auch in seinen praktischen Bemühungen, daß er es ernst meinte, wenn er sich zu diesem Grundsatz bekannte.

Die Verbitterung im deutschen Volk über den Annexionismus der herrschenden Schicht erreichte ihren Höhepunkt, als es im Verlauf der Verhandlungen in Brest eine Zeitlang so aussah, als werde Ludendorffs Hartnäckigkeit zum Abbruch der Verhandlungen führen. In Berlin und anderen Städten traten die Arbeiter in einen Proteststreik. Die Führer der Mehrheitssozialdemokraten, Ebert und Scheidemann, beteiligten sich an der Streikleitung. Erzberger, der zunächst über ihr Verhalten entrüstet war, akzeptierte jedoch ihre Erklärung, sie seien bestrebt gewesen, die Arbeiter daran zu hindern, sich den Unabhängigen Sozialdemokraten zuzuwenden.[5])

Die Konservativen versuchten, diesen Zwischenfall auszunutzen, um die Sozialdemokraten erneut politisch auszuschalten – was eine Rückkehr zu der Lage vor dem Juli 1917 bedeutet hätte. Erzberger hingegen bestand auf einer Politik, die die schwierige Aufgabe erleichtern sollte, die Loyalität der Arbeiter zu erhalten:

„Hält man es für staatspolitischen Sinn, für eines Staatsmannes würdig, daß die großen Arbeitermassen, die vielen Millionen, die — wie die Wahlen ja steigend be-

---

[3]) *Verhandlungen des Reichstags*, 27. Februar 1918, XIII. Legislaturperiode, Bd. 311, S. 4218.
[4]) *Ibid.*, S. 4219.
[5]) In einem Brief vom 5. Februar 1918 an Hommerich, den Herausgeber der *Germania*, verurteilte Erzberger die Sozialdemokraten und forderte eine enge Zusammenarbeit zwischen Zentrum, Fortschrittlern und Nationalliberalen angesichts des unbefriedigenden Verhaltens der Sozialdemokraten. Nachdem er jedoch am gleichen Tage im Interfraktionellen Ausschuß Scheidemanns Verteidigung seines Verhaltens gehört hatte, änderte er seine Meinung. Der Brief und das Protokoll der Ausschußsitzung finden sich in: *Erzberger Dokumente*, Akte 21. Das Protokoll jetzt gedruckt in: *Interfraktioneller Ausschuß* Bd. 2, S. 192—198. Siehe auch Erzberger, *Erlebnisse*, S. 299 f.

wiesen haben — sich außerhalb des Staates gestellt haben, im Kampfe gegen den Staat gewesen sind, dies auch während des Krieges sein sollen? Nun bietet sich durch den Krieg mit allen seinen Leiden die große Gelegenheit, wo die Arbeiter selbst mit ihren politischen Führern an die anderen Parteien herantreten und sagen: wir stehen mit Euch auf demselben Standpunkt der Vertretung und wollen uns geistig in den großen Staatsorganismus eingliedern, die prinzipielle Feindschaft gegen den Staat zurückstellen und sagen: wir wollen mitarbeiten! Soll man da nicht freudig als Patriot sagen: jawohl, wir strecken die Hand Euch weit entgegen, um die Mitarbeit zu ermöglichen. Das sind innerpolitische Garantien, die wir für das Durchhalten und den Sieg an die deutschen Fahnen geben müssen. Ich schrecke vor dem Satz nicht zurück: Wer, wie wir heute mit der Sozialdemokratie, ohne Preisgabe der eigenen Ansicht — das ist nie von uns verlangt worden — zusammenarbeitet, der treibt eine staatserhaltende konservative Politik im besten Sinne des Wortes. Wer eine Politik verfolgt, welche den Zweck oder das Resultat hätte, die Sozialdemokratie und die ihr angehörenden Arbeitermassen abzustoßen, der treibt die radikalste, anarchistischste Politik, die überhaupt denkbar ist."[6])

Erzberger plädierte für die sofortige Einführung des parlamentarischen Regierungssystems und mahnte die Konservativen, sich an die Tatsache, daß Nicht-Konservative selbst in Deutschland Minister werden könnten, zu gewöhnen. Er nannte die preußische Wahlreform die dringendste Forderung der Stunde und erklärte offen, jedermann wisse, daß das preußische Kabinett der eigentliche Herrscher in Deutschland sei und daß die Zusammenarbeit zwischen zwei so verschiedenen Körperschaften wie dem preußischen Landtag und dem deutschen Reichstag immer schwieriger werde.[7]) Große innenpolitische Reformen seien notwendig, um Stimmung und Kampfbereitschaft des Volkes trotz wirtschaftlicher Not und enttäuschter Siegeshoffnungen aufrechtzuerhalten:

„Es ist besser, unserem Volke alles klar zu sagen — es verträgt das, und es kommen keine Enttäuschungen —, daß es noch Opfer bringen muß angesichts der Kriegs- und Eroberungssucht der Gegner. Mehr Brot, mehr Kartoffeln, mehr Fett können wir dem Volke nicht geben, dazu sind wir nicht in der Lage, das ist ein Ding der Unmöglichkeit, aber eines können wir dem Volke geben. Geben Sie ihm die Freiheit und das Recht seiner politischen Überzeugung, die Erfüllung seiner religiösen Forderungen! Das wird unserem Volk ganz andere Kraft geben, um alle Erschwernisse des Krieges durchhalten zu können. Wer diesen Forderungen des Volkes im Wege steht, die so Gemeingut aller Volkskreise geworden sind, der nützt unserem Vaterlande nicht."[8])

---

6) *Verhandlungen des Reichstags*, 27. Februar 1918, XIII. Legislaturperiode, Bd. 311, S. 4229.
7) *Ibid.*, S. 4230. Bei dieser Gelegenheit gab Erzberger bekannt, er habe die preußische Staatsangehörigkeit erworben und man könne ihm daher nicht vorwerfen, daß er sich in die Angelegenheiten anderer einmische.
8) *Ibid.*, S. 4231.

## Erzberger und Litauen

In den Monaten nach dem Frieden von Brest-Litowsk betrachtete es Erzberger als seine Hauptaufgabe, sich für ein echtes Selbstbestimmungsrecht der östlichen Völker einzusetzen. Das Schicksal Litauens, eines vorherrschend katholischen Landes, lag ihm besonders am Herzen. Schon bald nach Kriegsbeginn hatte er in der Schweiz mit litauischen Emigranten Fühlung aufgenommen und von deren Absicht erfahren, ein litauisches Königreich mit einem gewählten deutschen Fürsten zu gründen. Da er diesen Plan billigte, wurde er von den Emigranten beauftragt, einen geeigneten Kandidaten zu suchen. Dabei verfiel er auf einen württembergischen Landsmann, den Herzog von Urach, einen entfernten Verwandten des in Stuttgart regierenden Königs. Urach, ein tüchtiger Mann, der bereit war, diese Aufgabe zu übernehmen, war Katholik; er hatte eine zahlreiche Nachkommenschaft und erhob keinen Anspruch auf einen anderen Thron. Damit besaß er die Eigenschaften, die den Litauern erwünscht waren, denn sie fürchteten vor allem eine dynastische Union mit einem anderen Lande, was schon einmal, im Jahre 1386, zum Verlust ihrer Unabhängigkeit geführt hatte; ebenso fürchteten sie die Unsicherheit, die sich beim Ausbleiben von Nachkommen ergeben könnte.

Eine von Erzberger vermittelte Zusammenkunft zwischen dem Herzog von Urach und dem litauischen Nationalrat verlief erfolgreich, obwohl Urach seine Kandidatur nicht ohne volle Unterstützung der deutschen Regierung weiterverfolgen wollte. Dies aber konnte Erzberger nicht erwirken. Um eine direkte Kontrolle über den neuen Staat zu sichern, wünschte die Oberste Heeresleitung, Wilhelm II. solle selbst die litauische Krone in Personalunion übernehmen. Schließlich meldete auch der sächsische König Ansprüche an auf Grund der Verbindung, die im 18. Jahrhundert zwischen Sachsen und Polen-Litauen bestanden hatte. Verschiedene Bundesstaaten protestierten gegen jede Entscheidung, die das bestehende politische Gleichgewicht in Deutschland stören könnte. Diese kleinlichen dynastischen Streitereien verhinderten jeden Fortschritt bei der Regelung der Angelegenheit.[9])

In einem am 28. August 1917 im Reichstag eingebrachten Antrag drängte Erzberger auf die Errichtung eines litauischen Staates. Daraufhin ernannte die Regierung Ende September einen litauischen Landesrat, dem sie aber keinerlei Befugnisse gewährte. Von Erzberger zu einer energischen Haltung gegenüber der deutschen Militärverwaltung ermutigt, proklamierte der Landesrat im Dezember die Unabhängigkeit Litauens. Das Kabinett Hertling lehnte es jedoch ab, diese Erklärung zur Kenntnis zu nehmen. Eine nach Berlin entsandte litauische Delegation wurde trotz Erzbergers Bemühungen vom Reichskanzler nicht

---

[9]) Zu Erzberger und Litauen siehe: *Erlebnisse*, Kap. XV.

empfangen. Die Oberste Heeresleitung, die sich über Erzbergers Fühlungnahme mit den Litauern – formal feindlichen Ausländern – entrüstete, versuchte, einen weiteren Landesverratsprozeß gegen ihn anzustrengen, aber der Oberreichsanwalt bezeichnete das als lächerlich.[10])

Tief empört über die Einstellung Hertlings zu Litauen, äußerte Erzberger anläßlich einer Besprechung des Kanzlers mit den Führern der Mehrheitsparteien am 12. März 1918 – also zehn Tage vor der endgültigen Ratifizierung des Vertrages von Brest-Litowsk — energisch seine Meinung:

„Wenn das Selbstbestimmungsrecht der Polen, Litauer und Kurländer nicht rasch, loyal und ehrlich durchgeführt werde, so sei der Ostfriede nicht das Papier wert, auf dem er geschrieben worden sei. Der Angelpunkt der Ostfrage sei: Die Militärbehörden arbeiteten dort offensichtlich und nachweisbar gegen die Politik des Reichskanzlers. Er wolle es ganz offen sagen: Wenn der litauische Landesrat sich für eine Personalunion mit dem deutschen Kaiser erklären würde, dann allerdings würde die Unabhängigkeit raschestens anerkannt werden. Aber dafür sei Litauen nicht zu gewinnen, und mit Recht. Litauen verlange einen katholischen Herrscher und habe auch das Recht darauf. Aus staatsrechtlichen und geschichtlichen Erfahrungen heraus lehne es jede Personalunion ab. Die deutschfreundlichen Elemente in Litauen seien durch unsere Politik des Zögerns und Zauderns mit Recht schwer verstimmt. Je länger man [mit der Anerkennung der Unabhängigkeit] warte, desto größer sei der Schaden, welcher der deutschen Sache erwachse."[11])

Elf Tage später erkannte Deutschland Litauens Unabhängigkeit offiziell an, in der Frage der Kandidatur des Herzogs von Urach wurde jedoch kein Fortschritt erzielt. Erzberger riet am 11. Juli 1918 den Litauern, auch ohne die Zustimmung Deutschlands einen ausführlichen Vertrag mit Urach zu machen und ihn mit dem Namen Mindaugas II. zum König zu wählen. Hertling weigerte sich weiterhin starr, Urach und die Realität eines unabhängigen litauischen Staates anzuerkennen, und das unglückliche Volk blieb unter deutscher Verwaltung. Das Ergebnis waren Verbitterung im ganzen Lande und ein völliges Absterben der deutschfreundlichen Gefühle, die die Befreiung von der russischen Tyrannenherrschaft ursprünglich wachgerufen hatte. Das künftige Schicksal des Landes wurde während der Amtszeit Hertlings nicht geklärt; die Regierung Max von Baden hatte dann nicht genügend Zeit, um alle früher begangenen Fehler wiedergutzumachen.[12]) Der litauische Staat hat sich schließlich nach Deutschlands Zusammenbruch unter der Führung der Ententemächte konstituiert. Seine Institutionen gründeten jedoch auf dem Landesrat, der auf Erzbergers Drängen im September 1917 geschaffen worden war, und seine Bevöl-

---

10) Erzberger, *Erlebnisse*, S. 190.
11) Protokoll der Besprechung vom 12. März in: *Erzberger Dokumente*, Akte 21. Jetzt abgedruckt in: *Interfraktioneller Ausschuß*, Bd. 2, S. 300—305. Teilweise zusammengefaßt in: *Erlebnisse*, S. 300 f.
12) Erzberger bestand auf der Ausschaltung von Friedrich von Falkenhausen, der die litauische Frage als Reichskommissar für Kurland und Litauen streng annexionistisch behandelt hatte. Falkenhausen wurde zur Zeit der Kappregierung Chef der Reichskanzlei. Erzberger, *Erlebnisse*, S. 192, 196. Falkenhausen verwahrte sich gegen Erzbergers Darstellung in der *Kreuzzeitung* vom 6. Oktober 1920, erhielt jedoch eine sehr scharfe Antwort von Erzberger am 7. Oktober 1920. *Erzberger Dokumente*, Akte 31.

kerung hielt während des kurzen Lebens des neuen Staates (1918–1940) Erzberger als einen Wohltäter des Landes hoch in Ehren.

Trotz seines leidenschaftlichen Eintretens für die Selbstbestimmung verkannte Erzberger nicht, daß der „Volkswille“ stets ebenso stark auf bewußter Beeinflussung wie auf spontanen Regungen des Volkes beruht. Er war kein Gegner der deutschen Hegemonie in Osteuropa; er wollte nur, daß sie auf freundschaftlicher Zusammenarbeit mit den östlichen Völkern beruhe und nicht auf deren brutaler Unterdrückung. Er legte Wert darauf, daß deutschfreundliche Gruppen die Zukunft Polens und Litauens bestimmten, und war durchaus bereit, einen gewissen Druck auszuüben, um dieses Ergebnis herbeizuführen. In einem Brief an General Hoffmann hatte er sich ein Jahr zuvor darüber geäußert, wie die Selbstbestimmung benutzt werden könne, um Deutschlands Ziele zu fördern:

„Wie aber steht es um Litauen? Votiert heute das litauische Volk in einer für uns günstigen Weise, wenn es zur Entscheidung aufgerufen wird? Ich möchte die Frage dahin präzisieren: Haben wir alle Vorbereitungen, Organisationen usw. getroffen, um die Entscheidung zu unseren Gunsten zu beeinflussen? Bei der niederen Kulturstufe des litauischen Volkes ist damit zu rechnen, daß wenige geschickte Agitatoren die Entscheidung in den Händen haben. Ich sehe es darum als eine Hauptaufgabe an, unter Heranziehung aller Mittel (auch Geldmittel) und mit größter Beschleunigung für uns eine günstige Entscheidung jetzt zu gewinnen. Rechtsanwälte und Ärzte dürften sich hierfür besonders eignen. Daneben spielt die Geistlichkeit eine große Rolle. Meines Erachtens sollten die [deutschen] Kreischefs die strikte Anweisung erhalten, in engste Fühlung mit angesehenen Litauern zu treten und sie für uns zu gewinnen suchen. Der Kreischef sollte mit den angesehenen Dekanen seines Bezirks mindestens alle 14 Tage zusammenkommen, sie zum Essen einladen und so auf sie einzuwirken suchen. Auch kleine Wünsche der betreffenden Herren müßten erfüllt werden. Auf diese Weise ist es leicht, einen kräftigen Stamm von uns freundlich gesinnten Leuten zu schaffen, welche im gegebenen Augenblick die Führung in die Hand nehmen, so daß bei der Selbstbestimmung der Völker ein Resultat herauskommt, das für uns günstig ist.“[13])

Man sieht also, daß Erzbergers Gegner seine wahren Motive stark verkannten, wenn sie ihn als Anwalt vaterlandsfeindlicher Interessen darstellten. Daneben lief natürlich die Anschuldigung, er handle aus rein katholisch-konfessionellen Motiven – Vorwürfe, die sich bei manchen einflußreichen Protestanten zu einem wahren Verfolgungswahn verdichtet hatten. Ein frappierendes Beispiel hierfür ist ein kürzlich bekanntgewordener Brief Kaiser Wilhelms vom Sommer 1918, geschrieben nach einer Reise Erzbergers nach Litauen. Der Kaiser hatte folgende Vorstellung von Erzbergers Auftraggebern:

„Das ultrabigotte Haus Parma, im Verein mit seinen fanatischen Beichtvätern, haßt das protestantische Haus Hohenzollern, einen Standpunkt mittelalterlicher Verbohrtheit vertretend. Es erstrebt eine konfessionelle Einkreisung des vom ver-

---

[13]) Erzberger an General Hoffmann am 25. Mai 1917. *Erzberger Dokumente*, Akte 23.

haßten Hohenzollernhaus regierten Deutschlands. Unter Wiens Führung, sollen im *Bündnis* mit ihm, Italien — durch Rückgabe von Trentino und Tirol gewonnen — Frankreich, Polen, Litauen bis *ans Meer* vereinigt werden! Daher *Polens Selbständigkeit,* und die Wiederaufnahme der in Homburg *beseitigten austropolnischen* Lösung. Daher ein *selbständiges* Litauen unter *kathol.* Fürsten; daher der Widerstand gegen unsere Angliederung des *Baltikums* inklus. Liv- und Estland, die Litauen angeschlossen und katholisiert werden sollten, um uns vom Meer abzuschneiden. Diesen Plänen hat sich Abgeordneter *Erzberger in verbrecherischer* Weise [an anderer Stelle nennt er ihn ‚einen Hochverräter und Halunken', ja, ‚Brunnenvergifter'] gegen das Interesse Deutschlands und den deutschen Kaiser persönlich *dienstbar* gemacht, daher seine Agitationsreise nach Litauen. Er diente Rom, Parma und Habsburg *bewußt* gegen *Hohenzollern;* ein schurkenhafter Verräter, der unschädlich gemacht werden muß. Diese ganze saubere Hetzkampagne Parma-Rom-Habsburg wird vom *Jesuitengeneral Graf Ledochowsky* und dem Prälaten *Striydmont* in Rom vertreten, inspiriert und dirigiert. Erzberger ist nunmehr der *persönliche Feind meines Hauses.* Wer ihn *benutzt oder mit ihm umgeht, ist desgleichen!* Und wird so behandelt werden!

Bei solchen Ereignissen verlangen die Katholiken bei uns Aufhebung des Jesuitengesetzes ! ! ! Das Haus Parma macht sowas unmöglich, unter Roms Aegide.

W.“[14])

## Erzbergers Angriff vom 8. Mai 1918 auf die deutsche Ukraine-Politik

Auch dem Schicksal Polens galt, wie wir gesehen haben, Erzbergers besonderes Interesse, und er setzte seine Bemühungen um die Gewährung der vollen Autonomie an Polen – wenn möglich im Rahmen einer austro-polnischen Regelung – während des Jahres 1918 fort.[15]) In der Zeit nach dem Vertrag von Brest-Litowsk richtete sich jedoch seine besondere Aufmerksamkeit auf Polens neuen östlichen Nachbarn, auf den ukrainischen Staat, der zum klassischen Schlachtfeld zwischen Selbstbestimmung und deutschem Militarismus wurde. Ludendorff hatte eine Armee von 500 000 Mann in die Ukraine geschickt, um die Unabhängigkeit des neuen Staates gegen die Bolschewisten zu verteidigen und Getreide für Deutschland sicherzustellen. Die Bevölkerung empfing die deutschen Truppen nicht als Befreier, vielmehr als Eroberer, und die Bauern waren wenig bereit, der Besatzungsarmee Getreide zu liefern. Die ukrainische Regierung in Kiew hatte zwar den Friedensvertrag unterschrieben und sich damit von den Deutschen vor dem Zugriff der Bolschewisten retten lassen, weigerte sich aber, die Haltung eines Satellitenstaates einzunehmen, und ergriff Partei für die Bauern gegen die deutsche Armee. Daraufhin veranlaßten die deutschen Militärs

14) Zitiert nach F. Fischer, *Griff nach der Weltmacht*, S. 562.
15) Erzberger, *Erlebnisse*, S. 179 ff., *Erzberger Dokumente*, Akte 29. Letztere enthält eine umfangreiche Korrespondenz mit Nuntius Pacelli über polnische Fragen.

einen Staatsstreich zugunsten der ultrareaktionären und deutschfreundlichen Kreise unter der Führung von Hetman Skoropadskij, den Erzberger wie folgt schilderte:

„In der Rada [Parlament] bekämpften sämtliche Parteien den Eichhornschen Frühjahrserlaß [Eichhorn war der deutsche militärische Oberbefehlshaber]. Während der Nachmittagssitzung gegen 3 Uhr fuhr deutsches Militär mit Panzerautos, Maschinengewehren und Kanonen vor dem Gebäude der Rada auf, um dieses abzuschließen. Ein deutscher Offizier erschien mit deutschen Soldaten im Sitzungssaal der Rada und befahl in russischer Sprache: ‚Im Namen der deutschen Regierung, die Hände hoch!' Auf wiederholte Aufforderung kamen die Abgeordneten diesem Befehl nach. Der Präsident Hruschewskij, welcher derselben nicht Folge leistete, wurde mit dem Revolver bedroht. Sämtliche Abgeordnete wurden untersucht. Mitglieder der Rada wurden nicht verhaftet, wohl aber Mitglieder der ukrainischen Regierung."[16])

Dieser Szene folgte die Ernennung des General Skoropadskij, des „kleinen Boulanger", zum Staatschef und die Einsetzung eines sehr reaktionären neuen Kabinetts. Erzberger fuhr fort:

„Die Folgen seien aber sehr bedauerlich für Deutschland. In Kiew kann sich kein deutscher Soldat mehr unbewaffnet zeigen... Die Eisenbahner und Arbeiter planen einen Generalstreik. Die ganze Bauernbevölkerung sei im höchsten Grade unzufrieden, weil die neuen Dekrete Skoropadskijs zum Vorteil der Großgrundbesitzer erlassen seien. Die Bauern würden kein Getreide liefern, und bei Requisitionen müsse man mit Blutvergießen rechnen. Der erste Zweck unseres Einschreitens, den Getreideüberschuß für das deutsche Volk zu sichern, werde hierdurch nicht erreicht."[17])

Erzberger unterstützte die Absicht, Rußland durch die Lostrennung der verschiedenen Nationalitäten am Rand des Reiches ständig weiter zu schwächen; er wußte aber, daß dies nur gelingen konnte, wenn man die Freundschaft der betreffenden Völker gewann.

Die brutale Einmischung Deutschlands in die Innenpolitik der Ukraine ließ Erzberger aufbegehren. Es war nicht der einzige Fall, in dem sich Deutschland über die Bedingungen von Brest-Litowsk hinwegsetzte, denn die Oberste Heeresleitung unterstützte auch die deutschen adligen Großgrundbesitzer in Estland und Livland, die Hilfe gegen die Bolschewisten forderten.[18]) Da Hertling zu schwach und apathisch war, um die imperialistische Politik der Militärs in ihre Schranken zu weisen, hielt Erzberger es für die Pflicht des Reichstags, die Regierung zur gewissenhaften Einhaltung der Vertragsbestimmungen zu ermahnen, besonders dann, wenn es sich um eine Verletzung der in der Friedensresolution verankerten Grundsätze handeln sollte. Er brachte deshalb am 8. Mai 1918 fol-

16) Erzbergers Zeitungsartikel „Mein Vorstoß im Hauptausschuß des Reichstages" wurde in vielen Zeitungen abgedruckt. Vgl.: *Vossische Zeitung*, 14. Mai 1918.
17) *Ibid.*
18) Erzberger, *Erlebnisse*, S. 245.

genden Antrag im Hauptausschuß ein, der von sämtlichen anwesenden Zentrumsabgeordneten (Gröber, Nacken, Pfleger und Rechenberg) unterstützt wurde:

„1. Entscheidungen in allen die Ostländer betreffenden politischen und wirtschaftlichen Fragen dürfen nur nach vorheriger ausdrücklicher Zustimmung des Reichskanzlers getroffen werden.

2. Die Friedensverträge von Brest-Litowsk sind in vollem Umfange sowohl dem Wortlaut als auch dem Sinne nach aufrechtzuerhalten...

3. Die politischen und militärischen deutschen Stellen haben sich jeder Einmischung in die inneren Verhältnisse zu enthalten.“[19])

Für diese selbstverständlich erscheinenden Grundsätze trat Erzberger am gleichen Tage in einer scharfen Rede vor dem Hauptausschuß ein. Vor allem verlangte er genauere Auskünfte über die neuesten Vorkommnisse in der Ukraine und verurteilte den oben geschilderten coup d'état. Den Militärs warf er Annexionismus, Brutalität und völlige Mißachtung der Regierungsautorität vor. Sein Hauptangriffsziel war jedoch – wenn auch mehr mittelbar als durch direkte Erklärungen — das Hertling-Payer-Kabinett, das derart verwerfliche Handlungen dulde, und er rief den Reichstag auf, hier nunmehr ernstlich Ordnung zu schaffen.[20])

Diese Enthüllungen wurden zu einer Sensation, ähnlich der, die seine Rede vom 6. Juli 1917 mit ihren starken Auswirkungen auf das Schicksal Bethmann Hollwegs ausgelöst hatte. Man glaubte, er wolle Hertling zu Fall bringen, zumal er zu Freunden geäußert hatte, weitere Enthüllungen würden sehr bald folgen.[21]) Stresemann verhielt sich jedoch dieses Mal völlig anders als vor zehn Monaten, als er Erzberger unterstützt hatte. Er ergriff kurz nach ihm das Wort und erklärte, die Annahme des Antrags wäre verhängnisvoll, da dieser der Regierung entweder den Vorwurf der Unehrlichkeit gegenüber ihren Vertragsverpflichtungen oder den der hoffnungslosen Schwäche gegenüber der Obersten Heeresleitung mache. Die Folge wäre, daß Hertlings Prestige im Inland erschüttert würde und Wilsons These, Deutschland sei eine Militärautokratie, mit der die Ententemächte nicht verhandeln könnten, eine Bestätigung fände.[22]) Stresemann störte es offenbar nicht, daß alle diese Punkte vollkommen richtig waren und daß Erzberger gerade darauf – wenn auch in diplomatisch-indirekter Form – hatte hinweisen wollen.

Hertling vermied es klug, auf Erzbergers Rede selber zu antworten, und schickte seinen Vertreter Payer, um die Abgeordneten zu beruhigen. Payer stellte sich auf den Standpunkt, Erzbergers Antrag sei an sich annehmbar, da er nichts

---

19) Der Antrag wurde abgedruckt von Josef Wirth in einem Aufsatz, den er zur Verteidigung Erzbergers in der *Freiburger Tagespost* vom 15. Mai 1918 schrieb. Abschrift in: *Bachem Dokumente*, Akte 90.
20) Die Protokolle des Hauptausschusses sind bisher noch nicht veröffentlicht worden. Die wichtigsten Punkte in Erzbergers Rede sind in seinem in Anm. 16 zitierten Zeitungsartikel enthalten.
21) Eisele an die Herausgeber der *Kölnischen Volkszeitung* am 8. Mai 1918, *Bachem Dokumente*, Akte 89. Eisele behauptete, seine Informationen direkt von Gröber und Fehrenbach bekommen zu haben. Siehe seinen Artikel in: *Neues Mannheimer Volksblatt*, 21. Mai 1918. Abschrift in: *Bachem Dokumente*, Akte 90.
22) Brief Dr. Pflegers an Eisele, 21. Mai 1918. *Bachem Dokumente*, Akte 89.

als Gemeinplätze enthalte, Erzbergers Rede aber habe diesen Antrag in einen Angriff auf die Regierung verwandelt. Er drohte mit seinem sofortigen Rücktritt, wenn der Antrag nicht zurückgezogen werde, und benutzte seinen Einfluß bei der Fortschrittspartei, um diese zu bewegen, sich von Erzbergers Aktion abzusetzen.[23]) Als die Zentrumsführer die möglichen Auswirkungen von Erzbergers Vorgehen erkannten, wurden auch sie ängstlich und bereuten, daß sie Erzberger erlaubt hatten, den Antrag einzubringen. Gröber und Fehrenbach gelang es, Erzberger zur Zurückziehung seines Antrages zu bewegen, womit die drohende Krise abgewendet war.[24])

Erzberger glaubte, sein Ziel erreicht zu haben, indem er die Aufmerksamkeit auf einen skandalösen Vorgang lenkte. Als er sah, daß er im Reichstag keine weitere Unterstützung zu erwarten hatte, legte er seine Rede sehr harmlos aus und behauptete, er habe weder Hertling stürzen noch die Oberste Heeresleitung angreifen, sondern lediglich beide unter Druck setzen wollen, um eine Änderung ihrer verfehlten Politik herbeizuführen:

„Es liegt mir, gegenüber den hämischen Unterstellungen, denen mein Verhältnis zur Armee und zu ihren glorreichen Führern ausgesetzt ist, daran, in diesem Zusammenhang nachdrücklich darauf hinzuweisen, daß die Oberste Heeresleitung in keiner Weise in meine Kritik einbezogen worden ist. Hindenburg und Ludendorff, zu denen unser ganzes Volk mit Recht in Dankbarkeit und Zuversicht emporschaut, sind für mich so große und verehrungswürdige Gestalten wie für irgendeinen anderen deutschen Mann. Der Name Eichhorn ist mit dem Gedächtnis an eine Reihe militärischer Großtaten in schweren Jahren des russischen Krieges für immer verbunden. Jetzt aber stehen wir nicht mehr im Krieg mit Rußland, und insbesondere mit der Ukraine leben wir sozusagen in einem Friedens- und Freundschaftsverhältnis. Wenn ich also die Maßnahmen kritisiert habe, die militärische Stellen jüngst in Kiew getroffen haben, so habe ich ausschließlich politische Fragen im Auge gehabt ... Maßnahmen rein politischer Natur aber, wie die von mir am 8. des Monats besprochen, können unmöglich deswegen, weil sie von militärischen Stellen ausgehen, jeder Erörterung entzogen sein. Zu ihnen Stellung zu nehmen, ist das Recht und die Pflicht jedes Abgeordneten ... Mir Feindseligkeit gegen das Militär vorzuwerfen, ist eine bewußte Verkennung meiner Absichten, die nicht weniger als die irgendeines meiner lauten und stillen Gegner auf die Größe des deutschen Reiches und auf die Herbeiführung eines ehrenvollen, dauernden Friedens gerichtet sind, der die kulturelle, politische und wirtschaftliche Zukunft Deutschlands sichert."[25])

Die Erklärung ist ein gutes Beispiel für Erzbergers Geschick, sich aus einer exponierten Position wieder zurückzuziehen. Für die Vorwürfe, die er erhoben hatte, entschuldigte er sich nicht; er bestritt nur, daß Schlüsse aus ihnen zu ziehen

---

23) Zwei Mitglieder, Haas und Gothein, die Erzbergers Aktion unterstützten, wurden auf Payers Drängen aus dem Hauptausschuß abberufen.
24) Gröber schilderte seine Haltung in einem langen Gespräch mit Eisele. Eisele an die Herausgeber der *Kölnischen Volkszeitung*, 22. Mai 1918. *Bachem Dokumente*, Akte 89.
25) Erzberger, „Mein Vorstoß im Hauptausschuß des Reichstages", *Vossische Zeitung*, 14. Mai 1918.

seien, die tatsächlich daraus gezogen werden konnten. Der feierliche Ausdruck seiner Bewunderung für Hindenburg und Ludendorff gehörte zu dem Ritual der deutschen Politik während des Krieges.

Die rechtsstehenden Kreise in Deutschland, darunter auch der konservative Flügel des Zentrums, weigerten sich, Erzbergers Erklärungen zu akzeptieren und behaupteten weiterhin, er habe Hertling zu Fall bringen wollen. Karl Bachems „Kölnische Volkszeitung“, das Hauptorgan des konservativen Katholizismus, spottete über seinen Versuch, die Aktion als harmlos hinzustellen. Das Blatt wies darauf hin, seine Rede sei im Ton sehr scharf gewesen, Payer habe mit seinem Rücktritt gedroht, wenn der Antrag angenommen werden sollte, Gröber habe befürchtet, Erzberger wolle Hertling stürzen, und das Zentrum habe starken Druck auf Erzberger ausgeübt, damit er seinen Antrag zurückziehe; dies alles seien unverständliche Vorgänge, wenn Erzberger mit seiner Aktion nicht die Regierung hätte bedrohen wollen.[26]) Außerdem warf das Blatt Erzberger vor, er habe das belastende Material von der ukrainischen Gesandtschaft bekommen – ein immerhin ungewöhnliches Verhalten, wenn man gegen die Politik des eigenen Landes vorgehe.[27])

Die persönlichen und heftigen Angriffe der „Kölnischen Volkszeitung“ gegen Erzberger lösten unfreundliche Kommentare in den Reihen der Zentrumspartei aus.[28]) In einem Privatbrief entschuldigte Bachem diese Angriffe mit dem Argument, daß nur eine umfassende Aktion Hertling retten und die Partei dahin bringen könne, Erzberger abzuschütteln. Die Führer des Zentrums, besonders Gröber, kritisierte er nachhaltig, weil es ihnen nicht gelinge, Erzberger zu zügeln. Darum sei es notwendig, daß die „Kölnische Volkszeitung“ diese Aufgabe übernehme:

> „Wir haben jetzt den Kampf begonnen, weil wir es mit unserem Gewissen nicht vereinbaren konnten, ruhig weiter zuzusehen. Wir werden ihn jetzt auch in aller Ruhe und Objektivität, aber auch mit aller Bestimmtheit fortsetzen. Wir halten das um so mehr für notwendig, als augenscheinlich von der Fraktion eine Remedur nicht mehr zu erwarten ist. Wenn es so weitergeht und die Fraktion nicht mehr die Kraft findet, gerade wie die Freisinnigen es [auf Payers Drängen] getan haben, die frondierenden Mitglieder Erzberger und [seinen Kollegen] Rechenberg aus der

26) *Kölnische Volkszeitung*, 15. Mai 1918. *Bachem Dokumente*, Akte 90.
27) *Ibid.* In einer „Berichtigung“, die die *Kölnische Volkszeitung* am 19. Mai 1918 auf Erzbergers Drängen veröffentlichte, bestritt er, Material von der ukrainischen Gesandtschaft bekommen zu haben. Der ukrainische Gesandte Sewrjuk bestätigte dies in einer Zuschrift an die gleiche Zeitung am 21. Mai 1918. Das Dementi war glaubwürdig, da die ukrainische Gesandtschaft auf Grund der chaotischen Verhältnisse in Kiew vom 28. April bis 8. Mai keine Verbindung mit ihrer Regierung hatte. *Bachem Dokumente*, Akte 90.
28) Die *Germania* stellte sich am 23. Mai 1918 für die Veröffentlichung einer energischen Antwort Erzbergers an die *Kölnische Volkszeitung* zur Verfügung unter dem Titel „Macht oder Recht“, in der Erzberger der Kölnischen Zeitung vorwarf, sie stelle die heidnische Anbetung der Macht höher als den christlichen Begriff der Gerechtigkeit. Abschrift in: *Bachem Dokumente*, Akte 90. Dies führte zu einer scharfen Erwiderung in der *Kölnischen Volkszeitung* vom 26. Mai 1918 unter dem Titel „Ein vergeblicher Rechtfertigungsversuch Erzbergers“. Abschriften in: *Bachem Dokumente*, Akte 90.

Budgetkommission zu beseitigen, bleibt es immer noch die Pflicht der Presse, zu tun, was sie tun kann, um der fortschreitenden Zersetzung der Partei nach Kräften zu wehren."[29])

Hierbei mußte nach Bachems Meinung eine unabhängige Zeitung wie die „Kölnische Volkszeitung" die Führung ergreifen, da „der Terrorismus Erzbergers in der Presse immer größer wird. Eine ganze Anzahl von Zentrums-Journalisten sind so eng an ihn gebunden, daß sie gar nicht anders können, als durch dick und dünn die Erzbergersche Politik zu vertreten".[30])

Die Gegner Erzbergers wußten, daß sie sowohl in der Zentrumsfraktion des Reichstags als auch in der Parteipresse die Minderheit bildeten und daß ihre einzige Chance, seinen Einfluß zu brechen, darin lag, in den örtlichen Parteiorganisationen eine Anti-Erzberger-Stimmung zu erzeugen. Dies führte Ende Mai und Anfang Juni zu einer Reihe von feindseligen Entschließungen, von denen die folgende aus Paderborn nach einer mehrstündigen Debatte mit 27 zu 8 Stimmen angenommene Resolution als Beispiel dienen mag:

„Mit wachsender Sorge verfolgt die Zentrumswählerschaft seit langem die allzu große Geschäftigkeit und Sonderpolitik des Abgeordneten Erzberger. Seit den Julivorgängen des vergangenen Jahres klafft der Riß innerhalb der Partei, der sich immer mehr zu verbreitern droht. Nur ein energisches Handeln der Fraktion vermag die Erschütterung innerhalb der Partei noch zu beheben und die uns so bitter nötige Einigkeit wiederherzustellen. Das heute hier versammelte Ortskomitee der Zentrumspartei Paderborns richtet daher an den Vorstand der Zentrumsfraktion des Reichstags die dringende Bitte, zu der Angelegenheit Erzberger baldmöglichst Stellung zu nehmen und dem parteizersetzenden Treiben Erzbergers mit aller Kraft entgegenzutreten. Es erwartet zum mindesten Erzbergers Entfernung aus dem Hauptausschuß und seine Enthebung von der Tätigkeit als Fraktionsredner . . ."[31])

Die Beratung der Reichstagsfraktion des Zentrums über Erzbergers Aktion vom 8. Mai und die darauf folgende Kontroverse vom 9. Juni 1918 wurden zu einem persönlichen Triumph für Erzberger, da sich die Fraktion in allen strittigen Punkten hinter ihn stellte. Wilhelm Marx, Josef Wirth und Josef Giesberts, alles im Aufstieg begriffene Männer des Zentrums, taten sich in der Verteidigung Erzbergers besonders hervor. Es wurde anerkannt, daß er sich vor der Reichstagsrede mit den Führern der Partei, darunter auch Gröber, beraten habe, und die in seinem Antrag enthaltenen Grundsätze wurden auch für die Partei als verbindlich erklärt. Erzbergers Kritikern, besonders der „Kölnischen Volkszeitung", wurde parteischädigendes Verhalten vorgeworfen. Man nahm eine Resolution an, die dringend empfahl, bei innerparteilichen Meinungsverschie-

---

29) Bachem an Eisele, 16. Mai 1918. In einem weiteren Brief vom 22. Mai 1918 wird zugegeben, daß dieser Feldzug wahrscheinlich hoffnungslos sei, da zwei Drittel der Fraktion hinter Erzberger zu stehen schienen. Abschrift *ibid.*
30) Bachem an den konservativen bayerischen Zentrumsführer Pichler, 18. Mai 1918. Abschrift *ibid.*
31) *Kölnische Volkszeitung*, 3. Juni 1918. Abschrift *ibid.*

denheiten Mäßigung zu üben. Diese Resolution galt im Grunde dem Schutz Erzbergers, da nur die überstimmte Minderheit noch daran interessiert sein konnte, weiterhin eine scharfe Polemik zu führen. Die Männer des konservativen Parteiflügels konnten das Gesicht wahren, indem sie behaupteten, die Resolution sei ebenso gegen Erzberger gerichtet (dessen rauhe polemische Methoden gut bekannt waren) wie gegen sie selbst. Erzberger hatte jedoch allen Grund, mit der Unterstützung zufrieden zu sein, die ihm von der Fraktion zuteil geworden war.[32])

## Wachsende Angriffe gegen Erzberger

Eine bloße Parteiresolution konnte den fortgesetzten persönlichen Attacken, die seit der Julikrise gegen Erzberger gerichtet wurden, deshalb kein Ende machen, weil seine schärfsten Gegner protestantische Alldeutsche waren, die der Parteidisziplin des Zentrums nicht unterstanden. In einer Reichstagsrede Ende Februar vermochte Erzberger viele der gegen ihn erhobenen Anschuldigungen zu widerlegen oder lächerlich zu machen, wenn auch Lächerlichkeit im Deutschland der Kriegszeit nicht tötete. Ein großer Teil der Vorwürfe war in einer von Friedrich Hussong im September 1917 veröffentlichten Broschüre zusammengefaßt worden, die im Juli 1918 in einer zweiten, erweiterten Auflage erschien.[33]) Aber noch viele andere Anschuldigungen fanden ihre Verbreitung in Flugblättern, die für den Tag bestimmt waren und gegen die man kaum eine Beleidigungsklage erheben konnte. Erzberger erwähnte unter anderem folgende Geschichten, die im Frühjahr 1918 über ihn im Umlauf waren: er habe auf Grund einer Blankovollmacht Bethmanns die große Summe von 28 Millionen Mark für seine Propagandaarbeit ausgegeben; er sei ein bestochener Agent des englischen Geheimdienstes; er habe die Friedensresolution im Mai 1917 bei einer Zusammenkunft mit dem Jesuitengeneral Ledochowsky am Thuner See zusammengebraut, sei dann, als Mönch verkleidet, nach Rom gefahren, um letzte Befehle in Empfang zu nehmen, und habe auf der Rückreise in Wien Station gemacht; es sei sein Ziel, das „protestantische“ Hohenzollernreich zu zerstören durch die Abtrennung der süddeutschen Staaten zum größeren Ruhm der „katholischen“ Habsburg-Monarchie; er habe ein riesiges persönliches Vermögen angesammelt durch die Mitarbeit bei verschiedenen Kriegswirtschaftsämtern;

---

32) Den Wortlaut der Resolution siehe in: *Kölnische Volkszeitung*, 13. Juni 1918. *Bachem Dokumente*, Akte 89. Dr. Fortmann, Erzbergers Nachfolger bei der *Zentrumskorrespondenz*, verschickte am 19. Juni 1918 einen vertraulichen Bericht, der für Erzberger sehr günstig war. Abschrift *ibid*.

33) Friedrich Hussong, *Matthias Erzbergers Wege und Wandlungen*, Leipzig, 2. Aufl., 1918. Die Militärbehörden zeigten ihre Feindseligkeit gegen Erzberger, indem sie seine Privatpost überwachten. Viele seiner Korrespondenten beschwerten sich, daß ihre Briefe Erzberger nicht erreichten oder Spuren des Geöffnetwerdens aufwiesen. Siehe z. B. Briefe von E. Fischer, einem Schweizer Redakteur, an Erzberger vom 10. Juli 1918 und von Leo Winz (einem Kopenhagener Vertrauensmann) vom 15. Februar 1919. *Erzberger Dokumente*, Akte 36 und 37.

er habe einen vom Ausland angestifteten Feldzug zur Ausschaltung Hindenburgs und Ludendorffs angeführt; und so gab es viele weitere Geschichten ähnlich absurder Art.[34])

Gelegentlich erfolgten die Angriffe auch in vermeintlich humoristischen Formen. Als er im April 1918 einen kurzen Urlaub in Bayern verbrachte, wurde er von der Lokalzeitung „Alpenbote" folgendermaßen begrüßt:

> „Er ist da. Unser freundlicher Nachbarort Schliersee ist über Nacht Mittelpunkt der Welt, der Nabel der Erde geworden. Der Großmogul von Buttenhausen, Präsident der deutschen Republik, Herzog von Albanien und Litauen, Gelbfüßler von Biberach, Spiegel-, Blitz- und Knöpfleschwab, Großkomthur vom Spinnrad, Matthias Erzberger, ist mit Gefolge dort eingetroffen. Lord Balfour wird erwartet, Clemenceau wird inkognito eintreffen.
>
> Man sagt, daß Erzberger im Hotel Seehaus den Frieden diktieren wird.
>
> Der Geheimrat Falschhausen aus Parma ist schon bei ihm abgestiegen; es ist derselbe, mit dem er bereits im Juni 1917 in der Schweiz unterm Tisch gespielt hat.
>
> Mit dem Vatikan herrscht lebhafter Brieftaubenverkehr. Ob der furchtbare Gelbfüßler das deutsche Reich bestehen lassen wird, ist noch sehr fraglich . . .
>
> Ausgestellt ist der Weltherrscher täglich von 12 bis 3 Uhr. Wer das größte Fotzmaul vom Schwabenland sehen will, kann es jetzt für billiges Geld tun."[35])

Wie erklärte Erzberger selbst diese heftigen Angriffe? Nuntius Pacelli, der diese Frage Anfang Mai an ihn gerichtet hatte, erhielt von ihm die Antwort:

> „Der Kampf gegen meine Person wird geführt und organisiert von der Gruppe der Alldeutschen und dem Evangelischen Bund. An der Spitze steht die ‚Tägliche Rundschau' und ihr Redakteur F. Hussong. Leider findet diese Strömung Unterstützung von gewissen alldeutschen annexionistischen Kreisen innerhalb des Zentrums, namentlich bei einigen Angehörigen des katholischen Adels. Der Kernpunkt ist immer der: weil die Friedensresolution von mir angestrebt wurde und weil, wie ich sagen darf, ich der stärkste Träger derselben bin, sucht man gegen mich mit allen Mitteln vorzugehen . . .
>
> Warum die Alldeutschen gerade jetzt diesen Kampf führen, ist darauf zurückzuführen, daß die Alldeutschen glauben, daß unter den Siegesnachrichten im Westen ein Abweichen von den Richtlinien für einen Verständigungsfrieden am Platze sei und daß der Machtfriede mit der Unterdrückung fremder Völker und Annexionen von Deutschland durchgeführt werden müsse. Diesen Alldeutschen stehe ich hindernd im Wege. Daher der Angriff, der unter stiller Duldung der Obersten Heeresleitung sich vollzieht.
>
> Ich bin mir darüber vollkommen klar, daß die Periode dieser Angriffe noch einige Zeit dauern wird und daß dann, wenn eine Klärung in der militärischen Situation eingetreten ist, der Umschwung sich vollziehen wird. Diese Angriffe haben weiter zum Zweck, mich dazu bewegen zu wollen, von dem Verständigungsfrieden abzurücken und die Resolution vom 19. Juli preiszugeben. Beides tue ich aber unter keinen Umständen, da ich meinen Anschauungen nicht untreu werde und die Grund-

---

[34]) *Verhandlungen des Reichstags*, 27. Februar 1918, XIII. Legislaturperiode, Bd. 311, S. 4226 ff.

[35]) Der Gruß des *Alpenboten* wurde am 18. April 1918 vom *Casseler Tageblatt* abgedruckt. Abschrift in: *Bachem Dokumente*, Akte 89.

gedanken der Juliresolution vor wie nach als die Grundgedanken für jeden Frieden ansehe. Die Angriffe sind besonders stark, weil ich Katholik bin. Der liberale und orthodoxe Protestantismus ist es in erster Linie, der die Idee des Machtfriedens und Machttums deckt und stützt."[36])

Zwar war Erzberger die rauhen Sitten der Politik gewöhnt und schlug ebenso scharf zurück, wie er angegriffen wurde, aber Attacken auf seine persönliche Ehre nahm er doch übel, wenn sie von angeblich ehrbaren Leuten kamen. Ein prominentes Mitglied des rechten Zentrumsflügels, der sächsische Graf Schönburg-Wechselburg, nannte ihn auf einer Parteiversammlung in Dresden im April 1918 einen „verlogenen Schweinehund". Als einige anwesende Mitglieder gegen diese Bezeichnung protestierten, erklärte sich der Graf bereit, den „Schweinehund" zurückzunehmen und zunächst durch „Subjekt" und schließlich durch „Mann" zu ersetzen, weigerte sich jedoch, das Adjektiv „verlogen" zurückzuziehen.[37]) Erzberger strengte sofort einen Beleidigungsprozeß an und gewann seinen Parteifreund Fehrenbach als Rechtsbeistand. Die Angelegenheit wurde am 29. Juni bei einer Geheimsitzung des Reichsausschusses der Zentrumspartei in Berlin erörtert; beide Seiten wurden unter Druck gesetzt, um einen öffentlichen Skandal zu vermeiden. Erzberger war willens, die Klage zurückzuziehen, sofern Schönburg sich entschuldige und eine große Spende an die Zentrumskasse zahle, um die Partei für die durch seine Anschuldigungen verursachte Minderung ihres Ansehens teilweise zu entschädigen. Dieses für Erzberger charakteristische Angebot lehnte Graf Schönburg ab. Der Fall kam nie vor Gericht, da Schönburg als Mitglied der Ersten Kammer in Sachsen parlamentarische Immunität genoß, die erst nach den langen Sommerferien der Kammer aufgehoben werden konnte. Erzbergers Anwalt Fehrenbach wurde im Juni zum Reichstagspräsidenten gewählt; danach war es für ihn nicht mehr tunlich, in einem umstrittenen Beleidigungsprozeß aufzutreten. Eine gerichtliche Untersuchung von Erzbergers Arbeit und Charakter sollte erst anderthalb Jahre später stattfinden.[38])

## Der Sturz Kühlmanns und Hintzes Ostpolitik

Im Frühjahr 1918 brach die deutsche Offensive an der Westfront zusammen. Das bedeutete, daß die Niederlage Deutschlands nur noch eine Frage der Zeit sein konnte, wenn es nicht vorher seine immer noch starke Defensivkraft für einen Verständigungsfrieden nutzte. Kühlmann, der die Lage richtig erkannte, hielt am 25. Juni 1918 eine sehr vernünftige Rede im Reichstag, in der er aus-

36) Erzberger an Pacelli, 4. Mai 1918. *Erzberger Dokumente*, Akte 21. Erzbergers Urteil über den Protestantismus wird weitgehend bestätigt in der wichtigen Arbeit von Gottfried Mehnert, *Evangelische Kirche und Politik*, Düsseldorf 1959.
37) *Berliner Tageblatt*, 30. April 1918. Abschrift in: *Bachem Dokumente*, Akte 90.
38) Bachem hat Notizen über diese Sitzung und den weiteren Verlauf des Falles hinterlassen in seinen *Dokumenten*, Akte 89.

führte, der Krieg könne für Deutschland nicht durch militärische Mittel allein beendet werden. Die Annexionisten sahen in dieser Selbstverständlichkeit eine Mischung von Pessimismus und Landesverrat, und Ludendorff verlangte Kühlmanns sofortigen Rücktritt. Erzberger ermutigte den Staatssekretär, um seine Position zu kämpfen, mobilisierte den Interfraktionellen Ausschuß zu seiner Unterstützung und versuchte, Vizekanzler von Payer zu bewegen, Kühlmann im Amt zu behalten. Die Vorstellung, welch schlechten Eindruck Kühlmanns Rücktritt im Ausland hinterlassen würde, erfüllte Erzberger mit Sorge. Kühlmann, der Ludendorff immer noch für allmächtig hielt, reichte jedoch sein Entlassungsgesuch ein.[39]) Erzberger, der dies bedauerte, war ein energischer Verteidiger Kühlmanns; erst im Juli 1919 zur Zeit der großen Debatte über Kühlmanns Behandlung der päpstlichen Friedensnote, wandte er sich gegen den gestürzten Staatssekretär.

Die erste Aufgabe des neuen, viel weniger bedeutenden Staatssekretärs des Auswärtigen, des Admirals von Hintze, bestand darin, das Vertragswerk mit Rußland zu ergänzen und die Form der künftigen Beziehungen zu den Bolschewisten zu bestimmen. Der Friedensvertrag von Brest-Litowsk hatte viele Fragen späteren Verhandlungen vorbehalten, die Anfang August 1918 zu Ende geführt wurden. Deutschland forderte nunmehr volle Kontrolle über Livland und Estland, die Vertreibung der Engländer aus Murmansk (das sie im Rahmen ihrer russischen Intervention besetzt hatten) sowie Reparationen in Höhe von sechs Milliarden Mark. Dafür verpflichteten sich die Deutschen, verschiedene unter Verletzung des Vertrages von Brest-Litowsk besetzte Gebiete zu räumen (Gebiete am Schwarzen Meer, Donbecken), die separatistische und die gegenrevolutionäre Bewegung in Rußland nicht mehr zu unterstützen und die von den Bolschewisten angeordnete Abschaffung des Privateigentums anzuerkennen (als Gegenleistung für Kompensationen an Deutschland). Die Bolschewisten waren bereit, auch einen ungünstigen Vertrag zu unterzeichnen, da sie am Ende ihrer Kräfte waren und eine Ruhepause um jeden Preis brauchten. Es fehlte ihnen an Rückhalt beim Volke, und sie fühlten sich von den Weißrussen bedroht, die sowohl von den Mittel- als auch den Ententemächten unterstützt wurden. Die deutsche Regierung wünschte, die Unterzeichnung des Vertrages jetzt zu erzwingen, da nach ihrer Ansicht keine künftige russische Regierung je wieder so schwach sein würde, um derart demütigende Bedingungen anzunehmen.[40])

Erzberger war aus verschiedenen Gründen gegen diese Vertragsbedingungen. Die Anerkennung der Abschaffung des Privateigentums widerspreche dem

---

39) Erzbergers Memoranden über Besprechungen mit Payer (7. Juli 1918) und Kühlmann (9. Juli) in: *Erzberger Dokumente*, Akte 21. Jetzt zusammen mit anderen Dokumenten zur Kühlmann-Krise abgedruckt in: *Interfraktioneller Ausschuß*, Bd. 2, S. 372—465. Siehe auch *Erlebnisse*, S. 303 f.

40) Wegen des Ergänzungsvertrags siehe Wheeler-Bennett, *The Forgotten Peace*, Kap. VIII. In einem Briefwechsel zwischen Hintze und Joffe wurden wichtige Geheimklauseln abgesprochen; abgedruckt in: *Europäische Gespräche*, Bd. IV (1926), S. 148—153. Erzberger, *Erlebnisse*, S. 245—249. Vgl. jetzt die hervorragende Darstellung in F. Fischer, *Griff nach der Weltmacht*, Kap. 21.

Naturrecht und schaffe einen gefährlichen Präzedenzfall. Die Forderung nach Reparationen sei unzweifelhaft eine Verletzung der Friedensresolution. Die Loslösung der baltischen Staaten aus russischer Oberherrschaft könne von keiner russischen Regierung – sei sie zaristisch oder bolschewistisch – je endgültig anerkannt werden, da sie Rußlands Zugang zur Ostsee auf das kleine Gebiet um Petersburg beschränke. Der Ergänzungsvertrag sei daher ein unüberwindliches Hindernis für eine künftige russisch-deutsche Aussöhnung. Außerdem glaubte Erzberger, die Verletzung der Bedingungen von Brest-Litowsk und die rücksichtslose Ausnutzung der militärischen Überlegenheit müßten zu einer weiteren Verschlechterung von Deutschlands ohnehin stark gesunkenem Ruf in den Ententeländern führen. Auch empörte es ihn, daß Deutschland über die Ergänzungsverträge verhandelt hatte, ohne sich mit seinen Verbündeten Österreich, Bulgarien und der Türkei zu beraten – ein Beispiel für die provozierende Arroganz, die zu dem Bruch mit diesen Verbündeten wenige Wochen später beitrug.[41])

Für das Auswärtige Amt war der Widerstand Erzbergers und anderer Politiker gegen die Verträge eine ernste Sorge, da sie vom Reichstag ratifiziert werden mußten; der Leiter der Rechtsabteilung, Kriege, bemühte sich daher in einer ausführlichen Unterredung mit Erzbergers Freund, dem nationalliberalen Abgeordneten Richthofen, die Einwände aus dem Wege zu räumen. Kriege gab zu, daß die Verträge schlecht und die Bedingungen über die baltischen Staaten besonders unglücklich seien. Das Auswärtige Amt habe jedoch keine anderen Möglichkeiten angesichts der Politik der Generäle im Osten, die sich einbildeten, im Stile Alexanders des Großen neue Reiche errichten zu können:

> „In dieser Beziehung habe die politische Leitung gar keine Wahl gehabt. Wenn die Lostrennung von Rußland nicht vertraglich erfolgt wäre, dann wäre sie eben von den Militärs durch einen Vertragsbruch gebracht worden. Deswegen habe er auch so auf einen beschleunigten Abschluß gedrängt, weil sonst die Gefahr vorgelegen habe, daß sie plötzlich vor ein vertragsloses *fait accompli* gestellt worden wären. Auf meine Bemerkung, daß die leitenden Herren vom Militär eigentlich keine Veranlassung zu derartigen Übergriffen hätten [angesichts der Tatsache, daß die Entente im Westen die militärische Initiative ergriffen hatte], erwiderte Kriege: ‚Je schlechter es ihnen im Westen geht, um so toller treiben sie es im Osten.' Ich erwiderte, daß mir dann allerdings der Vertragsabschluß verständlich wäre. Für mich als Politiker könne aber das Motiv, das für die Beamten des Auswärtigen Amtes augenscheinlich maßgebend gewesen sei, nicht ausschlaggebend sein."[42])

Erzberger hatte noch einen weiteren Grund, die Ergänzungsverträge abzulehnen: Anfang September hatte er sich zu der Auffassung bekehrt, es sei bes-

---

[41]) Erzbergers Einwände gegen die Verträge sind aufgezählt in einem Brief an Hintze vom 21. August 1918. Abschrift in: *Erzberger Dokumente*, Akte 56. Teilabdruck in: *Interfraktioneller Ausschuß*, Bd. 2, S. 476, Anm. 3. Siehe außerdem Erzbergers Rede in der Sitzung des Interfraktionellen Ausschusses vom 12. September 1918. *Ibid.*, Bd. 2, S. 505—508.

[42]) Richthofens Memorandum vom 30. August 1918 über seine Unterredung mit Kriege. *Erzberger Dokumente*, Akte 56.

ser, die Bolschewisten zu bekämpfen, als vertragliche Beziehungen mit ihnen fortzuführen. Der Schrecken der bolschewistischen Herrschaft war allen, bis auf einen Teil der Unabhängigen Sozialdemokraten, deutlich geworden. Bolschewistische Propaganda förderte systematisch die Revolution in den Ländern der Mittelmächte, und Lenins Regierung hatte die Vertragsbedingungen von Brest-Litowsk ebensowenig eingehalten wie Deutschland. Die Ermordung des deutschen Botschafters Graf Mirbach am 6. Juli 1918 in Moskau hatte einen ausgezeichneten Vorwand für eine deutsche militärische Intervention geliefert. Mirbachs Nachfolger Karl Helfferich trat am entschiedensten dafür ein, mit den Bolschewisten zu brechen, worin Erzberger seinem alten Feinde zustimmte. Es kann kein Zweifel darüber bestehen, daß die Bolschewisten durch eine militärische Demonstration geringen Umfangs hätten gestürzt werden können.[43])

General Hoffmann unterstützte Helfferichs Politik mit allen Mitteln. In einem Gespräch mit Erzberger am 3. September wies er auf die Gefahr hin, die die bolschewistische Propaganda für die deutsche militärische Disziplin im Osten bedeute. Hoffmann war überzeugt, daß die Gegenrevolution sich durchsetzen werde, und wünschte, daß dies unter der Führung Deutschlands und nicht der Entente geschehe. Er behauptete, mit mehreren möglichen Thronprätendenten (den Großfürsten Michael und Dimitri und sogar dem Mörder Rasputins, Fürst Jussupoff) Kontakt aufgenommen und sie zur Zusammenarbeit durchaus bereit gefunden zu haben. Erzberger stimmte im allgemeinen Hoffmanns Anschauungen zu:

> „Ich erklärte ihm, daß ich die Richtigkeit seiner Nachrichten natürlich nicht nachprüfen könne, daß aber, wenn sie richtig seien, Deutschland handeln müsse. Deutschland habe sich leider schon viel zu weit mit den Bolschewiki eingelassen. Darum sei ich auch ein Gegner des neuen Zusatzvertrages. Es sei allerdings eine sonderbare Lage, daß man eine Bestimmung des mit den Bolschewiki abgeschlossenen Zusatzvertrages [die russische Verpflichtung, die Engländer aus Murmansk zu vertreiben, was ihnen nicht gelang] benutze, um [wie Hoffmann vorschlug] den Bolschewiki den Garaus zu machen. Aber abrücken müsse Deutschland unter allen Umständen von den Bolschewiki, denn es dürfe nicht wegen augenblicklicher vermeintlicher Vorteile die große Konzession an die Bolschewiki machen, die Aufhebung des Privateigentums anzuerkennen. Das sei der größte Fehler, den Deutschland in diesem Vertrag gemacht habe."[44])

---

[43]) Wegen Helfferichs Politik siehe sein Buch *Der Weltkrieg*, Bd. III, S. 442—493; außerdem zwei wertvolle Aufsätze von Kurt von Raumer, der Helfferichs private Aufzeichnungen benutzte: „Das Ende von Helfferichs Moskauer Mission", *Srbik-Festschrift „Gesamtdeutsche Vergangenheit"*, München 1938, S. 392—399 und **„Zwischen Brest-Litowsk und Compiègne: die deutsche Ostpolitik vom Sommer 1918", in:** *Baltische Lande*, Bd. IV, S. 1—14, Leipzig 1939.

[44]) Erzbergers Memorandum vom 2. September 1918 über seine Unterredung mit General Hoffmann. *Erzberger Dokumente*, Akte 36. Teilabdruck in: *Interfraktioneller Ausschuß*, Bd. 2, S. 505, Anm. 47. Zusammengefaßt in: *Erlebnisse*, S. 248 f. Hin- und hergerissen zwischen Haß auf den Bolschewismus und Angst vor imperialistischen deutschen Vorstößen im Osten, bekehrte sich Erzberger erst spät zu der Politik des „Marschs auf Moskau". Am 23. Juli 1918 hatte er sich in einem Brief an Bergen gegen die Entsendung von Truppen nach Moskau als Rache für Mirbachs Ermordung gewandt, weil er fürchtete, daß damit neue Kriegshandlungen im Osten hervorgerufen werden könnten. *Erzberger Dokumente*, Akte 4.

## Erzbergers Schrift über den Völkerbund

Erzberger litt im Sommer und Frühherbst 1918 stark unter seiner politischen Einflußlosigkeit. Er bedauerte die Verletzung der Grundsätze der Friedensresolution in Deutschlands Ostpolitik und die Zweideutigkeit der deutschen Kriegszielpolitik. In einer großen Rede vor dem Interfraktionellen Ausschuß am 12. September legte er seinen Standpunkt klar und eindeutig dar:

„Das Haupthindernis für den Frieden liege darin, daß die deutsche Politik im Ausland keinen Glauben finde. Die deutsche Politik sei auch durch und durch unehrlich. Ein Jahr lang hätten die Vertreter der Politik vom Verständigungsfrieden gesprochen, aber nach dem inneren Vorbehalt gehandelt: Man nehme, was man bekomme."[45])

Wie konnte Deutschland seine Glaubwürdigkeit wiederherstellen, um überhaupt zu Friedensverhandlungen zu kommen? Erzberger propagierte ab Anfang September den Sturz Hertlings und die volle Parlamentarisierung, legte aber außerdem großen Wert auf die Entwicklung einer positiven Politik gegenüber dem Völkerbundsgedanken des Präsidenten Wilson. Er drängte die Mehrheitsparteien zum Entwurf einer Völkerbundsresolution und wurde Mitte September Vorsitzender eines Unterausschusses des Interfraktionellen Ausschusses, der sich mit diesem Thema befaßte.[46]) Wieder einmal bewies er seinen ungewöhnlichen politischen Spürsinn für kommende Fragen, indem er schon im August eine Schrift „Der Völkerbund. Der Weg zum Weltfrieden"[47]) verfaßte.

Das flüssig geschriebene Buch, das ein leuchtendes Zukunftsbild zeichnet, sollte eine weite Verbreitung erfahren, da Erzberger, als es im Oktober 1918 erschien, inzwischen Staatssekretär im Kabinett des Prinzen Max von Baden geworden war. In seinem Buch vertrat er die, wie er sagte, fast in der ganzen Welt erhobene Menschheitsforderung nach Garantien gegen die Wiederkehr der Kriegsschrecken. Er lobte Wilson für seine Befürwortung des Völkerbunds und wies besonders die weitverbreitete Vorstellung zurück, der amerikanische Präsident sei ein Heuchler; er hatte erkannt, daß Wilsons Idealismus tief in der demokratischen, antimilitaristischen Tradition Amerikas wurzelte. Seinen deutschen Lesern gegenüber betonte er, wie stark der Wunsch nach dem Völkerbund in Eng-

---

45) *Interfraktioneller Ausschuß*, Bd. 2, S. 527. Dort der Inhalt der Rede in der Wiedergabe von Erzberger, Südekum und Haußmann.

46) Drei verschiedene Versionen der Völkerbundsresolution der Mehrheitsparteien, abgefaßt zwischen dem 17. und 30. September 1918, finden sich in: *Interfraktioneller Ausschuß*, Bd. 2, S. 779—782.

47) Erzberger, *Der Völkerbund. Der Weg zum Weltfrieden*, Berlin 1918.
Erzbergers Interesse an internationalen Institutionen war keineswegs neu oder ein Produkt der Panikstimmung des Herbstes 1918. Egmont Zechlin zeigt in seinem wichtigen Aufsatz „Die ‚Zentralorganisation für einen dauernden Frieden' und die Mittelmächte", *Jahrbuch für internationales Recht*, Bd. II (1962), S. 448—511, daß Erzberger mit dem von dem Holländer Jong von Beek en Donk 1914 begründeten Anti Oorlog Raad eng zusammengearbeitet hat, der sich mit der Verhinderung zukünftiger Kriege, dem Selbstbestimmungsrecht usw. befaßte. Erzberger war einer der 48 Teilnehmer an der „Zusammenkunft zur Besprechung der Gestaltung der Völkerbeziehungen nach dem Friedensschluß 19./22. November 1917 im Casino in Bern" (S. 506). Erzbergers „idealistisches" Interesse an zukünftigen Friedenssicherungen hat ihn natürlich nicht an dem Versuche behindert, in sehr „realistischer" Weise Beek en Donk im Sinne der amtlichen deutschen Politik zu beeinflussen (siehe z. B. S. 485).

land und Frankreich sei; gleichzeitig bedauerte er, daß dies so häufig als Fortsetzung des antideutschen Bündnisses in der Nachkriegswelt (durch Ausschluß der Mittelmächte aus einem künftigen Völkerbund) angesehen werde. Auch daß die Idee des Völkerbunds unter den Annexionisten und Militaristen in Deutschland viele offene Gegner habe, beklagte er, betonte aber, daß diese Idee von den Kanzlern Bethmann und Hertling öffentlich gebilligt und von der deutschen Bevölkerung, die sich in überwiegender Mehrheit zu den Prinzipien der Friedensresolution bekannt habe, unterstützt werde. Der Weg zu einem Bund, in dem frühere Feinde versöhnt in Gleichberechtigung zusammenarbeiten könnten, sei freigelegt.[48])

Nach Erzbergers Auffassung entsprach ein Völkerbund sowohl den Grundsätzen des Christentums als auch den Traditionen des deutschen Volkes. Er hob die langjährige Friedenspolitik der Päpste und besonders das Eintreten für den Gedanken der Schiedsgerichtsbarkeit durch Papst Leo XIII. lobend hervor. Der Erklärung Benedikts XV., der Weltkrieg sei die natürliche Folge der modernen rationalistisch-demokratisch-liberalen Häresie, stimmte Erzberger zu – eine merkwürdige Einstellung freilich für einen Mann, der sich gerade für die Demokratisierung und Liberalisierung Deutschlands als Voraussetzung für einen dauerhaften Frieden mit den westlichen Demokratien einsetzte. Erzberger, dessen politisches Leitbild die Angleichung der Verfassungsstruktur Deutschlands an die Englands und Frankreichs war, erkannte die polemische Kraft des nationalistisch-militaristischen Arguments, wonach demokratische Vorstellungen ebenso wie die Idee eines Völkerbunds fremdes Gedankengut aus Westeuropa seien. Deshalb bemühte er sich aufzuzeigen, daß der Grundsatz der Schiedsgerichtsbarkeit tief in der deutschen Vergangenheit wurzele; seinem Freunde Hommerich, dem Herausgeber der „Germania", übertrug er die Aufgabe, Beispiele für seine These beizubringen.[49]) Solche waren die Hanse, der rheinische Städtebund, der Kurverein von Rhense, der ewige Landfrieden von 1495, Artikel 11 der deutschen Bundesakte von 1815 und Artikel 76 der Verfassung von 1867. Auch Kant, der große deutsche Philosoph, habe die internationale Schiedsgerichtsbarkeit befürwortet. Erzberger beanspruchte den Weisen von Königsberg als willkommenen Verbündeten in seinem Kampf um die europäische Zusammenarbeit in Form eines losen Staatenbundes, um die Abschaffung der Geheimdiplomatie, um die Rüstungsbeschränkung, um den Grundsatz der Nichteinmischung und die Entwicklung eines freiheitlichen Verfassungsstaates in Deutschland.[50])

Erzbergers eingehende Vorschläge für einen Völkerbund sahen die Anerkennung folgender Prinzipien vor: 1) obligatorische Regelung aller Streitigkeiten

48) Erzberger, *Völkerbund*, Kap. I.
49) A. Hommerich, *Deutschtum und Schiedsgerichtsbarkeit, ein geschichtlicher Beitrag zu einer großen Gegenwarts- und Zukunftsfrage*, Freiburg 1918.
50) Erzberger, *Völkerbund*, Kap. IV.

auf schiedsrichterlichem Wege durch besondere Gremien: der Rechtsweg soll die Anwendung von Gewalt ersetzen; 2) Abrüstung, damit Angst und Mißtrauen beseitigt werden; 3) Freiheit der Meere; 4) eine weltweite Politik der offenen Tür, um wirtschaftliche Diskriminierung auszuschließen; 5) ein gemeinsames europäisches Programm für die wirtschaftliche Erschließung Afrikas; 6) besondere Garantien für ständig neutrale Staaten. Diesen Grundsätzen, die unten noch ausführlich erörtert werden, fügte er die Punkte hinzu: 7) Nichteinmischung in die inneren Angelegenheiten von Nachbarstaaten; 8) internationale Garantien für die Rechte der Minderheiten; 9) Bestrafung chauvinistischer Beleidigungen anderer Staaten.[51])

Besonderen Wert legte Erzberger auf das obligatorische Element bei der Schiedsgerichtsbarkeit; er wandte sich dabei gegen Vorbehaltsklauseln, die den Staaten freie Hand ließen, wenn das Lebensinteresse oder die nationale Ehre berührt schienen. Daß viele Streitfragen nicht auf rein juristischem Wege gelöst werden können, sah er ein und befürwortete deshalb, die Tätigkeit des Weltgerichtshofs und die der von ihm vorgeschlagenen Schiedsgerichte zu trennen. Letztere sollten aus drei Schiedsrichtern bestehen, von denen jede Partei mit Zustimmung ihrer Volksvertretung einen zu ernennen habe, während der dritte auf Grund einer Vereinbarung der beiden Parteien bestimmt werde. Sei eine Übereinstimmung über den dritten Schiedsrichter nicht zu erzielen, so solle er vom Papst ernannt werden.[52])

Eine umfassende Abrüstung war nach Erzbergers Auffassung sowohl die Voraussetzung als auch die notwendige Ergänzung der obligatorischen Schiedsgerichtsbarkeit bei Streitfällen. Die völlige Abschaffung der stehenden Heere schien ihm wegen der ständigen Bedrohung der modernen Staatengemeinschaft durch soziale Revolutionen undurchführbar. Sein genau ausgearbeiteter Plan sah die Beendigung des Weltkrieges durch einen Verständigungsfrieden vor, bei dem es weder Sieger noch Besiegte geben sollte: große Teile der vorhandenen Waffen müßten verschrottet und sichere Garantien gegen ein neues Wettrüsten gefunden werden, die allgemeine Wehrpflicht sei abzuschaffen. Von diesen Maßnahmen erwartete Erzberger günstige Folgen; es würde eine neue Atmosphäre gegenseitigen Vertrauens erwachsen, und die Mittel, die man für Rüstung vergeudet habe, könnten in Zukunft sinnvolleren Zwecken zugeführt werden.[53])

Große Bedeutung maß Erzberger dem Grundsatz der Freiheit der Meere bei, den er freilich in einer für England völlig unannehmbaren Weise auslegte. Er forderte eine drastische Änderung der bestehenden Auffassungen über Blockade, Konterbande und Kaperrecht ohne Entschädigung. Offenbar blieben ihm aber

---

51) *Ibid.*, Kap. VI.
52) *Ibid.*, Kap. VII.
53) *Ibid.*, Kap. VIII.

doch einige Zweifel, ob es der von ihm vorgesehenen Schiedsgerichtsbarkeit gelingen werde, Kriege zu verhindern, und er strebte deshalb, solange diese wirklich nicht ganz abgeschafft werden konnten, wenigstens eine Humanisierung der Kriegführung an. Deutschland solle als Beitrag zu einer neuen Ordnung auf das U-Boot verzichten. Da eine effektive Freiheit der Meere die Beseitigung der englischen Seeherrschaft voraussetzte, waren seine Gedanken über eine allgemeine Abrüstung zur See allerdings utopisch, so wenn er darlegte, England müsse seine strategischen Basen (Gibraltar, Aden usw.), die den Seeverkehr der Welt praktisch beherrschten, aufgeben; auch müßten die wichtigsten Meeresstraßen, wie der Suez- und der Panamakanal, internationalisiert werden.[54])

Die wirtschaftliche Gleichberechtigung der Völker und den Grundsatz der offenen Tür befürwortete Erzberger, um die Entente zu hindern, nach Beendigung der Feindseligkeiten einen Wirtschaftskrieg gegen die Mittelmächte zu führen. Er überblickte, daß Deutschland durch wirtschaftliche Verfemung empfindlich getroffen werden konnte, glaubte jedoch, daß es auf Grund seiner besonderen Beziehungen zu Osteuropa durch den Vertrag von Brest-Litowsk bestehen könne. Ferner schlug er besondere Maßnahmen zur wirtschaftlichen Zusammenarbeit der Völker vor, wie kontrollierte Zuteilung knapper Rohstoffe auf der Grundlage der Einfuhr im letzten Friedensjahr 1913, gegenseitige Durchdringung des Wirtschaftslebens der großen Staaten durch Aktienaustausch und internationale Abmachungen zur Sozialgesetzgebung.[55])

Erzberger faßte eine gemeinsame europäische Wirtschaftshilfe für Afrika ins Auge, und für Deutschland sah er hier einen relativ unbedenklichen Weg, koloniale Vorteile im Verhältnis zu seiner Kapitalkraft zu erlangen. Er meinte, Deutschland sei zu größeren Aufgaben berufen, da es seine kolonisatorischen Fähigkeiten bewiesen habe, nachdem seine eigenen Enthüllungen zu den Dernburgschen Reformen geführt hätten. Auch verlange Deutschlands Ehre, daß es mindestens eine ebenso große Rolle als Kolonialmacht spiele wie Belgien oder Portugal. Ferner war Erzberger der Ansicht, Afrika müsse in Zukunft neutralisiert werden; er bedauerte deshalb, daß die Ententemächte durch den Einfall in die deutschen Kolonien die in der Kongoakte von 1885 garantierte Neutralität gebrochen hatten.[56])

Besondere Aufmerksamkeit wandte Erzberger in seinem Völkerbundsentwurf den Rechten der neutralen Staaten zu. Er erkannte wohl, daß nach allgemeiner Ächtung des Krieges der Begriff eines „neutralen Staates“ theoretisch keinen Sinn mehr habe, glaubte aber doch, daß er praktisch wahrscheinlich noch eine gewisse Bedeutung behalten werde. In diesem Zusammenhang verteidigte er er-

---

54) *Ibid.*, Kap. IX.
55) *Ibid.*, Kap. X. Erzberger war ein überzeugter Anhänger des Gedankens des Aktienaustausches, den sein Freund Arnold Rechberg in *Weltfragen*, Berlin 1918, dargelegt hatte. Über Rechberg vgl. jetzt die wichtige Arbeit von Eberhard von Vietsch, *Arnold Rechberg und das Problem der politischen Westorientierung Deutschlands nach dem ersten Weltkrieg*, Koblenz 1958.
56) *Ibid.*, Kap. XI.

neut die Verletzung der belgischen Neutralität durch Deutschland als einen zwar ungerechten, aber notwendigen Schritt, betonte jedoch, daß dieses Unrecht die volle Wiederherstellung Belgiens sowie Entschädigungen fordere. Er hoffte, der neue Völkerbund werde eine Ordnung schaffen, in der ein Staatsmann in Bethmanns Lage nicht mehr gezwungen sei, zwischen Unrecht und Mißachtung der Gebote nationaler Sicherheit zu wählen. Das sei nicht der geringste Vorteil eines Systems, in dem Machtpolitik durch die Herrschaft des Rechts ersetzt werde.[57])

Alle diese Vorschläge faßte Erzberger in einem ausführlichen „Entwurf der Verfassung des Völkerbundes" von 40 Artikeln zusammen, der einer künftigen Friedenskonferenz unterbreitet werden mochte. Er sprach sich für einen einfachen, verständlichen Plan aus, der auf Grund gesammelter Erfahrungen erweitert werden könne; er warnte vor allen utopischen Vorstellungen von einer Weltregierung, die darauf abzielten, die Souveränität der Einzelstaaten aufzuheben. Einige weitere Punkte seines Entwurfs verdienen besondere Erwähnung. Die Mitgliedschaft im Völkerbund müsse allgemein und dauernd sein, und es müsse der Grundsatz „ein Staat, eine Stimme" gelten – letzteres eine Konzession an das Prinzip der Gleichheit Ungleicher, die ohne Gefahr gemacht werden könne, da die entscheidenden Schiedssprüche nicht durch Mehrheitsbeschluß gefällt werden sollten. Als Verhandlungssprache sah er Französisch vor, das seit langem die Sprache der Diplomatie sei, ein Vorschlag, der sich in anerkennenswerter Weise von sprachlichem Chauvinismus freihielt. Eine starke Exekutive müsse vorhanden sein, die schiedsrichterliche Entscheidungen mit diplomatischen, wirtschaftlichen und schließlich auch militärischen Sanktionen durchführen könne. Daß dies je nötig sein würde, bezweifelte Erzberger angesichts der gewaltigen Macht der öffentlichen Meinung in der Welt (er warnte seine deutschen Landsleute davor, diese Macht zu unterschätzen) und der wirtschaftlichen und militärischen Stärke des Völkerbundes gegenüber jedem potentiellen Angreifer. Die öffentliche Meinung aller Kulturstaaten, die nach Erzbergers Auffassung eine verhältnismäßig einheitliche innere Struktur christlich-demokratischer Prägung haben würde, werde den Völkerbund mit überwältigender Macht unterstützen; deshalb werde es für keinen Staat eine Gefahr bedeuten, sich den Grundsätzen des Völkerbundes zu verschreiben, da nach diesen keiner im Verhältnis zu dem anderen benachteiligt sei. Solche fast einstimmige Unterstützung vermeinte Erzberger erwarten zu können, weil die einzige Alternative der Vorkriegszustand mit seinen konkurrierenden Bündnissen, dem Wettrüsten und schließlich dem Krieg mit militärischen und wirtschaftlichen Mitteln sei.[58])

Die Gegner des Völkerbundes betrachtete Erzberger als töricht oder böse oder beides. So gebe es einige wenige Machtpolitiker, die sich weigerten, den Bank-

---

57) *Ibid.*, Kap. XII.
58) *Ibid.*, Kap. XIII–XV.

rott des bestehenden internationalen Systems zuzugeben. Auch einige romantische Bewunderer des Krieges seien selbst nach vier schreckensvollen Jahren in den Schützengräben nicht bereit, ihre Ansichten zu revidieren; sie hätten sich in hoffnungsloser Weise dem Geist der Zeit verschlossen. Dann gebe es noch einige „Sozialdarwinisten", die noch immer dächten, Kriege seien das Schicksal der Menschheit, und die Menschheit werde verkümmern, wenn sie nicht immer wieder die Herausforderung des Krieges zu bestehen habe. Diese Pseudo-Biologen seien unfähig, den Gedanken der gegenseitigen Abhängigkeit der Menschen voneinander zu verstehen, den die christliche Tradition wie die moderne demokratische Bewegung lehrten. Wenn diese verschieden gearteten prinzipiellen Gegner des Völkerbundgedankens Erzberger auch nicht beeindruckten, so mußte er doch zugeben, daß einige bemerkenswerte Argumente gegen seinen Völkerbundsplan vorgebracht werden konnten. Der Völkerbund könne den territorialen status quo gewissermaßen einfrieren lassen; dies sei aber nicht mehr so wichtig wie früher, da Grenzberichtigungen aus militärischen oder wirtschaftlichen Gründen überflüssig würden. Schiedsrichterliche Entscheidungen würden nicht immer unbedingt gerecht sein – aber auch der Sieg im Kriege gründe sich nicht notwendigerweise auf Gerechtigkeit, im Gegenteil, es sei viel wahrscheinlicher, daß eine schiedsrichterliche Entscheidung zu einer gerechteren Lösung führe als der Besitz der stärkeren Bataillone. Erzbergers Optimismus hinsichtlich eines künftigen Völkerbunds beruhte vorwiegend auf seiner Überzeugung, daß alle Gegenargumente schwach seien und daß es kein anderes und besseres System des Zusammenlebens der Völker gebe.[59])

Erzbergers idealistische Vision wurde damals von den besten und aufgeklärtesten Männern in allen Ländern geteilt; trotzdem erwies sie sich als eine sehr irrige Vorstellung von der Zukunft. Sie ging davon aus, daß der Weltkrieg durch Übereinkunft zwischen Gleichberechtigten und mit dem allgemeinen Wunsch nach internationaler Versöhnung beendet werden würde; tatsächlich aber war der Sieg der Entente das Vorspiel zu dem Siegfrieden von Versailles. Dieser Friede sah die Errichtung eines Völkerbundes vor, aus dem Deutschland lange Zeit ausgeschlossen wurde und dessen Hauptaufgabe darin bestand, einen für Deutschland unerwünschten status quo zu verewigen. Erzbergers Hoffnung, territoriale Streitigkeiten würden künftig nur geringe Bedeutung haben, war eine Fehlspekulation. Seine Annahme, daß der Völkerbundsgedanke fast einstimmige Unterstützung finden und damit jeder Verstoß gegen seine Grundsätze dem betreffenden Staat nur Schaden bringen werde, erwies sich als viel zu

---

59) *Ibid.*, Kap. XIV. Bedeutende Auseinandersetzungen mit Erzbergers Buch sind Adolf Grabowsky, „Die Grundprobleme des Völkerbundes", in: *Zeitschrift für Politik*, Bd. XI (1919), S. 377–451; A. Mendelssohn-Bartholdy, „Deutsche Literatur zur Völkerbundsfrage 1919–1921", in: *Schmollers Jahrbuch*, Bd. XLVI, Berlin 1922, S. 543–555, besonders S. 549, lobt die historischen Teile von Erzbergers Buch; und Alfred Frachon, *Les Opinions allemandes sur la Reconstruction du Droit internationale*, Paris 1921, S. 191–384, eine ungünstige Besprechung, die sich mit Erzbergers Buch Kapitel um Kapitel ausführlich auseinandersetzt. Eine weitverbreitete Popularisierung des Werkes war Fidelis (H. Popert), *Erzbergers Grundgedanken*, Hamburg 1919.

optimistisch. Die Tatsachen bestätigten, daß der Nationalismus bei weitem stärker war als die Grundsätze des Völkerbundes; Auflehnung gegen den Völkerbund fand durchweg eine Stütze bei der öffentlichen Meinung in den betreffenden Staaten (Japan, Deutschland, Italien); es stellte sich heraus, daß auch Staaten, die sich zu den Grundsätzen des Völkerbunds bekannten, nicht bereit waren, dafür Opfer zu bringen; schließlich offenbarte sich die moralische Kraft der Weltmeinung als völlig unzulänglich.

Erzberger sah die Nachkriegswelt in viel zu rosigen Farben. Er rechnete nicht mit den bösen Kräften des Revanchismus (da er einen Verständigungsfrieden erwartete), auch nicht mit dem durch unbefriedigende Grenzregelungen genährten Irredentismus und dem durch eine fehlerhafte Reparationspolitik hervorgerufenen wirtschaftlichen Chaos. Seine Überzeugung, alle Staaten der Nachkriegszeit würden sich zu christlichen Demokratien entwickeln, sich gemeinsamen Maßstäben des Rechts, der guten Sitten und der parlamentarischen Regierungsform unterwerfen, wurde durch die Ereignisse widerlegt. Den Kommunismus, der im Jahre 1918 am Rande des Zusammenbruchs zu stehen schien, hielt er für ein vorübergehendes Phänomen.

Aber auch abgesehen von diesen besonderen falschen Zukunftsbildern enthielt Erzbergers Völkerbundsgedanke einen grundsätzlichen Fehler: er unterschätzte die Beharrungskraft des herkömmlichen internationalen Systems, das auf dem Nebeneinander souveräner Einzelstaaten beruhte. Sein Glaube an die „Juridifizierung" internationaler Streitfälle durch Gerichtsurteile oder schiedsgerichtliche Entscheidungen setzte die Existenz oder die Entwicklung eines allgemein anerkannten Völkerrechts voraus, mit der in Wirklichkeit nicht gerechnet werden konnte. Er verkannte, daß der Polizist, der diese Urteile oder Beschlüsse zu vollstrecken hätte, im entscheidenden Augenblick nicht verfügbar sein würde, und überschätzte den zu erwartenden Grad freiwilliger Unterwerfung. Eine dem Gedanken des Rechts und der internationalen Zusammenarbeit tiefverpflichtete öffentliche Meinung bildete sich nur in sehr wenigen Ländern, und selbst dort machte sie wieder engen Vorstellungen von nationalem Interesse Platz, sobald die Anerkennung der Grundsätze des Völkerbunds persönliche Opfer und nicht nur edle Worte verlangte.

Erzbergers leuchtende Vision einer Völkerverständigung trug ihn durch die chaotischen Zeiten, die über Deutschland hereinbrachen. Die Hertling-Regierung wankte und stürzte, während er sein Buch schrieb. Die neue Regierung sollte ihm die undankbare Aufgabe eines Waffenstillstandskommissars übertragen; in dieser Rolle sollte er bei seinen Verhandlungen mit den Ententemächten die schlimmsten Auswirkungen der Machtpolitik zu spüren bekommen. Deutschland, weit davon entfernt, eine christliche Demokratie zu werden, erlebte im Winter 1918/19 die Gefahr einer kommunistischen Diktatur. Während dieser kritischen Monate befand sich Erzberger im wildesten Getümmel des außen- und innenpolitischen Ringens. Er verzweifelte nie, wie schwarz auch die Zukunft aussehen mochte. Seine Zuversicht muß auf seine Verwurzelung im Christentum, auf sein von Natur aus optimistisches Temperament, aber auch auf seine Vorstellung von einer besseren Welt zurückgeführt werden, die kurz vor dem Durchbruch zu stehen schien – wie sehr auch die noch immer starken beherrschenden Kräfte der Vergangenheit gegen sie wirken mochten.

# XI

## Erzberger unter der Regierung des Prinzen Max von Baden Oktober bis November 1918

### Hertlings Sturz

Im Spätsommer 1918 nahmen die Streitkräfte der Entente an der Westfront das Gesetz des Handelns in die Hand und machten damit dem deutschen Traum einer militärischen Entscheidung vor der Ankunft starker amerikanischer Truppen in Frankreich ein Ende. Die Niederlage der Mittelmächte war nicht mehr abzuwenden. Die Frage war nur, ob es Deutschland nicht doch noch gelingen könnte, vor der sonst unvermeidbaren militärischen Katastrophe einen erträglichen Frieden durch Verhandlungen zu erreichen. Erzberger gehörte zu den ersten, die diese Sachlage erkannten. Dringend forderte er einen Verständigungsfrieden, solange Deutschlands Defensivkraft noch genügte, um einen Diktatfrieden der Feindmächte zu verhindern. Ein Verständigungsfriede war jetzt aber nur möglich, wenn Deutschland ein Friedensangebot mit umfassenden Konzessionen – zum Beispiel Abtretung von Elsaß-Lothringen – an die Ententemächte machte; der Verzicht auf eigene Annexionen genügte nicht mehr. Ein deutsches Friedensangebot setzte aber eine innere Umgestaltung Deutschlands voraus, denn die derzeitigen Machthaber – Ludendorff und Hertling – genossen im Ausland weder Ansehen noch Glaubwürdigkeit. In Erzbergers stichwortartiger Formulierung vom 12. September 1918 hieß es: „Wie können wir besseren Frieden bekommen? Haupthindernis: Unglaubwürdigkeit unserer Regierung im Ausland."[1])

Diese Unglaubwürdigkeit der Regierung Hertling beruhte auf der Diskrepanz zwischen ihren Worten und ihren Taten. Formell stand sie auf dem Boden der

---

1) *Interfraktioneller Ausschuß*, Bd. 2, S. 527.

Friedensresolution, zeigte sich aber nachgiebig gegenüber dem wilden Imperialismus der Generäle im Osten. Sie proklamierte das Selbstbestimmungsrecht der Völker, machte sich aber mit der Anerkennung deutschbaltischer Landtage als Ausdruck des Selbstbestimmungsrechts lächerlich. Zwar hatte sie sich für die Demokratisierung des preußischen Wahlrechts eingesetzt, duldete aber, daß Herrenhaus und Abgeordnetenhaus die Reform sabotierten. Hertlings völlige Abhängigkeit von der Obersten Heeresleitung war durch den Sturz Kühlmanns offenbar geworden.

Erzberger war Anfang September entschlossen, den Sturz Hertlings herbeizuführen, fand aber bei der Zentrumspartei wenig Verständnis. Der Parteiführer Adolf Gröber hielt dem aus dem Zentrum hervorgegangenen Reichskanzler die unbedingte Treue. Erzberger versuchte zunächst, seine bayerischen Verbindungen – er hatte gute Beziehungen zu dem Münchner Ministerpräsidenten Otto Ritter von Dandl – zu einem Anti-Hertling-Feldzug auszuwerten. Er bediente sich dabei einer charakteristischen Mischung von staatspolitischen und konfessionsbedingten Argumenten. Graf Lerchenfeld, der Bayerische Gesandte in Berlin, berichtete Dandl am 19. September 1918 darüber: „Die Beseitigung Hertlings erscheine ihm [Erzberger] auch deshalb für geboten, weil, wenn demnächst der innere Zusammenbruch Deutschlands erfolgt, es vom katholischen Standpunkt aus unerwünscht wäre, wenn der Zusammenbruch unter einem katholischen Zentrumsreichskanzler sich vollzieht."[2])

Erzberger äußerte sich am 12. September 1918 im Interfraktionellen Ausschuß scharf gegen die Regierung Hertling und am 13. September gegen das ganze System der Militärdiktatur Ludendorffs. Er geißelte die Zweideutigkeit der deutschen Politik in der Selbstbestimmungs- und Annexionsfrage und wandte sich gegen die Zugehörigkeit ultra-reaktionärer Personen zur Reichsregierung. „Die innere Unwahrheit muß radikal aus der Regierung heraus."[3]) Er forderte von der Regierung, daß sie sich außenpolitisch eindeutig für den Verständigungsfrieden und innenpolitisch für die Demokratisierung einsetze:

> „Jedenfalls muß ein Versuch gemacht werden, den Frieden noch in diesem Jahre zu machen. Das erwartet das Volk vom Reichstag. Dafür sei in erster Linie eine glaubwürdige Regierung notwendig. Um diese zu bilden, müsse die Vorfrage geklärt werden: sind die Sozialdemokraten bereit, in die Regierung einzutreten und unter welchen Bedingungen? Die Not des Vaterlandes zwinge und verpflichte die Sozialdemokratie, ihre bisherige ablehnende Haltung aufzugeben."[4])

Er drängte auf eine vollständige Kabinettsumbildung „zunächst mit dem jetzigen Reichskanzler". Aber die Mehrzahl seiner Kollegen im Interfraktionellen Aus-

---

[2]) Graf Lerchenfeld an Ritter von Dandl, *Interfraktioneller Ausschuß*, Bd. 2, S. 694, Anm. 4. Erzberger hatte sich schon am 3. September in einer Unterredung mit Ministerpräsident Dandl gegen Hertling ausgesprochen. *Ibid.*, Bd. 2, S. 491, Anm. 7.

[3]) *Interfraktioneller Ausschuß*, Bd. 2, S. 565. Erzbergers Rede vom 12. September 1918, *ibid.*, S. 526—530; vom 13. September 1918, S. 563—567.

[4]) *Ibid.*, S. 530 f. Ich habe Südekums und Erzbergers Wiedergabe von Erzbergers Rede gleichmäßig herangezogen.

schuß verkannte immer noch den Ernst der Lage. Es wurde lediglich beschlossen, eine Kommission zur Abfassung einer Beschwerdedenkschrift an die Regierung einzusetzen; sie sollte in drei Wochen an den Gesamtausschuß zurückberichten. Erzberger war entsetzt über diese Verzögerung, und er brachte dies mit folgenden Worten zum Ausdruck: „Sollen wir für drei Wochen auseinandergehen, ohne irgend etwas mit der Regierung abgemacht zu haben? Wer weiß, was da alles passieren kann."[5])

Er sollte recht behalten, in den nächsten drei Wochen passierte in der Tat vieles. Die Regierung Hertling, noch am 13. September fest im Sattel, geriet schon in den nächsten Tagen ins Wanken. Am 14. September kam der moralische Bruch im Bündnis mit Österreich durch die österreichische Friedensnote, die Wien trotz schärfster Proteste Deutschlands abgesandt hatte. Die türkische Front in Syrien brach am 19. September unter den Angriffen der Engländer zusammen. Dem folgte am 25. September die Forderung der Bulgaren nach einem Waffenstillstand. Alle Verbündeten Deutschlands versuchten zu retten, was noch zu retten war. Das Kabinett Hertling zeigte sich angesichts dieser Katastrophen vollständig hilflos.

Die Beteiligung der Sozialdemokraten an der Regierung erschien Erzberger immer eindeutiger als Schlüssel zu einer innenpolitischen Stabilisierung und zu erfolgreichen Verhandlungen mit den Ententemächten. Die Sozialdemokraten waren jedoch auf keinen Fall bereit, in ein Kabinett Hertling einzutreten, ebensowenig wie Hertling bereit war, sie aufzunehmen. Außerdem verlangten sie die Einführung der vollen parlamentarischen Regierungsform als Voraussetzung für ihre Beteiligung an der Regierung, was Hertling kategorisch ablehnte. Insbesondere forderten die Sozialdemokraten die Aufhebung von Art. 9, Satz 2 der Verfassung, wonach alle Minister (wegen ihrer Mitgliedschaft im Bundesrat) ihre Reichstagssitze aufgeben mußten. Die Fortschrittspartei stimmte ganz der sozialdemokratischen Auffassung zu, während das Zentrum verständlicherweise weiterhin zurückhaltend war, da es nicht für eine Forderung eintreten wollte, die Hertlings Sturz herbeiführen mußte. Bei einer Sitzung des Vorstands der Zentrumsfraktion am 23. September 1918 setzte sich Erzberger mit aller Kraft dafür ein, den Sozialdemokraten entgegenzukommen. Gröber drängte seine Parteifreunde, sich hinter Hertling zu stellen, worauf Erzberger erwiderte, er „wolle den Sturz Hertlings nicht, aber es sei absolut notwendig, daß Sozialdemokraten in das Kabinett eintreten und gleichzeitig im Reichstag bleiben könnten. Wenn Hertling darauf nicht eingehe, so sei er nicht mehr zu halten; denn wenn die Sozialdemokraten, wie sie angedeutet hätten, aus dem Interfraktionellen Ausschuß ausscheiden würden, falle das Kabinett doch zusammen, weil dann Payer [der sowohl die Fortschrittspartei als auch die Sozialdemokraten

---

5) *Ibid.*, S. 582.

vertrat] zurücktreten müsse".[6]) Übrigens vermied es Erzberger in der folgenden Sitzung der Gesamtfraktion, „sich auch nur andeutungsweise gegen die Person des Reichskanzlers auszusprechen",[7]) sondern überließ diese undankbare Aufgabe seinem Fraktionsfreund, dem Freiherrn von Rechenberg. Infolge Erzbergers Kontroverse mit Hertling im Frühjahr hätte leicht der Verdacht entstehen können, er handele aus persönlichen Beweggründen. Außerdem kannte er die Anhänglichkeit vieler Zentrumspolitiker an Hertling zu genau, um sich von einem direkten Angriff viel zu versprechen. Der indirekte Weg – Aufstellung eines für Hertling unannehmbaren Programms, um ihn zu einem formell freiwilligen Rücktritt zu zwingen – schien eher zum Erfolg zu führen, obwohl Vorstand und Fraktion des Zentrums sich noch am 23. September weigerten, für die Aufhebung des Art. 9, Satz 2 zu stimmen. Die Fraktion war hin und her gerissen zwischen Treue zu Hertling und der Einsicht, daß die Beteiligung der Mehrheitssozialisten an der Regierung notwendig sei; sie weigerte sich noch hartnäckig, die sozialdemokratischen Bedingungen – Sturz Hertlings und Einführung des parlamentarischen Systems durch Verfassungsänderung – anzunehmen.[8])

Ende September wurde die Notwendigkeit von Hertlings Rücktritt im Interfraktionellen Ausschuß bereits offen erörtert. Der Führer der Nationalliberalen, Stresemann, trat zu dieser Zeit an Erzberger heran wegen der Rückkehr seiner Partei in den Ausschuß, den die Nationalliberalen anläßlich des Friedens von Brest-Litowsk verlassen hatten. Erzberger sah Stresemanns Rückkehr nur ungern, da er, „solange er den Sitzungen beigewohnt habe, immer alles General Ludendorff mitgeteilt und dadurch die Arbeiten der Mehrheit erschwert" habe.[9]) Als Voraussetzung für den Wiedereintritt verlangte Erzberger die bedingungslose Anerkennung der Friedensresolution, wozu die Nationalliberalen – Ende September 1918! – immer noch nicht bereit waren. Allerdings änderten sie ihre Meinung nur wenige Tage später und nahmen am 1. Oktober zum erstenmal wieder an den Verhandlungen teil. Zu diesem Zeitpunkt war Hertling aber schon gestürzt.

Der Sturz des Kanzlers war das Werk Ludendorffs, nicht das der Mehrheitsparteien. Am 29. September erlitt Ludendorff seinen berühmten Nervenzusam-

6) Erzberger, *Erlebnisse*, S. 308.
7) Lerchenfeld an Dandl am 24. September 1918. *Interfraktioneller Ausschuß*, Bd. 2, S. 694.
8) Die Berichte über den Ausgang der Zentrumssitzungen widersprechen sich. Erzberger behauptete in einer Aufzeichnung vom gleichen Tage: „Der Vorstand einigte sich sodann auf den Eintritt der Sozialdemokraten in das Kabinett und die Aufhebung des Art. 9, Abs. 2 der Reichsverfassung." *Interfraktioneller Ausschuß*, Bd. 2, S. 672. Die Darstellung in *Erlebnisse*, S. 308 beruht auf dieser Niederschrift. Dagegen berichtete Lerchenfeld an Dandl am 24. September: „Die gestrige Tagung der Zentrumsfraktion ist . . . befriedigend verlaufen. In der vorausgegangenen Vorstandssitzung hatte man sich einstimmig auf den Standpunkt gestellt, dem Grafen Hertling keine Schwierigkeiten zu bereiten und sich einer weitergehenden Parlamentarisierung, insbesondere der von den Sozialdemokraten geforderten Aufhebung des Art. 9 der Reichsverfassung zu widersetzen." *Interfraktioneller Ausschuß*, Bd. 2, S. 694. Der Bericht Lerchenfelds ist vorzuziehen, da Gröber und selbst Erzberger sich in dessen Sinne im Interfraktionellen Ausschuß noch am 23. September aussprachen. *Ibid.*, S. 678, 683. Erzberger glaubte offensichtlich vorübergehend, was er glauben wollte.
9) Erzberger, *Erlebnisse*, S. 307.

menbruch.[10]) Mitte August war er noch so optimistisch, zu hoffen, daß Deutschland bei jeder Friedensregelung große Teile Belgiens behalten werde. Ende September war er jedoch plötzlich der Überzeugung, die Westfront könne jeden Augenblick zusammenbrechen. Er verlangte daher ohne jegliche Vorbereitung, daß — nicht etwa eine Note mit dem Angebot der Aufnahme von Friedensverhandlungen – sondern ein sofortiges Waffenstillstandsersuchen an den Präsidenten Wilson abgesandt werde. Gleichzeitig forderte er eine erweiterte Grundlage der deutschen Regierung, einerseits als Voraussetzung für einen erfolgreichen Appell an die Entente, andererseits – falls Verhandlungen scheitern sollten – als Legitimation, um das deutsche Volk für eine letzte Kriegsanstrengung aufrufen zu können. Ludendorffs neues innenpolitisches Programm entsprach jenem, das der Interfraktionelle Ausschuß zur selben Zeit in Berlin ausarbeitete. Hertling, nicht willens, sich den neuen Bedürfnissen Deutschlands anzupassen, weigerte sich, die Einführung der parlamentarischen Regierungsform auch nur in Erwägung zu ziehen, und seine annexionistische Vergangenheit ließ ihn nicht geeignet erscheinen, einen Friedensappell an Wilson zu unterzeichnen. Sein Rücktrittsgesuch wurde am 29. September vom Kaiser angenommen. Damit endete eine politische Laufbahn, die die Politik des Zentrums mehr als zwanzig Jahre lang entscheidend beeinflußt hatte. Gebrochen durch die Ereignisse der Revolution in Deutschland, starb Hertling, in der Unruhe der Zeit fast unbemerkt, auf seinem bayerischen Landsitz in den ersten Januartagen des Jahres 1919.

## Das Kabinett des Prinzen Max von Baden

Die Mehrheitsparteien hatten zur Zeit von Hertlings Sturz zwar ein Programm, aber keinen Kanzlerkandidaten. Erzberger war führend an der Gestaltung des Programms beteiligt; seine eigene Aussage, er habe es auf Wunsch der Mehrheitsparteien allein ausgearbeitet, beruht jedoch auf einer charakteristischen Überbewertung seiner Tätigkeit.[11]) In Wirklichkeit ist es von einem Unterausschuß des Interfraktionellen Ausschusses, bestehend aus Erzberger, Gröber, Haußmann und Südekum, am Morgen des 30. September in der Privatwohnung Erzbergers fertiggestellt worden.[12]) Als Vorarbeiten galten die von der Sozialdemokratie am 24. September 1918 im „Vorwärts" veröffentlichten

---

10) Die abgewogenste Untersuchung der Gründe für das Ersuchen um einen Waffenstillstand, die Ludendorffs Verantwortung betont, findet sich bei Ludwig Beck, *Studien*, Stuttgart 1955, Kap. VII. Vgl. außerdem die Studie von Wolfgang Foerster, *Der Feldherr Ludendorff im Unglück*, Wiesbaden 1952, und die neueste Darstellung von Siegfried Kaehler, „Zur Beurteilung Ludendorffs im Sommer 1918" und „Die Waffenstillstandsforderung der OHL", in: *Studien zur deutschen Geschichte des 19. und 20. Jahrhunderts*, hrsg. von W. Bussmann, Göttingen 1961, S. 241—258 und 259—280. Ludendorffs Verantwortung für das Ersuchen um Waffenstillstand vom 4. Oktober wird über jeden Zweifel hinaus durch die Urkunden in *Amtliche Urkunden zur Vorgeschichte des Waffenstillstandes 1918*, 2. erweiterte Auflage, Berlin 1924, Kap. V, bewiesen. Im folgenden zitiert als *Amtliche Urkunden*.

11) Erzberger, *Erlebnisse*, S. 309.

12) Haußmanns Bericht über die Sitzung des Unterausschusses. *Interfraktioneller Ausschuß*, Bd. 2, S. 748.

Bedingungen für den Regierungseintritt und die Gegenvorschläge des Zentrums von Ende September. Das endgültige Programm, das die Grundlage der nächsten Regierung bilden sollte, enthielt folgende Punkte: 1) volle Anerkennung der Friedensresolution und der deutschen Antwort auf die päpstliche Friedensnote; 2) Unterstützung des Völkerbundes; 3) eine eindeutige Erklärung über die Wiederherstellung und Entschädigung Belgiens; 4) Revision des Vertrages von Brest-Litowsk durch die allgemeine Friedenskonferenz, obwohl sich dies wahrscheinlich als unnötig erweisen werde, wenn Deutschland eine echte Selbstbestimmung einführe; 5) Schaffung eines gleichberechtigten Bundesstaates Elsaß-Lothringen; 6) rasche Durchführung der preußischen Wahlrechtsreform; 7) Berufung von Abgeordneten in die Regierung und Beseitigung aller Überreste des Absolutismus; 8) sofortige Lockerung des Belagerungszustandes.[13])

Dieses Programm wurde der schwierigen Lage Deutschlands Ende September 1918 vollständig gerecht; leider fehlte der große, energische Staatsmann, der es unbeirrt hätte durchdrücken können. Wieder einmal waren die Reichstagsführer nicht in der Lage, dem Kaiser einen Kandidaten für den höchsten Posten vorzuschlagen. Erzberger wünschte die Ernennung des Vizekanzlers Friedrich von Payer, der aber entschieden ablehnte; ebenso der Reichstagspräsident Konstantin Fehrenbach. So kam es, mangels anderer Kandidaten, am 2. Oktober 1918 zur Berufung des Prinzen Max von Baden, dessen Hauptvorzug darin bestand, daß er — wenn auch nicht vorbehaltlos — für den Kaiser wie für die Mehrheitsparteien persona grata war. Die Verteilung der Ämter in seiner Regierung wurde weitgehend in einer Sitzung des Interfraktionellen Ausschusses am 1. Oktober ausgehandelt, also am Tage vor seiner offiziellen Ernennung und ohne seine persönliche Mitwirkung. Dieser merkwürdige Vorgang sollte sich als symptomatisch für die Schwäche seiner Regierungstätigkeit erweisen.

Prinz Max war eine anziehende, aber keine kraftvolle Persönlichkeit, ein Mann, der, wie Bethmann, mehr für seine richtigen Einsichten als für seine Fähigkeit, sie durchzusetzen, bekannt war. An sich während des Krieges Annexionsgegner, hatte er trotzdem die Friedensresolution als das Ergebnis einer vorübergehenden Panik kritisiert. Er hatte zwar Bethmanns Bemühungen um eine innenpolitische Neuordnung unterstützt, aber nie ein Hehl aus seiner Verachtung der parlamentarischen Regierungsform und der Parteipolitiker gemacht. Sein größter Fehler war, sich den Bestrebungen versagt zu haben, die ihn zu einem Zeitpunkt an die Macht bringen wollten, in dem seine vernünftigen Ideen Deutschland noch hätten helfen können. Sein Freund Haußmann überredete ihn schließlich, Kaiser Wilhelm Anfang September seine Dienste anzubieten, und zwar mit

---

13) Die Entstehung des Programms der Mehrheitsparteien kann jetzt an Hand der Veröffentlichung von Matthias und Morsey über den *Interfraktionellen Ausschuß* genau studiert werden. Siehe den Parallelabdruck der verschiedenen Entwürfe in 4 Spalten, Bd. 2, S. 783—788. Von großer Bedeutung für die Vorgeschichte sind Südekums Entwürfe für eine Denkschrift der Mehrheitsparteien vom 18. und 22. September 1918. Abgedruckt *ibid.*, Bd. 2, S. 647—669.

folgendem Programm: 1) Bildung einer auf Initiative des Kaisers ernannten neuen Regierung; 2) Vermeidung des vollen parlamentarischen Regierungssystems; 3) Friedensangebot an die Entente nach Stabilisierung der Westfront. Prinz Max befürwortete den Plan einer neuen Regierung mit der ausdrücklichen Begründung, sie sei der einzige Ausweg, um die sonst unvermeidliche parlamentarische Regierung zu umgehen, die von Erzberger und Scheidemann beherrscht sein würde. Als dieses Programm dem Kaiser vorgeschlagen wurde, lehnte er es ab, und als schließlich Prinz Max Anfang Oktober zum Kanzler ernannt wurde, konnten seine drei Wünsche alle nicht mehr erfüllt werden.[14])

Der beherrschende politische Vorgang in Deutschland während der ersten Oktobertage war die Forderung Ludendorffs nach einem sofortigen Waffenstillstandsangebot. Wie schon dargestellt wurde, waren der Sturz Hertlings und die Parlamentarisierung letztlich nur Mittel zu diesem Zweck gewesen. Ironischerweise war Prinz Max selber ein scharfer Gegner jedes überstürzten Friedensschrittes, der nach seiner Auffassung Deutschlands völlige Erschöpfung für die Feinde sichtbar machen und zugleich einen psychologischen Zusammenbruch in der Heimat hervorrufen mußte. Das deutsche Volk war von seinen bisherigen Führern, die sich ihrerseits einer Selbsttäuschung hingegeben hatten, über die wahre militärische Lage vollständig im Dunkeln gehalten worden. Trotz wachsender Erschöpfung war die Nation weiterhin durch Siegeshoffnungen aufgepeitscht worden. Ein plötzliches Waffenstillstandsgesuch, ohne vorhergehende allmähliche Vorbereitung der Öffentlichkeit, mußte einen so starken Schock auslösen, daß eine letzte Anstrengung des Volkes praktisch ausgeschlossen war, sofern sich die Ententemächte weigerten, vernünftige Friedensbedingungen zu gewähren. Diese katastrophale Entwicklung voraussehend, widersetzte sich Prinz Max zunächst Ludendorffs Forderungen und schlug vor, eine Regierung zu bilden, die im In- und Ausland Vertrauen erwecken würde. Diese könne dann nach Ablauf einer gewissen Zeit, um den Eindruck der Panik zu vermeiden, in würdiger Form Friedensverhandlungen beantragen, ohne gleichzeitig um einen Waffenstillstand zu bitten. Der neue Kanzler zeigte seine Schwäche, als er sich Ludendorffs Drängen auf ein Waffenstillstandsangebot trotz gewichtiger Gegenargumente beugte. Man darf ihn jedoch nicht zu unnachsichtig beurteilen, da der Kaiser, Staatssekretär Hintze und Vizekanzler Payer die Ansicht Ludendorffs teilten und ihm tatsächlich schon vor der Ankunft des Prinzen in Berlin nachgegeben hatten. Doch sollte dieser erste Fehler des überstürzten Waffenstillstandsangebots alle wichtigen Entscheidungen seiner kurzen Amtszeit vorbestimmen. Es war tragisch für den Prinzen, daß er die Folgen eines Schrittes zu tragen hatte, der gegen seinen Wunsch getan worden war.[15])

[14]) Memorandum des Prinzen Max für den Kaiser vom 7. September 1918, abgedruckt in: Max, *Erinnerungen*, S. 308—311.
[15]) Zu Max' Haltung in der Waffenstillstandsfrage siehe *ibid.*, Teil III Kap. 1.

Erzberger hatte weder auf die Ernennung des Prinzen Max noch auf das plötzliche Waffenstillstandsangebot Einfluß gehabt. Zu Maximilian Harden äußerte er, er sei gegen Prinz Max, weil dieser als Fürst die Demokratisierung Deutschlands kaum glaubwürdig bezeugen könne, weder bei Wilson in Amerika noch bei den zunehmend radikaler werdenden Massen in Deutschland.[16]) Erzberger beklagte die Unfähigkeit des Reichstags, einen besseren Mann zu benennen. Der Reichstag konnte zwar nicht den neuen Regierungschef bestimmen, zeigte aber seine Macht, indem er mit Erfolg darauf bestand, die Konservativen von dem neuen Kabinett auszuschließen. Dieser Verstoß gegen den Grundsatz der nationalen Solidarität war notwendig, um innerhalb des Kabinetts einen einheitlichen Standpunkt im Streben nach Frieden wie nach innenpolitischen Reformen zu erzielen.[17]) Von der Reichstagsmehrheit hing zum Verdruß des neuen Kanzlers die Zusammensetzung des Kabinetts im einzelnen ab einschließlich der Ernennung mehrerer Staatssekretäre – zu denen auch Erzberger gehörte – aus den Reihen des Zentrums, der Fortschrittspartei und der Sozialdemokraten.

Große Schwierigkeiten mußten überwunden werden, bevor Erzberger sein Amt antreten konnte. Prinz Max, der ihn mit snobistischer Verachtung betrachtete, hatte Haußmann schon Anfang September gefragt: „Ist Erzberger nicht zu umgehen?" worauf Haußmann erwiderte: „Nur um den Preis seiner Gegnerschaft."[18]) Als der Chef des Zivilkabinetts von Berg mit den Parteiführern über die Verteilung der Ämter im neuen Kabinett verhandelte, sagte er, er hoffe, man werde die Gefühle des Kaisers schonen und nicht auf Erzbergers Ernennung bestehen, worauf Gröber empört seinen Parteifreund verteidigte.[19]) Das Zentrum befürwortete Erzbergers Ernennung und beauftragte Gröber, dem Prinzen Max mitzuteilen, daß Erzbergers Nichternennung übelgenommen werden würde.[20]) Erzberger selbst machte kein Hehl aus seinem Wunsch, Verantwor-

---

16) Harden schilderte in der *National-Zeitung* vom 28. August 1921 sein Essen mit Ballin und Erzberger am 2. Oktober 1918. Er bemerkte, daß Erzberger, immer von vorbildlicher Pünktlichkeit, zweimal telefonierte, weil er wegen wichtiger Parteibesprechungen eine Dreiviertelstunde zu spät kam. Harden war beeindruckt von Erzbergers Optimismus trotz aller Katastrophen, die über Deutschland hereinbrachen.

17) Max, *op. cit.*, S. 344 f. Der rechte Flügel des Zentrums einschließlich Gröber wollte ein Koalitionsministerium von Westarp bis Ebert. Erzberger widersetzte sich diesem unrealistischen Vorschlag scharf (27. September 1918), in: *Interfraktioneller Ausschuß*, Bd. 2, S. 708. Bei der Ämterverteilung in der Sitzung des Interfraktionellen Ausschusses am 1. Oktober spielte Erzberger eine bedeutende Rolle. Er bewog das Zentrum, seine Forderung nach dem Reichsarbeitsamt zugunsten der Sozialdemokratie zurückzustellen.

18) Haußmann, *Aus Haußmanns politischer Arbeit*, hrsg. von seinen Freunden, Frankfurt 1923, S. 109.

19) Memorandum von Erzberger über sein Gespräch mit Gröber vom 1. Oktober 1918 in: *Erzberger Dokumente*, Akte 21. Jetzt abgedruckt bei Erich Matthias und Rudolf Morsey, *Die Regierung des Prinzen Max von Baden*, Düsseldorf 1962, Dokument 6 c. Im folgenden zitiert als *Regierung des Prinzen Max*. Dieser wichtige Dokumentenband ist die Fortsetzung der oben öfter zitierten zweibändigen Quelle *Der Interfraktionelle Ausschuß*. Ich habe durch freundliche Vermittlung von Herrn Dr. Rudolf Morsey die Fahnenabzüge vor der Veröffentlichung benutzen können. Ich zitiere deswegen öfter die Dokumentennummer, nicht die Seitenzahl, da mir ein Umbruchexemplar nur ab S. 303 zur Verfügung stand. Über die Besprechung des Kabinettschefs von Berg mit Vertretern der Mehrheitsparteien berichten Dokumente 2 a (Nachlaß Erzberger) und 2 b (Nachlaß Berg) *ibid.* Berg hatte nur seine eigene Meinung wiedergegeben. Erzbergers Freunde im Auswärtigen Amt, Bergen und Rosenberg, erkundigten sich beim Kaiser und bei der Obersten Heeresleitung, ob Bergs Äußerung amtlich gewesen sei, und erhielten von beiden Stellen diplomatisch gehaltene negative Antworten, die sie Erzberger sofort im Reichstag mitteilten. Memorandum Erzbergers vom 2. Oktober 1918, jetzt abgedruckt *ibid.*, Dokument 13.

20) Protokoll der Zentrumssitzung vom 3. Oktober 1918, jetzt abgedruckt *ibid.*, Dokument 18.

tung zu übernehmen, vorausgesetzt, daß er eine seinen Fähigkeiten entsprechende Rolle spielen könne. Außerdem verlangte er, zur gleichen Zeit wie die anderen Staatssekretäre ernannt zu werden. Man hatte nämlich erwogen, seine Ernennung um einige Tage zu verschieben, um Zeit für die Überwindung der Hindernisse zu gewinnen. Erzberger bestand darauf, es dürfe nicht bekannt werden, daß in seinem Fall besondere Schwierigkeiten bestanden. Payer, der die Verhandlungen für den Prinzen Max führte, wollte ihn nur zum Unterstaatssekretär machen. Am 4. Oktober schrieb Erzberger:

> „Mittags ½ 12 Uhr teilte mir Herr von Bergen [vom Auswärtigen Amt] mit, daß Exzellenz Solf Staatssekretär des Auswärtigen Amtes würde. Ich möchte mich einverstanden erklären, das Unterstaatssekretariat im Auswärtigen Amt zu übernehmen. Ich sagte, daß ich mit meinen Freunden Rücksprache nehmen müßte. Ich ließ dann durch die Abgeordneten Gröber und Pfeifer mitteilen, daß ich es ablehnen würde, dieses Amt anzunehmen, da dem Zentrum ein Staatssekretariat zugesagt worden sei und ich nicht als Unterstaatssekretär arbeiten könnte, zumal mit Solf, der nichts von der Politik verstehe...
>
> 6 ½ Uhr teilte mir Herr von Payer mit, daß der Kaiser mich zum Staatssekretär ohne Portefeuille ernannt habe. Mein Aufgabenkreis würde mir später zugeteilt werden."[21])

Trotz des Widerstandes des Prinzen Max, Bergs und verschiedener prominenter Persönlichkeiten am Hofe war Erzbergers Ernennung im Grunde unumgänglich gewesen. Er war der Hauptschöpfer der im Juli 1917 zum ersten Male gebildeten Koalition, die nun endlich die Regierung in Deutschland übernahm. Sein Name war, zumindest im Inland, zum Symbol für einen Verständigungsfrieden geworden. Er war der einzige bürgerliche Politiker, der Anhänger in den breiten Massen des Volkes hatte – eine wichtige Tatsache in einer Zeit, in der die Treue der Volksmassen zu der neuen Ordnung gegen die Propaganda der Linksradikalen gestärkt werden mußte. Seine eigene Partei, deren rechter Flügel vorübergehend zum Schweigen gebracht worden war, erkannte seinen Anspruch auf ein Amt an. Die neue Regierung brauchte dringend seine durchgreifende Energie und Verantwortungsfreudigkeit, die ihn vor keiner unangenehmen Aufgabe zurückschrecken ließen.[22])

Als Vertreter des Zentrums wurden zusammen mit Erzberger auch Gröber und Trimborn zu Staatssekretären ernannt. Von den vier in Kapitel III geschilderten Zentrumsführern traten nun zwei in die Reichsregierung ein. Hertling hatte sich von der Politik zurückgezogen, Spahn war schon 1917 preußi-

---

21) Erzbergers Memorandum vom 4. Oktober 1918, vollständig abgedruckt in: *Regierung des Prinzen Max*, Dokument 22. Der Kaiser soll sich zur Zeit der Ernennung begeistert über Erzberger ausgesprochen haben: „Sehr erfreulich sei, daß eine solche vitale Kraft vor den Reichswagen gespannt werde; dieser werde nun rasch vorangehen." So berichtete der Gesandte Rosenberg zumindest an Erzberger am 9. Oktober, *ibid.*, Dokument 35.

22) Die Bemerkung von Admiral von Müller in: *Regierte der Kaiser?*, S. 427, die Ernennung Erzbergers sei vom Zentrum hauptsächlich als Demonstration gegen Bergs Veto erzwungen worden, unterschätzt Erzbergers Stellung in der Partei und in der Öffentlichkeit im Oktober 1918. Es galt bei den Mehrheitsparteien als selbstverständlich, daß der Hauptschöpfer der Friedensresolution in die Regierung gehöre.

scher Justizminister geworden. Damit hätte vor der Einführung des parlamentarischen Regierungssystems die Reichstagsfraktion alle ihre Führer eingebüßt, da die Reichsverfassung verbot, daß ein Abgeordneter gleichzeitig Bundesratsbevollmächtigter sei (was für einen Staatssekretär notwendig war). Diese unerträgliche Situation wurde durch die Verfassungsreform, die das Kabinett Max von Baden vorgeschlagen hatte, geändert. Der Kanzler, mit außenpolitischen Problemen stark beschäftigt, beauftragte Gröber, die Verfassungsänderung durch den Reichstag zu bringen, eine Aufgabe, die der alte Zentrumsführer zur Zufriedenheit aller ausführte. Das von Erzberger seit 1909 befürwortete volle parlamentarische Regierungssystem wurde nun endlich verwirklicht. Trimborn, der das Innenministerium übernommen hatte, zeigte sich der äußerst schwierigen Lage nicht gewachsen. Er hatte wenig Verständnis für die unterirdisch schwelenden explosiven Kräfte im politischen Leben Deutschlands und war mit den Jahren umständlich und unbeweglich geworden. Die Revolution der ersten Novembertage hatte er weder vorausgesehen noch geeignete Maßnahmen zu ihrer Unterdrückung getroffen.

Prinz Max beauftragte Erzberger am 21. Oktober 1918 offiziell mit der Leitung der Propagandaarbeit; er kam jedoch nicht dazu, in diesem Amt wirklich etwas zu leisten, da er schon sechzehn Tage später, am 6. November, zum Waffenstillstandskommissar ernannt wurde. Als Propagandachef unterstanden ihm das Kriegspresseamt (das ihn bis vor kurzem noch erbittert angegriffen hatte), die allgemeine Zensur (die bisher zu Schikanen gegen Sprecher der Mehrheitsparteien benutzt worden war), die „Zentrale für Heimatdienst“ (für Aufklärung im Inland) und der „Vaterländische Unterricht“ (zur Unterrichtung der Truppen über politische Fragen – bisher mit einer ausgesprochenen Rechtstendenz). Alle diese Stellen wies Erzberger an, die Regierungspolitik zu unterstützen: „Gesamter Regierungsapparat muß einschwenken auf Regierungsstandpunkt.“ Es ist aber hervorzuheben, wie begrenzt Erzbergers Einflußmöglichkeiten tatsächlich waren. Die Zensur für nicht-militärische Fragen wurde Mitte Oktober grundsätzlich aufgehoben. Die Einwirkung auf die sozialdemokratische Presse überließ Erzberger seinem Kollegen Scheidemann. In einer Kabinettssitzung am 27. Oktober äußerte sich Erzberger folgendermaßen: „Die Zentrumspresse unterstütze die Regierungspolitik. Die Regierung müsse aber ein großes Blatt in Berlin zur Verfügung haben. Die Norddeutsche Allgemeine Zeitung müsse noch weiter ausgebaut werden. Das genüge aber auch noch nicht. Wir müssen ein liberales Blatt haben, vielleicht vom Ullsteinkonzern. Besonders müßte auf die Morgenpost und die Berliner Zeitung Einfluß gewonnen werden. Ebenso auf die Vossische Zeitung, das werde aber schwer sein.“ Erzberger beklagte sich wiederholt über die Haltung der Presse, während sich andererseits Pressevertreter über ungenügende Informierung durch die amtliche Pressekonferenz beschwerten. Sie wurde nämlich weiter durch untergeordnete Beamte unter der Leitung des Pressechefs Deutelmoser geführt. In der Kabinettssitzung vom 30. Oktober erfolgte zum erstenmal der Vorschlag, „sie müsse von einem gewiegten Politiker übernommen werden, der den Verhandlungen des Kriegsrats [Kabinett] beiwohne und durch Zwischenfragen nicht in Verlegenheit gebracht werden könne." Erzberger schlug den sozialdemokratischen Unterstaatssekretär im Auswärtigen Amt Eduard David vor. Haußmann empfahl dagegen, Erzberger selbst mit der Sache zu betrauen. Die Frage wurde bis auf weiteres vertagt; die Regierung verkannte die entscheidene Bedeutung von Pressefragen. Haußmann wies noch einmal in der Kabinettssitzung vom 8. November darauf hin, daß ein neues Presseministerium nötig sei: „Es müsse die Vereinigung der Propagandastellen geschaffen werden. Erzberger solle den Mittelpunkt bilden, unter dem Deutelmoser es zu machen hätte." Zu jenem Zeitpunkt verhandelte Erzberger aber mit Marschall Foch in Compiègne, und am nächsten Tage brach die Revolution in Berlin aus.[23])

Erzbergers Einfluß auf die Presse beschränkte sich weitgehend auf die Ausgabe von Richtlinien durch die Zentrale für Heimatdienst; für die Befolgung seiner Anweisungen fehlte jedoch jegliche Garantie. Seine Hauptrichtlinien befaßten sich mit vorbereitenden Maßnahmen zur Weiterführung des Krieges, falls die Verhandlungen mit Wilson fehlschlagen sollten, der Bekanntmachung weitgehender Verfassungsänderungen sowie dem Schutz des Kaisers gegen die Forderung nach seiner Abdankung. Wir werden sehen, daß Erzberger in allen drei Punkten nur wenig Verständnis bei der Bevölkerung fand.

Erzbergers Bemühungen, die Öffentlichkeit auf die Möglichkeit einer Fortsetzung der Kriegshandlungen (falls die Ententemächte „unehrenhafte Bedingungen" stellen sollten) vorzubereiten, begannen mit einem großangelegten Interview in der Norddeutschen Allgemeinen Zeitung vom 13. Oktober, dessen forscher Ton selbst die Militärs befriedigte. Die Wirkung auf die Journalisten blieb indessen minimal. In der Kabinettssitzung vom 30. Oktober beschwerte sich Erzberger: „Alle Blätter hätten jetzt versagt; sie hätten in großem Stile schreiben müssen, daß Deutschland sich unehrenhafte Bedingungen nicht auferlegen lasse. Nach solchen Artikeln suche man aber fast vergebens, so daß der Feind die Anschauung gewinnen müsse, Deutschland könne und wolle keinen Widerstand mehr leisten."[24]) Man kann die mangelnde Wirksamkeit der Pro-

---

23) Über Erzbergers Propagandaaufgaben siehe Nicolai, *Nachrichtendienst, Presse und Volksstimmung*, Berlin 1920, S. 134 ff. Payer, *op. cit.*, S. 126; Erzberger, *Erlebnisse*, S. 313; Vogel, *op. cit.*, S. 59 f. Die Zitate in dem obigen Absatz sämtlich aus: *Regierung des Prinzen Max*, Dokument 42 (10. Oktober), S. 392 (27. Oktober), 425 (30. Oktober), 584 (8. November). Die Beauftragung Erzbergers mit „Maßnahmen der Heimataufklärung" wurde zuerst in einem gemeinsamen Memorandum von Erzberger, Scheidemann und Gröber am 10. Oktober vorgeschlagen. *Ibid.*, Dokument 41. Eine Besprechung am 11. Oktober unter dem Vorsitz von Vizekanzler Payer über die Vereinheitlichung des Presse- und Nachrichtenwesens unterstellte „sämtliche Nachrichten- und Aufklärungsstellen im Inland und sämtliche Propagandastellen im Ausland" dem Reichskanzler. *Ibid.*, Dokument 43. Max, bzw. Payer, beauftragte Erzberger als seinen Vertreter in diesen Fragen am 18. Oktober (siehe Pressechef Deutelmoser in der Kabinettssitzung vom 19. Oktober 1918. *Ibid.*, Dokument 70; Payers Notiz, Dokument 41, Anm. 3). Die offizielle Ernennung wurde bis zum 21. Oktober hinausgeschoben, weil die Formalitäten von Erzbergers Ernennung zum Staatssekretär erst erledigt werden mußten.

24) *Regierung des Prinzen Max*, S. 425.

pagandatätigkeit Erzbergers kritisieren, aber an „gutem Willen“ – im „patriotischen“ Sinne – hat es ihm sicher nicht gefehlt.

Durch die Propagandaarbeit keineswegs ausgefüllt, beschäftigte sich Erzberger mit dem wichtigsten außenpolitischen Problem, das die Regierung zu lösen hatte: dem diplomatischen Notenaustausch mit Präsident Wilson. Noch vor seiner Ernennung zum Staatssekretär hatte er darauf hingewiesen, daß Deutschlands erste Note die ausdrückliche Anerkennung der vierzehn Punkte enthalten müsse, obwohl Prinz Max sie lediglich als Grundlage für weitere Verhandlungen ansah.[25] Zusammen mit Scheidemann wurde Erzberger im Kabinett zum Hauptfürsprecher für die Anerkennung der immer weitergehenden Forderungen, die Wilson an Deutschland stellte. Die Haltung der beiden schilderte Prinz Max mit verächtlichen Worten:

> „Auch sie kannten die Länder und die Menschen nicht, auf die sie wirken wollten. Aber sie hatten ein unbegrenztes Zutrauen zu ihrem gesunden Menschenverstand und zu ihrer Intuition, seitdem sie rechtzeitig gefordert hatten, den Verteidigungscharakter des deutschen Krieges zu betonen [im Gegensatz zu den vorherrschenden Annexionisten]. So traten sie mit dem Sicherheitsgefühl in mein Kabinett ein: wir haben uns in der auswärtigen Politik bewährt. Auch in den Beratungen des Oktober und November fehlte es ihnen nicht an guten Einfällen und treffenden Worten. Aber in der entscheidenden Frage der auswärtigen Politik trog sie ihr Instinkt. Sie hatten eine übertriebene Scheu, Wilson durch eine stolze Sprache zu reizen, und wollten nicht glauben, daß Herrenvölker wie die angelsächsischen nur härter werden, wenn sie der Unterwürfigkeit begegnen. Das Unglück wollte, daß die beiden Herren es sich selbst und ihren Parteien schuldig zu sein glaubten, an den öffentlichen Staatsdokumenten mitzuarbeiten.“[26]

Die deutsche Regierung war erleichtert, als Präsident Wilson sich bereit erklärte, in einen diplomatischen Austausch einzutreten. Der amerikanische Präsident zeigte großen Mut, als er sich um einen Verhandlungsfrieden bemühte trotz des Widerstandes seiner Verbündeten, die seinem Idealismus mißtrauten, und trotz der von Theodore Roosevelt und Senator Lodge geschürten unvernünftigen Forderungen der Republikaner nach bedingungsloser Kapitulation.[27] Die Öffentlichkeit der Ententeländer wollte größtenteils nicht glauben, daß die neue deutsche Regierung die Entmachtung der preußischen Militärkaste bedeute, und betrachtete den Friedensappell des Prinzen Max als einen Versuch, unter den

---

25) Erzbergers Unterredung mit Haniel im Auswärtigen Amt am 3. Oktober 1918. *Erzberger Dokumente*, Akte 56. Übrigens soll Erzberger im Sinne des Prinzen Max ein Gegner des Waffenstillstandsangebots gewesen sein. Graf Friedrich von Galen schrieb am 10. Oktober: „Viele, sogar Erzberger, nannten das Friedensangebot im jetzigen Augenblick verfrüht und ungeschickt.“ *Regierung des Prinzen Max*, Dokument 38.

26) Max, Prinz von Baden, *Erinnerungen und Dokumente*, Berlin 1927, S. 372. Das vernichtende Urteil des Prinzen Max über Erzbergers Dilettantismus in außenpolitischen Fragen ist übertrieben, aber nicht unbegründet. Vgl. z B. Erzbergers Urteil über Wilson, als er sich aus guten Gründen einer Botschaft des deutschen Reichstags an den amerikanischen Kongreß widersetzte. Der amerikanische Präsident würde sich verletzt fühlen, denn „Wilson ist ein eitler Herr, wie mir gute Kenner von Amerika gesagt haben“. *Regierung des Prinzen Max*, Dokument 4.

27) Harry Rudin, *Armistice 1918*, New Haven 1944, Kap IV. Diese solide und umfassende Arbeit ist ein hervorragender Führer durch die verwickelten Ereignisse des Oktober und November 1918. Besonders gut in der Verbindung deutscher, englischer, französischer und amerikanischer Quellen.

Feinden Deutschlands Zwietracht zu säen. Wilson war genötigt, dem Rechnung zu tragen und Deutschland als Voraussetzung für einen Waffenstillstand folgende scharfe Forderungen zu stellen: alle vierzehn Punkte müssen vorbehaltlos angenommen werden; sämtliche besetzten Gebiete sind zu räumen; es müssen Garantien für die Aufrechterhaltung der bestehenden militärischen Überlegenheit der Entente gegeben werden; der U-Bootkrieg ist sofort einzustellen; als sichere Gewähr dafür, daß die neue deutsche Regierung ein zuverlässiger Verhandlungspartner sein wird, müssen alle autokratischen Einflüsse beseitigt werden (das wurde als Wink verstanden, daß Kaiser Wilhelm abdanken solle). Vom Standpunkt der Entente waren diese Forderungen verständlich, wenn auch die Tatsache, daß sie in aufeinanderfolgenden Noten (anstatt alle auf einmal) gestellt wurden, die Verhandlungen bedauerlich hinzogen. Die ungeduldigen deutschen Volksmassen, die fürchteten, der Friedensschluß werde willkürlich verzögert, trieben in eine unnötige Revolution hinein, die die Kontinuität der politischen Tradition in Deutschland zerstörte.[28])

In den Kabinettssitzungen über die deutschen Antworten an Wilson drängte Erzberger immer wieder darauf, dem amerikanischen Präsidenten weitgehend entgegenzukommen. Das bedeutete jedoch nicht, daß er auf einen festen Ton Deutschlands verzichten wollte. Er unterstützte zum Beispiel Oberst von Haeften, den Vertreter Ludendorffs, der in der Beratung vom 12. Oktober einen „harten" Zusatz zu der zweiten deutschen Note vorschlug. Haeften verlangte die Hinzufügung des folgenden Satzes: „Die deutsche Regierung nimmt an, daß auch die anderen Regierungen der Alliierten sich auf den Boden der Kundgebungen des Präsidenten stellen." Der Staatssekretär des Auswärtigen Solf fürchtete, „daß diese Einfügung Wilsons Vermittlerrolle vielleicht unmöglich machen" und zum Abbruch der Verhandlungen führen könnte. Haeften hat überliefert, daß „Staatssekretär Erzberger in besonders wirksamer Rede unter geschickter Begründung sich für die Aufnahme einsetzte. Seine glänzende Beredsamkeit hatte eine überraschende Wirkung. Das gesamte Kabinett einschließlich des Staatssekretärs Solf erklärte sich nunmehr mit der Aufnahme des von mir formulierten Zusatzes einverstanden." Es war also wenigstens zum Teil Erzbergers Verdienst, wenn Wilson gezwungen wurde, die Zustimmung der Ententemächte zu den 14 Punkten vor Abschluß der Verhandlungen ausdrücklich zu fordern.[29])

Erzbergers erstaunliche Wandlungsfähigkeit trat bei den Kabinettssitzungen am 19. Oktober über die dritte deutsche Note an Wilson deutlich zutage. Der amerikanische Präsident hatte in seiner zweiten Note vom 14. Oktober unter anderem ausgeführt, die Vereinigten Staaten könnten keinen Waffenstillstand

---

28) Siehe die zeitgenössische Kritik an Wilson von Max Weber in der *Frankfurter Zeitung* von Mitte Oktober bei Marianne Weber, *Max Weber. Ein Lebensbild*, Tübingen 1926, S. 638.
29) Das Protokoll der Kabinettssitzung vom 10. Oktober ist in *Regierung des Prinzen Max* als Dokument 46 abgedruckt. Haeftens *Erinnerungen* sind *ibid.* in Anm. 10 zitiert.

in Erwägung ziehen, „solange die Streitkräfte Deutschlands fortfahren, die ungesetzlichen und unmenschlichen Praktiken durchzuführen, bei denen sie noch verharren“, zum Beispiel bei der Weiterführung des U-Bootkrieges. Solf verlangte die sofortige Beendigung des U-Bootkrieges, stieß aber verständlicherweise auf den Widerstand des Marinesekretärs Mann und des Admirals Scheer. Prinz Max berichtet in seinen „Erinnerungen“: „Sie wandten sich gegen jede Konzession in der U-Bootfrage. Erzberger unterstützte den Standpunkt der Marine. Vergeblich wies ich die Herren auf die Gefahren neuer Rückfragen hin und auf die Notwendigkeit, Wilson gegen den englisch-französischen Druck stark zu machen. Scheidemann, Haußmann und Scheuch [Kriegsminister] sekundierten mir.“[30]) Erzberger blieb hartnäckig bei seinem Standpunkt: „Keine U-Bootskonzessionen.“ Es ist bezeichnend für seine starke Stellung im Kriegskabinett, daß er daraufhin „vom Kanzler den Auftrag erhielt, während der Mittagspause eine entsprechende Umredigierung der Solfschen Antwortnote zu entwerfen – obwohl der Staatssekretär Dr. Solf gegen diese Einmischung in die ihm ressortmäßig zufallende Arbeit gekränkt Einspruch erhob.“ Man sieht, Erzberger war nicht der Mann, sich entweder einschüchtern zu lassen oder sich unter Kabinettskollegen populär zu machen![31])

Er war zwar hartnäckig, aber nicht unbelehrbar. Das Kabinett versammelte sich nach der Mittagspause zur weiteren Beratung der deutschen Antwortnote an Wilson. Drei Diplomaten, Graf Wolff-Metternich, Graf Brockdorff-Rantzau und Friedrich Rosen, waren als „bewährte Kenner der Psyche fremder Völker“ aus dem Auswärtigen Amt zur Begutachtung der U-Bootfrage eingeladen worden. Sie sprachen sich einstimmig für die sofortige Einstellung des U-Bootkrieges aus. Erzberger war von ihren Ausführungen tief beeindruckt. Der Saulus verwandelte sich in einen Paulus. Ein Bericht aus der Sitzung schildert die neue Lage:

> „Der Admiral [Scheer] redete jetzt vor tauben Ohren, die Marine blieb mit ihrer Auffassung allein. Die Kabinettsmitglieder, die noch vor wenigen Stunden starke, eindrucksvolle Worte gegen die Beugung unter Wilsons Note und im besonderen gegen die bedingungslose Preisgabe unserer U-Bootwaffe gefunden hatten, schwiegen oder stimmten jetzt ebenso eifrig dagegen. Zu Solf und Scheidemann trat jetzt Erzberger, die anderen mit seiner Beredsamkeit mitreißend.“[32])

Erzberger ließ sich auch nicht davon beeindrucken, daß Ludendorff sich noch am selben Abend auf die Seite Scheers stellte und seine Zustimmung zu der vom Kabinett beschlossenen Aufhebung des U-Bootkrieges verweigerte. Im Gegenteil, er forderte in der Kabinettssitzung vom 20. Oktober die rücksichtslose Auseinandersetzung mit der Obersten Heeresleitung: „Wir müssen verlangen,

---

30) Max, *Erinnerungen*, S. 459.
31) Über die Sitzung des Kriegskabinetts am 19. Oktober 1918 berichten Dokumente 71 a (Haußmann) und 71 b (Admiral Scheer) in: *Regierung des Prinzen Max.*
32) Konteradmiral Magnus von Levetzow in Dokument 72 b in: *Regierung des Prinzen Max.*

daß die OHL vorbehaltlos auf den Standpunkt der Note sich stellt."[33]) Er war sogar bereit, im Ernstfall die OHL durch Bekanntmachung der Tatsache zu kompromittieren, daß sie Anfang Oktober das Waffenstillstandsangebot gefordert hatte.[34])

Ludendorff hatte seine Selbstsicherheit plötzlich wiedergewonnen und wollte nun die unheilvolle Politik, die er Ende September selbst eingeleitet hatte, rückgängig machen. Das Kabinett war ratlos, da es sich noch nicht daran gewöhnt hatte, gegen den Willen der Obersten Heeresleitung zu handeln. Als die Frage, was gegenüber Ludendorff zu tun sei, am 21. Oktober erneut erörtert wurde, wies einer der engsten Mitarbeiter des Prinzen Max, Kurt Hahn,[35]) darauf hin, daß eine offene Meinungsverschiedenheit zwischen dem Kabinett und der Obersten Heeresleitung keine verheerende Wirkung haben müßte, sondern ganz im Gegenteil von ausgesprochenem Vorteil wäre, da sie die neugewonnene Vorrangstellung der Zivilbehörden deutlich machen würde. Hahn sagte zu Haeften, dem Verbindungsmann Ludendorffs zum Auswärtigen Amt,

> „daß es keinen größeren Beweis ihrer [der Kabinettsmitglieder] Macht gäbe, als wenn General Ludendorff sich fügte, obgleich er nicht überzeugt sei. Das leuchtete Haeften ein. Er eilte in das Beratungszimmer [des Kabinetts] zurück, wo er den rührigsten Staatssekretär, Herrn Erzberger, in eine Ecke zog und ihm darlegte: Die politische Macht läge jetzt in den Händen der Regierung, die Oberste Heeresleitung sei kein politischer Faktor mehr. Nicht darauf käme es an, daß die O.H.L. und die Reichsleitung stets einer Meinung seien, sondern daß die Reichsleitung immer die ihrige durchsetze. Erzberger fiel es wie Schuppen von den Augen: ‚Da haben Sie eigentlich ganz recht, es ist nur gut, wenn man in der Welt weiß, daß wir eigentlich die Herren im Hause sind;' und schnell entschlossen ergriff er die Gelegenheit, der Mann zu sein, der die Krisis beschwor. Er holte sich nun Scheidemann beiseite und redete eine Viertelstunde auf ihn ein. Dann bat er ums Wort und hielt eine schwungvolle Rede: Es würde eine Blamage für das ganze Kabinett sein, wenn es zu seiner Rückendeckung der erzwungenen Zustimmung der Obersten Heeresleitung bedürfte. Scheidemann sekundierte."[36])

Erzberger wurde einer der Väter des vorübergehenden Kompromisses zwischen der Regierung und der Obersten Heeresleitung, nach dem Ludendorff

---

33) Siehe den Bericht über die Sitzung des Kriegskabinetts aus dem Nachlaß Haußmann, Dokument 76 a in: *Regierung des Prinzen Max.*

34) Diese Drohung widersprach seiner Haltung von Anfang Oktober und zeigt, wie bitterernst ihm die Auseinandersetzung mit Ludendorff war. In der Sitzung des Interfraktionellen Ausschusses vom 4. Oktober verlangte der Sozialdemokrat David die Bekanntmachung der Initiative der OHL bei dem Waffenstillstandsangebot, um eine Verschiebung der Verantwortung zu verhindern. Damals hatte sich Erzberger energisch widersetzt mit der stolzen Bemerkung: „Ich trage lieber das Odium innenpolitisch, als daß ich für das Ausland wirken soll", denn die Siegeszuversicht der Alliierten würde natürlich durch die Bekanntmachung von Ludendorffs Panik gestärkt. *Regierung des Prinzen Max,* Dokument 21.

35) Dieser bemerkenswerte Mann hat die Memoiren des Prinzen Max zum größten Teil verfaßt. Als Leiter der Schule Salem in den zwanziger Jahren erwarb er sich einen großen Ruf als Erzieher; nach der nationalsozialistischen Machtübernahme gründete er ein Internat in Schottland. Die Mehrheit der Regierungsmitglieder stand ihm im Oktober feindselig gegenüber wegen seiner engen Beziehungen zum Reichskanzler, zu dem sie kein ähnliches Vertrauensverhältnis hatten. Haeften sprach von ihm verächtlich als „Landsturmmann Hahn". So in einer Beratung vom 4. Oktober: „Schweigen Sie — Sie sind der Landsturmmann Hahn, der in dieser ernsten staatspolitischen Angelegenheit nicht mitzureden hat." (Es handelte sich um die Vorbereitung einer Kanzlerrede.) *Regierung des Prinzen Max,* Dokument 23 a.

36) Max, Prinz von Baden, *op. cit.*, S. 471. Vgl. den Bericht in Haeftens *Erinnerungen*, Dokument 78 b in: *Regierung des Prinzen Max.*

ausdrücklich auf jede politische Rolle verzichtete, dafür aber nicht gezwungen wurde, seine Zustimmung zu Abmachungen zu geben, die er als für einen Soldaten ehrenrührig empfand. Doch diese Art von Kompromiß genügte nicht, um eine ständige Zusammenarbeit zu ermöglichen. Die meisten Kabinettsmitglieder hatten begonnen, an Ludendorffs militärischem Urteil zu zweifeln, als sich die Westfront trotz seiner panischen Befürchtungen vom 29. September festigte, und es war verständlich, daß sie das unabhängige Urteil anderer Generäle über die militärische Lage zu hören wünschten. Darauf hatte Erzberger schon Anfang Oktober gedrängt, die Sache war aber fallengelassen worden, nachdem Ludendorff mit seinem Rücktritt drohte.37) Der unvermeidliche Konflikt zwischen der Regierung und dem General erreichte den Höhepunkt, als die Oberste Heeresleitung am 24. Oktober einen Armeebefehl herausgab, in dem die Bedingungen der am gleichen Tage eingetroffenen dritten Note Wilsons abgelehnt wurden. Dieser Armeebefehl war ein direkter Verstoß gegen die Vereinbarung vom 21. Oktober.38)

In der Kabinettssitzung vom 24. Oktober polemisierte Erzberger scharf gegen Ludendorff. „General Ludendorff ist ein geschlagener General. Er hat uns durch seine Übergriffe in die Politik und nicht rechtzeitiges Einlenken in die verzweifelte Lage gebracht." Die Fortwirkung des Mythos Ludendorff wird aber durch die Tatsache bestätigt, daß selbst Erzberger noch nicht offen für die Verabschiedung des Generals eintrat. Es sei „trotzdem vielleicht zu viel, seinen Rücktritt zu f o r d e r n." Nur Solf verlangte eindeutig die sofortige Verabschiedung; die Mehrheit des Kabinetts – einschließlich Erzberger – zog es vor, den Rücktritt Ludendorffs der „Entwicklung" zu überlassen. Man hoffte, der General, der sich des Gegensatzes zur Regierung bewußt war, werde aus freien Stücken zurücktreten.39)

Angesichts der Unentschlossenheit des Kabinetts raffte sich der Reichskanzler zu einem großen Entschluß auf; ein einziges Mal in diesen Tagen zeigte er, daß es ihm nicht völlig an Führereigenschaften mangelte. In einem Brief an den Kaiser vom 25. Oktober verlangte er Ludendorffs Rücktritt und stellte die Kabinettsfrage. Der Kaiser entließ darauf Ludendorff am nächsten Tage, Nachfolger wurde General Wilhelm Groener. Die Regierung brachte es mit großem Geschick fertig, den Volkshelden Hindenburg auf seinem Posten als (nomineller) Chef des Generalstabes zu halten. Es gelang dadurch, die Sorgen und Befürchtungen im Volke in einem Augenblick zu beschwichtigen, in dem die Nation unter dem Eindruck starker psychologischer Schocks stand. Man hoffte, diese Veränderung

37) *Amtliche Urkunden*, S. 77 und 92. (Sitzungen vom 6. und 10. Oktober 1918.)

38) Haeften, Dokument 86 in *Regierung des Prinzen Max*, beweist, daß Ludendorff in gutem Glauben handelte und von dem Vorwurf, er habe die Regierungspolitik vereinbarungswidrig sabotiert, freizusprechen ist. Dies ändert aber nichts daran, daß der Gegensatz zwischen Reichsregierung und Oberster Heeresleitung objektiv unüberbrückbar geworden war und die Verabschiedung Ludendorffs erforderlich machte.

39) Siehe das amtliche Protokoll über die Sitzung des Kriegskabinetts vom 24. Oktober. Dokument 89 a in: *Regierung des Prinzen Max*.

in der Obersten Heeresleitung werde die Ententemächte davon überzeugen, daß die Macht der Militärclique endlich gebrochen sei.[40])

Das Kriegskabinett beriet die vierte deutsche Note an Wilson am 26. Oktober. Solf verlangte jetzt – und dies entsprach dem ausdrücklichen Wunsch des erkrankten Reichskanzlers – eine „harte Note" in der Form eines eindringlichen Protestes gegen die gefürchteten möglichen, aber noch nicht vorliegenden „unehrenhaften" alliierten Bedingungen: Deutschland sei zu einem Waffenstillstand, keineswegs aber zur Waffenstreckung bereit. Erzberger und Scheidemann stellten sich auf den Standpunkt, eine solche „Drohung" könnte Wilson zum Abbruch der Verhandlungen veranlassen. Scheidemann sprach offen aus, was viele dachten: „Sind wir im übrigen nicht in der Lage, daß wir uns alles gefallen lassen müssen?" Erzberger war im Grunde derselben Meinung; sein wacher politischer Instinkt sagte ihm, daß das deutsche Volk auch bei unehrenhaften Bedingungen weder materiell noch psychisch zu einer letzten heroischen Kraftanstrengung in der Lage sein würde. Vier Jahre Krieg hatten die Volkswirtschaft ausgepumpt, und der Schock infolge des überstürzten Waffenstillstandsangebots vom 4. Oktober, das ein vollständig unvorbereitetes Volk wie ein Blitzstrahl traf, hatte chaotische Auswirkungen. Aus diesem Grunde verlangte Erzberger, daß die Gegenüberstellung von Waffenstillstand und Waffenstreckung aus der Note an Wilson gestrichen werde. Zusammen mit Scheidemann entwarf er einen konzilianten Text, der aber vom Kabinett nicht angenommen wurde. Trotzdem kam es am nächsten Tage nochmals zu einer Kabinettsberatung, denn Solf hatte mittlerweile — unter anderem durch den Einfluß Bethmann Hollwegs, den er auf einer privaten Abendgesellschaft traf — Angst vor seiner eigenen Courage bekommen. Der endgültige Text der deutschen Note lehnte sich weit mehr an die Erzberger-Scheidemannsche Formulierung als an den für Solf ausgearbeiteten Referentenentwurf des Auswärtigen Amtes an.[41])

Erzberger billigte im Laufe des Oktobers die ausdrückliche Annahme der Vierzehn Punkte, die Räumung der besetzten Gebiete und die Einstellung des U-Bootkrieges. Einer Forderung aber, die Wilson in verschleierter Form gestellt hatte, widersetzte er sich entschieden: der Abdankung des Kaisers. Angesichts der weit-

40) Über die Entlassung Ludendorffs siehe Max, *Erinnerungen*, Teil III, Kap. VIII; Schreiben von Max an den Kaiser vom 25. Oktober, Dokument 94 in: *Regierung des Prinzen Max;* und die dramatische Schilderung Haeftens *ibid.*, Dokument 95.

41) Siehe die Kabinettsprotokolle vom 26. und 27. Oktober in: *Regierung des Prinzen Max*, S. 365—377, 384—393. Der Text der Scheidemann-Erzberger-Formulierung auf S. 374, Anm. 45 a; der endgültige Text der deutschen Antwortnote in: *Amtliche Urkunden*, S. 208. Erzberger zeigte übrigens seinen unverwüstlichen Optimismus in der durch die Entwicklung bald getäuschten Hoffnung: „Wir müßten Waffenstillstand und Frieden unterscheiden. Wir könnten einen schlechten Waffenstillstand und doch einen guten Frieden erhalten." *Regierung des Prinzen Max*, S. 372. Haußmann sah die Dinge nüchterner: „Erzberger gebe sich einem Irrtum hin; erhielten wir einen schlechten Waffenstillstand, dann bekämen wir auch einen schlechten Frieden." *Ibid.*, S. 374. Erzberger stellte sich spätestens ab 28. Oktober auf den Standpunkt, daß selbst ein schlechter Waffenstillstand unbedingt angenommen werden müsse. Kabinettssitzung *ibid.*, S. 403 f. Als General Groener am 5. November dem Kabinett die Hoffnungslosigkeit der militärischen Lage erläuterte, zog Erzberger die Konsequenzen: „Könne General Groener die Verantwortung übernehmen, daß noch weiteres Blut vergossen werde, wenn die Lage sich nicht verbessern lasse?" *Ibid.*, S. 533. Die Zentrumsfraktion hatte sich übrigens schon am 24. Oktober eindeutig gegen eine Politik der verzweifelten „letzten nationalen Anstrengung" ausgesprochen. *Ibid.*, S. 340.

verbreiteten Meinung – mochte sie richtig oder falsch sein –, Deutschland werde günstigere Friedensbedingungen erreichen, wenn es den Kaiser vom Thron stoße, sah Erzberger zwar ein, daß eine Änderung in der Person des Herrschers fast unvermeidlich sei, er fühlte sich jedoch durch den Eid, den er als Staatssekretär geleistet hatte, gehindert, unmittelbaren Druck auszuüben, um diese Änderung herbeizuführen.[42]) Er hoffte wohl, Kaiser Wilhelm werde das Unvermeidliche selbst einsehen, hielt es aber für unwürdig, wenn das deutsche Volk jetzt den früher umjubelten Herrscher einfach von sich stieße. In der Kabinettssitzung vom 31. Oktober, in der die Sozialdemokraten die Abdankung verlangten, äußerte sich Erzberger sehr energisch zu dieser Frage:

„Ein Schweizer hat mir gesagt, wenn Deutschland den Kaiser wegjagt, wird das Ausland sagen: die Deutschen sind als Sieger brutal, als Besiegte verächtlich. Und da hat er recht, wenn wir mit dem Kaiser ein Geschäft machen. Sie glauben, durch die Abdankung bessere Bedingungen zu erlangen? Ich glaube, die Bedingungen stehen fest. Dann ist das Opfer vergeblich gebracht. Es wäre ein politischer Nachteil, wenn unmittelbar vor dem Eingang der Bedingungen der Kaiser abdankte. Dann wäre er vor ihnen geflohen, das würde niederschmetternd wirken. Ich kenne die Stimmen aus dem Ausland: wenn ein deutscher Diplomat den [belgischen] Kardinal Mercier fragt, ob der Kaiser abdanken solle, so gehört er gehängt, und wenn der Kardinal von selbst davon spricht, und der Diplomat protestiert nicht, so gehört er auch gehängt. Wenn ein deutscher Diplomat [Brockdorff-Rantzau] den dänischen Minister fragt, wie er darüber denke, so kann ich nur mein lebhaftes Bedauern aussprechen, daß man den Minister eines ausländischen Kleinstaats in einer Lebensfrage des deutschen Volkes mitsprechen läßt. Selbst die Engländer fürchten als Folge der Abdankung des Kaisers den Bolschewismus in Deutschland."[43])

Erzberger lehnte es ab, daß ein Druck auf den Kaiser ausgeübt werde, und faßte seine Einwände noch am selben Tage in einem Brief an Pacelli zusammen:

„Die Bedenken, welche gegen eine Abdankung im jetzigen Augenblick sprechen, gehen dahin, daß nicht nur die jetzige Regierungsmehrheit hierdurch auf das schwerste erschüttert werden würde [da viele Zentrumsabgeordnete Erzbergers Bedenken teilten], sondern daß sowohl im Heer wegen der Neu-Beeidung Schwierigkeiten entstehen könnten als auch im Innern, da als Kaiser der älteste Enkel des Kaisers, d. h. der älteste Sohn des Kronprinzen [der Kronprinz selbst wurde offensichtlich abgelehnt] in Betracht kommt, ein Knabe von zwölf Jahren, als Regent der nächste preußische Agnat, Prinz Eitel Friedrich, der älteste Bruder des Kronprinzen, ein politisch vollständig unbedeutender Mann. Die Abdankung würde zu lebhaften politischen Bürgerkämpfen, wenn auch unblutiger Art, führen und so Deutschland schwächen. Darum vertrete ich und mit mir sämtliche Mitglieder der Regierung [sic!] die Auffassung, daß die Abdankung im jetzigen Augenblick Deutschland nichts nützen, sondern nur schaden würde, daß die Abdankung nicht durch den Druck des eigenen Volkes vor sich gehen solle, sondern ein freiwilliger Entschluß des Kaisers bleiben müsse, und daß sie höchstens dann erfolgen könne, wenn unabweisbare

---

42) Richthofen in: *Erzberger Heft*, S. 689. Über Erzbergers Einstellung zur Abdankungsfrage siehe Bachem, *Zentrumspartei*, Bd. IX, S. 483 ff.
43) *Regierung des Prinzen Max*, S. 446.

Tatsachen vorliegen, welche zu der Auffassung zwingen, daß Deutschland ohne den Kaiser einen besseren Frieden erhalten würde."[44])

Erzberger bemühte sich verzweifelt, die Volksstimmung in einem kaiserfreundlichen Sinne zu beeinflussen. Die Zentrale für Heimatdienst gab am 31. Oktober „Richtlinien für die Kaiserfrage" aus, die sich entschieden gegen die Abdankung wandten.[45]) Erzberger benutzte seinen Einfluß auf die Zentrumspresse und die christlichen Gewerkschaften, um eine systematische Gegenpropaganda gegen die Abdankungsforderung einzuleiten. Er veranlaßte die Reichstagsfraktionen der Nationalliberalen, der Volkspartei, der Christlich-Sozialen und der Sozialdemokraten, die öffentliche Forderung nach Abdankung wenigstens bis zum Bekanntwerden der Ententebedingungen zurückzustellen.[46]) Er betonte immer wieder, daß Wilson und die Alliierten die Abdankung ja gar nicht ausdrücklich gefordert hätten, sondern nur Garantien gegen die früher vorherrschenden autokratischen Einflüsse verlangten. Diese seien aber durch die vom Reichstag vor kurzem angenommenen weitreichenden Verfassungsänderungen gegeben.[47])

Erzberger muß als einer der Hauptverantwortlichen für die ernsten Folgen gelten, die daraus entstanden, daß die Regierung den Kaiser nicht rechtzeitig zum Thronverzicht zwang. Hätte er Mitte Oktober abgedankt, so wäre die Monarchie wahrscheinlich gerettet und damit die äußere Kontinuität der verfassungsrechtlichen Entwicklung in Deutschland gewahrt worden. Die deutsche Verhandlungsposition gegenüber Wilson wäre verbessert worden, weil die grundsätzliche Natur der bereits vollzogenen Verfassungsänderungen deutlicher zutage getreten wäre. Vor allem aber hätte eine Abdankung das deutsche Volk selbst von der Realität und dem Ausmaß dieser Veränderungen überzeugt und damit vielleicht eine Revolution überflüssig gemacht. Die Politik des Prinzen Max, die auf Frieden und Demokratisierung gerichtet war, verkörperte alles, was die Mehrheit des deutschen Volkes wirklich wollte; die Wahlen vom Januar 1919 sollten zeigen, daß für den weiteren Schritt, die Erreichung des Sozialismus, keine Mehrheit vorhanden war. Wie nahe Deutschland durch die Verhandlungen mit Wilson bereits einem Waffenstillstand war, konnte die Regierung dem Volke nicht sagen, weil

---

44) Erzberger an Pacelli am 31. Oktober 1918. *Erzberger Dokumente*, Akte 56. Über Erzbergers Haltung siehe ferner den Bericht des Grafen Lerchenfeld an Ministerpräsident Dandl vom 31. Oktober 1918. *Regierung des Prinzen Max*, S. 449 f. Der Wunsch, die Reichseinheit unter allen Umständen zu erhalten, spielte bei Erzbergers politischer Haltung auch eine wesentliche Rolle. Schon in der Kabinettssitzung vom 7. Oktober, als die Kaiserfrage zum erstenmal zur Sprache kam, sagte er: „Republik wäre Untergang des Reiches. Süddeutsche Staaten sind streng monarchisch." *Ibid.*, Dokument 29.

45) Abgedruckt bei Alfred Niemann, *Revolution von oben — Umsturz von unten*, Berlin 1928, S. 220 ff. Die sozialdemokratischen Führer — die in der Kaiserfrage unter dem starken Druck der Unabhängigen standen — wurden durch Erzbergers Richtlinien in eine schwierige Lage gebracht. David sagte noch am 8. November vor dem Interfraktionellen Ausschuß: „Der Heimatdienst Erzbergers steigerte die Verwirrung [in der Kaiserfrage]." *Regierung des Prinzen Max*, S. 602.

46) Lerchenfeld an Dandl am 31. Oktober 1918. *Regierung des Prinzen Max*, S. 449 f.

47) Bei seinen Bemühungen, in der Kaiserfrage für Mäßigung zu sorgen, bediente sich Erzberger nicht der Zensur. In der Kabinettssitzung vom 28. Oktober forderten verschiedene Staatssekretäre, darunter auch Gröber und Trimborn, die rücksichtslose Durchführung des — de facto schon lange durchlöcherten — Zensurverbots in bezug auf die Abdankungsfrage. Erzberger stellte sich auf den entgegengesetzten Standpunkt unter anderem auch deshalb, weil die Auflockerung der Zensur zu den Errungenschaften der neuen Regierung gehöre; außerdem versprach er sich mehr von einer indirekten Beeinflussung der Presse. *Ibid.*, S. 416.

sie im Ausland nicht den Eindruck der Schwäche erwecken wollte, aber sie hätte im Inland für eine geschicktere Aufklärungsarbeit sorgen müssen, um dem Volk begreiflich zu machen, daß alle seine innenpolitischen Forderungen erfüllt und revolutionäre Gewalttaten daher sinnlos seien. Der Umfang des Erreichten wurde verschleiert, weil Prinz Max als Fürst ein schlechtes Symbol für die Demokratisierung war. Aber die Verfassungsänderung war auch unbemerkt vom Volke vonstatten gegangen, fehlte doch das große dramatische Ereignis — wie es die Abdankung des Kaisers gewesen wäre —, das die Phantasie der Volksmassen beeindruckt hätte.

Erzberger hat als der mit der Propagandaarbeit beauftragte Staatssekretär vergeblich versucht, dem Volke die Tragweite der erreichten Verfassungsänderungen bewußt zu machen. Die Richtlinien der Zentrale für Heimatdienst für die Pressebehandlung „der vom Reichstag beschlossenen Verfassungsänderungen" (26. Oktober 1918) würden einem Staatsrechtslehrer zur Ehre gereichen. Sie bringen eine gründliche Übersicht über die alten und neuen Bestimmungen zum Verhältnis zwischen Kanzler und Reichstag, Kanzler und Kaiser, Militärgewalt und Zivilgewalt, über die Neuregelung der Kommandogewalt des Kaisers und über die Beschließungen im Hinblick auf Kriegserklärungen oder die Ratifizierung von Friedensverträgen.[48]) Leider fehlte eine wirksame propagandistische Auswertung der neuen Bestimmungen durch vereinfachende Schlagworte, obwohl Erzberger schon am 18. Oktober im Kabinett programmatisch erklärt hatte: „Presse muß beweisen, daß wir jetzt freiheitlicher sind als irgendein anderer Staat!"[49])

Die Revolution brach im November aus, weil viele Menschen unter dem Einfluß der meuternden Matrosen irrigerweise glaubten, Deutschland werde noch immer von der alten Clique beherrscht, die sich während des ganzen Krieges dem Fortschreiten demokratischer Regierungsweise in Preußen und dem Wilsonschen Versöhnungsfrieden widersetzt hatte.[50])

Kurz nachdem Erzberger in das Kabinett eingetreten war, traf ihn ein schwerer Schicksalsschlag. Sein einziger Sohn Oskar, der viele der ungewöhnlichen Eigen-

---

48) Abgedruckt *ibid.*, S. 378—382.
49) *Ibid.*, Dokument 68.
50) Die beste Darstellung dieser Gedankengänge findet sich bei Rosenberg, *Entstehung*, Kap. VII. Der weitverbreitete Eindruck, daß sich in Deutschland „nichts geändert habe", wurde durch die andauernde Sabotage der neuen Regierungspolitik von untergeordneten zivilen und militärischen Behörden genährt. Erzberger setzte sich im Laufe des Oktober immer wieder für die energische Ausmerzung sabotierender Elemente ein, leider ohne Erfolg. Die noch immer selbständige Politik vieler militärischer Stellen schien ihm besonders gefährlich. In der Kabinettssitzung vom 24. Oktober rief er aus: „Heute noch müsse an sämtliche Oberpräsidenten telegrafiert werden, daß keinen Anordnungen der Militärbehörden Folge zu leisten sei, ohne Zustimmung der Zivilbehörden . . . Die Obstruktion gewisser Personen in den militärischen Stellen müsse gebrochen werden." *Regierung des Prinzen Max*, S. 322. Die schlimmsten Sabotage der neuen Regierungspolitik von untergeordneten zivilen und militärischen Behörden genährt. Politik des Kriegsministers müssen gebrochen werden." *Ibid.*, S. 344. Außerdem forderte Erzberger die „Beseitigung der politischen Abteilung der OHL, da sich ein militärisches Auswärtiges Amt neben dem Auswärtigen Amt herausgebildet hat". (Er dachte dabei an General Bartenwerffer, Oberst Bauer und Oberstleutnant Nicolai.) *Ibid.*, S. 343. Hinsichtlich des Nachrichtensektors betonte Erzberger erneut: „Die militärischen Stellen müßten ihre Äußerungen, die sie der Presse abgeben wollen, vorher den politischen Stellen vorlegen." *Ibid.*, S. 343. Das Unvermögen der Regierung des Prinzen Max, feindselige Elemente kaltzustellen, war ein schlechtes Vorzeichen für die Weimarer Republik, der es nie gelang, einen republiktreuen Beamtenapparat zu schaffen.

schaften seines Vaters geerbt zu haben schien, hatte im Juni 1918 die Schule verlassen. Er wurde noch im Sommer Soldat und kam Anfang Oktober auf einen Offiziersausbildungslehrgang in Karlsruhe. Wenige Tage später erkrankte fast der ganze Lehrgang an der Grippe, Oskar so schwer, daß die Ärzte den Vater am 14. Oktober nach Karlsruhe riefen. Während das Kabinett über Deutschlands dritte Note an Wilson beriet, verließ Erzberger Berlin. Sein Sohn, der bei seiner Ankunft kaum noch bei Bewußtsein war, starb am 16. Oktober im Beisein seines Vaters.

Erzbergers amtliche Pflichten ließen keine lange Trauerzeit zu. Unmittelbar nach diesem persönlichen Unglück begannen auch die tragischsten Tage seines politischen Lebens.[51])

## Erzbergers Ernennung zum Waffenstillstandskommissar

Die Meuterei der deutschen Matrosen Anfang November erfüllte Erzberger mit Empörung. Für ihn als Patrioten war es unverständlich, daß die Matrosen sich weigerten, ihre Pflicht zu tun, solange noch gekämpft wurde. Das Kabinett schickte den Führer der Fortschrittspartei Haußmann nach Kiel, um die Meuterer zu beschwichtigen; Erzberger hätte lieber Truppen geschickt – wenn zuverlässige Truppen verfügbar gewesen wären –, um die Meuterei unbarmherzig niederzuschlagen. Deutschlands Aussichten, einen auf Wilsons Vierzehn Punkten und nicht auf der bedingungslosen Kapitulation beruhenden Frieden zu erreichen, wurden, wie Erzberger deutlich erkannte, durch Disziplinlosigkeit gefährdet. Obwohl Haußmann in Kiel die Unterstützung des Sozialdemokraten Noske fand, gelang es nicht, die Ausdehnung der Unruhen über ganz Deutschland zu verhindern. In der Kabinettssitzung vom 5. November, bei der eine allgemeine Amnestie für die Matrosen zur Diskussion stand, sprach sich Erzberger dagegen aus; am nächsten Tage erkannte er jedoch ihre Notwendigkeit.[52])

Für Erzberger hatte Haußmanns Mission in Kiel bedeutsame persönliche Folgen, denn Haußmann war in einer Kabinettssitzung am 2. November für die Stellung eines zivilen Mitglieds der Waffenstillstandskommission in Erwägung gezogen worden, die im Begriff war, sich in das Hauptquartier des Mar-

51) Erzberger, *Erlebnisse*, S. 323. Hammer, *Erzberger*, S. 98.
52) Max, *op. cit.*, S. 586; H. Müller, *Die November-Revolution*, Berlin 1928, S. 25. Einige der Meuterer betrachteten Erzberger als einen Helden. Ein Marineoffizier auf dem Schlachtschiff *Thüringen*, der die Forderungen der Matrosen nicht verstand, fragte: „Was wollen Sie eigentlich?", worauf er als Antwort erhielt: „Wir wollen Erzberger." F. Fickentscher, „Die Wahrheit über den Zusammenbruch der Marine", in: *Politische und militärische Zeitfragen*, Nr. 29, Berlin 1920, S. 23. Erzbergers Reaktion auf die Kieler Ereignisse kann — Tag für Tag — studiert werden in: *Regierung des Prinzen Max*, 4. November (Opposition gegen die Entsendung Haußmanns), S. 496; 5. November (gegen die von Haußmann vorgeschlagene Amnestie), S. 542; 6. November („Amnestie, wenn sämtliche Waffen zurückgegeben bis 6 Uhr"), S. 549.

schalls Foch zu begeben.[53]) Als jedoch Haußmann am 5. November aus Kiel zurückkehrte, befand er sich in einem solchen Zustand völliger körperlicher und seelischer Erschöpfung, daß er offensichtlich unfähig war, die anstrengende Aufgabe des Waffenstillstandskommissars zu übernehmen. Da sich die Marinemeuterei während der ersten Novembertage zu einer sich über das ganze Land erstreckenden revolutionären Bewegung entwickelt hatte, schien ein sofortiger Waffenstillstand zwingend. General Groener äußerte sich in diesem Sinne in der Kabinettssitzung am 6. November. Erzbergers Tagebuchaufzeichnung vom gleichen Tage lautete:

„Nach eingehenden Darlegungen des Reichskanzlers und des 1. Generalquartiermeisters Groener konnte festgestellt werden, daß vollkommene Übereinstimmung dahin bestehe, daß noch am heutigen Tage eine deutsche Delegation für Waffenstillstandsverhandlungen nach dem Westen abreisen müsse. Spätestens am Freitagvormittag [8. November] seien die Verhandlungen im Westen aufzunehmen. Würde bis dahin über Wilson keine Antwort eingegangen sein [betreffs Empfang einer deutschen Delegation], so müsse die deutsche Delegation durch Hissen der weißen Flagge von sich aus die Einleitung der Waffenstillstandsverhandlungen, eventuell die Kapitulation vollziehen."[54])

Daraufhin schlug Max dem Kabinett vor, Erzberger an Stelle von Haußmann zum Vertreter der Regierung in der Waffenstillstandskommission zu ernennen. Die Vorgeschichte dieser Nominierung ist noch heute stark umstritten und wird nach Lage der Quellen wohl vorerst nicht gelöst werden können. Fest steht, daß die Kandidatur Erzbergers direkt vor der Kabinettssitzung in einem Gespräch im Garten der Reichskanzlei zwischen dem Reichskanzler, General Groener und Staatssekretär Solf erörtert worden ist; dort hat Prinz Max sich vermutlich für die Entsendung Erzbergers entschieden. Fest steht ferner, daß die Nominierung Erzbergers für die Waffenstillstandskommission im Verlauf der Kabinettssitzung für ihn und die anderen Kabinettsmitglieder völlig überraschend kam.

Wie stellte sich Erzberger zu dieser Nominierung, die einen verhängnisvollen Einfluß auf seine weitere politische Laufbahn ausüben sollte? Man hat ihm

---

53) Der Vorschlag, der Waffenstillstandskommission einen Staatssekretär beizuordnen, ging von Erzberger aus. Im Protokoll der Kabinettssitzung vom 2. November heißt es: „Von Exzellenz Erzberger wurde Exzellenz Haußmann vorgeschlagen. Über die Personenfrage soll aber nicht verhandelt werden, bevor das Auswärtige Amt mit der Obersten Heeresleitung in schleunige Verbindung getreten ist." *Regierung des Prinzen Max*, S. 465. Der Protokollführer für die Kabinettssitzung Arnold Brecht behauptete 1921, Haußmann habe als Gegenvorschlag Erzberger genannt; Haußmann hat dies aber 1921 bestritten. Die Herausgeber des Dokumentenbandes *Regierung des Prinzen Max* drucken sämtliche Belege zu der unfruchtbaren Kontroverse Brecht—Haußmann mit sorgfältiger Kommentierung ab, die mit dem lapidaren Satz endet: „Damit steht also Behauptung gegen Behauptung, ohne daß die Quellen die Möglichkeit einer definitiven Klärung der Streitfrage bieten." S. 465 f., Anm. 2. Bei den Angaben in seinen *Erlebnissen*, S. 325, er habe am 6. November seine Delegierung in die Waffenstillstandskommission mit dem Hinweis abgelehnt, „daß Staatssekretär Haußmann bereits vor Wochen hierfür bestimmt worden" sei, verwechselt Erzberger die Frist von 4 Tagen mit „Wochen".

54) Erzbergers ausführlicher, 91 Seiten langer Bericht in Tagebuchform für die Tage vom 6. bis 13. November 1918 findet sich bei den *Erzberger Dokumenten*, Akte 48. Er diente als Grundlage für Kap. XXIII der *Erlebnisse*. Im folgenden zitiert als *Waffenstillstandsbericht*. Der erste Teil ist jetzt abgedruckt in: *Regierung des Prinzen Max*, S. 556 ff. Leider fehlt ein offizielles Protokoll über die Kabinettssitzung vom 6. November. Die wertvollste Quelle ist Haußmanns Bericht, abgedruckt in: *Regierung des Prinzen Max*, S. 547—555, mit sorgfältiger Kommentierung.

später vorgeworfen, er hätte „nach seiner unruhigen Art, aus seinem Bedürfnis, alles zu fingern, sich auch in dieses furchtbare Geschäft gedrängt."[55]) Der Vorwurf ist nach Übereinstimmung aller zeitgenössischen Quellen unzutreffend. Diese bezeugen im Gegenteil, daß Erzberger sich gegen seine Ernennung energisch sträubte. Die Gründe hierfür sind nicht mit absoluter Sicherheit zu ermitteln. Es liegt an sich nahe, zu glauben, daß Erzberger klar erkannte, Foch würde sehr harte Bedingungen stellen und seine eigene Unterschrift unter diese Bedingungen müsse seine politische Zukunft kompromittieren. Erzberger hat diese Version selbst später mit dem Zusatz verbreitet, er hätte persönliche Rücksichten bewußt dem Wohle des Vaterlandes geopfert. Ein auf ihn zurückgehender (allerdings erst 1921 nach seinem Tode erschienener) Zeitungsartikel behauptet, von den Sitzungsteilnehmern wäre an seinen Patriotismus appelliert worden. „General Groener hätte gesagt: ‚Bitte, übernehmen Sie die Aufgabe aus Vaterlandsliebe.' Alsdann kamen Gröber und Trimborn zu mir und drängten mich, anzunehmen. Sie sagten: ‚Du bist jung, wir sind alt und können uns den Strapazen, durch die feindlichen Linien zu reisen, nicht aussetzen, Du mußt es tun.' Schweren Herzens und voll bewußt des Ernstes der Lage, gab ich nach."[55a])

Die neueste Darstellung der Frage bringt ein wertvoller quellenkritischer Exkurs, „Erzbergers Delegierung zu den Waffenstillstandsverhandlungen", von Erich Matthias und Rudolf Morsey. Die Autoren kommen im Gegensatz zu der bisherigen Überlieferung zu dem Schluß: „Nach allem scheint sich Erzberger über die Konsequenzen seiner Mission keineswegs im klaren gewesen zu sein."[55b]) Sie zeigen, daß die frühesten privaten Aufzeichnungen über die Kabinettssitzung vom 6. November 1918 – über die ein offizielles Protokoll fehlt – es nicht nötig fanden, Erzbergers Widerstand gegen seine Nominierung festzuhalten; dies gilt auch für Erzbergers eigene, oben zitierte Tagebuchnotiz vom selben Tage. Erzberger hat sein Sträuben zum ersten Male öffentlich in zwei Reden vor der Nationalversammlung vom 8. und 25. Juli 1919, hervorgehoben, und zwar in bewußter Polemik gegen die von den Rechtsradikalen propagierte Dolchstoßlegende und Sündenbockthese. Das argumentum ab silentio und der

---

55) Der rechtsradikale Journalist Hussong im *Berliner Lokalanzeiger* vom 11. November 1928, zitiert nach Bachem, *Zentrumspartei*, Bd. IX, S. 457. Dieser Vorwurf wurde kurz nach 1918 ein viel verwandtes Schlagwort der Anti-Erzberger-Hetze. Der frühere Reichskanzler Bülow hat ihn in seinen *Denkwürdigkeiten*, Bd. I, S. 357, wiederholt.

55a) Zuschrift der *Vossischen Zeitung* vom 12. September 1921. Zitiert nach Bachem, *Zentrumspartei*, Bd. IX, S. 462. Der Quellenwert dieser Zuschrift muß als begrenzt angesehen werden, denn sie war anonym, beruhte außerdem auf der Wiedergabe eines über 2½ Jahre zurückliegenden Gespräches, und enthielt offensichtliche Unmöglichkeiten, z. B. die angebliche Aussage von Groener direkt vor den oben zitierten Worten: „Es ist kein Augenblick zu verlieren, sonst haben wir den Feind im Land. In drei Tagen werden die Franzosen in Köln sein und diese Stadt vernichten usw." Ich habe Teile der Zuschrift trotz dieser Bedenken als Beispiel einer weitverbreiteten „Pro-Erzberger-Legende" — Hauptthese: bewußte Aufopferung persönlicher Rücksichten auf dem Altar des Vaterlandes — oben abgedruckt.

55b) *Die Regierung des Prinzen Max von Baden*, S. LVII—LXIII. Das Zitat ist auf Seite LXI. Diese durch große Akribie in der Quellenbenutzung gekennzeichnete Studie überholt die früheren Darstellungen von Karl Bachem, „Die Unterzeichnung des Waffenstillstandes und das ‚Friedens'-diktat von Versailles", *Zentrumspartei*, S. 456—467, und von Bernhard Poll, „Die Reichsleitung, die Heeresleitung und der Abschluß des Waffenstillstandes", in: *Jahres- und Tagungsbericht der Görres-Gesellschaft 1954*, Köln 1955, S. 35 ff.

verspätete und ad-hoc-Charakter von Erzbergers Beteuerung sprechen für die These von Matthias und Morsey, außerdem der Hinweis, daß Haußmann sich durch Erzbergers Nominierung umgangen fühlte und offensichtlich das Amt des Waffenstillstandskommissars im November 1918 als begehrenswert empfand (S. LIX). Gegen die These spricht der übereinstimmend bezeugte Vorgang, daß Erzberger sich energisch gegen die Nominierung gesträubt hat. Sollte es sich nur um ein Pro-forma-Sträuben gehandelt haben, wie es in jeder Gruppe vor Übernahme eines verantwortungsvollen Amtes üblich ist? Die Möglichkeit kann immerhin nicht ausgeschlossen werden, daß ein heller Kopf wie Erzberger tatsächlich einige Vorahnungen der Dornenhaftigkeit des Amtes gehabt hat; als feststehende Tatsache — wie früher von der sämtlichen Literatur angenommen — kann es aber nach den Forschungen von Matthias und Morsey nicht mehr bezeichnet werden.

Es entsprach Erzbergers Naturell, wenn er sich nicht mit pessimistischen Zukunftsprognosen das Leben verdüsterte, sondern das neue Amt mit einigen Illusionen übernahm. Er hoffte wohl, daß sein Eintreten für die Friedensresolution im Juli 1917 und sein Völkerbundsplan vom Oktober 1918 ihn zur persona grata bei der Entente machen würde. Seine offizielle Ernennung erfolgte am Mittag des 6. November; wenige Stunden später war er bereit, nach Spa, dem Sitz der Obersten Heeresleitung, abzureisen.

Das Eintreffen der vierten Note Wilsons im Laufe des Nachmittags machte den am Morgen gefaßten Entschluß, die weiße Fahne zu hissen, glücklicherweise überflüssig. In der Note hieß es, „daß Marschall Foch von der Regierung der Vereinigten Staaten und den alliierten Regierungen ermächtigt worden ist, gehörig beglaubigte Vertreter der deutschen Regierung zu empfangen und sie von den Waffenstillstandsbedingungen in Kenntnis zu setzen".[56]) Ferner erklärten sich die Ententemächte bereit, die Vierzehn Punkte (mit zwei Ausnahmen) als Grundlage für den Frieden anzuerkennen, was Erzberger sehr erleichterte. Die einzigen Instruktionen, die er von Prinz Max erhalten hatte, gingen dahin, daß angesichts der verzweifelten Lage Deutschlands jeder Waffenstillstand, wie hart auch immer die Bedingungen sein mochten, angenommen werden müsse. Prinz Max riet Erzberger, den deutschen Botschafter in Kopenhagen, Graf Brockdorff-Rantzau, als Vertreter des Auswärtigen Amtes mitzunehmen, aber die kriegsbedingten Verkehrsschwierigkeiten und die dringende Notwendigkeit einer raschen Abreise machten dies unmöglich. Nachdem Erzberger mit Staatssekretär Solf über verschiedene andere Begleiter beraten hatte, entschied er sich für seinen alten Freund Graf Oberndorff, der während des Krieges Gesandter in Bulgarien gewesen war.[57])

---

56) *Amtliche Urkunden*, S. 252. Über das Gefühl der Erleichterung in Berlin nach Ankunft der Wilson-Note, die den schon gefaßten Kapitulationsbeschluß rückgängig machte, siehe den Bericht Lerchenfelds an König Ludwig von Bayern vom 6. November 1918. *Regierung des Prinzen Max*, S. 565—568.
57) *Waffenstillstandsbericht* (6. November). Abgedruckt in: *Regierung des Prinzen Max*, S. 557.

Ehe er nach Spa aufbrach, brauchte Erzberger amtliche Vollmachten des Reichskanzlers, die es ihm gestatteten, den Waffenstillstand für die Regierung zu unterzeichnen. Um 3 Uhr nachmittags fragte er telefonisch bei der Reichskanzlei an, wann die entsprechenden Dokumente bereit sein würden – es handelte sich um zwei, wie noch zu erklären sein wird –, aber er wurde auf seine Rückfrage hin an den Leiter der Rechtsabteilung des Auswärtigen Amtes Kriege verwiesen. Daraufhin rief er Kriege an:

„In der telefonischen Unterredung zeigte es sich, daß Exzellenz Kriege sehr verletzt war, daß er zu den Verhandlungen [über Erzbergers Ernennung] nicht zugezogen würde. Er wisse überhaupt von nichts und befinde sich in Differenz mit der Politischen Abteilung. Eine solche Urkunde sei bisher in der Weltgeschichte noch nicht ausgestellt worden; [d. h. eine Bevollmächtigung des Auswärtigen Amtes zur Abschließung eines militärischen Waffenstillstandes]. Staatssekretär Erzberger antwortete: Auch über diesen Weltkrieg und die Art des Waffenstillstandes seien keine Vorakten vorhanden. Er müsse aber die Vollmacht unbedingt vor seiner Abreise erhalten, 5 Uhr fahre der Zug ab. Exzellenz Kriege sagte dies prinzipiell zu.“[58])

Als Erzberger um 5 Uhr auf dem Bahnhof eintraf, fand er weder Graf Oberndorff noch die notwendigen Urkunden vor. Oberndorff kam zehn Minuten, die Urkunden kamen fünfzehn Minuten später. Sobald sich der Zug in Bewegung setzte, begann Erzberger – nunmehr in seiner anderen Eigenschaft als für die Propaganda zuständiger Staatssekretär – Anweisungen an die Zentrale für Heimatdienst zu diktieren, wie sich die Presse zu Wilsons letzter Note zu verhalten habe. Er verwies darauf, daß die gemeinsame Anerkennung der Vierzehn Punkte (mit zwei Ausnahmen) einen Vor-Waffenstillstandsvertrag darstelle und behauptete, damit sei die weitverbreitete Vorstellung, die Friedensbedingungen könnten für Deutschland günstiger werden, wenn der Kaiser abdanke, widerlegt. So verteidigte er seinen Kaiser bis zuletzt.[59]) Bei einem Abendessen mit General Groener, der im gleichen Zug nach Spa zurückkehrte, wurde die allgemeine Lage erörtert; Erzberger begab sich früh zur Ruhe – es sollte für mehrere Tage die letzte ungestörte Nacht sein.[60])

Am Donnerstag, dem 7. November, traf er am frühen Morgen in Spa ein. Er suchte sofort Admiral von Hintze auf, der, nachdem ihn Staatssekretär Solf im Auswärtigen Amt abgelöst hatte, Verbindungsmann des Auswärtigen Amtes zur Obersten Heeresleitung geworden war. Hintze riet Erzberger, selbst die Leitung der Waffenstillstandskommission zu übernehmen – im Augenblick war er ihr nur als Regierungsvertreter beigeordnet – und damit die Stelle des bisherigen Vorsitzenden des Vertreters der Obersten Heeresleitung General von Gündell, ein-

58) *Ibid.*, (6. November).
59) Er hat Wilhelm übrigens im nächsten Jahr noch einen großen Dienst erwiesen. Als Finanzminister bewilligte er 40 Millionen Mark für den Ankauf von zwei Hohenzollernschlössern. Wilhelm benutzte das Geld, um seine Residenz in Doorn zu kaufen. Rudolf Nadolny, *Mein Beitrag*, Wiesbaden 1955, S. 70.
60) *Waffenstillstandsbericht* (6. November).

zunehmen. Erzberger befolgte diesen Rat, der von Prinz Max in Berlin sofort telefonisch gebilligt wurde.[61])

Der Grund, warum er an Gündells Stelle als Vorsitzender trat — ein Schritt, der ihm später die Vorwürfe und den Spott seiner Gegner einbringen sollte –, hatte eine etwas verwickelte Vorgeschichte, die jedoch wichtig ist, weil sie zu vielen Legenden Anlaß gab und zu dem historischen Novum führte, daß ein militärischer Waffenstillstand von einem Zivilisten verhandelt und unterzeichnet wurde. Kritiker der deutschen Militärtradition haben behauptet, die Heranziehung eines Zivilisten sei die Folge eines Ränkespiels der Militärs gewesen, um einen Sündenbock zu schaffen, auf den die Oberste Heeresleitung die Verantwortung für die Niederlage Deutschlands abwälzen konnte. Das war zwar die Wirkung, aber wohl nicht das ursprüngliche Ziel von Hintzes Ratschlag.

Die tatsächliche Erklärung für die Wahl eines Zivilisten lautet anders: Die Oberste Heeresleitung hatte Anfang Oktober, als Ludendorff ganz zu Unrecht glaubte, sein überstürztes Waffenstillstandsangebot werde sofortige Folgen haben, eine Waffenstillstandskommission unter der Leitung von General Gündell ernannt. Ludendorff hatte, wie wir sahen, seine Panik bald bereut und sich dann bemüht, die Verhandlungen mit Wilson zu vereiteln, was zu seiner Entlassung führte. Die Regierung betrachtete die Oberste Heeresleitung selbst unter Groener mit Mißtrauen und fürchtete, daß eine an Foch abgesandte rein militärische Delegation sich unnachgiebig zeigen könnte, um die Verhandlungen zu sabotieren. Erzberger, der dies zu verhindern wünschte, hatte schon bei der Kabinettssitzung am 2. November Unterstützung für den Gedanken gewonnen, der Militärdelegation einen zivilen Staatssekretär beizugeben. Die Initiative für die Beteiligung eines Zivilisten an der Waffenstillstandskommission kam also nicht von der Obersten Heeresleitung, sondern von der Regierung.[62]) Für die Einstellung der Militärs und Zivilisten zu Erzbergers Ernennung war noch eine weitere Erwägung entscheidend. Beide Gruppen fürchteten, die Ententemächte könnten sich überhaupt weigern, einen Waffenstillstand zu gewähren, und hielten es für möglich, der Kreuzzug der Entente gegen den preußi-

---

61) *Ibid.*, (7. November).

62) Das schließt natürlich nicht aus, daß verschiedene Militärs sofort erkannten, welche Bedeutung es später für sie haben werde, wenn die Unterzeichnung des Waffenstillstandsabkommens einem Zivilisten überlassen wurde. So zum Beispiel Wilhelm Groener, *Lebenserinnerungen*, S. 449. Ferner Walter Obkircher, *General Erich von Gündell*, Hamburg 1939, S. 309. Gündell schrieb in sein Tagebuch am 7. November über seine Entfernung aus der Waffenstillstandskommission: „Persönlich ist mir die Lösung natürlich sehr lieb. Vielleicht hat sie das Gute, daß die Regierung damit die Verantwortung übernommen hat.“ Siehe außerdem die prägnante Formulierung von Gordon Craig, *Die preußisch-deutsche Armee, 1640—1945*, Düsseldorf 1960, S. 379 f. Es scheint mir wichtig, zu unterscheiden zwischen 1. der allgemeinen Absicht Ludendorffs Anfang Oktober, die Verantwortung für einen schlechten Frieden auf die Linksparteien abzuschieben (diese kann meines Erachtens als erwiesen angesehen werden) und 2. der spezifischen Absicht Hintzes am 7. November, mit der Ersetzung Gündells durch Erzberger die Militärs für die Zukunft zu entlasten (die meines Erachtens möglich, aber keineswegs erwiesen ist). Die Befürchtung der Reichsregierung, die „unverbesserlichen“ Militärs könnten einen Waffenstillstand sabotieren (s. oben) und die weitere Befürchtung, die Entente werde sich vielleicht weigern, mit einem Soldaten zu verhandeln (s. unten), waren die entscheidenden Beweggründe für die Ernennung Erzbergers; diese Gründe erforderten, daß er der Waffenstillstandskommission nicht nur angehörte, sondern daß er sie leitete. Der Wunsch der Militärs, den Zivilisten den „schwarzen Peter“ zuzuschieben, mag eine sekundäre Rolle gespielt haben.

schen Militarismus könne die Alliierten veranlassen, Verhandlungen mit einem Mitglied des deutschen Offizierskorps abzulehnen. Beide maßen einem Bericht über die Absichten der Alliierten hinsichtlich der Behandlung Deutschlands große Bedeutung bei, den die Oberste Heeresleitung am 25. Oktober 1918 von einem Berner Agenten erhalten hatte. Der betreffende Absatz lautete folgendermaßen:

„... Augenblicklich findet im französischen Hauptquartier Besprechung zwischen Haig, Pershing und Foch statt wegen der zu stellenden Waffenstillstandsbedingungen. Besprechungen sind nicht abgeschlossen, bisher werden folgende Ansprüche der Alliierten verlautbart: 1) Strikte Abweisung von Verhandlungen mit Ludendorff oder anderen Mitgliedern des Hauptquartiers. Dagegen Einwilligung zu Verhandlungen mit einer zu diesem Zweck vom Reichstag erwählten Kommission [vier weitere Bedingungen folgen]."[63])

Diesen Bericht hatte Hintze am 30. Oktober nach Berlin geschickt, wo er einen starken Eindruck hinterließ, wenn er auch nicht zu der sofortigen Ablösung von General Gündell führte. Die Folge war jedoch, daß Erzberger am 6. November zwei Vollmachten erhielt – eine, die ihn als Mitglied der Waffenstillstandskommission unter der Führung Gündells auswies, die zweite eine Blankovollmacht, die ihn ermächtigte, selbst die Leitung der Waffenstillstandskommission zu übernehmen. Die endgültige Entscheidung wurde offenbar hinausgeschoben, bis Erzberger die Lage in Spa selbst beurteilen konnte. Hintze überzeugte ihn, daß Gündell – oder überhaupt ein Soldat – einen ungünstigen Eindruck auf Foch machen würde, und Erzberger war entschlossen, bei den kommenden Verhandlungen keine unnötigen Risiken einzugehen.[64]) Ob seine Überzeugung, daß die Entente nur mit einem Zivilisten verhandeln würde, richtig war oder nicht, ist unwesentlich. Wesentlich ist, daß diese Überlegung bei ihm und auch bei Hintze vorherrschte. Er hat bis zu seinem Tode geglaubt, daß die Entente sich geweigert hätte, mit einer von einem Soldaten geführten Waffenstillstandskommission zu verhandeln. Diese Überzeugung stärkte sein Bewußtsein, eine undankbare Aufgabe treu und zum Wohle seines Vaterlandes erfüllt zu haben.[65])

In Spa stellte Erzberger fest, daß ein Dutzend Offiziere bereit standen, die Waffenstillstandsdelegation ins Hauptquartier von Marschall Foch zu begleiten. Da er es angesichts der Feindseligkeit der Entente gegenüber dem deutschen

---

63) *Amtliche Urkunden*, S. 230. Hintze telegrafierte den vollen Text an das Auswärtige Amt am 30. Oktober 1918. Vgl. auch den Satz in Wilsons dritter Note vom 23. Oktober 1918. „Wenn mit den militärischen Beherrschern und monarchistischen Autokraten Deutschlands jetzt verhandelt werden muß . . . dann kann Deutschland über keine Friedensbedingungen verhandeln, sondern muß sich ergeben." *Amtliche Urkunden*, S. 190. Das Telegramm vom 25. Oktober bezog sich auf die Senlis-Konferenz vom gleichen Tage und berichtete vollkommen richtig über die Waffenstillstandsbedingungen, wie Foch sie Clemenceau am 26. Oktober offiziell vorgeschlagen hat. Fochs Vorschläge enthalten jedoch keine Weigerung, mit deutschen Militärs zu verhandeln, berühren also den Punkt nicht, der so entscheidende Folgen haben sollte. Über die Senlis-Konferenz und Fochs Bericht siehe Rudin, *Armistice*, S. 177—181.

64) Erzberger, *Erlebnisse*, S. 326 f. Vgl. Gündells Bericht im *Militärwochenblatt* vom 5. Nov. 1921.

65) Siehe die Zuschrift in der *Vossischen Zeitung* vom 12. September 1921, zitiert bei Bachem, *Zentrumspartei*, Bd. IX, S. 461 f.

Offizierskorps nicht für ratsam hielt, in Begleitung einer so großen Gruppe aufzutreten, beschloß er, nur zwei Offiziere mitzunehmen: den General Detlev von Winterfeldt, vor dem Kriege Militärattaché in Paris, und den Kapitän Vanselow, einen ungewöhnlich befähigten Marineoffizier. Es folgte eine kurze Besprechung mit Hindenburg, Groener, Hintze und Admiral Scheer, die Erzberger wie folgt schildert:

„Am Schluß der Konferenz erschien Generalfeldmarschall von Hindenburg und sagte mir, daß es wohl das erste Mal in der Weltgeschichte sei, daß nicht Militärs den Waffenstillstand abschließen, sondern Politiker; er sei aber ganz damit einverstanden, zumal die Oberste Heeresleitung keine politischen Richtlinien mehr auszugeben habe; die Armee brauche unter allen Umständen Ruhe. Er verabschiedete sich von mir mit den Worten: ‚Reisen Sie mit Gott und suchen Sie das Beste für unser Vaterland herauszuholen.'"[66])

## Die Verhandlungen im Wald von Compiègne

Um die Mittagszeit des 7. November verließ die Waffenstillstandskommission, bestehend aus Erzberger, Oberndorff, Winterfeldt und Vanselow, Spa und fuhr in mehreren Autos in Richtung Front. Der erste Wagen, in dem sich Erzberger und Oberndorff befanden, hatte bald nach der Abfahrt einen schweren Unfall; in einer scharfen Kurve wurde er gegen ein Haus geschleudert, und der zweite Wagen fuhr auf den ersten auf. Die Straße war mit Glasscherben übersät, beide Wagen wurden unbrauchbar. Wie durch ein Wunder blieben Erzberger und Oberndorff unverletzt. Oberndorff sprach von einem „ungünstigen Omen", Erzberger antwortete mit einem Sprichwort: Scherben bringen Glück. Die Fahrt, die in den drei verbleibenden Autos fortgesetzt wurde, ging nur sehr langsam voran, da die Straßen von den endlosen Zügen zurückflutender deutscher Truppen verstopft waren, deren Standhaftigkeit angesichts der überwältigenden Überlegenheit der Alliierten Erzberger bewunderte. In dem Frontabschnitt, in dem die Delegation die deutschen Linien passieren sollte, war mit dem Hauptquartier von Marschall Foch die Feuereinstellung vereinbart worden. Erzberger ließ eine große weiße Flagge auf dem ersten Wagen aufziehen und nahm einen Trompeter vom nächsten Regiment mit, der den Franzosen die Ankunft der Delegation melden sollte. Der letzte deutsche Soldat, mit dem Erzberger sprach, war ein schwäbischer Landsmann, der in seinem heimatlichen Dialekt fragte: „Wo wollen Sie hin?" Erzberger antwortete: „Waffenstillstand schließen wir." Worauf der Soldat auf gut schwäbisch sagte: „Das werdet Ihr zwei gerad fertigbringen!"[67]) Seine Gedanken beim Passieren der deutschen Linien am

---

66) Erzberger, *Erlebnisse*, S. 327.
67) *Ibid.*, S. 328 f.

Donnerstag, dem 7. November abends um 9 Uhr 20, notierte Erzberger in seinem Tagebuch. Dort schrieb er die Worte nieder:

„Vor drei Wochen reiste ich an das Sterbelager meines einzigen Sohnes nach Karlsruhe. Gleichzeitig lagen meine Frau und Tochter lebensgefährlich krank an der Grippe in Berlin. Meine Gefühle während dieser Karlsruher Reise, die jeder Vater verstehen kann, waren nicht niedergedrückter und schmerzlicher als die Fahrt in diesem Augenblick. Es fielen mir unwillkürlich die Worte aus dem Schumannschen Liede ‚Die beiden Grenadiere' ein."[68])

Die deutschen Delegierten wurden von den Franzosen höflich empfangen; neue Autos wurden ihnen für die weitere Fahrt zur Verfügung gestellt, die dieses Mal durch Gebiete führte, die von Kämpfen und dem deutschen Rückzug schwer mitgenommen waren. Um 1 Uhr morgens bot man ihnen in einem einsam gelegenen Bauernhaus, das als Sitz eines französischen Armeekommandos diente, ein Abendessen. Wenige Stunden später ging die Fahrt in einem Eisenbahnwagen weiter, der sie bei verhängten Fenstern an ein nicht genanntes Reiseziel brachte; später stellte sich heraus, daß es der Wald von Compiègne war. Dort hielt der Zug am frühen Morgen, und Erzberger bemerkte einen ähnlichen Sonderzug auf einem etwa hundert Meter entfernten Gleis.

Der andere Zug war, wie sich herausstellte, das Hauptquartier des Marschalls Foch. Die Verhandlungen begannen am Freitag, dem 8. November, um 10 Uhr – genau zu dem Zeitpunkt, den Groener und Prinz Max zwei Tage früher in Berlin erbeten hatten. Marschall Foch, begleitet von seinem Generalstabschef, General Weygand, und zwei höheren Offizieren der englischen Marine, Admiral Wemyss und Admiral Hope, empfing die Deutschen kühl, offenbar mit der Absicht, die Befürchtung in ihnen zu wecken, daß ein Waffenstillstand überhaupt nicht gewährt werden könnte. Erzberger übergab seine Vollmacht, „vorbehaltlich der Zustimmung des Reichskanzlers" ein Waffenstillstandsabkommen zu unterzeichnen, an die alliierten Offiziere, die sich damit in einen Nebenraum begaben, um sie gründlich zu prüfen, während die Deutschen warteten. Marschall Foch kehrte bald zurück und eröffnete die Verhandlung mit den Fragen: „Was führt die Herren hierher? Was wünschen Sie von mir?" Erzberger erwiderte, er erwarte Vorschläge für einen Waffenstillstand, worauf Marschall Foch antwortete: „Ich habe keine Vorschläge zu machen." Das sollte bedeuten, er habe keine Verhandlungsgegenstände anzubieten, sondern nur Bedingungen vorzulegen, die ohne weitere Erörterung akzeptiert werden müßten. Erzberger, der zunächst befürchtete, daß überhaupt jede Unterhandlung von der Entente verweigert würde, ließ Oberndorff den Text der vierten Note Wilsons vorlesen mit dem Schlußsatz, in dem es hieß, Foch sei ermächtigt, der deutschen Delega-

---

68) *Waffenstillstandsbericht* (7. November). Erzberger zitiert das Lied: „Nach Frankreich zogen zwei Grenadier, die waren in Rußland gefangen, / Und als sie kamen ins deutsche Quartier, da ließen die Köpfe sie hangen. / Da hörten sie beide die traurige Mär, daß Frankreich verlorengegangen, / Besiegt und geschlagen das tapfere Heer, und der Kaiser, der Kaiser gefangen!"

tion die Waffenstillstandsbedingungen mitzuteilen. Daraufhin gab Foch nach und befahl Weygand, die Bedingungen zu verlesen, die bei interalliierten Besprechungen zwischen dem 1. und 4. November aufgestellt worden waren.[69]) Die Deutschen wurden aufgefordert, die Bedingungen innerhalb von 72 Stunden anzunehmen. Ihre Bitte, sich mit Spa und Berlin telegrafisch in Verbindung setzen zu dürfen, wurde bereitwillig erfüllt. Foch erklärte, Verhandlungen über die Bedingungen seien unmöglich, da er durch Weisungen der alliierten Regierungen gebunden sei; informative Besprechungen könnten jedoch auf Wunsch der deutschen Delegation stattfinden; außerdem sei er bereit, schriftliche Mitteilungen in Empfang zu nehmen. Erzberger und seine Kollegen zogen sich zurück, um die Bedingungen genau zu untersuchen und einen Plan zur Erreichung etwaiger Erleichterungen aufzustellen.[70])

Die von den Ententemächten gestellten Bedingungen waren ungewöhnlich hart, da sie darauf abzielten, eine Wiederaufnahme der Feindseligkeiten unmöglich zu machen. Die Hauptpunkte lauteten (die Zahlen beziehen sich auf den Text des Waffenstillstandsabkommens):

2. Räumung von Belgien, Frankreich und Elsaß-Lothringen durch die Deutschen innerhalb von 14 Tagen, wobei alle zurückbleibenden deutschen Truppen Kriegsgefangene werden.

4. Sofortige Überlassung von 5000 Kanonen, 30 000 Maschinengewehren, 3000 Minenwerfern und 2000 Flugzeugen.

5. Räumung des gesamten linken Rheinufers einschließlich von Brückenköpfen an den Rheinübergängen von Mainz, Koblenz und Köln innerhalb von 25 Tagen. Schaffung einer neutralen Zone von 30 bis 40 km Breite auf dem rechten Rheinufer.

7. Auslieferung von 5000 Lokomotiven, 150 000 Eisenbahnwagen und 10 000 Lastwagen innerhalb von 14 Tagen.

10. Sofortige Rückführung der alliierten Kriegsgefangenen ohne Recht auf Gegenseitigkeit.

12. bis 14. Zurückziehung der deutschen Osttruppen hinter die deutschen Grenzen vom 1. August 1914, d. h. Räumung der baltischen Staaten, Polens, der Ukraine und Rumäniens.

15. Verzicht auf die Friedensverträge von Brest-Litowsk, Bukarest und auf die Zusatzverträge.

17. Bedingungslose Kapitulation der deutschen Truppen in Ostafrika.

---

69) Die interalliierten Besprechungen vom 1. bis 4. November 1918 sind zusammengefaßt bei Rudin, *Armistice* Kap. XII.

70) Über die Vorgänge und Verhandlungen in Compiègne siehe Erzberger, *Erlebnisse*, Kap. XIII; F. Foch, *Erinnerungen. Von der Marneschlacht bis zur Ruhr*, Dresden o. J. (1929), Kap. XIV; T. Plivier, „Im Walde von Compiègne", in: *Neue Deutsche Blätter*, Bd. I (November—Dezember 1933), S. 145—156, 219—229; P. C. Ettighoffer, *Moskau, Compiègne, Versailles*, Gütersloh 1936, Teil II; W. Wemyss, *Lord Wester Wemyss*, London 1935, S. 389—395; Jules Sauerwein, „Le Maréchal Foch raconte l'armistice", in: *Le Matin*, 8. November 1920. Eine hervorragende Zusammenfassung des veröffentlichten Materials findet sich bei Rudin, *Armistice*, Kap. XV. Sie muß jedoch durch Erzbergers oben zitierten *Waffenstillstandsbericht* ergänzt werden.

22. bis 23. Sofortige Auslieferung von 160 U-Booten, 6 Panzerkreuzern und 50 Zerstörern in alliierten Häfen.

26. Fortbestehen der alliierten Blockade Deutschlands.

34. Dauer des Waffenstillstands auf 30 Tage begrenzt, jedoch mit der Möglichkeit der Verlängerung.[71])

Diese Bedingungen waren nach Auffassung Erzbergers und seiner Kollegen nicht nur sehr hart, sondern in manchen Punkten geradezu unerfüllbar; sie eröffneten der Entente den Weg, unter dem Vorwand der Nichteinhaltung weitere Forderungen zu stellen. Ein gewisser Trost war es für die deutschen Delegierten, daß Foch die Veröffentlichung verboten hatte, so daß Erleichterungen ohne Prestigeverlust für die Entente hätten gewährt werden können. Die Oberste Heeresleitung in Spa erhielt den Text durch Kurier, die Hauptpunkte wurden durch Funkspruch übermittelt, um sie so rasch wie möglich nach Berlin weiterzuleiten, wo der Reichskanzler seine Zustimmung geben mußte, ehe Erzberger auf Grund seiner Vollmacht unterzeichnen konnte. Während der folgenden zwei Tage berieten Erzbergers Mitarbeiter mit den alliierten Offizieren, um festzustellen, welche Konzessionen zu erreichen seien. An diesen Erörterungen nahmen die beiden Delegationsleiter Foch und Erzberger nicht teil. Über die militärischen Bedingungen verhandelten Oberndorff und Winterfeldt mit Weygand, Vanselow sprach mit den britischen Marineoffizieren über Fragen, die die Marine betrafen. Die Bemühungen der Deutschen konzentrierten sich auf die Verlängerung der kurzen Räumungsfristen, da sonst Millionen von Soldaten in Kriegsgefangenschaft geraten würden; sie bezogen sich ferner auf die Streichung der Bestimmung über eine entmilitarisierte Zone auf dem rechten Rheinufer, weil der damit verbundene Abzug der Truppen aus dem Ruhrgebiet einer bolschewistischen Terrorherrschaft Tür und Tor öffnete, sodann auf eine ehrenhafte Kapitulation in Ostafrika, auf Herabsetzung der Forderungen nach Verkehrsmaterial, um eine völlige Lähmung des deutschen Wirtschaftslebens zu verhindern, und endlich vor allem auf die Aufhebung der alliierten Blockade, um der in Deutschland herrschenden Hungersnot ein Ende zu machen.[72]) Das waren genau die Punkte, bei denen Erzberger auf Wunsch der Obersten Heeresleitung versuchen sollte, Erleichterungen zu erwirken. Hindenburgs Telegramm, das diese Bitte enthielt, traf erst am Abend des 10. November ein; er schloß aber mit dem Satz: „Gelingt Durchsetzung dieser Punkte nicht, so wäre trotzdem abzuschließen."[73])

---

71) Die Bedingungen können am besten studiert werden in der amtlichen deutschen Veröffentlichung *Der Waffenstillstand. Das Dokumentenmaterial der Waffenstillstandsverhandlungen*, hrsg. von. E. Marhefka, 3 Bde., Berlin 1928. In Bd. I, S. 22—57, sind nebeneinandergestellt die alliierten Vorschläge, die deutschen Antworten, die alliierten Gegenvorschläge und der endgültige Text; damit wird die Übersicht über die von Erzberger erreichten Erleichterungen vereinfacht.
72) Erzberger, *Erlebnisse*, S. 331—334. Ausführliche Berichte über alle Besprechungen finden sich in: *Waffenstillstandsbericht*, Eintragungen vom 8., 9. und 10. November.
73) *Amtliche Urkunden*, S. 263.

Das Hauptargument für Erleichterung der Bedingungen wurde von Graf Oberndorff in der Besprechung mit General Weygand vorgebracht, als die Fragen der Räumungsfristen, der Fortsetzung der Blockade und der Auslieferung von Verkehrsmaterial erörtert wurden:

„Ich hielt dem General vor, daß Deutschland, wenn es zur Verzweiflung gebracht werde, zwischen zwei Extremen schwanken müsse. Entweder werde die kriegerische Begeisterung neu aufflammen und mit äußerster Entschlossenheit und Härte ein Endkampf einsetzen, dessen Verlauf nicht abzusehen sei, oder der Bolschewismus werde obsiegen und das Land in ein Chaos wie Rußland stürzen. Bei dem Endkampf riskiere Frankreich den Ruin weiter Landstrecken, beim Obsiegen des Bolschewismus Ansteckung im eigenen Lande und das Ausscheiden Deutschlands als zahlungsfähigen Schuldners. Frankreich habe also, so schiene mir, ein eigenes Interesse daran, den Sieg des Bolschewismus in Deutschland zu verhindern. Das sei aber nur möglich, wenn die Zurückziehung unserer Truppen sich ruhig und ordnungsgemäß bewerkstelligen lasse und die Ernährung der Bevölkerung ausreichend bleibe. Bei den jetzt anberaumten Räumungsfristen und der gleichfalls geplanten Entziehung des uns nötigen Eisenbahnmaterials werde aber weder das eine noch das andere zu bewirken sein."[74])

Dieses Argument beeindruckte die Offiziere der Entente nur wenig, da viele unter ihnen ehrlich glaubten, das deutsche Waffenstillstandsangebot sei nur eine geschickte List der deutschen Armeen, die sich unter dem Schutz der Feuereinstellung von ihren zu weit vorgeschobenen Linien zurückziehen und den Kampf unter günstigeren Verhältnissen an den Grenzen Deutschlands wieder aufnehmen wollten. Daher meinten diese Offiziere, strenge Bedingungen für Heer und Marine seien notwendig, damit eine Wiederaufnahme der Feindseligkeiten ausgeschlossen würde. Mit Recht zweifelten sie daran, daß sich der Bolschewismus in Deutschland durchsetzen werde, und lehnten die Vorstellung völlig ab, er könne für ihre eigenen siegreichen Länder eine Gefahr bedeuten.

Nach den neuesten Nachrichten aus Deutschland war ein erneutes Aufflammen kriegerischer Begeisterung nicht sehr wahrscheinlich. Die revolutionäre Bewegung, die von der Marinemeuterei ausgelöst worden war, verbreitete sich mit rasender Eile über ganz Deutschland und hatte verheerende Auswirkungen auf Erzbergers Verhandlungsposition. Der Unabhängige Sozialdemokrat Eisner stürzte am 7. November die bayerische Monarchie und drohte, die Einheit Deutschlands zu sprengen, wenn nicht sofort Frieden geschlossen würde. Die Führer der Mehrheitssozialdemokraten, die wegen der Konkurrenz mit den Unabhängigen um ihren Massenanhang fürchteten, schieden am 8. November aus dem Kabinett des Prinzen Max aus und brachten es damit zu Fall. Am nächsten Tage wurde eine provisorische Regierung unter Ebert und Haase gebildet, die ausschließlich aus Sozialisten bestand. Am 9. November rief Scheidemann die deutsche Republik aus, wenige Stunden später ging der Kaiser nach Hol-

---

74) *Waffenstillstandsbericht* (8. November).

land. Deutschland war alsbald von Arbeiter- und Soldatenräten übersät, die sich selbst Regierungsbefugnisse anmaßten. Die Autorität der Berliner Regierung wurde sowohl von Spartakisten als auch von separatistischen Kräften in Frage gestellt; unbeschäftigter und gewalttätiger Pöbel terrorisierte die Großstädte, und der Hunger strich durch das Land. Bei diesem völligen inneren Zusammenbruch konnte niemand erwarten, daß außenpolitische Verhandlungen mit Erfolg geführt werden könnten.

In seiner Isolierung im Wald von Compiègne erfuhr Erzberger nur gerüchtweise von diesen Ereignissen. Er wußte nicht mehr, ob er ein Kaiserreich oder eine Republik vertrat, und auch die Gültigkeit seiner Vollmachten schien fraglich geworden, nachdem Ebert den Prinzen Max als Kanzler abgelöst hatte.[75]) Angesichts der verzweifelten Notlage Deutschlands entschloß er sich jedoch, den Waffenstillstand abzuschließen, ohne sich um diese Formalitäten zu kümmern. Die Besprechungen mit Weygand und Hope hatten ergeben, daß geringfügige Erleichterungen trotz der anfänglichen Unnachgiebigkeit des Marschalls Foch möglich waren. Eine offene (nicht chiffrierte) Depesche, die am späten Abend des 10. November eintraf, ermächtigte Erzberger, den Waffenstillstand selbst mit den ursprünglichen Bedingungen zu unterzeichnen. Die Nachlässigkeit, eine unchiffrierte Depesche zu schicken, war Erzberger „ungemein peinlich ... da das Resultat der zweitägigen Verhandlungen durch die offene Depesche erheblich in Frage gestellt war. Die Depesche war unterzeichnet: ‚Reichskanzler Schluß‘. Der [französische] Dolmetscheroffizier fragte, ob ‚Schluß‘ den Namen des neuen Reichskanzlers bedeute und wer dieser Herr sei; er sei dem französischen Oberkommando und der Regierung in Paris ganz unbekannt. Ich gab die Aufklärung, daß ‚Schluß‘ Punkt heiße.“[76]) Die Episode ist bezeichnend für die Ratlosigkeit, die unter der Entente angesichts der Entwicklung in Deutschland herrschte.

Erzberger bat um eine weitere Sitzung mit Marschall Foch für den 11. November morgens um 2 Uhr 15, um die vor drei Tagen gesetzte Frist, die um 11 Uhr vormittags ablief, bis zum äußersten auszunutzen. Obwohl die schriftlichen deutschen Gegenvorschläge, die Graf Oberndorff am frühen Nachmittag des 9. November Weygand übergeben hatte, von Foch im allgemeinen abgelehnt worden waren, kämpfte Erzberger weiter um Erleichterungen. Er brachte die Frage der Blockade noch einmal vor und konnte den, wie sich später zeigte, Scheintriumph erringen, daß der Satz eingefügt wurde: „Die Alliierten und die Vereinigten Staaten nehmen in Aussicht, während der Dauer des Waffenstillstandes Deutschland in dem als notwendig anerkannten Maße mit Lebensmitteln zu versorgen.“ (Art. 26) Einige andere Verbesserungen, die seine Kollegen und

---

75) Auch die Entente fragte sich, ob Erzbergers Unterschrift noch irgendeinen Wert habe. Siehe H. Mordacq, *L'Armistice*, Paris 1937, S. 17 f., über Clemenceaus und Fochs Zweifel; Wemyss, *Wemyss*, S. 392 f. über die des britischen Admirals.
76) Erzberger, *Erlebnisse*, S. 335.

er erreichten, zeigen, mit welcher Zähigkeit er verhandelt hatte: die Zahl der abzuliefernden Maschinengewehre wurde von 30 000 auf 25 000 reduziert, die der Flugzeuge von 2000 auf 1700; die Breite der neutralen Zone auf dem rechten Rheinufer wurde von 30 bis 40 Kilometern auf 10 herabgesetzt, die Räumungsfrist für das Rheinland von 25 auf 31, also um 6 Tage erhöht; die Zahl der abzuliefernden Lastwagen wurde halbiert (von 10 000 auf 5000) und der Ablieferungstermin von 15 auf 36 Tage hinausgeschoben, so daß die Lastwagen für die kritische Zeit des deutschen Rückzuges noch verfügbar waren; der Abzug der deutschen Truppen aus den Ostgebieten sollte nicht sofort erfolgen, sondern erst „sobald die Alliierten, unter Berücksichtigung der inneren Lage dieser Gebiete, den Augenblick für gekommen halten" (Art. 12); dadurch sollte verhindert werden, daß die Bolschewisten das Vakuum ausfüllten; die bedingungslose Kapitulation der Truppen in Ostafrika wurde geändert in einen „Abzug ... innerhalb einer durch die Alliierten festgesetzen Frist" (Art. 17); die Dauer des Waffenstillstandes erfuhr eine Verlängerung von 30 auf 36 Tage.

Ferner gelang es Erzberger, ausdrückliche Zusicherungen über zwei Punkte zu erwirken, die von lebenswichtiger Bedeutung für die Bevölkerung des besetzten Rheinlands waren. Die Verwaltungseinheit zwischen dem linken und rechten Rheinufer sollte bestehen bleiben, was theoretisch die alliierte Unterstützung des rheinischen Separatismus unterband. Die gerichtliche Verfolgung deutscher Industrieller wegen ihrer Beteiligung an dem Raub von Maschinen im deutschbesetzten Belgien und in Nordfrankreich wurde untersagt. Ein weiterer Beschluß sah die Bildung einer internationalen Waffenstillstandskommission mit Sitz in Spa vor, die die Durchführung der Bedingungen überwachen sollte. Die Sitzung, die zu diesen Ergebnissen führte, dauerte fast drei Stunden bis 5 Uhr morgens. Dann wurde die Waffenstillstandsurkunde unterschrieben, der erste Weltkrieg war beendet.[77])

Bevor sich Erzberger von Foch verabschiedete, verlas er noch eine Erklärung, in der er versicherte, Deutschland werde sich bemühen, die harten Verpflichtungen zu erfüllen; zugleich aber protestierte er gegen die Härte der Bedingungen und wies warnend darauf hin, daß Deutschland vielleicht nicht in der Lage sein würde, Wort zu halten:

> „Die deutsche Regierung wird selbstverständlich bestrebt sein, mit allen Kräften für die Durchführung der auferlegten Verpflichtungen Sorge zu tragen ... Die unterzeichneten Bevollmächtigten .... dürfen aber keinen Zweifel darüber lassen, daß insbesondere die Kürze der Räumungsfristen sowie die Abgabe unentbehrlicher Transportmittel einen Zustand herbeizuführen drohen, der ohne Verschulden der deutschen Regierung die weitere Erfüllung der Bedingungen unmöglich machen kann.

77) Das vollständige Protokoll der Sitzung vom 11. November 1918 ist enthalten in: Marhefka, *op. cit.*, S. 61—73. Erzberger faßte die von ihm erreichten Verbesserungen zusammen in: *Erlebnisse*, S. 336 ff. Am deutlichsten erscheinen sie bei Marhefka, *op. cit.*, S. 22—57.

Die unterzeichneten Bevollmächtigten erachten es ferner für ihre Pflicht ... noch einmal mit allem Nachdruck darauf hinzuweisen, daß die Durchführung dieses Abkommens das deutsche Volk in Anarchie und Hungersnot stürzen muß. Nach den Kundgebungen, die den Waffenstillstand eingeleitet haben, mußten Bedingungen erwartet werden, die – bei voller militärischer Sicherung unserer Gegner – die Qualen der am Kampfe Unbeteiligten, der Frauen und Kinder, beendet hätten.

Das deutsche Volk, das fünfzig Monate lang standgehalten hat gegen eine Welt von Feinden, wird ungeachtet jeder Gewalt seine Freiheit und Einheit wahren.

Ein Volk von siebzig Millionen leidet, aber es stirbt nicht."

Diese stolze Sprache, eher geeignet, an deutschen Stammtischen Beifall zu finden als die Durchführung der Waffenstillstandsbedingungen zu fördern, wurde von Marschall Foch mit einem lakonischen „Très bien" zur Kenntnis genommen.[78]) Sie zeigt übrigens, wie absurd es von Erzbergers rechtsstehenden Gegnern war, ihm vorzuwerfen, es fehle ihm an Patriotismus oder er habe den Waffenstillstand leichten Herzens unterzeichnet.

## Die Rückkehr nach Berlin

Die deutsche Delegation kehrte nach Spa zurück, begleitet vom Jubel und den Verwünschungen der französischen und belgischen Bevölkerung, die zwar überglücklich über den Abschluß des Waffenstillstands war, aber nicht bereit, zu vergeben und zu vergessen. Als Erzberger am Morgen des 12. November im Großen Hauptquartier eintraf, gratulierten ihm Hindenburg und Groener für die von ihm erzielten Milderungen der ursprünglichen Bedingungen Fochs, die ihre Erwartungen überträfen. Der Feldmarschall dankte ihm „für die ungemein wertvollen Dienste, die er dem Vaterland geleistet habe", eine Erklärung, die in bemerkenswertem Widerspruch zu Hindenburgs späterem Bekenntnis zur „Dolchstoßlegende" steht. Auf Erzbergers Vorschlag wurde die deutsche Abteilung der internationalen Waffenstillstandskommission gebildet, zum Vorsitzenden ernannte er seinen Kollegen General von Winterfeldt.[79])

In Spa herrschten inzwischen fast ebenso chaotische Zustände wie überall im revolutionären Deutschland. Darüber berichtet Erzberger:

„In Spa [so wurde ihm erzählt] habe sich ein Arbeiter- und Soldatenrat gebildet; die Oberste Heeresleitung sei in Gefahr gewesen, vom Arbeiter- und Sol-

---

78) Erzbergers Erklärung an Foch ist abgedruckt bei Marhefka, *op. cit.*, S. 72 f. Sie wurde von ihm zuerst telegrafisch der Obersten Heeresleitung vorgeschlagen, als er am 8. November die Bedingungen des Waffenstillstands mitteilte; Die Genehmigung erfolgte in dem mit „Reichskanzler" unterzeichneten Telegramm vom 10. November. *Ibid.*, S. 58 ff. Dieses letztere Telegramm wurde in Wirklichkeit von der Obersten Heeresleitung formuliert und erst nachträglich von Ebert gebilligt. *Erlebnisse*, S. 338. Das neue Kabinett war am 10. November 1918 mit den Parteiführern zusammengekommen, hatte die von Erzberger telegrafierten Bedingungen erörtert und keine Möglichkeit gesehen, sie abzulehnen. R. Künzer, „Die Außenpolitik des Zentrums", in: *Nationale Arbeit*, hrsg. von K. A. Schulte, Berlin 1929, S. 84, wo die unveröffentlichten Memoiren Fehrenbachs zitiert werden.

79) Erzberger, *Erlebnisse*, S. 339.

datenrat direkt verhaftet zu werden; den Offizieren seien die Epauletten von den Schultern heruntergerissen worden; Hindenburg habe bereits erklärt, daß er hinter der Regierung Ebert stehe, und lasse mich gleichfalls bitten, mich der neuen Regierung zur Verfügung zu stellen. Ich könnte selbst beobachten, daß kein Soldat mehr die Offiziere grüßte und daß die Autos rote Fahnen trugen . . .

Inzwischen waren gegen 1 Uhr zwei Delegierte des Arbeiter- und Soldatenrats von Hannover mit einem Sonderzug in Spa eingetroffen; sie wollten nach Brüssel weiterfahren, um dort die Weltrevolution auszurufen, und überraschten mich mit der ‚ganz sicheren Nachricht', daß Marschall Foch gestern nachmittag erschossen worden sei... Als Zweck der Revolution in Deutschland bezeichneten sie mir, Liebknecht zum Präsidenten der Republik auszurufen; dieses Ziel sei noch nicht ganz erreicht worden; das nächste Mal werde es gehen. Ich redete den beiden Delegierten aus, nach Brüssel zu gehen, wo gekämpft werde; da sie im Besitz einer Lokomotive waren und ich schnellstens nach Berlin zurück mußte, verabredeten wir, daß wir gemeinsam fahren wollten. Um 4 Uhr reisten wir von Spa, das in den belgischen Nationalfarben geflaggt hatte, ab. Alle Züge waren überfüllt mit Soldaten. Sie standen auf den Trittbrettern, saßen auf den Wagendächern, ein Bild wie seinerzeit in Rußland [zur Zeit der Revolution].“[80])

Am Mittwoch, dem 14. November, kehrte Erzberger am späten Nachmittag nach Berlin zurück, genau eine Woche nach seiner Abreise nach Spa und Compiègne. „In das Vaterland zurückgekehrt, fand ich dieses vollkommen verändert; selbst mein Dienstauto trug die rote Flagge, die ich sofort durch schwarzrotgold ersetzen ließ.“[81]) Er wurde augenblicklich vom Rat der Volksbeauftragten (der neuen Ebert-Haase-Regierung) empfangen, um über seine Waffenstillstandsmission zu berichten. Sie dankten ihm für die Dienste, die er „in schwerster Zeit zum Wohle des deutschen Volkes“ geleistet habe und beschlossen, die Existenz der Waffenstillstandskommission zu verlängern und sie mit der Durchführung der Bedingungen von Compiègne zu beauftragen. Erzberger nahm die erneute Ernennung zum Vorsitzenden an und erklärte sich bereit, der neuen rein sozialistischen Regierung, die aus der Revolution hervorgegangen war, zur Verfügung zu stehen. Er tat es in der Hoffnung, Ebert bei seinen Bemühungen helfen zu können, die Ordnung in der Heimat wiederherzustellen und Deutschland eine Regierung zu geben, die die Ententemächte bei den kommenden Friedensverhandlungen als Partner anerkennen würden.[82])

Erzbergers Vorsitz in der Waffenstillstandskommission in Compiègne und bei allen weiteren Verhandlungen sollte sich als schwere Belastung für seine weitere Laufbahn erweisen. Nationalistische und konservative Kreise sahen seit langem in ihm den verhaßten Urheber der Friedensresolution und Führer des linken Flügels des Zentrums und hatten seinen Patriotismus offen angezweifelt. Nunmehr fanden sie Unterstützung bei Millionen von Deutschen, die Erzbergers Namen mit den außerordentlich harten Bedingungen des Waffenstillstands in Ver-

---

80) *Ibid.*, S. 339 f.
81) Erzberger, *Erlebnisse*, S. 340.
82) *Ibid.*, S. 340. Auch *Waffenstillstandsbericht* (14. November).

bindung brachten. Der gegen ihn gerichtete Unwille wurde verstärkt durch die in der Bevölkerung weitverbreitete Überzeugung, er habe sich zu dem Amt des Waffenstillstandskommissars gedrängt, habe alles unterschrieben, was Foch forderte, und es dazu in einem leichtfertigen Geiste getan, dem die nationale Ehre völlig gleichgültig sei. Die Tatsachen – daß er von seinen Kabinettskollegen dazu gedrängt worden war, die Aufgabe zu übernehmen, daß er alle Erleichterungen, die überhaupt von Foch zu erreichen waren, herausgeschlagen hatte und daß er schließlich, den spezifischen Anweisungen der Regierung und der Obersten Heeresleitung folgend, schweren Herzens unterzeichnet hatte – drangen angesichts der Verleumdungen der Nationalisten kaum in das Bewußtsein der deutschen Öffentlichkeit ein.

# XII

## Weimar und Versailles
## November 1918 bis Juni 1919

### Der Winter 1918/19

Die Regierung Ebert-Haase, genannt Rat der Volksbeauftragten, wurde am 9. November gebildet, während Erzberger in Compiègne mit Foch verhandelte. Sie war eine Koalition aus Mehrheits- und Unabhängigen Sozialdemokraten und dadurch von Anfang an tief gespalten. Ebert und seine Gesinnungsfreunde, die seit langem dem rechten Flügel der Partei angehörten, waren in erster Linie reformistische Demokraten, die den Sozialismus als Fern- und nicht als Nahziel betrachteten. Sie bemühten sich vor allem darum, das bestehende Chaos zu beseitigen und der Gefahr eines kommunistischen Staatsstreichs durch baldige Wahlen zu einer verfassunggebenden Versammlung zu begegnen. Haase und seine Unabhängigen setzten sich zwar auch für eine verfassunggebende Versammlung ein, wollten aber die Wahlen hinausschieben und die Zwischenzeit benutzen, um eine Reihe von vollendeten Tatsachen im sozialistischen Sinne zu schaffen. Ihnen war es peinlich, an ihren ungebärdigen linken Flügel gebunden zu sein, der freundschaftliche Beziehungen zu den Kommunisten unterhielt. Diese bedienten sich ihrer Massengefolgschaft in Berlin zur Organisierung von Unruhen und Demonstrationen, die das Leben der Mitglieder des Rates der Volksbeauftragten bedrohten. Die Regierung war machtlos, da ihr jede zuverlässige Polizei- oder Militärtruppe zum Schutze ihrer Sicherheit fehlte. Das Heer löste sich in einer völlig ungeordneten Demobilisierung auf. Niemand konnte sich ein genaues Bild von der öffentlichen Meinung machen; man hielt die extrem linken Elemente für viel stärker, als es sich dann bei den Wahlen vom Januar 1919 erweisen sollte.

Ebert, der seine schwache Position gegenüber der kommunistischen Gefahr erkannte, suchte Unterstützung bei den Liberalen und dem Zentrum. Er drängte Solf, im Auswärtigen Amt, und Erzberger, in der Waffenstillstandskommission zu bleiben, und beauftragte den linksliberalen Professor Hugo Preuß, eine Verfassung zu entwerfen, die der künftigen Nationalversammlung vorgelegt werden sollte. (Dieser Entwurf wurde übrigens später vom Zentrum scharf verurteilt, weil er Zentralisierung, Trennung von Kirche und Staat und Verbot der Konfessionsschulen vorsah). Solf, Erzberger und Preuß nahmen ihre Berufung an, weil sie Ebert für einen zuverlässigen Demokraten hielten, der eine proletarische Diktatur in Deutschland niemals zulassen würde. Erzberger war zwar nicht ganz wohl dabei, einem Kabinett anzugehören, in dem die Unabhängigen starken Einfluß hatten; er sah aber voraus, daß sie bald gezwungen sein würden, zwischen einem Bruch mit ihrem linken Flügel und dem Austritt aus der Regierung zu wählen. Er bedauerte es gar nicht, als Haase sich nach einer Amtszeit von weniger als sieben Wochen zu der zweiten Alternative entschloß.[1])

Die Wiederherstellung der Ordnung und die baldige Wahl einer verfassunggebenden Versammlung schienen Erzberger nach seiner Rückkehr aus Compiègne die wichtigsten Aufgaben zu sein, die in Deutschland zu erfüllen waren. Das eine wie das andere war Voraussetzung für die Verwirklichung demokratischer Prinzipien und für Verhandlungen mit den Ententemächten. In seinen „Erlebnissen" schrieb er:

> „Irgendein Schutz für Aufrechterhaltung der Ordnung war in Berlin nicht vorhanden. Der Kriegsminister, der mich auf meinen Wunsch mitten in der Nacht in Zivil in meiner Wohnung aufsuchte, erklärte mir, daß ein solcher Schutz auch nicht zu schaffen sei. Mit einigen entschlossenen Männern machte ich mich alsbald an die Organisation kleiner zuverlässiger Truppenteile. Sehnsüchtig wartete man auf den Einzug zuverlässiger Soldaten; denn die Gefahr, daß durch neue Unruhen eine rein unabhängige oder kommunistische Regierung gebildet würde, stand jeden Tag, ja stündlich vor der Tür."[2])

Diese Gefahr blieb noch drei Monate bestehen, bis Gustav Noske, der nach dem Austritt der Unabhängigen zunächst zum Oberbefehlshaber im Berliner Raum und später zum ersten Reichswehrminister der Weimarer Republik ernannt wurde, die berühmten Freikorps zusammenstellte, denen es gelang, den kommunistischen Pöbel zu entwaffnen und den Straßenterror zu beenden. Die mehrheitssozialistischen Förderer dieser Freikorps fanden sich jedoch bald in der Rolle des Zauberlehrlings wieder. Die politisch rechtsgerichteten Mitglieder der Freikorps waren von der sich allmählich abzeichnenden Weimarer Republik

---

1) Erzbergers Tätigkeit im Winter 1918/19 wird kurz geschildert in: *Erlebnisse*, S. 340. Von hier an sind die *Erzberger Dokumente* nicht mehr sehr ergiebig.

2) Erzberger, *Erlebnisse*, S. 340. Diese Tätigkeit veranlaßte Eisner, den von den Unabhängigen Sozialdemokraten kommenden Ministerpräsidenten von Bayern, Erzberger (zusammen mit Solf) bei einer Konferenz der Ministerpräsidenten am 25. November 1918 als „Quelle der Gegenrevolution" zu bezeichnen. Ebert verteidigte Erzberger jedoch energisch. W. Ziegler, *Die deutsche Nationalversammlung 1919—1920*, Berlin 1932, S. 10.

wenig begeistert; bei der Niederwerfung der Spartakisten wandten sie unnötige Brutalität an. Liberale und demokratische Historiker haben die Schaffung dieser Verbände scharf verurteilt, aber es ist zweifelhaft, ob es Ebert und Noske gelungen wäre, irgendeine andere Truppe aufzustellen, die die Kommunisten niedergeworfen hätte. Eine zuverlässige antikommunistische sozialistische Miliz zu schaffen, war wegen der traditionellen Solidarität des Proletariats wohl praktisch ausgeschlossen.[3])

Durch die Revolution war der Unabhängige Sozialdemokrat Adolf Hoffmann Kultusminister in Preußen geworden. Als fanatischer Atheist begann er sofort, das ganze antikirchliche sozialistische Programm (Trennung von Kirche und Staat, Abschaffung der Konfessionsschulen usw.) durchzuführen. Der Kölner Kardinal Hartmann brachte in einem Brief an Erzberger seine große Sorge darüber zum Ausdruck und erhielt von ihm die Antwort, das Zentrum verpflichte sich, Hoffmanns Pläne zu bekämpfen. Dies könne jedoch erst dann geschehen, wenn eine verfassunggebende Versammlung die Ordnung im politischen Leben einigermaßen wiederhergestellt habe: „Das Entscheidende scheint uns aber darin zu liegen, daß für die Nationalversammlung eine bürgerliche Mehrheit absolut sicher ist. Wenn das Bürgertum sich jetzt zusammenrafft, so ist dieses Ziel zu erreichen."[4]) Erzberger versicherte weiter, er dränge die Regierung, baldige Wahlen auszuschreiben – was schließlich auch am 16. Dezember 1918 geschah. Ohne Eberts Versprechen baldiger Wahlen hätte Erzberger sich nicht bereit erklärt, das Amt des Waffenstillstandskommissars beizubehalten.

Für die Zentrumspartei war es verhältnismäßig einfach, den Wahlkampf der neuen revolutionären Lage anzupassen. Katholisches politisches Denken neigte zwar eher zur Monarchie als zur republikanischen Staatsform und war allen extremen Formen der Volkssouveränität abhold, stellte sich aber einer parlamentarischen demokratischen Republik – Deutschlands einziger Alternative zu einer proletarischen Diktatur – nicht grundsätzlich feindlich entgegen. Gewisse katholische Teile der deutschen Bevölkerung wie die bayerischen Bauern hatten nie ein Hehl aus ihrer mangelnden Begeisterung für die Hohenzollern-Monarchie gemacht. Die Flucht des Kaisers nach Holland hatte monarchistische Empfindungen weiter geschwächt. Die traditionelle Abneigung des Zentrums gegen die Sozialdemokraten war sehr viel geringer geworden, seitdem Erzberger im Juli 1917 die Friedensresolutions-Mehrheit zustande gebracht hatte. Der rechte Flügel war zu einer kleinen verdrossenen Minderheit herabgesunken, die Erzbergers Politik, die Interessen der Katholiken und die Grundsätze des Zentrums durch eine Zusammenarbeit mit den Mehrheitssozialisten zu schützen, keinen rechten Widerstand entgegensetzen konnte. Die Aufgabe, den Bolschewismus niederzuwerfen,

---

[3]) Das Standardwerk über die Freikorpsbewegung ist Robert Waite, *Vanguard of Nazism*, Cambridge 1952.
[4]) Erzberger an Kardinal Hartmann am 21. November 1918 in Beantwortung eines Briefes vom 18. November, *Erzberger Dokumente*, Akte 45.

war wichtiger als die Rücksicht auf monarchistische Gefühle und die traditionelle Abneigung gegen die Sozialdemokraten.[5])

Erzberger war durch seine Tätigkeit als Waffenstillstandskommissar so stark in Anspruch genommen, daß er sich an dem Wahlkampf, der am 19. Januar 1919 zu Ende ging, nicht führend beteiligte. Die Regierung Ebert hatte ein neues Wahlsystem eingeführt, das auf dem Grundsatz der Verhältniswahl in Wahlkreisen beruhte; das alte System der Ein-Mann-Wahlkreise wurde abgeschafft. Erzberger wurde als zweiter nach Gröber auf die württembergische Landesliste des Zentrums gesetzt, so daß seine Rückkehr in den Reichstag auch ohne örtliche Wahlreden gesichert war.[6])

Sein Hauptziel auf Reichsebene – die Verhinderung einer marxistischen Mehrheit – wurde erreicht, da die Unabhängigen und die Mehrheitssozialisten zusammen nur 45 v. H. der Stimmen erhielten. Das Zentrum errang 20 v. H., die Fortschrittspartei (die sich jetzt Demokratische Partei nannte und sich mit dem linken Flügel der Nationalliberalen vereinigt hatte) fast 19 v. H., während die beiden Parteien, die die alte kaiserliche Ordnung vertraten (Konservative, jetzt Deutschnationale Volkspartei, und Nationalliberale, jetzt Deutsche Volkspartei), zusammen weniger als 15 v. H. der Stimmen erhielten. Das war ein günstiger Anfang für das neue parlamentarische System. Erzberger war zwar erleichtert, daß die Gefahr wilder sozialistischer und antikirchlicher Experimente abgewandt war, hoffte aber andererseits, daß die Mehrheitssozialisten, von den bürgerlichen Koalitionspartnern geziemend in Schach gehalten, sich an der neuen Regierung beteiligen würden. Er widerstand dem Gedanken, eine antisozialistische Koalition von den Deutschnationalen bis zu den Demokraten zu bilden, die theoretisch 55 v. H. der Verfassunggebenden Versammlung hinter sich gehabt hätte.

Die erste Aufgabe, die sich der Versammlung stellte, als sie Anfang Februar in Weimar zusammentrat (wo sie vor den Kommunisten in Sicherheit war, die Berlin immer noch terrorisierten), war die Bildung eines parlamentarischen Kabinetts als Ersatz für Eberts provisorische Regierung. Bei der ersten Sitzung der Zentrumsabgeordneten trat Erzberger für die Wiederwahl der alten Führergruppe ein, an deren Spitze Gröber und Trimborn standen.[7]) Die Partei entschied

5) Betreffs Zustimmung des Zentrums zur Republik siehe K. Bachem, *Zentrumspartei*, Bd. VIII, S. 256—262, und F. Sell, *Die Staatspolitik des Zentrums*, Berlin 1924. Erzbergers Teil an der Neuorganisierung des Zentrums im Winter 1918/19 wird kurz erwähnt in Bachem, *Zentrumspartei*, Bd. VIII, S. 2553 f. Zum erstenmal wurde ein Generalsekretariat für die Gesamtpartei im Reich gebildet, wobei Erzberger im November 1918 seinen Freund Maximilian Pfeiffer zum ersten Generalsekretär ernannte; diesen Posten behielt Pfeiffer bis zu seiner Ernennung zum deutschen Botschafter in Wien im April 1920. Das Sekretariat richtete ein Rednerbüro und Lehrgänge für politische Erziehung ein und gab Broschüren und kurze Schriften heraus. Letzteres wurde von Friedrich Sell organisiert, der selbst ein gewandter und produktiver Schriftsteller war. Über diese Parteifragen siehe *Zentrumspartei*, *Offizieller Bericht des 1. Parteitages*, Berlin 1920, besonders S. 74—82 (Bericht von Dr. Brauns).

6) Zu den Wahlen in Württemberg siehe Max Miller, *Eugen Bolz*, Stuttgart 1951, S. 101—104.

7) Mayer-Kaufbeuren wurde ebenfalls wiedergewählt. Es wurde vorgeschlagen, einen Arbeiterführer hinzuzunehmen, wobei der Name des Christlichen Gewerkschaftsführers Adam Stegerwald fiel. Erzberger stimmte jedoch gegen ihn wegen seines Chauvinismus während des Krieges und auch wegen seiner engen Verbindung zu Walther Rathenau. Statt dessen wurde Becker-Arnsberg gewählt. Bericht über die Zentrumssitzung vom 5. Februar 1919 in: *Erzberger Dokumente*, Akte 14.

sich mit 64 gegen 5 Stimmen (letztere aus Bayern) für eine Koalition mit den Mehrheitssozialisten. Die Tatsache, daß sich bei den Wahlen eine „bürgerliche Mehrheit“ ergeben habe, mache, wie Erzberger betonte, eine sozialdemokratische Mehrheit im Kabinett undenkbar; die Zentrumsführer wurden deshalb angewiesen, bei den Koalitionsverhandlungen unnachgiebig zu sein und auf einem Drei-Punkte-Programm zu bestehen: 1. die Schaffung einer Armee, die imstande sein müsse, jeden eventuellen Widerstand der Arbeiter- und Soldatenräte gegen die Verfassunggebende Versammlung zu brechen; 2. eine Verfassung, in der die Rechte der katholischen Kirche gesichert wären; 3. die Aufrechterhaltung der föderalistischen Struktur Deutschlands entgegen der Forderung der Sozialdemokraten und Demokraten unter der Führung von Preuß nach einem unitarischen und zentralistischen Staat. Dieses Programm wurde von der Weimarer Nationalversammlung voll verwirklicht.[8])

Nachdem Ebert am 11. Februar 1919 zum Reichspräsidenten gewählt worden war, wurde Scheidemann Ministerpräsident. Er bildete ein Koalitionskabinett mit sieben Sozialdemokraten, drei Demokraten und drei Zentrumsmitgliedern (Erzberger, Giesberts, Bell). Der parteilose Brockdorff-Rantzau wurde Außenminister, während Erzberger als Minister ohne Portefeuille weiterhin mit Fragen des Waffenstillstands beauftragt wurde.

In einem langen Brief an Pacelli vom 24. Februar 1919, auf eine entsprechende Anfrage, rechtfertigte Erzberger die Beteiligung des Zentrums an der Regierung:

„Das Zentrum ist nach seiner ganzen Vergangenheit nicht eine Oppositionspartei, sondern eine Partei der positiven Arbeit, die es namentlich in der jetzigen schweren Zeit dem Vaterland nicht vorenthalten darf. Die Gründe [die eine Koalition mit den Sozialdemokraten notwendig machten] im einzelnen sind folgende:

In der Außenpolitik ist ein Kabinett, in welchem das Zentrum enthalten ist, namentlich für die gesamten feindlichen Staaten, eine Garantie der Stabilität, da durch den Zusammentritt des Zentrums eine Majorität entsteht, welche mehr als dreiviertel der Nationalversammlung umschließt. Die Gegner können dem deutschen Volk keine neuen Lasten auferlegen, indem sie sagen, die deutsche Regierung habe nicht genügende Bürgschaften hinter sich. Gerade von englischer Seite wurde mir wiederholt gesagt, daß der Eintritt des Zentrums in die Regierung von erheblicher Bedeutung für den Ausgang der Friedensverhandlungen sein würde.

Dazu kommt noch, daß das Zentrum für die wohlbegründeten Rechte des Hl. Stuhles in den Friedensverhandlungen gar nichts unternehmen kann, wenn es sich nicht in der Regierung befindet.

Die innenpolitischen Gründe sind folgende: Würde das Zentrum in die Opposition gegangen sein, so würde das neue Kabinett auf sehr schwankendem Boden stehen. Die parteipolitischen Kämpfe würden sehr scharf werden. Unser Land käme nicht zur Ruhe... Die Nationalversammlung würde bald zur Ohnmacht verurteilt werden und das Land der Anarchie zum Opfer fallen. Durch den Eintritt in die Regierung hat das Zentrum auf der anderen Seite bereits erreicht, daß der

---

[8]) *Ibid.*

ursprüngliche Entwurf der künftigen Reichsverfassung, welcher die Trennung von Staat und Kirche obligatorisch für alle Bundesstaaten aussprach, geändert worden ist. In dem der Nationalversammlung zugegangenen Gesetzentwurf ist über die Trennung von Staat und Kirche nichts enthalten, wohl aber wird die Freiheit der Religionsausübung garantiert. Darin liegt ein gewaltiger Schutz, namentlich für die Katholiken in der Diaspora. Der ursprüngliche Entwurf enthielt ferner eine Bestimmung über die Schulfrage, welche die konfessionslose Simultanschule für Deutschland festlegen sollte. Auch dies ist gestrichen und die Regelung den Einzelstaaten vorbehalten worden.

Diese zwei wesentlichen Erfolge sind um so höher zu werten, als zu erwarten ist, daß die Entwicklung vorübergehend auf kurze Zeit nach links gehen, dann aber mit Bestimmtheit nach rechts gehen wird, und so die größte Gefahr für die Kirche verhütet worden ist. Wäre die Trennung erst einmal ausgesprochen, so würde sie kaum rückgängig gemacht werden können. Selbstverständlich werden die Zentrumsmitglieder sich bemühen, noch weitere positive Vorschriften für Kirche und Schule in die Verfassung hineinzubringen."[9])

Erzberger hatte allen Grund, auf den Winter 1918/19 mit Befriedigung zurückzublicken. Das vorübergehende Chaos, das durch die Marinemeuterei, die Revolution, die Flucht des Kaisers und den plötzlichen Zusammenbruch des gesamten kaiserlichen Regimes entstanden war, hatte mit der Wahl eines demokratischen Parlaments, das seinerseits eine demokratische Regierung wählte, ein Ende gefunden. Erzbergers Glaube an Ebert als Retter Deutschlands vor Anarchie und Bolschewismus hatte sich als voll berechtigt erwiesen. Die Arbeiter- und Soldatenräte hatten sich außerstande gezeigt, Deutschland eine geordnete Verwaltung zu geben und waren durch die altbewährte Bürokratie, die jetzt, zumindest theoretisch, der demokratischen Nationalversammlung unterstand, ersetzt worden. Die kommunistischen Umtriebe waren durch die Freikorps niedergeworfen – ein wirksames Instrument, dessen Gefährlichkeit noch kaum erkannt wurde. Die Gerichte hatten ihre Arbeit wieder aufgenommen. Verschiedene wilde Pläne betreffs Enteignung junkerlichen Besitzes und Verstaatlichung der Schlüsselindustrien, die Deutschland wirtschaftliches Chaos und Bürgerkrieg gebracht hätten, waren abgewandt worden. Die Zentrumspartei hatte eine Politik unfruchtbarer Verdrossenheit verworfen und war in eine produktive Zusammenarbeit mit den Sozialdemokraten eingetreten.

Das Ergebnis war die Weimarer Verfassung, in der das demokratische Programm verwirklicht wurde, für das Erzberger seit über zehn Jahren gekämpft hatte. Es wurde erreicht ohne die Begleiterscheinung der Sozialisierung, der er mißtraute, oder des Antiklerikalismus, den er verabscheute. Ebenso wie andere Politiker der Weimarer Zeit begriff Erzberger jedoch nicht, daß die demokratische Grundlage Deutschlands unsicher blieb, weil keine umfassenden Sozialreformen durchgeführt wurden. Die vordringliche Sorge, der kommunistischen

[9]) Erzberger an Pacelli am 24. Februar 1919. *Bachem Dokumente*, Akte 89.

Gefahr begegnen zu müssen, hatte zu der optimistischen Auffassung geführt, die Stützen der alten kaiserlichen Ordnung hätten die Republik im Grunde akzeptiert. Die alten Bürokraten, Soldaten, Richter, Junker und Industriellen hingegen büßten ihren Einfluß kaum ein. Als sie sich von dem Schock des November 1918 erholt hatten, zeigten sie, wie nicht anders zu erwarten war, auch wieder ihre reaktionäre Starrheit.

## Die Arbeit der Waffenstillstandskommission

Bei der Ausarbeitung der Verfassung in der Nationalversammlung trat Erzberger kaum hervor. Er hatte sich nie besonders für reine Verfassungsfragen interessiert, und außerdem machte seine Ministertätigkeit eine Delegierung in den Verfassungsausschuß unmöglich.[10]) Seine Hauptarbeit während des Winters und Frühjahrs galt den Verhandlungen über die verschiedenen Waffenstillstandsabkommen und deren Durchführung. Die Waffenstillstandskommission, die er leitete, hatte sich schon Ende November zu einer Organisation mit Hunderten von Angestellten und einer Fülle von Aufgaben ausgewachsen. Von seinem Berliner Büro aus leitete Erzberger die gesamte Kommissionsarbeit.[11])

Die Durchführung der Waffenstillstandsbedingungen bedeutete, daß er sich mit so verschiedenartigen Fragen zu beschäftigen hatte wie der Auslieferung von Heeres- und Marinematerial, der Rückgabe von Maschinen und anderen Objekten, die die Deutschen aus Belgien und Nordfrankreich deportiert hatten, den Beziehungen zwischen den besetzten und unbesetzten deutschen Gebieten, der fristgebundenen Auslieferung von Lokomotiven und Lastwagen, den Verhandlungen über die Aufhebung der Blockade und der Belieferung Deutschlands mit Lebensmitteln. Diese Tätigkeit erforderte eine enge Zusammenarbeit mit fast allen Ministerien, was zu zahlreichen Kompetenzstreitigkeiten führte. Erzbergers bekannte Ungeduld gegenüber einem normalen bürokratischen Geschäftsgang verschärfte die unvermeidlichen Reibungen nicht unerheblich; das galt besonders für seine Verhandlungen mit Außenminister von Brockdorff-Rantzau.

Die Beziehungen zwischen ihnen hatten bereits in den ersten Januartagen einen schlechten Anfang genommen. Als Brockdorff-Rantzau sein Amt übernahm, erfuhr er, daß Erzberger der Entente gerade die Auslieferung des in Ber-

---

10) Die Zentrumsmitglieder waren Gröber, Spahn, Trimborn, Stegerwald und Beyerle. Ziegler, *op. cit.*, S. 111.

11) Zum Personal der Waffenstillstandskommission vgl. Marhefka, *op. cit.*, Bd. III, S. 411—419. Die Organisation wird kurz geschildert von Stockhammern, „Der Waffenstillstand", *Europäische Staats- und Wirtschaftszeitung*, Bd. IV (o. J.), Sondernummern 12 und 13, S. 330—335. Diese Veröffentlichung, zusammengestellt im März 1919 aus einschlägigem Material, ist ein wertvoller zeitgenössischer Kommentar über den Waffenstillstand und seine Durchführung von den führenden Mitgliedern der Kommission. Im folgenden zitiert als *Waffenstillstand*. Der Vertreter des Generalstabs in Spa war Major Theodor Düsterberg, später bekannt als Stahlhelmführer. Er wurde von Erzberger entlassen, da einer seiner von Erzberger abgefangenen Briefe an den Kriegsminister bewies, daß er gegen Erzberger intrigierte. *Prozeß*, S. 583—589, 856 f., 902, 936 f.

lin verhafteten russischen Revolutionärs Radek anbieten wollte. Der neue Außenminister war entsetzt über diese unorthodoxe Diplomatie, die nach seiner Ansicht Deutschland in den Augen der Welt schaden, künftige Beziehungen zu Rußland gefährden und eine innenpolitische Explosion von seiten der Unabhängigen Sozialdemokraten auslösen würde. Außerdem war er der Auffassung, die Frage müsse vom Auswärtigen Amt und nicht von der Waffenstillstandskommission bearbeitet werden.[11a]) Am 5. Januar fand eine stürmische Besprechung zwischen ihm und Erzberger statt, über die Brockdorff-Rantzaus Biograph Erich Brandenburg berichtet:

> „Erzberger erklärte... [gegenüber dem Außenminister Brockdorff-Rantzau], er sei zu kollegialer Zusammenarbeit durchaus bereit; diese werde ihm aber dadurch erschwert, daß innerhalb des Auswärtigen Amts gegen ihn intrigiert werde. Der Graf zog darauf die Uhr und sagte, es sei jetzt 12 Uhr: ‚Nennen Sie mir die Herren, die in meinem Amt gegen Sie intrigieren, und ich gebe Ihnen mein Wort, daß sie sämtlich um 8 Uhr von ihrem Amte suspendiert sind.' Erzberger geriet in Verlegenheit und erklärte, die Intrigen seien so geschickt angelegt, daß er keine Namen nennen könne, worauf der Graf ihm erklärte, daß er dringend bitten müsse, seine Beamten mit Verleumdungen zu verschonen. Er hat später selbst gesagt, daß diese Unterredung der Anfang ihrer Entzweiung gewesen sei."[12])

Die Spannungen zwischen den beiden Männern verschärften sich erneut, als Verhandlungen mit der Entente wegen Verlängerung des Waffenstillstandes (der in Compiègne auf 36 Tage begrenzt worden war) notwendig wurden. Als Waffenstillstandskommissar oblag es Erzberger, die Verhandlungen mit Marschall Foch zu führen, die am 12.–13. Dezember, 15.–16. Januar und 14.–15. Februar in Trier stattfanden. Die beiden letzten Zusammenkünfte erfolgten nach der Amtsübernahme Brockdorff-Rantzaus, der Zweifel darüber äußerte, ob Erzberger sich den immer härteren Bedingungen Fochs wirklich hätte fügen müssen.

Die Konferenzen in Trier betrafen vier Punkte: nichtplanmäßige Erfüllung der Waffenstillstandsbedingungen durch Deutschland; deutsche Beschwerden über die harte Politik der Alliierten; Aufhebung der Blockade, um die Hungersnot zu mildern; Festlegung einer Demarkationslinie zwischen Deutschen und Polen im Osten. Die Entente hatte die Zügel ganz in der Hand; als Druckmittel benutzte Foch die deutschen Kriegsgefangenen, die Weigerung, die Blockade aufzuheben, und das Verfahren, alle Verlängerungen des Waffenstillstands bis zum Februar kurzfristig zu halten, um weitere Ansprüche geltend machen zu

---

11a) Vgl. jetzt die wertvolle Studie von Otto Ernst Schüddekopf, „Karl Radek in Berlin", in: *Archiv für Sozialgeschichte*, Bd. II (1962), S. 87—166.

12) Erich Brandenburg, *Brockdorff-Rantzau*, Bd. II, Kap. V, S. 2 a. Diese wertvolle Biographie in Manuskriptform, deren Veröffentlichung vom deutschen Auswärtigen Amt verhindert wurde, steht als Mikrofilm zur Verfügung in: *A. A.*, Akte 1083. Im folgenden zitiert als *Br.-Rantzau*. Erzberger und er unterzeichneten am 21. Februar 1919 ein formales Abkommen über die Festlegung ihrer Einflußgebiete in der Frage der Friedensvorbereitungen. Erzberger erhielt Vollmachten für Fragen des besetzten Rheinlands, des Völkerbunds und des Wiederaufbaus der zerstörten Gebiete und beschwerte sich bald, Brockdorff-Rantzau habe sich nicht an die Übereinkunft gehalten. *Ibid.*, S. 50 f.

können. Die Drohung der Alliierten, in das nichtbesetzte Deutschland einzumarschieren, hing wie ein Damoklesschwert über Erzbergers Haupt, da Deutschland außerstande gewesen wäre, die Feindseligkeiten wieder aufzunehmen.

Die Stimmung der Sieger zeigte sich auch darin, daß der deutschen Delegation selbst die übliche höfliche Behandlung verweigert wurde. Erzberger und seine Kollegen wurden, als sie zu den ersten Verhandlungen eintrafen, am Bahnhof Trier von einer starken Abteilung amerikanischer Truppen empfangen, die sie zu den Wagen begleitete, welche die Delegation zum Hotel „Zur Post“ bringen sollten. Erzberger schildert, was nun folgte:

„Manche meiner Begleiter waren über diese ‚Ehreneskorte‘ erfreut, zumal sie uns bis zum Hotel begleitete; gar bald wurden wir gewahr, daß es weniger ehrende Aufmerksamkeit als unerträgliche Einschränkung der Bewegungsfreiheit war. Als ich nämlich kurz nach Ankunft im Hotel den Wunsch äußerte, einige Besuche in der Stadt zu machen, wurde mir eröffnet, es sei Befehl gegeben, daß niemand das Haus verlassen dürfe. Ein Regierungsrat, der um die Unterbringung sich bemühte, wurde gleichfalls am Verlassen des Hauses gehindert mit dem Bemerken, Ausnahmen könnte nur der amerikanische Kapitän gestatten. Dieser ließ sich aber nicht sehen. Alle Hinweise, daß der Herr nicht zu unserer Delegation gehöre und mit der Waffenstillstandskommission nichts zu tun habe, waren vergebens; in später Abendstunde wurde ihm die Erlaubnis erteilt, die notwendige Wäsche für die Nacht sich ins Hotel kommen zu lassen. Auf sämtlichen Gängen und Treppen wurden amerikanische Soldaten aufgestellt. Nur die Wirtin des Hotels hatte die Befugnis erhalten, das Haus zu verlassen, um für die Küche die notwendigen Einkäufe zu besorgen; nicht einmal ihre Kinder durften für die Zeit der Anwesenheit der Kommission die Schule besuchen.“

Der Bischof von Trier schrieb Erzberger in einer dringenden Angelegenheit. Erzbergers Antwort wurde vom amerikanischen Stadtkommandanten zurückgeschickt mit der Bemerkung, Marschall Foch habe „den Verkehr zwischen der deutschen Waffenstillstandskommission und den Bewohnern der besetzten Gebiete nicht gestattet“. Die diensttuenden amerikanischen Soldaten waren, wie zu ihrer Ehre gesagt werden muß, nicht sehr glücklich über ihre Rolle als Gefängniswärter; einer sagte Erzberger: „Es ist gemein, wie man Sie behandelt“, erklärte jedoch, Foch habe diese entwürdigende Behandlung selbst angeordnet. Nach Beginn der Verhandlungen bestand Erzberger als erstes darauf, daß seine Delegation „alle Freiheiten und Rechte, welche im internationalen Verkehr zwischen Vertretern der Regierungen bisher üblich waren“, haben müsse. Diese Forderung erkannte der Marschall an, soweit es sich um die vier deutschen Bevollmächtigten (nicht aber ihre Untergebenen) handelte; offenbar glaubte er, den Deutschen ihre hilflose Lage hinreichend vor Augen geführt zu haben.[13])

Jede der drei Verhandlungen in Trier wurde mit den Beschwerden des Marschalls eingeleitet, die Deutschen hielten die Bedingungen des Waffenstillstands

---

13) Erzberger, *Erlebnisse*, S. 342—345.

nicht ein. Die Ablieferung von Lokomotiven, Maschinen und U-Booten verzögere sich und auch die Rückführung der alliierten Kriegsgefangenen gehe zu langsam vor sich. Erzberger entschuldigte die Verzögerungen mit dem bereits in Compiègne geäußerten Hinweis, daß viele der alliierten Fristen praktisch nicht einzuhalten seien und daß alle Schwierigkeiten sich durch die chaotischen Zustände in Deutschland nur noch vergrößert hätten. Immer wieder betonte er die Bereitschaft der deutschen Regierung, alle Verpflichtungen einzuhalten; er war empört, als Foch ihn zur Strafe für die Verzögerungen zwang, der baldigen Auslieferung von 58 000 landwirtschaftlichen Maschinen zuzustimmen, eine für ein militärisches Abkommen höchst ungewöhnliche Forderung, die ahnen ließ, wie stark der Waffenstillstand die künftigen Friedensbedingungen vorwegnahm.[14])

Auf die Vorwürfe der Entente antwortete Erzberger mit Beschwerden über die Verstöße der Alliierten gegen das Waffenstillstandsabkommen und über Praktiken, die den Gesetzen der Menschlichkeit widersprächen. Die Alliierten weigerten sich, die deutschen Kriegsgefangenen zurückzuführen, sie behielten sie als Geiseln, um Deutschland zur Annahme des endgültigen Friedensvertrages zu zwingen. Das sei zwar kein Verstoß gegen die Waffenstillstandsbedingungen, widerspreche jedoch den hohen moralischen Grundsätzen, zu denen sich die Ententemächte bekannt hätten. Sie hätten das linke Rheinufer hermetisch abgeriegelt mit der Folge großer wirtschaftlicher Schäden für beide Ufer. Deutsche Bewohner von Elsaß-Lothringen seien in unnötig grausamer Weise ausgewiesen worden. In den besetzten Gebieten lebende Deutsche würden entgegen den ausdrücklichen Bedingungen des Waffenstillstands wegen Verbrechen verhaftet, die sie angeblich während des Krieges begangen hätten (besonders Industrielle, die sich an dem Abtransport von Maschinen aus Belgien beteiligt hatten). Vor allem aber hätten sich die Alliierten geweigert, Artikel 26 des ersten Waffenstillstandsabkommens durchzuführen, der die in diesen Stunden so überaus wichtigen Lebensmittellieferungen an Deutschland vorsehe.

Das Problem der immer noch andauernden Blockade mit den dazugehörigen Schiffahrts- und Finanzfragen sollte sowohl zwischen Deutschland und den Alliierten als auch zwischen Erzberger und seinen innenpolitischen Gegnern die heftigsten Auseinandersetzungen hervorrufen. Die Amerikaner und Engländer waren bereit, sich an die Zusicherungen des Waffenstillstands zu halten; die Franzosen waren es nicht. Herbert Hoover, der die Verschiffung der Lebensmittel zu leiten hatte, drängte auf die Lieferung der Lebensmittel nach Deutschland; humanitäre Erwägungen, die Furcht vor dem Bolschewismus und der Wunsch, Amerika von den im Kriege aufgespeicherten überschüssigen landwirt-

---

14) Die beste kurze Schilderung der drei Verhandlungen in Trier findet sich bei Erzberger, *Erlebnisse*, Kap. XXIV. Die Protokolle der Sitzungen sind abgedruckt bei Marhefka, *op. cit.*, Bd. I, S. 95—260. Die einleitenden Reden Erzbergers sind besonders interessant.

schaftlichen Produkten zu befreien, waren die Gründe für seine Haltung. Ein sehr großes Hindernis für die Lebensmittellieferungen an Deutschland war die durch den deutschen U-Bootkrieg verursachte weltweite Schiffsraumknappheit. Die Alliierten forderten daher, daß Deutschland als Voraussetzung für Lebensmittellieferungen seine Handelsflotte, die seit 1914 untätig in den Häfen lag, dem Weltschiffsraum-Pool, der von London aus verwaltet wurde, zur Verfügung stelle. Erzberger und seine Kollegen meinten, diese Forderung verlange eine endgültige Auslieferung der Schiffe an die Alliierten bereits im Rahmen des Waffenstillstands und stelle damit einen Vorgriff auf den Friedensvertrag dar. Sie wollten nicht sehen, daß die Alliierten bei dem endgültigen Friedensvertrag die Schiffe auf jeden Fall fordern würden und daß es besser sei, sie im Januar als Tauschobjekt für dringend benötigte Lebensmittel zu verlieren, als sie im Juli umsonst hergeben zu müssen. Erzberger kämpfte hartnäckig um Garantien, daß die Schiffe deutsches Eigentum blieben; er erreichte die Zusicherung, die zeitweilige Überlassung bedeute keinen Eigentumsübergang, und den deutschen Reedern solle eine angemessene Vergütung gezahlt werden. Ein deutscher Vertreter wurde in die Kommission aufgenommen, die den Pool verwaltete. Damals schienen diese Konzessionen bedeutungsvoll zu sein; zur Zeit des endgültigen Friedensvertrages erwiesen sie sich jedoch als wertlos. Die deutsche Hartnäckigkeit in diesen Punkten verzögerte den Abschluß eines Abkommens über die Schiffahrtsfrage bis zum 14. März 1919. Die lange Verzögerung ließ die alliierten Unterhändler annehmen, die Lebensmittelknappheit in Deutschland könne nicht so schlimm sein, wie die deutschen Vertreter sie darstellten. In Wirklichkeit aber war die Verzögerung lediglich ein Zeichen für die Schwäche der deutschen Regierung gegenüber den deutschen Reedern, deren scharfer Kampf gegen Erzberger noch zu schildern ist.

Die Finanzierung der Lebensmitteleinfuhren erwies sich neben den Schiffahrtsbedingungen als das größte Hindernis für die Beendigung der Blockade. Erzberger bestand darauf, daß die Arbeit der Schiffahrts-, Finanz- und Ernährungskommissionen aufeinander abgestimmt werden müsse, so daß die deutschen Schiffe erst zur Verfügung stehen könnten, wenn ein Übereinkommen über die Lieferung der Lebensmittel und die Zahlungsbedingungen erreicht worden sei. Die Alliierten waren bereit, mit den Lieferungen zu beginnen, sobald man die Abkommen unterzeichnet habe. Zwischen April und August 1919 gelang es Hoover, 1,26 Milliarden Tonnen Lebensmittel oder 29 v. H. der gesamten von ihm nach dem Waffenstillstand verteilten Lebensmittel nach Deutschland zu schicken. Die Sendungen wandten im Sommer 1919 eine ernste Ernährungskrise ab. Die Deutschen hatten ursprünglich gehofft, die Einfuhren durch eine amerikanische Anleihe zu finanzieren; sie verkannten, daß bei der in der amerikanischen Öffentlichkeit weitverbreiteten Abneigung gegen Deutschland eine Anleihe, die vom Kongreß bewilligt werden mußte, gar nicht in Frage kam.

Daraufhin entschlossen sie sich zögernd, Gold und Auslandsguthaben anzubieten, worauf jedoch die Franzosen den Einwand erhoben, damit werde Deutschlands Fähigkeit, Reparationen zu zahlen, gemindert, und die Ernährung Deutschlands würde so auf Kosten der berechtigten Ansprüche Frankreichs durchgeführt. Schließlich gelang es den Engländern und Amerikanern, die französischen Bedenken zu überwinden, und die Lebensmittel begannen im April 1919 in Deutschland einzutreffen. Das Feilschen auf beiden Seiten in einer Sache, die in erster Linie als eine Frage der Menschlichkeit hätte behandelt werden müssen, war nicht sehr erfreulich. Die meisten Deutschen glaubten, die Entente habe absichtlich versucht, die Blockade zu verlängern.[15])

Ein weiteres dringendes Problem betraf die Beziehung zwischen Deutschen und Polen an der deutschen Ostgrenze. Die Polen, begeistert über die gleichzeitige Niederlage Rußlands und Deutschlands im Jahre 1918, träumten davon, diese einzigartige Gelegenheit auszunutzen, um einen polnischen Staat in den weitgedehnten Grenzen des 18. Jahrhunderts wiederherzustellen. Viele Polen wollten Deutschlands vorübergehende Schwäche nutzen, um ein fait accompli zu schaffen, das territorial weit über das hinausgehen sollte, was die Staatsmänner in Paris wahrscheinlich zugestehen würden. Freiwillige Truppenverbände besetzten große Teile von Westpreußen, Posen und Oberschlesien. Sie begegneten allerdings einem wachsenden Widerstand zunächst der örtlichen deutschen Bevölkerung, bald aber auch der Freikorps aus den übrigen Teilen Deutschlands, die herbeieilten, um die „blutende Ostgrenze" gegen die verhaßten und verachteten Polen zu verteidigen. Im Winter 1918/19 übernahm die Oberste Heeresleitung unter Hindenburg und Groener von Kolberg aus den Befehl über die deutschen Operationen und drängte die Polen rasch in die Verteidigung. Die Franzosen, die um das Schicksal ihres Schutzbefohlenen zitterten, verlangten durch Foch bei den dritten Waffenstillstandsverhandlungen in Trier vom 14. bis 15. Februar 1919, daß die deutschen Streitkräfte im Osten die Operationen gegen die Polen an einer von Foch festgesetzten Demarkationslinie einstellten. Erz-

---

15) Über die ganze Blockadefrage ist der lebendigste Bericht der von J. M. Keynes, „Dr. Melchior: A Defeated Enemy", in: *Two Memoirs*, London 1949, S. 11—71. Keynes war bei den Verhandlungen Vertreter des englischen Schatzamts. Die einschlägigen Dokumente sind abgedruckt in S. L. Bane und R. H. Lutz, *The Blockade of Germany after the Armistice 1918—1919*, Standford 1942, und bei Marhefka, *op. cit.*, Bd. II, S. 3—229. Die neueste Zusammenfassung ist J. A. Huston, „The Allied Blockade of Germany 1918—1919", *Journal of Central European Affairs*, Bd. 10 (1950), S. 145—268. Über die Schiffahrtsfrage siehe Paul Kollbach, *Deutsche Handelsflotte und Versailler Vertrag*, Berlin 1927. Bernhard Menne, *Armistice and Germany's Food Supply*, London 1944, geschrieben unter dem Eindruck der im zweiten Weltkrieg vorherrschenden Auffassung vom ewig bösen Deutschen, bestreitet eine Lebensmittelknappheit in Deutschland und übt fast Kritik am Eifer der Alliierten, die Lebensmittel zu rasch nach Deutschland gebracht hätten. Erzberger war mitverantwortlich für einen deutschen Versuch, den Schaden, den die Gesundheit des deutschen Volkes durch die feindliche Blockade erlitten hatte, in Geld auszudrücken. Am 16. Dezember 1918 bat er den führenden deutschen Fachmann für das Gesundheitswesen Dr. F. Bumm um ein Gutachten. Bumm berechnete den Schaden auf 56,4 Milliarden Mark. Diese Summe berücksichtigte u. a. einen Geburtenausfall von einer Million, der auf die Blockade zurückgeführt wurde. Der Kapitalwert eines neugeborenen Kindes wurde auf 8400 geschätzt, was, mit einer Million multipliziert, 8,4 Milliarden ergab. Andere Schäden wurden in einem ähnlichen Geiste geschätzt. Luckau, *op. cit.*, S. 39. Das Gutachten ist abgedruckt in: *U. A.*, Bd. VI, S. 389—442.

berger, erneut von der Drohung einer alliierten Invasion Deutschlands bedrängt, sah sich gezwungen, Fochs Bedingungen anzunehmen. Hierfür wurde er sowohl von der Obersten Heeresleitung als auch von großen Teilen der Grenzbevölkerung auf das heftigste angegriffen.[16])

In einer anderen polnischen Frage hatte er mehr Erfolg. Während die Polen im Westen nach Deutschland eindrangen, wurden sie selbst vom Osten her bedroht. Eine freiwillige polnische Armee unter General Haller, die zusammen mit der Entente an der Westfront gegen Deutschland gekämpft hatte, wollte nun in die Heimat zurückkehren, um der russischen Gefahr zu begegnen. In Artikel 16 des ersten Waffenstillstandsabkommens hatte die Entente das Recht erhalten, Truppen über Danzig und die Weichsel in die von Deutschland geräumten östlichen Gebiete zu schicken, und Foch schlug nun vor, die Haller-Armee auf diesem Wege nach Polen zu schleusen. Gegen diesen Plan protestierte Erzberger, weil er befürchtete, Haller werde seine Anwesenheit in Danzig benutzen, um die Stadt für das neue Polen in Besitz zu nehmen. General Groener trat mit einigen nicht erbetenen Ratschlägen über die gesamte Frage an Erzberger heran, drängte ihn, festzubleiben und unterstrich, daß die Alliierten Deutschland als Bollwerk gegen den Bolschewismus brauchten:

„Ich halte es nicht für ausgeschlossen, daß Marschall Foch Vorschläge für eine gemeinsame Operation gegen die Sowjettruppen machen wird. Er darf dann nicht im unklaren darüber gelassen werden, daß ein gemeinsames Handeln nur möglich ist, wenn: 1) die Alliierten auf ihren Gewaltfrieden verzichten, 2) die Alliierten durch Räumung unserer besetzten Gebiete und Unterstützung des Wirtschaftslebens die Überwindung unserer inneren Krise ermöglichen und 3) uns in dem Wiederaufbau unseres Heereswesens nicht unnötig knebeln.“[17])

Diese phantastischen Illusionen, die selbst ein verhältnismäßig vernünftiger Mann wie Groener hegte, teilte Erzberger nie. Statt dessen schlug er vor, die Armee Haller auf dem Landwege mit der Bahn durch Mitteldeutschland zu führen und nicht zu Schiff über die Ostsee. Um die Sache mit Foch auszuhandeln, fuhr er vom 2. bis 4. April eigens nach Spa, wo er von dem Marschall persönlich empfangen wurde. Foch nahm den Vorschlag des Landwegs als einleuchtende praktische Lösung an, weigerte sich jedoch, das theoretische Recht des Durchzugs durch Danzig aufzugeben. Bei den offiziellen Verhandlungen in der Villa Neufbois – dem früheren Quartier des Kaisers, wo vor erst sechs Monaten die Abdankung unterzeichnet worden war – erreichte Erzberger, daß Stettin an Stelle von Danzig als Nachschubhafen für die polnische Armee gewählt wurde. Die Stadtverwaltung von Danzig sprach Erzberger für seine energische

16) Über die Demarkationslinie siehe Erzberger, *Erlebnisse*, S. 360, und seine Verteidigungsrede in der Nationalversammlung. *Verhandlungen der verfassunggebenden deutschen Nationalversammlung*, 17. Februar 1919, Bd. 326, S. 127—130. Auch General Groener war gegen Erzberger wegen der Demarkationslinie. Siehe seinen Brief an Bachem in Bachem, *Zentrumspartei*. Bd. IX, S. 446, und D. Geyer, *Groener*, Frankfurt 1955, S. 133 f.
17) Groener an Erzberger am 31. März 1919 bei Geyer, *Groener*, S. 135 f.

Verteidigung des deutschen Charakters der Stadt ihren Dank aus.[18]) Das war sein einziger unbezweifelter und unbestrittener Erfolg während der Waffenstillstandsverhandlungen.

## Der Angriff auf Erzbergers Tätigkeit als Waffenstillstandskommissar

Erzberger war nicht Mitglied der deutschen Friedensdelegation. Er glaubte, als Waffenstillstandskommissar genügend undankbare Aufgaben erledigt zu haben und war sich im übrigen klar, daß die eigentliche Entscheidung über Annahme oder Ablehnung der alliierten Bedingungen in Weimar und nicht in Versailles fallen werde. Seine Tätigkeit bei den Waffenstillstandsverhandlungen hatte so viele Kontroversen ausgelöst, daß es klüger schien, die Friedensdelegation nicht durch seine Mitgliedschaft zu belasten. Das durch die Beendigung des Krieges im deutschen Volk hervorgerufene ursprüngliche Gefühl der Erleichterung machte allmählich einer weitverbreiteten Verzweiflung Platz, als die volle Last der Waffenstillstandsbedingungen fühlbar wurde. Auch Erzberger hatte zunächst geglaubt, ein von Foch diktierter ungünstiger Waffenstillstand schließe nicht unbedingt einen unter Wilsons vorherrschendem Einfluß ausgehandelten günstigen Frieden aus.[19]) Diese Illusion schmolz nun dahin angesichts der immer härteren Waffenstillstandsausdehnungen und der Gerüchte über die scharfen Friedensbedingungen, die auf der Pariser Konferenz ausgearbeitet würden. Weite Kreise der deutschen Öffentlichkeit suchten einen Sündenbock – eine Rolle, die Erzberger auf den Leib geschrieben schien. Hatte er nicht den deutschen Siegeswillen durch seine Friedensresolution untergraben? Hatte er nicht eine feste Mehrheit der antimilitaristischen Kräfte dadurch geschaffen, daß er das Zentrum zu einem Bündnis mit den Sozialdemokraten hinleitete? Hatte er sich nicht mit einem völligen Mangel an patriotischen Gefühlen zum Vorsitz der Waffenstillstandskommission gedrängt und die verschiedenen Verhandlungen mit Marschall Foch auf das ungeschickteste geführt?[20])

Erzbergers Tätigkeit als Waffenstillstandskommissar wurde nach Abschluß der letzten Verhandlungen in Trier (18. Februar 1919) von dem Stahlmagnaten Vögler, der Stresemanns Volkspartei angehörte, in der Nationalversammlung angegriffen.[21]) Er verurteilte den Waffenstillstand als das Vorspiel zu einer

---

18) Erzberger, *Erlebnisse*, S. 363 ff. Marhefka, *op. cit.*, Bd. II, S. 335—370.
19) Über Erzbergers ursprüngliche Ansicht, einem schlechten Waffenstillstand könne ein günstiger Friede folgen, siehe Max, *op. cit.*, S. 506 und das Protokoll in: *Regierung des Prinzen Max*, S. 372.
20) Als zeitgenössische Anti-Erzberger-Hetzschrift siehe A. Friedrich, *Die Wahrheit über die Waffenstillstandsverhandlungen. Wie Erzberger das deutsche Volk abfertigt*, Berlin 1919.
21) Eine positive Schilderung zu Vögler gibt Louis Lochner in: *Die Mächtigen und der Tyrann, Die deutsche Industrie von Hitler bis Adenauer*, Darmstadt 1955, S. 72—75.

Abkehr von Wilsons Vierzehn Punkten im kommenden Friedensvertrag. Erzberger warf er vor allem vor, er habe in selbstherrlicher Weise verhandelt und sich nicht die Mühe gemacht, den Rat von Fachleuten einzuholen. Ein Abkommen, das die Stahlindustrie betreffe (am 25. Dezember 1918 im Zusammenhang mit den ersten Verhandlungen in Trier abgeschlossen), sei unterzeichnet worden, ohne vorher die Vertreter der Ruhrindustrie zu konsultieren.[22]) Auch das Abkommen über die Handelsflotte sei ohne Rücksprache mit den hanseatischen Reedern abgeschlossen worden, die nach ihrem Eintreffen nachmittags 4 Uhr 30 in Trier nur noch feststellen konnten, daß das Abkommen bis 5 Uhr des gleichen Tages fertiggestellt sein müsse. Erzbergers Einwand, Deutschland könne keine besseren Bedingungen erreichen, weil es von einer Position der Schwäche aus verhandele, zog Vögler ins Lächerliche; dabei zitierte er die einflußreiche „Frankfurter Zeitung“:

> „Herr Erzberger will beweisen, daß Deutschland nicht anders kann. Aber er beweist nur, daß er nichts Besseres vermocht hat. Es ist nachträglich schwer, festzustellen, was in solchem Falle versierte Sachkenner erreicht hätten. Daß Herr Erzberger diese Verhandlungen ohne die Sachkenner führte, ist der schwere Vorwurf, der ihn trifft. In seiner Selbstüberschätzung ist er überzeugt, daß niemand es besser machen kann als er selbst.“[23])

Auf diese Vorwürfe antwortete Erzberger mit einer charakteristischen Kombination von Verteidigung und Gegenangriff. Er spottete über seine Angreifer (und die Industriekreise, die sie vertraten) wegen ihrer verspäteten Begeisterung für Wilsons Vierzehn Punkte; während des Krieges hätten sie alles vom Ärmelkanal bis zum Kaukasus annektieren wollen und entrüsteten sich jetzt, wenn die Entente sich nicht eng an Wilsons Grundsätze halte. Völgers Bekehrung zu einem Wilsonschen Versöhnungsfrieden sei höchst suspekt. „Mich freut jede Reise, die jemand von Jerusalem nach Damaskus unternimmt, nur möge er kein Retourbillet dabei nehmen!“ Auf Vöglers spezielle Vorhaltungen übergehend, gab er zu, daß die Ruhr-Magnaten an der Luxemburger Konferenz nicht beteiligt gewesen seien, erklärte dies aber damit, daß sie Hugo Stinnes zu ihrem Sprecher gewählt hätten, den er für sehr ungeeignet hielte, heikle internationale Verhandlungen zu führen. Stinnes sei während des Krieges einer der schlimmsten Annexionisten und einer der Hauptbefürworter der Zwangsarbeit für Belgier gewesen – worauf Erzberger Zimmermann schon 1917 hingewiesen hatte. Aus diesem Grunde habe er Einspruch dagegen erhoben, als Stinnes zum Berater der deutschen Delegation ernannt werden sollte. Die Stahlindustrie sei darauf nicht bereit gewesen, einen anderen Vertreter zu wählen; auf diesen Erpressungsversuch habe Erzberger mit der Zuziehung von hohen Beamten aus dem Wirtschaftsministerium geantwortet und auf Fachleute aus

22) Über das Luxemburger Abkommen siehe Marhefka, *op. cit.*, Bd. II, S. 233—261.
23) Vöglers Angriff findet sich in: *Verhandlungen der verfassunggebenden deutschen Nationalversammlung*, 18. Februar 1919, Bd. 326, S. 132—136.

der Privatwirtschaft verzichtet. Diese Handlung bereue er in keiner Weise; an die rechtsstehenden Parteien des Reichstags richtete er die Worte: „Unter einen solchen Terrorismus suchen Sie die Regierung zu versetzen. Ihre Herrschaft ist vorüber, glauben Sie mir das. Restlos." Daß die Reeder nicht früher in Trier eintreffen konnten, bedauerte er, führte es aber auf die Verkehrsschwierigkeiten in Deutschland zurück, und zugleich darauf, daß Foch auf festen Fristen bestanden habe.[24])

Erzberger warf seinen Widersachern vor, die Schwierigkeiten seiner Lage nicht begriffen zu haben. „Durch die Rede des Herrn Abgeordneten Vögler zog sich eines hindurch: Er hat immer die eine nicht ganz kleine Tatsache vergessen, daß wir leider den Krieg verloren haben."[25]) Foch habe bei den Verhandlungen alle Trümpfe in der Hand gehabt, und es habe einflußreiche Kreise bei der Entente gegeben, die es gern gesehen hätten, wenn Deutschland sich geweigert hätte zu unterzeichnen — es würde einen Vorwand zum Einmarsch in das unbesetzte Deutschland geboten haben.[26]) Bei Wiederaufnahme der Feindseligkeiten wären die Alliierten von ihrer in Wilsons Note vom 5. November 1918 (also vor Compiègne) zum Ausdruck gebrachten Verpflichtung entbunden worden, den endgültigen Friedensvertrag auf die Vierzehn Punkte aufzubauen.[27]) Damit hätte sich eine unerträgliche Lage für Deutschland ergeben. In diesem Zusammenhang sagte Erzberger:

> „Wenn wir noch einmal einen Waffenstillstand abschlügen, so würde das bisher besetzte Gebiet zu einem feindlichen werden, das linksrheinische Gebiet würde verlorengehen, das deutsche Volk würde von seinen kargen Lebensmitteln auch die Besatzung verpflegen müssen, und die gesamte wehrpflichtige männliche Bevölkerung würde der Kriegsgefangenschaft unterworfen werden und eine finanzielle und wirtschaftliche Versklavung würde bis zum letzten Sinne des Wortes eintreten."[28])

Diese furchtbare Aussicht lähmte Erzbergers Verhandlungsfreiheit. Seine Schwierigkeiten wurden verstärkt durch die allgemeine Schwäche der deutschen Regierung und durch die Uneinigkeit im Kabinett, das ihm keine klaren Weisungen gab. Als er das zweite Mal nach Trier reiste, konnte er den Bahnhof in Berlin nur auf Umwegen erreichen, weil Straßenkämpfe im Gange waren.[29]) Während der Verhandlungen versuchte er, in engem telefonischen Kontakt mit der Regierung zu bleiben, konnte aber in der kurzen Zeit, die Fochs ultimative Methode übrigließ, keine klaren Anweisungen bekommen. Seine Telefonge-

---

24) Erzbergers Verteidigung findet sich *ibid.*, S. 137—145, und 19. Februar 1919, S. 171 ff. Sein Angriff auf Stinnes wird von G. Raphael erörtert, *Stinnes*, S. 96 ff.
25) *Verhandlungen der verfassunggebenden deutschen Nationalversammlung*, 18. Februar 1919, S. 145.
26) Diese Auffassung wurde energisch vertreten von Haniel, Vertreter des Auswärtigen Amtes bei der Waffenstillstandskommission, in einem Bericht an Erzberger und das Auswärtige Amt vom 15. Januar 1919. *A. A.*, Akte 2031.
27) *Verhandlungen der verfassunggebenden deutschen Nationalversammlung*, 18. Februar 1919, S. 160.
28) *Ibid.*, S. 136. Vögler zitierte diese Worte, um Erzberger als schlechten Unterhändler hinzustellen, weil er die Schwäche Deutschlands bloßgestellt habe. Erzberger hatte die unlösbare Aufgabe, gleichzeitig seine Landsleute dazu zu bewegen, harte Tatsachen anzuerkennen und doch dabei Deutschlands Verhandlungsposition nicht zu schwächen.
29) Erzberger, *Erlebnisse*, S. 349.

spräche mit Berlin am 16. Januar 1919, dem Tag der zweiten Waffenstillstandsverlängerung, schildert er mit den folgenden Worten:

> „Die telefonische Verständigung war äußerst schlecht; mit Mühe konnte ich die erste Weisung aufnehmen lassen, wonach ich folgende Erklärung abgeben sollte: ‚Die deutsche Regierung nimmt von den Forderungen des Marschall Foch [Ablieferung von landwirtschaftlichen Maschinen] Kenntnis, erklärt aber, daß sie praktisch nicht durchführbar sind.' Ich sollte, wie ich durch eine wiederholte Rückfrage feststellte, diese Erklärung bei der Unterschrift des Vertrages vor meinen Namen setzen; wenn Marschall Foch diesen Zusatz beanstande, solle ich nicht unterschreiben, sondern abbrechen; wenn Marschall Foch aber frage, ob die deutsche Delegation durch diese Art der Unterschrift [ohne ausdrückliche Anerkennung] den Waffenstillstand als verlängert ansehe, so solle ich erwidern, ich hätte nichts hinzuzufügen und müsse nach Berlin abreisen; wenn Marschall Foch hierauf die Eröffnung der Feindseligkeiten am Freitag früh ankündigte, solle ich abbrechen und abreisen. Jede dieser Eventualitäten mußte ich mühsam aus den Berliner Stellen herauspumpen. Auf meine erneute Anfrage, welche Bedingungen in Berlin als nicht durchführbar bezeichnet würden, sollte ich die Ablieferung der landwirtschaftlichen Maschinen und besonders die kurzen Lieferfristen bezeichnen; die weitere Rückfrage, ob ich unterzeichnen könne, wenn ich hierin ein Entgegenkommen erreiche, wurde dann bejaht. Alle anderen Bedingungen von Foch wurden ausdrücklich nicht als undurchführbar bezeichnet. Diese telefonische Instruktion mit der stets wechselnden Stellungnahme der Berliner Behörden war kein politisches Meisterstück."[30])

In Anbetracht des einer Entscheidung ausweichenden und verwirrten Kabinetts mußte Erzberger sich auf sein eigenes Urteil verlassen, aber er war nicht der Mann, der vor Verantwortung zurückschreckte. Überzeugt, daß Deutschland es auf eine Wiederaufnahme der Feindseligkeiten nicht ankommen lassen konnte, appellierte er zunächst an den Gerechtigkeitssinn des Siegers; als sich das als nutzlos erwies, schickte er sich jeweils in das Unvermeidliche. Dadurch rettete er Deutschland vor der drohenden Invasion, was allerdings auf Kosten seines eigenen Rufes geschah.

Erzbergers Verhalten erregte starke Verstimmung, aber seine persönlichen Eigenschaften gaben der Animosität noch eine besondere Note. Ein Journalist schilderte sein Auftreten im Parlament im Frühjahr 1919:

> „Er reizt fast immer zum Widerspruch, auch wenn man ihm nichts entgegnen kann. Liegt das schon an seiner Äußerlichkeit? Viele Leute bekennen ihre unüberwindliche Abneigung gegen die äußere Erscheinung des Ministers, obgleich sie dafür Gründe im einzelnen nicht namhaft machen könnten. Im Gegenteil – man muß

---

30) *Ibid.*, S. 353 f. Das Protokoll der Kabinettssitzung, bei der die neuen Trierer Bedingungen erörtert wurden (16. Januar 1919), in: *A. A.*, Akte 2030, bestätigt Erzbergers Bericht über die völlige Hilflosigkeit und Verwirrung der Regierung. Siehe auch Payer, *op. cit.*, S. 292—295, und Brandenburg, *Br.-Rantzau*, Kap. V, S. 6—9. Br.-Rantzau zitiert Erzberger dahin, daß er die Erlaubnis zum Unterzeichnen von Ebert selbst am Telefon erhalten habe. Erzbergers Annahme der letzten Waffenstillstandsverlängerung führte fast zu Br.-Rantzaus Rücktritt (16.Februar 1919). Br.-Rantzau behauptete, die Bedingungen der Entente seien unerträglich, Mord sei Selbstmord vorzuziehen und die Entente werde durch Deutschlands Ablehnung der Bedingungen in Verlegenheit gebracht werden. Das Kabinett hatte ursprünglich seiner Ansicht zugestimmt, war aber nach Beratungen mit den Parteiführern umgefallen. Brandenburg, *Br.-Rantzau*, Kap. V, S. 13—22.

objektiv sagen, daß Erzberger mit seinem frischen roten Gesicht und dem gepflegten Äußeren jugendlicher, lebendiger wirkt als die anderen Minister. Dieser fast viereckige Schwabenkopf über dem gedrungenen mittelgroßen Körper mit den kleinen Augen, dem dünnen Schnurrbart über der Oberlippe, wirkt trotz aller äußeren Liebenswürdigkeit wirklich herausfordernd. Man sagt sich nach den ersten Sätzen, die er spricht: ‚Welch ein gerissener Redner!' Der zweite Gedanke ist aber schon: ‚Was steckt dahinter?' Das stärkste Mittel Erzbergers im Hause und auf der Tribüne ist seine vollkommene Unerschütterlichkeit. Er sitzt stets da, als ob alle Angriffe, die man gegen ihn entfesselt, auf ihn auch nicht den allergeringsten Eindruck machten, im Gegenteil, ihm zu seiner Zerstreuung höchst angenehm wären. Manchmal, bei ganz heftigen Ausfällen, lächelt er verbindlich, freut sich über das ganze Gesicht. Dieses Lächeln reizt die Rechte regelmäßig zur Wut...

Gewöhnlich sitzt Herr Erzberger auf der ersten Ministerbank bei Landsberg oder Brockdorff-Rantzau, das Gesicht dem Hause mit einer halben Wendung zugewandt, halb nach dem Redner hinsehend, den linken Arm rückwärts über die Lehne des Stuhls geschwungen; mit der Rechten macht er sich eifrig Notizen. Ab und zu mit einer charakteristischen Bewegung befestigt die Hand den von der Nase herabfallenden Klemmer. Hat der Redner geendet, so eilt Erzberger, um zu antworten, auf die Tribüne. Sein Gegner mag sich jetzt auf eine tüchtige Ladung gefaßt machen. Das Lächeln ist verschwunden, man sieht, daß der Mann ein geborener Polemiker ist, der sich seiner Haut wehrt. Jedermann im Hause weiß, daß es nicht leicht ist, mit Erzberger anzubinden. Er kennt alle Protokolle und Kommissionsberichte so genau, weiß gleich mit Zitaten so aufzuwarten, daß die in der auswärtigen Politik gewöhnlich recht unerfahrenen Redner bald auf den Sand gesetzt sind. Zweifel an dem, was er selbst sagt, hält Erzberger für ganz unmöglich. Selbst die augenfälligsten Widersprüche von gestern auf heute oder von vorgestern auf übermorgen bringen ihn nicht im geringsten aus der Fassung. Erzbergers Stimme wird sogleich nach den ersten Sätzen erregt. Da er mit ausgesprochen schwäbischer Mundart redet, und diese auch bei gelegentlichen französischen Worten mit anklingt, hat man manchmal humoristische Anfälle beim Zuhören. Wenn er spricht, begleiten die Getreuen im Zentrum, die gerade vor ihm sitzen, seine Rede mit verständnisvollem ‚Sehr gut' oder mit noch etwas betonten ‚Hört, hört!'"[31])

## Die Friedensbedingungen und die Conger-Mission

Die Hauptsorge der deutschen Regierung im Frühjahr 1919 galt, abgesehen von der vordringlichen Aufgabe, die Ordnung im Innern wiederherzustellen, den Vorbereitungen für die Friedenskonferenz. Die Vorarbeiten lagen vor allem in den Händen des früheren deutschen Botschafters in Washington, Graf Bernstorff, der eine hierfür geschaffene besondere Abteilung des Auswärtigen Amtes leitete. Erzbergers Zusammenarbeit mit ihm blieb freundschaftlich, bis sich im Mai Meinungsverschiedenheiten einzustellen begannen. Diese Zusammenarbeit war angesichts der engen Verbindung von Waffenstillstandsbedingungen und

[31]) *Kölnische Zeitung*, 9. März 1919. Abschrift bei *Bachem Dokumente*, Akte 89.

zukünftigen Friedensregelungen von großer Bedeutung. Bernstorff, der sah, daß Kompetenzstreitigkeiten unvermeidlich waren, schätzte Erzbergers direkte Art, sie durch häufige mündliche Besprechungen zu lösen.[32])

Außenminister Graf Brockdorff-Rantzau brachte Erzberger weniger Wohlwollen entgegen. Die beiden Männer waren so verschieden, daß, ganz abgesehen von ihren abweichenden Ansichten über Kompetenzfragen und Politik, Mißverständnisse und gegenseitige Abneigung entstehen mußten. Brockdorff-Rantzau, ganz Aristokrat, war Sproß einer bekannten holsteinischen Familie, die lange den Königen von Dänemark gedient hatte. Die Holsteiner sind nicht nur geographisch, sondern auch in ihrem Temperament weit von den Schwaben entfernt: sie sind kühl, zurückhaltend und hartnäckig, während die Schwaben warmherzig, impulsiv und beweglich sind. Brockdorff-Rantzau hatte im diplomatischen Dienst der Kaiserzeit Karriere gemacht und war während des ersten Weltkrieges zum Gesandten in Dänemark ernannt worden. Lange vor Erzbergers Friedensresolution hatte er den Annexionismus der deutschen Regierung insgeheim mißbilligt und freundliche Beziehungen zu den Führern der Mehrheitssozialisten bei ihren häufigen Reisen nach Skandinavien aufgenommen. Als Ebert und Scheidemann ihm im Dezember 1918 den Posten des Außenministers anboten, hatte er sich nur unter gewissen Bedingungen bereit erklärt, dieses Amt mitten im Chaos der Revolution anzunehmen: die Kommunisten müßten niedergeworfen und die Friedensartikel der Entente abgelehnt werden, wenn sie gegen den „Waffenstillstands-Vorvertrag" verstießen. Die erste Bedingung entsprach auch durchaus Erzbergers Ansicht; bei der zweiten sollte er jedoch eine ganz andere Haltung einnehmen.

Ihr Konflikt über politische Fragen wurde durch kaum verhohlene persönliche Abneigung verschärft. Erzberger empfand keine besondere Achtung für das Handwerk der Diplomatie und sprach Brockdorff-Rantzau die Eignung zum parlamentarischen Staatsmann ab. Letzterer wußte sich im parlamentarischen Leben nicht zu bewegen, und seine Unfähigkeit, frei zu sprechen, brachte die Regierung oft in Verlegenheit. Für Erzberger mit seiner bewundernswerten Rednergabe muß dies eine Quelle des Ärgers gewesen sein. Brockdorff-Rantzau hatte gegenüber seinen Kollegen ein krankhaftes Mißtrauen und glaubte, daß Erzberger an viel mehr Intrigen beteiligt sei, als es tatsächlich der Fall war. Seine persönliche Empfindlichkeit machte ihn unduldsam gegen jeden Widerspruch, während Erzberger das rauhe Hin und Her der politischen Kontroverse fast genoß. Brockdorff-Rantzau war ungehalten über Erzbergers rastlose, unvorsichtige, sich überall einmischende Aktivität, während Erzberger sich über dessen überhebliche Einstellung zu den Abgeordneten und seine unverhohlene Verachtung für jeden Amateur im diplomatischen Dienst ärgerte. Als sich herausstellte, daß

---

[32]) Ein günstiges Urteil über Erzberger und die Zusammenarbeit mit ihm gibt Bernstorff in: *Erinnerungen*, S. 183. Erzberger schildert ihre gemeinsame Arbeit in: *Erlebnisse*, S. 366 f.

Brockdorff-Rantzau zum Widerstand gegen die Entente neigte, fand Erzberger, diese Politik beruhe auf aristokratischen Ehrbegriffen, die schlecht in das demokratische Zeitalter paßten. Er soll in einem Weimarer Bierrestaurant seinen Vertrauten gegenüber geäußert haben: „Der Mann muß so schnell wie möglich entfernt werden; seine Politik ist staatsgefährlich."[33])

Die deutsche Friedensdelegation, von Graf Brockdorff-Rantzau selbst geführt, begab sich Ende April nach Paris, um die von den Ententemächten ausgearbeiteten Bedingungen entgegenzunehmen. Der Entwurf des Friedensvertrages wurde den Deutschen bei einer kurzen Zeremonie am 7. Mai überreicht, wobei Brockdorff-Rantzau auf Clemenceaus bittere Bemerkungen bei der Übergabe mit einer in kräftigem und herausforderndem Ton gehaltenen Rede antwortete. Alle Mitglieder der deutschen Delegation waren von der Härte der Bedingungen niedergeschmettert. Deutschland sollte vom Völkerbund ausgeschlossen bleiben, seiner Kolonien beraubt und mit einer astronomischen, aber nicht genau bestimmten Reparationssumme belastet werden; es sollte seine militärische Souveränität durch die Beschränkung seiner Streitkräfte auf ein Berufsheer von 100 000 Mann verlieren. Im Namen der nationalen Selbstbestimmung sollte es Elsaß-Lothringen an Frankreich, Eupen-Malmedy an Belgien, Nordschleswig an Dänemark und Teile von Westpreußen, Posen und Oberschlesien an Polen abgeben; gleichzeitig aber sollte — unter Verletzung des Selbstbestimmungsrechts — der deutschen Bevölkerung in Österreich und Böhmen das Recht, sich an Deutschland anzuschließen, aus strategischen und wirtschaftlichen Gründen genommen werden. Das Rheinland sollte fünfzehn Jahre besetzt, das Saargebiet für die gleiche Zeit vom Völkerbund verwaltet werden. Außerdem sollte Deutschland auf Grund des Art. 227 die sogenannten Kriegsverbrecher, darunter auch den Kaiser, den Ententemächten zur gerichtlichen Aburteilung ausliefern. Am schlimmsten aber war Artikel 231 des Vertrages, den die Deutschen, wahrscheinlich irrtümlich, als Zugeständnis auslegten, daß Deutschland für den Ausbruch des Krieges allein verantwortlich sei. Auf diese beiden Artikel, zusammen als „Schmachparagraphen" bekannt, konzentrierte sich später die ganze Empörung

---

33) Brandenburg, *Br.-Rantzau*, Kap. VIII, S. 36. Über Br.-Rantzau siehe auch seine *Dokumente und Gedanken um Versailles*, 3. Aufl. Berlin 1925; Edgar Stern-Rubarth, *Graf Brockdorff-Rantzau. Wanderer zwischen zwei Welten*, Berlin 1929; M. J. Bonn, *Wandering Scholar*, London 1949, S. 228—231. Br.-Rantzaus Beziehungen zu Erzberger werden in Bernstorffs *Erinnerungen*, S. 184, untersucht, ebenso von Stern-Rubarth, *ibid.*, S. 89—92. Brandenburg zitiert einige der Charakterisierungen, die Br.-Rantzau von Erzberger gibt, wie „gemeingefährlicher Schädling" (im Gespräch mit Ebert am 22. Juni 1919, Kap. VIII, S. 48), „ein Hans-Dampf-in-allen-Ecken und apolitischer Mann" (im Gespräch mit Scheidemann am 22. April 1919, Kap. VI, S. 53). Bei der gleichen Gelegenheit sagte Br.-Rantzau, laut einer Presseindiskretion, er werde die Verantwortung für die Außenpolitik nicht mehr tragen können, „wenn ein so brutaler Bursche wie Erzberger mir ununterbrochen ins Handwerk pfuscht" (S. 52). Eine weitere Quelle der Unstimmigkeiten zwischen Erzberger und Br.-Rantzau waren ihre verschiedenen Auffassungen über die Politik gegenüber Rußland. Erzberger wollte zwar Radek an die Entente ausliefern, strebte aber andererseits zu dieser Zeit einen regelrechten Waffenstillstand mit Rußland an, um die Kämpfe im Ostseeraum im April 1919 zu beenden und danach Handelsbeziehungen wiederaufzunehmen. Br.-Rantzau war damals dagegen, da er befürchtete, damit den Beziehungen zur Entente zu schaden. Merkwürdigerweise nahm Erzberger gerade die Politik der Zusammenarbeit mit den Bolschewisten vorweg, deren Hauptfürsprecher in den zwanziger Jahren Br.-Rantzau wurde. Siehe Graf Rüdiger von der Goltz, *Meine Sendung in Finnland und im Baltikum*, Leipzig 1920, S. 25, 89, 272 und *A. A.*, Akte 1665 und 2049. Den Hinweis hierauf verdanke ich der Freundlichkeit von Herrn Douglas Unfug von der Emory University.

der deutschen Bevölkerung. Ihre Aufnahme in den Vertrag führte dazu, daß die Diskussion über Annahme oder Ablehnung des Vertrages zu einer Frage der Ehre gemacht wurde statt zu einer mit Vernunftgründen geführten Erörterung verschiedener Standpunkte. Es ist eine Ironie des Schicksals, daß die Auslieferung der Kriegsverbrecher nie durchgeführt wurde und die „Kriegsschuldklausel“ erst praktische Bedeutung gewann, als die Deutschen ihre Zurückweisung zur Grundlage ihres Revisionismus gemacht hatten.[34])

Sowohl die Friedensdelegation als auch die deutsche Öffentlichkeit reagierten auf die Bedingungen überrascht und zornig, was nur mit der weitverbreiteten Überzeugung erklärt werden kann, Wilson sei schließlich stark genug, um sich gegen Clemenceau durchzusetzen. Der Postminister Josef Giesberts, ein naher Freund Erzbergers seit der Zeit ihrer gemeinsamen Gründung der Christlichen Gewerkschaften, vertrat die Zentrumspartei in der deutschen Delegation. Ihn schilderte der Generalkommissar Walter Simons in einem Brief an seine Frau, wie er am Abend des 7. Mai betrunken in die Sitzung der Delegation hereinwankte und brüllte:

> „Meine Herren, ich bin besoffen, das mag proletarisch sein, aber ich konnte mir nicht anders helfen. Für mich ist diese Schandschrift ein Zusammenbruch, denn ich habe bis heute an Wilson geglaubt. Ich habe ihm in Amerika gegenüber gestanden, und da hat dieser Puritaner mir gesagt: die katholischen Volksschuleinrichtungen sind die besten. Von dem Tage an habe ich ihn für einen ehrlichen Mann gehalten, und jetzt schickt der Schuft uns einen solchen Frieden. Wenn ich die Kerle hier hätte, die da heute nachmittag vor mir saßen, den Wilson, den Lloyd George und den Clemenceau, ich würde sie an die Decke schmeißen, daß sie kleben blieben! Aber, das sage ich Ihnen, meine Herren, [hier sprang er auf und schlug mit der Faust auf den Tisch, daß die Cognacgläser umfielen] wenn die Kerls glauben, daß die deutsche Arbeiterschaft sich Jahrzehnte lang für diese Kapitalistenbande schinden wird, dann irren sie sich, und wenn sie ins Grubenrevier einrücken, dann finden sich die paar Handgranaten, die nötig sind, um jede Grube zum Ersaufen zu bringen.“[35])

Dieser Ausbruch war nicht außergewöhnlich. Die deutsche Nationalversammlung berief eine Sondersitzung nach Berlin ein, bei der Ministerpräsident Scheidemann, der im Namen der Regierung sprach, die Pariser Bedingungen „unerträglich, undurchführbar und unannehmbar“ nannte und prophetisch warnend sagte, daß „die Hand verdorren müßte“, die einen Vertrag unterschriebe, der Deutschland in solche Fesseln lege. Alle Parteien, mit Ausnahme der Unabhängigen Sozialdemokraten, pflichteten ihm feierlich bei. Erzberger hielt den fast

---

[34]) Einen vorzüglichen Bericht über die Arbeit der deutschen Delegation gibt A. Luckau, *The German Delegation at the Paris Conference*, New York 1941, der auch alle wichtigen Dokumente enthält. Die Atmosphäre wird geschildert von Victor Schiff, *So war es in Versailles*, Berlin 1929. Schiff begleitete die Delegation als sozialdemokratischer Journalist. Die These, daß die Deutschen die „Kriegsschuldklausel“ mißverstanden haben, wird energisch vertreten von Hajo Holborn, „Diplomats and Diplomacy in the Early Weimar Republic“, in: *The Diplomats 1919—1939*, hrsg. von G. Craig und F. Gilbert, Princeton 1953, S. 141—144.

[35]) Luckau, *op. cit.*, S. 124. Frau Dr. Luckau hat mir freundlicherweise den deutschen Originaltext zur Verfügung gestellt.

einstimmigen Protest der Nation gegen den Vertrag für wichtig, weil damit Brockdorff-Rantzaus Position in Versailles gestärkt werde, widersetzte sich aber bei der Kabinettssitzung, auf der Scheidemanns Erklärung ausgearbeitet wurde, dem bedeutungsschweren Wort „unannehmbar". Die demokratischen Minister bestanden jedoch darauf, das Wort beizubehalten. Erzberger schildert seine Haltung in seinen „Erlebnissen":

„Ich erklärte mich, unterstützt von zwei sozialdemokratischen Ministern, gegen das Wort ‚unannehmbar' mit dem Bemerken: Ministerpräsident Scheidemann werde heute, wenn er das Wort ‚unannehmbar' ausspreche, einen gewaltigen Tageserfolg haben; die Regierung aber habe daran zu denken, was in drei bis vier Wochen erfolge... Die Worte ‚unerträglich' und ‚undurchführbar' seien stark genug; wenn sie – unterstützt von einer großen Volksbewegung – auf den Gegner keinen Eindruck machten, so würde auch das Wort ‚unannehmbar' an den Bedingungen nichts ändern."[36])

Erzberger sah richtig voraus, daß Scheidemanns demagogische Rede die Schwierigkeiten des Kabinetts nur erhöhen werde, wenn die endgültige Entscheidung über die Annahme oder Ablehnung der Bedingungen zu fällen war; da jedoch die Demokraten mit Austritt aus dem Kabinett drohten, falls ihre Wünsche nicht erfüllt würden, mußte er sich fügen, denn ihr Austritt hätte Brockdorff-Rantzaus Stellung völlig untergraben.[37])

In der Zwischenzeit hatte sich die deutsche Delegation in Versailles in einem schriftlichen Notenwechsel gegen den Vertragsentwurf ausgesprochen, da mündliche Verhandlungen nicht gestattet wurden. Die deutschen Noten waren vorbildlich in ihrer juristischen Beweisführung und ihrer stilistischen Klarheit, machten aber so gut wie keinen Eindruck auf die Staatsmänner der Entente. Erzberger in Berlin empfand den von Brockdorff-Rantzau angeschlagenen aggressiven Ton als unangebracht; die Einzelnoten, in denen fast gegen jede Bestimmung des Vertrages protestiert wurde, statt konstruktive Gegenvorschläge zu entwickeln, hielt er für unergiebig. Bei seinen eigenen Verhandlungen mit Foch über die verschiedenen Waffenstillstandsverlängerungen war er nach seiner Ansicht geschickter vorgegangen. Ihm war bekannt, daß die deutsche Delegation in einem Hotel in Versailles praktisch gefangengehalten wurde und es deshalb schwer haben mußte, zwangslosere Verbindungswege zu den Alliierten ausfindig zu machen. Der in Brockdorff-Rantzaus Umgebung herrschende unversöhnliche Geist, der eindeutig auf eine Politik des Widerstandes gegen die Alliierten eingestellt war und sie geradezu herausforderte, ganz Deutschland zu besetzen, erfüllte ihn mit Sorge.

Dies alles veranlaßte ihn, einen für ihn charakteristischen Versuch der Amateurdiplomatie zu unternehmen. Als die Versailler Verhandlungen in einem

---

36) Erzberger, *Erlebnisse*, S. 368.
37) Schiff, *op. cit.*, S. 74 f.

Dickicht von Noten und Gegennoten steckengeblieben waren, versuchte Erzberger Mitte Mai eine indirekte Verbindung zu Präsident Wilson durch Oberst Arthur Conger, einen Abwehroffizier im Stabe des Generals Pershing, herzustellen. Oberst Conger war ein amerikanischer Offizier mit einer ungewöhnlichen Laufbahn.[38]) Er war nicht aus West Point hervorgegangen, sondern hatte seine Studien, die besonders der Altphilologie, den östlichen Religionen und der Musik galten, 1894 in Harvard abgeschlossen. Zur Zeit des spanisch-amerikanischen Krieges trat er in die Armee ein und entschloß sich nun erst, Berufsoffizier zu werden. Er wurde bald Lehrer an der Generalstabsschule als Spezialist für Deutschland. Den Weltkrieg verbrachte er im Stabe General Pershings und wurde dann nach dem Waffenstillstand nach Deutschland geschickt, um die politischen und militärischen Verhältnisse zu studieren. In den ersten Monaten des Frühjahrs nahm er mit Groener, Erzberger, Brockdorff-Rantzau und vielen anderen Verbindungen auf. Damals bemühte sich die deutsche Regierung, mit Billigung des Reichspräsidenten Ebert wie des Außenministers Brockdorff-Rantzau ihn zur Herstellung einer direkten Verbindung mit Präsident Wilson zu gewinnen. Der Frankfurter Geschäftsmann Walter Loeb, später Präsident der „Thüringischen Staatsbank“, war der Vermittler, der im März, im April und Anfang Mai häufig mit Conger sprach. Der amerikanische Oberst führte die Deutschen, ob absichtlich oder nicht, über die zu erwartenden Friedensbedingungen ein wenig in die Irre. Aus diesem Grunde wollte Brockdorff-Rantzau nichts mehr mit ihm zu tun haben, nachdem die alliierten Vorschläge offiziell vorgelegt waren.[39])

Erzberger hielt die Verbindung mit Conger für den gangbarsten Weg, um Präsident Wilson ein konkretes Angebot annehmbarer Friedensbedingungen zukommen zu lassen, das vielleicht doch noch zur Einleitung echter Verhandlungen führen könnte. Er lud Conger und einen weiteren Offizier, Major Frederick Henrotin, ein, am 17. Mai 1919 nach Berlin zu kommen, und bat Graf Bernstorff bei der ersten Konferenz mit den Amerikanern am Morgen des 18. Mai anwesend zu sein. Er wußte, daß Bernstorff seine Ansicht im Grunde teilte, der Friedensvertrag müsse – wie hart auch immer die Bedingungen sein mochten – angenommen werden. Die beiden Amerikaner legten Wert darauf, gewisse deutsche Illusionen über interne Meinungsverschiedenheiten bei den Alliierten zu zerstören, die die Hoffnung erwecken mochten, eine Politik des Widerstandes könne zu besseren Vertragsbedingungen führen. Sie erklärten, Präsident Wilson stimme den der deutschen Delegation zugesandten Bedingungen voll zu; sollten die Deutschen ihre Unterschrift verweigern, so werde sich die amerikanische

---

[38]) Fritz T. Epstein, „Zwischen Compiègne und Versailles“, in: *Vierteljahrshefte für Zeitgeschichte*, Bd. III, Stuttgart 1955. S. 412—455. Congers Verbindung mit General Groener von Dezember 1918 bis März 1919 wird geschildert bei Craig, *a. a. O.*, *op. cit.*, S. 397 ff. Die amerikanischen Dokumente wurden erstmals abgedruckt in: *Foreign Relations of the United States*, Peace Conference, Bd. XII, Washington 1945, S. 124—135.

[39]) Epstein, *op. cit.*, S. 415—428, *passim*. Br.-Rantzaus letzte Besprechung mit Conger fand im Zuge statt, als Br.-Rantzau nach Paris fuhr (29. April 1919). Zu dessen Bericht siehe Brandenburg, *Br.-Rantzau*, Kap. VII, S. 8 ff.

Armee an einem französischen Einmarsch in Deutschland beteiligen; es könne kein Zweifel darüber bestehen, daß die Franzosen bereit, ja geradezu begierig seien, weitere Teile Deutschlands zu besetzen, um ein Maximum an Bedingungen zu erzwingen. In seinem offiziellen Bericht schrieb Conger:

„Während der Erläuterung der obigen Punkte gab Graf Bernstorff laufend Kommentare und Proteste von sich, erklärte zum Beispiel, Deutschland werde diesen Vertrag unter keinen Umständen unterzeichnen, die Alliierten könnten tun, was sie wollten. Er schien sehr erregt und mehrfach drauf und dran, einem Anfall von Zorn nachzugeben. Herr Erzberger hingegen schien ruhig und unbewegt, froh über die Auskünfte und anscheinend auch froh über Graf Bernstorffs Mißbehagen."[40])

Der Eindruck, den Graf Bernstorff auf die Amerikaner machte, war sehr ungünstig: er riß das Gespräch an sich und ignorierte Erzberger ostentativ. Die Unterhaltung wurde im wesentlichen in englischer Sprache geführt, die Erzberger nicht verstand. Bernstorff hielt es für seine Pflicht, Brockdorff-Rantzaus Ansichten in aggressiver Form zu vertreten ohne Rücksicht auf seine persönliche Meinung.[41])

Da diese gemeinsame Unterredung nach Erzbergers Auffassung nichts zustande brachte, beschloß er, ein zweites Mal und allein mit den Amerikanern zu sprechen, um zu sehen, ob nicht eine andere Politik als die Brockdorff-Rantzaus durchführbar wäre. Conger fuhr in seinem Bericht fort:

„Am nächsten Morgen [19. Mai, 10 Uhr] trafen, wie verabredet, Major Henrotin und ich uns mit Herrn Erzberger allein. Er eröffnete das Gespräch mit der Erklärung, es sei jedermann völlig klar, daß Deutschland Frieden haben müsse, die deutsche Regierung habe den herzlichen Wunsch nach Frieden, ja sehne ihn sogar herbei. Die jetzt vorgeschlagenen Bedingungen könne sie jedoch nicht annehmen und wolle daher mit den Alliierten zusammenkommen, um ihnen die Schwierigkeiten der deutschen Regierung darzulegen, die die Forderungen des Volkes zu erfüllen suche in der Hoffnung, daß ein für Deutschland annehmbarer Kompromiß erreicht werden könne. Herrn Erzbergers Haltung während dieser Erklärung schien darauf hinzudeuten, als sei er mit dem Vorschlag innerlich einverstanden und als habe er bei der Kabinettssitzung, die, wie wir gehört hatten, am Abend vorher stattgefunden hatte, seinen Willen durchgesetzt. Die Vorschläge, die er vorlegte, wurden von Major Henrotin schriftlich festgehalten und werden hiermit weitergegeben."[42])

Erzbergers Vorschläge lauteten:

1. Sofortiger Eintritt Deutschlands in den Völkerbund.

2. Die Verringerung des Heeres auf 100 000 Mann müsse mindestens zwei Jahre hinausgeschoben werden, damit Deutschland erst einmal der bolschewistischen Gefahr Herr werden könne. „Er erklärte jedoch, die militärischen Bedingungen bildeten kein Hindernis für die Unterzeichnung des Vertrages."

---

40) Epstein, *op. cit.* Die Besprechung wird geschildert auf S. 429 f. (Conger), 433 f. (Henrotin) und 434 f. (Bernstorff).
41) *Ibid.*, S. 433.
42) *Ibid.*, S. 430 f.

3. „Deutschland müsse einen Teil seiner Handelsflotte behalten, um das Wirtschaftsleben in Deutschland wieder in Gang zu bringen." Er führte aus, britisches und amerikanisches Kapital könne an den deutschen Schiffahrtslinien durch Aktienerwerb beteiligt werden.

4. Alle territorialen Fragen müßten durch Volksbefragungen geregelt werden und unter neutraler Aufsicht und nach Abzug der Truppen stattfinden. „Das soll auch für Gebiete gelten, die bereits in Händen der Polen sind."

5. Statt der Verwaltung des Saargebiets durch den Völkerbund schlug Erzberger von Deutschland garantierte Kohlenlieferungen an die Franzosen und französische Beteiligung an deutschen Bergwerken vor.

6. Beendigung der Besetzung des Rheinlands innerhalb von sechs Monaten. Da die Alliierten behaupteten, die Besetzung sei aus Sicherheitsgründen und wegen Gewährleistung der Reparationszahlungen notwendig, würde Deutschland bereit sein, statt dessen „keine Militärstreitkräfte in einer Entfernung von 50 km vom Ostufer des Rheins zu stationieren" (ein Gedanke, der später in Locarno verwirklicht wurde). Die Zahlung der Reparationen könnte durch „Verpfändung der Einnahmen aus Eisenbahnen, staatlichen Forsten und anderem Landbesitz, Zöllen usw." gewährleistet werden (was später unter dem Dawes-Plan geschah).

7. Hinsichtlich der Kolonien „wünscht Erzberger, daß Deutschland zum Mandatar für seine Kolonien oder einen Teil derselben ernannt werde, um das Volk zufriedenzustellen und ihm den Glauben zu lassen, daß Deutschland weiter Kolonialmacht sei".

8. Auf dem Gebiet der Finanzfragen machte Erzberger detaillierte Vorschläge, die auf eine Herabsetzung der alliierten Forderungen abzielten. „Als von Reparationen die Rede war, erklärte er, Deutschland sei in der Lage, Frankreich und Belgien wiederaufzubauen; zwei Monate nach Unterzeichnung des Friedensvertrages könnten 100 000, sechs Monate später 500 000 Mann zu diesem Zweck hinübergeschickt werden; in zweieinhalb Jahren sei alles wiederaufgebaut. Die Arbeiten würden modern und hygienisch ausgeführt werden."

9. Die Auslieferung des Kaisers und der sogenannten Kriegsverbrecher an die Alliierten sei undenkbar. „Er erklärte, auch er sei der Ansicht, daß alle Schuldigen bestraft werden müßten, und er verstehe, daß die Alliierten den Vorschlag, sie von deutschen Gerichten aburteilen zu lassen, nicht annehmen könnten. Er schlug vor, ein neutraler Gerichtshof solle im Haag oder sonstwo konstituiert werden, vor dem die Beschuldigten erscheinen und die Alliierten als Kläger auftreten sollten." Auch gegen den Kriegsschuldparagraphen erhob Erzberger Protest.

Henrotin schloß seinen Bericht mit den bedeutsamen Worten:

„Herr Erzberger erklärte, die deutsche Regierung werde den Vertrag unterzeichnen, er wünsche das auch und wünsche, daß der Vertrag pflichtgetreu eingehalten werde. Einen Vertrag, der zu weit von Wilsons Vierzehn Punkten abweiche, könne er jedoch nicht unterzeichnen. Ferner erklärte er, er könne es durchsetzen, daß der Vertrag in Deutschland angenommen werde, ließ aber durchblicken, daß dazu ein gewisses Maß von ‚Camouflage' nötig sein werde, versicherte aber, er könne es machen."

Henrotin führte Erzbergers konziliante Haltung auf den Eindruck zurück, den die energischen Erklärungen hinterlassen hatten, die Conger und er am Vortage bei der Besprechung mit Bernstorff abgegeben hatten.[43])

Congers offizieller Bericht endet mit folgender Bemerkung:

„Erzberger erklärte, er habe durch einen britischen Offizier, der ihn vor zwei Tagen besucht habe, eine Botschaft an Lloyd George geschickt. Außerdem erwähnte er verschiedene Unterredungen mit französischen Offizieren, die immer wieder die freundliche Haltung der französischen Regierung gegenüber Deutschland betonten; dies wurde mit einem ausdrucksvollen Achselzucken gesagt, das seine Zweifel andeutete."[44])

Von ihrer Besprechung mit Erzberger nach Trier zurückgekehrt, ließen Conger und Henrotin der amerikanischen Friedensdelegation sofort einen ausführlichen Bericht über ihre Mission zukommen, der vom Sekretär der Delegation, Christian Herter, am 21. Mai an Präsident Wilson weitergeleitet wurde. Herters Begleitschreiben, in dem die Bedeutung von Congers Mission hervorgehoben wurde, schloß mit den Worten: „Ich bitte, Ihre Aufmerksamkeit besonders auf den Bericht von Major Henrotin über seine zweite Besprechung mit Herrn Erzberger lenken zu dürfen, bei der letzterer bestimmte konkrete Vorschläge über die Änderung verschiedener Artikel des vorgeschlagenen Vertrages machte."[45])

Präsident Wilson antwortete nicht auf Erzbergers Angebot. Wahrscheinlich hielt der Präsident es für unehrenhaft, hinter dem Rücken seiner Verbündeten zu verhandeln; außerdem war er sich darüber klar, daß er keine Möglichkeit habe, die Franzosen zur Annahme solcher Bedingungen, wie Erzberger sie vorschlug, zu zwingen. Die in dem den Deutschen vorgelegten Vertragsentwurf enthaltenen Kompromisse zwischen den Alliierten waren so schwer errungen worden, daß sie eine erneute Auseinandersetzung um die grundsätzlichen Streitfragen nicht zuließen. Oberst Conger wurde angewiesen, den Deutschen zu sagen, es gebe keine andere Möglichkeit, als den Vertrag, so wie er war, zu unterzeichnen. Der Oberst traf mit Erzbergers Mittelsmann Walter Loeb am 5. und 6. Juni in Trier zusammen und bemühte sich erneut, den Deutschen die Hoffnung zu nehmen, daß Präsident Wilson bereit sei, ihnen zu besseren Bedingungen zu verhelfen. Auch warnte er Loeb vor der Illusion, daß eine amerikanische Besetzung

43) *Ibid.*, S. 439 ff.
44) *Ibid.*, S. 431. Die Geschichte von Erzbergers Verbindung mit Lloyd George erzählte Melchior mit großer Bitterkeit Lord Keynes. Siehe *Two Memoirs*, S. 69.
45) Epstein, „Zwischen Compiègne und Versailles", S. 443 f. Der hier genannte Christian Herter war 1959—1961 Außenminister als Nachfolger von John Foster Dulles.

angenehm sei, und ging sogar so weit, auf die Brutalität hinzuweisen, mit der die Amerikaner die Eingeborenen auf den Philippinen behandelt hatten, als diese sich provozierend verhielten.[46]) Erzberger war enttäuscht über das völlige Scheitern seiner diplomatischen Bemühungen; die Tatsache, daß es ihm nicht gelungen war, Erleichterungen der Vertragsbedingungen zu erreichen, änderte dennoch nichts an seiner grundsätzlichen Überzeugung, daß der Vertrag unterzeichnet werden müsse.

Welches Licht wirft Erzbergers Verbindung mit Conger auf seine Persönlichkeit und auf seine politische Verhandlungstaktik? Es ist ihm zum Vorwurf gemacht worden, daß er einerseits hinter dem Rücken des Außenministers, in gewissem Sinne entgegen der amtlichen Politik, mit den Alliierten verhandelt habe, zum anderen, daß er mit unehrenhaften Praktiken geprahlt habe, die er anzuwenden beabsichtige, wie etwa in seiner Erklärung, er könne mit dem nötigen Maß an Camouflage die Vertragsratifizierung durchdrücken. Ferner wurde ihm vorgeworfen, den Alliierten enthüllt zu haben, wie weit innerhalb der deutschen Regierung die Meinungen in der grundsätzlichen Frage auseinandergingen, ob der Vertrag von Versailles angenommen werden solle oder nicht. Sich selbst stellte er als Führer einer Gruppe dar, die für die Annahme des Vertrages eintrat, während Brockdorff-Rantzau nie aufhörte, zu betonen, er sei unwiderruflich dagegen. Erzbergers Ausführung, er könne die Ratifizierung des Vertrages bei entsprechender Camouflage durchdrücken, mußte Brockdorff-Rantzaus Verhandlungsposition schwächen, da dessen einziger Trumpf die Behauptung war, die Nationalversammlung werde niemals einen Vertrag mit diesen Bedingungen ratifizieren.[47])

Diese Kritik ist zwar in vielem berechtigt, läßt aber bestimmte Faktoren und Umstände außer acht, die Erzbergers Beurteilung der Lage unter den besonderen Verhältnissen im Mai 1919 beeinflußten. Seine Verbindung mit Conger war mit der Forderung nach Solidarität im Kabinett und mit den Regeln des diplomatischen Verkehrs offensichtlich unvereinbar. In normalen Zeiten wäre sein Verhalten indiskutabel gewesen; doch die Verhältnisse im Deutschland des Jahres 1919 waren nicht normal. Die ganze Zukunft des Landes hing von der Art des Friedensvertrages ab, den zu erwirken es imstande war. Brockdorff-Rantzau konnte angesichts seiner bekannt unbeweglichen Haltung und der Weigerung der Alliierten, wirklich zu verhandeln, die üblichen Aufgaben eines Außenministers nicht erfüllen. Da er zudem durch seine Erklärungen gebunden war, sprach manches für den Versuch, auch auf außergewöhnlichem Wege einen indirekten Appell an Lloyd George und Wilson zu richten, um vielleicht zu weiterführenden Verhandlungen zu kommen. Die von Erzberger angebotenen Bedingungen stellten sicher die äußerste Grenze dessen dar, was die deutsche Re-

---

46) Loeb an Erzberger am 6. Juni 1919. *Erzberger Dokumente*, Akte 46.
47) Epstein, *op. cit.*, S. 445.

gierung freiwillig auf sich nehmen konnte. Es schien wünschenswert, den Alliierten mitzuteilen, wo diese Grenze verlief, auch wenn damit keine Änderung ihrer Politik erzielt wurde.

Die Vorwürfe gegen Erzbergers diplomatische Bemühungen richteten sich weniger gegen das, was er zu erreichen versuchte, als gegen die Art und Weise, wie er es tat. Es ist wohl sicher, daß Brockdorff-Rantzau, wenn er von Erzbergers Kontaktaufnahme gewußt hätte, sie inhaltlich wie auch aus Kompetenzgründen mißbilligt hätte. Den alliierten Staatsmännern muß die deutsche Außenpolitik chaotisch erschienen sein, da die Linie, die Brockdorff-Rantzau in Versailles verfolgte, ganz anders war als die Erzbergers in Berlin. Conger und Henrotin glaubten, Erzberger habe am Abend vor seiner Unterredung mit ihnen (18. Mai) die offizielle Genehmigung des Kabinetts erhalten, eine Überzeugung, die Erzberger genährt haben muß, um seine Verhandlungsposition zu stärken, die jedoch durch die Kabinettsprotokolle nicht bestätigt wird, da am 18. Mai keine Kabinettssitzung stattgefunden hat. Bei der letzten Sitzung am 17. Mai hatte das Kabinett offizielle Gegenvorschläge gebilligt, die an Brockdorff-Rantzau zur Vorlage bei den Alliierten weitergeleitet werden sollten. Diese Vorschläge wurden zur Grundlage der deutschen Note vom 29. Mai 1919. Die Note, an deren Formulierung Erzberger sich maßgeblich beteiligte, deckte sich zum größten Teil mit den Darlegungen, die er am 19. Mai Conger gegenüber gemacht hatte. Erzberger, der richtig vermutete, die Note werde in Paris auf allgemeine Ablehnung stoßen, hoffte, wenn auch vergeblich, daß private Verhandlungen mit den Amerikanern und eine offene Darstellung seiner eigenen innenpolitischen Schwierigkeiten zu einem besseren Ergebnis führen würden.[48])

Die ungewöhnliche Situation des Jahres 1919 machte es sehr kompliziert, die Solidarität im Kabinett aufrechtzuerhalten. Außerdem muß man berücksichtigen, daß diese Art von Solidarität der deutschen politischen Tradition nicht entsprach. Man konnte von Erzberger nicht erwarten, daß er sich an die Regeln hielt, die in eingespielten parlamentarischen Regierungen herrschen. Die deutsche Tradition ließ es durchaus zu, daß hohe Beamte gegeneinander arbeiteten und nur wenig Loyalität gegenüber ihren Kollegen wahrten. Man braucht sich nur daran zu erinnern, wie Tirpitz die Bemühungen Bethmanns um ein Marineabkommen vor dem Kriege vereitelte oder Ludendorff die Verhandlungen Erzbergers mit Kolyschko im Jahre 1917 sabotierte, obwohl sie von Bethmann genehmigt worden waren.

Wenn es eine Rechtfertigung für Erzbergers Verhalten gibt, so liegt sie in seiner tiefen Überzeugung, daß Brockdorff-Rantzaus Politik des herausfor-

---

48) *Ibid.*, S. 431 und 411. Das Protokoll der Kabinettssitzung, die am 17. Mai um 5 Uhr nachmittags stattfand, ist enthalten in: *A. A.*, Akte 1665. Eine Kontaktaufnahme mit Conger wird darin nicht erwähnt. Bei der nächsten Sitzung, die am 19. Mai um 11 Uhr vormittags unmittelbar nach Erzbergers Konferenz mit Conger stattfand, erwähnte Erzberger seine erste Besprechung mit Conger, bei der Bernstorff anwesend war, die entscheidende zweite aber nicht. Wäre Erzberger autorisiert gewesen, sich an Conger zu wenden, hätte er vermutlich auch darüber berichtet.

dernden Trotzes, die ihren Höhepunkt in der Ablehnung der Unterzeichnung des Vertrages fand, zu verheerenden Folgen für Deutschland führen mußte, wie noch näher zu erläutern sein wird. Diese Folgen waren so gewichtig, daß ihre Abwendung einen Verstoß gegen den Grundsatz der Solidarität im Kabinett – die zwar wünschenswert, aber im Vergleich zu drohendem Einmarsch der Alliierten, Massenhungersnot und möglicher Auflösung der Reichseinheit unbedeutend war – wohl aufwog. Ob die Verbindung mit Conger Deutschland tatsächlich nützen konnte, war eine Frage politischen Urteils, über die es naturgemäß verschiedene Meinungen geben konnte. Allerdings ist festzuhalten, daß der Erfolg, der große Rechtfertiger vieler unorthodoxer politischer Maßnahmen, in diesem Falle nicht auf seiten Erzbergers war.

Erzbergers Appell an Wilson stützte sich auf zwei Argumente: die innenpolitische Schwierigkeit, die Ratifizierung des Vertrages herbeizuführen, und die Unvereinbarkeit des Vertragsentwurfs mit den Vierzehn Punkten, deren Einhaltung Deutschland auf Grund des „Vorvertrags" erwarten konnte. Um die Widerstände gegen die Ratifizierung zu überwinden, schlug er eine einfache Lösung vor – die Rückkehr zu den Vierzehn Punkten. Er appellierte sowohl an Wilsons Ehrgefühl als auch an seinen praktischen Wunsch, die Ratifizierung des Vertrages durch Deutschland zu erreichen. Dieser Appell wurde begleitet von dem Hinweis, daß er, Erzberger, auf Grund seines großen politischen Einflusses die Ratifizierung tatsächlich durchdrücken könne, wenn gewisse Konzessionen gewährt würden; das mußte nach Erzbergers Auffassung vorweg gesagt werden, um seinen Wert als Verhandlungspartner deutlich zu machen. Andererseits hätten sich die Alliierten in eine lächerliche Situation gebracht, wenn sie den Vertrag geändert hätten und er dann doch von den Deutschen abgelehnt worden wäre. Praktisch sagte er Wilson:

> „Ich sehe ein, daß unsere Schwäche uns zwingt, den Vertrag zu unterzeichnen; über diesen Punkt habe ich keine Illusionen. Aber ich appelliere an Sie als Ehrenmann, sich an die Vierzehn Punkte zu halten, gegen die der Vertrag in seiner jetzigen Form verstößt. Bitte vergessen Sie auch nicht, daß ich große Schwierigkeiten habe, mein Parlament für die Ratifizierung zu gewinnen. Sie würden es mir leichter machen, wenn Sie einige Härten des Vertrages milderten und sich so eng wie möglich an die Vierzehn Punkte hielten. Sie müssen doch einsehen, daß ein Verständigungsfriede sich als viel dauerhafter erweisen wird als ein diktierter und daß sowohl Ehre wie staatsmännisches Denken verlangen, daß Sie die von mir angedeuteten Milderungen akzeptieren."

Ein Appell dieser Art war für Brockdorff-Rantzau nicht möglich, da er sich, wie bekannt war, auf Widerstand gegen den Vertrag festgelegt hatte. Sollte der Appell überhaupt Aussicht auf Erfolg haben, so war Erzberger der richtige Mann, um ihn vorzubringen.

Seine Bemerkung, er könne den Vertrag mit Hilfe von „Camouflage" durchsetzen, ist nicht sehr erfreulich, muß aber ebenfalls im Zusammenhang der Lage von 1919 gesehen werden. Wenn es objektiv im Interesse Deutschlands lag, den Vertrag anzunehmen, und nur das Parlament dies noch nicht erkannt hatte, so war ein gewisses Maß an Camouflage durch die Umstände gerechtfertigt. Erzberger benutzte den unglückseligen Ausdruck wohl in erster Linie, um den Alliierten die Schwierigkeit der innenpolitischen Situation deutlich zu machen – ein durchaus legitimes Vorgehen bei privaten internationalen Verhandlungen; außerdem wollte er die beiden Amerikaner mit der Stärke seines politischen Einflusses beeindrucken.

Am ehesten war der Vorwurf gegen Erzberger berechtigt, daß sein Vorgehen die Meinungsverschiedenheiten innerhalb des deutschen Kabinetts enthüllen mußte. Das bedeutete einen Bruch in Brockdorff-Rantzaus Konzeption von einem geeinten Widerstand, der die Alliierten vor die vermutlich unangenehme Alternative stellte, ihre Bedingungen zu mildern, um die Ratifizierung zu erreichen, oder angesichts der Hartnäckigkeit der Deutschen das ganze Land zu besetzen. Brockdorff-Rantzau übersah jedoch, daß Frankreich darauf brannte, in Deutschland einzumarschieren, um noch härtere Bedingungen zu erreichen als die Versailler, die es für ein Minimum hielt (wie Conger zutreffend berichtet hatte). Ferner hatte Brockdorff-Rantzaus Politik des offenen Widerstandes die unerwünschte Folge, die Solidarität Englands und Amerikas mit Frankreich zu stärken. Erzbergers konziliantere Haltung war zwar nicht erfolgreicher, aber in der verzweifelten Lage, in der sich Deutschland befand, lohnte es sich, diesen Versuch zu machen. Erzberger hatte Conger nicht versichert, daß er die Ratifizierung des Vertrages, so wie er war, durchsetzen könne, sondern lediglich, daß er die Ratifizierung garantieren könne und wolle, wenn sich die Alliierten zu den von ihm vorgeschlagenen weitgehenden Konzessionen bereit erklärten – Konzessionen, die übrigens Brockdorff-Rantzaus Hoffnungen in Versailles übertrafen. Erzbergers Andeutungen liefen darauf hinaus, daß der Vertrag in seiner jetzigen Form unmöglich ratifiziert werden könne. Andererseits aber konnte Erzberger seine Absicht, sich unabhängig von dem Maß der Zugeständnisse für die Ratifizierung einzusetzen, wahrscheinlich nicht ganz verschweigen, was wiederum die Hoffnung der Alliierten bestärkt haben muß, Deutschland zur Annahme des Versailler Vertrages in seiner vorliegenden Fassung zwingen zu können.

Jedenfalls wußten die Alliierten, daß in Deutschland tiefgehende Meinungsverschiedenheiten über Annahme oder Ablehnung bestanden. Die Unabhängigen Sozialdemokraten hatten sich geweigert, an der nationalen Protestkundgebung vom 12. Mai teilzunehmen, und drohten mit einem Aufstand, wenn die Regierung es ablehnen sollte, zu unterzeichnen. Die Alternativen, vor die sich Deutschland, ob es unterzeichnete oder nicht, gestellt sah, verhießen in gleicher Weise eine so düstere Zukunft, daß Meinungsverschiedenheiten geradezu entstehen mußten. Die physische und moralische Erschöpfung des Volkes nach vier

Kriegsjahren schloß eine heroische Politik des geeinten Widerstandes praktisch aus. Diese Tatsachen konnten den Staatsmännern der Entente nicht verborgen bleiben, wie laut auch die Zurufe gewesen sein mögen, als Scheidemann den Vertrag für unannehmbar erklärte. Journalisten der Entente, die sich in Deutschland frei bewegen und die verschiedenen Strömungen der öffentlichen Meinung beurteilen konnten, wiesen immer wieder auf die Existenz zweier Richtungen in der Regierung hin: die eine unter der Führung von Erzberger für die Ratifizierung, die andere unter der Führung von Brockdorff-Rantzau dagegen. Die nationale Einigkeit, die letzterer erstrebte, war objektiv nicht zu erreichen.[49])

## Der Kampf um die Ratifizierung

Kurz nach Congers Besuch in Berlin wurde der Versuch gemacht, die verschiedenen Ansichten innerhalb der Regierung einander anzugleichen. Bei einer Konferenz in Spa am 23. Mai zwischen Kabinettsmitgliedern (Scheidemann, Erzberger, Dernburg) und Mitgliedern der Friedensdelegation unter Brockdorff-Rantzaus Führung wurde Deutschlands endgültige Antwort auf den alliierten Vertragsentwurf vorbereitet als Ergänzung zu den Noten über einzelne Punkte, die den Alliierten während der letzten vierzehn Tage zugegangen waren. Auf Erzbergers Drängen einigten sich die Konferenzteilnehmer dahin, weniger Gewicht auf die Änderung der militärischen Bedingungen zu legen, sondern sich mehr auf wirtschaftliche und territoriale Erleichterungen zu konzentrieren. Es wurde beschlossen, Deutschland solle eine zinslose Entschädigung von 100 Milliarden Goldmark anbieten, wenn bestimmte territoriale und wirtschaftliche Abänderungswünsche erfüllt würden. Erzberger war zuerst gegen dieses Angebot, obwohl die gewaltige Summe vielleicht zunächst einen günstigen Eindruck machen könne. Die alliierten Mathematiker würden, so argumentierte er, auch bald herausgefunden haben, daß eine über lange Zeit gezahlte zinslose Summe nicht größer sei als eine viel kleinere mit Zinsen. Eine ungünstige Reaktion sei zu befürchten, wenn die wirkliche Gesamthöhe der von Deutschland angebotenen Summe der Öffentlichkeit in den Ententeländern durch Betonung des Wortes „zinslos" erklärt werde. Andererseits aber bestehe die Gefahr, daß das Wort „zinslos" im Laufe späterer Verhandlungen unter den Tisch falle. Das gleiche könne auch mit den unabdingbaren Forderungen geschehen, die die deutschen Delegierten nach

---

49) Erzbergers Gegner warfen ihm vor, er habe Zeitungsartikel veranlaßt, die erklärten, Deutschland werde den Vertrag auf jeden Fall annehmen. Der liberale Redakteur Theodor Wolff beschuldigte ihn im *Berliner Tageblatt* vom 10. Juni 1919, er habe Verbindung mit Gentizon, dem Berliner Korrespondenten der Zeitung *Le Temps*, aufgenommen. Erzberger bestritt kategorisch, daß er sich, nachdem der Vertragsentwurf vorlag, gegenüber ausländischen Journalisten über seine Stellungnahme geäußert habe, *Erlebnisse*, S. 369. Wolff warf Erzberger auch vor, er habe seinen Freund, den Fürsten Ysenburg, nach den Haag geschickt, um englischen Kreisen zu versichern, daß der Vertrag ratifiziert werde. Siehe auch *Prozeß*, S. 39.

ihren Anweisungen zu stellen hätten. Es gelang Erzberger nicht, sich durchzusetzen, aber sein Widerstand gegen das Angebot einer hohen Entschädigungssumme nahm bereits seinen späteren Standpunkt in der Reparationsfrage vorweg. Das ganze Problem erlangte jedoch keine unmittelbare Bedeutung, da sich die Alliierten über die Höhe einer Reparationssumme selber nicht einigen konnten und deshalb im Vertrag darauf bestanden, daß Deutschland eine Blankoverpflichtung unterzeichne.[50])

Die Antipathie zwischen Erzberger und Brockdorff-Rantzau ließ sich auf der Konferenz in Spa kaum noch verhehlen. Bernstorff konnte nur mit größter Überredungskunst Brockdorff-Rantzau dahin bringen, seinem Kabinetts-Kollegen die Hand zu geben.[51]) Die Delegation in Versailles hatte von Erzbergers Ansicht gehört, daß der Vertrag unterzeichnet werden müsse, und empfand allgemein Verachtung für die Berliner Politiker, die nicht mitten im diplomatischen Kampf mit den Alliierten standen. Simons, dessen Schilderung Giesberts oben zitiert wurde, beschrieb in einem Brief an seine Frau die Stimmung in der Delegation. Das Kabinett sei wie ein Hühnerhof, über dem der Habicht schwebe. Es sei unruhig, nervös und unentschlossen und treffe fortwährend falsche Entscheidungen.[52]) Von Erzberger, „den wir den Archimonteur nennen", schrieb er, er werfe dauernd Steine vor den Wagen der Friedensdelegation.[53]) Ferner behauptete er, Erzberger habe verschiedene Spitzel in die Delegation hineingebracht, um zu erfahren, was dort geschehe; damit meinte Simons wohl, daß verschiedene Mitglieder Erzberger regelmäßig über die Arbeit der Delegation berichteten. Als Brockdorff-Rantzau von der Korrespondenz dieser Mitglieder erfuhr, schickte er sie ohne viel Federlesens nach Hause.[54]) Je näher die Stunde rückte, in der die Entscheidung zu treffen war, ob die Bedingungen der Alliierten angenommen werden sollten oder nicht, um so schlechter wurden die persönlichen Beziehungen im deutschen Kabinett.

---

50) Erzberger, *Erlebnisse*, S. 369 f. Schiff, *op. cit.*, S. 85 ff.; Protokoll der Konferenz in Spa, *Erzberger Dokumente*, Akte 14; Craig, *op. cit.*, S. 401, Erzberger und Br.-Rantzau, zwar in fast allen anderen Punkten verschiedener Meinung, waren sich darin einig, die Milderung der militärischen Bedingungen nicht zum Hauptanliegen zu machen, was beiden die Feindschaft Seeckts einbrachte. F. von Rabenau, *Seeckt; Aus seinem Leben 1918—1936*, Leipzig 1940, S. 175 f. Die Beschränkung des deutschen Heeres auf 100 000 Mann rief starken Unwillen bei den Offizieren hervor, weil damit die Beförderungsmöglichkeiten eingeschränkt wurden; seitdem Erzberger als Finanzminister nach 1919 versuchte, weitere strenge Sparmaßnahmen im Heer einzuführen, wurde er zur „bête noire" des ganzen Offizierskorps. Harold Gordon, *Die Reichswehr und die Weimarer Republik 1919—1926*, Frankfurt/Main 1959, S. 91 und 329.

51) Bernstorff, *Erinnerungen*, S. 187. Br.-Rantzau erwähnt in einem Brief an seinen Vetter Langwerth vom 1. Juni 1919 mit Stolz, er habe in Spa Erzberger buchstäblich den Rücken gekehrt. Er war besonders wütend, weil Erzberger in einem Brief an Scheidemann vom 26. April 1919, kurz vor Br.-Rantzaus Abreise nach Paris, bedauerte, daß der deutschen Friedensdelegation kein Diplomat angehöre, der über Erfahrungen in Frankreich, England, Italien oder Belgien verfüge. Br.-Rantzau empfand das als Mißtrauen gegen sein Urteil und seine bisherige diplomatische Tätigkeit. Scheidemann hatte versprochen, sich um eine Entschuldigung Erzbergers zu bemühen; zur Zeit der Konferenz in Spa hatte Erzberger das jedoch noch nicht getan. Brandenburg, *Br.-Rantzau*, Kap. VI, S. 55—60, und Kap. VII, S. 43 ff.

52) Luckau, *op. cit.*, S. 127.

53) *Ibid.*, S. 126. Eine weitere wenig schmeichelhafte Äußerung über Erzbergers diplomatische Bemühungen ist enthalten in einem Brief vom 3. Juni 1919 von Wilhelm von Bülow, dem späteren Staatssekretär, an Friedrich Wilhelm von Prittwitz, zitiert in Prittwitz, *Zwischen Petersburg und Washington*, München 1952, S. 236.

54) Luckau, *op. cit.*, S. 127. Die *Erzberger Dokumente* enthalten eine Reihe von Briefen an Erzberger aus Versailles, besonders von Major Boetticher und dem Industriellen Röchling. Eines der nach Hause geschickten Mitglieder war Otto Driesen, ein enger Mitarbeiter Erzbergers. Brandenburg, *Br.-Rantzau*, Kap. VIII, S. 21.

Erzberger wußte, daß Brockdorff-Rantzau und seine Delegation nach ihrer Rückkehr nach Berlin die Ablehnung des Vertrages empfehlen würden. Da er verhindern wollte, daß die endgültige Entscheidung vom Kabinett unter dem Zeitdruck eines alliierten Ultimatums gefällt würde, bestand er darauf, daß das Kabinett die Frage „Unterzeichnung oder nicht" schon am 3. und 4. Juni 1919 erörtere, während die Delegation in Versailles immer noch Noten mit den Alliierten austauschte. Auf Wunsch Scheidemanns hatte Erzberger seine Auffassung in einem Memorandum niedergelegt, das zur Grundlage der Kabinettsdebatte wurde. In diesem Memorandum wurde das Für und Wider kurz und nüchtern dargelegt:

„I. Wenn der Friede unterzeichnet wird.

Ungeheuer schwere Lasten ruhen auf dem deutschen Volk.

1. Außenpolitische Folgen: Der Kriegszustand hört auf, die Blockade wird beseitigt. Die Grenzen öffnen sich, es kommen wieder Lebensmittel und Rohstoffe ins Land, der deutsche Kaufmann kann auf Privatkredit Waren kaufen. Der Export kann wieder beginnen. Die Kriegsgefangenen kommen in die Heimat zurück. Polen wird gezwungen, seine Angriffsabsichten aufzugeben. Die Einheit des Reiches bleibt bestehen.

2. Innenpolitische Folgen: Die Steuerlasten werden außerordentlich drückend sein, aber durch die vermehrte Einfuhr von Lebensmitteln, Waren und Rohstoffen wird eine Beruhigung und ein gewisser Ausgleich geschaffen. Die Arbeit wird in steigendem Umfang wieder aufgenommen werden können. Neben der Befriedigung der Inlandsbedürfnisse kommt der Außenhandel wieder in Gang. Der Bolschewismus verliert an Werbekraft. Arbeitslust und Arbeitsleistungen werden wieder wachsen. Durch vermehrte Kohlenproduktion wird die Verkehrslage gebessert... Die gegenwärtige Regierung bleibt aller Voraussicht nach. Von rechts her und von einem Teil des liberalen Bürgertums wird ein erbitterter Kampf gegen die Regierung entbrennen. Es ist nicht ausgeschlossen, daß es zu einem militärischen Putsch gegen die Regierung kommt. Die Aktion würde sehr wahrscheinlich vom Osten ausgehen. Es ist auch damit zu rechnen, daß sich der gesamte Osten der Durchführung des Friedensvertrages mit Waffengewalt widersetzen wird. Von da aus wird versucht werden, gegen die Regierung aufzuputschen. Die Bewegung wird aber wahrscheinlich an der vorbehaltlosen Friedenssehnsucht der großen Mehrheit des Volkes wie an der greifbar in die Erscheinung tretenden Besserung der allgemeinen Lage durch den Friedenszustand verpuffen.

II. Wenn der Friede nicht unterzeichnet wird.

1. Außenpolitische Folgen: Der Kriegszustand wird wieder aufgenommen, und zwar wahrscheinlich sofort mit dreitägiger Kündigung des Waffenstillstandes. Die Alliierten, und zwar sämtliche, auch die Amerikaner, rücken in breiter Front vor, wie weit, ist nicht bekannt, aber mindestens bis zu einer Linie, die durch Kassel parallel des Rheins läuft. Insbesondere wird das Ruhrgebiet besetzt. Außerdem liegen Nachrichten vor, nach denen die Alliierten einen Korridor von Frankfurt bis Prag bilden wollen, um Norddeutschland von Süddeutschland zu trennen. Die Blockade wird verschärft. Die Grenzen werden hermetisch abgeschlossen... Von Osten her werden die Polen ins Land einrücken.

2. Innenpolitische Folgen: Allgemeine Lebensmittel-, Waren- und Rohstoffnot in Deutschland. Von den Grenzen Deutschlands werden die Bevölkerungen von Osten und Westen nach dem Innern Deutschlands zusammenströmen und die Lebensmittelnot ins Ungeheure steigern. Durch die Besetzung des Ruhrkohlengebietes fällt der Nachschub an Kohlen fort, daher ist allgemeiner Zusammenbruch des Verkehrs und Hungersnot in den großen Städten in einigen Wochen zu erwarten. Überhandnehmen des Bolschewismus, der seine Zeit gekommen sieht. Plünderung, Mord und Totschlag wird an der Tagesordnung sein. In der allgemeinen Verwirrung wird es kein Nachrichtenwesen mehr geben. Daher Atomisierung Deutschlands. Die Behörden werden nicht mehr arbeiten können, da sie keine Autorität mehr besitzen und von oben her keine Weisungen mehr empfangen können. Stillstand der ganzen Staatsmaschine. Der Mangel an Lebensmitteln und Bedürfniswaren wird ein wahnsinniges Emporschnellen der Preise hervorrufen. Die Folge davon ist völlige Entwertung des Geldes. Wir werden dann tatsächlich russische Verhältnisse in Deutschland bekommen. Aus Angst vor diesem Terror werden, wie in Rußland, zahlreiche bürgerliche Elemente der äußersten Linken in die Arme geführt werden. Der andere Teil wird sich zur Rechten schlagen. Blutiger Bürgerkrieg, vor allem in Berlin und in den großen Städten.

Das Deutsche Reich fällt auseinander. Die einzelnen Freistaaten werden dem Anerbieten und Druck der Alliierten, mit ihnen Frieden zu schließen, nicht widerstehen können. Wenn schon jetzt in Bayern, in den Rheinlanden und auch im Osten solche Tendenzen auftreten, so ist dies um so sicherer zu erwarten, wenn der völlige Zusammenbruch Deutschlands Wirklichkeit geworden ist. Die rheinische Republik wenigstens ist in einigen Tagen Tatsache geworden. Werden diese Tendenzen verwirklicht, so werden die Alliierten die in Betracht kommenden deutschen Staaten so fest an sich binden, daß das Deutsche Reich tatsächlich aufgehört hat zu existieren. Aber auch kleinere deutsche Gebiete würden sich selbständig machen und den Anschluß an unsere Gegner suchen. Die Karte des Deutschen Reiches würde dann verschwinden und an ihrer Stelle eine Buntscheckigkeit von Kleinstaaten entstehen, wie sie stets der große Traum Frankreichs war. Damit geriete ungefähr das ganze Deutsche Reich auch unter die territoriale Abhängigkeit der Alliierten, und was dann von Deutschland übrigbliebe, müßte, wenn es zum Frieden kommen wollte, als ein innerlich völlig zerstörtes und erschöpftes Land neue schwere Opfer auf sich nehmen. Auch bei Annahme weniger katastrophaler, durch den alliierten Vormarsch hervorgerufener Wirkungen wäre jedenfalls das Rheinland für Deutschland verloren, die Einheit des Deutschen Reiches also zerstört. Nach kurzem Einmarsch aber würde ein noch schlimmerer Friede aufgezwungen werden. Die Spekulation, ob die Alliierten die Verwaltung eines am Boden liegenden Deutschlands übernehmen würden, dürfte verfehlt sein. Dieser Zustand der Ohnmacht Deutschlands wäre einer mächtigen Strömung innerhalb der Alliierten (Frankreich und England) erwünscht. Die Alliierten würden Deutschland daher auflösen und die einzelnen Teile sich selbst überlassen.

Die Folgen eines durch Nichtunterzeichnung hervorgerufenen Einmarsches der Alliierten wären, kurz zusammengefaßt:

I. Zertrümmerung des Reiches, Auflösung desselben in Einzelstaaten. Der Haß der Einzelstaaten gegen Preußen, dem die Verantwortung für die Katastrophe Deutschlands zugeschrieben wird, würde die Trennung der Einzelstaaten zu einer dauernden machen.

II. Nach kurzer Frist müßte doch Frieden geschlossen werden, aber nicht vom Reich, sondern von den Einzelstaaten, denen zur Bedingung gemacht würde, keine Einheitsbildung mehr einzugehen. Dieser Friede wäre ein noch schlimmerer als der jetzige.

III. Sturz der Regierung und Ersetzung derselben durch Unabhängige und Kommunisten, Auflösung der Reichswehrbrigaden, Ordnungslosigkeit im ganzen Lande.“[55])

Bei den Kabinettssitzungen vom 3. und 4. Juni zeigte sich, daß die Mehrheit eindeutig gegen die Annahme des Vertrages von Versailles war. Auch Scheidemann und Präsident Ebert (der gelegentlich den Kabinettssitzungen beiwohnte) teilten diese Auffassung. Erzberger stellte sich aus Gründen, die er in seinem Memorandum dargelegt hatte, auf den Standpunkt, es gebe keine andere Möglichkeit als die Annahme. Die Gegner des Vertrages erwiderten, es sei unehrenhaft, Bedingungen anzunehmen, die objektiv unerfüllbar seien, worauf Erzberger antwortete:

„Wenn man durch Gewalt zur Unterzeichnung gezwungen werde, so begehe man keine Unwahrhaftigkeit; man müsse nur offen sagen, daß man der Gewalt weiche; wenn jemand von mir bei gefesselten Armen und unter Vorhalten des Revolvers auf die Brust die Unterzeichnung eines Stückes Papier fordere, wonach ich mich verpflichten müsse, in 48 Stunden auf den Mond zu klettern, so würde jeder denkende Mensch – um sein Leben zu retten – dies unterzeichnen, aber offen sagen, daß er diese Forderung nicht erfüllen könne; so sei es auch mit dem Friedensvertrag.“[56])

Erzbergers Argumente setzten sich im Kabinett nicht durch: nur drei seiner Kollegen, die Sozialdemokraten David, Noske und Heine, stimmten seiner Ansicht zu. Die demokratischen Minister sprachen sich besonders heftig gegen die Ratifizierung aus.[57])

Das Kabinett spiegelte jedoch die Meinungen der Parteien, die in ihm vertreten waren, nicht genau wider. Zwar teilte die Mehrzahl der demokratischen Abgeordneten die Ansicht der demokratischen Minister, daß die Ratifizierung undenkbar sei, aber eine kleine Minderheit, die zum größten Teil aus dem Südwesten stammte (einem Gebiet, das bei einer französischen Invasion unmittelbar bedroht war), befürwortete unter der Führung des früheren Vizekanzlers Payer die Annahme des Vertrages.[58]) Eine große Mehrheit der Sozialdemokraten war, trotz der starken Opposition Scheidemanns, ebenfalls für die Annahme.

---

55) Erzberger, *Erlebnisse*, S. 371 ff. Erzberger hatte die separatistische Gefahr, die in diesem Memorandum eine so große Rolle spielt, im Frühjahr 1919 ständig vor Augen. Er war ein energischer Gegner der Ansicht einiger rheinischer Zentrumsführer, daß ein rheinischer Staat, mehr oder weniger eng mit Frankreich liiert, wünschenswert sei, um Preußen, dem Bolschewismus und schweren Reparationslasten zu entgehen. Scheidemann und Erzberger trafen am 13. März 1919 mit rheinischen Abgeordneten zusammen, um sie vor einer Trennung von Preußen zu warnen, wenn sie auch beabsichtigten, Deutschland treuzubleiben. G. Schreiber, *Die Politik der Zentrumspartei zur Frage Reich und Länder von 1918—1928*, Hamburg 1932, S. 37 f.

56) Erzberger, *Erlebnisse*, S. 374.

57) Die Kabinettssitzungen vom 3. und 4. Juni werden geschildert in: *Erlebnisse*, S. 373 ff.; der Bericht beruht auf den Kabinettsprotokollen, die enthalten sind in: *Erzberger Dokumente*, Akte 14. Der Vergleich mit der Mondbesteigung wurde für zu albern gehalten, um in das Sitzungsprotokoll des Kabinetts aufgenommen zu werden. Scheidemann schildert die Sitzungen ebenfalls in: *Zusammenbruch*, S. 248—251, und in: *Memoiren eines Sozialdemokraten*, Dresden 1928, S. 370 ff.

58) Payer, *op. cit.*, Kap. XVII.

Damit fiel die Entscheidung dem Zentrum zu. Eine Mehrheit für die Ratifizierung konnte nur durch eine Koalition von Sozialdemokraten und Zentrum zustande kommen, während eine Mehrheitskoalition gegen den Vertrag vom Zentrum bis zu den Deutschnationalen reichen konnte. Bei einer am 13. Juni beginnenden Reihe von Fraktionsaussprachen tat Erzberger sein möglichstes, um das Zentrum für die Ratifizierung zu gewinnen. Die allgemeine Ansicht in der Fraktion ging dahin, daß erneuter militärischer Widerstand undenkbar sei; viele Abgeordnete vertraten jedoch den Standpunkt, für einen Vertrag, der die ehrenrührigen Artikel 227 und 231 enthalte, nicht stimmen zu können. Daraufhin schlug Erzberger eine Formulierung vor, die sich als der Keil erwies, mit dem die Mehrheitsfront gegen den Vertrag in der Nationalversammlung gebrochen wurde. Es gelang ihm, die Führung der Zentrumspartei unter der Bedingung für die Ratifizierung zu gewinnen, daß die Entente sich bei den zwei ehrenrührigen Artikeln zu Konzessionen bereit erkläre.[59])

Gab sich Erzberger wirklich der Illusion hin, daß die Entente einer solchen Änderung des Vertrages zustimmen würde?

Die Kontakte mit Conger hatten sich als fruchtlos erwiesen. Mitte Juni versuchte Erzberger ein zweites Mal, Zugeständnisse von den Alliierten zu erlangen, indem er auf seine innenpolitischen Schwierigkeiten hinwies. Dieses Mal wandte er sich durch die Vermittlung von zwei in Deutschland stationierten französischen Beobachtern, den Professoren Haguenin und Hesnard, an Clemenceau. Beide Professoren mißbilligten persönlich die von Rachsucht diktierten Bedingungen des Vertrages. In einem Brief vom 21. Juni 1919 legte Haguenin den Führern der Entente in Paris nahe, Konzessionen in der Frage der Kriegsschuld und der Kriegsverbrecher zu machen, stieß aber bei Clemenceau auf Unnachgiebigkeit. Auch Haguenin und Hesnard versicherten Erzberger, der Vertrag werde weniger streng durchgeführt, als die Bedingungen erwarten ließen; wichtig sei nur, ihn jetzt anzunehmen, um die Kriegspsychose zu beenden. Damit werde dann auch eine mildere Auslegung der, wie sie zugaben, sehr harten Klauseln möglich sein. Hinsichtlich der Auslieferung der Kriegsverbrecher, die tatsächlich nicht stattfand, erwies sich diese Voraussage als richtig. Erzberger maß den Ansichten der französischen Professoren große Bedeutung bei und führte sie immer wieder ins Feld bei seinem Bemühen, Unterstützung für die Vertragsratifizierung zu gewinnen. Die Beteuerungen der Franzosen empfand er als wertvolles Hilfsmittel in einem Augenblick, wo verzweifelte Männer bereit waren, sich an jeden Strohhalm zu klammern. Ihre Auskünfte halfen ihm, viele Abgeordnete zur Annahme des Vertrages zu bewegen, vorausgesetzt, daß Konzessionen hinsichtlich der Artikel 227 und 231 gemacht würden. Hatte man sich aber erst einmal dazu durchgerungen, so war es schwer, nur wegen

---

59) Erzberger, *Erlebnisse*, S. 375.

der Ehrenpunkte gegen die Ratifizierung zu stimmen, falls die Alliierten weiterhin auf ihrem Standpunkt beharrten. Unrealistische Hoffnungen auf Modifizierung des Vertrages zu erwecken, mag zu der „Camouflage" gehört haben, die Erzberger am 19. Mai Conger gegenüber erwähnte, aber es ist ebensogut möglich, daß er den an sich plausiblen Voraussagen der beiden Franzosen tatsächlich Glauben schenkte.[60])

Die Entente stellte Deutschland am 16. Juni 1919 ein auf sieben Tage befristetes Ultimatum, den Vertrag anzunehmen (mit einigen von Brockdorff-Rantzau durchgesetzten nur geringfügigen Milderungen) oder sich auf den Einmarsch der Alliierten gefaßt zu machen. Die deutsche Friedensdelegation kehrte nach Weimar zurück, entschlossen, das Ultimatum abzulehnen, während Erzberger seine Anstrengungen fortsetzte, eine Mehrheit für die Annahme des Vertrages zustande zu bringen. Bei der entscheidenden Kabinettssitzung am 18. Juni erwies sich, daß er seit der letzten Sitzung vor zwei Wochen einige Fortschritte erzielt hatte. Damals hatten zehn Mitglieder gegen und vier für die Ratifizierung gestimmt, jetzt waren es sieben zu sieben; zwei Zentrumsminister (Bell und Giesberts) und ein weiterer Sozialdemokrat hatten sich zu Erzbergers Standpunkt bekehrt. Erzberger unterstützte seinen Appell für die Ratifizierung durch einen Vergleich mit Kerenskij, der es leider versäumt habe, rechtzeitig Frieden zu schließen; er nannte Brockdorff-Rantzau den Vertreter einer „Vabanque-Politik". Die Befürworter der Ratifizierung erfuhren wirksame Unterstützung durch die fast einhellige Zustimmung der Ministerpräsidenten der deutschen Einzelstaaten, besonders der süddeutschen, die fürchteten, in eine Lage zu geraten, in der sie zur Unterzeichnung von Sonderverträgen gezwungen sein würden. Scheidemann, der weiterhin gegen die Annahme des Vertrages war und sich an seine Worte vom 12. Mai 1919 gebunden fühlte, bot darauf am 19. Juni dem Reichspräsidenten Ebert den Rücktritt des Kabinetts an. Damit war Deutschland ohne Regierung. Dies geschah vier Tage vor Ablauf des Ultimatums, das den alliierten Einmarsch angedroht hatte.[61])

Erzberger ergriff nun die Initiative bei der Bildung eines Kabinetts, das bereit war, den Forderungen der Alliierten zu entsprechen. Der frühere Arbeitsminister Bauer, ein Sozialdemokrat, wurde von Ebert zum Ministerpräsidenten ernannt. Erzberger hätte gerne das neue Verkehrsministerium übernommen, um die von der Nationalversammlung vorgesehene große Aufgabe der Verreichlichung der Eisenbahnen durchzuführen, ein Unterfangen, für das er sich besonders geeignet hielt.[62]) Die neue Regierung sollte aus Mehrheitssozialisten und

---

60) Haguenins Brief an die Friedensdelegation vom 21. Juni 1919 ist abgedruckt bei James M. Read, *Atrocity Propaganda 1914—1919*, New Haven 1941. Die Rolle Haguenins und Hesnards wird erörtert bei K. F. Nowak, *Versailles*, Berlin 1927, S. 283—287, 320—324. Eine Schilderung Haguenins bringt Vallentin, *Stresemann*, Leipzig 1930, S. 63—72. Erzberger gibt offen zu, Kontakt mit den Franzosen gehabt zu haben, in: *Erlebnisse*, S. 379, und ***Prozeß*, S. 744.**
61) Erzberger, *Erlebnisse*, S. 376 ff. Stern-Rubarth, *op. cit.*, S. 107. Schiff, *op. cit.*, S. 112 f.
62) Erzberger, *Erlebnisse*, S. 378.

Zentrum gebildet werden; Erzberger setzte sich jedoch dafür ein, daß einzelne Demokraten in das Kabinett aufgenommen würden, und zwar nicht als Vertreter ihrer Partei (die eine Ratifizierung ablehnte), sondern als unabhängige Persönlichkeiten. Damit wäre die künftige Rückkehr der Demokraten in die Weimarer Koalition ermöglicht worden, sobald die Frage der Vertragsunterzeichnung aus dem Wege geräumt sein würde. Trotz ihrer Meinungsverschiedenheiten zur Zeit der Conger-Mission wirkte Erzberger auf Bernstorff ein, der die Notwendigkeit der Unterzeichnung einsah, das Amt des Außenministers anzunehmen; Bernstorff wies dies zurück, einmal aus Loyalität zu Brockdorff-Rantzau und der Demokratischen Partei, dann aber auch, weil ihn die amerikanische Öffentlichkeit wegen seiner formellen Verantwortung für Spionage und Sabotage deutscher Agenten während seiner Botschaftertätigkeit entschieden ablehnte.[63]) Auch Dernburg, dem früheren Leiter des Kolonialamtes, der zu den Gründern der Demokratischen Partei gehörte, legte Erzberger nahe, Finanzminister zu bleiben, um die geplante große Steuerreform durchzuführen. Aber die Demokratische Partei hatte ihren Mitgliedern streng verboten, in das Kabinett einzutreten. Durch Dernburgs Ablehnung blieb das Finanzministerium in einem Augenblick unbesetzt, in dem Deutschlands verzweifelte Lage es zum wichtigsten Amt der Regierung machte. Ebert und Bauer erklärten Erzberger, er sei auf Grund seiner Energie, seines Einfallsreichtums und seiner umfassenden Fachkenntnisse auf fiskalischem Gebiet der gegebene Mann für dieses Amt. Erzberger war sich bewußt, daß jeder Finanzminister, der die notwendigen drastischen Steuermaßnahmen durchführte, sich bei den besitzenden Klassen höchst unbeliebt machen würde und fand, er habe ohnehin genügend Gegner. Doch seine Parteifreunde beschworen ihn, wieder ein persönliches Opfer für das Vaterland zu bringen, ebenso wie er es getan hatte, als er Waffenstillstandskommissar wurde. Abermals zeigte sich Erzberger bereit. Er nahm das Amt des Finanzministers und Vizekanzlers an und trat als Waffenstillstandskommissar zurück.[64])

Die erste Aufgabe der neuen Regierung war, die Ratifizierung des Vertrages durch die Nationalversammlung zu erreichen. Am 22. Juni wurde die Regierung ermächtigt, den Vertrag zu unterzeichnen, vorausgesetzt, daß Artikel 227 und 231 abgeändert würden, wie es die Entscheidung des Zentrums gegen eine bedingungslose Ratifizierung vorsah. Der Antrag wurde mit 237 gegen 138 Stimmen angenommen; von der Zentrumsfraktion stimmten 78 dafür und nur 9 dagegen. Diese bedingte Ratifizierung wurde sofort nach Paris telegrafiert in der Hoffnung, daß sich die Alliierten damit einverstanden erklären würden. Sie lehnten jedoch jegliches Entgegenkommen ab und verlangten bedingungslose Annahme

63) Bernstorff, *Erinnerungen*, S. 192.

64) Erzberger, *Erlebnisse*, S. 378 f. Die Waffenstillstandskommission erhielt einen neuen Vorsitzenden in von Simson und wurde dem Auswärtigen Amt unterstellt. Erzberger setzte sich für die baldige Auflösung der Kommission ein und schlug den 1. August 1919 als Termin vor. Erzberger an Stockhammern am 4. und 17. Juli 1919. *Erzberger Dokumente*, Akte 50.

des Vertrages innerhalb von 24 Stunden. Die Frist lief am 23. Juni 1919 um 7 Uhr abends ab.[65])

Erzberger und seine Parteifreunde waren über die Antwort der Entente, die die Solidarität der neuen Regierungskoalition gefährdete, tief bestürzt. Auch Gerüchte über die Absicht einiger Offiziere, eine Revolte zu inszenieren, falls Deutschland den unehrenhaften Vertrag unterzeichne, beunruhigten sie stark. In Ostdeutschland bestanden nämlich Pläne, einen neuen Militärstaat zu bilden, der sich vom Reich trennen und den Alliierten Widerstand leisten wollte.[66]) Verteidigungsminister Noske, bisher Erzbergers engster Verbündeter im Kampf um die Ratifizierung, änderte unter dem Eindruck einer drohenden Massenaktion seiner Offiziere – sei es in Form einer Militärrevolte oder eines geschlossenen Rücktritts – seine Meinung. Bei einer Fraktionssitzung des Zentrums am Morgen des 23. Juni wurde mit einer überwältigenden Mehrheit gegen nur 14 Stimmen beschlossen, den Vertrag angesichts der Unversöhnlichkeit der Alliierten abzulehnen. Erzberger fügte sich einer Entscheidung, die zu ändern er sich zunächst machtlos fühlte.[67])

Der Beschluß des Zentrums bedeutete, daß es nun potentiell eine starke Mehrheit gegen die Ratifizierung der Versailler Vertragsbestimmungen gab. Die Lage war verzweifelt. Die Regierung, eigens zu dem Zweck gebildet, den Vertrag anzunehmen, drohte auseinanderzufallen. Eine andere zu bilden war unmöglich, da weder die Demokraten noch das Zentrum, so sehr sie den Vertrag mißbilligten, eine Koalition mit den Deutschnationalen gegen die Sozialdemokraten eingehen wollten. Deutschland konnte nach ihrer Auffassung nicht gegen die 45 v. H. der Bevölkerung, die von den beiden sozialistischen Parteien vertreten wurden, regiert werden. Die Alliierten standen bereit, am frühen Abend nach Deutschland einzumarschieren, wenn der Vertrag bis dahin nicht ohne Vorbehalte ratifiziert sein sollte. Unter dem Vorsitz von Präsident Ebert traten die Parteiführer mittags um 12 Uhr zusammen, um einen letzten Versuch zu machen, die Lage noch zu retten. Den Gegnern der Ratifizierung stellte Erzberger die präzise Frage: wären sie willens, eine Regierung zu bilden, die die Wiederaufnahme der Feindseligkeiten ins Auge zu fassen hätte? Die Antwort war ein klares „Nein“ von Demokraten und Volkspartei, ein ausweichendes „Nein“ von den Deutschnatio-

---

65) Erzberger, *Erlebnisse*, S. 380.

66) Der preußische Kriegsminister Reinhardt unterstützte die Widerstandspläne im Osten. Groener wandte viel Zeit auf, um ihn zurückzuhalten. Siehe Geyer, *Groener*, S. 151—164, und Craig, *op. cit.*, S. 402 ff. Carl Goerdeler, später Führer der Widerstandsbewegung gegen Hitler, beteiligte sich aktiv an einer Verschwörung, die sich die Bildung eines Separatstaates im Osten zum Ziel gesetzt hatte. G. Ritter, *Carl Goerdeler und die deutsche Widerstandsbewegung*, Stuttgart 1954, S. 21—25.

67) Über die Fraktionssitzung des Zentrums siehe Erzberger, *Erlebnisse*, S. 380; A. Köhler, *Deutsches Zentrum — deutscher Rhein*, Trier 1932, S. 44—47. Die beste Schilderung der Fraktionssitzung findet sich in einem Memorandum der beiden Zentrumsminister Wilhelm Mayer und Johannes Bell, abgedruckt bei A. Luckau, „The Unconditional Acceptance of the Treaty of Versailles by the German Government June 22—28, 1919“, in: *Journal of Modern History*, XVII (September 1945), S. 218. Noske erklärt seine Meinungsänderung in: *Von Kiel bis Kapp*, Berlin 1920, S. 153. Siehe auch sein Buch *Erlebtes aus Aufstieg und Niedergang einer Demokratie*, Offenbach 1947, S. 107 f., und Wilhelm Keil, *Erlebnisse eines Sozialdemokraten*, Stuttgart 1948, Bd. II, S. 184 ff.

nalen. Den Gegnern der Ratifizierung fehlte der Mut, zu ihrer Überzeugung zu stehen. Viele waren über den Umfall des Zentrums im letzten Augenblick bestürzt, denn das nahm ihnen die angenehme Möglichkeit, als Patrioten gegen den Vertrag zu protestieren, während sie insgeheim erleichtert waren, daß ihre Gegner das Odium einer, wie sie einsehen mußten, unabwendbaren Entscheidung auf sich nahmen.[68])

Zwei unerwartete Ereignisse wirkten sich zugunsten der bedingungslosen Ratifizierung aus. General Groener, dessen Meinung über die Ratifizierung von Ebert eingeholt wurde, machte in einem Telefongespräch von Kolberg aus eine merkwürdige Unterscheidung: er empfehle die Annahme, nicht als Offizier, aber als Deutscher. Auch glaube er, einen Massenrücktritt der Offiziere und den abwegigen Plan eines vom Reich getrennten Militärstaates im Osten verhindern zu können. Groeners Versicherungen widerlegten eine der beiden Befürchtungen, die die Zentrumsfraktion veranlaßt hatte, gegen die vorbehaltlose Annahme zu stimmen.[69])

Doch die Schwierigkeiten wegen der Ehrenklauseln blieben ungelöst. Karl Heinze, ein Führer der Volkspartei, die angeblich unerschütterlicher Gegner der Ratifizierung war, schlug eine Formulierung vor, die dem Problem gerecht zu werden versuchte. Er regte ein parlamentarisches Manöver an, wodurch die der Regierung am Vortage erteilte Ermächtigung, den Vertrag mit Bedingungen zu unterzeichnen, auf die Ermächtigung ausgedehnt werden sollte, auch bedingungslos zu unterzeichnen. Damit würde eine erneute Abstimmung über den Vertrag selbst vermieden, bei der die Befürworter des Vertrages sich darauf festlegen müßten, auch die ehrenrührigen Punkte zu billigen. Ferner schlug Heinze vor, die Parteien, die gegen die Ratifizierung seien, sollten Erklärungen des Inhalts abgeben, daß sie die Beweggründe der Befürworter der Unterzeichnung für ebenso patriotisch wie ihre eigenen ansähen. Dies war ein aufrichtiger, wenn auch erfolgloser Versuch, den Parteien, die für die Ratifizierung gestimmt hatten, künftige politische Schwierigkeiten zu ersparen. Die Demokraten, die Volkspartei und die Deutschnationalen bekannten Farbe, indem sie Heinzes Vorschlag akzeptierten. Die Stimmung in diesen Parteien wird treffend geschildert von Friedrich Naumann, der während der Sitzung des Parlaments am Nachmittag des 23. Juni zu Erzberger sagte: „Heute brauchen wir Sie notwendig, aber in wenigen Monaten, wenn die Situation anders ist, werfen wir Sie weg." Worauf Erzberger erwiderte: „Mir genügt, daß ich heute, in der schwersten Stunde unseres Vaterlandes, diesem meine Person opfere."[70])

---

68) Erzberger schildert mit Verachtung das Verhalten der Parteien, die gegen die Ratifizierung waren, in: *Erlebnisse*, S. 381 ff. Siehe auch Payer, *op. cit.*, S. 300—304, und Luckau, *op. cit.*, S. 218 f.
69) Geyer, *Groener*, S. 161; Erzberger, *Erlebnisse*, S. 381.
70) *Ibid.*, S. 382 f. In seiner Biographie Naumanns bezweifelt Heuß, S. 494, daß Naumann die von Erzberger berichtete Äußerung getan hat; es besteht jedoch kein Grund, warum Erzberger sie erfunden haben sollte. Naumann, der unter der Spannung und Anstrengung des Krieges krank und unmutig geworden war, erging sich vier Wochen später auf dem Parteitag der Demokratischen Partei in persönlichen Beschimpfungen gegen die Befürworter der Vertragsratifizierung.

Der Vertrag wurde am 23. Juni angenommen, und Deutschland blieb ein weiterer alliierter Vormarsch erspart. Erzbergers Politik war es trotz großer Hindernisse gelungen, die Entscheidung zugunsten der Ratifizierung zustande zu bringen. Nicht einen Augenblick hatte er in seiner Überzeugung geschwankt, daß der Vertrag unterzeichnet werden müsse. Er war fast der einzige, der es ablehnte, sich dem gängigen Pessimismus über Deutschlands Zukunft hinzugeben. Er ließ sogar seiner unverwüstlichen heiteren Gemütsart bis zur Unvorsichtigkeit freien Lauf, als er am 14. Juni – eine Woche vor der Annahme des Vertrages – mit einigen Zentrumsfreunden im „Goldenen Adler" am Biertisch saß. Der Wirt bat alle Mitglieder des Kreises, sich in das Gästebuch einzutragen, und Erzberger schrieb: „Erst mach dein Sach – dann trink und lach!"[71]) Für seine Feinde war es ein leichtes, diesen Spruch gegen ihn zu verwenden, und große Teile der Öffentlichkeit glaubten an die stereotype Darstellung eines biertrinkenden, beleibten Erzberger, der lachte, während das Vaterland immer tiefer ins Unglück stürzte.

In Wirklichkeit war Erzbergers Politik hinsichtlich des Versailler Vertrages der ernsten und verantwortungsbewußten Abwägung der verzweifelten Alternativen entsprungen, vor die sich Deutschland gestellt sah. Er hatte seine Entscheidung ohne jede Rücksichtnahme auf die Folgen für sich selbst getroffen. Daß sein Eintreten für die Ratifizierung die Feindseligkeit verstärken würde, die seine Tätigkeit als Waffenstillstandskommissar schon hervorgerufen hatte, wußte er. Diese Feindseligkeit sollte alsbald gewalttätige Formen annehmen, und er schrieb darüber:

> „Ein gegen mich geplanter Attentatsversuch von Reichswehrangehörigen am Abend dieses Tages [der Ratizifierung] mißlang; wenige Tage darauf wurde nachts mein Arbeitszimmer im Finanzministerium beschossen und ein Zimmer, in welchem man mein Schlafzimmer vermutete, durch eine Handgranate verwüstet . . . Aber auch dieser ‚Dank' und aller Haß meiner Gegner macht mich nicht irre in der Überzeugung, daß damals nur die Unterzeichnung des Friedens der Weg zur Rettung des deutschen Volkes war."[72])

War die Annahme des Vertrages die beste Politik für Deutschland im Jahre 1919? Die Folgen dieser Annahme können nur als katastrophal bezeichnet werden. Der Vertrag, besonders in seinen nicht näher präzisierten Bestimmungen über Reparationen, war für Deutschland unerfüllbar, was zu unaufhörlichem Streit zwischen Deutschland und seinen früheren Feinden führen sollte, nicht nur in bezug auf Deutschlands Verpflichtungen, sondern auch in bezug auf seinen guten Willen, diese Verpflichtungen einzuhalten. Aus diesen Streitigkeiten mußten früher oder später immer wieder Ultimaten ähnlich dem, das der An-

---

71) Graefe, *Damals in Weimar*, Berlin 1929, S. 27 f. Graefe war so empört über die Eintragung, daß er wenige Tage später in das gleiche Gästebuch schrieb: Als Deutschland noch in Ehren und Macht, hab nach der Arbeit ich gerne gelacht. Doch seit ein Judas in Deutschland erstand, das Lachen von meinen Lippen schwand!
72) Erzberger, *Erlebnisse*, S. 383.

nahme des Vertrages vorausgegangen war, entstehen. Eine Demütigung folgte der anderen, bis die Nichterfüllung schließlich französische „Sanktionen" nach sich zog. Das geschah im Jahre 1923 mit der Besetzung des Ruhrgebietes und ihren Begleiterscheinungen: völliger Zusammenbruch der Währung, erneute kommunistische Unruhen, Hitlers Bürgerbräu-Putsch und die fortschreitende Demoralisierung der deutschen Gesellschaft.

Die schlimmste Auswirkung der Annahme des Versailler Vertrages durch die Nationalversammlung war die völlige Diskreditierung der Weimarer Republik in breiten Kreisen der Bevölkerung, vor allem der Ober- und Mittelschicht. Für sie war die demokratische Republik mit der äußeren Demütigung Deutschlands gleichbedeutend, und sie nutzten die Tatsache aus, daß die Parteien, die die Annahme des Vertrages durchgesetzt hatten (Sozialdemokraten, Zentrum und einige Demokraten), die gleichen waren, die für die neue Verfassung eintraten. Die Parteien der Rechten empfanden das Versprechen vom 23. Juni 1919 – die vaterländischen Beweggründe ihrer Gegner anzuerkennen – als bequeme Möglichkeit, sich der Verantwortung für die Wiederaufnahme der Feindseligkeiten zu entziehen, ließen es aber bald danach in Vergessenheit geraten. Der demokratischen parlamentarischen Tradition in Deutschland, die ohnehin schon durch den Fehlschlag der Paulskirchenversammlung im Jahre 1848 und den Erfolg Bismarcks 1870/71 belastet war, wurde nun auch noch die Verantwortung für einen der demütigendsten Friedensverträge der europäischen Geschichte aufgebürdet. Daß die Weimarer Republik im deutschen Staatsleben nie feste Wurzeln gefaßt hat, beruht in erster Linie auf ihrer erfolglosen Außenpolitik von Versailles bis zur Ruhrbesetzung. Die furchtbare Inflation von 1922/23, zu deren wichtigsten Ursachen die unerträgliche Reparationslast und die Besetzung des Ruhrgebiets gehören, trug weiter zur Verbitterung der wohlhabenden Schichten gegenüber einem Staat bei, der die Zerstörung ihrer sozialen Substanz geduldet hatte. Sowohl Inflation als auch Demütigung aber waren notwendige Folgen einer Politik, die den Vertrag akzeptiert hatte.

Aber hätte die Ablehnung des Vertrages nicht noch katastrophalere Folgen gehabt? Es ist behauptet worden, daß die Ententemächte entgegen dem äußeren Anschein nur blufften, daß sie verzweifelt hofften, irgendeine deutsche Regierung werde den Vertrag unterzeichnen, und daß sie eine alliierte Besetzung Deutschlands beinahe um jeden Preis vermeiden wollten. Ferner wird behauptet, daß die Alliierten unter dem Druck Lloyd Georges, der den Vertrag für viel zu hart hielt, eine einheitliche deutsche Ablehnung mit Konzessionen beantwortet hätten, die das Vertragsinstrument erheblich gemäßigt haben würde. Greifbare Beweise für diese Argumente und Behauptungen sind niemals erbracht worden.[73]

---

73) Brockdorff-Rantzaus positiv eingestellter Biograph Brandenburg gibt zu, daß die Einstellung seines Helden nicht so sehr auf rationale Argumente als auf das instinktive Gefühl zurückging, Widerstand werde zu besseren Bedingungen für Deutschland führen. Außerdem habe ihn sicher eine tiefe Verstimmung

Die unvermeidliche Folge der deutschen Ablehnung alliierter Bedingungen wären die Schrecken gewesen, die Erzberger in seinem Memorandum vom 3. Juni 1919 schilderte – Vormarsch der Alliierten bis zur Weser, Trennung von Nord- und Süddeutschland, Separatverträge zwischen den Alliierten und einzelnen deutschen Staaten und die dauernde Teilung des deutschen Reiches.[74]) Diese düstere Aussicht wäre begleitet worden von Hungersnot, Unruhen und bolschewistischem Aufstand, wobei Moskau mehr als bereit gewesen wäre, die verzweifelte Lage der unteren Schichten auszunutzen. Die Alliierten hätten sich von den angedrohten Maßnahmen weder durch moralische Bedenken noch durch eigenes wirtschaftliches Interesse zurückhalten lassen. Letzteres setzte in der Tat die Erhaltung eines wirtschaftlich blühenden Deutschland voraus, aus dem Reparationen gezogen werden konnten. Die Franzosen legten jedoch größeren Wert auf Sicherheit als auf Reparationen.

Gelegentlich wird der Vergleich mit 1945 gezogen, um zu zeigen, daß die alliierte Besetzung von ganz Deutschland im Jahre 1919 nicht die schlechteste Lösung gewesen wäre, besonders im Hinblick auf die Zukunft der Demokratie in Deutschland. Die Demokratie in der heutigen Bundesrepublik ist in der Tat lebensfähiger und kräftiger als die Weimarer Demokratie, trotz der Verbitterung, die die primitiven Lebensverhältnisse der ersten Jahre militärischer Besetzung (1945-1948) hervorgerufen haben – Verhältnisse übrigens, die mit Sicherheit in den Jahren nach 1919 ebenso bestanden hätten, wäre Deutschland damals besetzt worden.

Der Vergleich läßt aber zwei wesentliche Unterschiede zwischen 1919 und 1945 außer acht. Im Jahre 1919 hätte die französische Regierung die erste Stimme bei der Regelung deutscher Angelegenheiten gehabt. Nach 1945 haben die Vereinigten Staaten diese Rolle übernommen. Die Wiederherstellung zivilisierter Lebensverhältnisse nach 1945 – die Voraussetzung für die Entwicklung einer demokratischen Struktur – war das Ergebnis der amerikanischen, nicht der französischen Politik. Eine alliierte Militärregierung unter der Leitung von Foch, die

---

darüber geleitet, daß außenpolitische Entscheidungen durch Parteigremien getroffen wurden. Sein Freund Walter Simons faßt Br.-Rantzaus Überlegungen in einem Memorandum von Ende Juni 1919 zusammen. Im Falle eines deutschen Widerstandes erwartete er n i c h t : 1. Sofortige Annahme der deutschen Gegenvorschläge vom 29. Mai durch die Entente; 2. Uneinigkeit zwischen den Alliierten; 3. Amerikanische Intervention zur Verhinderung einer französischen Besetzung des Ruhr-Gebietes und der Übernahme des Kaiser-Wilhelm-Kanals durch die Engländer. Hingegen erwartete er, 1. daß die Entente mündliche Verhandlungen zwischen Sachverständigen schließlich aufnehmen würde; 2. daß Uneinigkeit zwischen den Ententeländern entstehen würde, sobald militärische Aktionen in Gang kämen. Br.-Rantzau glaubte, die Vereinigten Staaten würden eine Wiederaufnahme der strengen Blockademaßnahmen nicht dulden, vielmehr normale Handelsbeziehungen mit Deutschland wünschen. England brauche, nach seiner Auffassung, ein starkes Deutschland als Gegengewicht gegen Frankreich und Rußland und als erwünschten Kunden. Er war überzeugt, daß die öffentliche Meinung in England, Frankreich und Belgien — besonders in liberalen und sozialistischen Kreisen — sich bereits rasch gegen einen Revanchefrieden wende und daß sie sich noch stärker dagegen wenden werde, wenn Deutschland Gewalt angetan worden sei. Br.-Rantzau war daher sicher, Deutschlands Gesamtlage würde sich bald bessern, falls Widerstand zu anglo-französischen militärischen Operationen führen sollte. Schlimmstenfalls könne Deutschland immer noch den Vertrag unter direktem Zwang unterzeichnen, so wie die Russen in Brest unterzeichnet hatten; seine moralische Position sei besser, wenn es unter dem Druck tatsächlicher militärischer Operationen unterzeichne als unter dem Druck einer bloßen Drohung mit solchen Maßnahmen. Brandenburg, *Br.-Rantzau*, Kap. VIII, S. 56—64.

74) Die alliierten Pläne, die Erzberger mit erstaunlicher Genauigkeit erriet, werden geschildert in den Erörterungen des Viererrates, abgedruckt in: *Foreign Relations, Paris Peace Conference*, Bd. VI, S. 501 bis 550.

Anweisungen von Poincaré aus Paris empfing, hätte 1919 wahrscheinlich eine Politik betrieben, die die Teilung Deutschlands und die Fortdauer des wirtschaftlichen Chaos zur Folge gehabt hätte; zu einer Art Marshall-Plan wäre es im Jahre 1921 unter französischer Regie vermutlich nicht gekommen.

Auch in anderer Hinsicht ist der Vergleich mit 1945 irreführend, 1945 war Deutschland für die Demokratie innerlich in höherem Grade aufnahmebereit als 1919. Die Niederlage des Nationalsozialismus im Jahre 1945 hatte die Chauvinisten und Antidemokraten in Deutschland durch ein mächtiges unbestreitbares Argument – durch das Scheitern – endgültig widerlegt. Das Ausmaß der Katastrophe von 1945, die offensichtliche Verantwortung der Nationalsozialisten für den Beginn und die Ausdehnung des Krieges schlossen eine spätere Verherrlichung des Naziregimes völlig aus und verhinderten damit auch die Verbreitung einer „Dolchstoß-Legende". Alle diese Erwägungen entfallen für 1919. Die Demokratisierung Deutschlands war damals mit der militärischen Niederlage einhergegangen, und die opponierende Haltung, die ein Teil der Arbeiterschaft gegenüber den Kriegsanstrengungen einnahm, verlieh der Dolchstoß-Legende den Anschein, als ob ihr ein gewisses Maß an Berechtigung zukäme. So konnte die Kaiserzeit unschwer in den Ruf eines goldenen Zeitalters gelangen, was auch zunehmend geschah, je mehr die Weimarer Republik die übergroßen Aufgaben zu bewältigen suchte, die die Sieger ihr gestellt hatten. 1945 bot sich letzten Endes – vom Kommunismus abgesehen – für das deutsche Volk keine andere Alternative als die Demokratie. Der Nationalsozialismus hatte völlig abgewirtschaftet, eine Rückkehr zur Monarchie schien geradezu grotesk. Das Jahr 1919 unter den Bedingungen von 1945 zu sehen heißt also, wesentliche Unterschiede in den inneren und äußeren Verhältnissen Deutschlands zwischen diesen beiden Zeitpunkten außer acht lassen.

Die Ratifizierung des Vertrages im Jahre 1919 war Erzbergers größte politische Leistung, für die ihm freilich niemand ein Denkmal errichten wird. Er durchkreuzte die Pläne derjenigen, die, infolge nationalistischer Phrasen, unrealistischer Ehrbegriffe und mangelnder Voraussicht verblendet, Deutschland in Hunger, Teilung und Besetzung getrieben hätten. Die Härte der Vertragsbedingungen war die natürliche Konsequenz der durch den modernen Krieg hervorgerufenen Leidenschaften der Völker und der völligen Hilflosigkeit Deutschlands. Die Notwendigkeit, den Vertrag anzunehmen, beruhte einfach auf der Tatsache, daß Deutschland den Krieg verloren hatte. Diese Niederlage aber war das Ergebnis der vielen Fehler und Torheiten des kaiserlichen Regimes vor und im Krieg, für die die Generäle, Bürokraten, Junker, Kapitalisten und Berufspatrioten in erster Linie die Verantwortung tragen. Es ist eine Ironie, daß diese fünf Gruppen am lautesten gegen die Weimarer Politiker protestierten, weil sie den Vertrag unterzeichnet hatten, und sich gebärdeten, als sei Erzberger für die von den Alliierten diktierten Bedingungen persönlich verantwortlich. In

Wirklichkeit verwalteten Erzberger und seine Kollegen lediglich ein Vermögen, das durch die Schuld der innenpolitischen Gegner dem Bankrott verfallen war. Der wilde Zorn der Feinde Erzbergers sollte bald noch größer werden, als er die Fehler der deutschen Führung während des Krieges aufzudecken begann und Finanzreformen in Angriff nahm, die die besitzenden Kreise mit Steuern von noch nie dagewesener Härte belasteten.

# XIII

## Finanzminister – Juni 1919 bis März 1920

### Die politische Situation im Juli 1919

Die Annahme des Versailler Vertrages brachte ein zeitweiliges Nachlassen der Spannung. Die Nationalversammlung setzte ihre Arbeit an der Verfassung fort und war gleichzeitig gesetzgeberisch tätig. Die neue Regierung unter Bauer, mit Erzberger als Vizekanzler und Finanzminister, hatte sich innenpolitisch die wirtschaftliche Wiederbelebung zum Ziel gesetzt; außenpolitisch trat sie für die loyale Einhaltung des Versailler Vertrages ein. Sie verurteilte die Unabhängigen Sozialdemokraten und die Kommunisten wegen ihrer fortgesetzten Agitation gegen die Nationalversammlung, wegen ihrer mehr oder minder eindeutig formulierten Forderung nach der Diktatur des Proletariats und wegen der von ihnen immer wieder angestifteten Streiks, die jede Erholung der Wirtschaft verhinderten. Mit gleichem Nachdruck verurteilte sie die Politik der äußersten Rechten mit ihrem Programm der Wiederherstellung der Monarchie und einer auf bewaffneten Revanchismus gegründeten Außenpolitik. Die äußerste Linke konnte von Noske nach blutigen Straßenkämpfen zerschlagen werden. Die äußerste Rechte war weit weniger verwundbar, da sie in Armee, Verwaltung und Justiz feste Stützen besaß und bei Kapitalisten und Agrariern viele Sympathien genoß. Die letztgenannten Gruppen waren in den ersten Wochen nach der Revolution gelähmt gewesen, erholten sich nun aber rasch und begannen, die Regierung anzugreifen, die sie gerade vor dem Bolschewismus gerettet hatte. Ihre These war, die Parteien der Weimarer Koalition hätten durch ihren Defaitismus während des Krieges Deutschlands gegenwärtiges Elend verschuldet, ja sie hätten den Zusammenbruch Deutschlands gewünscht, um sich selbst an die Macht zu bringen. Sie zogen sowohl den Patriotismus wie die persönliche Integrität vieler republikanischer Führer in Zweifel und machten vor nichts halt, wenn es galt, sie in den Augen der Öffentlichkeit herabzusetzen. Vor allem betrachteten sie Erzberger als Sündenbock; er schien besonders verwundbar, weil er den Waffenstillstand unterzeichnet und in der Nationalversammlung für die Annahme des Versailler Vertrages gesorgt hatte.[1])

Erzberger war nicht der Mann, schweigend zu dulden. Seit jeher hielt er den Gegenangriff für die beste politische Verteidigung. Die Regierung beschloß, einen kräftigen Streich gegen die Rechtsparteien zu führen: Enthüllungen über ihre Fehler und Torheiten im Kriege sollten zeigen, daß sie und nicht Zentrum und Sozialisten, für Deutschlands Unglück in erster Linie verantwortlich seien. Erzberger übernahm die Führung in einer sensationellen Reichstagsrede vom 25. Juli 1919, in der er heftige Vorwürfe gegen die kaiserliche Regierung, die Konservative Partei, die Alldeutschen und die Oberste Heeresleitung richtete wegen ihrer ständigen Illusionen hinsichtlich eines militärischen Sieges, ihres Annexionismus, ihrer U-Bootpolitik; vor allem legte er ihnen zur Last, daß sie durch ihr Verlangen, Belgien im deutschen Herrschaftsbereich zu behalten, einen Verständigungsfrieden sabotiert hätten. In diesem Zusammenhang benutzte er seinen Zugang zu den Akten des Auswärtigen Amtes, um erstmals die Hintergründe des päpstlichen Friedensschrittes vom Sommer 1917 und seine unbefriedigende Behandlung durch Kühlmann und Michaelis aufzudecken. Er brachte die Pläne einiger deutscher Industrieller ans Licht, die mit Hilfe Helfferichs die Kontrolle über die belgische Wirtschaft zu übernehmen hofften. Er stellte auch Ludendorffs Verantwortung für das panikartige Waffenstillstandsgesuch vom 4. Oktober 1918 fest, um die „Dolchstoßlegende“ zu widerlegen. Den planmäßigen Feldzug, der gegen die Führer des Zentrums und der Sozialdemokraten von der bunt zusammengewürfelten Front aus Militärs, Nationalisten, Bürokraten und Plutokraten geführt wurde, kennzeichnete er als Vertuschungsmanöver, das nur dazu dienen solle, die Aufmerksamkeit von eigenen Verbrechen und Torheiten abzulenken. Die Regierung schlug vor, einen Gerichtshof einzurichten, der die für Deutschlands Niederlage Verantwortlichen feststellen solle. Das war der Ursprung des Untersuchungsausschusses des Reichstags. Die unmittelbare Wirkung der Enthüllungen Erzbergers war verheerend. Bei der Reichstagsmehrheit kam es zu einem Entrüstungsausbruch gegen Deutschlands frühere Beherrscher; es wurde beschlossen, die Rede auf Staatskosten zu drucken und in ganz Deutschland zu verteilen. Man konnte beobachten, wie auf den Zuschauertribünen Mütter, die ihre Söhne im Kriege verloren hatten, den konservativen Abgeordneten drohend zuriefen: „Gebt uns unsere hingemorde-

[1]) Zum Programm der Bauer-Erzberger-Regierung siehe die Regierungserklärung vom 23. Juli 1919 in: *Verhandlungen der Nationalversammlung,* Bd. 328, S. 1843—1859. Zum Angriff der Rechten auf die Regierung, insbesondere auf Erzberger, vgl. Rede von A. von Graefe, Mitglied der Konservativen Partei, *ibid.,* 25. Juli 1919, S. 1912—1925.

ten Söhne wieder!", womit sie zum Ausdruck bringen wollten, die Regierung habe es unter dem Betreiben der Konservativen im Jahre 1917 versäumt, Frieden zu schließen.[2])

Erzbergers Enthüllungen, besonders über die päpstliche Friedensnote, blieben in der folgenden Debatte nicht unbestritten, und seine Gegner konnten in Einzelheiten Ungenauigkeiten aufzeigen, die Erzbergers rednerischem Anfangserfolg einigen Glanz nahmen. Seine Feinde auf der Rechten wiesen ihm seinen eigenen Annexionismus in den ersten Kriegsjahren nach und beriefen sich darauf, dies nehme ihm jedes Recht, andere Annexionisten zu kritisieren; seine öffentliche Billigung der Behandlung der päpstlichen Note durch Michaelis im September 1917 lasse das, was er jetzt sage, als billige Kritik aus der Rückschau erscheinen. Erzberger gab seine annexionistischen Torheiten zu Kriegsanfang freimütig zu, hielt sich aber zugute, sie als unrealistisch fallengelassen zu haben, während seine Gegner bis zum Kriegsende in ihren törichten Vorstellungen verharrt hätten. Sein Verhalten gegenüber der päpstlichen Note entschuldigte er damit, Michaelis habe ihn nicht voll unterrichtet. Das mag zur Zeit der Michaelis-Antworten an den Papst (19. September 1917) und an Pacelli (24. September 1917) richtig gewesen sein, wie schon im IX. Kapitel ausführlich dargelegt wurde. Heute jedoch steht fest, daß Erzberger spätestens im Dezember 1917 über die ganze Angelegenheit vollständig orientiert war und trotzdem nicht gegen die deutsche Behandlung der Belgienfrage protestiert hatte.

Unter diesen Umständen ist verständlich, wenn Michaelis und Kühlmann der Kritik Erzbergers die moralische Berechtigung absprachen. Kühlmann versuchte sogar am 28. Juli 1919 durch einen Mittelsmann, den Gesandten von Rosenberg, Erzberger von weiteren „Enthüllungen" abzuhalten und zwar mit der Drohung, einen Brief Erzbergers vom 17. Dezember 1917 zu veröffentlichen. Dieser schon im IX. Kapitel besprochene Brief beweist, daß Erzberger im Dezember 1917 volle Kenntnis der von ihm in der Nationalversammlung im Juli 1919 kritisierten Michaelis-Schreiben hatte.

Wir besitzen leider nur eine sehr späte Äußerung Kühlmanns über seinen Versuch, Erzberger unter Druck zu setzen. Sie kam in der für die Quellenkritik nicht ganz befriedigenden Form zustande, daß Dr. von Kameke, ein früherer Mitarbeiter von Michaelis, den Inhalt eines Gespräches, das er in der Sache mit Kühlmann führte, anscheinend erst 1956 schriftlich niedergelegt hat. An dem Wahrheitsgehalt ist aber kaum zu zweifeln. Er berichtete über die Unterredung „so gut wie wörtlich". Danach habe Kühlmann erzählt:

---

2) *Ibid.*, S. 1926—1943. Die Szene wird von Hans Goslar, einem Beamten, in der *Germania* vom 3. September 1921 geschildert. Siehe auch den lebendigen und im allgemeinen genauen politischen Roman von Karl Widmaier, *Erzberger, Ein Kulturroman der Gegenwart*, Dillingen 1922, S. 252—267. Widmaier war ein württembergischer Lehrer, literarisch nicht sehr begabt, aber mit einem sicheren politischen Blick. Seine Schilderung von Erzberger in den Jahren 1918 bis 1921 ist sehr wertvoll. Der rechtsstehende Organisator der Ermordung Erzbergers in dem Roman, Graf Sassin, ist übertrieben und nicht überzeugend geschildert; er stellt keine historische Figur dar.

„»Ich hatte mir einige Photokopien des Erzbergerbriefes [vom 17. Dezember 1917] anfertigen lassen. Als Erzberger in der Weimarer Nationalversammlung jenen bekannten Angriff gegen die damalige Reichsregierung losließ, sie habe durch ungeschickte Beantwortung der Friedensnote einen Ausgleichsfrieden verhindert, schickte ich den Gesandten v. R. [Rosenberg] mit einer Photokopie des Briefes nach Weimar mit dem Auftrag, diese Erzberger zu zeigen. Ich hoffte, ihn damit zu bremsen. v. R. traf Erzberger im Wandelgang der Nationalversammlung, sagte, er käme von Exz. v. Kühlmann und dieser bäte ihn, diesen Brief zu lesen. Erzberger habe einen kurzen Blick darauf geworfen und gefragt: ‚Von wem ist denn der Brief?‘ v. R. habe erwidert: ‚Drehen Sie ihn doch um, dann werden Sie es sehen.‘ Erzberger habe erwidert: ‚Ich habe jetzt keine Zeit‘, habe den Brief ungelesen zurückgegeben und sei eilig weggegangen. Jetzt konnte ich den Mann politisch töten«. Ego: »Warum haben Sie das nicht getan? Es wäre doch eine Ehrenrettung für die damalige kaiserliche Regierung und für Sie selbst gewesen, und vielleicht hätten Sie Erzberger dadurch physisch das Leben gerettet.« Kühlmann antwortete wörtlich: »Ich konnte doch diesen Deutschnationalen den Gefallen nicht tun.«“[3])

Ob dieser letzte Grund die Haltung Kühlmanns ganz erklärt, mag hier unerörtert bleiben. Fest steht auf jeden Fall, daß die Drohung, den Erzbergerbrief zu veröffentlichen, nicht verwirklicht wurde; ferner steht fest, daß Erzberger sich durch die Drohung keineswegs einschüchtern ließ.

Im Gegenteil: in einer Rede am 29. Juli – also am Tage nach Kühlmanns Einschüchterungsversuch – mahnte er die Kritiker der Regierung zur Mäßigung in ihren Angriffen, damit die Regierung nicht zu ihrer Selbstverteidigung gezwungen sei, aus den deutschen Akten Material über die Tätigkeit rechtsgerichteter Politiker, Soldaten und Industrieller im Kriege zu veröffentlichen. Eine solche Veröffentlichung könne bedauerliche Folgen für die betroffenen Persönlichkeiten haben, denn noch hätten die Alliierten die endgültige Liste der auszuliefernden deutschen Kriegsverbrecher nicht aufgestellt.

Erzbergers Gegner, wie Helfferich, deuteten diese Feststellung als Drohung, die Regierung werde sie den Alliierten ausliefern, wenn sie ihre Angriffe nicht einstellten. Demgegenüber betonte Erzberger, er habe nur auf die logischen Folgen hinweisen wollen, die wahrscheinlich eintreten würden, wenn die Regierung gezwungen wäre, Einzelheiten etwa über Helfferichs Pläne zur Ausbeutung der belgischen Wirtschaft (die er in seiner Rede vom 25. Juli erwähnt hatte) bekanntzugeben. Sowohl Erzbergers Ausführungen wie die Empörung, die sie hervorriefen, kennzeichnen den beklagenswerten Tiefstand der innenpolitischen Auseinandersetzungen in Deutschland im Sommer 1919.[4])

---

3) *Michaelis*, II *op. cit.*, S. 418—434. Das Kameke-Zitat steht auf S. 420. Dieser wichtige Aufsatz von Wilhelm Michaelis, dem Sohn des früheren Reichskanzlers, bringt auf S. 419—426 unter der Überschrift „Die Rolle Erzbergers“ wesentliche Aufschlüsse über das lang umstrittene Thema „Erzberger und die päpstliche Friedensaktion“. Michaelis beweist zum erstenmal, daß Erzberger die deutsche Antwortnote an Pacelli vom 24. September 1917 am 15. Dezember 1917 kannte; er vermutet ferner, daß er ihren Wortlaut durch seine Freunde im Auswärtigen Amt (Bergen, Rosenberg usw.) schon zur Zeit der Absendung erfuhr. Letztere Vermutung läßt sich natürlich nicht beweisen. Vgl. dazu Kap. IX oben, Fußnoten 6 u. 7.

4) Erzbergers weitere Reden finden sich in: *Verhandlungen der Nationalversammlung*, 28. Juli 1919, Bd. 328, S. 2022—2031, und 29. Juli, S. 2057—2061. Seine Hauptgegner auf der Rechten waren Graefe,

Die ganze Debatte war unerfreulich, da sie die Öffentlichkeit leidenschaftlich erregte, ohne doch zu sinnvollen Ergebnissen zu führen. Die antirepublikanischen Kräfte in Deutschland, besonders die innerhalb des Regierungsapparates, hätten mit wirksameren Methoden als mit Enthüllungsreden angegriffen werden müssen. Der größte Fehler der Bauer-Erzberger-Regierung war, daß sie es nicht fertigbrachte, die unverläßlichen Elemente in Armee, Verwaltung und Justiz auszumerzen. Die Erklärung für dieses Versagen liegt darin, daß sie durch die unmittelbar dringenden Verwaltungs- und Gesetzgebungsaufgaben in Anspruch genommen war und sich auf die Abwehr der besonders bedrohlich erscheinenden bolschewistischen Gefahr konzentrierte. Der – durch Erzbergers Optimismus, aber auch durch die marxistische Geschichtsauffassung gestützte – Glaube, die Gegner auf der Rechten seien eine überständige, in Auflösung befindliche Gruppe, sollte sich als gefährliche Fehleinschätzung erweisen. Erzberger hatte inzwischen den politischen Fehler begangen, seine Feinde herauszufordern, ohne sie zu zerschmettern. Er hatte die führende Rolle in einer parteipolitischen Auseinandersetzung um vergangene Dinge gerade zu einer Zeit übernommen, da seine neue Aufgabe als Finanzminister von ihm nationales und nicht parteipolitisches Handeln verlangte. Seine einschneidenden Steuerpläne mußten in jedem Falle bei den oberen Schichten Widerstand finden; es war unglücklich, daß er diese noch weiter aufreizte, indem er nun bei der Anprangerung ihres Verhaltens im Kriege die Führung übernahm.

## Die deutschen Finanznöte

Als Erzberger am 21. Juni 1919 das Finanzministerium übernahm, erschien Deutschlands Finanzlage schlechthin katastrophal. Die Staatsschuld, die 1913 etwa 5 Milliarden Mark betragen hatte, war auf 153 Milliarden angewachsen; 72 Milliarden waren schwebende Schulden, die entweder bald zurückgezahlt oder in einer Aktion gigantischen Ausmaßes fundiert werden mußten. Die Verantwortung für diese Lage fällt den Männern zur Last, die die deutsche Finanzwirtschaft während des Krieges lenkten, insbesondere Karl Helfferich, der von

S. 1912–1925, und Rießer, S. 2050–2056. Die angebliche Drohung, seine Gegner an die Alliierten auszuliefern, findet sich auf S. 2031 und 2061. Es besteht erhebliche Unklarheit darüber, was Erzberger tatsächlich gesagt hat. Eine Version in der *Deutschen Allgemeinen Zeitung* vom 30. Juli 1919, die Helfferich zitiert (*Prozeß*, S. 22), enthält eine deutliche Drohung. Erzberger erklärte diese Version für unrichtig (*Prozeß*, S. 42 f.), was durch das Protokoll des Reichstages vom Juli, S. 2061, bestätigt wird; dieses ist jedoch von einigen Beamten des Finanzministeriums, wenn auch nicht von Erzberger selbst, überprüft und möglicherweise korrigiert worden. Bei der Kontroverse über den Text ging es darum, ob ein Komma oder ein Doppelpunkt die richtige Version sei. Im ersten Fall hätte Erzberger seine eigenen Ansichten wiedergegeben, im zweiten die eines anderen, auf den er sich gerade bezogen hatte (Dr. Rießer von der Volkspartei). Der Streit konnte nicht beigelegt werden, da sowohl Komma wie Doppelpunkt nicht zu hören sind. Die Frage wurde ausführlich erörtert; siehe *Prozeß*, S. 740–751, 854 f., 902, 959. Rießer gab zu, daß Erzberger ihn an dieser Stelle gerade zitierte, S. 748–751, und das Gericht, obwohl im allgemeinen Erzberger nicht freundlich gesinnt, entschied zu Erzbergers Gunsten, S. 1046–1049. Helfferichs Überzeugung, Erzberger versuche, ihn den Alliierten auszuliefern, ist symptomatisch für die pathologische politische Atmosphäre von 1919, wenn auch Erzberger sich größere Mühe hätte geben müssen, nicht mißverstanden zu werden.

1915-1916 Staatssekretär des Reichsschatzamtes war; Erzberger nannte ihn bald den „leichtfertigsten aller Finanzminister". Helfferich hatte den bequemen Grundsatz vertreten, Deutschlands Feinde sollten nach ihrer Niederlage für die gesamten Kriegskosten aufkommen – was ihn übrigens nicht hinderte, seine moralische Entrüstung kundzutun, als die Alliierten nach 1918 diesen Grundsatz in viel milderer Form auf Deutschland anwandten. Er hatte sämtliche militärischen Ausgaben Deutschlands (einschließlich sogar des Aufwands für die Armee in Friedenszeiten) in einen „außerordentlichen Haushalt" verwiesen, dessen Ausgaben durch Anleihen und Schatzanweisungen gedeckt werden sollten, die ihrerseits aus Reparationsleistungen zurückgezahlt werden würden. So konnte er einen Überschuß im ordentlichen Haushalt vorspiegeln, obwohl die regelmäßigen Steuereinnahmen (Zölle, indirekte Steuern, Überschüsse der Eisenbahnen usw.) während des Krieges zurückgegangen waren. Helfferich versäumte es, im Frühjahr 1915 neue Steuern einzuführen, als die hohen Kosten und die unvoraussehbare Dauer des Krieges offenbar wurden; er rechtfertigte seine Haltung damit, daß er immer noch an einen baldigen Sieg geglaubt habe, daß es unerwünscht gewesen sei, mitten im Kriege ein umstrittenes Gesetzgebungswerk durchzuführen, und daß aus Deutschlands föderalistischer Verfassung einer einheitlichen Finanzwirtschaft notwendig politische Schwierigkeiten hätten erwachsen müssen. Es sei an die steuerpolitischen Auseinandersetzungen der Vorkriegszeit erinnert, als die direkten Steuern, insbesondere die Einkommensteuer, als Reservat der Einzelstaaten betrachtet wurden. Die veraltete Verfassungsstruktur des Kaiserreichs wird ersichtlich, wenn man bedenkt, daß Deutschland einen großen Krieg ohne einheitliche Einkommensteuer bestehen wollte, also gerade ohne die Steuer, die durch ihre Elastizität und rasche Ausweitungsfähigkeit das Rückgrat einer modernen Finanzwirtschaft bildet. Ein großer Finanzminister würde alle föderalistischen Hindernisse überwunden und ein den Bedürfnissen angepaßtes einheitliches Steuersystem erreicht haben; Helfferich versuchte es nicht einmal; so stand Erzberger diese Aufgabe bevor, als ihm 1919 das Finanzministerium eines nahezu bankrotten Staates übertragen wurde.[5])

Im Frühjahr 1916 hatte Helfferich schließlich dem Druck von seiten des Reichstags nachgegeben und einige neue Steuern auf Kriegsgewinne, Warenumsätze (eine allgemeine „Akzise") und Tabak eingeführt (die von Erzberger 1919

---

5) Die Charakterisierung Helfferichs findet sich bei Erzberger, *Reden zur Neuordnung des deutschen Finanzwesens*, Berlin 1919, S. 6, mit Zitaten aus Helfferichs Reden aus dem Kriege auf S. 22. Diese nützliche Sammlung von Erzbergers Finanzreden wird im folgenden zitiert als *Reden*. Erzbergers Kritik an Helfferich erfolgte jedoch aus späteren Einsichten, denn er hatte noch in einem langen Memorandum für den Papst „*Wie steht es um Deutschland?*" vom 24. Februar 1916 die Finanzwirtschaft Deutschlands gelobt. Damals erklärte er: „Die Mittelmächte verfügen über Faustpfänder von so ungeheurem Werte, und ihre militärische Lage ist so günstig, daß die vom Reichsschatzsekretär Helfferich ausgesprochene Erwartung, das ‚Bleigewicht der Milliarden' werde die Partei bei Friedensschluß zu übernehmen haben, welche den Weltkrieg leichtsinnigerweise angezettelt habe [d. h. die Ententemächte], durch die militärische und wirtschaftliche Lage durchaus gerechtfertigt erscheint!" *Bachem Dokumente*, Akte 89.

sämtlich beibehalten wurden). Graf Roedern, der Helfferich 1916 folgte, erweiterte die Steuern auf Kriegsgewinne mit dem Ziel, einen wesentlichen Teil des gesamten Einkommenzuwachses während des Krieges zu erfassen. Das bedeutete, daß ein Teil der Kriegskosten von nun an aus Steuern, statt wie bisher ausschließlich aus Anleihen, finanziert wurde; aber der in den Helfferich-Jahren entstandene Schaden konnte nicht wieder ungeschehen gemacht werden. Die Staatsschuld schoß, wie wir gesehen haben, auf das Dreißigfache in die Höhe; der Papiergeldumlauf (einschließlich der Reichsbanknoten) stieg von 2 Milliarden im Jahre 1913 auf 45 Milliarden im Jahre 1919. So war der katastrophalen Inflation der Nachkriegsjahre die Bahn bereitet.[6])

Wenn 1919 irgend etwas noch entmutigender war als die Höhe der Staatsschuld, dann der Ausblick auf die voraussichtlichen Einnahmen und Ausgaben. Die gesamten Ausgaben des Reiches hatten 1913 rd. 2,4 Milliarden Mark betragen; 1919 hatten sie sich auf 17,5 Milliarden, also das Siebenfache, erhöht. Der jährliche Zinsbetrag für die Schulden belief sich auf 10 Milliarden, also mehr als das Vierfache der gesamten Haushaltssumme der Friedenszeit. Leistungen an Kriegsbeschädigte und -hinterbliebene erforderten 4,3 Milliarden. Es entstanden völlig neue Aufwendungen, wie Zahlungen an die Arbeitslosen (eine neue Maßnahme aus der Kriegszeit, die nun nicht wieder aufgegeben werden konnte); Unterstützungen zur Sicherstellung des Ernährungs- und Wohnungsbedarfs, die durch die Inflation nötig wurden, und schließlich Entschädigungen für Deutsche, die durch Feindeinwirkung während des Krieges oder in den nach dem Versailler Vertrag abgetretenen Gebieten privates Eigentum verloren hatten. Die noch nicht spezifizierten alliierten Reparationsforderungen hingen weiter als schwere Wolke über der finanziellen Zukunft Deutschlands. Die Ausgaben der Länder und Gemeinden waren seit 1913 von 3 auf 7,5 Milliarden gestiegen – eine zusätzliche Sorge für Erzberger, da er im Begriff war, diesen Körperschaften zahlreiche Einnahmequellen zugunsten des Reiches wegzunehmen, und deshalb dafür sorgen mußte, daß ihre berechtigten Bedürfnisse befriedigt werden konnten.

Während die Ausgaben anstiegen, verminderte sich der Ertrag der normalen Steuern der Friedenszeit. Der besteuerungsfähige Wohlstand des Landes war

---

[6]) Das Standardwerk über die deutsche Finanzwirtschaft im Kriege ist: Walter Lotz, *Die deutsche Staatsfinanzwirtschaft im Kriege*, Stuttgart 1927. Die Erörterung der Finanzfragen in diesem Kapitel beruht in erster Linie auf Paul Beusch, *Die Neuordnung des deutschen Finanzwesens*, M.-Gladbach 1920, eine glänzende populäre Darstellung, im folgenden zitiert als *Neuordnung;* Heinrich Brüning, „Die Arbeit der Zentrumspartei auf finanzpolitischem Gebiet", in: *Nationale Arbeit*, S. 354—388; Johannes Popitz, „Die deutschen Finanzen 1918—1928", in: *Zehn Jahre Deutscher Geschichte*, Berlin 1928, S. 179—202. Technische Einzeldarstellung: J. Jastrow, „The New Tax System of Germany", in: *Quarterly Journal of Economics*, Bd. 37 (1923), S. 302—341; außerdem E. Respondek, *Die Reichsfinanzen auf Grund der Reform von 1919—1920*, Berlin 1921. Die Rolle von Johannes Popitz bei der Vorbereitung der Finanzreform wird hervorgehoben bei H. Dieckmann, *Johannes Popitz, Entwicklung und Wirksamkeit in der Zeit der Weimarer Republik*, Berlin 1960. Ferner sind zwei wichtige Dissertationen heranzuziehen: Margarete Seibert, *Die großen politischen Parteien und die Erzbergersche Finanzreform*, Greifswald 1934, und Gabriele Höfler, *Erzbergers Finanzreform und ihre Rückwirkung auf die bundesstaatliche Struktur des Reiches, vorwiegend am bayrischen Beispiel*, Freiburg 1955, Schreibmaschinenmanuskript.

durch den Verlust wertvoller Gebiete (wie des Elsaß mit seinen Textilfabriken), die Ablieferung der Handelsflotte und die Beschlagnahme aller deutschen Auslandsguthaben durch die Alliierten geschwächt. Die andauernde Lähmung des Außenhandels führte zu einer Senkung der Zolleinnahmen. Die Eisenbahnen, die vor dem Kriege Überschüsse abgeworfen hatten, arbeiteten sämtlich mit einem Defizit infolge der außergewöhnlichen Abnutzung im Kriege, der Unterlassung neuer Kapitalinvestitionen und der Abgabe rollenden Materials an die Alliierten. Die sogenannten Matrikularbeiträge, die als Symbol der föderalistischen Prinzipien der Verfassung von den Einzelstaaten an die Reichsregierung gezahlt wurden, waren für die Staaten eine untragbare Last geworden, denn ihre finanzielle Lage war fast ebenso verzweifelt wie die des Reiches. Die in der letzten Hälfte des Krieges neueingeführten Steuern ließen trotz des verminderten Ertrags der Vorkriegssteuern die Einnahmen auf ungefähr 7,5 Milliarden steigen. Da die Ausgaben auf 17,5 Milliarden angewachsen waren, stand Erzberger vor der Notwendigkeit, 10 Milliarden (ungefähr das Vierfache des Vorkriegshaushalts) durch neue Dauersteuern aufzubringen. Außerdem mußte er versuchen, eine hohe einmalige Abgabe zu erheben, um die drückende Last der schwebenden Schuld zu mindern, die Deutschlands Kreditfähigkeit ständig bedrohte.[7])

Manche Finanztheoretiker betrachteten diese Probleme als unlösbar und befürworteten die Erklärung des Staatsbankrotts, um neu beginnen zu können. Das würde eine Streichung der gewaltigen inneren Staatsschulden bedeutet haben. Erzberger widersetzte sich nachdrücklich solchen Plänen, teils um Deutschlands Kreditwürdigkeit zu retten, teils um die Rechte von Millionen kleiner Eigentümer von Staatspapieren zu schützen. Er betonte, Patriotismus dürfe nicht bestraft werden:

„Eine solche Maßnahme würde vor allem diejenigen schädigen, die dem Vaterland in der höchsten Not geholfen haben. Die Schieber und Kriegsgewinnler, die ihr Geld nicht in Kriegsanleihe angelegt haben, würden doppelten Vorteil haben; einmal würden sie große Einnahmen gehabt haben, und zweitens würden sie von der Annullierung nicht getroffen werden."[8])

Erzberger faßte statt dessen die Erhebung hoher, ja konfiszierender Steuern von den Reichen ins Auge. Er glaubte, dies sei moralisch berechtigt, da man es im Kriege skandalöserweise unterlassen habe, eine angemessene Besteuerung durchführen:

„Der Grundfehler der Wirtschaftspolitik im Kriege läßt sich auf die kurze Formel bringen, daß man durch die allgemeine Wehrpflicht die lebendigen Leiber mobil gemacht hat, daß aber die allgemeine Wehrpflicht Halt gemacht hat vor dem Kapital und dem Besitz. Nur das Blut, nicht auch das Gut, verlangte man freiwillig und ohne Zinsen für das Vaterland."

---

7) Zur Finanzlage im Jahre 1919 siehe Beusch, *Neuordnung*, Kap. I.
8) Erzberger, *Reden*, S. 4 f.

In derselben Rede zeichnete er ein düsteres Bild der Lage, die durch diese fehlerhafte Politik herbeigeführt worden sei:

„Ziehen wir die innere Bilanz, so haben wir auf der einen Seite ethische und physische Verheerungen und Verwüstungen an Menschenleben und Menschenkraft..., Verarmung und Verelendung der mittleren und unteren Schichten, auf denen die Not des Krieges am drückendsten gelastet hat, und Riesengewinne, Konsolidierung des Kapitals, Reichtum, Luxus, Wohlleben und ungeschmälerten Besitz des größeren Teils der bisher herrschenden Klassen auf der anderen Seite... Drohend erhebt sich aus dem Zusammenbruch der bisherigen Staats- und Wirtschaftsordnung als extremste Reaktion des verletzten Gerechtigkeitsgefühls der Volksmassen die wahnsinnige, alles zerstörende und negierende Theorie des Bolschewismus. Das Heilmittel gegen diese asiatische Krankheit ist die auf sozialer Gerechtigkeit aufgebaute heilige Ordnung, welche den wohlbegründeten Volkswünschen Rechnung trägt und in kluger Führung das Gebot der Stunde erfüllt."[9])

Erzberger betrachtete seine Steuerpläne nicht nur als Mittel zur Abwendung des Staatsbankrottes und zur Wiederherstellung geordneter Finanzverhältnisse, sondern sah in ihnen in erster Linie einen Weg zum Aufbau einer echten demokratischen Ordnung in Deutschland, in der die Reichen sich mit den Armen in die Opfer zu teilen hätten und der Bolschewismus seine Anziehungskraft auf die unteren Klassen verlieren würde.

## Erzbergers organisatorische Reformen

Erzbergers größte Leistung als Finanzminister war die Errichtung der Finanzhoheit des Reiches auf Kosten der Einzelstaaten. Das Reich erhielt die Befugnis, alle Arten von Steuern zu erheben und den Ländern und Gemeinden die Erhebung von Steuern zu verbieten, die in seinen eigenen Steuerbereich eingriffen. Außerdem wurde eine reichseigene Steuerverwaltung geschaffen, die die der Länder in weitem Maße verdrängte.

Die grundsätzliche Umgestaltung der Verfassungsordnung wurde von Erzberger mit folgenden Ausführungen erklärt und gerechtfertigt:

„Nun ist es anders geworden! Das Reich hat ein anderes Gefüge bekommen [seit dem Zusammenbruch des kaiserlichen Regimes]. Es ist nicht mehr ein Bundesstaat, der hervorgegangen ist aus der Willenserklärung einer Reihe von Monarchen, sondern es ist ein großer Schritt in der unitarischen Richtung gemacht worden [dadurch, daß ein demokratisches Parlament eine Verfassung ausarbeitet]; das jetzige Reichsgefüge ist ein Werk des Willens des gesamten deutschen Volkes [und nicht der Einzelstaaten]. Darin liegt ein außerordentlich starker zentripetaler Zug. Aus der Umgestaltung der Verfassung aber mußte sich auch eine Verschiebung hinsichtlich der

[9]) *Ibid.*, S. 5 f.

Steuergewalt ergeben. Praktisch waren bisher die Einzelstaaten die eigentlichen Steuersouveräne in Deutschland. Theoretisch stand zwar nichts im Wege, daß das Reich direkte Steuern einführte, aber praktisch war es unmöglich infolge der ablehnenden Haltung des Bundesrats... In Zukunft wird das Reich der erste Steuersouverän sein. Diese reichseigene Steuerverfassung und Steuerverwaltung entspricht vollkommen dem Wandel im staatlichen Aufbau Deutschlands.

Dazu kommen praktische Gründe, welche die reichseigene Steuerverwaltung und die Übertragung der wichtigsten Steuerquellen auf das Reich nötig machen... Das Verhältnis des Steuerbedarfs zwischen Reich einerseits, Ländern und Gemeinden andererseits hat sich vollkommen verschoben. Unmittelbar vor dem Kriege hatte das Reich einen Bedarf von etwa 40 Prozent aller Steuereinnahmen, Länder und Gemeinden forderten 60 Prozent. Jetzt steht das Verhältnis nicht nur umgekehrt, sondern man kann etwa sagen, daß 75 Prozent des Steuerbedarfs auf das Reich und 25 Prozent auf Länder und Gemeinden entfallen werden. Wenn die Verpflichtungen aus dem Friedensvertrag sich erst voll bemerkbar machen, wird das Reich mindestens 4/5 des Steuerbedarfs auf sich vereinigen, während nur 1/5 bei den Gemeinden und Ländern noch liegen wird. Bei einer solchen Verschiebung des Bedarfs ist es eine Selbstverständlichkeit, daß auch eine Verschiebung hinsichtlich der praktischen Steuergewalt eintritt, daß das Reich die Verfügungsgewalt über alle wichtigen Steuern erhält und seinerseits dann für den Bedarf der Länder und Gemeinden sorgt."[10])

Diese Argumente konnten die Föderalisten nicht überzeugen, die in der Zentralisierung der Finanzverwaltung den Todesstoß für ihr politisches Grundprinzip erblickten. Daß das Reich die Verfügung über alle wichtigeren Einnahmequellen erhielt, erschien ihnen schlimm genug; aber schlimmer noch empfanden sie die von Erzberger daraus gezogene Folgerung, das Reich solle seine Steuern durch seine eigenen Beamten erheben. Erzberger wußte, daß kein Steuersystem besser sein kann als die Verwaltung, die es durchführt, und es gelang ihm, in ganz Deutschland reichseigene Finanzämter zu errichten. Der Zweck war, Einheitlichkeit, Strenge und Gerechtigkeit zu sichern, wo bisher Vielgestaltigkeit, Laxheit und Ungerechtigkeit geherrscht hatten. Die Einkommensteuersätze waren von Staat zu Staat verschieden gewesen, und die Erhebungspraktiken hatten noch größere Unterschiede gezeigt. Es hatte Steueroasen gegeben, die sich darum rissen, der gesetzliche Wohnsitz wohlhabender Leute zu werden. Die ostelbischen Beamten waren seit langem dafür bekannt, daß sie das Eigentum der Junker niedrig bewerteten. Alle diese historisch gewachsenen Verschiedenheiten beseitigte Erzberger zugunsten eines einheitlich von Berlin aus geleiteten Systems. Er schuf eine einheitliche Abgabenordnung, die auf alle Deutschen ohne Unterschied des Wohnsitzes anwendbar war. Eine erhebliche Erhöhung des Steueraufkommens wurde allein daraus erwartet, daß die neuen Finanzämter bei der Einziehung der Steuern nicht mehr einem örtlichen Druck ausgesetzt sein würden.

---

10) *Ibid.*, S. 112.

Erzbergers Reformen gaben Deutschland ein modernes, leistungsfähiges, wirtschaftliches Steuersystem, das die Probe der Zeit bestanden hat. Das neue System stellte den größten Schritt zur nationalen Einheit dar, der seit 1867 getan worden war, und Erzberger pries es als eine mächtige Klammer für das Reich, die gerade in einem Augenblick geschaffen werde, in dem Deutschlands Feinde auf ein Wiederaufleben des zentrifugalen Partikularismus hofften, der während so vieler Jahrhunderte ein Krebsschaden der deutschen Geschichte gewesen sei. Die Erzbergersche Gesetzgebung sollte im Ergebnis die einstmals unabhängigen Einzelstaaten zu wenig mehr als Provinzen eines zentralisierten Staates machen. Das frühere System, bei dem das Reich von den finanziellen Beiträgen der Einzelstaaten (den sogenannten Matrikularbeiträgen) abhängig gewesen war, wurde durch eine Ordnung ersetzt, in der die Einzelstaaten völlig vom Reich abhingen, da dieses sich die Haupteinnahmequellen ausschließlich vorbehielt. Erzberger beabsichtigte nicht, die Länder finanziell zu Kostgängern herabzudrücken. Er nahm ihnen die Finanzhoheit, aber nicht ihre tatsächlichen Einnahmequellen, denn er stellte ihnen großzügig beträchtliche Anteile des Aufkommens aus mehreren der neuen Reichssteuern zur Verfügung. Sie sollten 57 v. H. der neuen Einkommensteuer, 20 v. H. der neuen Erbschaftsteuer und 50 v. H. der neuen Grunderwerbsteuer erhalten. Das bedeutete für die Einzelstaaten einen Finanzzuschuß des Reiches von (geschätzt) 5,3 Milliarden Mark, während ihre gesamten Einnahmen im Jahre 1913 nur 2,4 Milliarden betragen hatten. Erzberger beließ ihnen auch einige ihrer herkömmlichen Steuern – wie Vergnügungssteuern, Grund- und Gebäudesteuern, Gewerbesteuern –, aber er bestand darauf, daß bei der Verwaltung dieser Steuern bestimmte, vom Reich aufgestellte Grundsätze beachtet werden müßten. Diese Grundsätze sollten ein einheitliches Mindestmaß an Steuergerechtigkeit und Wirksamkeit sichern, und sie dienten gleichzeitig dazu, die Stellung der Finanzminister der Länder in ihren Kämpfen mit den oft von Gesichtspunkten enger „Kirchturmspolitik" beherrschten Parlamenten zu stärken. Erzberger drängte auch die Einzelstaaten, in der Erschließung neuer Einnahmequellen erfinderisch zu sein. Diese Hoffnungen wurden freilich weithin enttäuscht, und es ergab sich aus der Erzbergerschen Reform im Grunde eine Atrophie der einzelstaatlichen Finanzhoheit. Das vergaben ihm die Föderalisten, namentlich in Bayern, niemals.[11])

---

[11]) Zur Umorganisation der Beziehungen von Reich und Ländern auf dem Steuergebiet siehe Erzberger, *Reden*, S. 113—119, und Mabel Newcomer, „Fiscal Relations of Central and Local Governments in Germany under the Weimar Constitution", *Political Science Quarterly*, Bd. 51 (1936), S. 185—214. Erzberger bestand auf der Abschaffung der Finanzprivilegien, die den süddeutschen Staaten 1870 gewährt worden waren (der sogenannten Reservatrechte). Hierbei handelte es sich eher um Partikularismus als um Föderalismus, was im Lichte der unitarischen Grundsätze Erzbergers nur um so schlimmer war. Er unterstützte auch seinen Parteifreund Giesberts bei der Abschaffung der süddeutschen Postprivilegien. Er ging jedoch etwas zu weit in der unnötigen Provozierung der Föderalisten. In einer Reichstagsrede vom 8. Oktober 1920 nannte er die Länder überholt und forderte, sie durch Reichsprovinzen zu ersetzen. *Verhandlungen des Reichstags*, 8. Oktober 1920 (1. Wahlperiode), Bd. 330, S. 2938. Erzberger zog sich durch seine stark unitarischen Ansichten die besondere Feindschaft der Bayern zu, und die Bayerische Zentrumspartei ging schließlich sogar so weit, sich von der großen Mutterpartei organisatorisch zu trennen.

Die Verreichlichung der Eisenbahnen war ein weiterer großer Schritt auf dem Wege der Zentralisierung. Die Eisenbahnen hatten bisher in der Verwaltung der Einzelstaaten gestanden. Bismarck hatte sie auf das Reich überführen wollen, war aber im Reichstag einem Bündnis der Föderalisten (Zentrum) und der Anhänger des laissez-faire (Nationalliberale) unterlegen. Der Krieg hatte die Vorteile einer einheitlichen Verwaltung des ganzen Eisenbahnnetzes gezeigt, und es schien erwünscht, diese Vorteile auch in die Friedenszeit hinüberzuretten.

Als im November 1919 Transportschwierigkeiten bei Kartoffeln und Kohle auftraten, ordnete die Regierung Beschränkungen des Personenreiseverkehrs an; die bayerische Eisenbahnverwaltung, stolz auf ihre Selbständigkeit, leistete offenen Widerstand und lieferte so ein neues Argument für die Vorkämpfer der Verreichlichung. Die allgemeine Knappheit an rollendem Material, die aus den Verlusten infolge der Waffenstillstandsbedingungen herrührte, machte ebenfalls das Bedürfnis nach Neuordnung und zentraler Verwaltung fühlbar. Die Einzelstaaten waren der Verreichlichung jetzt weniger abgeneigt als vor dem Kriege, weil alle Eisenbahnen in verzweifelter Finanzlage waren. Die preußischen Eisenbahnen zum Beispiel hatten 1913 einen Überschuß von 463 Millionen erzielt; 1919 wiesen sie ein Defizit von 4,3 Milliarden auf. Die Eisenbahnbediensteten waren sehr für die Verreichlichung, da sie in den Genuß der sehr großzügigen Besoldungssätze kommen wollten, die die Nationalversammlung mit Wirkung vom 1. April 1920 für alle Reichsbediensteten beschlossen hatte (Reichsbesoldungsreform).

Erzberger war auf das Eisenbahnproblem als Waffenstillstandskommissar aufmerksam geworden, und wir haben gesehen, daß sein Ehrgeiz dahin ging, bei der Bildung der Regierung Bauer im Juni 1919 Verkehrsminister zu werden. Als er statt dessen Finanzminister wurde, fiel dieses Amt seinem Zentrumskollegen Johannes Bell zu. Eingehende Verhandlungen zwischen Bell und den einzelstaatlichen Eisenbahnverwaltungen fanden im Januar und Februar 1920 statt, kamen aber vollkommen zum Stillstand, denn die Einzelstaaten stellten unangemessen hohe finanzielle Forderungen. Das Problem mußte nun Erzberger als Finanzminister meistern, obwohl er zur gleichen Zeit durch die großen Steuerreformen und seine Verleumdungsklage gegen Helfferich in Anspruch genommen war.

Erzberger war in einer starken Verhandlungsposition, da die Weimarer Verfassung bereits den Übergang der Eisenbahnen auf das Reich zum 1. April 1921 angeordnet hatte. Es war vorgesehen, der Staatsgerichtshof solle die den Ländern zu zahlende Entschädigung festsetzen, wenn bis zum 1. Oktober 1920 eine vertragliche Einigung zwischen ihnen und dem Reich nicht erzielt sei. Die Länder wußten, daß sie durch Verhandlungen bessere Bedingungen erreichen würden als bei einem Urteilsspruch. Erzberger drohte offen, die Technik des divide et impera anzuwenden und die Ansprüche der Länder gegeneinander auszuspielen.

Der Abschluß eines Vertrages wurde schließlich gefördert, als er sich bereit erklärte, die seit 1916 eingegangenen Eisenbahnschulden zu übernehmen, die auf 30 Milliarden Goldmark geschätzt wurden. Er rechtfertigte diese Großzügigkeit mit der Begründung, daß der wahre Wert dieses Betrages sich durch die kommende Inflation notwendig vermindern müsse, daß die Gesundheit der Länderfinanzen ein Gegenstand echter Sorge auch für das Reich sei und daß er für notwendig halte, den Feinden der Verreichlichung jedes finanzielle Argument zu nehmen. Eine vertragliche Regelung zwischen Reich und Ländern wurde schließlich im März erzielt und von der Nationalversammlung am 24. April 1920 gebilligt. Zu dieser Zeit war Erzberger nicht mehr im Amt, aber sein Kollege Bell führte seine Politik getreulich weiter.

Erzberger gab Deutschland ein einheitliches Eisenbahnsystem, dessen Leistungsfähigkeit bald in der ganzen Welt Neid erregte. Damit wurde zugleich die Tendenz zur Zentralisierung verstärkt, die für Erzbergers Politik seit der Revolution bestimmend gewesen war. Die Reichsregierung verwaltete nunmehr ein Eisenbahnnetz von über 53 000 km mit über einer Million Beamten und Arbeitern. Die sparsame Verwaltung führte bald zu Überschüssen, die beim ersten konstruktiven Versuch einer Lösung des Reparationsproblems zur Zeit des Dawes-Planes im Jahre 1924 eine bedeutsame Rolle spielen sollten.[12])

## Erzbergers Steuern

Als Erzberger Finanzminister wurde, stellte er fest, daß seine Amtsvorgänger, die Demokraten Schiffer (November 1918 bis April 1919) und Dernburg (April bis Juni 1919), mehrere Besteuerungsvorschläge vorbereitet hatten, die der Nationalversammlung vorgelegt werden konnten. Der sehr fähige Staatssekretär Stefan Moesle hatte ausgezeichnete technische Vorarbeit geleistet. Deshalb kommt Erzberger nicht das Verdienst zu, die Steuern, die er im Juli 1919 einbrachte, selbst erdacht zu haben. Seine Aufgabe war die schwierigere, die neuen Steuern im Parlament noch vor der Sommerpause durchzubringen. Sein politischer Spürsinn, seine Unermüdlichkeit in der Debatte und seine technische Beschlagenheit befähigten ihn hervorragend, mit seinen Abgeordnetenkollegen fertig zu werden. Die Art und Weise, wie er die Gesetzentwürfe im Finanzausschuß „durchzog", ist von einem Beobachter geschildert worden:

> „Im großen Saale eines der Finanzausschüsse [in Weimar im Sommer 1919]. Alle Stühle sind besetzt, heiß wogt die Debatte hin und her. Der kleine bebrillte Staats-

---

12) Zur Verreichlichung der Eisenbahnen siehe K. Hildebrand, „Der Minister", in: *Erzberger Heft*, S. 696; W. Ziegler, *Nationalversammlung*, S. 232—236. Der Erfolg der Reichsverwaltung der Eisenbahnen wird untersucht von G. Lassar, „Reichseigene Verwaltung unter der Weimarer Verfassung. Zwei Studien", in: *Jahrbuch des öffentlichen Rechts*, Bd. 14 (1926), S. 1 ff.

sekretär Moesle hat im Trommelfeuer der Angriffe und Anfragen einen schweren Stand. Da ist der Finanzfachmann der Deutschen Volkspartei, der kluge und geschickte Dr. Becker-Hessen, assistiert von seinem Fraktionsfreund, dem alten Geheimrat Rießer mit dem Goethe-Kopf; Schulter an Schulter fechten mit ihm die Deutschnationalen, für die Herr Hampe die Klinge schwingt. Es prasselt nur so von ‚Finanz-Dilettantismus', ‚Erwürgung des Kapitals' und so weiter. Da erscheint Erzberger zur rechten Zeit. Herr Moesle setzt sich, sichtlich erleichtert, nieder und Erzberger tritt fröhlich und unbesorgt in den Kampf mit beiden Füßen hinein. Sogleich ändert sich das Bild. Mit einer fabelhaften Elastizität greift Erzberger, der seit 8 Uhr auf den Beinen ist, wie immer, und schon in einigen anderen Ausschußsitzungen seinen Mann gestanden hatte, in die Debatte ein. Nach dem Rezept: ‚Die beste Parade ist der Hieb!' dringt er sogleich gegen Becker-Hessen vor (er verschmäht es, den Gegner dort anzugreifen, wo der schwächste Widerstandspunkt liegt) und treibt ihn, über die taktische Situation und die vorausgegangene Debatte nur aus wenigen schnell aufgefangenen Worten unterrichtet, Schritt für Schritt zurück. Der nervöse, grüblerische Adolf Braun von den Sozialdemokraten hinten links in der Ecke unterstützt den Minister, die wuchtige schwere Gestalt Dernburgs erhebt sich etwas mühsam und versucht, in das leidenschaftliche Wortgefecht einige ruhige finanztechnische Bedenken und Gründe hineinzuwerfen. Eine Seitentür geht auf, mit zornrotem Angesicht unter dem sorgfältig gezogenen weißen Scheitel, direkt aus Berlin kommend, erscheint Preußens Finanzminister, Dr. Südekum. Er ist mit Explosionsstoff gegen den Reichsfinanzminister bis oben hinauf geladen und beginnt sofort in scharf akzentuierter temperamentvollster Rede im Angriff vorzugehen. Rechts geht man mit neuer Kraft ebenfalls drauf los, aber Erzberger, nicht einen Augenblick aus der Fassung gebracht, immer in freundlichster und fröhlichster Weise, haut derb zurück und gibt nur ganz unmerklich ein wenig Terrain preis. In der Freude des Kampfes geht die Zunge mit ihm durch; ein, zwei Ankündigungen noch streng geheimgehaltener Pläne – wenige Stunden vor der Sitzung erst mit dem Referenten im engsten Kreise durchgesprochen – entfliehen dem Gehege seiner Zähne, drei, vier Geheimräte am Regierungstisch werden kalkweiß vor Entsetzen und werfen sich verzweiflungsvolle Blicke zu. Alles stürzt sich auf die neuen Sensationen, und der Kampf beginnt von neuem."[13])

Erzberger zwang den Ausschuß, trotz der schwülen Sommerhitze in Weimar an der Arbeit zu bleiben. Als der Ausschuß in Ferien gehen wollte, geschah folgendes:

„Plötzlich ist er da, er bittet sogleich um das Wort und hat in fünf Minuten den eben noch vertagungsreifen, müden Ausschuß windelweich geknetet. Der ganze korpulente, freundliche Herr ist jetzt verkörperte Energie, und es strahlt von ihm eine derart faszinierende Wirkung aus, daß sich kein ernstlicher Widerspruch regt. Er verlangt unbedingt die Durchberatung zum mindesten noch des einen Steuergesetzentwurfs; resigniert und etwas eingeschüchtert läßt alles die Köpfe hängen, hat aber nach dieser Rede schon innerlich ja gesagt. Und der Vorsitzende, der sanfte und etwas salbungsvolle Herr Mumm, Lizentiat seines Zeichens, kann auch nicht mehr tun, als zu diesem ‚ja' nun ‚Amen' zu sagen. Erzberger strahlt, drückt blitzschnell einige Hände und verschwindet in einen anderen Ausschuß. Der Vorsit-

[13]) Hans Goslar, „Erzberger in Weimar. Einige Erinnerungen", in: *Germania*, 3. September 1921.

zende aber, der eigentlich seinen Ausschuß heute hatte nach Hause schicken wollen, läßt die neuen Drucksachen verteilen und meint, mit einem nassen und einem heiteren Auge: ‚Na, meine Herren, dann fangen wir zunächst einmal an: Der Titel des neuen Gesetzes. . .'"[14])

Erzbergers erste Steuervorschläge vom Juli 1919 bestanden aus fünf Teilen. Der erste bedeutete eine Kriegsabgabe für 1918 nach den Grundsätzen, die Roedern schon für 1916 und 1917 eingeführt hatte. Besteuert wurde jeder Einkommenszuwachs von Personen oder Gesellschaften gegenüber 1913, indem angenommen wurde, solche Erhöhung stelle einen Kriegsgewinn dar. Die Steuer betraf nur wohlhabende Personen, da sie erst bei 13 000 Mark einsetzte. Die ersten 10 000 Mark wurden mit 5 v. H. besteuert, die nächsten 10 000 mit 10 v. H. und so weiter bis zu 70 v. H. für Millionäre. Die erhöhten Einkünfte der Gesellschaften wurden mit 80 v. H. besteuert, in Härtefällen konnte die Steuer bis auf 40 v. H. ermäßigt werden. Die Zahlung wurde dadurch erleichtert, daß Kriegsanleihestücke zum Nennwert in Zahlung genommen wurden, allerdings nur, wenn sie vom Ersterwerber vorgelegt wurden; diese Bestimmung zielte auf Spekulanten, die den Kurs der Anleihe an der Börse manipuliert hatten. Erzberger hoffte, durch diese Steuer nicht weniger als 10 Milliarden Mark aufzubringen.

Die zweite Steuer betraf die im Kriege angewachsenen Vermögen (Kriegsabgabe von Vermögenszuwachs). Als Stichtage für den Vermögensvergleich wurden der 1. Januar 1914 (Zeitpunkt der Veranlagung für den Wehrbeitrag) und der 30. Juni 1919 (als der Zeitpunkt unmittelbar nach Unterzeichnung des Friedensvertrags) festgesetzt. Die Gewinne in diesen fünfeinhalb Jahren sollten progressiv besteuert werden mit einem Anfangsfreibetrag von 10 000 Mark beim Vermögen und 5000 Mark beim Zuwachs. Die ersten 10 000 des zu versteuernden Zuwachses waren mit 10 v. H., die nächsten 10 000 mit 15 v. H. zu versteuern und so weiter. Erhöhungen über 172 000 Mark wurden mit 100 v. H. besteuert, womit theoretisch jeder Kriegsgewinn nach oben begrenzt wurde. Die Rechtsparteien widersetzten sich jeder solchen absoluten Begrenzung, während die Sozialdemokraten es für skandalös hielten, daß irgend jemand überhaupt Kriegsgewinne behalten dürfe. Erzberger verteidigte seinen Entwurf gegen die Kritik der Linken, indem er geltend machte, kleiner Vermögenszuwachs sei gewöhnlich mehr das Ergebnis von Sparsamkeit als von Spekulationen; außerdem entstünde er meist aus der Rückzahlung von Geschäftsschulden. Diese geringen Gewinne zu besteuern, hieße den wirtschaftlichen Wiederaufbau nach dem Kriege behindern, indem man viele kleine Unternehmen wieder in Verschuldung zurückstoße. Von dieser Steuer erwartete Erzberger ein Aufkommen von etwa 2 Milliarden Mark; zusammen mit der Kriegsabgabe für 1918 werde damit eine sofortige Senkung der Schulden um 12 Milliarden Mark theoretisch möglich sein, was eine Verbes-

---

[14]) *Ibid.*

serung der Kreditsituation und eine jährliche Einsparung allein an Zinsen von 600 Millionen Mark (5 v. H. von 12 Milliarden) zur Folge haben werde.[15])

Die dritte Steuer war eine Erbschaftsteuer von großer technischer Vollendung, die ein Aufkommen von 700 Millionen verhieß. Drei Grundsätze bestimmten die sehr steile Progression: Verwandtschaftsgrad (Ehefrau und Kinder zahlten am wenigsten, entfernte Verwandte am meisten), Höhe des Nachlasses, Höhe des bisherigen Vermögens des Empfängers. Das Hauptgewicht der Steuer sollte auf dem individuellen Erwerb von Todes wegen (Erbanfallsteuer) liegen, obwohl Steuern auf das Nachlaßvermögen im ganzen (Nachlaßsteuer) und Schenkungssteuern für Kontrollzwecke beibehalten wurden. Dieser Vorschlag mußte angesichts der frühen Abneigung des Zentrums gegen Erbschaftsteuern Meinungsverschiedenheiten hervorrufen. Erzberger wies darauf hin, sein eigener Haupteinwand gegen das Gesetz von 1909 – die leichte Möglichkeit, bewegliches Vermögen der Steuer zu entziehen – sei hinfällig geworden, da man jetzt die Bewertungen für die Veranlagung zur Vermögenszuwachssteuer von 1913 zur Verfügung habe und außerdem die neuen Reichsfinanzämter die Gewähr für straffe Verwaltung böten. Tatsächlich begegnete die Steuer einem verhältnismäßig geringen Widerstand. Auch eine tiefgreifende Neuordnung der Tabaksteuer wurde ohne Schwierigkeiten angenommen. Erzbergers fünfter Vorschlag war eine ganz neue Grunderwerbsteuer von 4 v. H., deren Aufkommen zur Hälfte den Ländern und Gemeinden zufallen sollte. Diese Steuer war ein Beispiel für Erzbergers unitarische Einstellung; sie sicherte dem Reich ausschließliche Steuerhoheit auf einem Gebiet, auf dem bisher eine verwirrende Fülle einzelstaatlicher und gemeindlicher Regelungen bestanden hatte.[16])

Diese fünf Steuergesetze – die beiden Kriegsabgaben auf Einkommen und Vermögen, die neue Erbschaftsteuer, die neugeordnete Tabaksteuer und die neue Grunderwerbsteuer — waren sämtlich vor der Sommerpause fertiggestellt. Das Gesamtaufkommen der beiden ersten sollte einen einmaligen Betrag von 12 Milliarden erbringen. Von den drei anderen Steuern, als Dauerabgaben gedacht, erwartete man jährlich ungefähr eine Milliarde. Das war jedoch nur etwa ein Zehntel der zum Haushaltsausgleich erforderlichen neuen Steuern.[17])

Die Aufbringung der restlichen neun Zehntel wurde zur Hauptaufgabe der Nationalversammlung im Winter 1919/20, nachdem ihr Werk der Verfassunggebung vollendet war. Erzbergers umstrittenster Vorschlag ging dahin, eine einmalige Vermögensabgabe, ein „Reichsnotopfer“, zu erheben. Der einst ebenfalls umstrittene Wehrbeitrag von 1913 war ein Kinderspiel gegenüber dem,

---

15) Eine ausgezeichnete Darstellung der beiden Kriegsabgaben findet sich bei Paul Beusch, *Die außerordentliche Kriegsabgabe für das Rechnungsjahr 1919 und die Kriegsabgabe vom Vermögenszuwachs*, M.-Gladbach 1920. Ein populärer Angriff auf die beiden Steuern, für die Arbeiter geschrieben, ist eine Broschüre von Wilhelm Henning, *Habt acht auf Erzberger! Das neue Steuerprogramm und der Vorschlag der Vermögensabgabe eine Täuschung des deutschen Arbeiters!*, Osnabrück o. J. (1919).
16) Zu den drei letzten Steuern siehe Beusch, *Neuordnung*, Kap. II.
17) *Ibid.*, Kap. II.

was Erzberger jetzt von dem Steuerzahler forderte. Die Befreiung aller kleinen Vermögen, ebenso wie bei den zwei Kriegsabgaben von 1919, zeigte, daß das Hauptziel auch hier die Besteuerung der Wohlhabenden war. Erzberger ließ einen persönlichen Freibetrag von 5000 Mark zu mit einem zusätzlichen Freibetrag für jedes Familienmitglied außer dem ersten Kind; d. h., daß ein Familienvater mit 30 000 Mark Vermögen und fünf Kindern von dem Reichsnotopfer unberührt blieb. Die Steuersätze für das zu versteuernde Vermögen waren sonst sehr hoch. Die ersten 50 000 Mark wurden mit 10 v. H. besteuert; der Steuersatz stieg auf 50 v. H. bei Vermögen von 3 Millionen. Zahlung in einer Summe war ganz ausgeschlossen, wenn man nicht die gesamte Wirtschaft in hoffnungslose Verwirrung bringen wollte. Die Zahlungen sollten deshalb in dreißig Jahresraten von 1920 bis 1949 geleistet werden. Der Besitzer eines Vermögens von 3 Millionen würde also für die nächsten dreißig Jahre jährlich 50 000 Mark zu zahlen haben. Die Steuer sollte private Vermögen treffen, ohne die Industrie allzusehr zu schädigen. Kapitalgesellschaften wurden deshalb milde mit 10 v. H. auf die Reserven, nicht auf das Stammkapital besteuert. Man war der Meinung, dieses werde bereits bei den einzelnen Gesellschaftern besteuert, und Erzberger machte geltend, Doppelbesteuerung (der Gesellschaften im ganzen und dann noch der einzelnen Gesellschafter) solle vermieden werden.[18])

Man hoffte, die Vermögensabgabe werde die Inflationsgefahr bannen, da sie neue Investitionen einschränken (Überschüsse würden zu Steuerzahlungen verwendet werden) und den Geldumlauf verlangsamen sollte (Schatzanweisungen würden zur Steuerzahlung verwendet und so aus dem Verkehr gezogen werden). Die Hoffnung erwies sich als trügerisch. Das Reichsnotopfer hemmte die fortschreitende Inflation in keiner Weise, förderte sie sogar wahrscheinlich. Reiche Leute sahen in der Inflation einen bequemen Weg, die Vermögensabgabe zu umgehen. Die größten Vermögen waren am schwierigsten gerecht zu bewerten, und als die Bewertungen schließlich erfolgten, waren sie durch die seit 1921 rasch fortschreitende Inflation bedeutungslos geworden. Die Eigentümer kleinerer Vermögen hatten meist ihre Zahlungen begonnen, als das Geld noch etwas wert war, wodurch das Reichsnotopfer ausgesprochen „unsozial" wurde. Es wäre sicher besser gewesen, bedeutend kleinere Beträge, vorzugsweise in Gold, schneller zu erheben. Freilich konnte das Ausmaß der Inflation, die in neuen Zeiten kein Beispiel hatte, im Herbst 1919 von niemand vorausgesehen werden.[19])

Erzbergers andere Steuern sollten zu Dauerbestandteilen des deutschen Steuersystems werden. Seine Hauptleistung war die Reichseinkommensteuer von 1920, deren verfassungspolitische Bedeutung schon erwähnt wurde. Sie trat an die Stelle aller Länder-Einkommensteuern und beseitigte auch das Recht der Ge-

---

18) *Ibid.*, Kap. III.
19) Das Reichsnotopfer wird von Brüning wie auch von Popitz in den in Fußnote 6 dieses Kapitels zitierten Aufsätzen kritisiert.

meinden, Zuschläge zu Einkommensteuern zu erheben; diese hatten zu ungewöhnlich hohen Besteuerungsunterschieden geführt – industrielle Gemeinden mit kleinen Einkommensbeziehern und hohen Lasten erhoben bisweilen 300 v. H. Zuschlag, während Wohngemeinden mit hohem Einkommen und geringem Bedarf fast ganz ohne Zuschläge auskamen. Erzbergers Einkommensteuer verwirklichte zum erstenmal das Prinzip der Erhebung an der Quelle durch den Lohnabzug. Dies erwies sich als große Erleichterung, aber auch als die Grundlage für eine hohe Steuermoral. Die Steuersätze wurden damals als sehr hoch betrachtet (ein Junggeselle mit 10 000 Mark Einkommen zahlte 12,6 v. H. Steuer). Der persönliche Freibetrag wurde auf 1000 Mark festgesetzt, was man allgemein als das „Existenzminimum" ansah; dazu traten Freibeträge für alle Familienmitglieder (500 Mark für die Ehefrau, 300 für jedes Kind) – eine Neuheit im deutschen Steuerrecht. Erzberger führte manche sozial wertvolle Bestimmungen in die Steuer ein, so die Abzüge für schwere Krankheiten und für besondere Ausgaben im Haushalt bei Berufstätigkeit der Ehefrau. Der wichtigste Aspekt der Steuer aber war ihr unitarischer Charakter, der die chaotische Verschiedenheit der Besteuerung in Deutschland beseitigte und ihre unparteiisch strenge Erhebung durch die neueingerichteten Reichsfinanzämter unter der unmittelbaren Leitung des Finanzministers sicherte.[20])

Erzberger schlug zur Ergänzung der allgemeinen Einkommensteuer noch eine Steuer auf den Kapitalertrag vor; Dividenden sollten vor der Verteilung an die Aktionäre mit 10 v. H. besteuert werden. Er nannte Dividenden unverdientes Einkommen, das nach demselben Prinzip zu besteuern sei wie der erhöhte Wert von Grund- und Hausbesitz – in allen drei Fällen habe der Eigentümer keine persönliche Anstrengung gemacht, um den Wert seines Eigentums zu erhöhen. Wie bei der Vermögensabgabe lehnte er die Besteuerung des Gesellschaftskapitals ab und zog es vor, statt dessen die Dividenden zu besteuern; denn Gesellschaftskapital zum Nennwert besteuern ohne Rücksicht darauf, ob 3 oder 30 v. H. Dividende verdient würden, hieße, den gesamten Kapitalmarkt in Verwirrung bringen. Von der Kapitalertragsteuer erhoffte Erzberger ein Aufkommen von 1,4 Milliarden Mark. Er fürchtete, selbst der mäßige Steuersatz von 10 v. H. könne dazu führen, daß Kapital in den Konsum abgelenkt werde, und schlug, um dem zu begegnen, eine Besteuerung des übermäßigen Verbrauchs der sehr wohlhabenden Kreise vor (Aufwandsteuer). Der Gedanke war, allen Steuerpflichtigen mit hohen Einkommen, die der Kapitalertragsteuer mit der Begründung entgehen wollten, ihr Gesamtvermögen habe sich nicht vermehrt, eine Zusatzeinkommensteuer aufzuerlegen. Gebe also jemand zum Beispiel ein jährliches Einkommen von 70 000 Mark an und behaupte, er habe es bis zum letzten Pfennig ausgegeben, so solle die Regierung entscheiden, daß etwa 50 000 Mark das

20) Beusch, *Neuordnung*, Kap. IV.

äußerste seien, was jemand vernünftigerweise ausgeben könne; der Betreffende hätte also die restlichen 20 000 Mark sparen und investieren müssen. Hätte er das getan, so wären von diesen 20 000 Mark Zuwachssteuer zu zahlen gewesen. Erzberger dachte daran, ihn für das Nichtsparen zu bestrafen, indem man die 20 000 Mark als übermäßigen Verbrauch mit einer beträchtlich höheren Steuer belege, als die Zuwachssteuer für die gleiche Summe ausgemacht hätte. Das war sicher ein bedenklicher Eingriff des Staates in die private Sphäre, in die normalerweise die Entscheidung darüber gehört, wie man sein Einkommen verwenden will.[21])

Alle bis jetzt erörterten Steuern Erzbergers sollten in erster Linie die Reichen treffen; er sah aber ein, daß auch die indirekten Steuern beträchtlich angehoben werden müßten. Er erhöhte die Umsatzsteuer (eine Steuer auf jeden Eigentumswechsel bei jedem Artikel von der Produktion bis zum Kleinverkauf) auf 1 1/2 v. H., was eine durchschnittliche Gesamtbesteuerung des Umsatzes (bei durchschnittlich 5 Umsätzen pro Artikel) von 7 1/2 v. H. ergab. Diese in den angelsächsischen Ländern unbekannte Steuer war ursprünglich von Helfferich 1916 auf Drängen der Reichstagsparteien eingeführt worden. Erzberger zog sie aus moralischen und administrativen Gründen einer Regelung vor, die unzählige Spezialumsatzsteuern auf die verschiedensten Gegenstände legte. Er versuchte, der Steuer ihren regressiven Charakter durch Einführung einer 15prozentigen Umsatzsteuer auf Luxuswaren zu nehmen. Von Umsatz- und Luxussteuer zusammen erwartete Erzberger einen Ertrag von 4 Milliarden Mark.

Erzberger erhob auch mehrere andere indirekte Steuern. Durch eine Verwaltungsanordnung vom Juli 1919 stellte er die Zölle auf Goldbasis um; damit sollte die Einfuhr gedrosselt und gleichzeitig der wirkliche Wert der Zolleinnahmen gesichert werden, die auf 1,5 Milliarden Mark veranschlagt wurden. Er führte Beförderungssteuern für Personen- und Gütertransporte ein, die auf etwa eine Milliarde geschätzt wurden. Eine Kohlensteuer, die private und industrielle Verbraucher traf, sollte 2 Milliarden ergeben. Verschiedene andere Verbrauchsteuern (Zucker, Salz, Zündhölzer usw.) wurden mit einem jährlichen Aufkommen von 2,5 Milliarden Mark veranschlagt. Zusammen erwartete Erzberger aus der indirekten Besteuerung einen Ertrag von nicht weniger als 11 Milliarden Mark:

| | |
|---|---|
| Umsatz- und Luxussteuer .......... | 4,0 Milliarden |
| Zölle .............................. | 1,5 Milliarden |
| Beförderungssteuer ................ | 1,0 Milliarden |
| Kohlensteuer ....................... | 2,0 Milliarden |
| Verschiedene Steuern ............. | 2,5 Milliarden |
| Zusammen: | 11,0 Milliarden |

21) Erzberger, *Reden*, S. 106 f.

Aus den direkten Steuern rechnete er mit einem Aufkommen von 14 Milliarden, im einzelnen:

| | |
|---|---|
| Einkommensteuer ................ | 8,0 Milliarden |
| Kapitalertragsteuer, Grunderwerbsteuer u. ä. ........... | 2,4 Milliarden |
| Erbschaftsteuer usw. .............. | 1,0 Milliarden |
| Kapitalabgabe (Jahresraten) ........ | 2,6 Milliarden |
| Zusammen: | 14,0 Milliarden |

Diese Zahlen zeigen, daß Erzberger einen Überschuß von 2,2 Milliarden für Zwecke der Schuldtilgung und künftiger Reparationszahlungen erzielen wollte, denn den Einnahmen von 25 Milliarden standen an Ausgaben nur 17,5 Milliarden beim Reich und 5,3 Milliarden Überweisungen an Länder und Gemeinden gegenüber.[22]) Im Haushalt erscheinen nicht die 12 Milliarden Mark aus den einmaligen Abgaben von 1919, die zur unmittelbaren Senkung der Schulden verwandt werden sollten. Erzberger betonte selbst, viele Zahlen des Aufkommens seien äußerst willkürlich geschätzt worden. Niemand wußte, wie Deutschlands Außenhandel (und damit das Zollaufkommen) sich entwickeln würde oder wie die revolutionären Unruhen und die beginnende Inflation die Einkommensverteilung (und damit den Ertrag der Einkommensteuer) beeinflussen mochten. Vor allem wünschte Erzberger, einen mindestens auf dem Papier ausgeglichenen Haushalt vorzulegen, der im In- und Ausland das Vertrauen in die deutsche Finanzgebarung wiederherstellen konnte. Er war auch überzeugt, daß die in Entstehung begriffene zentrale Finanzverwaltung eine rasche Anpassung des Steuersystems an künftige Bedürfnisse gewährleiste, falls sich seine Schätzungen des Steueraufkommens als irrig erweisen sollten. Es gelang ihm, zeitweise das Vertrauen wiederherzustellen, obwohl es abermals schwand, als 1921 die alliierten Reparationsforderungen bekannt wurden. Er sah richtig voraus, daß seine organisatorischen Reformen sich den künftig an sie herantretenden Anforderungen gewachsen zeigen würden.

Erzbergers harte Besteuerung des Einkommens und Vermögens erregte bei den oberen Schichten tiefen Unwillen. In den Finanzkreisen verbreitete sich panischer Schrecken, und das Kapital versuchte abzuwandern, um den neuen Steuern zu entgehen.

Dies voraussehend, hatte Erzberger drastische Maßnahmen gegen Kapitalflucht in Gestalt strenger Grenzüberwachung und drakonischer Strafen für Gesetzverletzungen eingeleitet.[23]) Das vermehrte nur die Abneigung der Oberschicht gegen ihn. Der Haß plutokratischer und alldeutscher Kreise, der seinen

---

22) Alle diese Zahlen sind natürlich ungenau und sollen ein allgemeines Bild, nicht technische Informationen geben. Erzberger untersucht die quantitative Seite des Haushalts in: *Reden*, S. 100—110, mit einer Tabelle auf S. 110.
23) Hinsichtlich Erzbergers Behandlung dieses Problems siehe *Reden*, S. 46 ff.

Ursprung in Erzbergers Friedensresolution und den Waffenstillstandsverhandlungen hatte, erhielt neue Nahrung aus eigensüchtigen Geldinteressen. Erzberger wurde als das Haupt eines vielarmigen Verwaltungsungeheuers hingestellt, das in den privaten Gewohnheiten aller Deutschen herumschnüffle, um Stoff für neue Steuern zu finden, die man dann den Alliierten als Reparationen aushändigen könne. Die Tatsache, daß das Steueraufkommen (noch nicht 1920, aber künftig) den Alliierten zufließen werde, statt der Deckung deutscher Bedürfnisse zu dienen, gab der Steuerhinterziehung einen patriotischen Zug, und man vergaß ganz, daß die hohen Steuern nur der Preis waren, den Deutschland für die falsche Führung des Krieges durch eben die Kreise zu zahlen hatte, die jetzt am lautesten schrien.[24])

Vergebens forderte Erzberger eine neue Haltung gegenüber dem Eigentum. Seine moralischen Appelle nahmen die Doktrin des „Christlichen Solidarismus" vorweg, die er nach seiner Entmachtung predigen sollte:

„Wir müssen uns bei dieser Reform klar sein, daß wir in eine neue Zeit hineinwachsen. Ein überspannter Individualismus hat in der Vorkriegszeit den Eigentumsbegriff verzerrt, das Recht auf Eigentum maßlos betont, aber die Pflichten und die Grenzen des Eigentums vielfach nicht scharf genug hervorgehoben. Ich stehe auf dem Standpunkt, daß das Eigentum naturrechtlich begründet ist, daß es eine sozialethische Kategorie darstellt. Seine Begründung liegt aber nicht darin, daß der einzelne ein ungezügeltes Recht auf Eigentumsrecht oder auf Besitz hat, sondern sie liegt darin, daß ohne Eigentum der Fortschritt der Menschheit nicht möglich ist... Aber der Eigentumsbegriff überschreitet seine Grenzen, sobald eine übermäßige Akkumulation des Besitzes erfolgt. Sobald sich eine übermächtige Plutokratie aufbaut, die breiten Schichten des Volkes, die eigentlichen Träger der nationalen Entwicklung, nicht mehr in entsprechendem Maße an der allgemeinen Wohlstands- und Kulturentwicklung beteiligt werden.

Soziale Zerklüftung, Klassenhaß, zerreibender Interessenkampf müssen dann die Folge einer solchen Entwicklung sein. Geht mit dieser Überspannung des Eigentumsbegriffs die Entstehung eines mammonistischen Geistes Hand in Hand, dann ist die ganze Entwicklung auf Irrwegen angekommen. Die Grenzen des Eigentums sind ferner überschritten, wenn die herrschenden Klassen ihre Macht benutzen, die Hauptlasten auf die Schultern der weniger Leistungsfähigen zu laden [wie es im kaiserlichen Deutschland geschehen war]. Sie sind überschritten, wenn vom Reichtum ein ungeordneter Gebrauch gemacht wird, der nicht mehr der wirklichen Kulturentfaltung dient, sondern einer Scheinkultur, die prunkende, protzende Form an die Stelle des inneren Gehaltes setzt. Auf einem solchen Entwicklungspunkt besteht die Gefahr, daß die besten Kräfte einer Nation, die seelischen Fähigkeiten, im äußeren Genußstreben erstickt werden. Überall, wo solche Erscheinungen sich zeigen, ist der Eigentumsbegriff überspannt, und es besteht für die Gesellschaft die Notwendigkeit, ihn wieder in seine richtigen Grenzen zu verweisen. Mit kurzen Worten gesagt: Das Privateigentum findet seine Begründung, aber auch seine Begrenzung durch das Sozialinteresse. Das Interesse des gesamten Volkskörpers geht

---

[24]) Über die bitteren Angriffe gegen Erzberger anläßlich einer Finanzdebatte im Reichstag am 9. Dezember 1919 gibt die weitverbreitete Broschüre von Alfred Hugenberg, *Hugenberg gegen Erzberger*, Berlin 1919, Aufschluß.

dem Interesse des einzelnen vor. Das ist auch der tiefste Sinn der ganzen gegenwärtigen Sozialisierungsströmung. Das muß auch der Leitgedanke bei der Steuerreform sein. War früher nur allzusehr der Besitz und Erwerb zum Selbstzweck geworden, so muß in Zukunft wieder der alte, echt christliche Gesichtspunkt zur Geltung kommen, daß der Mensch Ausgangs- und Zielpunkt aller wirtschaftlichen Tätigkeit ist. Das aber kann nur geschehen, wenn an die Stelle der individualistischen Betrachtungsweise eine sozialorganische Auffassung unseres gesamten wirtschaftlichen und sozialen Geschehens tritt, wenn der Gedanke des Solidarismus zum Siege geführt wird."[25])

Diese ethischen Anrufe verhallten in der deutschen Oberschicht ungehört. Erzbergers Steuern unterstellten einen hohen Grad von Steuermoral, wie er in Deutschland tatsächlich nicht bestand. Die Kapitalflucht konnte nicht völlig verhindert werden, was naturgemäß den Unwillen der ehrlichen Steuerzahler steigerte. Die besitzenden Klassen wurden durch diese Maßnahmen verbittert, zumal sie von einer Regierung ausgingen, von der sie meinten, daß sie ihnen feindlich gesinnt war. Der Kapitalmarkt geriet zum Nachteil des deutschen Wiederaufbaus in Verwirrung. Wahrscheinlich hätte Erzberger ebenso hohe Steuereinnahmen erzielt und die erwähnten unglücklichen Folgen vermieden, wenn er wesentlich geringere Steuersätze gewählt hätte. Sein moralischer Puritanismus hätte einem Erweckungsprediger besser angestanden als einem Finanzminister. Die unterschiedslose Verurteilung des Reichtums war keine glückliche Parole für einen Mann, der in einem kapitalistisch gebliebenen sozialen Rahmen zu arbeiten hatte, wo der Finanzminister in weitem Maße auf die freiwillige Mitarbeit der oberen Klassen angewiesen war, wenn er sein Amt erfolgreich führen wollte.

Diese Kritik ist besonders berechtigt, wenn man das Schicksal des Notopfers betrachtet. Wir haben gesehen, daß es eine mächtige Schicht von Leuten schuf, die an einer Inflation interessiert waren, weil sie den wirklichen Wert ihrer Steuerlasten vermindern würde. Erzbergers Steuermaßnahmen gingen sämtlich von der Annahme aus, daß die Kaufkraft der Mark verhältnismäßig stabil bleiben werde, und als das nicht mehr der Fall war, stürzte die deutsche Finanzwirtschaft – nach Erzbergers Ausscheiden – aufs neue in ein Chaos.[26]) Seine Nachfolger erwiesen sich bis 1923 als unfähig, die Ordnung wieder herzustellen.

Ein Faktor, der die Inflation wesentlich förderte, war – neben der Selbstsucht eines Teiles der deutschen Oberschicht – die untragbare Reparationslast, die Deutschland 1921 auferlegt wurde. Erzbergers Haushaltsvoranschläge hatten auf dem Glauben beruht, die Reparationen würden der deutschen Zahlungsfähigkeit angepaßt werden. Als sich das als Fehlkalkulation erwies, war es nutzlos, auf einen ausgeglichenen Haushalt und geordnete Finanzen hinzuarbeiten. Wir

---

25) Erzberger, *Reden*, S. 121 f. (3. Dezember 1919).

26) Im Herbst 1919 erklärte Erzberger, das Preisniveau sei unsicher, und versuchte, die Nationalversammlung mit der Mahnung aufzuschrecken, wenn das Problem der schwebenden Schuld nicht gelöst werde, könne eine Entwertung der Mark von 90 v. H. eintreten. Offensichtlich rechnete er nicht mit einer schnell voranschreitenden Inflation. *Reden*, S. 46 (12. August 1919) und S. 102 (3. Dezember 1919).

werden später sehen, wie Erzberger im Frühjahr 1921 mit den Reparationen fertig werden wollte. Hier genügt der Hinweis, daß die von ihm eingeführten neuen Steuern die Finanzmisere keineswegs beendeten, weil er weder die untragbare Reparationslast noch die Gefahr einer Inflation von unvorstellbarem Ausmaß voraussah. Diesen Mangel an Voraussicht teilte er mit allen Politikern und Wirtschaftssachverständigen seiner Zeit, und Kritik daran läßt sich erst auf Grund der bösen Erfahrung üben.

Erzbergers große bleibende Leistung liegt in der Schaffung des zentralistischen Finanzsystems, das die Inflation überdauerte. Das Reich besaß künftig unbestritten die ausschließliche Finanzhoheit, die Länder wurden finanziell von der Reichsgewalt abhängig. Das schwerfällige System der Matrikularbeiträge fiel fort. Eine leistungsfähige Steuerverwaltung wurde in ganz Deutschland eingerichtet, die nach einer umfassenden, einheitlichen Abgabenordnung arbeitete. Die Länder und Gemeinden hatten bei der Erhebung der Steuern, die ihnen verblieben, ein Minimum von gleichartigen Verfahren zu beobachten. Die Eisenbahnen wurden in ein einheitliches Netz im Eigentum und in der Verwaltung des Reiches zusammengefaßt.

Diese großen Leistungen hatte Erzberger in der kurzen Spanne von acht Monaten vollbracht. Sie zeigen das Maß seiner Fähigkeit zu konstruktiver Gesetzgebung. Er führte seine Reformen in der schwierigen Lage des Führers einer Minderheitspartei in einer Koalitionsregierung durch, die ständig auseinanderzubrechen drohte. Er arbeitete unter dem unablässigen Ansturm persönlicher Angriffe, die, wie er wußte, bald zu einem politischen Prozeß führen würden, der möglicherweise seine weitere Laufbahn völlig zugrunde richten konnte. Er mühte sich in einer Zeit ab, in der angesichts unmittelbarer fiskalischer Schwierigkeiten — leerer Kassen und einer riesigen schwebenden Schuld — ein Mann von geringeren Fähigkeiten kaum an weitergreifende Reformen gedacht hätte. Doch Erzberger ließ sich die großen Probleme des Tages nicht über den Kopf wachsen, sondern suchte der überkommenen Mängel, die sich jetzt enthüllten, Herr zu werden, um Deutschland einer besseren Zukunft entgegenzuführen.

# XIV

## Der Erzberger Prozeß Januar – März 1920

### Helfferichs Kampf gegen Erzberger

Erzbergers Steuerreform war nicht der einzige Anlaß zur Aufregung im Winter 1919/20. Die monarchistischen, militaristischen und nationalistischen Kreise, die nach dem militärischen Zusammenbruch durch ihre Angst vor dem Bolschewismus vorübergehend zum Schweigen gebracht worden waren, hatten nach der Ratifizierung des Vertrages größtenteils zu ihrer alten reaktionären und unversöhnlichen Haltung zurückgefunden. Die alliierte Forderung nach Auslieferung der Kriegsverbrecher löste in Deutschland größte Erregung aus. Keine deutsche Regierung war gewillt oder in der Lage, diesen Teil des Vertrages einzuhalten, oder auch nur bereit, die Beschuldigten in Deutschland vor Gericht zu stellen.[1]) Durch einen Vermittler gelang es Erzberger, eine Zusicherung von Marschall Foch zu erhalten, daß dieser gegen einige geringe finanzielle Konzessionen an Frankreich der Sache nicht weiter nachgehen werde.[2]) Tatsächlich traten auch keine nachteiligen Folgen ein, als Deutschland sich für unfähig erklärte, die Auslieferungsanträge der Alliierten zu erfüllen.

Viele der sogenannten Kriegsverbrecher wurden immer mehr als Nationalhelden betrachtet, besonders als die Dolchstoß-Legende zunehmend in Umlauf kam. Ungewollt trug dazu der Entschluß der Regierung bei, die Politik des Kaiserreichs einer Untersuchung zu unterziehen. Der ursprüngliche Vorschlag,

---

1) E. Eyck, *Weimarer Republik*, Bd. I, S. 254 ff., mokiert sich in wirkungsvoller Weise über den deutschen Kriegsverbrecherprozeß in Leipzig.

2) In einem Brief vom 8. August 1919 an Außenminister Müller berichtete Erzberger über ein Gespräch zwischen Stockhammern und dem französischen General Dupont, bei dem letzterer gesagt habe, Foch werde als Gegenleistung für gewisse geheime finanzielle Konzessionen an Frankreich nicht auf der

der aus der Zeit von Erzbergers Enthüllungen vom 25. Juli 1919 herrührte, ging dahin, einige kaiserliche Beamte vor einen eigens zu diesem Zweck gebildeten Gerichtshof zu stellen. Statt dessen wurde der „Untersuchungsausschuß des Reichstags für die Ursachen des deutschen Zusammenbruchs" gegründet, der während der nächsten zehn Jahre wertvolle historische Forschungsarbeit leistete. Die Ergebnisse seiner Tätigkeit waren viel wertvoller für künftige Historiker als für den damaligen republikanischen Staat, dessen Stärkung sie dienen sollten. Hindenburg und Ludendorff, die sehr bald aufgefordert wurden, vor dem Ausschuß zu erscheinen, benutzten ihn als Forum, um die Dolchstoß-Legende zu verkünden. Helfferich, der ebenfalls als Zeuge geladene frühere Staatssekretär im Reichsschatzamt und Vizekanzler, rief eine Sensation hervor, als er sich ostentativ weigerte, die Fragen des Unabhängigen Sozialdemokraten, Dr. Oskar Cohn, der Mitglied des Ausschusses war, zu beantworten. Ein patriotischer Deutscher, so behauptete Helfferich, könne sich von einem Vertreter der marxistischen Internationale, der mit Hilfe russischen Goldes der Revolution den Weg bereitet habe, nicht ins Verhör nehmen lassen. Die Mehrheit des Ausschusses akzeptierte die merkwürdige Auffassung, daß die Unabhängigen Sozialdemokraten im Ausschuß nicht die gleichen Rechte besäßen wie andere Reichstagsabgeordnete, und verurteilte Helfferich lediglich zu einer geringen Geldstrafe.[3])

Karl Helfferich war zum geistigen Führer aller Feinde der Republik geworden. Er konzentrierte seine Angriffe auf Erzbergers Persönlichkeit und Politik. Seine Laufbahn bietet einen interessanten Gegensatz zu Erzbergers Lebensweg. 1872 als Sohn eines kleinen Textilfabrikanten geboren, erhielt er die beste Ausbildung, die deutsche Universitäten zu bieten vermochten. Sein Erfolg in Wissenschaft, Wirtschaft und Politik war aufsehenerregend und kann einem Vergleich mit dem eines John Maynard Keynes durchaus standhalten, wenn auch Helfferich die humane Gesinnung und die verfeinerte Kultur des Engländers fehlten. Mit dreiundzwanzig Jahren verfaßte er seine erste Broschüre über Finanzfragen, in der er den Goldstandard gegen die ketzerischen Befürworter der Silberwährung verteidigte, mit dreißig ein gelehrtes Werk über „Das Geld", das in alle Kultursprachen übersetzt wurde und ihm einen weltweiten Ruf verschaffte.

Doch war Helfferich viel zu ehrgeizig, um sich mit den Lorbeeren eines Gelehrten zufriedenzugeben. Er wollte eine amtliche Karriere im öffentlichen Dienst machen und trat im Jahre 1901 in das Kolonialamt ein. Hier fiel ihm die Aufgabe zu, auf die Anschuldigungen über die Kolonialpolitik zu antworten,

---

Auslieferung der Kriegsverbrecher bestehen: „Der Marschall findet diese Maßregel [Auslieferung] an sich schon odiös und als im Widerspruch mit den militärischen Ehrbegriffen. Frankreich lege, wie er mir schon wiederholt gesagt habe, seinerseits keinen Wert auf die *mise en pratique* dieser Vertragsbestimmung, auf der lediglich die Engländer bestanden hätten. Dieser englische Standpunkt sei vorzugsweise aus der puritanischen engherzigen Denkweise zu erklären, die sich hinsichtlich der Bestrafung der Schuldigen an die Stelle des lieben Gottes zu setzen wisse *(replacer le bon Dieu)*." *Erzberger Dokumente*, Akte 53.

3) Über den Untersuchungsausschuß und besonders Helfferichs Verhalten siehe E. Eyck, *op. cit.*, S. 184 bis 191.

die Erzberger im Reichstag erhoben hatte. Erzberger brachte ihn in erhebliche Verlegenheit, als er auf Grund seiner offiziellen Stellung das, was nicht zu verteidigen war, verteidigen mußte. Aus dieser Zeit stammte die tiefe persönliche Antipathie zwischen den beiden Männern.

Helfferich verließ das Kolonialamt im Jahre 1906, um – mit 34 Jahren! – die Leitung der Anatolischen Eisenbahn in Konstantinopel zu übernehmen. Er akzeptierte und billigte den wirtschaftlichen Imperialismus Deutschlands, der in dem Projekt zum Ausdruck kam, ein von Berlin bis Bagdad reichendes Eisenbahnnetz zu bauen. Sein sehr ausgeprägter Nationalismus wurde durch die imperialistische Rolle, die er hier spielen konnte, noch verstärkt. Die Deutsche Bank, eine der vier großen Banken in Deutschland, ernannte ihn 1908 zum Direktor und setzte ihn als Unterhändler bei verschiedenen internationalen Konferenzen ein. Im Jahre 1915 übertrug ihm Bethmann die Führung der deutschen Kriegsfinanzen; 1916 beförderte er ihn zum Staatssekretär des Inneren und zum Vizekanzler.

Helfferichs geistige Gaben und seine ungeheure Arbeitskraft ließen ihn bald zum „Arbeitstier" der Bethmann-Regierung werden. Wegen seines gesellschaftlichen Charmes stand er hoch in der Gunst des Kaisers, so daß seinen politischen Ambitionen keine Grenze gesetzt schien. Nur in einer Hinsicht versagte er – in seinen Beziehungen zum Reichstag. Er gehörte nicht zu jenen, die „die Narren gern vertragen", und haßte die ziellosen Debatten, die oft bei parlamentarischen Körperschaften zu beobachten sind. Er behandelte die Abgeordneten wie ein Professor, der vor einer Schulklasse spricht, verkehrte gesellschaftlich nur mit wenigen von ihnen und erweckte im Reichstag den Eindruck, als halte ihn seine Anwesenheit bei den Sitzungen nur von wichtigeren Aufgaben ab. Bei den Mehrheitsparteien wurde er bald persona non grata, und so mußte Hertling im November 1917 unter dem Druck des Reichstags seinen Plan fallenlassen, ihn als Vizekanzler zu behalten. Daß Helfferich sich von da ab auf zweitrangige Arbeiten, zunächst die Vorbereitung der Friedensverhandlungen und später die Leitung der deutschen Botschaft in Moskau, beschränken mußte, hat ihn, der sogar als Kanzlerkandidat galt, in seinem Selbstgefühl wohl schwer getroffen. Das Veto des Parlaments gegen sein Verbleiben im Amt des Vizekanzlers ging auf Erzbergers Initiative zurück.

Helfferichs Karriere während des Krieges war zwar glänzend, aber unfruchtbar. Wie wir gesehen haben, versagte seine Steuergesetzgebung. Auch erwies sich seine Auffassung, die alliierten Reparationen würden die gesamten Kriegskosten decken, als irrig. Umsonst widersetzte er sich dem U-Bootkrieg und verlor stark an Glaubwürdigkeit, als er später die Politik, die er vorher bekämpft hatte, öffentlich unterstützte. Den Ausbruch der Julikrise im Jahre 1917 konnte er nicht verhindern. Ebensowenig gelang es ihm, den verhängnisvollen Einfluß der Obersten Heeresleitung einzudämmen. Gleichzeitig stellte er sich aber auch der

Einführung der parlamentarischen Regierungsform, die allein noch ein Heilmittel hätte sein können, entgegen. Er versäumte es, die innere Spaltung des deutschen Volkes durch großzügige innenpolitische Reformen zu überwinden, deren Notwendigkeit seinem scharfen Verstand nicht entgangen war. Ferner gewann er nicht die Regierung für seinen Plan, den Bolschewismus im Sommer 1918 zu vernichten. Vor allem aber vermochte er nicht, eine führende politische Stellung für sich selber zu erobern.

Seine Mißerfolge hatten ihren Grund teils in seinem Charakter, teils in seinen Überzeugungen. Er war kalt, arrogant und pharisäisch; stets war ihm mehr daran gelegen, seine eigenen Ziele zu erreichen, als sich auf Eigenheiten oder auch Torheiten seiner Mitmenschen einzustellen. Seiner ungewöhnlichen Fähigkeiten war er sich durchaus bewußt. Selbst Verstandesmensch und kühler Rechner, hatte er kein Verständnis für das übersprudelnde, impulsive Temperament Erzbergers. Gefeit auch gegen die harmlosesten Laster, war er mit strengen und scharfen Urteilen über die moralischen Schwächen anderer rasch bei der Hand. Sein Pflichtgefühl gegenüber dem Vaterland hielt sich dem Bewußtsein, was er sich selbst schuldig sei, die Waage. Er betrachtete es stets als eine Ungerechtigkeit, daß Deutschland darauf verzichten müsse, seine bemerkenswerten Gaben an führender Stelle einzusetzen – daher seine tiefe Abneigung gegen das parlamentarische System, das sich mit der Herrschaft professoraler Bürokraten, wie er selbst einer war, nicht vertrug; daher auch seine Abneigung gegen Erzberger, den Nur-Parlamentarier, der meinte, die Ausbildung eines Volksschullehrers genüge, um den Posten des Finanzministers auszufüllen. Helfferichs Haß gegen Erzberger beruhte auf Überheblichkeit, enttäuschtem Ehrgeiz, Verbitterung und sich häufenden Reibereien; aber er war auch aufrichtig überzeugt, daß Erzberger Deutschland, das er, Helfferich, liebte, ruiniere. Er glaubte, das ungestrafte Beispiel Erzbergers fördere den moralischen Niedergang des Vaterlandes. Erzbergers Steuerpolitik war nach seiner Auffassung der sichere Weg zum wirtschaftlichen Zusammenbruch. Die Erzbergersche Außenpolitik seit der Friedensresolution bis zum Versailler Vertrag hielt er für unvereinbar mit der nationalen Ehre. Die Abhilfe, die er forderte, war einfach: „Fort mit Erzberger!"[4])

Das war die Überschrift einer Artikelserie, die Helfferich unmittelbar nach der Unterzeichnung des Friedensvertrages in der „Kreuzzeitung" veröffentlichte.

---

[4]) Zu Helfferichs Laufbahn siehe die positiv eingestellten Biographien von Rudolf Fischer, *Helfferich*, Berlin 1932, und Adolf Scheffbruch, *Helfferich: Ein Kämpfer für Deutschlands Größe*, Stuttgart 1934; auch die kurzen Darstellungen von Kurt von Raumer, „Karl Helfferich", in: *Deutscher Westen — Deutsches Reich*, hrsg. von K. von Raumer und K. Baumann, Kaiserslautern 1938, Bd. I, S. 185—220, und Kuno Westarp, „Helfferich", in: *Deutscher Aufstieg*, hrsg. von G. von Below und H. von Arnim, S. 371—385. Helfferichs eigene Werke geben den besten Aufschluß über den Menschen, besonders sein monumentales Buch *Der Weltkrieg*, Berlin 1919, und seine *Reden und Aufsätze aus dem Kriege*, Berlin 1917, *Reichstagsreden 1920—1922*, hrsg. von J. W. Reichert, Berlin 1925. Helfferich machte, nachdem sein Feldzug gegen Erzberger Erfolg gehabt hatte, glänzende Karriere. 1920 zog er als Deutschnationaler in den Reichstag ein und gelangte bald zu einer führenden Stellung in dieser Partei. Seine Polemik gegen die „Erfüllungspolitik" war zwar umsonst, machte ihn aber noch bekannter. Bei der Stabilisierung der Mark im Jahre 1923 spielte er eine konstruktive, wenn nicht entscheidende Rolle. Er starb, nur 52 Jahre alt, unter tragischen Umständen im Jahre 1924 bei einem Eisenbahnunglück in der Schweiz, als er an der Schwelle einer zweiten großen Laufbahn zu hohen Positionen im öffentlichen Leben stand.

Darin trug er alle Anschuldigungen zusammen, die Erzbergers Feinde im Laufe der Jahre vorgebracht hatten. Er ging darauf aus, Erzberger zu einer Beleidigungsklage zu zwingen, um ein gerichtliches Urteil über diese Anschuldigungen zu erzielen. Erzberger, der damals von der Finanzreform stark beansprucht war, beantwortete die Artikel nicht selbst, sondern beauftragte zwei seiner jungen Mitarbeiter, Otto Driesen und Heinrich Hemmer, einen journalistischen Gegenangriff zu führen.[5]) Der Ton der Auseinandersetzung wurde auf beiden Seiten immer schärfer, bis Helfferich seine Anschuldigungen schließlich in folgender Erklärung zusammenfaßte:

„Das ist Herr Erzberger, der als schwerindustrieller Aufsichtsrat einer der schlimmsten Annexionisten war und dann nach seiner plötzlichen und nicht freiwilligen Abkehr von der Schwerindustrie nicht genug Worte der Verdammnis und Verhetzung gegen die Schwerindustrie und die Annexionisten finden kann!

Das ist Herr Erzberger, der sich gegen die von allen Seiten auf sein politisches und persönliches Verhalten anstürmenden Anklagen nicht etwa dadurch schützt, daß er diese unwiderleglichen Anklagen zu widerlegen sucht, sondern dadurch, daß er falsche und verleumderische Anklagen gegen seine Ankläger erhebt!

Das ist Herr Erzberger, der nicht doppelt und dreifach, sondern zehn- und zwanzigfach von allen Seiten der bewußten Unwahrheit geziehen wird; der sich eine unsaubere Vermischung politischer Tätigkeit und eigener Geldinteressen zum Vorwurf machen lassen muß; der auf alle diese Anschuldigungen trotz schärfster Herausforderung nicht klagt, sondern kneift und nach Art des bedrohten Tintenfisches das Wasser trübt, um zu entwischen.

Das ist Herr Erzberger, der den sich häufenden Anklagen gegen seine Person in offener Nationalversammlung damit zu begegnen sucht, daß er seine Ankläger mit Denunziationen bei der Entente und Auslieferung auf Grund des Schmach-Paragraphen des Erzbergerfriedens bedroht.

Das ist Herr Erzberger, der zur Rettung der eigenen Person das deutsche Volk in maßlose Erregung zu versetzen sucht, indem er eine in sich aussichtslose päpstliche Demarche, die er seit zwei Jahren kannte, jetzt mit einem Male zu einem von der Obersten Heeresleitung, der früheren Reichsleitung, der Schwerindustrie, den Alldeutschen und seinen sonstigen Gegnern sabotierten englischen Friedensangebot umfälscht.

Das ist Herr Erzberger, von dem nichts die schwere, unsühnbare Schuld abwaschen wird, daß er im Sommer 1917 die damals heranreifende Friedensmöglichkeit zerstört hat, der in der Zeit, in der unsere Feinde unter dem Druck des U-Bootkrieges, unserer militärischen Erfolge und des beginnenden russischen Zusammenbruchs weich zu werden anfingen, sich von dem österreichischen Kaiser und mehr noch von dessen bourbonisch-parmesischer Verwandtschaft für die Sabotierung des deutschen Willens zum Widerstand einfangen ließ.

Das ist Herr Erzberger, der im entscheidenden Augenblick des Krieges im Sinne seiner habsburg-bourbonischen Auftraggeber die deutsche Politik mit seiner Juli-Aktion hinterrücks überfiel, im deutschen Volk den Glauben an den Sieg und damit die Kraft zum Siege zerstörte, bei unseren Feinden den wankenden Glauben

[5]) Die Nachlässigkeit und Ungenauigkeit von Hemmer und Driesen wurden im Prozeß erörtert. Siehe *Prozeß*, S. 246—258, 1043 f.

an den Sieg wieder aufrichtete und den Willen zum Sieg neu bestärkte; der hinter dem Rücken des österreichisch-ungarischen Außenministers sich dessen zum Druck auf den deutschen Kaiser verfaßten Geheimbericht von dem österreichischen Kaiser aushändigen ließ, der diesen verhängnisvollen Geheimbericht in Parteiversammlungen preisgab und ihn nach der Aussage des Grafen Czernin zur Kenntnis unserer Feinde gelangen ließ; der damit nach dem Zeugnis unserer Feinde selbst ihnen die volle Gewißheit des Sieges gab und jede Geneigtheit, sich mit uns über einen ehrenvollen Frieden zu verständigen, endgültig ausrottete!

Das ist Herr Erzberger, dessen Name mit Recht unter dem elenden Waffenstillstandsvertrag steht.

Das ist Herr Erzberger, der während des Waffenstillstands der Entente half, uns finanziell zu knebeln, der unsere Handelsflotte in die Häfen der Entente steuerte!

Das ist Herr Erzberger, der uns nach Versailles geführt hat, der während der Friedensverhandlungen den Feinden seine Bereitwilligkeit zu erkennen gab, den Schand- und Knechtschaftsfrieden bedingungslos zu unterzeichnen, der damit die Auslieferung des Kaisers und anderer deutscher Männer auf dem Gewissen hat, der aber in Erkenntnis seines Werkes sich vor der Unterzeichnung seines Friedens zu drücken wußte!

Das ist Herr Erzberger, dessen Name trotzdem für alle Zeit mit Deutschlands Not und Deutschlands Schmach unlösbar verbunden sein wird!

Das ist Herr Erzberger, der das deutsche Volk mit dem geringen moralischen, politischen und wirtschaftlichen Kapital, das es aus dem Zusammenbruch noch gerettet hat, zur gänzlichen Vernichtung führen wird, wenn ihm nicht endlich das Handwerk gelegt wird!

Deshalb gibt es für das deutsche Volk nur eine Rettung. Überall im Lande muß mit unwiderstehlicher Gewalt der Ruf ertönen:

Fort mit Erzberger!"[6])

Solche Anschuldigungen, aus dem Munde eines Mannes von der Bedeutung Helfferichs, konnte Erzberger nicht ignorieren; er reichte eine Beleidungsklage ein, obwohl ihm klar war, daß der kommende Prozeß, wie er auch ausgehe, ihn mehrere Monate lang von seinen drängenden politischen Aufgaben abhalten würde, und obwohl er wußte, daß die Besonderheiten des deutschen Beleidigungsstrafrechts es Helfferich ermöglichen dürften, seine, Erzbergers, gesamte Vergangenheit genau zu durchleuchten. Helfferich warf ihm drei Vergehen vor: 1) Verstöße gegen die Wohlanständigkeit, 2) gewohnheitsmäßige Unwahrhaftigkeit und 3) Vermischung persönlicher Geldinteressen mit politischer Tätigkeit. Zu Beginn der Verhandlung hatte Helfferich, wie wir sehen werden, zu jedem der drei Punkte nur sehr wenig Material, er sammelte jedoch zusätzliches Beweismaterial im Verlauf des Prozesses. Nach deutschem Recht war es dem Angeklagten gestattet, neue Tatsachen (die in der ursprünglichen beleidigenden Äußerung nicht erwähnt worden waren) vorzulegen, wenn sie die früheren Anschuldigungen in irgendeiner Form bestätigten. Helfferichs Vorwürfe richteten sich all-

[6]) Karl Helfferich, *Fort mit Erzberger!*, Berlin 1919, S. 81 ff.

gemein gegen Erzbergers Charakter: zum Beispiel, daß er Politik und persönliche Geldinteressen vermischt habe. Das Gericht ließ es zu, daß jedes Ereignis in Erzbergers Vergangenheit (gleichgültig, ob es in Helfferichs Artikeln erwähnt worden war oder nicht) zur Sprache gebracht wurde, wenn es für die Frage, ob er Geschäfte mit Politik verquickt habe oder nicht, von Bedeutung sein konnte. Da nach der Sachlage Erzberger der Hauptzeuge sein mußte, war er damit einem Kreuzverhör über alles und jedes aus seinem bisherigen Leben ausgesetzt. Es steht dem Historiker, der den wertvollen stenographischen Bericht über den Prozeß benutzt, nicht an, sich darüber zu beklagen, aber Erzberger befand sich in einer unerträglichen Situation. Was während der Gerichtsverhandlung geäußert wurde, durfte nicht zum Gegenstand einer Beleidigungsklage gemacht werden, wurde aber von jeder deutschen Zeitung abgedruckt. Auf diese Weise hatte Helfferich bei seiner Rufmord-Kampagne alle Vorteile auf seiner Seite.[7])

Die Staatsanwaltschaft erklärte, das öffentliche Interesse sei berührt, und übernahm die formale Anklage. Dies erwies sich als schwerer Nachteil für Erzberger, da die beiden Staatsanwälte, Oberstaatsanwalt Krause und Erster Staatsanwalt von Clausewitz, im Laufe der Verhandlung zu der Überzeugung kamen, daß Helfferichs Anschuldigungen im wesentlichen berechtigt seien. Ihre Schlußplädoyers klangen eher wie eine Anklage gegen Erzberger als gegen Helfferich, obwohl dieser auf der Anklagebank saß. Dagegen ließ sich formell nichts sagen, da in Deutschland der Staatsanwalt als unparteiischer Beamter und nicht eigentlich als Partei im Verfahren gilt; dennoch machte die Tatsache, daß die Staatsanwälte, die Helfferich zunächst angegriffen hatten, ihn nunmehr verteidigten, einen tiefen Eindruck auf die Öffentlichkeit. Das wäre im Kaiserreich bei Beleidigung eines Ministers durch einen Privatmann undenkbar gewesen.[8])

## Der Beginn der Verhandlung und Hirschfelds Attentatsversuch

Der Prozeß Erzberger-Helfferich fand vom 19. Januar bis 12. März 1920 vor der 6. Strafkammer des Landgerichts I in Berlin-Moabit statt. Die Szene in dem Verhandlungsraum ist wie folgt geschildert worden:

---

7) Die schwierige Rechtslage, in der sich Erzberger befand, wird untersucht von Löwenstein, *op. cit.*, S. 1 ff. Helfferichs dringender Wunsch, wegen Beleidigung angeklagt zu werden, geht aus seinen beiden Briefen an den Reichspräsidenten Ebert vom 17. August und 5. September 1919 hervor, in denen er sich darüber beklagt, daß Erzberger und die Regierung keine Klage erhoben hätten. *Prozeß*, S. 986. Erzbergers Anwälte bestritten, daß die Einreichung der Klage verzögert worden sei, und bezeichneten Helfferichs Durchstöbern der gesamten Vergangenheit Erzbergers als ein Attentat auf die persönliche Freiheit. *Prozeß*, S. 25 f., 939 f.

8) Eyck, *op. cit.*, S. 197 ff. Eycks Schilderung ist die beste kurze Darstellung des Prozesses, in der Sachkenntnis des interessierten Zeitgenossen mit klarer Analyse der rechtlichen Probleme gepaart ist. Die Hauptquellen für den Prozeß sind der stenographische Bericht (1050 Seiten), zitiert als: *Prozeß*; Löwenstein, *op. cit.*; und „A“ [Adolf Stein] *Gerichtstage über Erzberger*, Berlin 1920, ein glänzender Bericht von einem rechtsstehenden Journalisten.

„Das Bild des Saales war vom ersten bis zum letzten Tage durchweg das gleiche. Unter dem Ölgemälde Friedrich Wilhelm III., des ‚geistvollsten' aller Hohenzollern, drängte Stuhl an Stuhl das Publikum. Meist Vertreter der höheren Gesellschaftsklassen, vorwiegend das weibliche Element, von der hochkonservativen Stiftsdame an bis zur jugendlichen Kaffeeschwester... Die lachenden Damen verglich Matthias Erzberger einmal mit den kapitolinischen Gänsen, die noch immer durch ihr Geschnatter das Vaterland zu retten vermeinen."[9])

Der Vorsitzende, Landgerichtsdirektor Baumbach, bemühte sich gewissenhaft, politische Leidenschaften aus dem Gerichtssaal fernzuhalten, blieb aber damit ohne jeden Erfolg. Trotz wiederholter Ermahnungen des Gerichts brachten die Zuschauer ihre Sympathie für Helfferich zum Ausdruck und lachten Erzberger aus. Die Drohung, die Tribünen räumen zu lassen, wurde nie wahrgemacht. Am Richtertisch saßen Männer, die der parlamentarischen Republik feindlich gesinnt waren. Richter und Staatsanwälte waren in gleichem Maße in der engen bürokratischen Tradition erzogen worden, die nichts von der Wirklichkeit des parlamentarischen Lebens wußte. Sie machten keinen Hehl aus ihrer Verachtung für einen Parteipolitiker und waren empört, wenn sie sahen, daß sich ein Abgeordneter anders verhielt, als es ihrem althergebrachten bürokratischen Ehrenkodex entsprach. Insbesondere waren sie gegen einen Abgeordneten, der sich auf Geschäfte einließ, die einem Beamten nicht gut angestanden hätten:

„Es ist nicht leicht, aus seiner Haut herauszukommen, und die Haut unserer höheren Beamten ist bekanntlich in einer anderen politischen Ära gewachsen. Ist vielleicht das kleine Beispiel des Gerichtsdieners Kassube von Moabit typisch? Wurde Bethmann Hollweg oder eine andere Größe des alten Reiches als Zeuge vorgerufen, so ging Kassube hinaus und bat den Betreffenden hinein; war der Vorgerufene aber ein Minister des republikanischen Deutschlands, so riß er die Tür auf und rief mit Stentorstimme in den Flur: ‚Minister –!'"[10])

Die Sitzung wurde fast jeden Tag mit einem sorgfältig vorbereiteten Angriff Helfferichs eröffnet, der schon im voraus an die Presse verteilt worden war. Dennoch gelang es Helfferich, den Eindruck der Spontanität zu erwecken. Er verband eine genaue Beherrschung der im Laufe der Verhandlung zusammengetragenen unentwirrbaren Masse von Einzelheiten mit scharfer Logik und Schlagfertigkeit. Sein leidenschaftlicher Haß gegen Erzberger und gegen das republikanische Regime gab seinen Argumenten eine emotionale Kraft, die sie für diejenigen, die bereit waren, seine Prämissen zu akzeptieren, noch überzeugender machten. Helfferich sprach mindestens so sehr für die Tribünen wie für das Gericht. Er wußte, daß er wenig Aussicht hatte, einen juristischen Sieg zu erringen, da der formale Tatbestand einer Beleidigung zweifellos vorlag. Er erstrebte einen moralischen Sieg, der darin bestehen sollte, daß das Gericht seine Anschuldigungen im wesentlichen als berechtigt anerkenne; wenn er seine größeren poli-

---

[9]) Fritz Zinnecke, *Erzberger gegen Helfferich*, Berlin 1920, S. 8.
[10]) *Ibid.*, S. 7.

tischen Ziele erreichen konnte, war er bereit, die Verurteilung zu einer nominellen Geldstrafe hinzunehmen. Daß der eigentliche Kampf vor dem Forum der öffentlichen Meinung ausgefochten wurde, vergaß er nie. Seine freie Zeit verbrachte er während des Prozesses damit, Journalisten zu informieren. Helfferichs Anwalt war der bekannteste Strafverteidiger Deutschlands, Dr. Max Alsberg, der sich als ein wahres Genie bei der Bewältigung des ständig anwachsenden neuen Materials erwies, das Helfferich im Verlauf des Prozesses aus allen Teilen Deutschlands zufloß.[11])

Auf Helfferichs Anklage folgte meist Erzbergers Verteidigung — ein Verfahren, das wirksam verschleierte, daß Helfferich, und nicht Erzberger, der Angeklagte war. Oft fehlte Erzbergers Auftreten im Gerichtssaal die gewohnte Durchschlagskraft. Da er bis zum Vorabend der Verhandlung von seiner großen Finanzreform stark in Anspruch genommen war, verfügte er nicht über Helfferichs Beherrschung der Einzelheiten. Sein Redestil brauchte die zustimmende Reaktion der Zuhörer, und er fühlte sich gehemmt, wenn er vor einer Gruppe ihm feindselig gesinnter Menschen sprach, die seine stärksten Argumente mit eisigem Schweigen oder ungläubigem Lachen beantworteten. Angriff, und nicht Verteidigung, war seit jeher seine stärkste Seite gewesen. Sein Hauptverteidiger, der ehrwürdige Rechtsanwalt von Gordon, hatte ihm geraten, politische Rededuelle zu vermeiden und sich an die zur Diskussion stehenden Tatsachen zu halten. Das mag ein vernünftiger Rat für das Auftreten vor Gericht gewesen sein, hinderte Erzberger aber daran, dem Eindruck, den Helfferich auf die Zeitungsleser machte, entgegenzuwirken. Sein zweiter Berater, Rechtsanwalt Dr. Friedländer, riet ihm zum politischen Gegenangriff mit dem Ziel, die reaktionäre Haltung Helfferichs, der Richter und der Staatsanwaltschaft aufzuzeigen. Da Erzberger diesem Rat nur wenige Male folgte, versäumte er die Gelegenheit, bei den republikanischen Kreisen außerhalb des Gerichtssaals moralische Erfolge zu erzielen. Sein optimistisches Temperament, gestärkt durch das subjektive Gefühl, im Recht zu sein, ließ ihn hoffen, daß die Verhandlung in fairer Weise geführt werde, wenn auch das Gericht ihm gegenüber voreingenommen sein mochte.[12])

Fast hätte der Prozeß ein vorzeitiges Ende gefunden, als ein verhetzter entlassener Offiziersanwärter, Oltwig von Hirschfeld, am 26. Januar 1920 versuchte, Erzberger beim Verlassen des Gerichtsgebäudes zu ermorden. Dieser Anschlag und der darauffolgende Mordprozeß werfen ein grelles Licht auf die damals herrschende Atmosphäre. Hirschfeld hatte an diesem Tage als Zuschauer dem Prozeß beigewohnt und war dem Minister zu dem wartenden Auto gefolgt. Als

---

11) *Ibid.*, S. 8 f. Helfferich erhielt einiges Material von einem gewissen Semer, einem päpstlichen Kammerherrn, der sich als enger Freund Erzbergers ausgab, 1921 hinter seinem Sarge herschritt und bei der Geldsammlung für eine Gedenkkapelle die Führung übernahm. Erzberger hat von Semers unehrenhaftem Verhalten zur Zeit des Prozesses nichts gewußt. Siehe einen Aufsatz von J. André in: *Deutsches Volksblatt*, 1. Februar 1925. Abschrift in: *Erzberger Dokumente*, Akte 27.

12) Zinnecke, *op. cit.*, S. 9 f.

Erzberger gerade im Fond des Wagens neben seinem persönlichen Mitarbeiter Dr. Hemmer Platz genommen hatte und noch einen Augenblick mit seinem Rechtsanwalt Dr. Friedländer sprach, sprang Hirschfeld auf das Trittbrett des Autos. Der junge Mann gab zwei Schüsse auf Erzberger ab, ehe er von den Umstehenden niedergeschlagen wurde. Die erste Kugel verursachte eine schmerzhafte Wunde in Erzbergers rechter Schulter. Die zweite drang durch seine Weste, prallte aber an der goldenen Uhrkette ab, so daß sie nicht in die Lunge eindrang. Der Minister erlitt einen erheblichen Blutverlust und wurde sofort ins Krankenhaus gebracht. Er selbst glaubte, dem Tode wie durch ein Wunder entgangen zu sein.[13])

Hirschfeld wurde am 21. Februar 1920 vor Gericht gestellt. Sein Anwalt schilderte eingehend seine Vergangenheit, um seine idealistischen Motive deutlich zu machen. Im Jahr 1899 als Sohn eines Kaufmanns geboren, trat er auf Wunsch seiner Eltern in die Armee ein und erhielt in einer Kadettenanstalt die Ausbildung zum Offizier. Er kam gegen Ende des Krieges noch ins Feld und wurde zweimal verwundet. Später meldete er sich zu den Regierungstruppen, die im Januar 1919 den Spartakistenaufstand in Berlin niederschlugen, wußte aber, nachdem die Ordnung in Deutschland wiederhergestellt war, nicht mehr, was er mit sich anfangen sollte. Da sein Wunsch, Offizier zu werden, durch die Abrüstungsbedingungen des Versailler Vertrages vereitelt worden war, dachte er vage daran, wie sein Vater Kaufmann zu werden.

Vor Gericht sagte Hirschfeld aus, er habe 1919 angefangen, Zeitungen und Broschüren zu lesen, um festzustellen, wer für Deutschlands traurige Lage verantwortlich sei. Dabei sei er auf Helfferichs Broschüre „Fort mit Erzberger!" gestoßen, die ihn überzeugte, daß Erzberger die Hauptverantwortung für Deutschlands Zusammenbruch trage und wissentlich gegen das Allgemeinwohl gearbeitet habe. Hirschfeld glaubte auch, Erzberger werde von der englischen Regierung für seine unpatriotischen Taten bezahlt, und er meinte, Helfferichs Aufforderung, Erzberger zu entfernen, müsse wörtlich genommen werden. So faßte er – ohne Mithelfer – den Plan, ein Attentat auf Erzberger zu verüben.

Vom Vorsitzenden gefragt, wie er bei seiner Jugend und seiner mangelnden Bildung von der Richtigkeit seiner Ansichten so überzeugt sein könne, daß er damit einen Mord rechtfertigen wolle, erwiderte Hirschfeld, er habe nach besten Kräften die Wahrheit gesucht und er habe sich in seiner Überzeugung dadurch bestätigt gefühlt, daß ein so berühmter Mann wie Dr. Helfferich sie teile. Er bestand darauf, die Schlußseiten von Helfferichs Broschüre zu den Akten zu geben, weil sie seine Motive erklärten.

Hirschfelds Anwalt beschaffte von den Lehrern und militärischen Vorgesetzten seines Klienten Zeugnisse über seinen Charakter, die alle günstig aus-

---

[13]) Eine gute Schilderung des Verbrechens findet sich in: *Hamburger Nachrichten*, 21. und 22. Februar 1920, wo fast wörtlich über den Prozeß gegen Hirschfeld berichtet wird.

fielen. Hirschfelds Mutter, die er in den Zeugenstand rief, lobte ihren Jungen und zitierte einige freundliche Briefe über ihren Sohn, die sie vor kurzem erhalten hatte. Ein Heidelberger Professor hatte ihr geschrieben, alle großen historischen Taten seien von einem einzelnen vollbracht worden. Der Verteidiger verglich Hirschfelds Handlung mit Ciceros Feldzug gegen Catilina. Einschränkend gestand er zwar zu, daß der politische Mord an sich zu verurteilen sei, verband dies aber mit einem Angriff gegen Erzberger als den Mann, der in Deutschland politische Verhältnisse geschaffen habe, unter denen Mordfälle unweigerlich zunehmen müßten.

Hirschfeld gab nicht vor, seine Tat zu bereuen; viele Zuschauer, meistens Damen, die einen verhandlungsfreien Tag im Erzberger-Helfferich-Prozeß benutzten (er war vertagt worden, damit Erzberger über den Attentatsversuch aussagen könne), billigten Hirschfelds männliche Haltung. Dem Rat seines Verteidigers wenigstens insoweit folgend, behauptete er, er habe Erzberger nur verwunden, nicht töten wollen, eine passende Entschuldigung für seine geringe Treffsicherheit. Jeder Tag, den Erzberger an der Macht bleibe, füge Deutschland offensichtlich Schaden zu, und da er fürchte, daß der Helfferich-Prozeß, wenn er auch mit Sicherheit zu Erzbergers Ruin führen werde, noch Monate dauern könne, habe er es für notwendig gehalten, zu handeln, um das Wohl Deutschlands zu fördern. Es gelang Hirschfeld, das Gericht von den edlen Motiven seiner Tat zu überzeugen, und er wurde nur zu einer Gefängnisstrafe von achtzehn Monaten verurteilt. Dieses lächerlich milde Urteil dürfte nicht dazu angetan gewesen sein, weitere Attentatsversuche gegen republikanische Minister zu vereiteln.[14])

## Das Ende des Prozesses

Nach dem Attentatsversuch wäre es Erzberger ohne weiteres möglich gewesen, eine unbegrenzte Hinausschiebung des Prozesses dadurch zu erzwingen, daß er drei Tage nicht vor Gericht erschienen wäre (die höchste zulässige Vertagungszeit). Die Sympathie der Öffentlichkeit hatte sich ihm (allerdings keineswegs einstimmig) nach dem Anschlag Hirschfelds wieder zugewandt, und man hätte volles Verständnis dafür gehabt, wenn er sich erst von seinen Verletzungen erholt hätte, ehe er den Kampf vor Gericht wieder aufnahm. Doch Erzberger zwang sich, entgegen dem Rat seines Arztes, wieder aufzustehen, um den Prozeß zu einem Ende zu bringen. Wie stets war er auch hier bestrebt, mit einer begonnenen Sache so rasch wie möglich fertig zu werden; außerdem glaubte er wahrscheinlich auch weiterhin noch an einen günstigen Ausgang der Verhandlung.[15])

---

14) Alle Einzelheiten siehe *ibid.*
15) Löwenstein, *op. cit.*, S. I—VIII.

Es ist hier nicht der Ort, alle Einzelfälle zu erörtern, die bei der Verhandlung zur Sprache kamen. Helfferich hatte Erzberger Verstöße gegen die Wohlanständigkeit vorgeworfen und dabei die Entwendung der Briefe des Flottenvereins im Fall Janke und seine angebliche Drohung vom Juli 1919, seine Gegner an die Entente auszuliefern, als Hauptbeispiele angeführt. Diese beiden Fälle sind bereits in Kapitel III und XIII erörtert worden. Hinsichtlich der ersten Anschuldigung entschied das Gericht gegen Erzberger, die zweite sah es nicht als gerechtfertigt an. Einige weitere Beispiele für Verstöße gegen den Anstand werden noch im Zusammenhang mit dem Fall Berger unten behandelt werden.[16])

Der zweite Hauptvorwurf, den Helfferich gegen Erzberger erhob, bezog sich auf häufiges wissentliches Abweichen von der Wahrheit. Die Anschuldigung stützte sich vor allem auf Erzbergers angeblichen Meineid bei der Pöplau-Affäre, die in Anhang II erörtert wird. Zweitens wurde ihm Meineid gelegentlich einer Erklärung vorgeworfen, die Erzberger bei einer Fraktionssitzung des Zentrums über Bethmanns Ansichten zur Kriegsfinanzwirtschaft abgegeben hatte; dieser Punkt wird in Anhang VII behandelt. Die drei weiteren Belege Helfferichs entstammten alle den politischen Konflikten des Jahres 1917, die zusammen mit dem Beweismaterial bereits in Kapitel VIII erörtert wurden. Im Verlauf des Prozesses kamen einige weitere Fälle möglichen Meineides zur Sprache, die nach Ansicht des Gerichts den Vorwurf gewohnheitsmäßiger Unwahrheit wohl zu stützen vermochten.[17])

Den größten Zeitaufwand während der Verhandlung erforderte die Erörterung von etwa zweiundvierzig Fällen, in denen Erzberger angeblich Geschäfte und Politik in unangemessener Weise verquickt hatte. Das Gericht hat in sieben Fällen den Wahrheitsbeweis für erbracht, in fünfunddreißig Fällen für unbewiesen erachtet. Der wichtigste Fall, in dem es sich um seine Beziehung zu August Thyssen handelte, ist in Kapitel V und im Anhang V erörtert. Einzelheiten über einige andere Fälle, die interessante Einsichten in Erzbergers Charakter gewähren, finden sich in Anhang VII. Hier beschränken wir uns auf drei Fälle, in denen das Gericht den Wahrheitsbeweis für erbracht erachtete: seine Beziehungen zur Firma Berger, zur Hapag und zur Firma Rechberg.

Julius Berger, ein Berliner Geschäftsmann, war Eigentümer einer Tiefbaugesellschaft, die sich auf Regierungsaufträge spezialisiert und einige Teile des Kaiser-Wilhelm-Kanals gebaut hatte. Dabei waren Differenzen mit der Regierung entstanden über Zahlungsbedingungen und Qualität der geleisteten Arbeit, die vor einem Schiedsgericht ausgetragen wurden. Zwischen Oktober 1915 und Mai 1917 fungierte Erzberger auf Bergers Wunsch in verschiedenen Fällen als Schiedsrichter. Helfferich hielt es für unangebracht, daß ein Abgeordneter das

16) *Prozeß*, S. 1046—1053.
17) *Ibid.*, S. 1032—1046. Löwenstein, *op. cit.*, S. I—VIII, behandelt auch das Scheitern des späteren Verfahrens wegen Meineides.

Schiedsrichteramt in Fällen übernehme, in denen gegen die Regierung geklagt werde; er wies darauf hin, daß Erzberger sich am 17. Februar 1914 in der Budgetkommission des Reichstags für ähnliche Schadensersatzansprüche wie die der Firma Berger eingesetzt habe (wenn auch für eine andere Firma). Daraus schloß Helfferich, Berger habe Erzberger das gutbezahlte Schiedsrichteramt als Belohnung für die Ansichten angetragen, die er bei der Wahrnehmung seiner Abgeordnetenpflichten geäußert habe; dieses Verhalten bezeichnete Helfferich als unangemessene Vermischung von persönlichen Geldinteressen mit politischen Angelegenheiten. Auf die Frage, warum er Erzberger gewählt habe, antwortete Berger, er habe seine Sachkenntnisse im Kanalbau und seinen Ruf, „Rückgrat gegenüber den Behörden" zu zeigen, geschätzt.[18]) Der Gerichtshof erkannte mit der ihm zugrunde liegenden puristischen Auffassung über das Verhalten von Abgeordneten in geschäftlichen Angelegenheiten die Berechtigung der Anschuldigungen Helfferichs an. Die Tatsache, daß verschiedene andere Abgeordnete, darunter der Führer der Demokratischen Partei, Eugen Schiffer, ebenfalls als Schiedsrichter tätig gewesen waren, ohne dadurch Unwillen zu erregen, ließen die Richter außer acht.

Einige andere Aspekte von Erzbergers Beziehungen zu Berger gaben eher Anlaß zu berechtigter Kritik. Nach Aussage von zwei verärgerten früheren Angestellten der Firma Berger hatte Erzberger Geheiminformationen von der Firma erhalten, während er für sie als Schiedsrichter fungierte, eine Praxis, die zwar ohne Zweifel häufig geübt wird, die aber im Prinzip unzulässig ist. Schlimmer war freilich, daß Erzberger von Berger einen Sitz im Aufsichtsrat angeboten erhielt, während er noch Schiedsrichter war. Diesen Vorschlag hatte Erzberger nicht kategorisch abgelehnt, sondern lediglich erwidert, er müsse sich erst mit Thyssen beraten, bevor er annehmen könne. Thyssen stimmte zu, ehe der letzte Schiedsgerichtsfall am 24. Mai 1917 entschieden war. Erzberger trat am 14. Juni 1917, also nur drei Wochen nach Beendigung seiner Schiedsrichtertätigkeit, in den Aufsichtsrat ein. Dieser fragwürdige Schritt wurde um so umstrittener, weil Erzberger auf Bergers ursprüngliche Anfrage eine ausweichende statt einer eindeutig negativen Antwort gegeben hatte. Es besteht kein Grund zu der Annahme, daß Berger die Absicht hatte, Erzberger zu bestechen oder daß Erzberger sich von der Aussicht, Mitglied des Aufsichtsrats zu werden, in seinen Entscheidungen beeinflussen ließ. Berger hatte viele Gründe, Erzberger für seinen Aufsichtsrat zu gewinnen: seine Sachkenntnis im Kanalbau, seine enge Beziehung zu Thyssen, von dem Berger Stahl kaufte, und seine einflußreiche Position, die gegenüber behördlichen Anordnungen die Geschäfte erleichtern konnte. Diese Gründe machen die Bestechungshypothese völlig überflüssig, dennoch können sie weder Berger noch Erzberger davon entlasten, einen im Grunde unangebrachten Vorschlag gemacht beziehungsweise nicht abgelehnt zu haben. Es darf

---

18) *Prozeß*, S. 343.

jedoch nicht vergessen werden, daß Erzbergers schiedsrichterliche Entscheidung zuungunsten der Firma Berger ausfiel, eine Tatsache, die beweist, daß sein Verhalten zwar unangemessen, aber nicht korrupt war.[19])

Erzbergers Beziehungen zur Hapag lassen einen bemerkenswerten Mangel an Urteilskraft erkennen. Er hatte, wie wir gesehen haben, im Laufe der Waffenstillstandsverhandlungen in Trier versprochen, die deutsche Handelsflotte einem Weltschiffahrtskartell zur Verfügung zu stellen, weil er dadurch erreichen wollte, daß Deutschland mit Lebensmitteln versorgt werde. Seine Feinde in Deutschland hatten dieses Versprechen als leichtfertiges und unnötiges Nachgeben verurteilt und richtig vorausgesagt, Deutschland werde die Schiffe niemals zurückerhalten. Erzberger dachte anders. Um sein Vertrauen kundzutun, kaufte er am 27. Januar 40 Aktien der Hapag zu einem Kurs von 94 und am 28. März 1919 weitere 60 zu einem Kurs von 92. Seinem Freunde Giesberts, dem Postminister, legte er nahe, das gleiche zu tun und, er versuchte nicht, diesen Aktienkauf zu verheimlichen – im Gegenteil, er behauptete später, er habe diesen Kauf so bekannt wie nur möglich gemacht, damit das öffentliche Vertrauen hinsichtlich der Rückgabe der Schiffe gefestigt werde. Erzbergers Verhalten war in zwei Punkten fragwürdig. Als Kabinettsmitglied wußte er, was der Allgemeinheit nicht so genau bekannt war, daß die Regierung den Reedereien großzügige Entschädigungen zahlen würde, falls die Alliierten sich weigern sollten, die Schiffe zurückzugeben. Ferner sollte er als Finanzminister demnächst an den Entschädigungsverhandlungen mit den Reedereien beteiligt sein, nachdem die Schiffe durch den Versailler Vertrag verlorengegangen waren. Er hätte also seine Aktien spätestens im Juli 1919 verkaufen müssen, tat es jedoch erst am 26. November 1919, als sie bei 114 standen. Die Kurssteigerung seit März beruhte größtenteils auf der Inflation, wurde aber auch durch die Aussicht auf baldige Entschädigung durch das Reich gefördert. Die Reeder hatten während der vorangegangenen Monate Vorschüsse für den Wiederaufbau bekommen und sollten ab Dezember Entschädigungen erhalten (was Erzbergers Verkauf am 26. November wohl erklärt). Erzberger betonte vor Gericht, er habe die Reeder veranlaßt, die Vorschüsse für den Wiederaufbau und nicht zu Dividendenzahlungen zu benutzen – so daß er also persönlich nicht habe davon profitieren können. Die Tatsache blieb jedoch bestehen, daß er als Finanzminister mit einer Gesellschaft verhandelte, von der

[19]) Der Fall Berger wird erörtert in: *Prozeß*, S. 312—388, 813—818, 867 f., 892—895, 921, 952 f., 957 f., 1011 bis 1015. Erzbergers Verhalten wird von Löwenstein, *op. cit.*, S. 15—21, verteidigt. Verschiedene Vorwürfe Helfferichs wurden als geringfügig angesehen. Erzberger hatte am 8. Oktober 1918, als er Aktionär der Gesellschaft war, dem Kriegsminister Scheuch nahegelegt, Berger auf die Liste der Empfänger des Eisernen Kreuzes zweiter Klasse zu setzen. Der schwerste Vorwurf gegen Erzberger war, er habe am 27. Januar 1919 einen Brief an den nachfolgenden preußischen Kriegsminister Oberst Reinhardt geschrieben, in dem er Schadensersatzansprüche der Firma Berger gegen die Regierung unterstützte. Feinde Erzbergers, die im Kriegsministerium angestellt waren, hatten diesen Brief Helfferich ausgehändigt, ein zweifelhaftes Verfahren, das Bedenken gegen Helfferich auslöste, weil gerade er Erzbergers Methoden, Informationen zu erlangen, anprangerte. *Prozeß*, S. 794—798. Reinhardt lehnte die Ansprüche der Firma Berger ab; sie wurden jedoch durch eine schiedsrichterliche Entscheidung vom 8. Januar 1920 voll anerkannt. Erzberger hatte nicht zugunsten der Firma interveniert, sondern lediglich gefordert, einen Anspruch zu befriedigen, dessen Rechtmäßigkeit bald von einer unabhängigen Behörde anerkannt wurde.

er Aktien besaß. Es spricht nichts dafür, daß er sich von verwerflichen Motiven hat leiten lassen, dennoch war sein Verhalten in höchstem Maße unpassend und zeigte sträfliche Nachlässigkeit in einem Punkt, der jedem, der im öffentlichen Leben steht, wichtig sein muß – nämlich auch nur den Anschein eines Interessenkonfliktes zu vermeiden. Erzbergers Freunde empfanden es als schwierig, sein Verhalten im Hapagfall zu verteidigen, wenn sie auch betonten, daß der ursprüngliche Kauf keine Spekulation gewesen sei (da die Aktien damals nicht besonders niedrig standen). Schließlich habe er nichts unternommen, sein Verhalten vor der Öffentlichkeit zu verheimlichen und habe die Aktien verkauft, sobald er einen Interessenkonflikt erkannte, obwohl eine erhebliche Kurssteigerung unmittelbar bevorstand.[20])

Erzbergers Verbindung mit der Firma Rechberg, die eine besondere Art von Leder („Anhydat") herstellte, war aus seiner Freundschaft mit Arnold Rechberg entstanden, einem Mann mit bemerkenswerten politischen Beziehungen. Arnolds Bruder Ernst besaß eine Fabrik in Hersfeld, die ein neues Gerbverfahren entwickelt hatte, für das sich Erzberger interessierte. Aufgeschlossenheit für neue Erfindungen und immer wieder auch die optimistische Beurteilung ihrer Zukunftsaussichten waren besonders charakteristisch für ihn. Die Gebrüder Rechberg boten Erzberger im August 1916, als die Firma im Begriff stand, hohe Gewinne zu erzielen, 40 Aktien zum Nennwert an. Ein Vertrag mit dem Heeres- und Bekleidungsamt in Kassel wurde dann am 29. September 1916 unterzeichnet, der die Lieferung von Rohstoffen als Gegenleistung für das Versprechen zusicherte, die gesamte Produktion der Firma an das Kriegsministerium zu verkaufen. Auf Grund dieses Vertrages war es Rechberg möglich, 1916 und 1917 Dividenden von 12 v.H. und 1918 von 20 1/4 v. H. auszuzahlen. Auf diese Weise erzielte Erzberger hohe Gewinne aus den ursprünglich investierten 40 000 Mark, und seine Dividendeneinnahmen stiegen noch weiter an, als er im Jahr 1917 bei einer Kapitalerhöhung 60 zusätzliche Aktien erhielt.

Warum entschlossen sich die Brüder Rechberg, Erzberger zu einer Zeit an ihren hohen Gewinnen zu beteiligen, in der die Aktien nicht allgemein an das Publikum verkauft wurden? Er war kein Lederfachmann und konnte ihnen bei ihren technischen Problemen nicht helfen. Die persönliche Freundschaft mag dabei eine Rolle gespielt haben. Das Gericht kam jedoch zur der Auffassung, der Hauptgrund müsse der Wunsch gewesen sein, Erzbergers politischen Einfluß für die Angelegenheiten der Firma Rechberg einzuspannen, und sah darin einen Beweis für Helfferichs Anschuldigung, Erzberger habe persönliche Geldinteressen und Politik verquickt.

---

20) Der Hapagfall wird erörtert in: *Prozeß*, S. 568—589, 822 f., 870 f., 921 ff., 954, 1029 f. Zur Verteidigung von Erzbergers Verhalten siehe Löwenstein, *op. cit.*, S. 36—43.

Hat Erzberger tatsächlich seinen politischen Einfluß benutzt, um Vergünstigungen für die Firma zu erreichen? Aufträge konnte Rechberg auch ohne seine Fürsprache hereinholen, aber in einer Patentfrage bat er ihn einmal um Hilfe. Auf Rechbergs Wunsch suchte Erzberger in einem Brief vom 30. Dezember 1916 an das Reichsamt des Innern um die Erlaubnis nach, das Anhydatpatent nach Skandinavien zu verkaufen (obwohl ein früherer Antrag auf Grund der Kriegsbestimmungen und aus Gründen des nationalen Interesses abgelehnt worden war). Der Verkauf wurde schließlich im Juni 1917 genehmigt, und es ist möglich, daß Erzbergers Brief bei der Entscheidung des Ministeriums eine gewisse Rolle gespielt hat. Der Verkauf hat jedoch niemals stattgefunden. Der Brief wegen des Patents war das einzige, was Erzberger für die Firma Rechberg getan hat – eine Art der Hilfeleistung, wie er sie in jedem Monat Dutzenden von Firmen gewährte. Er hielt es nicht für inkorrekt, die Aufmerksamkeit der Verwaltungsbeamten auf die Probleme derjenigen zu lenken, die ihn um Empfehlungen oder Einführungen baten. Unklugerweise ignorierte jedoch Erzberger die Befürchtungen der ängstlichen deutschen Bürokraten, die hinter jedem Empfehlungsbrief aus seinem Büro eine drohende parlamentarische Aktion vermuteten.[21])

Bei der Erörterung verschiedener anderer Fälle zeigte sich, daß Erzberger viel Zeit darauf verwandt hatte, Einzelpersonen und Firmen bei ihren Auseinandersetzungen mit der Verwaltung im Kriege zu helfen, ohne sich um die objektive Berechtigung der Ansprüche, für die er eintrat, zu kümmern. Das Gericht fand dieses Verhalten wenig erfreulich und war noch unangenehmer berührt, als Erzberger in seiner Schlußrede keinerlei Reue zeigte:

„Ich habe diesen Saal mit ruhigem Gewissen betreten und verlasse ihn erhobenen Hauptes. Man hat nahezu mein ganzes Leben durchwühlt. Die Fehler des guten Charakters traten hervor: allzu große Hilfsbereitschaft, ich sage besser: Nächstenliebe auf der einen Seite, Vertrauen in die Angaben der Hilfesuchenden auf der anderen Seite... Ich habe als Abgeordneter demjenigen, der mit mir sprach und meine Hilfe erbat, manchmal zuviel vertraut. Ich fürchte aber, daß ich diese beiden Schattenseiten als unveräußerlichen Teil meines Ichs dereinst mit ins Grab nehme, weil ich an der Menschheit nicht verzweifeln will. Gewiß wurde ich auch oft ausgenutzt und mißbraucht. Ich erlahmte aber nicht im Dienste für die Ärmsten des Volkes. Witwen, Waisen, Veteranen, Kriegsbeschädigte und andere, auch Abgeordnete, haben sich mir in den letzten Wochen als Zeugen angeboten, hier zu erscheinen und zu bekunden, daß das, was hier über meine politische Tätigkeit erörtert wurde, nicht ein Zehntel pro Mille meiner gesamten Tätigkeit darstellt und darum ein ganzes Bild meiner Persönlichkeit nicht gibt, sondern eine Fratze, ein Zerrbild. Die Prozeßführung läßt dies nicht zu; aber deshalb bleibt es doch wahr, daß ich seit

---

21) Der Anhydatleder-Fall wird erörtert in: *Prozeß*, S. 429—440, 519—556, 820 f., 869, 924 ff., 1021 bis 1024. Erzbergers Verhalten wird von Löwenstein, *op. cit.*, S. 25—36, verteidigt. Technisch befand sich Erzberger in einer schlechten Position, weil er nach 1917 als parlamentarischer Vertreter im Aufsichtsrat der Kriegsledergesellschaft war, wenn es sich hier auch um einen rein dekorativen Posten handelte. Er war nicht Mitglied des Ausschusses, der den Produzenten Rohstoffe zuteilte.

Jahren der überlaufenste aller Abgeordneten bin und daß die Uneigennützigkeit meines politischen Handelns nicht in Frage gestellt werden darf."[22])

Ferner betonte Erzberger, daß er kein reicher Mann sei und viele Gelegenheiten, einer zu werden, ungenutzt gelassen habe:

„Ich habe, wie ich unter meinem Eid aussagte, wiederholt Anerbieten für Aufsichtsratsstellen abgelehnt. Ich hätte, ohne mich einem berechtigten Angriff auszusetzen, Hunderttausende und Millionen verdienen können, wenn ich gewollt hätte. Ich habe es abgelehnt und habe mir auf die ehrlichste Weise durch wirkliche Arbeit, nicht unter Ausnutzung meiner parlamentarischen Stellung, ein ganz bescheidenes Vermögen erworben. Man hat mir Millionen angedichtet, die nur in der Phantasie meiner Gegner vorhanden sind... Was ich während des Krieges mehr erworben habe, steure ich auch mir durch die von mir verabschiedeten Gesetze größtenteils weg. Wenn ich das Finanzministerium verlasse, bin ich ärmer, als ich es betreten habe. Ich war bis 1918 ein freier Abgeordneter und muß danach beurteilt werden. Ich war kein Gehaltsempfänger, ich bin auch kein Pensionsempfänger. Im Rahmen des Erlaubten, des Üblichen, des Schicklichen aber habe ich mich gehalten, wo ich mich geschäftlich betätigte, sei es bei Thyssen oder Berger oder bei den Anhydatwerken."[23])

Aufsichtsratsposten waren nichts Ungewöhnliches bei Abgeordneten; etwa 10 v. H. der Mitglieder des Reichstags, darunter auch Stresemann, Haußmann und Trimborn, saßen in Aufsichtsräten.[24])

Erzberger bestritt nicht, daß er sich gelegentlich bei der Verwaltung zugunsten von Firmen verwandt habe, an denen er oder seine Freunde finanziell interessiert waren. Daß dieses Verhalten unrecht sei, lehnte er jedoch ab:

„Ich sah immer die vermittelnde Tätigkeit der Abgeordneten, soviel Zeit und Arbeit sie auch beansprucht, als eine der schönsten Seiten der Abgeordnetenpflicht an. Hilfe leisten, wo andere nicht mehr helfen können, ist mir immer eine Freude gewesen und soll es bleiben, wenn auch jeder solcher Schritt verdächtigt wird. Solche Hilfe gewähre ich Tausenden, Bekannten und Unbekannten, Parteifreunden und Nicht-Parteifreunden. Da durfte, konnte und wollte ich meine Freunde nicht ausschließen: sie wären dann unter ein Ausnahmerecht gestellt worden. Ich heische keine Bevorzugung, sondern die Erfüllung berechtigter Wünsche im Rahmen allgemeiner Interessen."[25])

Über die vom Oberstaatsanwalt und wahrscheinlich auch von den Richtern vertretene Ansicht, es sei seine Pflicht, jedes Gesuch sorgfältig zu prüfen, ehe er es an die betreffende Behörde empfehlend weitergebe, machte Erzberger sich lustig:

„Wenn der Herr Oberstaatsanwalt meinte, ein Abgeordneter müsse jedes Gesuch, das bei ihm mit der Bitte um Vermittlung bei einer anderen Stelle eingeht, erst eingehend prüfen, ehe er es nur formal empfehlend weitergebe, so kennt der Herr

---

22) *Prozeß*, S. 971.
23) *Ibid.*, S. 971 f.
24) *Augsburger Postzeitung*, 24. August 1917.
25) *Prozeß*, S. 975.

Oberstaatsanwalt weder die Zahl solcher Gesuche noch die ungeheure Arbeitslast, die auf gewissen Abgeordneten liegt. Die empfehlende Weitergabe eines solchen Gesuches durch einen Abgeordneten bedeutet doch keine unzulässige Beeinflussung. Der Abgeordnete muß davon ausgehen, daß auch die Beamten des alten Regimes durch eine Visitenkarte, einen Brief oder einen Besuch eines Abgeordneten sich nicht abhalten lassen, pflichtgemäß zu handeln."[26])

Das Gericht fand Erzbergers Apologie nicht überzeugend und erachtete in sieben von den von Helfferich vorgebrachten zweiundvierzig Fällen den Beweis für erbracht, daß Erzberger persönliche Geldinteressen und Politik nicht in der notwendigen Weise geschieden habe. Erzbergers Sorglosigkeit, wenn es darum ging, den Schein zu wahren, konnten selbst seine Freunde nicht bestreiten, und die merkwürdige Verwendung, die er gelegentlich für sein Geld fand – wie zum Beispiel es in neue Erfindungen von zweifelhaftem Wert zu investieren –, erregte Heiterkeit bei seinen Feinden. Und doch waren gerade die Feinde ein wenig enttäuscht über den Ausgang des Prozesses, da sie sensationelle Enthüllungen erwartet hatten, daß Erzberger auf unrechtmäßigem Wege ein gewaltiges Vermögen angesammelt und es entgegen seinen eigenen Verordnungen über Kapitalflucht ins Ausland transferiert habe.

Erzbergers Feinde, so zum Teil um ihre propagandistische Beute geprellt, entschlossen sich zu einer anderen Methode, ihn zu ruinieren. Unter Beihilfe einiger Beamter des Berliner Finanzamtes stahlen sie seine persönliche Steuererklärung, ließen sie fotokopieren und veröffentlichten sie am 22. Februar 1920 in den rechtsstehenden „Hamburger Nachrichten". Die Steuererklärung schien auf den ersten Blick eine Steuerhinterziehung zu beweisen, obwohl spätere Untersuchungen ergaben, daß dieser Vorwurf unbegründet war. Die Sensation, die diese Veröffentlichung hervorrief, war ungeheuer: Erzberger, der, seitdem er Finanzminister war, die strengste Steuermoral gepredigt hatte, schien als Betrüger und Heuchler entlarvt. Er bat sofort am 24. Februar um Beurlaubung von seinem Ministeramt, bis eine eingehende Untersuchung der Anschuldigung durchgeführt sei. Die Beurlaubung dauerte bis zu seinem offiziellen Rücktritt, der einige Wochen später nach dem ungünstigen Urteil im Helfferich-Prozeß erfolgte.[27])

Freunde Erzbergers, die voraussahen, daß eine ungünstige Entscheidung unvermeidlich sein werde, drängten ihn, ein formelles Urteil zu verhindern, indem er seine ursprüngliche Beleidigungsklage gegen Helfferich kurz vor der Urteilsverkündung zurückziehe und die Staatsanwaltschaft veranlasse, das gleiche zu tun. Dieser Schritt hätte vielleicht ein günstige politische Wirkung gehabt, wäre er unmittelbar erfolgt, nachdem die beiden Staatsanwälte zur Verteidigung Helfferichs übergegangen waren, und wäre gleichzeitig ein Schlag gegen die reak-

26) *Ibid.*, S. 974.
27) *Hamburger Nachrichten*, 22. Februar 1920. Hinsichtlich der Finanzen und Steuern Erzbergers siehe Anhang VII.

tionäre Haltung der Monarchisten in der Justiz geführt worden. Jedenfalls hätte Erzberger weniger Schaden davon gehabt als von einem für ihn negativen Urteil. Doch er lehnte alle solche Ratschläge ab.[28])

Statt dessen entschloß sich Erzberger, dem Rat seines jüngeren Verteidigers Friedländer zu folgen und einen verspäteten politischen Gegenangriff zu starten. Sein Schlußwort vor Gericht enthielt einen heftigen Angriff gegen Helfferich und seine anderen Feinde. Von Helfferich sagte er:

> „Ein typischer Vertreter der abgetanen autokratischen Bürokratie und Plutokratie kämpft hier mit allen erdenklichen erlaubten und unerlaubten Mitteln gegen einen Vertreter der jungen deutschen Demokratie... Warum dieser Kampf gegen meine Person? Man will die Demokratie treffen und die ruhige Entwicklung nach aufwärts aufhalten. Die heutige Regierung soll beseitigt werden. Der Reaktion will man die Wege ebnen, unbekümmert um die sicheren unabwendbaren Folgen eines blutigen Bürgerkrieges und des völligen Zusammenbruchs Deutschlands. Dieselbe politische Blindheit, die von 1914 bis 1918 uns als Militärdiktatur regierte, hält ihre Zeit für gekommen, um durch meine politische Ausschaltung das Volk wieder zu beherrschen. Warum ist gerade meine Person in diesem Kampf das Hauptangriffsziel? Man fürchtet meine auch von den Gegnern anerkannte Energie, meinen Schaffensdrang, meine Zusammenfassung der wiederaufbauenden Kräfte und meine demokratische Gesinnung. In manchen Kreisen ist auch mein Religionsbekenntnis – ich sehe das aus sehr vielen Zuschriften – der Stein des Anstoßes. Schließlich hieß es, daß ein ehemaliger Lehrer – ich war 2 1/2 Jahre im Schulfach tätig und stehe seit 25 Jahren in der Politik – nicht das Finanzministerium führen könne."[29])

In seinen glänzenden Schlußausführungen, die denen Erzbergers folgten, bestritt Helfferich, daß er sich von persönlichem Haß gegen Erzberger oder gegen die demokratische Republik als solche habe leiten lassen. Er habe seine persönliche Ehre verteidigen wollen, erklärte er, aber er verschmähte es auch, die politische Motivierung seiner Anklage zu leugnen. Er war von der völligen Übereinstimmung seiner eigenen und der öffentlichen Interessen durchdrungen, die beide nach der sofortigen Entfernung Erzbergers aus dem Amte verlangten. Er versprach sich einen großen nationalen Aufschwung, wenn nur einmal der Krebsschaden Erzberger beseitigt sei. In seiner Schlußrede zeigte er sich, wie bei allen anderen Reden im Prozeß, zugleich leidenschaftlich und ruhig, impulsiv und logisch, besorgt und zuversichtlich. Er besaß alle Eigenschaften, um die Rolle eines Cato in der jungen deutschen Republik zu spielen.[30])

Das Gericht verkündete das Urteil am 12. März 1920. Helfferich wurde „wegen fortgesetzter übler Nachrede durch die Verbreitung von Schriften in Tateinheit mit fortgesetzter Beleidigung zu einer Geldstrafe von 300 Mark ... verurteilt", auch die Kosten des Verfahrens hatte er zu tragen. Der Vorsitzende

---

28) Haußmann berichtete von diesem durch Fehrenbach übermittelten Ratschlag im *Berliner Tageblatt*, 7. September 1921.
29) *Prozeß*, S. 969.
30) *Prozeß*, S. 978—988.

Baumbach erklärte, die geringfügige Strafe sei gerechtfertigt, weil Helfferich „der Wahrheitsbeweis im wesentlichen gelungen" sei, weil er überwiegend aus „vaterländischen Beweggründen gehandelt" habe und zu seiner scharfen Sprache durch Erzbergers Gegenangriffe gereizt worden sei. Im Hauptteil des Urteils wird dargelegt, viele Anschuldigungen Helfferichs gegen Erzberger träfen zu: so habe er sich in drei Fällen des Verstoßes gegen die Wohlanständigkeit, in sechs Fällen des Meineids und in sieben Fällen der Vermischung persönlicher Geldinteressen mit Politik schuldig gemacht. Baumbach gab folgendes Allgemeinurteil über Erzberger ab: „Der Nebenkläger ist ein Mann von zweifelloser Begabung, von vorbildlichem Fleiß, bewundernswertem Gedächtnis, großer Tatkraft und außerordentlicher Rührigkeit, aber andererseits von einem bedauerlichen Mangel an Urteilskraft und einer geradezu erstaunlichen Ungenauigkeit in allen Dingen."[31])

Das Ergebnis des Erzberger-Helfferich-Prozesses bedeutete für Erzberger das Ende seiner politischen Karriere. Er trat sofort von seinem Amt als Finanzminister zurück, um sich der Wiederherstellung seiner persönlichen Ehre zu widmen. Die Anrufung des Reichsgerichts scheiterte, da es bei den strittigen Punkten nur um tatsächliche Vorgänge und nicht um Rechtsfragen ging (21. Dezember 1920). Die Feststellung gewohnheitsmäßiger Unwahrhaftigkeit hatte Erzberger am meisten geschadet, und er bestand darauf, daß ein Verfahren wegen Meineids gegen ihn eingeleitet werde, damit diese Fälle eingehend geprüft werden könnten. Die Voruntersuchung ergab am 29. Juni 1921, daß das Beweismaterial die Einleitung eines Gerichtsverfahrens nicht rechtfertige, was auf die Voreingenommenheit des früheren Gerichts ein bezeichnendes Licht wirft. Auch der Vorwurf der Steuerhinterziehung, den die Volksmeinung mit dem Prozeßergebnis in Zusammenhang brachte, erwies sich bei näherer Untersuchung als unbegründet.[32]) Es blieben die Anschuldigungen des Verstoßes gegen die Wohlanständigkeit und der Vermischung politischer und geschäftlicher Dinge.

Erzbergers Freunde behaupteten, ein ordentliches Gericht sei für die Behandlung solcher Fälle ungeeignet, da die Richter nicht imstande seien, die Realitäten des politischen Lebens zu beurteilen. Das traf vor allem für Richter zu, die in der preußischen Tradition erzogen waren. Aus ihr heraus teilten sie eine Auffassung, die den Staat als die Verkörperung der Vernunft vergötterte und dabei überging, daß er auch die Arena ist, in der soziale Konflikte ausgetragen werden. Es war Teil der preußischen Tradition, die Beteiligung von Abgeordneten an Industrieunternehmen merkwürdig streng zu beurteilen. Im kaiserlichen Deutschland fand niemand etwas dabei, wenn Abgeordnete, die große Güter besaßen, für höhere Agrarzölle oder staatliche Zuschüsse für die Pferdezucht stimmten;

---

31) *Ibid.*, S. 989—992.
32) Über Erzbergers Bemühungen um ein Revisionsverfahren und um ein Meineidsverfahren siehe Löwenstein, *op. cit.*, S. I—IX.

Abgeordnete, die Verbindungen zu Industrieunternehmen hatten, wurden jedoch mit größtem Mißtrauen betrachtet.[33])

Erzbergers Richter wollten nicht anerkennen, daß in einem modernen Parlament soziale Kräfte vertreten sind, die notwendig entgegengesetzte Ziele haben, und daß sich dies bei der Tätigkeit der Abgeordneten hinsichtlich der Gesetzgebung wie der Beeinflussung der Verwaltung auswirkt. Der Druck, den Erzberger zugunsten von Einzelpersonen und Gruppen auf die Verwaltung ausübte, war nur dann nicht korrekt, wenn er über ein gewisses Maß hinausging. Ob Erzberger diese Grenze häufig oder überhaupt jemals überschritten hat, ist schwer zu entscheiden. Es gibt zahlreiche Beweise dafür, daß viele Verwaltungsbeamte ihn fürchteten, sehr viel weniger Beweise hingegen dafür, daß sie seinen echten oder vermeintlichen Drohungen nachgegeben hätten. Ein Gericht war jedenfalls nicht das geeignetste Organ, um festzustellen, in welchem Ausmaß Erzberger solchen nachdrücklichen Einfluß aufbot, denn die Richter mißbilligten es schon grundsätzlich, daß ein Abgeordneter überhaupt Druck auf die Verwaltung ausübe. Ein Sonderausschuß des Reichstags wäre ein besseres Tribunal gewesen. Das englische Beispiel der Untersuchung der Marconi-Affäre hätte einen geeigneten Präzedenzfall abgeben können.[34])

Die Voreingenommenheit des Gerichts ist nicht der einzige Grund, die Gerechtigkeit des Urteils anzuzweifeln. Der Prozeß fand in einer Zeit heftigster politischer Leidenschaften statt, und die Richter hätten Übermenschen sein müssen, wären sie von den Empfindungen der oberen Schichten, aus denen sie stammten, unberührt geblieben. Ferner war die Besonderheit des deutschen Beleidigungsverfahrens ein Nachteil für Erzberger, da es ihn ganz auf die Verteidigung beschränkte und zuließ, daß Helfferich sein gesamtes Privatleben durchkämmte.

Unter diesen Umständen spricht es für Erzberger, daß bei dem Prozeß so wenig herauskam, was seinem Ruf auf die Dauer schaden oder seine Rückkehr in die Politik verhindern konnte, nachdem einmal die Anschuldigungen des Meineids und der Steuerhinterziehung entkräftet worden waren. Erzberger war, wie sich auch im Prozeß zeigte, impulsiv, tatkräftig, unachtsam, phantasiereich und ungenau. Seine guten und schlechten Eigenschaften waren eng miteinander verbunden. Seine Impulsivität verleitete ihn häufig zu Fehlurteilen, war aber auch die Quelle einer Verantwortungsfreudigkeit, die die Folgen nicht vorsichtig im voraus berechnete. Seiner Tatkraft verdankte er seine politische Machtstellung, aber sie verursachte ebenso jene Vielgeschäftigkeit, die ihn häufig in unnötige Konflikte verwickelte. Seine Unachtsamkeit und Ungenauigkeit sowie seine großzügige Phantasie führten ihn zu manchen fragwürdigen finanziellen Transaktionen und zur Förderung unbrauchbarer Erfindungen, lagen aber gleichfalls

33) Das „verschiedene Maß" wird erörtert bei Eyck, *op. cit.*, Bd. I, S. 200 f.
34) Zum Fall Marconi siehe Marquess of Reading, *Rufus Isaacs*, New York 1940, S. 267—315.

seinen großartigen politischen Konzeptionen und Leistungen zugrunde. Verwaltungsfachleute und Richter mußten seine Fehler mit Abscheu und seine Vorzüge mit ängstlicher Sorge betrachten. Beide Seiten seines Charakters sind bei dem Versuch, Erzbergers Karriere zu verstehen, zu berücksichtigen. Diese Karriere muß auf Grund seiner politischen Leistungen und nicht auf Grund der Einzelheiten seiner Beziehungen zu bestimmten Industrieunternehmen beurteilt werden. Seine moralischen Mängel waren groß, kamen aber niemals an Helfferichs Vorstellung eines von Grund auf unehrenhaften Mannes heran. Sein Verteidiger Friedländer sagte am Ende seines Schlußplädoyers: „Ich nehme für Erzberger in Anspruch, daß er immer das Gute und Rechte gewollt und daß er es oftmals erreicht hat. Und wenn er sich auch in der Wahl der Mittel zuweilen vergriffen hat, so zeugt ein ganzes Leben im Dienste des Volkes für ihn, um ihn nicht zum geschäftspolitischen Verbrecher stempeln zu lassen.“[35])

35) *Prozeß*, S. 941.

# XV

# Die Zeit nach dem Prozeß vom März 1920 bis August 1921

## Erzbergers Kampf um die Rehabilitierung

Der Erzberger-Helfferich-Prozeß ging am 12. März 1920 zu Ende. Schon der nächste Tag brachte den von den Feinden der Republik unternommenen Kapp-Putsch. Die Ebert-Bauer-Regierung flüchtete nach Stuttgart; ein von den Sozialdemokraten organisierter erfolgreicher Generalstreik ermöglichte ihr jedoch die baldige Rückkehr nach Berlin.[1]) Erzberger, der nicht mehr Minister war, blieb in der Hauptstadt. Als er gewarnt wurde, daß Putschisten ihn ermorden wollten, suchte er im Kloster Zum Guten Hirten in dem Berliner Bezirk Tempelhof Zuflucht.[2]) Sein Feind Helfferich war trotz seines Hasses auf die Republik zu klug, um sich an dem aussichtslosen Staatsstreich zu beteiligen. Er war sogar unglücklich darüber, weil diese Gegenrevolution die Aufmerksamkeit von seinem Triumph über Erzberger ablenkte.[3])

Nach dem Scheitern des Putsches mußten die republikanischen Kräfte erkennen, daß ihnen Erzbergers politische Energie sehr fehlte. Der Umsturzversuch hatte gezeigt, daß einflußreiche Kreise in Armee, Verwaltung und Justiz der republikanischen Regierung feindlich gesinnt oder zumindest nicht bereit waren, eindeutig gegen die Putschisten Partei zu nehmen. Eine drastische Säuberung war offensichtlich notwendig; für diese Aufgabe wäre Erzberger der gegebene Mann gewesen. Doch er war damit beschäftigt, um seine persönliche

---

1) Das beste zeitgenössische Werk, das gegen Kapp eingestellt ist, aber die wichtigsten Dokumente enthält, ist: Karl Brammer, *Fünf Tage Militärdiktatur*, Berlin 1920.
2) „A" [Adolf Stein], *Sieben-Tage-Buch. Kappregierung und Generalstreik*, Berlin 1920, S. 11.
3) Unveröffentlichte *Erinnerungen* von G. Traub, einem prominenten rechtsstehenden protestantischen Geistlichen, S. 194. Zitiert bei Lewis Hertzman, *The German National People's Party (DNVP) 1918 bis 1924*, Harvard Dissertation 1954, S. 302.

Ehre zu kämpfen — in einem Augenblick, da seine Tatkraft für die Stärkung demokratischer Institutionen in Deutschland fraglos von größtem Nutzen gewesen wäre.

Nach seinem Rücktritt war die Einstellung der Zentrumspartei zu ihrem umstrittensten Mitglied höchst zwiespältig. Der Fraktionsvorstand legte ihm mit sieben zu drei Stimmen bei zwei Enthaltungen nahe, auf sein Reichstagsmandat zu verzichten; nur Wirth, der künftige Reichskanzler, Schofer, Zentrumsführer in Baden, und Müller-Fulda, Erzbergers Kollege im Haushaltsausschuß, stellten sich entschlossen hinter den gefallenen Minister. Erzberger lehnte das Ansinnen des Verzichts ab, erklärte sich aber bereit, so lange nicht im Reichstag zu erscheinen, bis über seine Revision beim Reichsgericht entschieden worden sei.[4])

Der Exekutivausschuß der Zentrumspartei in Württemberg hingegen drängte Erzberger mit zwanzig zu zehn Stimmen bei fünf Enthaltungen, sein Mandat zu behalten.[5]) Für die auf den 6. Juni 1920 anberaumten Wahlen wurde er an die Spitze der württembergischen Landesliste gesetzt, womit seine Wiederwahl gesichert war. Dieser Entschluß erhielt seine Bestätigung durch den württembergischen Zentrumsparteitag, der am 14. Mai 1920 in Stuttgart stattfand. Bei dieser Gelegenheit hielt Erzberger eine lange Rede zur Verteidigung seines Verhaltens, die von den zahlreichen Delegierten beifällig aufgenommen wurde. 356 stimmten für, 27 gegen ihn; es erwies sich, daß die Delegierten ihm weitaus günstiger gesinnt waren als der Ausschuß. Die Führer der Partei fürchteten, er könnte eine Belastung für die Partei werden, während das Gros der Mitglieder dem Mann, der sich so lange für ihre Interessen eingesetzt hatte, die Treue hielt.[6])

Im Sommer 1920 veröffentlichte Erzberger als Teil seines Rehabilitierungsfeldzugs das Buch „Erlebnisse im Weltkrieg". Es wurde mit der ihm eigenen Geschwindigkeit geschrieben, während er — gleich nach Beendigung des Prozesses — einen kurzen Urlaub in Jordanbad, einem Kurort in der Nähe von Biberach, verbrachte. Erzberger mußte bei der Behandlung vieler Fragen große Zurückhaltung üben, weil seit den geschilderten Ereignissen erst so kurze Zeit verstrichen war. Deshalb erwähnt er in diesem Buch seinen Nachrichtendienst überhaupt nicht, und über seine diplomatischen Missionen berichtet er nur in großen Zügen. Zahlreiche Personen, mit denen er zu tun gehabt hat, werden nicht mit Namen, sondern unbestimmt als „ein Mann von weltweitem Ruf" oder „eine wichtige Persönlichkeit" bezeichnet. Die Verhandlungen mit Kolyschko in Stockholm im April 1917 deutet er auch nur an. Seine engen Beziehungen zum Vatikan werden verschwiegen, um nicht deutsche Protestanten zu verstimmen.

---

[4]) Sincton Upclair, *Erzberger kommt wieder!!!*, Berlin 1920, S. 24.
[5]) *Ibid.*
[6]) *Schwäbischer Merkur*, 15. Mai 1920.

Dagegen hebt er sein aggressives Eintreten für katholische Anliegen wie zum Beispiel in der römischen Frage oder im Fall der Heiligen Stätten in Jerusalem hervor. Die Schilderung dieser Seite seiner Tätigkeit war für die Elemente in der Zentrumspartei bestimmt, die — in ihrer blinden Wut über Erzbergers Linksorientierung — sogar die Aufrichtigkeit seines katholischen Glaubens angezweifelt hatten. Das Buch muß aus der Situation des Jahres 1920 verstanden werden; jedenfalls gehört es zu den wertvollsten Kriegserinnerungen, die bis dahin veröffentlicht worden waren. Von den oben erwähnten Auslassungen abgesehen, enthält es einen getreuen und ausführlichen Bericht über Erzbergers politische Bemühungen vom Ausbruch des Krieges bis zur Annahme des Versailler Vertrages.[7])

Der Reichsausschuß der Zentrumspartei, der am 24. Juni zusammentrat, konnte sich nicht einigen, wie man sich zu Erzberger verhalten solle, und beschloß, die Angelegenheit zu vertagen, bis über Erzbergers Revision beim Reichsgericht entschieden sei. Am 21. Dezember 1920 wies das Reichsgericht, wie allgemein vorausgesehen, die Revision gegen das Urteil zurück. Weitere Rechtsmittel gab es nicht. Der Reichsausschuß schwieg, entgegen seiner im Juni bekundeten Absicht, auch weiterhin zu dem Fall. Erzberger kam seinen Feinden in der Partei entgegen, indem er auch jetzt noch den Reichstagssitzungen fernblieb. Er bestand jedoch darauf, daß ein Meineidsverfahren gegen ihn eröffnet werde. Auf seinen Wunsch hob der Reichstag am 4. März 1921 seine parlamentarische Immunität auf. Wie die eingehende Voruntersuchung, die am 29. Juni 1921 abgeschlossen war, zeigte, genügten die Beweise nicht, um die Eröffnung eines Verfahrens zu rechtfertigen. Damit war Erzberger von dem Vorwurf des Meineids, den das Gericht als erwiesen erachtet hatte, gereinigt. Bei einer Sitzung des Reichsausschusses des Zentrums am gleichen Tage wurde ihm die Tür zur Rückkehr in die Politik wieder geöffnet, obwohl Trimborn und Fehrenbach sich nach wie vor dagegen wandten. Wirth und Giesberts setzten sich energisch für ihn ein.[8])

Der Vorwurf der Steuerhinterziehung blieb nun noch das einzige Hindernis auf Erzbergers Weg zur Rückkehr in die Politik. Er drängte auf eine baldige und gründliche Untersuchung, die im Sommer 1921 stattfand. Dabei wurden die Anschuldigungen der Steuerhinterziehung und der gesetzwidrigen Kapitalflucht untersucht; in diesem Zusammenhang hatte man die Schweizer Bischöfe von Chur und Lugano vernommen, die über die von ihm durchgeführte

---

[7]) Eine französische Übersetzung der *Erlebnisse* erschien unter dem Titel *Souvenirs de guerre*, Paris 1921, mit einem Vorwort von M. Muret. Als Beispiel einer negativen Besprechung siehe H. von Liebig, *Reichsverderber*, Berlin o. J. [1922], S. 36—76.

[8]) Zu Erzbergers Rehabilitierungsfeldzug siehe Löwenstein, *op. cit.*, S. I—VIII; Bachem, *Zentrumspartei*, Bd. IX, S. 473 f., und ein Memorandum von Karl Bachem über die Sitzung des Reichsparteiausschusses vom 29. Juni 1921, *Bachem Dokumente*, Akte 89. Die Aufhebung von Erzbergers Immunität wurde am 25. Januar 1921 (wegen Meineids) und am 4. Mai 1921 (wegen Steuerhinterziehung) erörtert. *Verhandlungen des Reichstags* (I. Wahlperiode), Bd. 347, S. 2089—2095, und Bd. 349, S. 3589—3622. Erzberger bat um die Aufhebung der Immunität in Briefen vom 15. Dezember 1920 und 24. Februar 1921.

Transferierung kirchlicher Gelder während des Krieges unterrichtet waren. Die Untersuchung war so eingehend, daß das Auswärtige Amt protestierte aus Angst, die Vertrauensmänner des Erzbergerschen Nachrichtendienstes zu gefährden. Wenige Tage vor seinem Tode erfuhr Erzberger, daß die Voruntersuchung ihn von allen Vorwürfen entlastet habe. Als ersten Schritt seiner offiziellen Rückkehr in die Politik plante er, Ende August den Katholikentag zu besuchen.[9])

## Erzbergers politische Haltung 1920—1921

Erzberger wäre nicht er selbst gewesen, wenn er sich in der Zwischenzeit jeder politischen Tätigkeit enthalten hätte. Im Frühjahr 1921 festigte er seine Stellung in der württembergischen Zentrumspartei durch eine Propagandareise im Lande. Ein demokratischer Politiker, der gelegentlich mit ihm die Klinge gekreuzt hatte, schilderte ihn wie folgt:

„Wenn Erzberger, wie fast jedes Jahr, so auch neuerlich, wieder Agitationsfahrten durch die süddeutschen Zentrumsbezirke unternahm, hielt er nicht nur programmäßig seine offiziellen Reden, sondern er wirkte auch an den Stammtischen im Stadtwirtshaus und im Dorfkrug. Seine näheren Freunde und die lokalen Größen seiner Partei versammelten sich dann um ihn, und er hatte gar nichts dagegen, wenn auch Angehörige anderer ‚Fakultäten' dazukamen. Ja, er wurde dann erst recht offen und scheute keine Selbstkritik. Bei solcher Gelegenheit erklärte er vor gar nicht langer Zeit: ‚Ich bin der erste, der zugibt, daß ich in meiner politischen Laufbahn Fehler begangen habe. Besonders während des Krieges habe ich erst nach und nach, nicht ohne heftige innere Kämpfe, erkannt, daß vieles von dem, was ich früher für recht hielt und für das ich mich eingesetzt habe, schlecht war, daß unsere nationale Erziehung, unsere Einrichtungen, unsere Ziele von Grund auf geändert werden müssen.'

Das war ehrlich gemeint und er hat es mehrmals gesagt. Er hatte Zivilcourage, das heißt, den Mut zu sagen, was er im Augenblick für richtig hielt, auf die Gefahr hin, sich gegen früher ins Unrecht zu setzen. Bei Parteikämpfen, besonders bei Wahlvorbereitungen, war es fast ein Vergnügen, mit einem so hellen Kopfe, der rasch das Wesentliche auffaßte, zu verhandeln. Bei seiner sonst mit starren Grundsätzen nicht übermäßig belasteten Persönlichkeit war stets das süddeutsch-

---

[9]) Einzelheiten über den Vorwurf der Steuerhinterziehung und Erzbergers persönliche Finanzlage siehe Anhang VIII. Verleumdungen in beiden Punkten waren zahlreich. So behaupteten z. B. die *Hamburger Nachrichten* am 12. Oktober 1920, er habe vor kurzem in der Schweiz 4 Millionen Franken Steuern bezahlt. Erzberger weigerte sich, Klage zu erheben, weil 1) die Provozierung von Beleidigungsklagen ein Kunstgriff seiner Feinde sei, um seine Rückkehr in die Politik zu verhindern, 2) eine Gerichtsverhandlung mit ihren Aufregungen ihn täglich der Gefahr der Ermordung aussetze und 3) der Helfferich-Prozeß gezeigt habe, daß die Richter gegen ihn voreingenommen seien. Brief Erzbergers an W. Bosbach, einen Münchener Gewerkschaftssekretär, vom 30. Oktober 1920, abgedruckt in: *Anzeiger vom Oberland*, 6. November 1920. Abschrift in: *Erzberger Dokumente*, Akte 31. Für den letzten Punkt glaubte Erzberger, greifbare Beweise gegen den Vorsitzenden Baumbach zu haben. Am 18. Dezember 1920 schrieb er seinem Anwalt Dr. Werthauer, ein gewisser Herr Sklarz habe erklärt, er kenne zwei Zeugen, darunter einen früheren Staatsanwalt namens Fabian, die bereit seien, auszusagen, daß der Vorsitzende beim Helfferich-Prozeß, Baumbach, einige Zeit vor der Verhandlung, als noch nicht feststand, welcher Richter den Fall übernehmen würde, gesagt habe: „Wenn ich Erzberger unter die Hände bekomme, dann ist er erledigt." *Erzberger Dokumente*, Akte 31.

> demokratische Grundempfinden der ruhende Pol in der Meinungen Flucht, und so kam es, daß er sich oft mit Rednern, die ihn bekämpften [wenn sie auch seine demokratischen Prämissen teilten], am Schlusse fast ebensogut verstand wie mit den württembergischen Bauern, die ihn umjubelten."[10])

Erzberger benutzte die Muße, die ihm sein Rückzug aus der Politik gebracht hatte, um die sozialen Probleme, die Deutschland bedrängten, zu durchdenken. Er wandte sich dabei den Grundsätzen des Christlichen Solidarismus zu, die der Jesuit Heinrich Pesch als Alternative zu Kapitalismus und Sozialismus verkündet hatte.[11]) Erzbergers bisherige politische Laufbahn hatte viele Spuren christlich-solidaristischen Geistes aufgewiesen, aber durch seine Beschäftigung mit praktischen Fragen war er bisher verhindert gewesen, sich mit der theoretischen Seite dieser Probleme zu befassen. Im Frühjahr 1921 unterbreitete er der Öffentlichkeit seine Ansichten in einer Reihe von Reden, die alsbald in Form einer Broschüre gedruckt wurden. Sie riefen heftige Kontroversen hervor und beeindruckten die Leser durch ihre große Präzision. Erzberger, nie ein Freund allgemeiner Redensarten, machte gerne konkrete Vorschläge, die alle Einzelheiten berücksichtigten.[12])

In diesen Reden verurteilte Erzberger den Kapitalismus ebenso scharf wie den Sozialismus. Die Intensität, mit der er den Kapitalismus angriff, kam der von Marx nahe:

> „Das kapitalistische System hat den Arbeiter entseelt. Es hat das innere Band zwischen der Persönlichkeit des Arbeiters und der Arbeitsstätte, diese unentbehrliche Voraussetzung freudigen Schaffens, eherner Energie und höchster Kraftentfaltung, zerschnitten. Der Arbeiter wurde — ich spreche absichtlich in spitzen Ausdrücken, um in die Wand jahrzehntelanger Vorurteile und Voreingenommenheiten einzudringen — als eine Nummer, als ein wirtschaftlicher Zuchthäusler behandelt, der zur festgesetzten Stunde kam, seine Nummer erhielt, seine Tagesstunden vielfach seelenlos und widerwillig abarbeitete und dann die Stätte seiner Qual, nicht die Stätte seiner freudigen Arbeit, verließ. Er hatte keinen Einfluß auf den Betrieb; er sah im Papierkapitalismus, dessen Träger ihm ganz fremd waren, seinen Bedrücker und Aussauger."[13])

Der Kapitalismus war nach Erzbergers Auffassung nicht nur verabscheuungswürdig, sondern auch ganz unglaubwürdig geworden, weil es ihm nicht gelungen war, die großen sozialen Probleme der Zeit (Arbeitslosigkeit, Wohnungsnot usw.) zu lösen, und weil er mit der Entstehung des ersten Weltkriegs un-

---

10) Nicht unterzeichnete „Erinnerungen eines Parteigegners", in: *Berliner Tageblatt*, 31. August 1921. Abschrift in: *Erzberger Dokumente*, Akte 43.

11) Heinrich Pesch, 1854—1926, wurde 1876 Jesuit, lebte vier Jahre in England, wo er soziale Bewegungen studierte, erhielt unter Schmoller und Wagner in Berlin eine gründliche Ausbildung in der Volkswirtschaftslehre. Sein grundlegendes Werk ist: *Liberalismus, Sozialismus und christliche Gesellschaftsordnung*, Freiburg 1896.

12) Die Quellen für die Darstellung von Erzbergers Lehre sind seine Broschüren *Christlicher Solidarismus als Weltprinzip*, M. Gladbach 1921, und *Der Solidarismus. Europas Rettung und Zukunft*, M. Gladbach 1921. Siehe auch Alfons Winz, *Erzberger zu den neuen Problemen der Gegenwart*, Singen 1921. Der frühere sozialdemokratische Wirtschaftsminister Rudolf Wissell gab diesen Broschüren eine günstige Besprechung unter dem Titel „Sozialismus und christlicher Solidarismus", in: *Die Glocke*, hrsg. von Parvus, Bd. VII (11. Juli 1921), S. 402—409.

13) Erzberger, *Christlicher Solidarismus*, S. 7 f.

trennbar verbunden schien. Erzberger nahm hierbei die marxistische Lehre auf, daß Monopolkapitalismus und imperialistische Kriege verwandte Phänomene seien.[14])

Den Sozialismus hielt er für ebensowenig wünschenswert wie den Kapitalismus. Er widerspreche der menschlichen Natur, weil er das menschliche Eigeninteresse außer acht lasse. Er beruhe auf materialistischen Wissenschaftsprinzipien, die die bedeutendsten Gelehrten bereits fallenließen. Die russische Erscheinungsform des Sozialismus habe zu einer Mischung von politischer Tyrannei und wirtschaftlichem Chaos geführt, die in der modernen Geschichte einzigartig dastehe. Erzberger, der den grundlegenden Unterschied zwischen Kommunisten und Sozialisten deutlich sah, lobte die letzteren, weil sie erkannt hätten, daß die Sozialisierung des gesamten Wirtschaftslebens undurchführbar sei. Die deutschen Sozialdemokraten betrachtete er als konstruktive Kraft im politischen Leben Deutschlands und hielt sie sogar für mögliche Bundesgenossen bei der Durchführung des christlichen Solidarismus. Seine antisozialistischen Äußerungen richteten sich gegen die sozialistische Theorie (und ihre Praxis in Moskau) und weniger gegen die evolutionären Sozialisten in Westeuropa.[15])

Die Ausschaltung des Kapitalismus und des Sozialismus bereite den Weg für den christlichen Solidarismus, den Erzberger rühmte, weil er die Würde des Menschen anerkenne (während die kapitalistischen Ausbeuter wie die kommunistischen Bürokraten sie mißachteten), Freiheit und Autorität miteinander vereine und eine möglichst breite Streuung des Privateigentums erstrebe.[16]) Der Solidarismus besitze den Schlüssel zur Harmonie im Wirtschaftsleben, denn er vertrete den Grundsatz der Mitbestimmung und die Einführung von „Werksgenossenschaften", das heißt von Unternehmungen, die zum Teil den Arbeitern selbst gehörten. Die Mitbestimmung hielt Erzberger für eine systematische Weiterentwicklung der schon im Kaiserreich eingerichteten Arbeiterausschüsse und der in der Weimarer Verfassung vorgesehenen Betriebsräte. Auch den Gedanken der Gewinnbeteiligung durch die Verteilung von Aktien an die Arbeiter einer Fabrik begrüßte er, obwohl er nicht daran glaubte, daß damit eine echte Lösung für die sozialen Probleme gefunden sei.[17])

Sein Lieblingsprojekt war die Entwicklung der Werksgenossenschaften. Er schlug vor, die Arbeiter einer Fabrik sollten gemeinsam, nicht als Einzelpersonen, 50 v. H. der Aktien einer Firma besitzen und über eine entsprechende Zahl von Stimmen in der Hauptversammlung der Aktionäre und im Aufsichtsrat verfügen. Die restlichen 50 v. H. sollten in den Händen der jetzigen Besitzer bleiben. Auf die Frage, wie die Werksgenossenschaften in den Besitz eines so großen Aktienkapitals gelangen könnten, ohne eine Revolution zu entfachen,

14) *Ibid.*, S. 2—8.
15) *Ibid.*, S. 8—11.
16) *Ibid.*, S. 11—15.
17) *Ibid.*, S. 26—31.

schlug Erzberger folgendes vor: Die Gesellschaften sollten gesetzlich verpflichtet werden, die Hälfte ihrer über 6 v. H. hinausgehenden jährlichen Dividenden in die Kasse einer neuerrichteten Werksgenossenschaft zu zahlen. Dieses Geld solle im ersten Jahr dazu benutzt werden, Aktien der Gesellschaft zu kaufen, die in den folgenden Jahren, genau wie alle anderen Aktien, Dividenden abwerfen würden. Betrage der Gewinn weniger als 6 v. H., müsse die Gesellschaft verpflichtet werden, 10 Jahre lang 2 v. H., in den folgenden 30 Jahren 1 v. H. in die Kasse der Werksgenossenschaft zu zahlen. Damit werde diese in spätestens 40 Jahren die Hälfte der Aktien in Händen haben, ohne daß der Gesellschaft nennenswerte Unzuträglichkeiten entstünden.

Im Ergebnis würden die Arbeiter die Gesellschaft als ihre Sache und nicht als Ausbeuterin betrachten. Erzberger sah das Ende des Klassenkampfes von selbst eintreten, während die Vorteile der Unternehmerinitiative und der steigenden Produktion auf Grund möglichst intensiver Anspornmaßnahmen gewahrt blieben. Mit beredten Worten schilderte er die Werksgenossenschaft:

„Die in jedem gewerblichen Betrieb mit größerer Arbeiterzahl zu schaffende Werksgenossenschaft ist die Verkörperung des christlichen Solidarismus in der Einzelunternehmung. Die Werksgenossenschaft stellt den Gemeinschaftsgedanken in den Vordergrund, während die Kleinaktie vom individualistischen, liberalen Wirtschaftsprinzip ausgeht. Die Werksgenossenschaft entspricht dem urdeutschen Gedanken des Genossenschaftsprinzips. Sie faßt sämtliche Arbeiter in einem Unternehmen zusammen und stellt sie als ein einheitliches, geschlossenes Ganzes in den Produktionsprozeß, aber auch als Miteigentümer der ganzen Unternehmung.

Die Werksgenossenschaft geht den Weg der organischen Entwicklung; sie entsteht und wirkt nicht revolutionär, sondern wächst natürlich in das Ganze hinein. Die Bildung des Kapitals der Werksgenossenschaft aus dem Reingewinn ist deshalb gerechtfertigt, weil der Gewinn immer einen Teil des Lohnes bildet ... Das Vermögen, das auf diese Weise für die Werksgenossenschaft angesammelt wird, ist unteilbar und unveräußerlich; es gehört der Gesamtheit der Arbeiter. So entstehen die modernen Fideikommisse der Arbeit. Von Jahr zu Jahr wächst in natürlicher Entwicklung das Vermögen der Werksgenossenschaft. Es wächst um so rascher, je höher der Gewinn des Unternehmens ist.“[18])

Wie sollten nun die Werksgenossenschaften die ihnen zufließenden Dividenden verwenden? Erzberger meinte, man könne sie zum Teil an einzelne Familien verteilen, in erster Linie aber sollten sie für soziale Zwecke (Wohnungsbau, Fürsorge für Kinder usw.) genutzt werden. Die Verwaltung der Werksgenossenschaft würde in den Händen von Funktionären liegen, die von den Arbeitern und ihren Frauen zu wählen seien. Erzberger hielt alle Versuche auf dem Felde der Selbstverwaltung für wertvoll und glaubte, die Werksgenossenschaften könnten das demokratische Leben in ganz Deutschland fördern. Darüber hinaus war er der Auffassung, jeder etwa noch bestehende Wunsch nach Verstaatlichung der

---

18) *Ibid.*, S. 31 ff.

Industrien würde auf diese Weise von selbst erlöschen, und infolgedessen könnten auch die Kapitalisten im wohlverstandenen Eigeninteresse für die Idee gewonnen werden.[19])

Erzberger hielt seinen Vorschlag für so vernünftig, daß er sich durchsetzen müsse, wenn er auch zunächst sicher den Widerstand sowohl der Kapitalisten wie der Sozialisten hervorrufen werde. Die theoretischen Einwände, die erhoben werden konnten, beeindruckten ihn nicht. Die Kapitalisten sagten, die Durchführung des Vorschlags werde die Gewinne der Aktienbesitzer verringern; doch das erschien Erzberger nur wünschenswert in einem verarmten Lande, in dem Luxus moralisch untragbar geworden war. Die Sozialisten behaupteten, der Plan schaffe keine Gleichheit, im Gegenteil, er befestige gerade die Unterschiede zwischen Arbeitern in gutgehenden und in weniger gutgehenden Unternehmen; Erzberger indessen hielt die Gleichheit für ein abstraktes und nicht erstrebenswertes Ideal. Die sogenannte gebildete Schicht bezweifelte, ob die Arbeiter wirklich in der Lage sein würden, große Finanzgeschäfte zu betreiben, dies aber verurteilte Erzberger als Snobismus und antidemokratische Voreingenommenheit. Die Volkswirte wandten ein, der Plan beschränke die Freizügigkeit der Arbeiterschaft; doch Erzberger erachtete dies für zweckmäßig, damit dem demoralisierenden Wandertrieb des modernen Proletariats Einhalt geboten werde; außerdem könne die Freizügigkeit erhalten bleiben, indem man den Wechsel von einer Werksgenossenschaft zur anderen zulasse. Alle Einwände erschienen ihm von geringem Gewicht oder von falschen sozialen Wertungen ausgehend; er war überzeugt, sein Plan werde eine große Zukunft haben.[20])

Die Selbstverwaltung im einzelnen Unternehmen wollte Erzberger durch die Selbstverwaltung ganzer Industriezweige ergänzen. Wir haben gesehen, daß er sich vor dem Kriege für eine Beschränkung des Wettbewerbs eingesetzt, freilich auch Kartelle mit rein kapitalistischer Zielsetzung bekämpft hatte. Er dachte, Arbeiterdelegierte in die Kartelleitungen wählen zu lassen, erkannte aber auch die Gefahr, daß Arbeitgeber und Arbeitnehmer vereint auf Kosten des Verbrauchers hohe Preise festsetzen könnten. Als Gegenmittel regte er an, eine Vertretung sowohl der Verbrauchergruppen wie des Staates vorzusehen. Der Staat werde darauf hinwirken, daß Preise festgesetzt würden, die die Kosten eines durchschnittlichen (nicht des am wenigsten leistungsfähigen) Unternehmens deckten; unerwünscht hohe Gewinnspannen würden so in der erforderlichen Weise beschnitten.[21])

Die christlich-solidaristische Schule fürchtete eine einseitige industrielle Entwicklung, wie sie in England zur Zeit des laissez-faire stattgefunden hatte; sie war entschlossen, die deutsche Landwirtschaft zu stützen. Erzbergers Vorschläge

---

19) Die Werksgenossenschaften werden geschildert *ibid.*, S. 31—41. Detaillierte Statuten finden sich auf S. 46—49.
20) *Ibid.*, S. 40.
21) *Ibid.*, S. 41 ff.

verbanden die Sorge für die Agrarwirtschaft mit schroffer Stellungnahme gegen die Landeigentümer, die aus dem unverdienten Wertzuwachs Nutzen zogen. Er wünschte Höchstpreise für Grundstücke; maßgebend solle der bei der letzten Steuererklärung angegebene Wert sein, ein höherer Preis müsse ganz dem Staat anheimfallen. Erzberger wußte, welch tiefe Verstimmung die Profitgier und die Schwarzhandelspraktiken der Bauern während des Krieges erregt hatten; dem wollte er künftig vorbeugen durch eine staatliche Kontrolle aller landwirtschaftlichen Preise, deren Höhe nach den Produktionskosten zuzüglich eines Aufschlags von 4 v. H. für den Bodenwert zu bemessen sei. Der Lage der Landarbeiter wandte Erzberger seine besondere Aufmerksamkeit zu. Er sprach sich für die Einführung einer kollektiven Regelung der Arbeitsbedingungen auf dem Lande aus, wollte aber Streiks zur Erntezeit verbieten und statt dessen ein Zwangsschlichtungsverfahren einführen. Mit Besorgnis sah er die ständig zunehmende Landflucht der Bauernsöhne, und wünschte deshalb jede Abwanderung von einer Erlaubnis der dörflichen Behörden abhängig zu machen — was freilich eine ganz ungewöhnliche Beschränkung der persönlichen Freizügigkeit bedeutet hätte! Kein anderes Merkmal in Erzbergers Sozialprogramm zeigt so klar, wie ablehnend er den Grundsätzen des laissez-faire gegenüberstand.[22])

Ein anderer ebenso drastischer Vorschlag Erzbergers ging dahin, einen sogenannten nationalen Arbeitsdienst einzurichten, der achtzehn Monate dauern und alle Deutschen zwischen 18 und 25 Jahren erfassen sollte. Dieser Vorschlag hatte bemerkenswerte Ähnlichkeit mit dem freiwilligen Arbeitsdienst, der in den letzten Jahren der Weimarer Republik eingeführt und später von den Nationalsozialisten zu einer Zwangseinrichtung gemacht wurde. Erzberger faßte ihn als Ersatz für den im Friedensvertrag verbotenen Militärdienst auf und sah darin einen ausgezeichneten Weg, den Mangel an Arbeitskräften in der Landwirtschaft, im Wohnungsbau und im Kohlenbergbau zu überwinden. Deutschland litt besonders unter dem Mangel an Bergleuten, doch Erzberger sagte sich, daß es nicht möglich sein würde, junge Leute zu dieser schmutzigen und gefährlichen Arbeit zwangsweise heranzuziehen. Statt dessen wollte er durch Prämien von 4000 Mark und Verkürzung der Arbeitsdienstzeit von 18 auf 12 Monate unter den Arbeitsdienstpflichtigen Freiwillige für den Bergbau gewinnen. Er hielt den Arbeitsdienst nicht nur für eine Lösung drängender wirtschaftlicher Probleme, sondern glaubte auch, daß die einzelnen Arbeitsdienstgruppen ihre eigenen Angelegenheiten selbst in die Hand nehmen und so eine allgemeine Erziehung zur Selbstverwaltung leisten könnten. Ein weiterer Vorteil sei die Eindämmung der Jugendkriminalität. Darüber hinaus plante er, das Zugehörigkeitsgefühl der jungen Menschen zur Weimarer Republik durch politische Vorträge und Diskussionsgruppen zu stärken.[23])

---

22) *Ibid.*, S. 51 f. Die Parallele zum alten russischen *Mir*-System fällt auf.
23) Winz, *op. cit.*, S. 21—24, mit 14 spezifischen Vorschlägen auf S. 25—28.

Der Christliche Solidarismus werde, so erwartete Erzberger, das politische Leben Deutschlands verwandeln; er werde die Rückkehr zur Herrschaft einer Oberschicht verhindern, die dem Kaiserreich so unerfreuliche Züge verliehen habe, aber auch eine Diktatur der Linken, wie sie die Kommunisten anstrebten. Außerdem versprach sich Erzberger davon, das von ihm eingeführte gerechte Steuersystem mit seinen hohen Steuern auf Kriegsgewinne, Kapital, Erbschaften und unverdienten Wertzuwachs beibehalten und noch ausbauen zu können. Eine echte Selbstverwaltung werde sich so in den Gemeinden entwickeln und an die Stelle des toten Bürokratismus treten.[24]) Doch die föderalistische Forderung nach völliger Dezentralisierung lehnte Erzberger ab, weil sie die Realitäten des Jahres 1921 außer acht lasse. Er war stolz auf seine zentralisierenden Leistungen auf dem Gebiet des Finanz- und Eisenbahnwesens. Er bemühte sich, der Gleichsetzung von Zentralisierung und Verpreußung ein Ende zu setzen, die das deutsche Verfassungsleben seit 1866 nachteilig belastet habe, und befürwortete die Aufteilung Preußens in seine ursprünglichen Provinzen als Teil einer allgemeinen Neuordnung der Verwaltungsbezirke: damit werde ein gesunder Föderalismus geschaffen, der zugleich den berechtigten Ansprüchen einer starken Zentralregierung nicht mehr blind gegenüberstehe.[25])

## Erzbergers außenpolitische Vorstellungen im Jahr 1921

Am umstrittensten waren Erzbergers Vorstellungen, die Prinzipien des Christlichen Solidarismus auf die Außenpolitik anzuwenden. Er machte kein Hehl aus seiner Enttäuschung über die Form, die man dem Völkerbund in Versailles gegeben hatte, blieb aber dennoch den Grundsätzen treu, die er 1918 in seinem Buch aufgestellt hatte. Daß die Franzosen den Völkerbund als Mittel zur Fesselung Deutschlands benutzten, sah er als zeitbedingte Erscheinung an. Den Versailler Vertrag kennzeichnete er als die Verleugnung aller solidaristischen Prinzipien: er stelle Macht vor Gerechtigkeit, sei vom Geist der Rache durchtränkt und werde durch nackte Gewalt erhalten. In der leidenschaftlichen Empörung, mit der Erzberger den Versailler Vertrag als ein „Werk des Teufels" verurteilte, stand er keinem Deutschen nach. Besonders entrüstete ihn die einseitige Handhabung des Selbstbestimmungsrechtes zugunsten der Ansprüche der Entente, während Österreichs Wunsch, sich an Deutschland anzuschließen, abgelehnt werde. Auch die Reparationsforderungen verurteilte er als astronomisch hoch und vollkommen unerfüllbar.[26])

---

24) Erzberger, *Christlicher Solidarismus*, S. 22—26.
25) Winz, *op. cit.*, S. 16 ff.
26) Winz, *op. cit.*, S. 6—16. Erzberger, *Der Solidarismus. Europas Rettung*, S. 15—36.

Die Revision des Vertrages hielt er für das wichtigste Ziel der deutschen Außenpolitik, nur war er überzeugt, daß eine bewegliche Politik der Nachgiebigkeit — und nicht eine nationalistische des Widerstandes — der einzige gangbare Weg sei, dieses Ziel zu erreichen. Er mißbilligte die gefühlsbetonten deutschen Diskussionen über diese Frage und umriß seine eigene Einstellung mit den Worten:

„Wer die politischen Tatsachen richtig erkennt und wer willens ist und den Mut hat, aus den richtig erkannten Tatsachen die Schlüsse zu ziehen, der allein treibt Politik und ist in der Lage, soweit Menschenwitz und -geist reicht, den Schleier von der Zukunft wegzuziehen. Das ist der Inhalt der Politik: die Tatsachen zu erkennen, wie sie sind, ob sie hart, grausam, verderbenbringend sein mögen. Man muß in der Politik mehr noch als im Privatleben erkennen, was ist, und dabei darf man sich in der Politik nie leiten lassen von dem Herzen und von dem Gemüt, sondern nur von dem harten Verstande. Dann muß man mit eiserner Ruhe, mit dem eisernen Griffel die Rechnung ziehen und sagen: Wenn das so ist, dann muß ich dieses oder jenes tun, ohne Rücksicht darauf, ob ich damit den Beifall oder die Abneigung meiner Volksgenossen ernte. Vertrauend auf das gute Gewissen, müssen die Schlüsse, so unerbittlich sie sein mögen, gezogen werden."[27])

Diese nüchterne Einstellung veranlaßte Erzberger, für die sogenannte „Erfüllungspolitik" einzutreten gegenüber denjenigen, die sich dem Versailler Vertrag widersetzen wollten:

„Dadurch, daß wir rufen ‚Revision des Friedensvertrages von Versailles' wird es nicht besser: wir müssen unsererseits auch die geeigneten Mittel ergreifen. Welches sind die Mittel? Wir müssen zunächst von den entsetzlichen Friedensbedingungen all das durchführen, was wir tatsächlich durchführen können; nur dadurch schaffen wir die Voraussetzung, damit diejenigen Forderungen, die wir nicht durchführen können, auch von der ganzen Welt als undurchführbar angesehen werden."[28])

Gleichzeitig kritisierte er die deutsche Regierung, weil sie die sogenannten Kriegsverbrecher noch nicht vor Gericht gestellt habe:

„Haben sie aber gelesen oder gehört, daß auch nur einmal gegen einen dieser Leute Klage erhoben worden ist? ... Entweder ist Unrecht geschehen, dann habe ich dafür Sorge zu tragen, daß seine Ehre [d. h. des sogenannten Kriegsverbrechers] hergestellt wird in der ganzen Welt, oder aber, wenn er während des Krieges strafbare Handlungen begangen hat, dann soll er auch abgeurteilt werden."[29])

Die deutsche Regierung habe (durch Erzbergers Initiative) einen großen Sieg errungen, als sie die Zustimmung der Entente dafür erwirkte, diese Männer vor deutsche Gerichte und nicht vor Gerichte der Entente zu stellen; dieser Sieg

---

27) Winz, *op. cit.*, S. 4 f.
28) *Ibid.*, S. 15.
29) *Ibid.*, S. 16.

werde gefährdet durch die feige Politik der Regierung, die Prozesse aus Angst vor nationalistischer Demagogie immer wieder hinauszuschieben. Ebenso nachlässig handele die Regierung, wenn sie sich nicht an die Abrüstungsbestimmungen des Versailler Vertrages halte; dies treffe insbesondere im Falle der Bayerischen „Einwohnerwehren" zu.[30])

Auch in der Reparationsfrage nahm Erzberger einen unpopulären Standpunkt ein. Er unterstrich Deutschlands moralische Verpflichtung, Reparationen zu zahlen, sowohl wegen des unprovozierten Einmarsches in Belgien als auch wegen der freiwilligen Annahme des Vorfriedensvertrages mit seinen Reparationsbedingungen.[31]) Nach seiner Auffassung sollte Deutschland auf einer provisorischen Regelung für die nächsten fünf bis zehn Jahre bestehen, anstatt — wie die deutsche Regierung es jetzt tue — eine feste und endgültige Regelung zu verlangen:

> „Ich halte eine Politik des klugen Ausweichens, der elastischen Verteidigung für richtig, die Politik des Zusammenprallens der Gegensätze für ein Unglück für Deutschland, für Europa, für die Menschheit. Alles in der Welt wird nicht bleiben, wie es 1920 und 1921 gewesen ist; auch die Weltkonstellation wird sich in zehn Jahren ändern. Ich spekuliere dabei nicht auf eine Uneinigkeit der Gegner: wenn ich dies täte, würde ich es nicht sagen."[32])

In Wirklichkeit glaubte Erzberger wohl doch, daß die öffentliche Meinung in den Ententeländern nach wenigen Jahren die gewaltsame Eintreibung von Reparationszahlungen in Deutschland nicht mehr dulden würde. Auf diesen grundlegenden Gesinnungswandel spekulierte er und hoffte, daß die Zeit die weiteren Forderungen der Entente mildern werde, wenn Deutschland erst einmal die nächsten zehn Jahre überstanden habe.[33])

Die Regierung, die nach den Wahlen vom Juni 1920 zustande kam, mit Fehrenbach als Kanzler und Simons als Außenminister, verfolgte eine Reparationspolitik, die ihr Erzbergers scharfe Kritik eintrug. Fehrenbach, einst ein enger Freund, war nunmehr Führer des rechten Zentrumsflügels geworden und ergriff überhaupt keine Initiative in der Reparationsfrage. Als die englischen und französischen Unterhändler im Herbst 1920 eine provisorische Fünfjahresregelung vorschlugen, hätte die deutsche Regierung den Vorschlag sofort aufgreifen müssen; statt dessen erwiderte sie steif, nach den Vertragsbedingungen habe Deutschland das Recht, zu erfahren, welche Gesamtsumme die Entente verlange. Darauf antworteten die Ententemächte im Januar 1921 mit der astronomischen Forderung von 226 Milliarden Mark zuzüglich eines Jahresbetrags in Höhe von jeweils 12 v. H. des Wertes der deutschen Ausfuhr für die nächsten zweiundvierzig Jahre (bis 1963). Die Regierung Fehrenbach-Simons lehnte, von

---

30) *Ibid.*, S. 16.
31) Erzberger, *Christlicher Solidarismus*, S. 18—21.
32) Rede in Kempten, berichtet in der *Niederrheinischen Volkszeitung*, 18. April 1921. Abschrift in: *Bachem Dokumente*, Akte 90.
33) Gespräch zwischen Erzberger und Hammer, berichtet bei Hammer, *Erzberger*, S. 78.

der lärmenden Zustimmung der Nationalisten begleitet, dieses Verlangen ab und machte ein demgegenüber kümmerlich wirkendes Gegenangebot von 30 Milliarden Mark. Dies wiederum wurde von der Entente auf der Londoner Konferenz zurückgewiesen. Die deutsche Regierung unterließ es, ein weiteres Angebot zu unterbreiten; ihre Delegation wurde in Berlin wegen ihres ostentativen Widerstands begeistert empfangen. Da ein alliiertes Ultimatum drohend bevorstand, appellierte die Regierung am 20. April 1921 an den amerikanischen Präsidenten Harding mit der Bitte um Vermittlung und erklärte sich im voraus bereit, jede von ihm vorgeschlagene Summe zu zahlen. Erzberger mißbilligte diesen Appell und begrüßte Hardings Weigerung, sich einzumischen. „Diese ganze Aktion war nicht nur die offenkundige Verleugnung der bisher eingenommenen Haltung — ein politisches Harakiri im schlimmsten Sinne des Wortes, sondern auch ein ganz unüberlegter Verzweiflungsschritt, geboren aus den Fehlern der letzten Monate, aus der Kopflosigkeit des Tages, der Mutlosigkeit, den gemachten Fehler einzugestehen.“[34])

Die Entente stellte am 12. Mai 1921 ein Ultimatum, wonach Deutschland während der nächsten zweiundvierzig Jahre 132 Milliarden Mark sowie jährlich 26 v. H. Abgabe vom Export zahlen, die Kriegsverbrecher sofort vor Gericht stellen und die Abrüstungsbedingungen des Vertrages durchführen sollte. Erzberger hatte seit langem davor gewarnt, den Ententemächten in den beiden letzten Punkten zu trotzen. Die Summe von 132 Milliarden war keine Verbesserung gegenüber der Januar-Forderung von 226 Milliarden, da jetzt die Auflage für die nächsten zehn Jahre (auf die es nach Erzbergers Meinung allein ankam) 20 Milliarden und 26 v. H. Ausfuhrabgabe gegenüber damals 35 Milliarden und 13 v. H. Ausfuhrabgabe betrug; er berechnete, daß die Verdoppelung der Ausfuhrabgabe sich sehr viel höher stellen werde als die 15 Milliarden, um die die festen Zahlungen vermindert werden sollten. Die Alliierten pochten auf die Annahme ihres Ultimatums, widrigenfalls sie sofort das gesamte Ruhrgebiet besetzen würden.

Angesichts dieses Ultimatums trat die Regierung Fehrenbach-Simons, trotz ihrer theatralisch-demagogischen Haltung während der letzten Monate, zurück. Es zeigte sich, daß die Deutschnationale Volkspartei, obwohl sie ihre politische Tätigkeit ganz auf den Widerstand gegen die Entente konzentriert hatte, ebensowenig wie im Juni 1919 bereit war, Regierungsverantwortung zu übernehmen. Unter der Führung von Erzbergers Freund Josef Wirth wurde dann eine Regierung gebildet, die sich der Erfüllungspolitik verschrieb, wobei das Zentrum sein früheres Bündnis mit den Sozialdemokraten erneuerte. Die Regierung übernahm ein trauriges Erbe, das Erzberger mit einem Grabspruch auf ihre Vorgängerin kennzeichnete:

---

34) Erzbergers Artikel „Politik oder ———?“, in: *Das Tagebuch*, hrsg. von Stefan Großmann, Bd. II, Nr. 18 (7. Mai 1921), S. 545—551.

„Die eiserne Zeit beginnt. In dieser unsagbar schweren Prüfungsstunde müssen die schweren Fehler der jüngsten Vergangenheit täglich rufen, wie man es nicht machen darf, wenn man unser Volk retten will. Wieder einmal hat die Regierung erst der militärischen Gewalt der Gegner sich gebeugt und damit den Militaristen der Welt neue Waffen geliefert, wieder einmal hat die unglückselige Zickzackpolitik seit Januar ... uns viele Milliarden gekostet — wieder einmal hat die Schaukelpolitik unser internationales Ansehen schwer herabgedrückt — wieder einmal wurde in der ganzen Welt der Eindruck verstärkt, daß Deutschland erst zahlt, wenn die Faust an seine Kehle drückt. Finanziell — wirtschaftlich — politisch — moralisch haben wir das teuerste Kabinett der Welt gehabt.“[35])

Seine Rückkehr in die Politik gab Erzberger am 29. Juni 1921 kurz nach der Bildung der Regierung Wirth bei einer Sitzung des Reichsparteiausschusses des Zentrums bekannt. Allgemein nahm man an, daß er dieses Kabinett aus den Kulissen heraus beherrsche.[36]) Es war seine Hoffnung, die Weimarer Koalition nach links zu erweitern, indem in die Regierung jene Gruppe von Unabhängigen Sozialdemokraten aufgenommen würde, die sich geweigert hatte, zu den Kommunisten überzugehen.[37]) In diesen Tagen entstand das Gerücht, er habe Material über fragwürdige finanzielle Transaktionen des Generals Ludendorff gesammelt und mit der Veröffentlichung gedroht, sofern die persönlichen Angriffe gegen ihn fortgesetzt würden; falls dies zutrifft, müßte man von einer fragwürdigen Methode der Selbstverteidigung sprechen, wenn sie auch von einer harten Rücksichtslosigkeit zeugt, die den meisten Weimarer Politikern unglückseligerweise fehlte.[38]) Erzbergers Bemühungen galten der Stärkung des linken Zentrumsflügels. Der Tod von drei Parteiführern, die seiner Rückkehr in die Politik Schwierigkeiten bereitet hatten — Trimborn, Hitze und Burlage —, öffnete ihm im Sommer 1921 den Weg zu einem raschen zweiten Aufstieg in die Parteiführung.[39])

Sein schärfster Gegner innerhalb der Partei war Adam Stegerwald, der, wie er, aus der Christlichen Gewerkschaftsbewegung hervorgegangen war, sich aber dann in konservativer und nationalistischer Richtung entwickelt hatte. Seine asketische Natur unterschied sich ebenso stark von Erzbergers Lebensfreude wie seine politischen Ansichten denen Erzbergers entgegengesetzt waren. Im Jahre 1921 war er preußischer Ministerpräsident geworden, und seine Regierung hatte die Billigung der Rechten gefunden. Stegerwald betrachtete es als sein parteipolitisches Hauptziel, Erzbergers Rückkehr an die Macht zu verhindern. Auf seinen Wunsch fand am 16. Juli 1921 in Essen eine Versammlung von 240 Funktionären der Christlichen Gewerkschaften statt, bei der er eine zweieinhalb-

---

35) Erzbergers Artikel „Das teuerste Ministerium der Welt“, in: *Das Tagebuch*, Bd. II, Nr. 20 (21. Mai 1921), S. 609—617.
36) Die *New York Times* vom 27. August 1921 sprach davon als von einem „offenen Geheimnis“.
37) Artikel von Erzbergers Freund Dr. Herz in einer Schweinfurter Zeitung, *Der Volkswille*, 23. August 1946.
38) *Basler National Zeitung*, 19. August 1921. Abschrift in: *Erzberger Dokumente*, Akte 30.
39) Artikel von Haußmann, *Berliner Tageblatt*, 7. September 1921.

stündige Rede über den bösen Erzberger hielt. Seine Hauptthese lautete, Erzberger stehe als Mann des linken Flügels und als Symbol des Ultramontanismus dem Zentrum im Wege, neue Wähler auf der Rechten und bei den Protestanten zu gewinnen. Stegerwald erklärte den Zuhörern, er werde sich während seines Urlaubs in Süddeutschland bemühen, Erzbergers Position in Baden und Württemberg zu untergraben. Bei der anschließenden Diskussion setzte sich Giesberts energisch für Erzberger ein, und die Versammlung war so tief gespalten, daß Stegerwald sie mißmutig verließ. Sein Plan, eine Rechtskoalition des Zentrums mit den Konservativen und der Deutschen Volkspartei zu erreichen, schien zum Scheitern verurteilt.[40])

Giesberts riet Erzberger, Stegerwalds Intrigen wirkungslos zu machen, indem er die Zentrumsführer in Württemberg und Baden, André und Schofer, für sich arbeiten lasse und selbst vorsichtig im Hintergrund bleibe, um nicht Gegenstand erneuter Angriffe zu werden. Auf Erzbergers Veranlassung schrieb Schofer sofort an Stegerwald, er werde in Baden persona non grata sein, wenn er dort erscheine.[41]) Erzberger war jedenfalls entschlossen, so lange nicht ins Rampenlicht zu treten, bis das Ergebnis der Untersuchung über seine angebliche Steuerhinterziehung im Spätsommer bekanntgegeben sei. Er plante, Ende August den Katholikentag in Frankfurt zu besuchen und im Herbst seine Tätigkeit im Reichstag wieder aufzunehmen. Freund und Feind waren gleichermaßen überzeugt, er werde bald wieder eine bedeutende Rolle in der Politik spielen; Erzberger war selbst der Meinung, er sei dazu ausersehen, in naher Zukunft Reichskanzler zu werden.[42])

## Die Ermordung

Im Juli ging Erzberger mit seiner Familie in Urlaub nach Jordanbad, wo er bis Anfang August blieb. Auf langen Spaziergängen durch das schwäbische Land erhielt seine jüngste Tochter Gabriele, die jetzt sechs Jahre alt war, einen bleibenden Eindruck von dem Vater. Die älteste Tochter Maria war nicht mehr bei ihren Eltern, da sie im April in ein Karmeliterkloster in Holland eingetreten war. Erzberger billigte ihren Wunsch, sich dem religiösen Leben zu widmen. Seine Einstellung schildert Dr. Hammer:

> „Aber auch der Opfergedanke [wie die katholische Kirche ihn lehrt] lebte nicht weniger stark und verpflichtend in ihm. Wie sehr er seine Kinder liebte, so war er dennoch jederzeit bereit, auf ihre beglückende Nähe zu verzichten, wenn Gott

---

40) Johann Giesberts an Erzberger am 19. Juli 1921 und Dr. Burgbacher an Erzberger am 21. Juli 1921. *Erzberger Dokumente*, Akte 30. Über Stegerwald siehe die ausgezeichnete Biographie von Josef Deutz, *Stegerwald*, Köln 1952. Seine Neigung während der Weimarer Jahre zu einer Rechtskoalition wird auf S. 106—119 untersucht.

41) Schofer an Stegerwald am 23. Juli 1921. Abschrift in: *Erzberger Dokumente*, Akte 30.

42) Stefan Großmann, „Erzberger", in: *Das Tagebuch*, Bd. II, Nr. 35 (3. September 1921), S. 1041—1048.

das eine oder andere im Ordensstande haben wollte. Zu seiner Tochter Maria sagte er: ‚Hätte Oskar zu den Jesuiten oder Benediktinern gehen wollen, ich hätte es ihm sofort erlaubt' und Maria fügt in ihrem Bericht [den sie für Dr. Hammer geschrieben hatte] hinzu: ‚Wie ernst es ihm damit war, zeigte er ja gerade mir gegenüber; nie tat er das geringste, um mich zurückzuhalten; auch meine Jugend schützte er nie vor ... Und als die Stunde gekommen war, da ich das Elternhaus mit dem Karmel vertauschen sollte, legte mir der Vater nur ans Herz, doch ja wiederzukommen, wenn ich mich nicht wirklich glücklich fühle. Ihnen sei ich jederzeit herzlich willkommen. Sein letzter Brief an mich begann mit den Worten: ‚Heute schreibe ich Dir aus Liebe und Heimweh'; er endigte: ‚So, das Heimweh habe ich mir nun vom Herzen geschrieben, die Liebe aber bleibt.' Die Mutter selbst erzählte mir beim Wiedersehen nach seinem Tode: ‚Deinen Vater habe ich nie so fassungslos gesehen wie damals, als die Klosterpforte sich hinter Dir geschlossen hatte.' "[43])

Erzberger war bereits von der Polizei gewarnt worden, daß Mordpläne gegen ihn bestünden und die Gefahr eines gewaltsamen Todes steige, je näher seine Rückkehr in die Politik heranrücke. Seiner Tochter Maria gegenüber äußerte er kurz vor ihrem Eintritt ins Kloster: „Die Kugel, die mich treffen soll, ist schon gegossen." Es war ihm geraten worden, einen Revolver bei sich zu tragen und schießen zu lernen, aber er hatte geantwortet: „Ich will nicht schießen lernen, um zu töten."[44]) Daß er dem Tod durch Hirschfelds Kugeln entgangen war, hielt er für eine höhere Fügung; seine Ruhe angesichts der Gefahr beeindruckte seine Freunde: „Ich weiß das, ich habe die Gewißheit, daß wir auch hier, im stillen Jordanbad, von Häschern gesucht und verfolgt sind. Mein Leben aber steht in Gottes Hand."[45]) Er war überzeugt, daß Gott ihn zur rechten Zeit rufen werde. Seine ganze Lebensauffassung war immer zutiefst theozentrisch gewesen, und seine religiöse Überzeugung nahm dem Tod die größten Schrecken.

An einem der letzten Tage in Jordanbad unternahmen Erzberger und Hammer einen Ausflug zu der Barockkirche in Aulendorf, wo Erzberger von einem Gemälde sehr bewegt war, das das Schweißtuch der Veronika mit dem blutigen Christusantlitz darstellte. Zweimal ging er zurück, als könne er sich von dem Bilde nicht trennen. Am 8. August 1921 verließ die Familie Jordanbad und verbrachte zehn Tage in Beuron, sie wohnte dort in einem Hotel in der Nähe des schönen Klosters an der Donau. Von hier aus begab sich Erzberger auf seine letzte Reise nach Berlin, um sich nach dem Stand des Ermittlungsverfahrens über seine Einkommensteuer zu erkundigen. Die Untersuchung war eindeutig zu seinen Gunsten ausgegangen; das letzte Hindernis auf dem Wege zu seinem zweiten politischen Aufstieg war beseitigt.[46]) Als er nach Beuron zurückkehrte,

---

43) Hammer, *Erzberger*, S. 102. Maria wurde eine vorbildliche Nonne unter dem Namen Schwester Gertrude Theresia. Eine ausführliche Darstellung von Maria gibt J. N. I. van Hilsum, *Maria Erzberger Zuster Maria Gertrudis*, Bilthoven 1956.
44) Hammer, *op. cit.*, S. 109.
45) *Ibid.*
46) Hammer, *op. cit.*, S. 102. H. Baur, „Erzbergers Werdegang", in: *Allgemeine Rundschau*, 18. April 1931, S. 248.

erfuhr er von einem verdächtigen Telefonanruf im Hotel, bei dem sich jemand während seiner Abwesenheit nach seinem Aufenthalt erkundigt hatte. Das war ein deutliches Zeichen, daß seine Feinde auf seiner Spur waren.[47])

Am 19. August fuhren Erzberger und seine Familie nach Bad Griesbach, einem kleinen Kurort im Schwarzwald am Fuße des Kniebis, wo die Rench entspringt, die bei Straßburg in den Rhein fließt. Die Bauern in dieser Gegend tragen auch heute noch ihre malerischen Trachten — die Frauen lange schwarze Kleider mit weißen Rüschen und einem kunstvollen Kopfputz, die Männer grüne Jacken und braune, mit schwarzen Federn geschmückte Hüte. Jedes Städtchen wird von mindestens einer katholischen Kirche überragt, Ausdruck des nie von Zweifeln angekränkelten hingebungsvollen Glaubens eines Volkes, das mit dem Säkularismus und Materialismus der modernen Welt wenig Berührung hat. Vielleicht war es sinnvoll, daß Erzberger, der niemals eine Glaubenskrise durchgemacht hatte, unter solchen Menschen sterben sollte.

Erzberger wohnte in einem von katholischen Schwestern bewirtschafteten Gasthaus. Täglich ging er mit Frau und Tochter auf der Straße spazieren, die in zahlreichen Windungen zum Kniebis hinaufführt. Ein anderer Gast des Hotels, der spätere Reichsminister Heinrich Köhler, erinnerte sich an den Abend des 25. August:

„Es war schon spät abends geworden, als er mit seiner Frau, seinem kleinen Töchterchen und einem Jesuitenpater in das Kurhaus zurückkehrte. Ein seltsamer Vorgang an diesem Abend wird mir stets in Erinnerung bleiben. Kaum war das Abendessen vorbei, so trat durch ein Gewitter in der Nähe im ganzen Hotel Kurzschluß ein. Einen Augenblick lag alles im Dunkeln. Da tauchten auch schon die Schwestern auf, die das Kurhaus bewirtschafteten, und brachten vielerlei silberne Leuchter mit flackernden Kerzen. Sie stellten sie auf die gedeckten Tafeln, die Kerzen dampften, und ihr honigsüßer Geruch verbreitete eine seltsame Feierlichkeit. Die Gäste wurden eine einzige große Familie, langsam fingen viele zu singen an, wie es alle Deutschen tun, wenn sie sich eines Gefühls schämen; Volkslieder erklangen, während es draußen stürmte, blitzte, donnerte. Dort drüben am Nebentisch sang gerade eine Gruppe von Rheinländern, die der frühere Chefredakteur der Berliner *Germania*, der gewandte Dialektiker Dr. Hommerich, führte, den bekannten Kehrreim: ‚Heut' ist heut', als auch Erzberger, seine sechsjährige Gabriele an der Hand, in den Speisesaal trat. Er war ein Mensch, der sich immer freuen mußte, und so sang er beim zweiten Vers mit zufriedener Stimme sein ‚Heut' ist heut' in die Runde. Dann ging er mit seinem kleinen Töchterchen und seiner zarten, stillen und stolzen Frau, die genau um sein Schicksal wußte, zur Ruhe . . .

Am nächsten Morgen, 26. August [fuhr Köhler fort], waren wir früh aufgestanden, um zur Kirche zu gehen. Vier Schwestern vom Heiligen Kreuz sangen die innigen Marienlieder, und vorn am Altar kniete der kindlich fromme Minister mit Frau und Kind, in Gedanken versunken, in denen er sich wohl an die eigene

47) Hammer, *op. cit.*, S. 109 f.

Tochter erinnerte, die erst vor einigen Wochen drüben in Luxemburg den Schleier der Karmeliterinnen genommen hatte. Das Harmonium hatte ausgespielt, Erzberger verließ seinen letzten Gottesdienst und begrüßte freudig den soeben eingetroffenen Reichstagsabgeordneten Diez [aus Konstanz]."[48])

Bald danach brachen Erzberger und Diez zu einem Spaziergang auf der Kniebisstraße auf. Erzberger sprach, angeregt wie immer, über seine solidaristischen Ideen für soziale Verbesserungen. Nach etwa einer Stunde wurden sie von zwei jungen Männern überholt, die sie jedoch, in ihr Gespräch vertieft, nicht weiter beachteten. Durch die Unwetter der vergangenen Nacht und den fortgesetzten Nieselregen war die Straße so glatt, daß Erzberger und Diez sich kurz vor 11 Uhr zur Umkehr entschlossen. Wenige Minuten später erschienen die beiden Fremden, die eine Abkürzung durch den Wald benutzt hatten, plötzlich auf der Straße und traten an Erzberger heran. Sie zogen ihre Revolver und schossen aus nächster Nähe auf seine Brust und Stirn. Von dem plötzlichen Angriff überrascht, sprang Erzberger etwa zehn Meter den Abhang neben der Straße hinunter, wobei er instinktiv versuchte, sich an Baumwurzeln festzuhalten, um den Sturz zu mildern. Dabei wurde ihm der Ring, den Papst Benedikt ihm geschenkt hatte, vom Finger gerissen; er fand sich später am Fuß des Abhangs wieder. Die Mörder gaben drei weitere Schüsse auf Erzberger ab, die ihn in Lunge, Magen und Oberschenkel trafen. Umsonst versuchte er, bevor er zusammenbrach, hinter einer Tanne Schutz zu suchen. Die Mörder liefen den Abhang hinunter, beugten sich über den Sterbenden und gaben noch drei Schüsse ab, um ganz sicher zu sein, ihr blutiges Werk vollendet zu haben. Inzwischen hatte Diez versucht, die Angreifer mit seinem Schirm abzuwehren, brach aber, in die Brust getroffen, sofort zusammen. Als er wenige Minuten später wieder zu sich kam, fand er seinen Freund tot am Fuße des Abhangs liegend. Die beiden Mörder sah er die Straße nach Bad Griesbach hinuntergehen. Da Erzberger nicht mehr zu helfen war, bemühte sich Diez, obwohl er durch den Blutverlust geschwächt war, sich zum Hotel zurückzuschleppen. Auf dem Wege begegnete er einer Hamburgerin vornehmen Aussehens, die ihren Urlaub im Schwarzwald verbrachte. Sie half ihm, aber als er ihr erzählte, was geschehen war, bemerkte sie nur trocken: „Wie konnten Sie nur mit Erzberger spazierengehen?"[49])

In dem Griesbacher Hotel, in dem sich Erzberger mit seiner Familie einquartiert hatte, trug sich nach Köhlers Schilderung folgendes zu:

---

48) Aus Tagebucheintragungen, die Heinrich Köhler am 27. August 1921 in der *Kölnischen Volkszeitung* veröffentlichte. Abschrift in: *Erzberger Dokumente,* Akte 43. Ein weiterer später bekannt gewordener Kurgast in Bad Griesbach war Matthias Hoogen, damals Sekundaner, heute Vorsitzender des Rechtsausschusses des Bundestages. *Der Spiegel*, Bd. 15, 27. Dezember 1961, S. 23.

49) Hammer, *op. cit.*, S. 110 f. Diese Schilderung lehnt sich stark an Karl Diez' Darstellung in Civis Radolticensis, „Die Lebensgeschichte eines Menschen", Fortsetzung 21, in: *Deutsche Bodensee Zeitung*, 29. Juli 1929. Diez überlebte die nationalsozialistische Herrschaft, indem er Landwirt wurde. Keil, *Erlebnisse*, Bd. II, S. 546. Nach dem zweiten Weltkrieg wurde er hoher Beamter im Landwirtschaftsministerium in Südbaden. Siehe auch F. W. Heinz, „Politische Attentate in Deutschland", in: *Deutscher Aufstand,* hrsg. von Curt Hötzel, Stuttgart 1934, S. 202—205.

„Gerade hatten die Jüngsten den Schlager von der ‚Süßen Klingelfee‘ heruntergeklimpert, als wir vor dem Hause seltsames Tuscheln und Stimmengewirr hörten, und schon rannte blutüberströmt der rotbäckige Reichstagsabgeordnete Diez in die schmale Hotelhalle. Mit einem bedeutenden Wink, die arme Frau des Ministers nicht zu erschrecken, winkte er die sich sammelnde Menge heran und teilte ihnen das Entsetzliche mit: ‚Erzberger war angeschossen!‘ Sofort rannte die ganze Jungmannschaft des Ortes und die Kurgäste die einsame Waldstraße hinauf ...

Es war Mittag geworden und Frau Erzberger wartete auf ihren Mann. Oft kam sie an das Fenster und sah die erregte Menge, die immer verstummte, wenn sich die kleine Frau mit den schmerzhaften Augen am Fenster zeigte. Das Kindchen, ganz des Vaters Ebenbild, spielte sorglos vor dem Hause, niemand konnte ihm das Schreckliche erzählen. Frau Erzberger erschien nicht mehr am Fenster. Sie hatte gespürt, was geschehen war, und als man ihr mitteilte, daß ihr Mann verwundet im Walde liege, sagte sie mit der Ruhe des Menschen, denen die Wunden nur nach innen bluten: ‚Ich weiß, er ist tot.‘ Dann ordnete sie all die tausend Dinge an, die nötig waren, und zeigte sich in allem als die tapfere Frau eines allzu mutigen Mannes.“[50])

Erzbergers Leiche blieb die Nacht über am Tatort liegen, damit die Polizei den äußeren Hergang der Ermordung ermitteln konnte. Dann wurde sie das Tal hinab in die kleine Stadt Oppenau gebracht, wo im Kreiskrankenhaus die vorgeschriebene Obduktion vorgenommen wurde. Der Körper war von acht Schüssen durchbohrt, von denen die beiden ersten durch Stirn und Brust schon genügt hätten, den Tod herbeizuführen. Es zeigte sich aber auch, daß Erzberger an Herzerweiterung und Nierenschrumpfung litt und wohl auf keinen Fall mehr lange gelebt hätte. Die Totenmesse wurde am Sonntag, dem 28. August, in der Kirche von Oppenau gelesen. Die katholische Gemeinde von Biberach, dem Mittelpunkt von Erzbergers Reichstagswahlkreis, bat darum, ihn auf ihrem Friedhof zu beerdigen; die Leiche wurde am 29. August dorthin überführt. Die Beerdigung fand am nächsten Tage statt; 30 000 Menschen nahmen teil. Reichskanzler Josef Wirth fand starke Worte der Empörung über das politische Verbrechen und nannte Erzberger einen Märtyrer für die Sache der deutschen Republik. Im Geiste seines toten Freundes forderte er das Zusammenstehen aller anständigen Menschen, denen die Grundsätze des Christentums und der Demokratie teuer seien.[51])

Die Empörung Wirths wurde keineswegs in Deutschland allgemein geteilt. Am Tage nach der Ermordung schrieb die „Kreuzzeitung“, das bevorzugte Organ der angesehensten Junkerfamilien des östlichen Preußen:

---

50) Köhler, siehe Fußnote 48.
51) Hammer, *op. cit.*, S. 111 f. Bachem, *Zentrumspartei*, Bd. IX, S. 481. Die Grabrede des Reichskanzlers, abgedruckt in: Josef Wirth, *Reden während der Kanzlerzeit*, Berlin 1925, S. 169—174. Rechtsstehende Kreise äußerten ihren Unwillen über die Behauptung von Wirth und anderen linksstehenden Politikern, der Mord sei das unmittelbare Ergebnis der Agitation gegen Erzberger. Siehe Germanicus (Pseudonym), *Matthias Erzberger. Ein politischer Mord?* Berlin 1921. Einige rechtsstehende Zeitungen entwickelten die abwegige Theorie, Erzberger sei von Mitgliedern der Zentrumspartei ermordet worden, die fürchteten, daß 1) sein Solidarismus zu einer Spaltung der Partei führen und 2) er selbst eine politische Belastung in späteren Wahlkampagnen sein könne. *Der Erzberger Mord. Dokumente menschlicher und politischer Verkommenheit*, Brühl/Baden 1921, S. 62 ff.

„Nichts ist billiger, als die Täter, deren Motive noch unbekannt sind, zu schmähen. Die Nachwelt denkt manchmal ganz anders. Charlotte Corday, die den Republikaner Marat ermordete, wurde zwar in Paris guillotiniert, doch haben auch deutsche Dichter sie und ihre furchtbare Tat verherrlicht. Es ist auch gar nicht einzusehen, warum nur die revolutionären Meuchelmörder Brutus und Wilhelm Tell besungen werden sollen. Die heutigen Lobpreiser Erzbergers und Angreifer seiner Gegner scheinen völlig außer acht zu lassen, daß der ganze Kampf, der gegen Erzberger geführt wurde, ein Abwehrkampf war.“[52])

Wenn sich die „Kreuzzeitung“ schon so äußerte, kann man sich vorstellen, welche Gefühle die nationalistische Provinzpresse mit ihrer weniger empfindsamen Leserschaft zum Ausdruck brachte. Ein Beispiel möge genügen. Die „Oletzkoer Zeitung“, die stets zur Deutschnationalen Volkspartei hielt, schrieb am Tage nach dem Mord:

„Erzberger, den ‚Vielgeschmähten‘, hat das Schicksal ereilt, das ihm wohl die meisten national denkenden Deutschen gegönnt haben. Erzberger, der allein Schuldige an dem schmählichen Waffenstillstand, Erzberger, der Deutschland den Versailler Schandfrieden vermittelt hat, Erzberger, dessen Geist leider noch heute in so vielen Behörden, Verwaltungen und Gesetzen herrscht, hat den Lohn erhalten, der ihm als Vaterlandsverräter zukam. Mag man über politische Morde denken (denn um einen solchen handelt es sich doch wahrscheinlich), wie man will, so muß wohl die Mehrzahl des deutschen Volkes in diesem Augenblick aufatmen mit einem Gefühl der Erleichterung. Ein Mann, der wie Erzberger wohl die Hauptschuld am Unglück unseres Vaterlandes hatte, mußte, solange er am Leben war, eine stete Gefahr für Deutschland bleiben. Es mag roh und herzlos klingen, solche Worte einem Toten nachzurufen, aber durch Gefühlsduselei kommen wir nicht weiter. Haß müssen wir säen! Und wie wir unsere Feinde von außen hassen lernen, so müssen wir auch die inneren Feinde Deutschlands mit unserem Haß und unserer Verachtung strafen. Vermittlungen sind unmöglich, nur durch Extreme kann Deutschland wieder das werden, was es vor dem Kriege war.“[53])

## Die Mörder

Das Schicksal der beiden Mörder und ihrer Helfer ist kein Ruhmesblatt der deutschen Geschichte. Die Kriminalpolizei stellte bald fest, daß es sich um Heinrich Schulz und Heinrich Tillessen handelte.[54]) Nach der verspäteten Gerichtsverhandlung gegen Tillessen im Jahre 1947 läßt sich sein Lebenslauf ausführlich darstellen. Er war 1894 als eines von elf Kindern eines preußischen Generals

52) *Kreuzzeitung*, 28. August 1921. Zitiert *ibid.*, S. 41.
53) *Oletzkoer Zeitung*, 27. August 1921, zitiert *ibid.*, S. 15 f.
54) Über die Lebensläufe der Mörder berichtet die wertvolle Dokumentation von Gotthard Jasper, „Aus den Akten der Prozesse gegen die Erzberger-Mörder“, in: *Vierteljahreshefte für Zeitgeschichte*, Oktober 1962. Dieser Aufsatz verwertet die Materialien im Besitz der Offenburger Staatsanwaltschaft. (Ich verdanke dem Herausgeber, Herrn Dr. Helmuth Krausnick, die Übersendung eines Korrekturexemplars.) Als weitere Quelle dienten mir Zeitungsberichte über die zwei Gerichtsverhandlungen gegen Tillessen im Jahre 1946 und 1947: *Schwäbische Zeitung*, 29. November 1946; *Badische Zeitung*, 29. November und 3. Dezember 1946 (erster Prozeß) und 28. Februar 1947 (zweiter Prozeß).

in Köln geboren worden, und hegte später den Wunsch, Musik und Literatur zu studieren. Da die finanzielle Lage der Familie dies nicht zuließ, ging er 1912 zur Marine, und nach raschem Aufstieg während des Krieges wurde er mit 24 Jahren bereits Kommandant eines Torpedoboots. Sein Flottillenchef war Kapitän Ehrhardt; Tillessens Freundschaft mit diesem Mann, der später einer der Führer des Kapp-Putsches werden sollte, stammte aus der Zeit ihrer Kriegskameradschaft. Tillessens Schiff wurde — gemäß den Bedingungen des Erzbergerschen Waffenstillstands von 1918 — im englischen Hafen Scapa Flow interniert. Kurz vor der Annahme des Versailler Vertrages beteiligte sich Tillessen an der Versenkung der Flotte und verbrachte zur Strafe für diese Tat irregeleiteter Vaterlandsliebe sieben Monate in englischer Kriegsgefangenschaft. Er kehrte gerade rechtzeitig nach Deutschland zurück, um sich seinem Freund Ehrhardt im Kapp-Putsch anzuschließen, und flüchtete nach dem Scheitern des Putsches nach Bayern. Mit 26 Jahren war er arbeitslos. Durch die Abrüstungsbestimmungen des Versailler Vertrages war seine Berufsausbildung wertlos geworden, und er mußte eine Stelle als kaufmännischer Angestellter in der Regensburger Genossenschaftsbewegung annehmen, die von Erzbergers Feind, dem bayerischen Politiker Georg Heim, geleitet wurde. Sein Gehalt von 600 Mark monatlich war für die Inflationszeit lächerlich gering. So grübelte er über sein eigenes und Deutschlands Schicksal und kam zu der Überzeugung, daß Jesuiten, Juden, Freimaurer und Erzberger allesamt schuld daran seien.[55])

Tillessens enger Freund Heinrich Schulz, 1893 in Saalfeld geboren, hatte einen ähnlichen Lebenslauf. Er war auch im Krieg frühzeitig Offizier geworden, diente danach in der Brigade Ehrhardt, und war – wie er dem Untersuchungsrichter noch 1950 sagte – „verbittert, als die Freikorps alsbald nach dem Mißlingen des Kapp-Putsches aufgelöst wurden. Man hatte uns auch von Regierungsseite... allerhand Versprechungen gemacht, die nachher nicht gehalten wurden. Beinahe von heute auf morgen lagen wir auf der Straße, ohne auch nur einen Monatssold oder dergleichen zu bekommen."[56]) Die Suche nach einem Sündenbock für sein Geschick brachte auch ihn zu einem wütenden Haß gegen Erzberger und die angeblich von Juden, Freimaurern und Jesuiten dominierte Weimarer Republik.

Die beiden Freunde fanden in Regensburg geistige Nahrung bei Versammlungen des deutschvölkischen Schutz- und Trutzbundes und in Flugschriften des Hammer-Verlages. In einer dieser Schriften fanden sie erstmals Hinweise auf einen mysteriösen „Germanenorden", auch unter dem Namen „Organisation Consul" (O. C.) bekannt. Diese Organisation war ein politischer Geheimbund,

---

55) Jasper, in: *op. cit.*, Dokumente 3 bis 6, druckt Stücke aus dem Briefwechsel zwischen Heinrich Tillessen und seinem Bruder im Winter 1920—1921 ab, die ein erschreckendes Licht auf seinen Geisteszustand und seine politische Unreife werfen.
56) *Ibid.*, Dokument 10.

der sich in seinen — später von der Polizei ermittelten — Satzungen als eine „Sammlung von entschlossenen nationalen Männern“ bezeichnete, die u. a. folgende Zwecke erstrebten:

„a) Weiteste Pflege und Verbreitung des nationalen Gedankens.
b) Bekämpfung alles Anti- und Internationalen, des Judentums, der Sozialdemokratie und der linksradikalen Parteien.
c) Bekämpfung der anti-nationalen Weimarer Verfassung mit Wort und Schrift“ usw.

Die Tätigkeit des Ordens erschöpfte sich aber keineswegs in dem politischen Kampf gegen die Republik. Als Hauptziel verfolgten seine Führer die Ermordung republikanischer Politiker. Darauf wies Absatz 12 der Satzungen mit der Verpflichtungsformel hin: „Ich gelobe dem obersten Leiter der Organisation und meinem Vorgesetzten unbedingten Gehorsam zu leisten und über alle Angelegenheiten der Organisation das strengste Stillschweigen zu bewahren.“[57]) Absatz 11 lautete eindeutig: „Verräter verfallen der Feme“.

Schulz und Tillessen zogen im Mai 1921 nach München und traten dort der Organisation Consul bei, die sich als Bayerische Holzverarbeitungsgesellschaft unter Leitung von Kapitänleutnant Manfred von Killinger tarnte. Die Zahl der Mitglieder läßt sich nicht ermitteln; ebenso bleibt die genaue Beziehung zwischen der „Organisation Consul“, deren oberster Führer Kapitän Ehrhardt war, und dem „Germanenorden“, den Kapitänleutnant Killinger leitete, undeutlich; der Orden bildete wahrscheinlich eine Gruppe innerhalb der Ehrhardt-Organisation mit dem Sonderzweck der Planung politischer Morde. Die Mörder wurden durch Losung ausgesucht und erhielten Befehle von ihren Vorgesetzten.

Heinrich Schulz erzählte dem Untersuchungsrichter 1950 folgendes über den Befehl, Erzberger zu ermorden: „Dieser Befehl wurde uns eines Tages [Anfang August 1921] im Büro des Kapitänleutnants a.D. von Killinger überreicht. Zu diesem Zweck war auch Tillessen, genauso wie ich, auf das Büro, d.h. das Zimmer von Herrn von Killinger gerufen worden. Hier wurde uns in einem Umschlag, den Tillessen oder ich geöffnet hat, ein mit Schreibmaschinenschrift geschriebener Zettel überreicht. Der Zettel hatte etwa folgenden Inhalt: ‚Gemäß der in der Leitung stattgefundenen Auslosung wurden Sie — es folgten dann unsere beiden Namen — dazu bestimmt, den Reichsfinanzminister a.D. Erzberger zu beseitigen. Die Art der Ausführung bleibt Ihnen überlassen. Vollzugsmeldung ist nicht zu erstatten.‘ Wenn ich mich richtig erinnere, stand auch noch eine Wendung wenigstens des Inhalts in dem Zettel: ‚Brüder, Ihr könnt der Unterstützung des Ordens im Fall einer Entdeckung gewiß sein.‘“[58])

---

[57]) Jasper druckt die Satzungen ab als Dokument I, in: *Ibid.*
[58]) *Ibid.*, Dokument 10. Schulz fügte hinzu: „Ob tatsächlich in der Leitung des Germanenordens eine Auslosung stattgefunden hat, wie in dem Befehl angegeben war, weiß ich natürlich nicht . . . Heute kann ich mir vorstellen, daß Tillessen und ich, ohne daß eine Auslosung stattgefunden hätte, als für

Schulz berichtete weiter, daß er den Mordbefehl sofort in Anwesenheit Killingers verbrannte. Letzterer gab ferner den beiden Mördern unbeschränkten Urlaub von der Holzverarbeitungsgesellschaft und eine beträchtliche Geldsumme. Dazu sagte Schulz wörtlich aus: „Tillessen und ich waren natürlich etwas überrascht über den Befehl, den wir erhalten hatten. Wir gingen dann zusammen in den Englischen Garten. Dabei wurden wir uns darüber einig, daß wir um die Ausführung des Befehls wohl nicht herumkommen würden. Wir hatten ja unseren Eid geleistet, und zwar sowohl gegenüber dem Germanenorden, als auch bei der O.C., daß wir jeden Befehl ausführen würden. Hätten wir ihn nicht ausgeführt, so wären wir bei beiden Organisationen unmöglich geworden, wenn nichts Schlimmeres passiert wäre. Tatsache ist außerdem, daß man unbequem ist, wenn man zuviel weiß.“

Schulz und Tillessen gingen noch am selben Nachmittag zum Büro von Kapitän Ehrhardt, „um uns bei Ehrhardt abzumelden. Als wir in der Nähe des Büros... angelangt waren, kam uns Ehrhardt schon auf der Straße entgegen. Wir hatten den Eindruck, daß von Killinger zwischenzeitlich an Ehrhardt telefoniert hatte, daß wir beide jetzt kämen, um uns abzumelden. Offenbar wollte Ehrhardt uns nicht auf dem Büro empfangen, um jedes Aufsehen... zu vermeiden... als Ehrhardt uns begegnete, sagte er uns, wie er gehört habe, wollten wir in Urlaub fahren. Er wünschte uns recht gute Erholung und baldige gesunde Heimkehr. Ausdrücklich gab er uns also nicht zu erkennen, daß er um den Befehl, den wir erhalten hatten, und um unser Vorhaben nach Maßgabe dieses Befehls wisse. Aus seinem ganzen Verhalten gewannen wir aber den Eindruck, daß dies der Fall sei.“[59])

Die Täter folgten Erzberger nach Jordanbad, Beuron und Bad Griesbach, zögerten aber offenbar noch, die Tat zu vollbringen, denn sie warteten bis zum Vorabend des Tages, an dem Erzberger seine geplante Reise nach Frankfurt antreten wollte. Wenn sie Diez nicht gleichzeitig ermordeten, beweist das, daß ihre Motive nicht kriminell im üblichen Sinne des Wortes waren, denn an sich hätte es ihre eigene Sicherheit erfordert, den einzigen Zeugen ihrer Tat zu beseitigen; sie beschränkten sich jedoch auf das, was sie für politisch notwendig hielten.

Nach der Tat gingen die Mörder zu Fuß nach Oppenau, der kleinen Stadt im Renchtal, wo sie unter falschen Namen im Hotel „Zum Hirschen“ abgestiegen waren. Zusammen mit den anderen Gästen, die sich in erregten Gesprächen über den Mord in Griesbach ergingen, tranken sie ihren Nachmittagskaffee und verließen dann das Hotel, um den 4-Uhr-Zug nach München zu nehmen. Dort wurden

---

die Tat geeignet angesehen wurden, weil wir vielleicht mehr verbittert und auch vertrommelt waren, wie manche andere, und man uns andererseits dafür einschätzte, daß wir einen uns gegebenen Befehl allerseits ausführen würden.“

59) *Ibid.* Ehrhardt's Mitwisserschaft und Billigung des Erzberger-Mordes ist scharf umstritten. Nach Ernst von Salomon, *Der Fragebogen*, Hamburg 1951, S. 396, war er gegen den Mord, da 1. Erzberger sich selber überlebt habe und 2. seine Ermordung von den bayerischen Katholiken mißbilligt würde, die ohnehin schon dem protestantisch-norddeutschen Charakter der „Organisation Consul“ mißtrauten.

sie von Killinger in Empfang genommen, der ihnen falsche Pässe gab, die Pöhner, der in Hitlers „Mein Kampf" lobend erwähnte ultra-nationalistische Münchner Polizeipräsident, besorgt hatte.[60]) Die badische Staatsanwaltschaft hatte die Spur von Schulz und Tillessen bald gefunden und verfolgte sie bis München, erhielt jedoch wenig Hilfe von der bayerischen Polizei. Der frühere bayerische Ministerpräsident Hoegner berichtet, Pöhners Polizei hätte die Mörder schriftlich (!) zur Vernehmung vorgeladen, anstatt sie sofort zu verhaften.[61]) Sie flohen Anfang September 1921 nach Budapest, verfolgt von zwei Beamten der badischen Staatsanwaltschaft, die ohne Erfolg die Auslieferung verlangten. Die Reichsregierung stellte noch drei Jahre später einen offiziellen Auslieferungsantrag, stieß aber ebenfalls auf Ablehnung. Die ungarische Regierung argumentierte, daß zwischen dem Deutschen Reich und Ungarn kein Auslieferungsvertrag bestünde; deswegen seien für die ungarische Antwort die allgemeinen völkerrechtlichen Grundsätze des Auslieferungsverkehrs allein maßgeblich. Nach ungarischer Auffassung verboten diese die Auslieferung, da es sich beim Erzberger-Mord zweifellos um ein politisches Delikt handelte (und durch das international anerkannte Asylrecht auch politische Verbrecher geschützt werden). Außerdem berief sich der ungarische Justizminister in einer Parlamentsrede vom 23. Oktober 1924 auf den Mangel an Gegenseitigkeit, denn Deutschland habe 1922 die Auslieferung Csernyaks, des mutmaßlichen Tisza-Mörders, verweigert. Die deutsche Regierung bestritt zwar energisch die Parallelität der beiden Morde, ihre Auffassung drang aber nicht durch.[62]) Tillessen und Schulz lebten einige Zeit in Ungarn als Ehrengäste auf dem Landgut des prominenten Rechtspolitikers Julius Gömbös, der auch ihre spätere Ausreise unter falschem Namen nach Spanien begünstigte.[63]) Dort arbeiteten sie einige Jahre bei einer Luftfahrtgesellschaft.

Gegen Killinger wurde im Juni 1922 wegen Beihilfe zum Mord in Offenburg ein Prozeß durchgeführt. Das Gericht erachtete es als erwiesen, daß Schulz und Tillessen die Mörder Erzbergers seien und daß Killinger sowohl vor als auch nach der Tat mit ihnen zusammengetroffen sei, ja daß er sie, als sie nach Budapest fuhren, zum Münchner Bahnhof gebracht habe. Der Richter wies die Geschworenen an, zu entscheiden, 1. ob Killinger den Tätern zur Flucht verholfen habe,

---

60) A. Hitler, *Mein Kampf*, München 1925—1927, Bd. I, S. 403.

61) W. Hoegner, *Die verratene Republik*, München 1958, S. 91.

62) Die juristische Seite der Auslieferungsfrage wird besprochen in Hans Heinrich Jeschek, „Erzberger Mörder-Fall", *Wörterbuch des Völkerrechts*, hrsg. von Hans Jürgen Schlochauer, Bd. I, Berlin 1960, S. 440, und H. Delius, „Die Auslieferung der Erzbergermörder", *Deutsche Juristenzeitung*, Bd. 29 (1924), S. 720 ff.
Delius war Kammergerichtsrat in Berlin mit offensichtlichen Rechtssympathien. Er sprach sich gegen die Auslieferung der Erzberger-Mörder aus, wenigstens in der Form, daß sie nach geltendem internationalem Recht keineswegs gegeben sei. Außerdem erlaubte er sich die ironische Bemerkung, daß die Linksparteien nach ihrer Machtübernahme 1918 sich von Gegnern zu Befürwortern der Beschränkung des Asylrechts gewandelt hätten. Übrigens verteidigte sich das badische Justizministerium gegen Vorwürfe, seine Anstrengungen, die Mörder in die Hand zu bekommen, seien zu gering gewesen, in einem Artikel in der *Deutschen Bodensee Zeitung* vom 12. Dezember 1929. Abschrift in: *Bachem Dokumente*, Akte 90.

63) Kurt Lüdecke, *I Knew Hitler*, New York 1937, schildert S. 264 ff. wie er Schulz bei einer Weihnachtsfeier im Hause Gömbös kennenlernte.

wissend, daß sie ein Verbrechen begangen hatten, womit er sich der Beihilfe n a c h der Tat schuldig gemacht hätte, und 2. ob er ihnen vor dem Mord versprochen habe, ihnen zur Flucht zu verhelfen, was Beihilfe v o r der Tat bedeutet hätte. Die Geschworenen berieten nur eine halbe Stunde und sprachen Killinger von beiden Anschuldigungen frei. Das Urteil schockierte alle anständigen Deutschen, da Killingers Schuld angesichts des Beweismaterials auf der Hand lag. Sie sollte über jeden Zweifel hinaus bewiesen werden durch die Geständnisse, die Tillessen 1947 und Schulz 1950 ablegten.[64])

Kurz vor der nationalsozialistischen Machtübernahme kehrten die beiden Mörder nach Deutschland zurück. Die Strafverfahren gegen sie, die theoretisch immer noch beim Landgericht Offenburg anhängig waren, wurden auf Grund der Amnestie des Reichspräsidenten vom 21. März 1933, die sich auf alle politischen Verbrechen erstreckte (in der Praxis aber nur Nationalsozialisten zugute kam), eingestellt. Die nationalsozialistischen Machthaber scheuten sich nicht, die beiden Männer als die „Richter Erzbergers" zu bezeichnen.[65]) Tillessen erhielt eine Anstellung als Leiter des Mannheimer Reisebüros des Norddeutschen Lloyds. Die Bremer SA ernannte ihn im September 1933 zum Sturmbannführer ehrenhalber, obwohl er es bis 1938 unterließ, in die Partei einzutreten, und sich an keiner politischen Tätigkeit beteiligte. Als der zweite Weltkrieg ausbrach, wurde er wieder zur Marine einberufen und brachte es bis zum Korvettenkapitän. Nach seiner Entlassung im Herbst 1944 zog er nach Heidelberg und wurde dort am 3. Mai 1945 von der amerikanischen Militärpolizei verhaftet, nachdem er sich selbst, offenbar um von der inneren Belastung freizuwerden, bei einer Routine-Untersuchung als Erzberger-Mörder bekannt hatte.

Über ein Vierteljahrhundert nach der Tat, im November 1946, wurde er in Freiburg wegen der Ermordung Erzbergers vor Gericht gestellt.[66]) Er zeigte Reue über den begangenen Mord, weigerte sich aber, Namen noch lebender Helfer zu nennen. Die Verteidigung stützte sich zum Teil auf psychologische Entlastungsgründe und legte eidesstattliche Erklärungen eines Bremer Arztes vor, der Tillessen in den Jahren 1933 bis 1936 wegen psychischer Störungen behandelt hatte. Es war eindeutig, daß er tiefe Reue empfunden hatte und seit 1921 ein gebrochener Mann gewesen war. Seine Frau machte einen günstigen Eindruck auf das Gericht,

---

64) Über den Prozeß gegen Killinger, der vom 7. bis 13. Juni 1922 in Offenburg stattfand, siehe: *Germania*, 8., 11. und 14. Juni 1922. Die offensichtliche Schuld Killingers wird zusammengefaßt in einem ironischen Artikel „Der Freispruch in Offenburg" vom 14. Juni 1922. Siehe auch E. J. Gumbel, *Vier Jahre Politischer Mord*, Berlin-Fichtenau, 2. Aufl., 1922, S. 69 ff. Der Redakteur des *Offenburger Tageblatts*, Franz Huber, erhielt im August 1922 eine Geldstrafe von 1000 Mark, weil er einen Teil der Anklageschrift gegen Killinger veröffentlicht hatte. *Berliner Tageblatt*, 17. August 1922. Killinger brachte es unter den Nationalsozialisten bis zum Ministerpräsidenten von Sachsen und im Jahre 1941 zum deutschen Gesandten in Rumänien. Er nahm sich 1944 das Leben, um den Russen nicht in die Hände zu fallen. Sein Buch *Ernstes und Heiteres aus dem Putschleben*, München, 2. Auflage 1934, enthält eine verhältnismäßig aufrichtige Schilderung eines großen Teils seiner Tätigkeit.

65) Der Chefideologe der NSDAP, Alfred Rosenberg, hat sich zweimal um eine Charakterisierung Erzbergers bemüht: „Erzberger", *NS Monatshefte*, Bd. 4, S. 158—171 und *Novemberköpfe*, München, 2. Aufl. 1939, S. 81—103.

66) Das Plädoyer des Generalstaatsanwalts Bader im Prozeß gegen Tillessen, gehalten am 27. November 1946, ist veröffentlicht in: *Die Wandlung. Eine Monatsschrift*, Bd. 2 (1947), S. 69—93.

als sie die Komplexe und inneren Spannungen ihres Mannes schilderte. Mit Schulz hatte er nicht mehr regelmäßig in Verbindung gestanden. Das letzte Zusammentreffen im Jahre 1937 hatte gezeigt, daß die beiden Männer sich nicht mehr verstanden.

Ein Brief von Frau Erzberger an Frau Tillessen vom 13. Mai 1946, in dem sie sich für einen Gnadenerweis aussprach, wurde vom Verteidiger vorgelegt und mag das Gericht beeinflußt haben. Der Richter erklärte am 29. November 1946 das Verfahren wegen der Amnestie des Reichspräsidenten vom 21. März 1933 für erledigt; er ließ den Einwand des Staatsanwalts nicht gelten, daß diese Amnestie nichtig gewesen sei, weil sie ohne Ermächtigung des Reichstags erlassen worden sei und gegen die Justizhoheit der Länder verstoßen habe. In Juristenkreisen war man sich über diese beiden Gesichtspunkte keineswegs einig.

Die französische Militärregierung unternahm sofort Schritte, um das Urteil zu kassieren. Sie entließ den vorsitzenden Richter und verhaftete Tillessen erneut. Ein französisches „Tribunal Général", das am 6. Januar 1947 in Rastatt zusammentrat, hob die Entscheidung formell auf und überwies den Fall zur erneuten Verhandlung nach Konstanz mit der ausdrücklichen Anweisung, die Amnestie des Reichspräsidenten sei als ungültig zu betrachten. Tillessen sollte nunmehr wegen eines „Verbrechens gegen die Menschlichkeit" im Sinne des Gesetzes Nr. 10 des Alliierten Kontrollrats abgeurteilt werden.

Der zweite Prozeß fand im Februar 1947 statt. Dieses Mal sprach Tillessen etwas offener über seine Helfer und gab zum erstenmal die Existenz von Killingers „Germanenorden" innerhalb der größeren „Organisation Consul" zu. Er wurde zu fünfzehn Jahren Zuchthaus verurteilt. Sein Kamerad Schulz erhielt im Juli 1950 von einem Offenburger Gericht eine Zuchthausstrafe von zwölf Jahren. Schulz und Tillessen wurden wenige Jahre später auf Bewährung entlassen.[67])

Die Geschichte der gerichtlichen Behandlung des Falles spiegelt einen guten Teil der neueren deutschen Geschichte wider. Es lag an der nationalistischen Durchsetzung des bayerischen Polizeiapparates, wenn Schulz und Tillessen nicht verhaftet wurden, ehe sie nach Budapest flüchteten. Daß Killinger im Juni 1922 freigesprochen wurde, zeigte, in welch erheblichem Ausmaß Teile der Öffentlichkeit, deren getreues Abbild die Geschworenenbank bot, die Ermordung republikanischer Minister nicht für eine strafbare Handlung hielten. Die öffentliche Verherrlichung der Erzberger-Mörder war charakteristisch für den Geist des Nationalsozialismus. Der verspätete Prozeß gegen Tillessen auf Anordnung der Militärregierung in den Jahren 1946—1947 stellte einen Akt materieller Gerechtigkeit trotz der willkürlichen Aufhebung des Freiburger Urteils durch mili-

---

67) Zur frühzeitigen Entlassung der Mörder siehe: *Stuttgarter Zeitung* vom 25. August 1956 in einem Artikel zum 35. Jahrestag der Ermordung.

tärische Stellen dar. Die Verurteilung von Schulz im Jahre 1950 nach der Konstituierung der Bundesrepublik offenbarte die erfreuliche Bereitschaft der neuen deutschen Gerichte, die häufigen Fehlurteile, die in den reaktionären Neigungen ihrer Weimarer Vorgänger begründet waren, zu vermeiden. Aus der raschen Entlassung von Schulz und Tillessen ist wohl zu schließen, daß man über der intensiven Beschäftigung mit der Gegenwart und einer hoffnungsvollen Einstellung zur Zukunft gerne bereit war, die unangenehmen Seiten der Vergangenheit zu vergessen.

# XVI

## Zusammenfassung

Erzbergers gewaltsamer Tod machte ihn zum Märtyrer der deutschen Republik und verlieh ihm bei den linksstehenden Massen eine Popularität, die er zu seinen Lebzeiten nie genossen hatte. Seine nüchterne Tüchtigkeit eignete sich nicht dazu, mit einem romantischen Nimbus verklärt zu werden. Seine Anhänger bewunderten ihn hauptsächlich wegen der Feinde, die er sich erworben hatte, und wegen seiner deutlichen und festen Ansichten über strittige Fragen. Ein Journalist, der Erzbergers rhetorische Gaben schildert, gibt zugleich eine gute Charakterisierung des Menschen:

„... Dazu besitzt er neben der biederen Treuherzigkeit und dem demokratischen Überzeugungsbrustton die Gabe, die Seele des kleineren Mannes unwiderstehlich zu gewinnen; gemeinverständliche Beredsamkeit, gesunden Menschenverstand, hausbackene Weisheit und einen gewiß nicht dämonischen Humor. Alles das, was Erzberger sagt, könnte fünf Minuten später, vorausgesetzt, daß er das Material hätte, auch der letzte seiner Wähler sagen, aber eben darin besteht ein gut Teil seiner Wirkung. Er drückt immer nur mit einer erfrischenden Deutlichkeit aus, was weite Kreise der Partei oder des Volkes denken, und das schlägt stets ein. Dabei ist alles, was er betreibt, nicht angeflogen, sondern mit zähem Sitzfleisch ersessen, nicht Kunst, sondern Handwerk."[1])

Die bedeutende Rolle, die Erzberger gespielt hat, beruhte auf seinen persönlichen Eigenschaften, und so war es natürlich, daß auch sie erheblich umstritten waren. In vieler Hinsicht paßte er schlecht in das soziale Milieu des Deutschland

---

[1]) Artikel „Erzberger", in: *Der Friede. Wochenschrift für Politik, Volkswirtschaft und Literatur,* hrsg. von Dr. Benno Karpeles, 31. Mai 1918, S. 453.

seiner Zeit, besonders vor dem Kriege. Seine große Rolle nach 1914 war nur möglich, weil Krieg und Chaos der Revolution das politische Leben in Fluß gebracht hatten. Die Gelegenheiten, die sich einem tatkräftigen Abgeordneten boten, nutzte er aus. Seine hervorstechendste Eigenschaft war die Bereitschaft, unangenehme Aufgaben zu übernehmen. Das ist die Erklärung für seine Propaganda- und Nachrichtenarbeit und sein bahnbrechendes Vorgehen in der Julikrise des Jahres 1917; sie erklärt auch, daß er das Waffenstillstandsabkommen unterzeichnete, eine parlamentarische Mehrheit für die Ratifizierung des Versailler Vertrags zustande brachte und im Juni 1919 das Finanzministerium übernahm.

Was gab Erzberger die Tatkraft, Aufgaben anzupacken, vor denen andere zurückscheuten? Seine lebensfrohe, optimistische Natur war bestimmt ein wesentlicher Antrieb. Hoffnungslose Situationen oder unlösbare Probleme konnte er sich nicht vorstellen. Nie war er um eine Notlösung verlegen, wenn es eine drängende Schwierigkeit zu überwinden galt. Er weigerte sich, aufzugeben, und hielt jedes öffentliche Zurschaustellen von Melancholie oder Pessimismus — ein besonderer Zug Bethmanns — für zwecklos. Ein Zweifel an seiner eigenen Befähigung, Probleme zu meistern, kam ihm niemals in den Sinn; stets verausgabte er sich bis zum letzten für die jeweilige Aufgabe und war dann bereit, den Rest der göttlichen Fügung zu überlassen. Trotz ernstester Sorgen schlief er fast immer ausgezeichnet und gab sich selten nachträglicher Selbstkritik hin. Die Kraft seiner Persönlichkeit wurde niemals durch innere Unschlüssigkeit geschwächt.

Erzbergers Verantwortungsfreudigkeit und der ihm eigene Optimismus wurden durch ein unerschütterliches Selbstvertrauen verstärkt, das vor allem aus dem Bewußtsein entsprang, ungewöhnliche Gaben zu besitzen. Sein phänomenales Gedächtnis bot ihm bei Debatten und Verhandlungen große Vorteile gegenüber anderen. Sein klarer, rasch begreifender Verstand ermöglichte es ihm, in jede Materie leicht einzudringen. Er besaß die Gaben eines großen Administrators, sein Büro funktionierte hervorragend. Seine Untergebenen erhielten Aufgaben in Unabhängigkeit und eigener Verantwortlichkeit und wandten sich nur in wirklich wichtigen Fragen an ihren Chef. Dies allein ermöglichte es Erzberger, so viele verschiedene Aufgaben zugleich zu übernehmen.[2])

Über Erzbergers Arbeitskraft staunten Freund und Feind. Selten arbeitete er weniger als sechzehn Stunden am Tag; bis zum Krieg gönnte er sich keinen einzigen Urlaub, da er durch die Verpflichtungen seiner „Zentrumskorrespondenz" in Berlin festgehalten war. Wenn der Reichstag tagte, war Erzberger der erste Abgeordnete, der morgens in der Bibliothek erschien. Dort bereitete er sich auf die Arbeit des Tages durch ein sorgfältiges Studium der Zeitungen, Zeitschriften und

---

[2]) Hammer, *Erzberger*, S. 93, bringt eine gute Schilderung von Erzbergers Arbeitsmethoden; diese Darstellung beruht auf einem Memorandum von Erzbergers Tochter Maria.

Ausschußberichte vor. Von seinem regelmäßigen Kirchenbesuch abgesehen, gab es wenig, was ihn außerhalb der Politik beschäftigte. Seine Privatgeschäfte wurden nebenbei besorgt und nahmen nur wenig Zeit in Anspruch. Das Familienleben gewährte ihm eine Zuflucht vor politischen Kontroversen, stand aber seiner politischen Arbeit nur selten im Wege. Er war im eigentlichen Sinn ausschließlicher Politiker, ein Mann fast ohne Privatleben[3]).

Die Selbstsicherheit, die Erzberger bei allem, was er unternahm, an den Tag legte, wurde nicht beengt durch Züge, die bei ähnlich begabten Männern häufig hemmend wirken. Die Art von Erziehung und Ausbildung, die den Menschen dazu führt, sich selbst und seine Rolle in einem bestimmten sozialen und politischen Milieu mit Skepsis und Zurückhaltung zu betrachten, war ihm nicht zuteil geworden. Er hatte nie unter einem anerkannten Meister eine Lehre absolviert, nie gelernt, wie man eilige Dinge mit Gelassenheit erledigt. Sein Lebensweg vom Schneiderhaus in Buttenhausen bis zum Stuhl des Reichsfinanzministers war von Anfang bis Ende ein einziger großer Erfolg gewesen. Er hatte nur wenige Enttäuschungen erlebt, die ihn zur Selbstbesinnung hätten veranlassen können. Was er war, war er nur auf Grund seiner persönlichen Fähigkeiten und Energien geworden. Seinem Ehrgeiz war — so mußte er es empfinden — keine Grenze gesetzt.

Diese Selbstsicherheit war besonders gefährlich für einen so impulsiven Mann. Oft nahm er Stellung, ohne sich mit seinen Freunden beraten oder die Folgen durchdacht zu haben. Hatte er sich einmal für eine Sache begeistert, so konnte er selbst undurchführbaren Projekten vernunft- und kritiklos nachgehen; Beispiele sind das Liechtensteinsche Projekt, der Plan, das Coenaculum für den König von Bayern zu erwerben, oder die Vorstellung, daß eine kurze Unterredung mit Lloyd George im Jahre 1917 zum Frieden geführt hätte. Sein verbohrtes Verfolgen von abenteuerlichen Einfällen war für seine Zeitgenossen amüsant und ärgerlich zugleich.

---

[3]) Der bekannte Graphologe Ludwig Klages behauptete auf Grund einer einzigen kurzen Schriftprobe Erzbergers aus dem Jahre 1911, daß Erzbergers Tätigkeitsdrang einer inneren Gehemmtheit entspringe. Er vermutete, daß diese Gehemmtheit wahrscheinlich sexueller Natur sei. Er behauptete, folgende Eigenschaften bei Erzberger gefunden zu haben: „Dieser Charakter wird durch zwei Grundtatsachen bezeichnet . . .: alles Sachliche steht hier im Dienste *persönlicher* Ziele, und Gefühl und Verstand sind völlig untergeordnet dem Willen . . . Fragen wir jetzt zunächst nach den leitenden Triebfedern, so tritt weit entschiedener als der ebenfalls nicht zu kurz gekommene Erwerbssinn ein rastlos emporstrebender Ehrgeiz hervor, dem sich eine Dosis Herrschtrieb zugesellt. Allein die Besonderheit dieses Ehrgeizes ergibt sich erst aus der Tatsache einer zentralen Gehemmtheit, derzufolge die beständige Angespanntheit des Schreibers etwas Krampfhaftes und Übertriebenes hat und die Ruhelosigkeit seines Willensdranges im Lichte der Gehetztheit erscheint, deren unablässig nach außen zielendes Suchen und Brechen von Widerständen das heimliche Gefühl eines Knickes und Mangels dem Bewußtsein des Trägers zu verschleiern berufen ist. Man fühlt sich versucht, eine dermaßen pausenlose Betriebsamkeit dem Trinkertum zu vergleichen, weil sie wie dieses zuletzt der Betäubung dient, nur aber durch das Mittel einer Aktivität, die keinerlei Einkehr und Selbstbesinnung mehr aufkommen läßt. Eine schwächere Konstitution wäre infolgedessen mit Zusammenbruch und Zerfall bedroht, wohingegen die Zähe des Schreibers dadurch zu nur immer ausschweifenderen Plänen und Vorstößen angereizt wird. Vergnüglich sieht es *nicht* aus in einem solchen Charakter, dessen Erfolgszuversicht und Betätigungsleidenschaft mit Zufriedenheit oder gar Euphorie zu verwechseln ein schwerer Fehlgriff wäre; tragisch aber noch weniger, da Schreiber nicht *kennt*, was er entbehren muß, und darum durch das Entbehren nicht im geringsten Einbuße erleidet an seiner höchst widerstandskräftigen Selbsteinschätzung." Ludwig Klages, „Charakterbild auf Grund der Handschrift Erzbergers", *Zeitschrift für Menschenkunde*, Bd. 1, Nr. 3, Heidelberg 1925, S. 31—37. Auch abgedruckt in: *Graphologisches Lesebuch. Hundert Gutachten aus der Praxis unter Mitwirkung von Fachgenossen*, Leipzig 1933, S. 216 ff.

Meist freilich führte Erzbergers Impulsivität nicht zur Hartnäckigkeit — im Gegenteil! Seine enge Verbindung zum Denken und Fühlen des einfachen Volkes verlieh ihm auch einen hervorragenden politischen Spürsinn. Völlig frei von dogmatischen Vorurteilen — abgesehen von bestimmten Grundüberzeugungen —, konnte er sich ungewöhnlich rasch in neue politische Situationen hineinfinden; seine Gegner nannten das Opportunismus. Die Schnelligkeit, mit der er seine Meinung änderte, und seine Gleichgültigkeit, wie dies auf andere wirken möge, schienen den Vorwurf zu rechtfertigen. Zwei Beispiele dafür boten seine Entwicklung vom äußersten Annexionismus bis zu den Grundsätzen der Friedensresolution von 1917 und von der leidenschaftlichen Verteidigung der Monarchie bis zu seinem begeisterten Eintreten für die Republik im Jahre 1918. Der Vorwurf, er habe seine Meinung geändert, ließ ihn gänzlich ungerührt, und er war oft überrascht, daß andere ihre Meinung nicht ebenso klug geändert hätten. Gern zitierte er Rückert über die Weisen, „die durch Irrtum zur Wahrheit reisen", während die Narren „bei dem Irrtum verharren".[4]) Als ein Zentrumskollege ihm Inkonsequenz vorhielt, antwortete er: „Ich bin doch kein Petrefakt!" Wenn jemand ihm sagte, es sei nun doch anders gekommen, als er vorausgesagt habe, erwiderte er: „Ich bin doch kein Prophet!"[5]) Seine Fähigkeit, ständig weiterzuwachsen, mag seine Leistungen zum Teil erklären, brachte ihn aber auch in den Ruf politischer Unstetigkeit und erzeugte manche Feindschaft.

Durch seine Impulsivität ließ sich Erzberger oft zu einer unglückseligen Prahlerei und Indiskretion hinreißen. Sein Stammtisch im Restaurant Krziwanek, Dorotheen- Ecke Mittelstraße, war eines der Berliner Klatschzentren. Er verbarg sein Licht nicht gern unterm Scheffel, und wenn er einen wichtigen Erfolg gehabt hatte, wollte er das auch unter die Leute bringen.[6]) Manchmal nahm er sogar Verdienste für sich in Anspruch bei Dingen, mit denen er gar nichts zu tun gehabt hatte: seine Prahlerei über den Anteil, den er sich bei der Ernennung des Reichskanzlers Michaelis zuschrieb, ist ein besonders unerfreuliches Beispiel. Häufig wurde von den unvorsichtigen Reden berichtet, die er während des Krieges in Schweizer Hotels geführt habe. Seine Vertrauensseligkeit ließ ihn den Gedanken weit von sich weisen, daß die Kellner vielleicht von der Entente bestochen sein könnten, um ihm nachzuspionieren.[7]) Doch darf man seine Indiskretion nicht übertreiben. Wenn ihm eine besondere Sache im Vertrauen mitgeteilt wurde, war er ganz verschwiegen. So gab er bezeichnenderweise niemals bekannt, daß er den Czernin-Bericht von Kaiser Karl selbst erhalten hatte, obwohl er damit einen guten Teil der Kritik, die die Frankfurter Versammlung an seinem Verhalten übte, hätte entkräften können.

---

4) „Die durch Irrtum zur Wahrheit reisen, / Das sind die Weisen. / Die bei dem Irrtum verharren, / Das sind die Narren."
5) Bachem, *Zentrumspartei*, Bd. IX, S. 424.
6) *Ibid.*, S. 421.
7) Brief von Professor Krebs an K. Bachem vom 2. Juni 1918. *Bachem Dokumente*, Akte 89.

Auch seine wahllose Hilfsbereitschaft für die verschiedensten Leute war eine Folge seiner impulsiven Reaktionen. Das Leiden anderer erweckte stets sein Mitleid, und er sah immer die konkreten Härten in jedem Einzelfall. Deutschlands muffige und aufgeblasene Bürokratie war ihm zuwider, und nur zu gern glaubte er, daß die Menschen, die mit Beschwerden zu ihm kamen, nicht gerecht behandelt worden seien. Da seine Zeit eine genaue Untersuchung solcher Beschwerden nicht zuließ, gewöhnte er sich an, auf eine wohlwollende Neuüberprüfung von Verwaltungsentscheidungen ohne Rücksicht auf die tatsächlichen Umstände des Einzelfalles hinzuwirken. Damit wurde er Berliner Verwaltungsbeamten ein Greuel, und sein Leumund, ein Hans-Dampf-in-allen-Gassen zu sein, wuchs um so mehr.

Niemand, der Erzberger genau kannte, hat jemals an seiner persönlichen Integrität in Geldangelegenheiten gezweifelt. Gerade seine Nachlässigkeit gegenüber dem äußeren Anschein ist der beste Beweis für die subjektive Rechtlichkeit seiner Absichten. Es ist außerordentlich bedauerlich, daß er sich dem Vorwurf, persönliche Geldinteressen mit Politik verquickt zu haben, so leichtsinnig aussetzte. Als er starb, glaubten Millionen seiner Landsleute, er sei ein unsauberer, geldgieriger Politiker, wenn nicht gar ein bezahlter britischer Agent gewesen. Die sorgfältige Untersuchung seiner persönlichen Finanzverhältnisse führt zu der Überzeugung, daß diese Ansicht ganz falsch war. Im Herzen war er ein anständiger Mann; im Grunde machte er sich gar nichts aus Geld. Doch vergaß er, daß die Menschen nach dem äußeren Eindruck und nicht nach ihren subjektiven Absichten beurteilt werden; er schadete deshalb in unnötiger Weise seiner politischen Arbeit, indem er sich dem Vorwurf des Verstoßes gegen die Gesetze des Anstands aussetzte.

Erzberger kannte keine Rücksicht bei der Wahl der Mittel, wenn es um Ziele ging, die ihm wichtig erschienen. Von Sentimentalität war seine rasch zugreifende Art ganz frei. Seit seinem Feldzug gegen die Kolonialskandale war es seine besondere Stärke, Enthüllungen zu machen. Wen er vor den Kopf stieß, war ihm gleichgültig, sobald es um das allgemeine Wohl ging, ja, er war fast stolz auf die Zahl der Feinde, die er sich gemacht hatte. Seine Gegner brachte er zur Weißglut, weil man ihm fast nie etwas anhaben konnte, wie anfechtbar auch der Standpunkt sein mochte, den er in einer politischen Kontroverse vertrat. Er verstand es meisterhaft, sich aus der Schlinge zu ziehen, wenn man ihn in die Enge getrieben zu haben glaubte. Sein Rückzug nach dem Angriff auf Hertling am 8. Mai 1918 ist ein gutes Beispiel für diese Gabe.

Die Wendigkeit und Anpassungsfähigkeit auf dem Gebiet der politischen Taktik stand in scharfem Gegensatz zu seinen unerschütterlichen Überzeugungen in grundsätzlichen Fragen. Die Verbindung von taktischem Opportunismus mit einer tiefverwurzelten Beständigkeit ist ein Schlüssel zu seinem Erfolg. Während seiner ganzen Laufbahn handelte er aus tiefer Verbundenheit mit den Grundsätzen des Katholizismus, der Demokratie und der sozialen Gerechtigkeit. Sein religiöser Glaube schenkte ihm Seelenfrieden und Zuversicht auch angesichts der Gefahr, die ihm durch Attentäter drohte. Jeden Morgen wohnte er der Messe bei, und wenn es seine Geschäfte zuließen, kommunizierte er mindestens einmal im Monat. Von ihm in ihrem Entschluß bestärkt, wurde seine Tochter Maria Karmeliterin. Sein Katholizismus bestimmte ihn, sich energisch für alle katholischen Anliegen einzusetzen, katholische Kandidaten für offene Posten zu empfehlen und die Interessen des Heiligen Stuhles während des Krieges zu fördern.[8])

Erzbergers demokratische Grundsätze gingen auf seine schwäbische Heimat und seine einfache Herkunft zurück. Er war überzeugt, daß begabten Menschen wie ihm selbst der Weg nach oben freigelegt werden müsse. Jede autoritäre oder bürokratische Ordnung, sei es in der Partei oder im Staat, war ihm verhaßt. Damit geriet er in eine grundsätzliche Gegnerschaft zu den herrschenden Neigungen sowohl in der Zentrumspartei als auch im Deutschen Reich vor 1914. Die unaufhaltsame Entwicklung zur Demokratie und zur parlamentarischen Regierungsform sah er deutlich voraus, und er setzte sich als Führer des linken Zentrumsflügels sehr dafür ein, seine Partei zur Förderung dieser Ziele zu bewegen. Zunächst hatte er nur wenig Erfolg und wurde ständig gehemmt durch den Widerstand der alten mächtigen Parteihierarchen; nach 1917 gelang es ihm jedoch, das Zentrum für eine Arbeitskoalition mit den Sozialdemokraten zu gewinnen. Damit war die parlamentarische Grundlage für die politische Wandlung Deutschlands in den Jahren 1918/19 geschaffen. Erzbergers Leistung ist umso erstaunlicher, als sein Einfluß in der Partei niemals gesichert war. Seine Gegner im Zentrum mattzusetzen, nahm einen großen Teil seiner politischen Tätigkeit in Anspruch, wenn er sich auch auf Intrigieren, Überreden und Einschüchtern sehr wohl verstand. Es war ihm nicht möglich, die Partei zu einem Dauerbündnis mit der Linken zu verpflichten. Nach seinem Tode kehrte sie zu ihrer traditionellen konservativen Haltung zurück. Hätte er weitergelebt, wäre es ihm wahrscheinlich gelungen, das Zentrum auf einem Linkskurs zu halten und damit die Weimarer Republik zu stärken.

Die soziale Gerechtigkeit war ein Anliegen Erzbergers, das sich wie ein roter Faden durch sein Leben zieht, von der Tätigkeit als Arbeitersekretär in Stuttgart angefangen bis zu seinen gesetzgeberischen Leistungen als Finanzminister. Seine Reformen entsprangen dem konkreten Wissen von vielen vermeidbaren menschlichen Leiden und nicht dem Bekenntnis zu einer allgemeinen Sozialtheorie. Instinktiv widersetzte er sich jeder Ausbeutung und Erniedrigung des Menschen. Da seine Religion utopische Hoffnungen auf ein irdisches Paradies nicht zuließ, verzweifelte er nie, weil Fortschritte nur langsam erzielt wurden. Dennoch war er überzeugt, daß wesentliche soziale Verbesserungen auch zu seiner Zeit in

---

[8]) Zu Erzbergers religiösen Überzeugungen siehe Bachem, *Zentrumspartei*, Bd. IX, S. 497 f., und Hammer, *Erzberger*, S. 10.

Deutschland möglich seien, und er achtete darauf, daß das Zentrum von dem ursprünglich von Windthorst eingeleiteten reformistischen Kurs nicht abwich. In seinem letzten Lebensjahr begann er, an einer allgemeinen Reorganisierung der Gesellschaft im Sinne des Christlichen Solidarismus zu arbeiten.

Seine Einstellung zu außenpolitischen Fragen wandelte sich, während sein Verhältnis zu Religion, Demokratie und sozialer Gerechtigkeit stetig blieb. Bis 1917 nahm er das europäische System der Außenpolitik und Diplomatie kritiklos hin und beteiligte sich an den Spottreden, die in der deutschen Öffentlichkeit über internationale Schiedsgerichtsbarkeit und Abrüstung üblich waren. Sein Chauvinismus wurde aber durch gewisse Erwägungen der Gerechtigkeit eingedämmt — so zum Beispiel, als er für die Polen in ihrem Kampf gegen die von Grund auf fehlgeleitete deutsche Regierungspolitik eintrat. Überhaupt bestand die Spannung zwischen Universalismus und Nationalismus, die in der katholischen Tradition so bedeutsam ist, bei ihm kaum. Eine große Wandlung fand statt, als er 1917 Deutschlands verzweifelte militärische Lage nach dem Scheitern des U-Bootkrieges erkannte. In diesem Augenblick wurde ihm plötzlich klar, wie überholt das auf souveränen Staaten beruhende internationale System war, das notwendig zu blutigen und sinnlosen Kriegen führen mußte. Damals entdeckte er für sich selbst die universalistische Seite der katholischen Tradition und wurde zum Vorkämpfer für einen Völkerbund, Schiedsgerichte und Abrüstung. Noch immer glaubte er an das Nationalitätsprinzip und wollte sogar in den befreiten Teilen Rußlands neue Staaten auf seiner Grundlage schaffen. Doch er stellte jetzt die allgemeinen Interessen einer neuen internationalen Ordnung höher als das Wohl eines Einzelstaates — auch seines eigenen. Seine Sprache verlor jede nationalistische Arroganz, obwohl er keinem Deutschen in der Liebe zur Heimat und in glühendem Patriotismus nachstand. Es wurde ihm nunmehr bewußt, daß die Beachtung gewisser internationaler Verhaltensregeln die beste Förderung eines richtig verstandenen nationalen Interesses sei.

Auf dem Höhepunkt seiner Laufbahn von 1917 bis 1920 befand sich Erzberger in fruchtbarer Übereinstimmung mit dem Vordringen von Demokratie, sozialer Gerechtigkeit und internationaler Zusammenarbeit, wenn auch diese Entwicklung immer wieder durch die autoritäre Bürokratie, durch die bevorzugte Stellung der Oberschicht und durch den militaristischen Nationalismus gefährdet und behindert wurde. Zur Persönlichkeit von geschichtlicher Bedeutung erhob er sich in den Tagen der Julikrise des Jahres 1917, als er die Reichstagsmehrheit auf eine Politik der Friedensresolution festlegte und damit der deutschen Regierung eine Plattform für einen Verständigungsfrieden schuf. Es war nicht Erzbergers Schuld, wenn die deutsche Regierung, von Ludendorff beherrscht und von annexionistischen Wünschen geblendet, sich weigerte, diese Politik aufzugreifen. Sie wäre Deutschlands einzige Chance gewesen — freilich auch nur eine Chance —, sich vor dem totalen militärischen Zusammenbruch aus dem Kriege zu retten.

Die von Erzberger geförderte Umgruppierung der Parteien zur Zeit der Friedensresolution war von bleibender Bedeutung. Die Koalition von Zentrum, Demokraten und rechtem Flügel der Sozialdemokraten, der sich gelegentlich die Nationalliberalen zugesellten, isolierte die Konservativen auf der Rechten und die Unabhängigen Sozialdemokraten auf der Linken. Die neue Koalition drängte auf eine Lösung der in Deutschland seit langem bestehenden innenpolitischen Probleme, indem sie die Einführung des parlamentarischen Regierungssystems im Reich und des demokratischen Wahlrechts in Preußen verlangte. Sie erreichte vor der militärischen Katastrophe von 1918 weder das eine noch das andere, aber sie war Wegbereiterin der Regierung des Prinzen Max von Baden.

Die Unterzeichnung des Waffenstillstands in Compiègne, das dramatischste und demütigendste Ereignis in Erzbergers Laufbahn, brandmarkte ihn für den Rest seines Lebens. Es gelang ihm, in einer außerordentlich schwierigen Situation die bestmöglichen Bedingungen zu erreichen, und er ließ sich trotz des harten Diktats der Ententemächte nicht in seinen neuen internationalen Idealen beirren. Er trieb die Sache der Demokratie voran, indem er sich bereit erklärte, als Waffenstillstandskommissar unter Ebert zu wirken; damit gewann er die gemäßigten bürgerlichen Parteien für ein Zusammengehen mit dem rechten Flügel der Sozialdemokraten. Er bestärkte Ebert in seinem Entschluß, den kommunistischen Terror in Berlin niederzuschlagen und das revolutionäre Chaos durch die Anberaumung demokratischer Wahlen für eine Nationalversammlung zu beenden. Auch erreichte er, das althergebrachte Programm der Zentrumspartei den neuen Bedingungen des politischen Lebens in Deutschland anzupassen, und trug so dazu bei, in der Nationalversammlung eine sozialistische Mehrheit zu verhüten, von der man vielfach unüberlegte soziale Experimente, einen Angriff auf die Stellung der Kirchen und Bürgerkrieg befürchten zu müssen glaubte. Obwohl er alles tat, um ein sozialdemokratisches Übergewicht abzuwenden, wünschte er dennoch den Sozialdemokraten eine hervorragende Rolle in der Regierung zuzuweisen. Sein Ideal war eine Koalition aller demokratischen Kräfte in Deutschland, die sich gegen die überholten Vorstellungen der Rechten und die proletarische Diktatur der Linken zu behaupten vermochte.

Erzberger stellte sich an die Spitze der Kräfte, die im Juni 1919 auf der Ratifizierung des Versailler Vertrags bestanden. Er empfand den Vertrag nicht weniger demütigend als andere, aber er sah ein, daß eine nationalistische Geste des Trotzes nur die Besetzung eines großen Teiles von Deutschland durch die Franzosen zur Folge haben würde. Er sah Teilung, Chaos und Hungersnot voraus und bediente sich aller erdenklichen politischen Mittel — Überredungskunst, Polemik, vielleicht sogar Täuschung —, um das Reich vor diesem Schrecken durch die Ratifizierung des Vertrages zu bewahren. Der Erfolg, den er dabei erzielte, war die größte Einzelleistung seines Lebens.

Als Erzberger auf die Annahme des Vertrages drängte, war sein Hauptbeweggrund die Sorge um die Einheit Deutschlands. Um diese vom alten Partikularismus und neuen Separatismus bedrohte Einheit zu stärken, verfolgte er eine energische Politik der Zentralisierung. Die Verreichlichung der deutschen Eisenbahnen war im wesentlichen sein Werk. Seine bedeutsamste Tat in dieser Hinsicht war die völlige Neuorganisierung des deutschen Finanzwesens. Erzberger gab Deutschland eine einheitliche Ordnung der Steuererhebung und außerdem ein neues, auf einer Reichseinkommen- und Reichserbschaftsteuer beruhendes Steuersystem, das den demokratischen Vorstellungen von sozialer Gerechtigkeit auf steuerlichem Gebiet voll entsprach.

Der wilde Haß, mit dem ihn die Nationalisten seit seinen Enthüllungen über die Kolonialskandale im Jahre 1906 verfolgten, erreichte seinen Höhepunkt, als er die Finanzreform durchführte. Die Hetze gegen ihn nahm immer bedenklichere Formen an, nachdem er die Friedensresolution zustande gebracht, den Waffenstillstand unterzeichnet und die Annahme des Versailler Vertrages befürwortet hatte. Die mit dem früheren Kaiserreich engverbundenen Kreise — Verwaltung, Offiziere, Geistliche der Lutherischen Kirche, Junker und Industrielle — befehdeten ihn als Parvenü und fürchteten die Energie und Tatkraft, mit der er sich für eine republikanische Politik einsetzte. Sie suchten und fanden in ihm einen Sündenbock, auf den sie ihre ganze Enttäuschung über Deutschlands Niederlage im Krieg und die Entwicklung zur Demokratie in der Innenpolitik abladen konnten. Die bedeutende Rolle, die er seit 1917 gespielt hatte, sein leidenschaftliches Eintreten für Demokratie und Völkerversöhnung und seine anfechtbaren persönlichen Eigenschaften machten ihn zum gegebenen Objekt des Hasses für alle Feinde der Weimarer Republik.[9]) Der Rufmordfeldzug gegen ihn mußte unweigerlich zu dem Attentat des Jahres 1921 führen. Er starb als Märtyrer für die Sache der Republik, und die deutsche Demokratie verlor mit ihm einen ihrer mutigsten Vorkämpfer.

Der Jubel, mit dem seine Ermordung in vielen Kreisen begrüßt wurde, zeigte, daß Millionen seiner Mitbürger seine Ideale nicht teilten. Er vollbrachte im Laufe seines Lebens viele hervorragende Leistungen, aber er vermochte nicht, Deutschland endgültig auf den Weg zur Demokratie, sozialen Gerechtigkeit und Völkerversöhnung zu leiten. Freilich muß man zu diesem Fehlschlag bemerken, daß selbst Persönlichkeiten von welthistorischem Format — wie etwa Richelieu oder Bismarck — mit der schier unlösbaren Problematik des wilhelminischen Deutschlands kaum fertig geworden wären. Die Staatsmänner Deutschlands waren zur Zeit Erzbergers alle durch eine Situation überfordert, die gleichzeitig die Bewältigung komplizierter innen- wie außenpolitischer Probleme verlangte — nämlich innenpolitisch die Entwicklung vom Obrigkeitsstaat zum Volksstaat

---

[9]) Zu der Ansicht, daß Erzbergers Feinde in Wirklichkeit die Republik als solche angriffen, siehe Ernst Troeltsch, *Spectator-Briefe*, Tübingen 1924, S. 209.

und außenpolitisch die Behauptung und Weiterführung der durch Bismarck begründeten Großmachtstellung. Es ist kein Zufall, daß alle Reichskanzler der damaligen Zeit — Bülow, Bethmann, Hertling, Michaelis und Prinz Max von Baden — mit dem Stempel des Versagens in der Geschichte dastehen, während die Reichstagspolitiker von der aktiven Regierungstätigkeit durch den Fortbestand des anachronistischen Obrigkeitsstaates ausgeschlossen blieben. Eine Gesamtbeurteilung Erzbergers darf nicht daran vorbeigehen, daß die Möglichkeiten für sein konstruktives Wirken bis 1918 durch institutionelle Faktoren stark gehemmt waren; seine großen parlamentarischen Fähigkeiten konnten erst in der kurzen Zeitspanne 1918—1920 richtig zum Zuge kommen. Sicher war Erzberger kein politisches Genie. Dazu fehlten ihm langfristige Zielplanung, Verwurzelung im Boden traditioneller Staatskunst und letzte menschliche Tiefe. Seine oft zu geschäftige politische Tätigkeit fand sich im Grunde nie aus der Improvisation heraus. Er besaß viele der Schwächen des rasch aufgestiegenen Autodidakten, und seine gutmütige, naiv unbekümmerte Persönlichkeit entbehrte aller dämonischen Züge.

Es besteht wohl wenig Gefahr, daß Erzberger als Genie von welthistorischem Format angesehen und insofern verkannt wird. Noch heute jedoch muß mit der entgegengesetzten Gefahr gerechnet werden, daß seine große persönliche Begabung und seine politischen Leistungen im historischen Urteil zu kurz kommen. Ich hoffe, in dieser Biographie bewiesen zu haben, daß Erzberger moralisch weit besser war als sein Ruf. Wichtiger als die persönliche Ehrenrettung ist aber die Würdigung seiner politischen Arbeit. Erzberger war ein ungewöhnlich tüchtiger Politiker, dessen positiver Beitrag zur deutschen politischen Entwicklung von keinem Zeitgenossen — weder Stresemann noch Ebert oder Naumann — übertroffen wurde. Er zeigte seine persönliche Begabung in der Überwindung unglaublicher Schwierigkeiten, die seinem politischen Aufstieg im Wege standen. Es lag mehr an den tragisch komplizierten deutschen Umständen der Jahre 1917—1920 als an Erzberger, daß seiner Tätigkeit auf der Höhe seines Wirkens für sein Vaterland, dem er alle Liebe entgegenbrachte, nicht schönere und dauerhaftere Früchte beschieden waren. Ein grausames Schicksal beendete seine Laufbahn im Alter von 45 Jahren, bevor alle seine Fähigkeiten zur vollen Reife gelangen konnten. Sicher ist es müßig, zu spekulieren, ob seine zur Zeit des Mordes geplante Rückkehr in die große Politik der Weimarer Republik eine längere Lebensdauer gegeben hätte; es muß aber betont werden, daß Erzbergers bei der Finanzreform gezeigte legislatorische Fähigkeit, sein Einfluß als Führer des linken Zentrumsflügels und seine bekannte Rücksichtslosigkeit gegen antidemokratische Elemente — leider seit Beginn des Helfferich-Prozeßes paralysiert — der demokratischen Republik bitter gefehlt haben. In diesem Zusammenhang darf sein Leben und sein Sterben noch heute ein großes Interesse beanspruchen. Die zeitliche Distanz von mehr als 40 Jahren dürfte ein von tagespolitischer Verzerrung unberührtes Urteil nunmehr gestatten.

# ANHANG

# ANHANG I

## Erzbergers Rolle bei der Gründung der christlichen Gewerkschaften

Die Gründung der christlichen Gewerkschaften war die Antwort auf die sozialistische Alleinherrschaft in der Gewerkschaftsbewegung. Ihre Daseinsberechtigung wird von Erzberger in seiner Schrift „Christliche oder sozialdemokratische Gewerkschaften?“ erklärt.[1]) Diese Schrift ist eine gute Verteidigung gegen die konservativen Kritiker der Rechten wie zugleich gegenüber den sozialistischen Kritikern der Linken. Der katechismusartige Charakter des Originals ist in der folgenden Zusammenfassung beibehalten:

Erzberger beginnt mit der Widerlegung katholischer Einwände. Hat der Arbeiter das Recht, sich zu organisieren? Erzberger gründet die Bejahung dieser Frage auf Naturrecht, Heilige Schrift, päpstliche Enzykliken, Paragraph 152 der Reichsgewerbeordnung und die Gebote des gesunden Menschenverstandes. Der Leser hat den Eindruck, daß Erzberger das letztgenannte Element am nächsten lag, aber der Appell an die verschiedensten Autoritäten gehört zu seinen beliebtesten Überzeugungsmethoden.

Warum kommen die sozialistischen Gewerkschaften den Bedürfnissen der Arbeiter nicht entgegen, so daß die Schaffung konkurrierender christlicher Organisationen notwendig wird? Weil sie willenlose Puppen in den Händen der Sozialdemokratischen Partei sind und sogar dazu benutzt werden, atheistisches Propagandamaterial zu verbreiten. Sie bilden den wirtschaftlichen Flügel der zweigeteilten wirtschaftlich-politischen marxistischen Bewegung, obwohl die sozialistischen Führer skeptisch über die Möglichkeit denken, Verbesserungen für die Arbeiterklasse im Rahmen des bestehenden monarchistisch-kapitalistischen Staates zu erzielen. Erzberger zitiert viele Beschwerden von Gewerkschaftsfunktionären bei sozialistischen Kongressen – er las die Verhandlungsprotokolle von Tagungen der gegnerischen Parteien stets sehr aufmerksam und galt bald als Besitzer des tödlichsten Zitatenschatzes in Deutschland. Für noch schlimmer als die Unterwürfigkeit der Gewerkschaften gegenüber politischen Utopisten hält er die Gewissensnot des christlichen Arbeiters, in die er durch die Gewerkschaftszeitungen häufig gebracht wird, wenn sie mit offener Verachtung vom Christentum sprechen. Als Beispiel zitiert Erzberger einen Artikel aus der Weihnachtsnummer der Maurerzeitung „Steinmetz“ von 1897: der Verfasser ziehe die jungfräuliche Geburt Christi in einer Weise ins Lächerliche, die des pseudo-wissen-

[1]) Erzberger, *Christliche oder sozialdemokratische Gewerkschaften?*, Stuttgart 1898.

schaftlichen Atheismus eines unreifen Jugendlichen würdig wäre. Diese Zeitung würde aber an jedes Mitglied der Maurergewerkschaft verteilt.

Welche Einwände haben die Sozialisten gegen die christlichen Gewerkschaften und wie können sie widerlegt werden? Sie greifen die Christen als Neulinge auf diesem Gebiet an — das ist jedoch ungerecht angesichts der seit langem bestehenden Beschäftigung katholischer Kreise mit der sozialen Frage, die, wie Erzberger durch Zitate des Bischofs Ketteler zeigt, auf die fünfziger Jahre des 19. Jahrhunderts zurückgeht. Die Sozialisten spotten über die Existenz eines christlichen Arbeitsbegriffs, der eine christliche Einstellung zu industriellen Problemen notwendig mache — damit decken sie aber nur die materialistische Leere ihrer eigenen Seelen auf. Sie werfen den christlichen Gewerkschaften vor, sie dienten durch die Aufspaltung der Gewerkschaftsbewegung den Kapitalisten — die sozialistischen Gewerkschaften haben jedoch bisher nur 6 v. H. der Arbeiterschaft erfaßt, so daß noch viel Platz für christliche Organisationen geblieben ist; außerdem klingt der Vorwurf der Spaltung merkwürdig, wenn er von Sozialisten erhoben wird, die niemals zögern, eine Gewerkschaft zu spalten, wenn sie nicht rot genug ist. Sie werfen den christlichen Gewerkschaften vor, daß sie katholische Geistliche in die Leitung aufnähmen, die in einer Arbeiterbewegung ein fremdes Element seien. Auf diesen Vorwurf, der Erzbergers Zorn mehr als jeder andere erregt hat, erwiderte er mit einem höchst unerfreulichen antisemitischen Gegenangriff, bei dem allerdings Zeittendenzen und Schärfe der Auseinandersetzung berücksichtigt werden müssen:

> „Die katholischen Arbeiter sind vielmehr stolz auf ihre Führer, denen sie in allweg vertrauen können. Wie aber sieht es denn mit den Führern bei den Sozialdemokraten aus? Die Väter der Sozialdemokratie waren die Juden Marx und Lassalle. Heute ist die Sozialdemokratie stark verjudet. In Deutschland sehen wir an der Spitze der sozialdemokratischen Partei die Juden Singer, Arons, Goldstein, Stadthagen, Wurm, Dr. David, Katzenstein, Bernstein, Haase, etc., in Österreich die Juden Dr. Adler, Dr. Ellenbogen, Dr. Ingwer, Austerlitz, Dr. Morgenstern, Kohn, Dr. Verkauf, Dr. Berstel, Gebrüder Grimm, Herrsch, Beer, Brod, Diamant, Berner, Seligmann, Aaron, Rubinstein etc. etc., in Ungarn die Juden Schwarz, Baron, Pfeiffer, Schlesinger, Maier, Stern, Kugler. Ähnlich liegen die Dinge in Frankreich, Belgien, Italien etc. Die sozialdemokratische Presse ist auch nahezu vollständig verjudet, vom „Vorwärts" angefangen, bis herab zur „Münchener Post", die auch ihren Cohn, und zur „Schwäbischen Tagwacht", die ihren Stern hat. Der „Vorwärts" hat folgende jüdische Mitarbeiter: in Paris Fränkl, in der Schweiz Jakoby, in England Aveling, in Österreich Victor. Zu den hervorragendsten jüdischen Schriftstellern gehören die Juden Perri und Lombroso in Italien, Lafargue in Frankreich, E. Marx in England, Iglesias in Spanien und so fort. Wir konstatieren bloß die Tatsachen und überlassen es ruhig der Sozialdemokratie, sich ihre geistigen Führer zu wählen, wie sie will, bitten aber doch für uns die Freiheit aus, daß auch wir unsere Führer selbständig wählen dürfen."[2])

---

[2]) Erzberger, *ibid.*, S. 29 f.

Welches sind die Aufgaben einer christlichen Gewerkschaft? In erster Linie soll sie Partner in kollektiven Arbeitsverträgen sein; das ist durch die Diskrepanz zwischen der Macht der Arbeitgeber und der Arbeitnehmer unumgänglich geworden. Ferner muß sie auf verschiedene Weise versuchen, die Lage des Arbeiters zu verbessern: durch ausgiebigere berufliche Schulung, Unterricht über die Grundlagen der Sozialgesetzgebung, Einführung einer Arbeitsvermittlung und Unterstützung der Arbeitslosen in Zusammenarbeit mit den städtischen Behörden. Die wichtigste Aufgabe der Gewerkschaft ist jedoch, die Beschwerden der Arbeiter durch Petitionen, Appelle an die öffentliche Meinung und, als letztes Mittel, durch die Organisierung von Streiks zum Ausdruck zu bringen — wobei Erzberger konservative Leser daran erinnert, daß Papst Leo XIII. unter bestimmten Bedingungen Streiks gebilligt hat. Erzberger ist nur dann für Streiks, wenn der Beschwerdegrund gewichtig und ein Erfolg wahrscheinlich ist; er beweist seinen gesunden Menschenverstand, indem er sich für eine Zusammenarbeit eigens zu diesem Zweck mit den sozialistischen Gewerkschaften einsetzt, wenn die jeweilige Lage es verlangen sollte.

Erzberger weicht in seiner Broschüre der Streitfrage aus, die der christlichen Gewerkschaftsbewegung bis zum Kriege große Schwierigkeiten bereitete: soll die Zusammensetzung der christlichen Gewerkschaft rein katholisch oder interkonfessionell, d.h. soll sie Protestanten und Katholiken in gleicher Weise zugänglich sein? Der Konflikt in dieser Frage war ein Vorspiel eines ganz ähnlichen Kampfes, der zehn Jahre später in der gesamten Zentrumspartei tobte; er muß deshalb näher untersucht werden. Eine Gruppe christlicher Arbeiter unter der Führung des Aachener Redakteurs Hubert Immelen setzte sich für rein örtliche, ausschließlich katholische Gewerkschaften ein. In der Praxis mußte das zu zahmen Organisationen unter der vorsichtig zurückhaltenden Leitung von Geistlichen führen. Eine andere Gruppe, in Norddeutschland von dem Essener Bergarbeiterführer August Brust, in Süddeutschland von Erzberger geführt, sprach sich für umfassende interkonfessionelle Gewerkschaften für die gesamte Industrie aus. Diese bedeuteten in der Praxis aggressive Organisationen unter der Leitung von Laien. Erzberger gelangte zu dieser Einstellung auf Grund seiner realistischen Beurteilung von Gewerkschaftsproblemen und nicht auf Grund radikaler Absichten oder Mißtrauens gegen die Geistlichkeit. Im August 1898 fand während des Katholikentages in Krefeld eine inoffizielle Zusammenkunft der an der Gründung einer anti-marxistischen Gewerkschaftsbewegung interessierten Führer statt. Zu dieser Zeit bemühten sich beide Gruppen noch um eine gemeinsame Basis. Eingeladen waren: Dr. August Pieper, ein hoher Funktionär des Volksvereins; Heßdorfer, ein Kölner Geistlicher; Michels, Führer der Krefelder Textilarbeiter; Brust und Erzberger, die beiden Führer der Interkonfessionellen; ihr Gegner Immelen konnte in der von den Menschenmassen des Katholikentags durcheinandergebrachten Stadt den Versammlungsort nicht finden, während Franz Hitze, der große Zentrumsfachmann für soziale Fragen, durch eine andere Verpflichtung an der Teilnahme verhindert war. Der marxistische Historiker der christlichen Gewerkschaften machte sich lustig über diese Gruppe von sieben Männern, die aus „drei Geistlichen, zwei Zentrumsjournalisten und zwei Arbeitern" bestanden habe. Dennoch sollte es diesen Männern bald gelingen, eine Bewegung ins Leben zu rufen, die die Behauptung der Sozialisten, nur sie könnten eine wirksame Organisation der Arbeiterschaft zustande bringen, Lügen strafte.[3])

Immelens Mitarbeiter wünschten eine sofortige nationale Konferenz, auf der die Probleme der konfessionellen und interkonfessionellen Gewerkschaften erörtert werden sollten. Erzberger und Brust sprachen sich gegen eine solche öffentliche Zurschaustellung der Uneinigkeit aus und beriefen statt dessen zwei regionale Konferenzen ein: für Norddeutschland in Köln, für Süddeutschland in Ulm. Diese regionalen Konferenzen wollten sie auf den interkonfessionellen Standpunkt verpflichten, um sich dann mit ihren Anhängern auf dem bevorstehenden nationalen Kongreß durchzusetzen. Die Ulmer Versammlung fand am 8. Dezember 1898 statt; Hans Braun (1861–1907), ein Münchner Steinmetz, Führer der bayerischen christlichen Transportarbeiter, hatte hierbei den Vorsitz.[4]) Sechsundvierzig Delegierte aus Bayern, Württemberg und Baden nahmen an der Veranstaltung teil. In seiner Eröffnungsrede schlug Erzberger ein Programm vor, das Josef Giesberts und er aufgestellt hatten.[5]) Der erste entscheidende Absatz lautete:

> „Die Gewerkschaften sollen interkonfessionell sein, das heißt Mitglieder beider christlichen Konfessionen umfassen, aber auf dem Boden des Christentums stehen. Die Erörterung konfessioneller Fragen ist strengstens auszuschließen. Die Gewerkschaften sollen ferner unparteiisch sein; das heißt, sich keiner bestimmten politischen Partei anschließen. Die Erörterung parteipolitischer Fragen ist fernzuhalten, aber die Herbeiführung gesetzlicher Reformen auf dem Boden der bestehenden Gesellschaftsordnung zu erörtern."[6])

Die beiden letzten Sätze sind schwer miteinander zu vereinbaren, aber Erzbergers Absicht ist klar. Er wollte interkonfessionelle Gewerkschaften; mit „Anschluß an eine Partei" meinte er die Zentrumspartei; daß sich protestantische Gewerkschafter niemals einer vorwiegend katholischen Partei unterordnen würden, wußte er; daher mußte Interkonfessionalität politische Neutralität im parteipolitischen Sinne voraussetzen. Andererseits aber wußte er, daß politische und wirtschaftliche Fragen nicht scharf getrennt werden können, und befürwortete deshalb ausdrücklich katholisch orientierte politische Diskussionen über „gesetz-

---

3) August Erdmann, *Die christlichen Gewerkschaften, insbesondere ihr Verhältnis zu Zentrum und Kirche*, Stuttgart 1914, S. 68. Eine positivere Schilderung findet sich bei Gasteiger, *Christliche Arbeiterbewegung*, S. 250 ff.
4) Gasteiger, *op. cit.*, S. 283 ff. Erzberger hatte ihn 1897 bei dem Züricher Kongreß kennengelernt.
5) *Prozeß*, S. 582.
6) Erdmann, *op. cit.*, S. 35.

liche Reformen auf dem Boden der bestehenden Gesellschaftsordnung". Auf diese Weise sicherte er den Inhalt seiner Wünsche, während er die Skrupel derjenigen respektierte, mit denen er zusammenarbeiten wollte.

Nach lebhafter Diskussion wurde das Erzberger-Giesberts-Programm angenommen und im folgenden Jahr zur Grundlage der Resolutionen des ersten nationalen Kongresses gemacht. Dieser trat am 21. Mai 1899 in Mainz zusammen und endete mit einem vollen Sieg der interkonfessionellen Gruppe, da Brust auf der Kölner Konferenz ebenso erfolgreich gewesen war wie Erzberger in Ulm. Erzberger wurde gebeten, die Eröffnungsrede auf dem Kongreß zu halten. Ein letzter Versuch Immelens, in der scheinbar harmlosen Form eines Antrages vorgebracht, daß die Herausgeber von Gewerkschaftszeitungen Akademiker (also in der Praxis Geistliche) sein müßten, scheiterte. Ein Zentralausschuß aus zwölf Mitgliedern, der die neue Konföderation christlicher Gewerkschaften leiten sollte, wurde gebildet. Erzberger war, bis er 1903 in den Reichstag einzog, der Vertreter Stuttgarts.[7])

# ANHANG II

## Der Fall Pöplau 1905—1907

In diesem Fall, der zum ständig wiederkehrenden Thema bei allen Angriffen auf Erzberger wurde, handelte es sich um folgendes: Pöplau war ein mittlerer Beamter der Kolonialabteilung, der sich in besonderer Weise damit beschäftigte, Aufzeichnungen über Greueltaten zu machen, die in den Kolonien vorkamen, wobei er sein Material im wesentlichen Geheimakten entnahm. Seine Beziehungen zu seinen Vorgesetzten waren schlecht; er hatte schon dreimal wegen verschiedener Disziplinarvergehen geringe Geldstrafen erhalten und eine Beförderung, auf die er Anspruch zu haben glaubte, war ihm abgeschlagen worden. Die Motive für sein späteres Verhalten scheinen eine Mischung aus Querulantentum und Gerechtigkeitsfanatismus gewesen zu sein. Vom Jahre 1902 an hatte er dem Reichskanzler sowie dem Direktor der Kolonialabteilung Berichte über koloniale Greueltaten geschickt, aber niemals eine Antwort erhalten. Es wurden keine Schritte unternommen, um die von ihm aufgedeckten Übel zu beseitigen. Seine Vorgesetzten zogen es vor, seine wohlbegründeten Anschuldigungen für die Folge einer krankhaften Phantasie zu halten, und leiteten ein Verfahren ein, um seine zwangsweise Pensionierung (wegen Geistesschwäche) her-

---

[7]) Einen allgemeinen Bericht über den Verlauf des Mainzer Kongresses und dessen Nachwehen gibt Alfons Gornik, *Die Entwicklung der nichtsozialdemokratischen Arbeiterbewegung in Deutschland*, Halle 1909, S. 41—57.

beizuführen. Dieses Vorgehen bewies nach Pöplaus Meinung, daß Reformen nicht im Rahmen des Verwaltungsapparates durchgeführt werden konnten; er übergab darauf das Material einem bekannten Abgeordneten der Freisinnigen Partei. Der Abgeordnete übermittelte die Aufzeichnungen Bülow, mit der Bitte, die Mißstände untersuchen zu lassen. Der Kanzler war über das Durchsickern der Informationen an einen Abgeordneten mehr bestürzt als über die von Pöplau aufgedeckten Greuel und verfügte die Einleitung eines Disziplinarverfahrens gegen Pöplau wegen Weitergabe offiziellen Geheimmaterials an unbefugte Personen. Pöplau hielt dies verständlicherweise für den Gipfel der offiziellen Vertuschungstaktik und brachte daher noch am Vorabend der Eröffnung des Verfahrens (September 1905) das Material zu Erzberger, der es alsbald bei seinen Angriffen gegen die Regierung verwandte. Zuvor hatte Erzberger allerdings eine Aussprache mit dem Chef der Reichskanzlei Friedrich von Löbell, bei der es zu einer heftigen Auseinandersetzung kam (26. Sept. 1905).

Über diese Unterredung, die ohne Zeugen stattfand, gibt es zwei Versionen. Löbell behauptete unter Berufung auf ein Memorandum, das er zwei Tage später geschrieben hatte, Erzberger habe einen unehrenhaften Handel vorgeschlagen: das Disziplinarverfahren gegen Pöplau, das in zwei Tagen eröffnet werden sollte, möge durch Bülows Intervention eingestellt werden, während Pöplau sich erbiete, seine Aufzeichnungen an die Abteilung zurückzugeben und keine weiteren Schwierigkeiten zu machen. Außerdem habe Erzberger angeblich mit einer Szene im Reichstag gedroht, wenn dieser Vorschlag abgelehnt werden sollte. Löbell versicherte, er habe sich kategorisch geweigert, einen solchen Vorschlag zu erörtern. Erzbergers Darstellung war ganz anders. Er bestritt ausdrücklich, die Einstellung des Verfahrens vorgeschlagen zu haben; dafür spricht, daß es dem Kanzler unmöglich gewesen wäre, die Einstellung anzuordnen, wenn bereits eine Verhandlung angesetzt war; er hätte eine Verhandlung jedoch früher verhindern können, wenn er den Fall im Verwaltungswege erledigt hätte. Erzberger behauptete, der Zweck seines Besuches bei Löbell sei der gewesen, eine Untersuchung der von Pöplau aufgedeckten Mißstände herbeizuführen. Hätte sich bei einer solchen Untersuchung herausgestellt, daß die Anschuldigungen berechtigt waren, so wäre ein günstigeres Bild von Pöplau entstanden und seine disziplinarischen Verfehlungen wären weniger schwerwiegend erschienen. Nur auf diese indirekte Weise, so erklärte Erzberger, habe er sich für Pöplau eingesetzt; diese Version wurde durch Pöplau unterstützt, der bei der folgenden Verhandlung aussagte, er habe gewußt, daß die Einstellung des Disziplinarverfahrens nicht vom Kanzler angeordnet werden könne und er habe deshalb Erzberger nie beauftragt, das von Löbell dargestellte Austauschverfahren vorzuschlagen.

Die Pöplau-Affäre führte noch in späteren Jahren zu einer ernsthaften Kontroverse, bei der es darum ging, welches Licht der Fall auf Erzbergers Charakter werfe. Erzberger konnte nicht leugnen, daß bei der Unterredung mit Löbell das Schicksal Pöplaus zusammen mit dem allgemeinen Problem der kolonialen Mißstände erörtert worden war. Löbell zitierte eine eidesstattliche Erklärung, die Erzberger während der weiteren Untersuchung des ganzen Falles Pöplau am 10. Juli 1906 abgegeben hatte; danach habe er Löbell besucht, „um zu versuchen, ob die ihn (Pöplau) betreffende Angelegenheit nicht auf andere Weise als durch ein Disziplinarverfahren beendigt werden könne". Diese Erklärung schien Löbells Behauptung über das vorgeschlagene Geschäft zu bestätigen, obwohl sie voraussetzte, Erzberger habe die beschränkten Befugnisse des Kanzlers nach der Einleitung des Disziplinarverfahrens nicht gekannt. Löbell versuchte, Erzberger in Mißkredit zu bringen, indem er die eidesstattliche Erklärung verschiedenen späteren, aber nicht unter Eid abgegebenen Erklärungen Erzbergers gegenüberstellte, in denen er bestritt, jemals ein solches Geschäft vorgeschlagen zu haben — ein Argument, das auf der für Erzberger relativ schmeichelhaften Hypothese beruhte, er sei zwar fähig gewesen zu lügen, nicht aber, einen Meineid zu leisten.

Die ganze Angelegenheit war wahrscheinlich ein Mißverständnis zwischen zwei ehrenhaften Männern. Erzberger hatte in erster Linie Pöplau helfen wollen, von dem er glaubte, er werde wegen seines Gerechtigkeitsfanatismus verfolgt. Daß er bei Löbell den Eindruck erweckte, er wolle in ein schwebendes Gerichtsverfahren eingreifen, war natürlich bedauerlich, wenn man auch daraus vielleicht eher etwas über Löbells Mißtrauen als über Erzbergers wirkliches Verhalten entnehmen kann. Jedenfalls war Erzbergers Ansicht richtig, daß eine allgemeine Untersuchung von Pöplaus Anschuldigungen dessen formal ungehöriges Verhalten in ein günstigeres Licht rücken würde. Ob Erzbergers Intervention weiter ging, wird nicht mehr zu ermitteln sein. Seine starke Abneigung gegen bürokratische Vertuschungsmaßnahmen, seine Loyalität gegenüber einem ihm wertvollen Informanten und sein gelegentlicher Leichtsinn lassen es wohl möglich erscheinen, aber der Beweis ist keineswegs mit Sicherheit zu erbringen. Sein Interesse an dem Fall hat jedenfalls Pöplau nichts genutzt; er wurde nach seiner Entlassung aus dem Verwaltungsdienst am 2. Dezember 1907 zu drei Monaten Gefängnis verurteilt. Erzbergers Feinde waren von nun an überzeugt, daß er dazu fähig sei, seine politische Macht zu gebrauchen, um eine rein richterliche Entscheidung zu beeinflussen und sich in falsche Angaben zu flüchten, wenn er interessiert war, sein ungehöriges Verhalten zu verdecken. Diese Ansicht sollte ein Teil der weitverbreiteten Vorstellung werden, Erzberger sei die Verkörperung alles Bösen.

Eine Parallele zum Fall Pöplau war der Fall eines verärgerten Kolonialbeamten in Togo, namens Wistuba, der Geheimmaterial an Erzbergers Zentrumskollegen Hermann Roeren lieferte. Da Pöplau und Wistuba zusammengearbeitet hatten, wurde in der Öffentlichkeit von dem Fall Pöplau-Wistuba gesprochen.[1])

## ANHANG III

### Karl Bachems Memorandum über Erzbergers Beziehung zum Vatikan 1914—1915

Das folgende Memorandum wurde am 21. Mai 1918 geschrieben. Zu dieser Zeit führten Bachem und seine „Kölnische Volkszeitung" einen erbitterten Streit mit Erzberger, was einen Teil der unfreundlichen Formulierungen erklärt, aber zugleich die Richtigkeit von Bachems widerwillig eingestandener Anerkennung der Leistungen Erzbergers erhärtet. Die Tatsachen hatte Bachem zum größten Teil von Erzberger selbst erfahren, als ihre persönlichen Beziehungen noch freundlich waren.

„Es ist gar nicht zu leugnen, daß Erzberger in den ersten Monaten des Krieges dem damals neugewählten Papst Benedikt XV. außerordentlich große Dienste erwiesen hat und daß der Papst ihm damals ganz außerordentlich dankbar gewesen ist. Auch damals schon sind bei diesen Diensten Unvorsichtigkeiten, Ungeschicklichkeiten und Taktlosigkeiten von seiten Erzbergers reichlich unterlaufen. Aber alle diese Dinge hat der Papst damals gern in Kauf genommen, weil Erzberger ihn damals wirklich aus einer lebensgefährlichen Stellung gerettet hatte... Beim Tode Pius X. waren die Finanzen des Vatikans vollständig erschöpft und die Kassen vollständig leer. Pius X. hatte nicht verstanden, finanziell gut zu wirtschaften. Benedikt XV. war daher in den ersten Zeiten seines Pontifikats nicht einmal in der Lage, die Gehälter seiner Hofbeamten zu bezahlen, welche diese zum Leben unbedingt nötig hatten. Das Gehalt, das er seinem Geheimsekretär Msgr. von Gerlach auszahlen konnte, war geradezu lächerlich klein. Wenn Msgr. Gerlach nicht erhebliches eigenes Vermögen gehabt hätte, wäre seine Stellung aus diesem Grunde völlig unmöglich gewesen. In dieser Lage hat Erzberger den Papst gerettet, einmal indem er in Deutschland eine Sammlung bei reichen Leuten veranstaltete, um dem Papst zu Hilfe zu kommen, da damals die Einkünfte des Papstes aus Frankreich mit einem Schlage abgeschnitten waren. Erzberger hat ihm aber außerdem

---

[1]) Die beste Behandlung der ganzen Frage findet sich bei Crothers, *The German Elections of 1907*, S. 41—44, mit einer wertvollen bibliographischen Anmerkung. Der Fall Pöplau wurde 1920 während des Erzbergerprozesses erörtert, Siehe *Prozeß*, S. 899 f. und 1032 ff.; S. Löwenstein, Der *Prozeß Erzberger-Helfferich*, S. 84—87; Pehl *op. cit.*, S. 69 f. und *Verhandlungen des Reichstags*, 28. November 1906, XI. Legislaturperiode, Bd. 218, S. 3959 (Bülow); 3. Dezember 1906 S. 4084—4096 (Dernburg und Roeren); 4. März 1907, XI. Legislaturperiode, Bd. 227, S. 201—204; 5. März 1907, S. 242—249 (Loebell und Erzberger). Erzberger war fest davon überzeugt, daß Pöplau ungerecht behandelt worden sei und seine Nichtbeförderung den Bruch einer Zusicherung darstelle. *Ibid.*, 4. Dezember 1906, S. 4149; 14. Dezember 1905, XI. Legislaturperiode, Bd. 214, S. 523 f. Zwei für den Fall Pöplau wichtige Tatsachen waren Erzbergers Duldung der Durchsuchung seines Schreibtisches im Reichstagsgebäude durch die Staatsanwaltschaft am 11. Juli 1906, erörtert in: *Verhandlungen des Reichstags*, 3. Dezember 1906, XI. Legislaturperiode, Bd. 218, S. 4095 f.; und seine nach langem Zögern und nach Beratung mit seinem Freund Hammer erklärte Bereitschaft, über den Empfang vertraulicher Informationen von Pöplau auszusagen, als ihm [Erzberger] eine Gefängnisstrafe drohte. Hammer, *Erzberger*, S. 25 f.

auch mit denjenigen Mitteln, die ihm vom Auswärtigen Amt zur Verfügung gestellt waren [für die Auslandspropaganda], auf das kräftigste unter die Arme gegriffen. Noch unmittelbar vor dem Eintritt Italiens in den Krieg gegen uns hat er durch einen Scheck auf Nast, Kolb und Schumacher den Papst akkreditiert, und es ist gar keine Frage, daß der Papst diesen Kredit in Anspruch genommen hat. Durch dieses Eingreifen Erzbergers war der Papst finanziell unabhängig gestellt und konnte seine Unabhängigkeit gegenüber der Entente wahren. Für den Kenner politischer Verhältnisse und der Geschichte des römischen Stuhles kann es gar nicht auffallend sein, daß später der Papst, als diese finanziellen Mittel erschöpft waren und als auch die Berichterstattung aus Deutschland und die Verbindung mit deutschen Politikern und Prälaten sehr schwierig geworden war, mehr den Einflüssen der Entente und der französischen Prälaten unterlag, als das vorher der Fall war."

Später brachte Erzbergers Tätigkeit den Papst gelegentlich in Verlegenheit, aber in den Jahren 1914—1915 war er von Erzberger tief beeindruckt. Bachem fährt fort, der Papst habe damals Erzberger mit Beweisen seiner Gnade geradezu überschüttet.

„Er hat ihm nicht nur seinen rotseidenen Kardinalshut geschenkt, den ersten und einzigen, den er je besessen hat, er hat ihm auch einen sehr hohen Orden, wenn ich mich recht entsinne, das Großkreuz des Sylvesterordens verliehen, ihm eine überaus kostbare Busennadel mit seinem Namenszug verehrt und noch weitere Geschenke gemacht. Erzberger hatte damals alle diese Dinge in seinem Wohnzimmer zusammengestellt und mit einem Glaskasten gegen Verstaubung gedeckt. Ich erinnere mich, daß es eine sehr stattliche Ausstellung war. Was die Sammlung Erzbergers für den Papst anlangt, so hat er damals nicht nur bei Katholiken, sondern auch bei Protestanten für den Papst geworben und auch von Protestanten vielleicht einzelne Summen erhalten. Wieviel, kann ich nicht sagen. Ich machte ihn damals darauf aufmerksam, daß es höchst peinlich für den Papst wirken müsse, wenn das später bekannt würde, Erzberger meinte aber, die Hauptsache sei, daß dem Papst rasch geholfen würde.

Damals hat Erzberger auch Kommerzienratstitel und preußische Orden für tüchtige Beiträge in Aussicht gestellt. Auf mein Befragen sagte er, daß er sich vergewissert habe, daß derartige Anträge von seiner Seite Berücksichtigung finden würden. Ich machte ihn wieder darauf aufmerksam, daß derartige Mittel doch nur mit großer Auswahl und äußerster Vorsicht und Zurückhaltung angewandt werden dürften, wenn nicht Verlegenheiten daraus entstehen sollten. Erzberger aber war ganz unbesorgt und erklärte mir wieder, es müsse zunächst rasch für Geldmittel gesorgt werden, weil die finanzielle Lage des Papstes eben eine rasche Hilfe notwendig mache."

# ANHANG IV

## Dokumente zu Erzbergers Englandfeindschaft

*a)* Der Artikel *„Nur keine Sentimentalität"*, Februar 1915.[1])

Der folgende Artikel, der hier mit nur geringen Auslassungen zur Vermeidung von Wiederholungen wiedergegeben wird, zeigt Erzberger als den Befürworter einer rücksichtslosen Kriegführung. Dieser Aufsatz ist das bedauerlichste Schriftstück, das Erzberger je verfaßt hat. Bei der Beurteilung darf man freilich nicht vergessen, daß er zu extremen Äußerungen neigte, seine Artikel eilig schrieb und nie überarbeitete, endlich daß bei ihm der zweite Gedanke zu einem Thema oft besser war als der erste. Im Februar 1915 warfen Alldeutsche und Marinekreise Bethmann und seiner engeren Umgebung eine besonders weiche Haltung gegenüber England in der Frage des U-Bootkrieges vor; speziell diese Tatsache rief die scharfe Sprache und die Heftigkeit von Erzbergers Gegenschlag hervor:

„Der Krieg ist ein hartes und rauhes Handwerk. Zuckerbonbons und Knallerbsen sind kein taugliches Handwerkzeug. Der englische Admiral Fisher hat mit brutaler Offenheit gesagt, daß der Krieg mit der denkbar größten Rücksichtslosigkeit durchgeführt werden müsse. Warum sollen wir uns darüber entrüsten? Ich halte es für viel besser und humaner, wenn von deutscher Seite derselbe Satz in die Praxis eingeführt wird. Die größte Rücksichtslosigkeit im Kriege gestaltet sich tatsächlich bei vernünftiger Anwendung zur größten Humanität. Wenn man in der Lage ist, durch ein Mittel ganz London zu vernichten, so ist das humaner, als wenn man noch einen einzigen deutschen Volksgenossen auf dem Kampffelde bluten läßt, weil eine solche Radikalkur am schnellsten zum Frieden führt. Zögern und Zaudern, Weichheit und Rücksicht ist unverzeihliche Schwäche. Entschiedenes, rücksichtsloses Zugreifen ist Stärke und bringt den Sieg. England hat in den ersten fünf Kriegsmonaten gezeigt, daß es eine rücksichtslose Kriegführung will. Völkerrecht kennt es nicht, Abmachungen, die es selbst getroffen hat, sind ihm ein Fetzen Papier, den es zerrissen in die Winde flattern läßt. Rücksichtnahme auf berechtigte Interessen sogar neutraler Staaten ist England völlig unbekannt. England führt überhaupt nicht nur den Krieg gegen die Krieger, sondern England führt den Krieg gegen das deutsche Volk in seiner Gesamtheit, gegen Kinder, Frauen und Greise. Dazu hat es aufgeboten seine Verbündeten und Satrapen aus allen fünf Erdteilen. England nimmt 1000 Pfund aus den Händen des Kaffernhäuptlings entgegen, um den Krieg ‚im Namen der Kultur' gegen Deutschland zu führen. England nimmt Hilfstruppen von weißer, gelber, brauner und roter und — wenn es möglich wäre — auch von gefleckter Rasse und schickt sie alle gegen Deutschland ‚im Namen der Zivilisation' . . .

England führt den Krieg nicht nur gegen unser Heer, nicht nur gegen unsere Flotte, sondern als Dieb und Strauchritter sucht es auf der offenen Heeresstraße

---

1) *Anklamer Zeitung*, 18. Februar 1915.

der Weltmeere zu stehlen und zu rauben, aber nicht nur das hinwegzunehmen, was unser Heer und unsere Flotte braucht, sondern das vorzuenthalten, was für die Ernährung der nicht kriegführenden deutschen Volksteile erforderlich ist. Wieviel Schwierigkeiten hat England gemacht, um die belgische Bevölkerung mit Brot aus Amerika versehen zu lassen. Amerikaner haben sich jetzt wiederum bereit erklärt, in die vom Kriege heimgesuchten polnischen Gebietsteile Nahrungsmittel zu senden. England zögert und zaudert; es will mit seiner Brutalität alle Welt strafen.

Englands Brutalität kann nur überwunden werden durch deutsche Rücksichtslosigkeit; mag Englands Presse dann auch noch so sehr lärmen und drohen, das läßt Deutschland kalt. Im Gegenteil, je mehr die englischen Zeitungen lärmen, um so tiefer saß der deutsche Hieb. Als Staatssekretär v. Tirpitz ankündigte, daß er mit den Unterseebooten den englischen Handelskrieg erwidern werde, stellte man sich zunächst taub auf dem britischen Inselreiche. Nun haben wir ernst gemacht. Nur weiter auf dieser Bahn! Tag und Nacht, Woche aus, Woche ein soll Englands Handel keine Ruhe mehr haben vor den Ungetümen, die unter dem Wasser Herr sind. Und wenn Deutschland einmal die wirkliche Blockade verhängt, dann auch keine Schonung, sondern rücksichtsloses Versenken jedes englischen Handelsschiffes. Wir wollen sehen, wieviel Seeleute sich noch auf die gefährdeten englischen Dampfer begeben werden. Wenn England ein ähnliches Mittel besitzen würde, wie wir es in unseren Unterseebooten besitzen, mit welcher Ungeniertheit würde es angewendet werden. Wo England Herr ist, kennt es keine Grenzen, um seine Macht durchzusetzen und aufrechtzuerhalten. Sind wir Deutschen Herr unter dem Wasser, so müssen wir dem englischen Beispiele folgen zu unserem Heil, zu Englands Verderben. Ganz dasselbe darf man sagen für unsere Flugzeuge und Luftschiffe. Es ist komisch und erheiternd, wie England sich entrüstet, wenn unbefestigte Städte und Dörfer auf dem Inselreich mit Bomben aus unseren Luftfahrzeugen beworfen werden. Aber haben denn die Engländer nicht dasselbe gegenüber Düsseldorf versucht? Hat nicht die angesehene englische Zeitschrift *The Engineer* es ganz offen ausgesprochen, daß die deutschen Stahlwerke im Rheinland und Westfalen durch Flugzeuge vom Erdboden zu vernichten seien? Und würde England, wenn es könnte, auch nur einen Augenblick zögern, Köln, Hannover, Berlin in Brand zu schießen, wenn seine Luftfahrzeuge dahin gelangen könnten? Es ist ein altes Stück der ewig neuen englischen Heuchelei, sich über ein Gebot der deutschen Notwehr zu entrüsten, während man dieselben Maßnahmen vom englischen Standpunkt aus für Englands Interesse verherrlicht und preist. Nicht mehr lange kann auch in neutralen Staaten dieses Gebaren blinde Nachbeter finden.

Über 400 Handelsschiffe hat England uns weggestohlen. Die Antwort soll dahin gehen, daß für jedes deutsche Handelsschiff mindestens eine englische Stadt oder ein englisches Dorf durch unsere Flugzeuge vernichtet werde, jeder Tag, an dem England die Ernährung unseres Volkes durch die Seesperre zu vereiteln sucht, soll beantwortet werden durch Schrecken und Tod, den deutsche Flugschiffe in die Reihen des englischen Volkes tragen. Warum hier Rücksichtnahme geübt werden sollte, ist uns ganz unverständlich und unbegründet. Alle Mittel, welche die deutsche Technik und deutsche Chemie unserer Vaterlandsverteidigung bietet und bieten kann, sind gerade gut genug, um nach England die Schrecken des Krieges zu tragen. Wenn wir es verstehen, Feuer vom Himmel regnen zu lassen, warum sollte es nicht angewendet werden? Es ist eine alte Erfahrung, daß der Sieger immer als ‚Barbar' verschrien wird, wenn auch der Besiegte alle Horden Afrikas und Asiens gegen die weißen Krieger aufruft. Es ist aber für unser Volk besser, England, Frankreich und Rußland mit allen ihren Hilfstruppen bezeichnen uns als ‚Barbaren', als daß sie uns als Unterlegene bemitleiden würden. Der Krieg macht hart und muß hart machen. Wir sind in der Notwehr in einem uns frevelhaft aufgezwungenen Krieg, und diese Notwehr rechtfertigt und fordert die rücksichtslosesten Maßnahmen ... *Weichlichkeit und Sentimentalität im Kriege wären unverzeihlich und eine polizeiwidrige Dummheit. Mag der Feind alles von uns sagen, so soll er beim Friedensschluß nur nicht das eine konstatieren können: daß die Deutschen die Dummen gewesen seien.*" [Hervorhebungen von Erzberger]

b) Auszug aus einer Denkschrift für Papst Benedikt XV. *„Wie steht es um Deutschland?"* vom 24. Februar 1916.[2])

„Das hauptsächlichste Mittel Englands, um das sogenannte Gleichgewicht, das heißt also das Übergewicht der von ihm begünstigten Partei herzustellen, bildet die ‚Beherrschung des Weltmeeres' nicht nur durch seine mächtige Flotte, sondern auch durch die Besetzung und Befestigung der die wesentlichsten Weltverkehrsstraßen beherrschenden Punkte wie Gibraltar, Malta, Suezkanal mit Ägypten, Dover und neuerdings Calais, Zypern, Kapstadt und andere mehr. Zum ersten Male, seit England Weltpolitik und Kolonialpolitik treibt, erlebt es in diesem Kriege ein vollständiges Fehlschlagen seiner staatsmännischen Kunst! Zum ersten Male beißt es — um die vom früheren Reichskanzler, Fürst Bülow, angewendeten Worte zu brauchen — auf Granit! Zum ersten Mal muß es die Erfahrung machen, daß ihm die Vernichtung seines Gegners nicht dadurch gelingt, daß es die anderen europäischen Staaten auf ihn hetzt! Zum ersten Mal muß es sein eigenes, bisher sorgfältig gehütetes Blut zu Hunderttausenden dahinopfern! Zum ersten Mal hat es einen Krieg angezettelt, an dem es nicht, wie bisher, sich bereichert, sondern an dem es zu verarmen droht! Zum ersten Mal sieht es sich durch den von ihm unterschätzten Feind in den stärksten Stützen seiner Weltmacht und seiner Meerbeherrschung bedroht! Zum ersten Mal kämpft es nicht um die Vernichtung seines Gegners, sondern es steht bereits, noch ehe es recht zur Erkenntnis dieser Tatsache gekommen ist, in einem verzweifelten Verteidigungskampf zur Verhinderung seiner eigenen Vernichtung. Aber mag der Krieg mit einem restlosen oder teilweisen Sieg der Mittelmächte enden, die Weltmachtstellung Englands, soweit sie sich auf eine Alleinherrschaft zur See und seine Unantastbarkeit stützt, ist dahin. Es kann nach diesem Krieg keine Gruppierung der Mächte mehr geben, wie sie zum Weltringen geführt hat. Es ist begründete Hoffnung dafür vorhanden, daß Europa und damit die Welt zur Ruhe kommen wird durch Schaffung eines wirklichen, nicht eines von Englands Befinden abhängigen Gleichgewichts der europäischen Großmächte. Englands Alleinherrschaft zur See, mag dieser Krieg ausgehen wie er will, ist auf alle Fälle durch den Fortschritt der Technik vernichtet! Wenige Jahre der weiteren Entwicklung der Unterseeboote und des Flugwesens werden genügen, um den Großmächten wirksame Mittel zur Bekämpfung der englischen Übermacht zur See und der Abgeschlossenheit der englischen Insel in die Hand zu geben. Aber auch jeder kleinere europäische Staat wird sich durch Schaffung eines wirksamen Küstenschutzes die Gefahr der englischen Knechtung fernhalten kön-

[2]) *Bachem Dokumente*, Akte 90.

nen, der heute alle neutralen, an der Küste gelegenen Staaten ausgesetzt sind, und deren schönste Blüte die Welt augenblicklich in der unglücklichen und unwürdigen Lage erlebt, in die Griechenland durch die englische Seemacht gebracht worden ist."

# ANHANG V

## Erzbergers Tätigkeit für Thyssen

Erzbergers Tätigkeit für die Firma Thyssen, die darin bestand, bestimmte Kriegsziele zu fördern und bestimmte Verwaltungsbeamte wegen der Interessen der Firma anzusprechen, muß hier etwas eingehender behandelt werden, da sie zum wichtigsten Punkt des später gegen Erzberger gerichteten Rufmordfeldzuges gemacht wurde. Bei dem Beleidigungsprozeß Erzbergers gegen Helfferich im Jahre 1920 wurde ein umfangreiches Tatsachenmaterial über Erzbergers Eintreten für die Interessen der Firma Thyssen gründlich erörtert. In jedem Fall ging es darum, ob Erzberger seine Stellung als einflußreicher Reichstagsabgeordneter mißbraucht und den Behörden mit seiner politischen Macht gedroht habe, falls sie Thyssens Wünsche nicht erfüllen sollten; ferner stand zur Diskussion, ob die Forderungen Thyssens, für die Erzberger eingetreten war, mit dem öffentlichen Interesse vereinbar gewesen seien oder nicht. Es ist bedauerlich, daß kluge Männer sich gezwungen sahen, solche Fragen aufzuwerfen, und daß Erzbergers Verhalten nicht ganz unverdächtig war; es muß jedoch betont werden, daß kein einziger der erhobenen Vorwürfe einen Schatten auf Erzbergers Integrität geworfen hat. Die Anschuldigungen, die bei dem Prozeß zur Sprache kamen, und die Beurteilungen durch das Gericht waren folgende:

1. Sowohl Erzberger als auch Thyssen waren für die Annexion des französischen Erzgebietes von Longwy-Briey, das an das deutsche Lothringen grenzte, wo der Thyssen-Konzern nicht unerhebliche Besitzungen hatte. Da die französische Regierung Thyssens ausgedehnten Besitz in der Normandie enteignet hatte, sah er sich verständlicherweise nach Entschädigungen um. Dabei fiel sein Blick auf die große Droit-au-Mont-Grube, wertvolles französisches Eigentum, das unmittelbar an der Grenze neben einem der Thyssenschen Stahlwerke lag. Thyssen rechnete darauf, diese Grube zu bekommen, wenn Deutschland das Gebiet annektiere, ja, er wartete sogar ungeduldig darauf, daß die deutsche Regierung noch während des Krieges die Grube enteigne und ihm zum sofortigen Verkauf anbiete. Thyssen vertraute so fest auf den Sieg Deutschlands, daß ihm ein solcher Kauf als sichere Investition erschien. Da ihm aber seine Rechtsberater erklärten, daß die Enteignung von Privateigentum in feindlichem Gebiet gegen das Völkerrecht verstoße, stellte er niemals einen formellen Antrag auf eine solche

Enteignung. Jedoch konnte eine seiner Eingaben (23. Mai 1916) an das Reichsamt des Inneren, dem damals Karl Helfferich als Staatssekretär vorstand, leicht als Antrag auf die sofortige Übertragung des Eigentums an der Droit-au-Mont-Grube nach vorheriger Enteignung mißverstanden werden. Helfferich und sein Unterstaatssekretär Max Richter hatten die Eingabe in diesem Sinne aufgefaßt, als Erzberger bei Helfferich vorsprach, um sie zu befürworten. Das wurde die Grundlage für die von Richter unterstützte Anschuldigung Helfferichs, Erzberger habe das Privatinteresse der Firma Thyssen gefördert, obwohl die von ihm erstrebte Maßnahme gegen das Völkerrecht verstieß. Das Gericht erklärte im Jahre 1920, es habe sich bei der ganzen Sache um ein offensichtliches Mißverständnis gehandelt.[1])

2. Erzberger unterstützte Thyssens Forderung nach dem Recht, die Grube Droit-au-Mont für die Dauer des Krieges auszubeuten (wobei der Gewinn an die französischen Besitzer gehen sollte), ohne daß sie Eigentum der Firma würde. Er trat dafür ein, weil er glaubte, die Grube könne von einem Privatwerk rationeller ausgebeutet werden als von der damals bestehenden Militärverwaltung. Diesen Antrag hatte Thyssen bereits in einer Eingabe vom 2. November 1914 gestellt, also lange bevor Erzberger mit der Firma liiert war. Da Thyssen in der Lage gewesen wäre, die Produktion durch den Einsatz seiner in der Nähe liegenden Werke stark zu erhöhen, entsprach der Antrag den deutschen Kriegsbedürfnissen; er erstrebte in keinem Sinne eine besondere Vergünstigung für Thyssen, denn das Gebiet von Longwy-Briey war von Erzgruben übersät, die zu ähnlichen Bedingungen an Thyssens Konkurrenten hätten übergeben werden können. Es ist zwar richtig, daß Thyssen glaubte, mit der Ausbeutung ein fait accompli hinsichtlich des späteren Besitzes schaffen zu können; das ist aber nicht der Grund, warum Erzbergers Antrag abgelehnt wurde. Die Militärs waren gegen Thyssens Plan, weil sie die unmittelbar hinter der Front liegende Grube unter ihrer Aufsicht behalten wollten. Außerdem fürchtete man, es könnten Arbeitskräfte vom benachbarten Lothringen in das Grubengebiet (das unter ernstem Lebensmittelmangel litt) hineingezogen werden. Viele Beamte des Reichsamts des Inneren waren dafür, Thyssens Antrag stattzugeben, konnten sich jedoch nicht gegen die Militärs durchsetzen, und Erzbergers Fürsprache erwies sich als nutzlos. Das Gericht konnte an Erzbergers Tätigkeit nichts Unerlaubtes finden.[2])

3. Bei einer Besprechung am 15. Juli 1916 mit Freiherrn von Gemmingen, einem hohen Beamten des Reichsamtes des Inneren, dem die Zivilverwaltung für das Gebiet von Longwy-Briey unterstand, setzte sich Erzberger ohne Erfolg dafür ein, daß die beim Einmarsch der deutschen Truppen vorgefundenen fran-

---

[1]) *Prozeß*, S. 60 ff., 72—75, 77—95, 115—140, 165—170, 189—196, 279, 810, 867, 1000—1003. Die durch die Eingabe vom 23. Mai 1916 hervorgerufene Verwirrung beruhte auf der Ähnlichkeit zwischen den Ausdrücken „Übereignung" und „Überweisung".
[2]) *Prozeß*, S. 72—75, 189—196, 279, 1003 f.

zösischen Haldenvorräte deutschen Firmen zugeteilt werden sollten, und zwar nach einem Schlüssel, auf Grund dessen Thyssen 50 v. H. der vorhandenen 800 000 Tonnen erhalten hätte (bei Beschränkung der Zuteilung an lothringische Firmen und Verteilung der Vorräte nach Maßgabe des Bedarfs). Ferner drängte Erzberger darauf, Thyssen in einen siebenköpfigen zivilen Beirat nach Metz zu berufen, der dort die Militärverwaltung im Hinblick auf französisches Industrieeigentum beraten sollte. Das Gericht kam zu der Auffassung, Erzberger habe, ob zu Recht oder Unrecht, geglaubt, daß Freiherr von Gemmingen eine Thyssen im Jahre 1914 gegebene Zusage über die Verteilung der Haldenvorräte nicht gehalten habe. Die Firma Thyssen litt damals bereits an Erzmangel, während andere Werke noch genügend Vorräte besaßen. Erzbergers Eintreten habe in keiner Weise gegen die nationalen Interessen verstoßen. Ferner war das Gericht der Auffassung, Thyssens Wunsch, in den industriellen Beirat berufen zu werden, sei durchaus berechtigt gewesen, da er der einzige führende deutsche Stahlmagnat war, der nicht in diesem Gremium saß.[3])

4. Mit Erfolg intervenierte Erzberger beim Personalamt des Kriegsministeriums, um die Entlassung des im Felde stehenden Fritz Thyssen aus dem Heeresdienst zu erreichen mit der Begründung, daß er in der Leitung des Familienunternehmens gebraucht werde. Das Gericht hielt diese Intervention weder für unvernünftig noch für unkorrekt.[4])

5. Erzberger wandte sich mit Erfolg im Reichstag gegen einen von der Regierung im Juli 1916 eingebrachten Gesetzentwurf über einen Frachturkundenstempel, der die Besteuerung der mehr als 10 km langen Werkbahnen vorsah. Die Firma Thyssen besaß mehrere solcher Werkbahnen und konnte von einer Ablehnung dieser Maßnahme, die sie etwa 200 000 Mark jährlich gekostet hätte, nur profitieren. Dennoch lautete der Gerichtsspruch, daß sachliche Erwägungen wie die Schwierigkeit, die Steuer einzuziehen, genügten, um Erzbergers Widerstand gegen den Gesetzentwurf zu erklären.[5])

6. Ohne Erfolg setzte sich Erzberger bei Oberst Gießler, dem Chef der Ein- und Ausfuhrstelle des Kriegsministeriums, dafür ein, Thyssen im Winter 1915/1916 eine Genehmigung zur Ausfuhr von Schutzschilden nach Holland zu erteilen. Gießler lehnte Thyssens Antrag ab; er bedeute eine Schädigung des Reiches, da der von Thyssen vorgeschlagene niedrige Preis Deutschland um dringend benötigte Devisen bringen würde. Das Gericht rügte Erzbergers Intervention, weil er seinen politischen Einfluß zugunsten der Interessen des Thyssen-Konzerns benutzt habe. Dabei ist zu bedenken, daß die Ausfuhr der Schutzschilde Deutschland nicht notwendig geschädigt hätte (es bekam ja überhaupt keine Devisen, wenn die Genehmigung nicht erteilt wurde) und daß Erzberger

---

3) *Prozeß*, S. 133 f., 169—172, 290—295, 811, 1004 f.
4) *Prozeß*, S. 601—610, 1005.
5) *Prozeß*, S. 661—665, 1006.

die Sache fallen ließ, sobald Gießler eine eindeutig abschlägige Antwort erteilt hatte. Wenn Erzberger politische Drohungen anwandte, so unternahm er jedenfalls nichts, um sie in die Tat umzusetzen — und es war nicht seine Art, leere Drohungen auszustoßen.[6])

7. Die französische Regierung hatte bei Kriegsausbruch Thyssens Besitzungen in der Normandie enteignet, was rechtlich nicht zu beanstanden war, lagen doch diese Besitzungen im französischen Heimatgebiet und nicht im besetzten Feindesland wie Longwy-Briey. Es war nur natürlich, daß Deutschland sich durch die Enteignung französischer Besitzungen im deutschen Lothringen revanchieren wollte und daß die enteigneten Besitzungen dazu benutzt wurden, diejenigen deutschen Industriellen zu entschädigen, die von der französischen Beschlagnahme betroffen waren. Diese Ansicht vertraten Thyssen und Erzberger, wobei beide besonders den ausgedehnten Grubenbesitz der Gebrüder de Wendel im Auge hatten. In einer Eingabe vom 7. Mai 1917 an das Reichsamt des Inneren hatte sich Erzberger vergeblich für die Liquidation des Wendelschen Besitzes eingesetzt, und zwar mit einem Projekt, das der Firma Thyssen zugute kommen würde. Ebenso wie er es in dem früheren Fall der Verteilung der Haldenvorräte getan hatte, verwandte er sich auch diesmal dafür, daß die Verteilung der enteigneten Besitzungen auf deutsche Werke in Lothringen beschränkt bleiben und der Anteil jedes Werkes im umgekehrten Verhältnis zu der Erzbasis der einzelnen Hütte stehen solle. Hiermit wurde erneut der Versuch unternommen, Thyssens Rohstoffknappheit zugunsten der Firma zu wenden. Das Gericht rügte Erzbergers Druck auf das Reichsamt des Inneren, weil der oben erwähnte Verteilungsschlüssel seinen Chef Thyssen begünstigte — obwohl es keineswegs feststeht, daß der Schlüssel an sich unberechtigt war, und obwohl es immer schwierig ist, Kriegsbeute gerecht zu verteilen. Erzbergers Vorschlag verstieß nicht eindeutig gegen das allgemeine Interesse und blieb weit hinter Thyssens persönlichem Wunsch zurück, den gesamten Wendelschen Komplex für sich zu erwerben. Erzberger behauptete, die elsässische Bevölkerung wünsche, daß die Verteilung der enteigneten Werke auf die in der Provinz bereits ansässigen Firmen beschränkt werde.[7])

8. Das Gericht erachtete den heftigen Widerstand, den Erzberger in einem Sonderausschuß des Hauptausschusses des Reichstags im Dezember 1917 gegen alle Liquidationen in Lothringen leistete (zwei Monate, nachdem er als Mitglied des Aufsichtsrats von Thyssen zurückgetreten war), als besonders schwerwiegend. Es sah hier den greifbaren Beweis geführt, daß Erzberger eine für Thyssen vorteilhafte Politik unterstützt habe, solange er Mitglied des Aufsichts-

---

[6]) *Prozeß*, S. 601—610, 812, 1005 f. Zur Verteidigung Erzbergers siehe S. Löwenstein, *Der Prozeß Erzberger—Helfferich. Ein Rechtsgutachten*, Ulm 1921, S. 4—8.
[7]) *Prozeß*, S. 62, 75 f., 811, 1009 ff. Zur Verteidigung Erzbergers siehe Löwenstein, *op. cit.*, S. 8—15. Erzberger schrieb am 30. Januar 1917 einen langen Brief an Zimmermann, in dem er sich für die Enteignung in Lothringen aussprach. *Erzberger Dokumente*, Akte 4.

rats war, aber für das genaue Gegenteil eingetreten sei, sobald er aus dem Aufsichtsrat ausgeschieden war. Dabei ließ das Gericht außer acht, daß sich die gesamte Lage in den sieben Monaten zwischen Mai und Dezember geändert hatte und die Friedensresolution inzwischen angenommen worden war. Es war verständlich, wenn Erzberger, der sich jetzt um einen auf echter Versöhnung beruhenden Verständigungsfrieden bemühte, alles vermeiden wollte, was die Feindseligkeit der Franzosen verstärken konnte. Die Verwaltung des Wendelschen Besitzes war vor kurzem in die Hände einer von der Regierung ins Leben gerufenen halbautonomen Gesellschaft übergegangen, deren Produktionsergebnisse ausgezeichnet waren. Diese gut laufende Produktion wollte Erzberger nicht stören.[8])

9. Helfferichs Vorwurf, Erzberger habe nach seinem Ausscheiden aus dem Thyssenkonzern seine Meinung auch in einem zweiten Fall geändert, hielt das Gericht für erwiesen. Erzberger hatte sich im Juni 1916 — als er noch Aufsichtsratsmitglied bei Thyssen war — gegen einen Gesetzentwurf der Regierung über die Erhebung von Ausfuhrabgaben für Eisen und Kohle ausgesprochen, aber im Februar 1918, nachdem er bei Thyssen ausgeschieden war, machte er sich in der Budgetkommission zum energischen Anwalt einer solchen Steuer. Es handelte sich um folgendes:

Helfferich kam als Staatssekretär im Reichsschatzamt in den ersten Junitagen des Jahres 1916 zu der Überzeugung, die Ausfuhr von Eisen und Kohle müsse besteuert werden. Eine Art Steuer existierte bereits; solche Ausfuhren unterlagen zwar einem allgemeinen Embargo, aber Ausnahmen, die man bereitwillig genehmigte, wurden mit Gebühren belegt. Helfferich glaubte, diese von den Ausfuhrfirmen erhobenen Gebühren erhöhen zu können, wenn ein Gesetz an Stelle der bestehenden Verwaltungspraxis trete. Er schickte deshalb den Ministerialdirektor im Reichsschatzamt Gustav Müller zum Reichstag, um bei den verschiedenen Parteien anzufragen, ob sie den glatten Durchgang eines solchen Gesetzes garantieren könnten (4. Juni 1916). Helfferich lag an einer „geräuschlosen“ Gesetzgebung, die in der Öffentlichkeit möglichst wenig bekannt werden sollte, da Ausfuhrabgaben in den Handelsverträgen zwischen Deutschland und verschiedenen neutralen Staaten ausdrücklich verboten waren und eine Reichstagsdebatte die Aufmerksamkeit des Auslandes auf die Vertragsverletzung lenken und Gegenmaßnahmen hervorrufen konnte. Müller hatte eine kurze Unterredung mit Erzberger und Südekum, den Fachleuten für Steuerfragen im Zentrum und in der Sozialdemokratischen Partei; Erzberger sprach sich gegen Helfferichs Vorschlag aus. Nach der Aussage aller drei Beteiligten — Erzberger, Südekum und Müller — richteten sich Erzbergers Bedenken jedoch lediglich gegen den Zeitpunkt und nicht gegen die Steuer selbst. Er fürchtete Vergel-

---

[8]) *Prozeß*, S. 62, 75 f., 1009 ff. Zur Verteidigung Erzbergers siehe S. Löwenstein, *op. cit.*, S. 8—15.

tungsmaßnahmen der Neutralen, denen die bestehende Verwaltungspraxis kaum aufgefallen war, und bezweifelte, daß das vorgeschlagene Gesetz Beträge ergeben würde, die wesentlich höher lägen als die Einkünfte aus den Verwaltungsgebühren; jedenfalls würden sie nicht hoch genug sein, um die Provozierung von Vergeltungsmaßnahmen zu rechtfertigen. Außerdem ärgerte es ihn, daß die Regierung den Reichstag vier Tage vor den Parlamentsferien mit diesem Vorschlag überfallen hatte. Er war seit jeher ein unermüdlicher Verteidiger des Budgetrechts des Reichstags. Müller berichtete Helfferich vom Scheitern seiner Mission, und die Sache wurde fallengelassen. Die Verwaltungsgebühren wurden natürlich weiterhin erhoben.

Helfferich war überrascht und verstimmt, als Erzberger im Februar 1918 in der Budgetkommission die Regierung heftig angriff, weil sie unterlassen habe, die Ausfuhr von Kohle und Eisen genügend zu besteuern. Erzberger hatte Ende 1917 in einer vertraulichen Sitzung der Budgetkommission von dem gewaltigen Unterschied berichtet, der zwischen den Preisen für Kohle und Stahl in Deutschland und im Ausland bestand, und von den riesigen Gewinnen, die die deutschen Exporteure infolgedessen gemacht hatten. Die Gebühren für die Ausfuhrgenehmigungen hatten nur einen kleinen Teil dieser Gewinne erfaßt, und Erzberger hatte berechnet, daß man während der letzten Monate mindestens zusätzliche 644 Millionen Mark hätte erheben können. Er schlug vor, diese Summe rückwirkend einzuziehen. Im Jahre 1920 versicherte er, die neuen Tatsachen, die er zwischen Juni 1916 und Februar 1918 erfahren habe, seien der Grund für seine Meinungsänderung gewesen. Wie man weiß, beruhte sein Widerstand im Jahre 1916 nur auf Erwägungen der Zweckmäßigkeit. Helfferichs Behauptung, Erzbergers Opposition gegen den Gesetzentwurf im Jahre 1916 habe es der Regierung unmöglich gemacht, gerade die Summen zu erheben, die er 1918 forderte, wies Erzberger zurück. Er legte ebenfalls dar, daß Thyssens Interesse an Ausfuhren nur sehr gering war und daß schon aus diesem Grunde seine eigene Mitgliedschaft im Aufsichtsrat seine früheren Ansichten kaum habe beeinflussen können. Das Gericht erklärte sich von Erzbergers Darstellung befriedigt.[9])

10. Erzbergers energisches Eintreten für die deutsche Annexion von Longwy-Briey war das auffallendste Beispiel dafür, daß der Politiker Erzberger sich für etwas einsetzte, was eindeutig im Interesse des Aufsichtsratsmitglieds Erzberger lag. Man darf jedoch nicht vergessen, daß diese Annexion zu seinen Kriegszielen gehört hatte, lange bevor er dem Thyssenkonzern angehörte. Zusammen mit Thyssen hatte er eine Denkschrift für Unterstaatssekretär Zimmermann im Auswärtigen Amt verfaßt, in der alle Vorteile aufgezeigt waren, die die Annexion von Longwy-Briey für Deutschland ebenso wie für Thyssen bringen

---

9) *Prozeß*, S. 62 f., 76 f., 98—103, 151—157 (Südekums Aussage), 157—165 (Müllers Aussage), 182—189, 812, 1008 f.

würde (28. September 1915). Deutschlands wirtschaftliche Stärke würde durch den Erwerb eigener Erzgruben gesichert und aus der Abhängigkeit von schwedischen Einfuhren befreit sein. Damit könne es dem für die Zeit nach dem Kriege allgemein erwarteten, von England organisierten Wirtschaftskrieg trotzen. Thyssen erhielte eine Entschädigung für seine riesigen Besitzungen in der Normandie. Die Germanisierung des Eigentums an den Industriebetrieben des annektierten Gebietes dürfte die Germanisierung der französischen Bevölkerung fördern und so ein zweites Elsaß-Lothringen vermeiden, dessen Feindseligkeit gegenüber Deutschland auf dem immer noch bestehenden französischen Einfluß in der Wirtschaft beruhe. Das letzte Argument muß Erzberger wohl ad hoc ersonnen haben, wenn er nicht vorübergehend von seiner sonst vernünftigen Einstellung zu Nationalitätsproblemen abgegangen war.[10])

Im Mai 1917, also nur zwei Monate vor der Annahme der Friedensresolution, die seinen Bruch mit Thyssen zur Folge haben sollte, hatte Erzberger eine von mehreren deutschen Stahlmagnaten finanzierte Pressekampagne für die Annexion von Longwy-Briey in Gang gebracht. Bei dem Prozeß im Jahre 1920 versuchte Helfferich, den Beweis zu erbringen, daß Erzberger diese Agitation fortgesetzt habe, auch nachdem er sich für die antiannexionistische Friedensresolution eingesetzt hatte; daraus zog Helfferich zwei für seinen Gegner wenig schmeichelhafte Schlüsse: einmal, daß Erzberger im Juli 1917 Annexionsgegner war in allen Punkten außer Longwy-Briey, wo er persönlich finanziell beteiligt war, und zum anderen, daß er damit einen gescheiterten Versuch unternahm, seiner Entlassung durch Thyssen vorzubeugen, der Erzberger seine immer stärkere Zusammenarbeit mit den Sozialdemokraten verübelte. Auf diese Anschuldigungen antwortete Erzberger mit dem Einwand, seine Unterstützung der Longwy-Briey-Propaganda nach dem Juli 1917 habe sich nicht auf die reine Annexion bezogen; sie habe vielmehr einen Gebietsaustausch mit Frankreich im Auge gehabt, durch den Deutschland das Becken von Longwy-Briey und Frankreich den französisch sprechenden Bezirk von Château-Salins in Lothringen erhalten hätte. Dies wäre zugegebenermaßen ein schlechter Tausch für die Franzosen gewesen, die ein reiches Industriegebiet für ein armes Agrargelände herzugeben gehabt hätten, habe aber den Zweck verfolgt, das französische Prestige zu schonen. Erzberger befürwortete einen Handelsvertrag, der Deutschland den Zugang zum französischen Erz und Frankreich den Zugang zur deutschen Kohle garantiert hätte; dieser Plan nimmt in vieler Hinsicht den späteren Schumanplan vorweg. Erzberger betrachtete dieses Vorhaben entweder als Ergänzung oder als Ersatz für den vorgeschlagenen Gebietsaustausch. Jedenfalls war er niemals der Ansicht, die Friedensresolution solle jede Gebietsveränderung ausschließen.

---

10) Die zwölfseitige Denkschrift „Die Interessen des Thyssen-Konzerns in Frankreich und seinen Kolonien und die Bedeutung des Briey-Beckens für die deutsche Eisenindustrie" befindet sich in: *A. A.*, Akte 1498.

Helfferich entgegnete, der Austauschplan Longwy-Briey gegen Château-Salins sei von Erzberger ex post facto erfunden worden, um den Vorwürfen der Inkonsequenz und mangelnden Integrität zu entgehen; Erzberger konnte jedoch zwei Zeugen beibringen — beide ihm im allgemeinen nicht besonders freundlich gesonnen —, die vor Gericht aussagten, er habe den Austauschplan ihnen gegenüber im Sommer 1917 erwähnt. Helfferichs Behauptung, Erzberger habe alles getan, um seinen Aufsichtsratsposten zu behalten, wurde von August Thyssen und von seinem Sohn Fritz widerlegt; beide bedauerten seine politische Entwicklung seit 1917, bewunderten jedoch den Mut, mit dem er sich bewußt auf einen Weg begab, der notgedrungen zu seinem Ausscheiden aus dem mit 40 000 Mark dotierten Aufsichtsratsposten führen mußte. Er habe keinen Versuch gemacht, an der Mitgliedschaft festzuhalten, und sein Rücktritt sei in einer freundschaftlichen Atmosphäre erfolgt, die die persönlichen Beziehungen unberührt gelassen habe.[11])

Zusammenfassend mag über Erzbergers Tätigkeit für Thyssen folgendes gesagt werden: Er tat nichts Unehrenhaftes, schon gar nichts Unerlaubtes, geriet aber doch gelegentlich in das zwielichtige Gebiet zwischen dem, was zweifellos in Ordnung, und dem, was vielleicht fragwürdig ist. Den Verwaltungsbeamten, mit denen er für Thyssen verhandelte, war seine Macht im Reichstag manchmal unheimlich, und sie fürchteten politische Vergeltungsmaßnahmen, wenn sie seine Wünsche nicht erfüllten. Krupp-Direktor Hugenberg, der spätere Führer der Deutschnationalen, sagte von ihm: „Erzberger ist heute der mächtigste Mann in Berlin. Mit seiner Empfehlung kommt man überall hin, ohne ihn ist nichts zu erreichen."[12]) Und doch muß man rückblickend feststellen, daß sein Ruf, großen Einfluß zu haben, schlimmer war als der Einfluß, den er tatsächlich ausübte. Bei den meisten hier dargestellten Fällen, in denen er sich für Thyssen verwandte, war der Erfolg ausgeblieben: Helfferich lehnte Thyssens Antrag auf Ausbeutung von Droit-au-Mont ab; Gemmingen weigerte sich, die französischen Erzvorräte nach dem von Erzberger vorgeschlagenen Schlüssel zu verteilen; Gießler wies die Ausfuhrgenehmigungen für Holland zurück; der Wendelsche Besitz in Lothringen wurde nicht zu Thyssens Gunsten enteignet. Wenn Erzberger bei all diesen Fragen mit politischen Vergeltungsmaßnahmen gedroht haben sollte, waren seine Drohungen ungewöhnlich wirkungslos. Die Beamten ließen sich offensichtlich nicht von ihm terrorisieren, wenn sie auch zweifellos über den Druck, den er auf sie ausübte, verärgert waren; das aber ist die typische Reaktion jedes Beamten, der von Abgeordneten — ob mit legitimen oder illegitimen Anliegen — angegangen wird. Es ist kein Beweis dafür erbracht worden, daß Erzberger in unangemessener Form solchen Druck ausgeübt oder daß er geschäftliche Privatinteressen auf Kosten des Allgemeinwohls verfolgt

11) *Prozeß*, S. 49—54, 57—60, 69—72, 95—98, 125—129, 281—290, 1006 ff.
12) H. Class, *Wider den Strom*, Leipzig 1932, S. 329.

hat. Und doch hat er hier — wie bei anderen Gelegenheiten — keine Rücksicht auf den äußeren Schein genommen. Das gleiche gilt für die Änderung seiner Einstellung zu den Enteignungen in Lothringen und den Ausfuhrabgaben für Kohle und Eisen. In beiden Fällen rechtfertigten die eintretenden Veränderungen in der allgemeinen Lage seine grundsätzliche Abkehr von seinen früheren Standpunkten, aber das Gefühl für den Eindruck, den diese Wandlung machen mußte, hätte ihn veranlassen sollen, dafür zu sorgen, daß andere sich für seine neuen Ansichten einsetzten. Statt dessen stürzte er sich mit dem ihm eigenen Temperament in den Kampf und erweckte, wenigstens bei unfreundlichen Kritikern, den Argwohn, er habe sich am Anfang von kommerziellen Motiven und später von Rachegefühlen gegenüber seinem früheren Chef Thyssen leiten lassen.

# ANHANG VI

## Erzbergers Brief an den bayerischen Ministerpräsidenten Graf Hertling vom 18. März 1916 zur Zeit des Rücktritts von Admiral von Tirpitz

Die Rechtsparteien brachten zwei Anträge über die Einführung des U-Boot-Krieges ein, die durch Erzberger vereitelt wurden. Darüber schrieb Erzberger mit folgenden charakteristischen Worten an Graf Hertling:

„Für das Zentrum entstand nun die Frage [nach Einbringung der konservativ-nationalliberalen Anträge]: Was nun? Selbstverständlich hätten wir es am liebsten gesehen, wenn überhaupt kein Antrag eingebracht worden wäre, sondern nur in der Budgetkommission die Angelegenheit zur Erörterung gestellt würde. Es lagen aber nunmehr die beiden sehr weitgehenden Anträge vor, andererseits kam aus der Fraktion der dringende Wunsch, daß das Zentrum in irgendeiner Form zur Beruhigung und Aufklärung Stellung nehmen möge, dabei sollten folgende Gesichtspunkte zum Ausdruck gebracht werden.

1. Unter keinen Umständen soll ein Schritt unternommen werden, der wie ein Mißtrauensvotum gegenüber dem leitenden Staatsmann [Bethmann] aussieht.

2. Jeder Anschein des Eingriffes in die Kommandogewalt [des Kaisers] muß absolut vermieden werden.

3. Der Antrag soll dem Zwecke dienen, unsere Wähler und das deutsche Volk zu beruhigen.

Viele Stunden lang haben wir im Vorstand [der Fraktion] über die Sache hin und her beraten. Als die Sache nicht weiterging, sprach ich gestern Nachmittag um vier Uhr mit dem Herrn Reichskanzler und legte ihm den von mir verfertigten Entwurf des Antrages vor, der nunmehr eingebracht worden ist. Der Herr Reichskanzler erklärte, daß er es für gut hielte, wenn von der Zentrumsfraktion dieser Antrag eingebracht würde, nachdem die anderen Parteien ihre unverantwortlichen Anträge dem Reichstag unterbreitet hätten. In der nun folgenden Vorstandssitzung waren die Ansichten wiederum ungemein geteilt. Die einen Herren wollten einen Antrag einbringen, andere nicht. Dann wurde als Bedenken in den Vordergrund gestellt, daß der Reichskanzler den [Erzbergerschen] Antrag auch als ein Mißtrauensvotum ansehen könnte. Da hielt ich mich für berechtigt, von dem Vorgang, der eine Stunde vorher sich abgespielt hatte, Kenntnis zu geben. Der Vorstand beschloß nun einmütig, den Antrag in meiner Fassung einzubringen. Die Fraktion stellte sich nach kurzer Debatte auf ganz denselben Standpunkt."

# ANHANG VII

## Weitere Fälle, die bei dem Erzberger-Helfferich-Prozeß erörtert wurden

### 1. Der Fall Angele

Eugen Angele war Teilhaber einer Malzfabrik, die in Erzbergers Reichstagswahlkreis lag. Er war Anfang des Krieges zum Unterkommissionär der Reichsgerstenstelle — der während des Krieges die Kontrolle über die gesamte Ernte oblag — ernannt worden. Aber im August 1916 wurde er entlassen, da eine neue Bestimmung in Kraft trat, wonach Malzfabrikanten nicht mehr als Kommissionäre zugelassen werden sollten (weil sie in Versuchung geraten könnten, Gerste für ihre eigenen Betriebe abzuzweigen). Die neue Bestimmung sah Ausnahmen ausdrücklich vor, und Erzberger schrieb mehrere Briefe an den Leiter der Gerstenverwertungsgesellschaft Geheimrat Hagedorn und an dessen Vorgesetzten von Oppen, den Präsidenten des Kriegsernährungsamtes, in denen er darauf drängte, daß Angele auf seinen Posten zurückkehren solle. Erzberger argumentierte, daß in diesem Fall eine Ausnahme vertretbar und wünschenswert sei, weil 1. Angele auf Wunsch der Reichsgerstenstelle soeben seine Lagerräume erweitert habe und 2. Angeles Rückkehr in die Kommissionärstelle von den örtlichen Behörden, vom Bezirksrat und allgemein im Ort sehr befürwortet werde. Angesichts des wachsenden Ärgers der Württemberger über die von Preußen gesteuerten Kriegsstellen solle man, so betonte Erzberger, sich nach den Wünschen der Bevölkerung richten. Hagedorn ließ sich von diesen Argumenten nicht überzeugen und ärgerte sich, weil Erzberger, wie er meinte, damit drohe, die Gerstenverwertungsgesellschaft im Reichstag anzugreifen, wenn seine Wünsche nicht erfüllt würden. Von Oppen zeigte größeres Entgegenkommen und schlug eine Kompromißlösung vor, nach der Angele als Kommissionär wiederernannt werden, aber offiziell aus der Leitung seiner Malzfabrik ausscheiden solle, um einen direkten Interessenkonflikt zu vermeiden. Der Kompromißvorschlag stellte Angele und Erzberger zufrieden, Hagedorn willigte zögernd ein. Das Gericht erklärte, die Lösung sei auf Erzbergers unmittelbare Intervention zugunsten Angeles erfolgt; es hielt diese Intervention aber nicht für ungehörig.

Der Fall wurde kompromittierend für Erzberger auf Grund zweier späterer Ereignisse. Gegen Angele erhob man im Juni 1917 wegen inkorrekter Amtsführung Anklage; es wurde ihm vorgeworfen, einen großen Teil der örtlichen Gerstenernte des Jahres 1916 für seine eigene Fabrik zurückbehalten zu haben. Diese Tatsache war Erzberger selbstverständlich unbekannt, als er sich im September 1916 für Angele einsetzte, warf aber ein ungünstiges Licht auf seine Urteilsfähigkeit gegenüber Personen, deren Interessen er zu fördern versuchte.

Angele hatte im August 1916 Erzberger in seiner Berliner Wohnung aufsuchen und ihn für den Fall interessieren wollen, traf aber nur Frau Erzberger an. Das Gespräch wandte sich der schwierigen Lebensmittellage zu, und Angele erzählte, daß in Württemberg die Versorgung besser und die Preise niedriger seien. Er erbot sich, Frau Erzberger Lebensmittelpakete zu württembergischen Preisen zu schicken; dadurch erhielt die Familie Erzberger bis zum Ende des Krieges regelmäßige Lieferungen von Zucker, Butter, Gänsen, Weizen, Mehl, Schinken und Eiern. Frau Erzberger war besonders daran interessiert, Eier für Erzbergers Lieblingsspeise Spätzle zu bekommen. Das Gericht stellte sich auf den Standpunkt, diese Lebensmittellieferungen (die Erzberger natürlich voll bezahlte) seien eine Erkenntlichkeit von seiten Angeles dafür gewesen, daß Erzberger sich für seine Wiederernennung eingesetzt habe, und nicht eine Bestechung für geleistete Dienste. Die Lebensmittelpakete verstießen übrigens gegen die Rationierungsvorschriften, und Frau Erzberger wurde am 25. März 1918 vom Amtsgericht Charlottenburg wegen unerlaubten Bezugs von Lebensmitteln zu einer Geldstrafe von 200 Mark verurteilt. Angele klagte man am 9. Oktober 1918 in Ravensburg wegen unerlaubten Verkaufs von Lebensmitteln an, der Fall kam aber nie zur Verhandlung. Die Aufdeckung von Erzbergers Beziehungen zu Angele wirkte sich sehr ungünstig auf sein Ansehen aus, da sie die stereotype Vorstellung im Volke unterstützte, Erzberger habe es sich in Berlin wohl sein lassen, während seine Altersgenossen in den Schützengräben sich von Kartoffeln und Steckrüben ernährten.[1])

### 2. Der Fall Kowastch

Ambrosius Kowastch war Berg- und Hütteningenieur, der ein Sprengmittel für den Bergbau erfunden hatte, bei dem an Stelle von Dynamit flüssige Luft verwendet wurde. Er glaubte, daß die Einführung dieser Erfindung die Sicherheit im Bergbau erhöhen und daß als erfreuliches Nebenprodukt Sauer-

---

1) Zum Fall Angele siehe *Prozeß*, S. 442—465, 818 f., 928, 1028 f.

stoff für die Krankenhäuser zu billigen Preisen anfallen werde. Er hatte zunächst daran gedacht, sein neues Verfahren in den Vereinigten Staaten anzumelden, ließ diesen Plan aber fallen, als er bei einem Besuch in Amerika erfuhr, 1. daß der Dynamittrust in den USA die Einführung seiner Erfindung mühelos werde verhindern können, 2. daß die Beamten des amerikanischen Patentamtes mit Sicherheit vom Dynamittrust bestochen seien und 3. daß amerikanische Industrielle und Arbeiter, die alle auf der Jagd nach dem Dollar seien, kein Interesse an Sicherheitsvorkehrungen hätten. Kowastch, der auch literarische Ambitionen hatte, schrieb ein Buch über seine Erfahrungen in Amerika, fand aber keinen Verleger. Ein Jugendfreund, der Erzberger kannte, führte ihn im Jahre 1910 bei dem Zentrumsabgeordneten ein. Kowastch unterhielt sich zweieinhalb Stunden mit Erzberger über sein Buch und erwähnte dabei auch seine Erfindung. Erzberger versprach, ihm bei der Suche nach einem Verleger zu helfen, und zeigte Interesse für die humanitäre Bedeutung des neuen Sprengmittels. Alsbald steckte er 2200 Mark in eine neue Gesellschaft, die Kowastch, der selbst kein Kapital besaß, gegründet hatte.

Hauptkonkurrent des Kowastchverfahrens war das sogenannte Marsitverfahren, das die Marsit-Gesellschaft entwickelt hatte. Es stellte sich die Frage, welches Verfahren größere Sicherheit biete; Erzberger hielt das Kowastchverfahren in jeder Hinsicht für besser. In diesem Sinne schrieb er an den Fachreferenten für Sprengstoffe im Preußischen Handelsministerium Geheimrat Polensky, der zu entscheiden hatte, welches Verfahren in den staatlichen Bergwerken angewandt werden solle. Die Marsit-Gesellschaft fürchtete, Erzbergers Einfluß könne zu einer für sie ungünstigen Entscheidung führen, und erklärte sich 1915 zu einer Fusion mit der Firma Kowastch bereit unter Bedingungen, die für diese günstig waren. Hans Berckemeyer, Generaldirektor der Marsit-Gesellschaft, sagte bei seiner Vernehmung aus, die Furcht vor Erzbergers Einfluß habe ihn in erster Linie dazu bewogen, der Fusion zuzustimmen. Außerdem habe er Gerüchte (die nie bestätigt wurden) gehört, daß der mächtige Verein der deutschen Kaliinteressen der Kowastch-Gesellschaft 50 000 Mark nur für die Option auf das Verfahren gezahlt habe — eine Option, von der nie Gebrauch gemacht wurde. Diese Zahlung sei, so wurde behauptet, nur aus Angst vor Erzbergers Einfluß geleistet worden.

Die fusionierte Kowastch-Marsit-Gesellschaft entschloß sich nach weiteren Versuchen, nur das Marsitverfahren zu verwenden, da es sich als billiger erwiesen hatte und kein wesentlicher Unterschied in der Sicherheit bestand. Als Folge der Fusion stiegen die alten Aktien der Kowastch-Gesellschaft, und eine schwedische Firma bot alsbald 900 000 Mark für das Patent. Kowastch beklagte sich bei Erzberger, an den steigenden Gewinnen nicht beteiligt zu sein, weil er keine Aktien besitze. Erzberger, der immer Verständnis für die schwierige Lage von Erfindern hatte, überließ ihm seine Aktien zu dem Preis von 30 000 Mark, der allgemein als billig galt. Kowastch war zufrieden, und Erzberger konnte die 2200 Mark, die er ursprünglich aufgewandt hatte, als eine ausgezeichnete Anlage ansehen. Sein Interesse an dem Verfahren war eher humanitärer als finanzieller Natur. Das Gericht nahm es ungünstig auf, daß die Marsit-Gesellschaft offensichtlich aus Angst vor Erzberger gehandelt hatte, und fragte sich, ob Erzberger sein eigenes finanzielles Interesse an Kowastch habe erkennen lassen, als seine Briefe an Polensky das konkurrierende Marsitverfahren zu diskreditieren versuchten. Da Polensky unglücklicherweise inzwischen gestorben war, konnte die Frage nicht mehr geklärt werden. Das Gericht kam zu der Ansicht, das vorgebrachte Material habe nicht erwiesen, daß Erzberger sich eines inkorrekten Verhaltens schuldig gemacht habe.[2])

### 3. Der Pnigodin-Fall

Richard Erfurt war Apotheker in Nord-Berlin. Im Jahre 1909 zeigte ihm eines Tages ein Kunde eine Pflanze, die ihm gegen Asthma geholfen hatte. Da die Familie Erfurt gerade an Keuchhusten litt, gab er seinen Kindern das aus der Pflanze hergestellte Mittel in der Annahme, was bei Asthma helfe, könne vielleicht auch bei Keuchhusten nützen. Er war von der schnellen und günstigen Wirkung des Mittels überrascht. Erfurt wandte sich nun an Dr. Peter Scharz, der in der Zentrumspolitik in Nord-Berlin eine gewisse Rolle spielte. Scharz regte die Gründung einer Gesellschaft an, die das Mittel mit einem Zukkerzusatz, um es für Kinder schmackhafter zu machen, kommerziell herstellen solle. Als Namen für das neue Produkt schlug er Pnigodin vor. Alsdann suchte er Erzberger auf, um sich mit ihm über die Beschaffung des nötigen Kapitals zu beraten. Erzberger war begeistert über die Möglichkeit, den Keuchhusten zu heilen: „Ja, wenn etwas mit diesem Mittel anzufangen wäre, so wäre das großartig; denn der Keuchhusten ist eine üble Geschichte, ich habe das selbst in meiner Familie erfahren.“[3])

Er probierte das Mittel selbst bei einem gewöhnlichen Husten aus und war mit der Wirkung zufrieden. Darauf überredete er verschiedene Zentrumsführer (Graf Praschma und zwei Bayern, Heim und Held), Geld in die neue Gesellschaft zu stecken, und legte selber 4000 Mark an (er kaufte vier Aktien zum Nennwert von 1000 Mark). Im Jahre 1910 wurde er Vorsitzender des Aufsichtsrats, nachdem Pnigodin rechtlich geschützt worden war.

Die Gesellschaft florierte jedoch nicht; Erzberger versuchte, sie zu retten, indem er das Herstellungsrezept im Jahre 1912 an eine bekannte pharmazeutische Firma, die Sächsischen Serumwerke, verkaufte. Die Serumwerke erklärten sich bereit, nach dem Verkauf von 40 000 Flaschen für jede weitere Flasche 10 Pfen-

---

[2]) Zum Fall Kowastch siehe *Prozeß*, S. 389—429, 665—670, 819 f., 868 f., 895, 926 ff., 954, 1017—1020.
[3]) *Prozeß*, S. 225.

nig an die Pnigodin-Gesellschaft abzuführen. Erfurt, der von der revolutionären Bedeutung seiner medizinischen Entdeckung überzeugt war, fand die Bedingungen unbefriedigend und zeigte sich verstimmt, weil ihm, als dem Erfinder, keine Entschädigung gewährt wurde. Die anderen Mitglieder des Aufsichtsrats waren jedoch mit dem Vertrag einverstanden und erleichtert, daß eine große Firma sich für eine Sache interessiere, bei der man immer mehr den Eindruck bekam, es handele sich um einen Schwindel. Die Serumwerke waren optimistischer und bestanden auf einer Klausel in dem Vertrag, durch die die Auszahlung von Dividenden an Aktionäre der Pnigodin-Gesellschaft auf 50 v. H. beschränkt wurde.

Die Sächsischen Serumwerke wünschten einige Pnigodin-Aktien zu erwerben, um einen Vertreter in den Aufsichtsrat entsenden zu können. Im Laufe des Jahres 1915 erwarben sie zwei Anteile von Erzberger zu 115, zahlten also 2300 Mark für 2000 Mark Nennwert. Der Verkauf wurde bei einer Aufsichtsratssitzung genehmigt, bei der allerdings auf Grund der Kriegsverhältnisse nur drei Mitglieder anwesend waren. Der Kaufpreis fiel nicht auf, da die Zukunftsaussichten von Pnigodin noch unsicher waren und der erwartete baldige Friedensschluß Produktionsschwierigkeiten unbedeutend erscheinen ließ (in einem langen Kriege würde allerdings die Zuckerknappheit — Zucker war ein unerläßlicher Bestandteil des Mittels — die Produktion erschweren). Helfferich, immer mißtrauisch gegen Erzberger, deutete an, daß ein Zusammenhang zwischen dem hohen Kaufpreis und einem Antrag bestehe, den Erzberger am 11. Mai 1914 im Reichstag eingebracht hatte. Erzberger hatte sich eingehend mit dem soeben zu Ende gegangenen Balkankrieg befaßt und war beeindruckt von der Typhus- und Ruhrgefahr, die modernen Heeren drohte. Er schlug vor, verschiedenen pharmazeutischen Firmen eine Reichssubvention in Höhe von 25 000 Mark zu gewähren, um sie zur Einlagerung von Seren für künftigen Gebrauch zu veranlassen. Sein Antrag wurde abgelehnt, da die medizinischen Fachleute erklärten, die Seren verlören ihre Wirksamkeit, wenn sie längere Zeit eingelagert würden. Die Sächsischen Serumwerke gehörten zu den Firmen, die in den Genuß der vorgeschlagenen Subvention gekommen wären. Helfferichs Behauptung, der Kauf von Erzbergers Aktien zu 115 sei ein Ausgleich für seine Bemühung gewesen, eine Reichssubvention für die Serumwerke zu erlangen, wurde von dem Direktor Friedrich Bethge energisch bestritten. Es war Helfferich nicht möglich, Beweise für seine Anschuldigung zu erbringen.

Inzwischen nahmen die Serumwerke die Herstellung von Pnigodin in größerem Umfang auf und verkauften bis zum Frühjahr 1918 rd. 20 000 Flaschen. Die Reichszuckerstelle, die das neue Mittel immer noch mit Mißtrauen betrachtete, machte Schwierigkeiten bei der Lieferung weiteren Zuckers. Darauf richtete die Firma an Erzberger die Bitte, an Professor Adolf Juckenack, einen hohen Beamten der Reichszuckerstelle, zu schreiben und eine Fortsetzung der

Zuckerzuteilung zu beantragen. Erzberger entsprach dieser Bitte mit einem Brief vom 3. Februar 1918, den Juckenack sehr übelnahm, weil er ihn als Versuch des Parlaments empfand, Druck auf ihn als Verwaltungsbeamten auszuüben. Nachdem er jedoch seinen Zorn heruntergeschluckt und sich mit medizinischen Fachleuten beraten hatte, kam er zu dem Schluß, Pnigodin sei doch eine echte medizinische Entdeckung, und genehmigte den von Erzberger befürworteten Antrag der Serumwerke. Helfferich warf Erzberger vor, er habe sein finanzielles Interesse an dem Mittel verschwiegen, als er sich an Juckenack wandte. Das Gericht war jedoch der Ansicht, dieses Interesse sei so unbedeutend gewesen, daß es Erzbergers Urteil nicht habe beeinflussen können. Die Pnigodin-Gesellschaft hätte erst nach dem Verkauf von 40 000 Flaschen an dem Produkt verdient, dagegen seien in den letzten fünf Jahren nur 20 000 hergestellt worden. Außerdem besaß Erzberger nur zwei Siebzigstel des gesamten Pnigodin-Kapitals von 70 000 Mark, und schließlich sollten nur 10 Pfennig pro Flasche an die Pnigodin-Gesellschaft abgeführt werden. Erzberger hatte übrigens seinen Posten als Vorsitzender des Aufsichtsrats im Jahre 1917 niedergelegt; ein Nachfolger wurde nie bestellt. Im Jahre 1920 war es zweifelhaft, ob die Gesellschaft überhaupt noch existiere. Erzbergers ursprüngliche Investition beruhte offensichtlich auf seinem überschäumenden Optimismus und nicht auf einer nüchternen Beurteilung des medizinischen Wertes von Pnigodin.[4])

### 4. Der Fall Kolk

Fritz van der Kolk war ein Holländer, der als Übersetzer in Erzbergers Nachrichtenbüro angestellt war. Da er Schwierigkeiten hatte, seine große Familie von seinem bescheidenen Monatsgehalt von 400 Mark zu ernähren, gründete er, um sein Einkommen zu erhöhen, eine Gesellschaft zur Einführung von Ölen und Fetten aus seinem Heimatland Holland. Als er den üblichen Schwierigkeiten mit kriegsbedingten Verordnungen begegnete, schrieb er im November 1917 an Erzberger mit der Bitte um Rat, wie diese Schwierigkeiten zu überwinden seien. Sein Brief enthielt folgenden bemerkenswerten Absatz: „Möchten Sie nun, sehr geehrter Herr Erzberger, der Meinung sein, daß wir dazu diese oder jene einflußreiche Persönlichkeit an unserer Firma finanziell interessieren müßten, so wären wir gern dazu bereit und wollten Ihnen zu diesem Zwecke mitteilen, daß wir gern 3pCt. des Umsatzes dafür hergeben wollen, abzugeben in welcher Form Sie das am besten für angebracht halten, evtl. mit einem garantierten Minimum von 10 000 Mark jährlich, wenn diese Persönlichkeit uns die ersehnte, so billige Lösung der Frage besorgt . . .“[5])

---

[4]) Zum Fall Pnigodin siehe *Prozeß*, 214—238, 260—271, 311 f., 812 f., 869, 895, 928 f. und 1015 ff. Es bestanden erhebliche Meinungsverschiedenheiten über die Zahl der Aktien, die Erzberger ursprünglich besaß, und über den genauen Zeitpunkt, in dem er die Aktien an die Serumwerke verkaufte. Die im Text angegebenen Zahlen erscheinen als die wahrscheinlichsten, und die Einzelheiten sind unwesentlich.
[5]) *Prozeß*, S. 498.

Erzberger war unvorsichtig genug, diesen Brief an das Reichsamt des Inneren weiterzuleiten und um verständnisvolle Erwägung von Kolks Schwierigkeiten zu bitten. Wahrscheinlich hatte er nicht die Zeit gehabt, den Brief selbst zu lesen. Als das Ministerium seine Entrüstung über die in dem Brief erwähnten Bedingungen zum Ausdruck brachte, ließ Erzberger Kolk in sein Büro kommen und wies ihn zurecht. Er hatte immerhin Verständnis für die Erklärung, die Kolk vorbrachte: er habe jahrelang in den Kolonien in Holländisch-Ostindien gelebt, wo alle Geschäfte mit Hilfe von Bestechungen betrieben worden seien, und finde es schwierig, sich an das sehr andere europäische Milieu zu gewöhnen. Erzberger, dem jedes Pharisäertum fernlag, brach seine persönlichen Beziehungen zu Kolk nicht ab und entließ ihn auch nicht von seinem Übersetzerposten. Für einen Mann von Helfferichs selbstbewußter Tugendhaftigkeit war diese Einstellung völlig unverständlich. Das Gericht zeigte sich überrascht von Erzbergers Verhalten, dem aber offensichtlich nichts Illegales anhaftete.[6])

5. Der Fall Richter

Bei der Auflösung von Erzbergers Nachrichtendienst im Sommer 1918 wurde van der Kolk nicht vom Auswärtigen Amt übernommen. Da sein Öleinfuhrgeschäft nicht sehr gut ging, beschloß er, sich auf Eisenbahnsicherheitsvorrichtungen zu verlegen. Er lernte einen Schlosser namens Richter kennen, der soeben eine neue Art von Weichenhandschloß konstruiert hatte. Sie beschlossen, eine GmbH mit einem Kapital von 100 000 Mark zu gründen. Kolk bat Erzberger um einen Beitrag; Erzberger entschloß sich, Kolk zu helfen, „weil ich Herrn van der Kolk ... für einen anständigen Mann halte, für einen Mann, der nur etwas andere Auffassungen durch sein Herkommen und seine Betätigung hat".[7]) Er erklärte sich bereit, Aktien in Höhe von 40 000 Mark zu kaufen und gab außerdem Kolk ein persönliches Darlehen von 20 000 — eine bemerkenswerte Unterstützung für einen Mann, den er wenige Monate vorher zurechtgewiesen hatte, weil er versuchte, Reichsbeamte zu bestechen. Nachdem Erzberger im Oktober 1918 Staatssekretär geworden war, wollte er aus der Gesellschaft ausscheiden, aber Kolk und Richter drängten ihn zu bleiben, denn sie befürchteten, die Gesellschaft werde sonst zugrunde gehen. Als Richter Schwierigkeiten hatte, seine Erfindung bei Geheimrat Otto Hoogen, dem Fachreferenten für Sicherheitsvorrichtungen im Preußischen Eisenbahnzentralamt, persönlich vorzuführen, gab ihm Erzberger am 23. Januar 1919 eine Karte zur Einführung, die sofort alle Türen öffnete. Sein persönliches finanzielles Interesse an Richters Unternehmen erwähnte er auf der Karte nicht; aber selbst das Gericht hielt dies für unnötig, da die Empfehlung nur eine Unterredung her-

6) Siehe Kolks Zeugenaussage in: *Prozeß*, S. 504—507.
7) *Prozeß*, S. 502.

beiführen sollte. Erzberger ergänzte während des Prozesses, daß er buchstäblich Dutzende von Einführungskarten täglich ausgegeben habe. Es gelang Richter nicht, die Beamten vom Eisenbahnzentralamt von dem Wert seiner Erfindung zu überzeugen, und der Probeauftrag, den er erhielt, war so klein, daß es sich nicht lohnte, mit der Produktion zu beginnen. Irgendeinen Druck zugunsten der Firma hatte Erzberger nicht ausgeübt. Bald mußte er feststellen, daß seine Geldanlage ein Totalverlust war und ihm nicht einmal die Hoffnung ließ, sein Darlehen von 20 000 Mark zurückzuerhalten. Im November 1919 (Erzberger hatte bereits alle Beziehungen zu der Gesellschaft abgebrochen) gab Richter ihm einen Schuldschein über 15 000 Mark, der aber zur Zeit des Prozesses noch nicht eingelöst worden war. Die ganze Angelegenheit brachte Erzberger einen Reinverlust von 60 000 Mark und zeigte einen sträflichen Leichtsinn in seiner persönlichen Finanzgebarung.[8])

6. Kapitalverschiebung

Helfferich erhob gegen Erzberger den allgemeinen Vorwurf, Kapital ins Ausland verschoben und damit gegen die Devisenordnung verstoßen zu haben — eine besonders mißliche Angelegenheit angesichts der strengen Verurteilung der Kapitalflucht, die Erzberger selbst bei der Einführung seiner Steuergesetze zum Ausdruck gebracht hatte. Helfferich hatte mehrere Detektive angesetzt, die Bankakten im Ausland (vor allem in der Schweiz) durchsahen und sogar versuchten, Bankangestellte zu bestechen, um Einblick in die Geheimakten zu bekommen. Sie stellten fest, daß beträchtliche Gelder auf verschiedenen Konten unter Erzbergers Namen deponiert worden waren, konnten aber nicht beweisen, daß es sich um persönliche Geldtransaktionen handelte. Erzberger erklärte dem Gericht, er habe diese Gelder für propagandistische oder für kirchliche Zwecke transferiert, es sei nicht möglich gewesen, besonders die ersteren durch die regulären Kanäle gehen zu lassen. Die Zeugenaussagen über diese Punkte wurden zum großen Teil unter Ausschluß der Öffentlichkeit gemacht, um den früheren deutschen Agenten keine Schwierigkeiten zu bereiten. Die Finanzierung seiner Propagandaarbeit hatte es auch mit sich gebracht, daß Erzberger den Reichskommissar für Ein- und Ausfuhrbewilligungen unter Druck setzte. Er wollte oft Dienste, die ausländische Firmen oder Einzelpersonen geleistet hatten, mit Ein- oder Ausfuhrbewilligungen bezahlen, die in Deutschland während des Krieges normalerweise schwer zu bekommen waren. Das Gericht sah sich nicht in der Lage, zu entscheiden, ob in einem bestimmten Fall die Vorteile für die Propagandaarbeit höher waren als der Nachteil für den Fiskus. Auch über diese Fragen wurde die Verhandlung zum großen Teil unter Ausschluß der Öffentlichkeit geführt. Helfferich konnte nicht beweisen, daß Erzbergers Ver-

---

8) Zum Fall Richter siehe *Prozeß*, S. 496—512, 822, 869 f., 920 f., 1020 f.

waltung der Gelder seiner persönlichen Bereicherung gedient oder gegen das nationale Interesse verstoßen habe; die Umgehung der Devisenordnung andererseits fand mit Zustimmung Bethmanns und des Auswärtigen Amtes statt.[9])

Helfferich machte viel Aufhebens von der Tatsache, daß Frau Erzberger und ihre beiden Töchter die Monate von Januar bis August 1919 in einer Pension (die alsbald in der Phantasie der Öffentlichkeit zu einem Luxushotel aufstieg) in St. Moritz in der Schweiz verbracht hatten. Helfferich fragte, wieso Erzberger in der Lage gewesen sei, einen so langen Urlaub in der Schweiz zu bestreiten, ohne gegen die deutschen Devisenverordnungen zu verstoßen. Diese Attacke erregte sichtlich Erzbergers Zorn; gegen persönliche Angriffe war er einigermaßen immun geworden, er wehrte sich aber dagegen, daß seine Familie in die politische Arena gezogen wurde. Er entgegnete, seine Frau und seine Tochter Maria (damals 16 Jahre alt) seien im Winter 1918/19 an der Grippe schwer erkrankt. Die Ärzte, durch den Tod des Sohnes Oskar und die Neigung zur Tuberkulose in Frau Erzbergers Familie bedenklich geworden, hätten darauf bestanden, daß ein längerer Aufenthalt in der Schweiz die einzige Möglichkeit sei, das Leben von Mutter und Tochter zu retten. Erzberger schickte sie deshalb nach St. Moritz, die jüngste, erst vierjährige Tochter Gabriele fuhr mit, um bei ihrer Mutter sein zu können. Zur Bestreitung des Aufenthaltes nahm Erzberger bei einem befreundeten Schweizer Bankier einen Kredit von 100 000 Franken auf unter der Bedingung, daß das Geld zurückgezahlt werden solle, sobald es wieder möglich sei, Kapital von Deutschland nach der Schweiz zu transferieren.[10])

Erzberger wandte sich scharf gegen die bösartige Flüsterkampagne, die behauptete, seine Familie habe im Luxus gelebt, während Deutschland Not litt. Diese Anschuldigungen gehörten zu den Geschichten, nach denen Erzberger dreimal täglich bei Hiller, einem teuren Berliner Restaurant, speise — eine Rederei, die daraus entstand, daß er gelegentlich geschäftliche Angelegenheiten beim Frühstück erledigte, während sich seine Familie in der Schweiz aufhielt. Das Gericht konnte nichts Tadelnswertes an Erzbergers Verhalten finden, aber es war unvermeidlich, daß der Schmutz, mit dem er beworfen wurde, zum Teil haften blieb. Väter aus der Arbeiterschicht konnten ihre Familien nicht in die Schweiz schicken, wenn der Arzt dazu riet, und es muß manchen mit Groll erfüllt haben, daß die Familie des Finanzministers einen langen Urlaub in den Bergen verbringen konnte, während Deutschland eine Krise nach der anderen erlebte.[11])

---

9) Zur Kapitalverschiebung siehe *Prozeß*, S. 629—637, 645—685, 824 f., 896, 930 f., 954 f., 1030—1033. Über Ausfuhr- und Einfuhrbewilligung siehe *Prozeß*, S. 593—597, 610—629 *passim*, 770—785 *passim*, 823 f., 921, 930, 1026 f.

10) Zum Schweizer Aufenthalt der Familie Erzberger siehe *Prozeß*, S. 648 f.

11) Über das Luxusleben, das Erzberger angeblich führte, siehe *Prozeß*, S. 469 f., 474. Helfferich stellte die absurde Behauptung auf, Erzbergers Stammtisch sei als „Grab der Tugend" bekannt gewesen. *Ibid.*, S. 470.

## 7. Unwahrhaftigkeit hinsichtlich der Haltung Bethmanns zu den Steuervorlagen

Das Gericht hielt Erzbergers Unwahrhaftigkeit in fünf Fällen für erwiesen: bei seinem Bericht über seine Unterredung mit Löbell im Jahre 1906 (siehe Anhang II); bei seiner Behauptung, er habe die Regierung über seinen Vorstoß vom Juli 1917 im voraus informiert, sowie bei seiner Erklärung gegenüber Bethmann, die Aktion solle die Stellung des Kanzlers stärken (siehe Kapitel VIII), endlich in zwei Fällen, in denen es sich um Einzelheiten seiner Zeugenaussagen in den Sachen Berger und Kowastch handelte. Bei dem sechsten Fall ging es um eine Erklärung Erzbergers vom Januar 1916 über die Ansichten des Reichskanzlers zu gewissen von Helfferich vorgeschlagenen Steuervorlagen. Zugrunde lagen folgende Widersprüche:

Helfferich hatte im Januar 1916 eine Reihe von Steuervorlagen eingebracht, die beim Zentrum erheblichen Widerstand auslösten, weil die Steuern für regressiv gehalten wurden. In einer Fraktionssitzung am 17. Januar berichtete Erzberger, Bethmann habe ihm gesagt, er werde nicht auf den neuen Steuern bestehen, wenn sie große Meinungsverschiedenheiten hervorrufen sollten. Helfferich war empört, daß Erzberger die angebliche Erklärung des Kanzlers benutzte, um eine Regierungsvorlage zu Fall zu bringen. Bethmann leugnete sowohl 1916 als auch zur Zeit des Prozesses im Jahre 1920, jemals die Erklärung abgegeben zu haben, die Erzberger ihm zuschrieb. Der frühere Reichskanzler sagte vor Gericht aus, er habe sich zur Zeit der Unterredung mit Erzberger bereits unwiderruflich auf die neuen Steuern festgelegt gehabt und führte als Beweis dafür an, daß er die Zustimmung des Bundesrats bereits erhalten hatte. Das Gericht glaubte Bethmann und entschied, Erzberger habe bewußt die Unwahrheit gesagt.

Bethmann war sicherlich ein wahrheitsliebender Mann, es zeigte sich aber nach Beendigung der Gerichtsverhandlung, daß sein Gedächtnis ihn etwas im Stich gelassen hatte. Die Protokolle des Bundesrats ergaben, daß er den Steuern erst am 15. Februar und am 4. März 1916 zugestimmt hatte; die Folgerung, die Regierung habe sich bereits Mitte Januar fest verpflichtet, ist daher fragwürdig. Im Zeugenstand gab Bethmann zu, daß ihn die Sorge, eine Kontroverse auszulösen, zu einer zögernden Haltung gegenüber Helfferichs Vorlage veranlaßt habe. Erzberger war gegen die Steuern aus Bedenken wegen ihrer politischen Auswirkungen und nicht, weil er neue Steuern an sich ablehnte. Es war nicht ganz klar, wie kategorisch sich Erzberger bei der Fraktionssitzung des Zentrums geäußert hatte; der Hauptzeuge gegen ihn war Peter Spahn, der alle Handlungen Erzbergers mit krankhaftem Mißtrauen betrachtete. Wahrscheinlich handelte es sich um ein echtes Mißverständnis zwischen Erzberger und Bethmann. Erzberger hatte vermutlich, wie es seiner Gewohnheit entsprach, am meisten geredet und seinen Widerstand gegen die Steuervorlage betont; dabei hatte er den Eindruck gewonnen, der Kanzler teile seine Ansichten, ohne es ausdrücklich zu sagen. Daß Bethmann anderthalb Jahre lang nach diesem Zwischenfall enge Beziehungen zu Erzberger aufrechthielt, deutet darauf hin, daß er ihn nicht eines unehrenhaften Verhaltens für schuldig befand.[12])

Verschiedene kleinere Fälle, die im Laufe des Prozesses zur Sprache kamen, lohnen keine eingehende Erörterung. Es handelt sich um Erzbergers Beziehung zu der Eisenhandelsfirma Wolff in Köln,[13]) seine Absicht, im Oktober 1918 die Stellung eines Syndikus des Viehhandelsverbandes mit einem Gehalt von 12 000 Mark anzunehmen,[14]) seine Interventionen beim Kriegsausschuß für Öle und Fette zugunsten von Fabrikanten und Exporteuren,[15]) und eine einmalige Begünstigung des Verbandes Süddeutscher Einkaufs- und Lieferungsgenossenschaften im Schneidergewerbe, dessen Interessen von einem demokratischen Abgeordneten namens Hermann wahrgenommen wurden.[16]) Das Gericht erklärte, alle im Zusammenhang mit diesen vier Fällen gegen Erzberger erhobenen Vorwürfe hätten sich als nicht berechtigt erwiesen.

# ANHANG VIII

## Erzbergers persönliche Finanzverhältnisse und Steuererklärungen

Angesichts der weitverbreiteten Überzeugung, Erzberger sei sowohl Millionär als auch ein notorischer Steuerhinterzieher gewesen, ist es notwendig, seine persönliche Finanzlage zusammenfassend darzustellen. Er stammte aus sehr einfachen Verhältnissen; sein ganzes Vermögen hat er sich, von der Mitgift seiner Frau abgesehen, durch persönliche Arbeit erworben. Frau Erzberger brachte 50 000 Mark — für das Jahr 1900 eine sehr große Summe — mit in die Ehe. Dieses Vermögen mitsamt den Zinsen hielt Erzberger für unantastbar. Seinem Freund Dr. Hammer, der ihm nahelegte, im Jahre 1907 die umstrittene „Zentrumskorrespondenz“ abzugeben, erklärte er, das sei wegen seiner familiären Verpflichtungen unmöglich. „Diese 50 000 Mark samt Zinsen darf ich doch nicht angreifen, da ich in einem freien Beruf stehe und rasch wegsterben könnte [ohne Pension für seine Witwe]. Mein Beruf als Abgeordneter und unser Fa-

---

12) Zu Erzbergers angeblicher Unwahrhaftigkeit siehe *Prozeß*, S. 1035 f., wo eine Zusammenfassung des Gerichts über die verschiedenen Beweise gegeben wird. Eine Verteidigung von Erzbergers Verhalten findet sich bei S. Löwenstein, *op. cit.*, S. 45—51.
13) *Prozeß*, S. 466—496, 670—675, 821 f., 896 ff., 955 f., 1027 f.
14) *Ibid.*, S. 589—593, 822, 868, 923, 1024 f.
15) *Ibid.*, S. 610—629, 770—785, 823, 1025.
16) *Ibid.*, S. 785—793, 823, 898, 1030 f.

milienleben kostet uns bei aller Einfachheit ca. 20 000. Die Diäten des Reichstages steuern nur ein Geringes dazu bei. Also muß ich arbeiten, um uns das Brot zu verdienen. Ich kann Ihnen freilich verraten, daß wir vorankommen, aber ehe ich nicht ein Vermögen von ca. 500 000 Mark beisammen habe — und das wird noch lange währen —, bin ich wirtschaftlich nicht unabhängig genug, um ohne Einkommen nur der Politik zu leben."[1]) Hier ist darauf hinzuweisen, daß Frau Erzberger keinerlei Interesse für die Finanzen der Familie zeigte und die gesamte Verwaltung völlig ihrem Mann überließ. Sie war nicht imstande, Dr. Hammer zu sagen, wie die familiäre Finanzlage im Jahre 1914 aussah.[2]) Ein großer Teil des Vermögens war in Aktien der Berliner Zentrumszeitung „Germania" angelegt, in der Erzberger am häufigsten schrieb und die sich bei politischen Kontroversen meist auf seine Seite stellte.[3])

Der Erzberger-Helfferich-Prozeß gab eine gute, aber unsystematische Übersicht über Erzbergers finanzielle Transaktionen nach 1914. Sein Gehalt als Mitglied des Aufsichtsrates bei Thyssen, das auf 40 000 Mark jährlich festgesetzt war, betrug für die Jahre 1915—1917 etwa 100 000 Mark. Er erwarb Aktien von der Berger Tiefbau AG im Werte von 40 000, davon die Hälfte im Jahre 1918, die andere Hälfte 1919, und erhielt insgesamt 27 000 Mark als Mitglied des Aufsichtsrats für 1917—1918. Sein Aktienbesitz bei der Rechberg-Gesellschaft (Leder) betrug 1917 rd. 112 000 Mark; diese Firma schüttete in der Zeit von 1916 bis 1918 großzügig Dividende aus. Erzberger verkaufte seinen Anteil von 2000 Mark an der Kowastch-Gesellschaft im Jahre 1915 nach der Fusion mit der Marsit-Gesellschaft für 30 000 Mark, 1915 verkaufte er fünf seiner Pnigodinaktien an die Sächsischen Serumwerke mit einem geringen Gewinn. Seine Investition in die Sicherheitsvorrichtung von Richter im Jahre 1918, die aus einem Aktienkauf im Werte von 40 000 Mark und einem persönlichen Darlehen von 20 000 bestand, erwies sich als Totalverlust. Im Frühjahr 1919 kaufte er Hapag-Aktien etwas unter pari und verkaufte sie im November etwas über pari. Sein Gesamtvermögen betrug im Jahre 1919 wahrscheinlich ungefähr 250 000 Mark; das ist aber nur eine Schätzung, die angesichts der fragmentarischen Natur des verfügbaren Beweismaterials sehr ungenau ist.[4])

Erzbergers persönliche finanzielle Verhältnisse erregten erhebliches Interesse in der Öffentlichkeit, als seine konservativen Feinde im Frühjahr 1920 anfingen, ihm Steuerhinterziehung vorzuwerfen. Ihre Hauptwaffe waren die Photokopien seiner Steuererklärungen, die am 22. Februar 1920 in den „Hamburger Nachrichten" veröffentlicht wurden. Eine amtliche Untersuchung der Frage, auf welche Weise die Akten aus dem Finanzamt Berlin-Charlottenburg ent-

---

1) Brief von Dr. Hammer an Karl Bachem vom 11. November 1929, der Erzbergers Finanzen eingehend behandelt. Im folgenden zitiert als *Hammer Brief. Bachem Dokumente*, Akte 89.
2) *Ibid.*
3) *Ibid.*
4) Erzbergers Rechtsanwalt Friedländer gibt eine zusammenfassende Darstellung von den finanziellen Gewinnen Erzbergers während des Krieges in: *Prozeß*, S. 931 ff.

wendet worden waren, blieb ergebnislos. Es wurde festgestellt, daß ein Berliner Verleger Hermann Krüger die Photokopien besaß und sie an die „Hamburger Nachrichten“ weitergeleitet hatte. Er behauptete, sie von einem gewissen Dr. Ernst Bülck, Herausgeber der ultrakonservativen „Deutschen Zeitung“, bekommen zu haben, der seinerseits angab, sie seien ihm von einem anonymen Informanten durch die Post zugeschickt worden. Irgendein Beamter oder Portier des Berliner Finanzamts muß dem Informanten im Januar 1920 Zutritt zu den Akten verschafft haben, es wurde jedoch nie festgestellt, wer der Schuldige war.[5])

Aus den Steuererklärungen schien hervorzugehen, daß Erzberger bei den Angaben für die preußische Einkommensteuer für 1916 und 1918 und für die Reichskapitalertragsteuer für 1916—1920 unrichtige Angaben gemacht hatte. In der preußischen Steuererklärung für 1916 hatte er sein Einkommen bei Thyssen für 1915 mit 20 000 Mark angegeben, da er der Firma erst Mitte des Jahres mit einem Jahresgehalt von 40 000 beigetreten sei. Jedoch bestimmte ein Sondergesetz, die *Lex Schweppendieck*, daß Steuern auf Grund des Jahresgehaltes gezahlt werden müßten, auch wenn das Gehalt nur für einen Teil des Jahres bezogen worden war. Als Fachmann für alle Steuerfragen hätte Erzberger dieses Gesetz kennen müssen. Einen ähnlichen Fehler machte er in seiner Steuererklärung für 1918, nachdem er im Sommer 1917 aus der Firma Thyssen ausgeschieden war. Außerdem enthielten die Steuererklärungen keine Angaben über Einkommen aus seiner schriftstellerischen und schiedsrichterlichen Tätigkeit oder aus seinen Spekulationen. Seine Steuererklärung zur Reichskapitalertragsteuer für 1920 schien seinen Aktienbesitz bei der Rechberg-Gesellschaft geringer anzugeben, als er war.[6])

Der Leiter des Charlottenburger Finanzamts, Hering, hatte am 12. September 1919, lange bevor die Deutschnationalen ihr Geschrei erhoben, eine besondere Untersuchung von Erzbergers Steuererklärungen eingeleitet. Die am 30. März 1920 beendete, sehr gründliche Untersuchung ergab einige Nachlässigkeiten Erzbergers, aber nichts, was auf eine bewußte Hinterziehung hindeutete oder eine gerichtliche Verfolgung rechtfertigte. Damit gaben sich aber Erzbergers Feinde nicht zufrieden. Der preußische Finanzminister ordnete am 6. Oktober 1920 eine weitere Untersuchung an. Herings Vorgesetzter, Abteilungspräsident Falkenhahn, behauptete, das Beweismaterial rechtfertige eine gerichtliche Verfolgung (4. November 1920). Sein Bericht verriet eine sehr feindliche Einstellung gegenüber Erzberger und schob Herings Untersuchung als eine parteiische Verteidigung Erzbergers verächtlich beiseite. Doch nun wurden Fal-

---

[5]) *Verhandlungen des Reichstags*, 4. Mai 1921 (I. Wahlperiode), Bd. 349, S. 3589—3622 *passim.*
[6]) Siehe Anonym [wahrscheinlich Helfferich], *Erzberger Redivivus? Die Steuern und die Eide des Herrn Erzberger*, Berlin 1921, Teil I.

kenhahns Ergebnisse ihrerseits von dessen Vorgesetzten, dem Präsidenten des Landesfinanzamts Heincke, in einem Brief vom 4. November 1920 in Frage gestellt, in dem Heincke die Arbeit Herings in Schutz nahm und den Standpunkt vertrat, Erzberger habe sich keiner Hinterziehung schuldig gemacht. Diese sich widersprechenden Ansichten zeigen, wie schwer es ist, zu einem objektiven Urteil über Erzberger zu gelangen. Die drei Beamten, Hering, Falkenhahn und Heincke, die sich mit dem Fall befaßten, waren alle angesehene preußische Verwaltungsbeamte. Falkenhahns starke deutsch-nationale Neigungen mögen darauf hindeuten, daß er voreingenommen gegen Erzberger war. Dieser hatte sich geweigert, ihn bei der Neuorganisation des Finanzwesens zum Präsidenten eines Landesfinanzamts zu machen, obwohl ähnlich qualifizierte Beamte solche Beförderungen erfuhren. Erzbergers Freunde versicherten, Falkenhahn sei rachsüchtig und habe einem Untergebenen gegenüber erklärt, er werde Erzberger mit dieser Steuergeschichte ruinieren.[7]) Es wurde sogar behauptet, Falkenhahn selbst habe Erzbergers Steuererklärungen dessen deutschnationalen Angreifern ausgehändigt.[8])

Die deutschnationale Presse, angeführt von Dr. Bülck, verlangte, daß Erzberger vor Gericht gestellt werde; der preußische Finanzminister Lüdemann willigte zögernd ein und leitete die Steuerakten der Staatsanwaltschaft am 27. Dezember 1920 zu. Dieser Schritt wurde allgemein als sehr ungewöhnlich empfunden, da sowohl das örtliche Finanzamt (Hering) als auch der Präsident des Berliner Landesfinanzamts (Heincke) Erzberger keine Schuld beigemessen hatten und nur der dazwischen stehende Abteilungspräsident Falkenhahn ihn der Steuerhinterziehung verdächtigte. Eine gerichtliche Verfolgung wäre sehr unwahrscheinlich gewesen, wenn es sich nicht um einen Fall gehandelt hätte, der das Interesse der Öffentlichkeit und politische Leidenschaften erregte.[9])

Zunächst mußte Erzbergers parlamentarische Immunität aufgehoben werden, bevor eine Anklage erfolgen konnte. Der Reichstag überwies die Angelegenheit am 23. Februar 1921 einem Sonderausschuß. Am nächsten Tage richtete Erzberger einen Brief an alle Mitglieder des Reichstags, in dem er auf rasches Handeln drängte, damit sein Fall bald vor Gericht kommen könne. Er verurteilte die Langsamkeit, die die ganze Untersuchung seit ihrem Beginn vor siebzehn Monaten kennzeichne (September 1919).[10]) Der Sonderausschuß hörte einen langen Bericht des Finanzministers Josef Wirth; dieser Bericht ist die beste zusammenfassende Darstellung des gesamten Falles. Der Ausschuß

---

7) *Deutsches Volksblatt*, 7. Mai 1921.

8) *Germania*, 5. März 1921. *Verhandlungen des Reichstags*, 4. Mai 1921 (I. Wahlperiode), Bd. 349, S. 3593. W. Keil, *Erlebnisse*, Bd. II, S. 236 f. *Badischer Beobachter*, 16. April 1921. Auch Wirths Bericht zitiert in Anm. 11.

9) Aufsatz von Erich Eyck, „Erzbergers ‚Steuerhinterziehung'", in: *Vossische Zeitung*, 4. Mai 1921.

10) Der Brief wurde von dem Sozialdemokraten Keil zitiert, *Verhandlungen des Reichstags*, 4. Mai 1921 (I. Wahlperiode), Bd. 349, S. 3592.

stimmte mit 16 zu 4 Stimmen für die Aufhebung der Immunität; nur einige Sozialdemokraten stimmten wegen der offensichtlich politischen Motivierung der Anklage dagegen.[11])

Die Sache führte am 5. Mai 1921 zu einer langen Debatte im Reichstag, bei der die ursprünglich durch den Erzberger-Helfferich-Prozeß hervorgerufenen Leidenschaften erneut aufflammten. Erzbergers Freunde, besonders sein schwäbischer Landsmann André, griffen ihrerseits Helfferich wegen seiner persönlichen Finanzgebarung scharf an; dies löste wiederum eine ebenso scharfe Antwort aus.[12]) Der Streit ging hauptsächlich darum, wer für die ungewöhnliche Verzögerung der ganzen Sache verantwortlich sei. Erzbergers Feinde unterstellten, die Verschleppung beruhe darauf, daß die Freunde des gestürzten Ministers ihn vor einer gerichtlichen Verfolgung schützen wollten; Erzbergers eigener Wunsch nach einer baldigen Verhandlung straft diese Behauptung Lüge. Andererseits erhoben seine Freunde den Vorwurf, mit der Verzögerung beabsichtige man, Erzbergers Rückkehr in die Politik zu verhindern. Die Regierung entschuldigte sich damit, daß Erzbergers Steuerakte zwischen dem Charlottenburger Finanzamt, dem preußischen Finanzministerium und der Staatsanwaltschaft hin und her geschickt werde. Die Debatte über die ganze Sache endete ergebnislos, aber der Reichstag entschloß sich, die Immunität aufzuheben.[13])

Die darauffolgende Untersuchung der Anschuldigungen wegen Steuerhinterziehung und Kapitalflucht war außerordentlich eingehend und dauerte vom 1. Juni bis 17. August 1921. Es zeigte sich, daß keiner der Vorwürfe berechtigt war und daß der scheinbare Beweis für die Steuerhinterziehung angesichts des komplizierten Steuersystems der Kriegszeit trügerisch gewesen war. Ein offizieller Bericht über die Untersuchung wurde nie erstattet, da das Verfahren mit der Ermordung Erzbergers sein Ende fand. Der bearbeitende Richter war Landgerichtsrat Amende, Protestant und Mitglied der Demokratischen Partei, bei dem nicht unterstellt werden kann, daß er Erzberger besonders gewogen gewesen wäre. Er schrieb unmittelbar nach der Ermordung einen Brief an die Zeitungen, in dem er der Öffentlichkeit das Ergebnis der Untersuchung bekanntgab.[14])

Frau Erzberger bat Dr. Hammer nach dem Tode ihres Mannes, die finanziellen Angelegenheiten der Familie für sie zu regeln. Er berichtete über seine Aufgabe:

„Da ich nach seinem gewaltsamen Tode von der Witwe Erzbergers gebeten worden war, sie nach Berlin zu begleiten und ihr bei der Abwicklung der mannigfachen Geschäfte behilflich zu sein, oblag mir auch die alleinige Aufgabe, beim Finanz-

11) *Verhandlungen des Reichstags*, Anlagen zu den Stenographischen Berichten, Bd. 366, S. 1604—1612.
12) *Verhandlungen des Reichstags*, 4. Mai 1921 (I. Wahlperiode), Bd. 349, S. 3611 f., 3618—3621.
13) *Ibid.*, S. 3589—3622, *passim*.
14) *Freiburger Tagespost*, 27. August 1921. Bachem, *Zentrumspartei*, Bd. IX, S. 430. Brief von Karl Diez an Bachem vom 9. Dezember 1928. *Bachem Dokumente*, Akte 90.

amt in Charlottenburg die gesamten Vermögenswerte festzustellen und die Erbschaftsteuern zu bezahlen. Diese Verhandlungen vollzogen sich in der allerfriedlichsten Atmosphäre, unter größter Offenheit und peinlichster Gewissenhaftigkeit, die mir immer wieder von Frau Erzberger anempfohlen wurde. Da das bestehende Vermögen vor allem auf industriellen Aktien beruhte, welche in der einsetzenden Inflation hoch im Tageskurse standen, ergab es sich zuletzt, daß die Erbschaftsteuer etwa 40 % des Gesamtvermögens ausmachte. Als ich mich darüber schmerzlich äußerte, gab mir der Amtsvorstand aufs liebenswürdigste zur Antwort: ‚Sie haben recht; für die Witwe und ihre Kinder ist es hart; aber wir sind an die Gesetze ihres Mannes gebunden.' "[15])

Hammer fand, ebenso wie die Staatsanwaltschaft vor ihm, keine Spur eines im Ausland deponierten Vermögens. Die Existenz eines solchen Vermögens war jedoch ein charakteristischer Glaubensartikel bei Erzbergers Feinden. Hammer gab öffentlich bekannt, er werde 50 % jeder Summe, die im Ausland aufgefunden würde, dem Entdecker geben, es meldete sich jedoch niemand. Die Behauptung, Erzberger habe seine eigenen Gesetze gegen die Kapitalflucht umgangen, war einfach ein Teil des Lügennetzes, das die Deutschnationalen im Laufe ihres Rufmordfeldzuges verbreitet hatten.[16])

Die katholische Gemeinde Biberach legte Frau Erzberger nahe, endgültig dorthin zu ziehen und sich ein Haus zu bauen. Sie kaufte auch ein Grundstück, konnte sich aber im letzten Augenblick doch nicht zum Bauen entschließen, weil sie fürchtete, der Hausbau werde ihr gesamtes Kapital aufbrauchen und ihr nicht genügend Mittel für den Lebensunterhalt lassen. Eine von der Regierung angebotene kleine Pension lehnte sie ab, weil sie bei Bekanntwerden einer solchen Regelung erneute Presseangriffe auf ihren verstorbenen Mann befürchtete. Das Kabinett Cuno erneuerte das Angebot im Jahre 1923, als die Inflation auf dem Höhepunkt stand; diesmal nahm Frau Erzberger es an. Die Zinsen aus der Anlage jenes Teiles des Vermögens, der nicht zur Zahlung der Erbschaftsteuer verwandt werden mußte, und die Pension genügten, um Frau Erzberger bis zur nationalsozialistischen Machtübernahme 1933 von allen finanziellen Sorgen zu befreien.[17]) Später half ihr die katholische Kirche. Als ich sie 1956 besuchte, lebte sie in bescheidenem Wohlstand in einem von Nonnen geführten Heim in Stuttgart.[18])

---

15) Hammer, *Erzberger*, S. 87 f.
16) *Ibid.*, S. 88.
17) *Hammer Brief*, 11. November 1929.
18) Anm. der Übersetzerin: Bei einem Besuch im Frühjahr 1962 bei Frl. Gabriele Erzberger, die seit Jahren im Archiv der Städtischen Girokasse in Stuttgart arbeitet, berichtete sie, daß ihre Mutter, mit der sie noch im gleichen Heim lebt, sich ihrem hohen Alter entsprechend wohl fühle und regen geistigen Anteil an ihrer Umwelt nehme.

# HINWEISE ZUM SCHRIFTTUM

## I. Akten und gedruckte Quellen

Die *Erzberger-Dokumente*, die sich im Bundesarchiv in Koblenz befinden, sind die Hauptquelle dieser Biographie. Sie bestehen aus 55 Aktenbänden, die sich im wesentlichen auf die Jahre 1914—1918 beschränken. Die Dokumente wurden nach Sachgebieten von Dr. Josef Hammer, einem nahen Freunde Erzbergers, geordnet, der sie von 1921 bis 1955 aufbewahrte, ehe sie dem Bundesarchiv übergeben wurden. Dr. Hammer hat mir gesagt, er habe nach 1933 eine Beschlagnahme durch die Nationalsozialisten befürchtet und deshalb das, was er für unwichtig hielt, vernichtet, um den Rest leichter verstecken zu können. Die wissenschaftliche Benutzung der Archivalien wird erleichtert, weil sie meistens die eingehenden (Originale) und ausgehenden Briefe (Durchschläge) enthalten. Außerdem tragen sie viele von Erzberger diktierte Vermerke über seine eigene Tätigkeit; diese dienten ihm als Rohmaterial für sein Buch *Erlebnisse im Weltkrieg* (Stuttgart 1920). Viele Stücke des Erzberger-Nachlasses liegen jetzt gedruckt vor in den zwei schon im Vorwort erwähnten Publikationen von Erich Matthias und Rudolf Morsey: *Der Interfraktionelle Ausschuß 1917—1918* (2 Bände, Düsseldorf 1959) und *Die Regierung des Prinzen Max von Baden* (Düsseldorf 1962). Die Originale von Erzbergers Berichten an das Auswärtige Amt liegen z. T. im Politischen Archiv, Auswärtiges Amt, Bonn. Dort findet sich auch in Gruppe H. A. 23: betreffend die Benutzung des Hauptarchivs des AA durch fremde Dienststellen, Bd. I (vom Mai 1920 bis Dezember 1924) ein wertvolles, auf Anforderung des Reichskanzlers Wirth vom 4. August 1922 hergestelltes Verzeichnis der im Politischen Archiv festgestellten Erzberger-Materialien aus den Jahren 1914 bis 1919. Das chronologisch geordnete Verzeichnis enthält 196 Stücke, von denen schätzungsweise die Hälfte, und zwar fast ausschließlich die Wichtigeren, im Erzberger-Nachlaß in Koblenz liegen. (Diese Tatsache wirft ein günstiges Licht auf Dr. Hammers Auswahlmethode im Jahre 1933.) Das Verzeichnis dokumentiert in handgreiflicher Weise Erzbergers Bruch mit der Reichsregierung im Juli 1917; der Strom der Eingänge und Berichte vermindert sich mit großer Plötzlichkeit.

Eine zweite wertvolle Quelle sind die Aktenbände 89 und 90 der *Karl-Bachem-Dokumente* im Kölner Stadtarchiv. Sie enthalten Material, besonders Briefe und Zeitungsausschnitte, das Bachem für seine ausgezeichnete Arbeit über Erzberger in seinem Werk *Vorgeschichte, Geschichte und Politik der Zentrumspartei* (9 Bde, Köln 1926—1932), Bd. IX, S. 400—501, benutzte. Bachem kannte Erzberger gut und hat ihn trotz ihrer häufigen Meinungsverschiedenheiten insgeheim bewundert. Es war sein Ziel, Erzberger gegen die nationalistischen Angriffe zu verteidigen, die sich auch gegen die Zentrumspartei richteten; sein Bericht liest sich deshalb oft wie die Verteidigungsschrift eines Anwalts.

Die *Hertling-Dokumente* des Bayerischen Geheimen Staatsarchivs in München enthalten zahlreiche Briefe von Erzberger an Hertling und Durchschläge von Erzbergers Berichten aus der Kriegszeit. In den Akten des deutschen Auswärtigen Amtes, die zum großen Teil auf Mikrofilmen in den *National Archives* in Washington verfügbar sind, findet sich einiges Material über Erzberger. Die Aktenbände 1498—1500 (Friedensbemühungen) und 1663—1666 (Kabinettsprotokolle des Jahres 1919) sind besonders wertvoll.

Die Publikation *Der Erzberger-Prozeß. Stenographischer Bericht über die Verhandlungen im Beleidigungsprozeß des Reichsfinanzministers Erzberger gegen den Staatsminister a. D. Dr. Karl Helfferich* (Berlin 1920), ist nach den *Erzberger-Dokumenten* die wichtigste Quelle über Erzberger. Sie enthält umfangreiches und eingehendes Material aus fast allen Phasen von Erzbergers Leben, besonders viel aus den Jahren 1917—1919. Siegfried Löwenstein, *Der Prozeß Erzberger-Helfferich. Ein Rechtsgutachten* (Ulm 1921), ist eine ausgezeichnete juristische Arbeit, die es unternimmt, Anschuldigungen zu widerlegen, die das Gericht für begründet ansah.

*Der Erzberger-Mord. Dokumente menschlicher und politischer Verkommenheit* (Bühl 1921), ist eine höchst unerfreuliche Sammlung von Pressestimmen, die den Mord verherrlichen.

Die *Stenographischen Berichte der Verhandlungen des deutschen Reichstages* für die Jahre 1904—1920 enthalten unzählige Erzberger-Reden. Der *Bericht des Ausschusses für die Geschäftsordnung über ein Schreiben des Reichsministers des Inneren, betreffend Strafverfolgung des Abgeordneten Erzberger wegen Einkommensteuerhinterziehung und Kapitalflucht*, Anhang 1879 der Wahlperiode 1920—1924, Bd. 356, S. 1602—1612 (Berlin 1924), ist maßgebend für die Beurteilung von Erzbergers finanziellen Angelegenheiten.

Die ergiebigsten Zeitungsquellen sind die beiden großen Zentrumszeitungen, die Berliner *Germania*, die Erzberger meistens unterstützte, und die *Kölnische Volkszeitung*, die häufig gegen ihn eingestellt war.

## II. Sekundär-Literatur über Erzberger

Die Sekundärliteratur über Erzberger ist sehr umfangreich, hat aber zum größten Teil nur geringen wissenschaftlichen Wert. Ausnahmen sind die oben erwähnte Arbeit von Bachem und die Dissertation von Bruce B. Frye, *Erzberger and German Politics, 1914—21* (Ann Arbor, University Microfilm 1954); letztere ist wertvoll, obwohl sie nur auf den gedruckten Quellen beruht, die in den Vereinigten Staaten zur Verfügung stehen. Paul Bauer, *Erzberger, Bilder aus seinem Leben und Wirken, Kämpfen und Leiden* (2. Aufl., München 1925), ist eine für die katholischen Jugendgruppen in Württemberg geschriebene kurze Lebensdarstellung von der Art eines rühmenden Nachrufs. Seine ersten Jahre in der Politik werden von Hugo Baur geschildert: „Erzbergers Werdegang", in: *Allgemeine Rundschau* (18. April 1931) S. 244—248. Karl Widmaier, *Erzberger. Ein Kulturroman der Gegenwart* (Dillingen 1922) ist ein verständnisvoller Roman, der zwar beachtliche politische Einsicht, aber kein großes literarisches Niveau zeigt.

Sieben feindselig eingestellte Broschüren enthalten einiges wichtiges Material. Friedrich Hussong, ein nationalistischer Berliner Redakteur, verfaßte die erste große Anklageschrift *Erzbergers Wege und Wandlungen* (2. Aufl. Leipzig o. J. [Juli 1918]). Das hier verwandte Material wird zum großen Teil wiederholt von Heinrich Frenzel, *Erzberger der Reichsverderber!* (Leipzig 1919), und von Max Taube, *Erzberger, der Totengräber des Deutschen Reiches* (Berlin 1919). Erzbergers Verhalten als Waffenstillstandskommissar wird kritisiert von A. Friedrich, *Die Wahrheit über die Waffenstillstandsverhandlungen. Wie Erzberger das deutsche Volk abfertigt* (Berlin 1919). Karl Helfferich, *Fort mit Erzberger!* (Berlin 1919), ist die wirkungsvollste Anklageschrift und wichtig, weil sie den Beleidigungsprozeß im Jahre 1920 auslöste. Helfferich war wahrscheinlich auch der Verfasser der anonymen Broschüre *Erzberger Redivivus? Die Steuern und die Eide des Herrn Erzberger* (Berlin 1921), in der versucht wird, Erzberger als Steuerhinterzieher und Meineidigen zu brandmarken. Hans von Liebig, *Reichsverderber: Bethmann, Erzberger, Scheidemann* (Berlin o. J. [1922]), enthält einen ausführlich begründeten Angriff auf Erzbergers Tätigkeit während des Krieges.

Die in kürzerer Form gehaltenen Angriffe gegen Erzberger sind zahllos. Folgende mögen als Beispiele dienen: J. E. Freiherr von Grotthuss, „Erzberger, ein Kalauer der Weltgeschichte", in: *Der Türmer*, Bd. 20, Nr. 9, S. 515—520 (1918), ist ein Vorläufer. Zwei anonyme Broschüren gegen seine angebliche Unwahrhaftigkeit sind: *Lügen des Herrn Erzberger, zur Aufklärung der deutschen Wähler* (Berlin 1907), über seinen Feldzug gegen die Kolonialskandale und: *Erzberger als Enthüller. Die Wahrheit über das englische Friedensangebot* (Berlin 1919), zu Erzbergers Kritik an Michaelis Behandlung der päpstlichen Friedensintervention. Die letztere Frage wird auch behandelt von Bruno Marwitz, *Herrn Erzbergers „Enthüllungen". Eine Kampfschrift gegen Erzberger* (Berlin 1919). Paul Graf von Hoensbroech, der bekannte abtrünnige Jesuit, versucht zu beweisen, daß Erzbergers Fehler alle in seinem Katholizismus wurzelten: „Erzberger. Eine Frucht der römisch-ultramontanen Moral", in: *Das Freie Wort*, Bd. 20, S. 49—73 (Mai 1920). F. C. Holtz, „Matthias Erzberger, ein Jude und Verräter", in: *Fridericus*, Bd. 17, Nr. 5 (September 1934), hat die Überzeugung gewonnen, daß Erzberger der uneheliche Sohn eines jüdischen Vaters gewesen sei. Alfred Hugenberg, *Hugenberg gegen Erzberger. Reden aus der National-*

*versammlung vom 9. Dezember 1919* (Berlin 1919), und Wilhelm Henning, *Habt acht auf Erzberger! Das neue Steuerprogramm und der Vorschlag der Vermögensabgabe eine Täuschung des deutschen Arbeiters* (Osnabrück o. J. [1919]), sind Angriffe auf Erzbergers Finanzpolitik. Sincton Upclair, *Erzberger kommt wieder!!!* (Berlin 1920), und Eduard Stadtler, „Erzberger und kein Ende", in: *Die Grenzboten,* 27. Juli 1921, S. 91—100, wurden geschrieben, um Erzbergers Rückkehr in die Politik zu verhindern. Germanicus (Pseudonym für Richard Grelling), *Erzberger, ein politischer Mord?* (Berlin 1921), greift Erzberger an und leugnet, daß die Anti-Erzberger-Agitation irgend etwas mit dem Mord zu tun gehabt habe.

Drei kleinere Angriffe gegen Erzberger verbinden Humor mit skurrilen Einfällen: *Erzberger-Monolog (Frei nach Goethes Faust). Erzschlauberger (Der Tragödie zweiter Teil)* (Berlin 1919); *Matthias Erzberger. Eine Lebensbeschreibung in Wort und Bild von Kristian und Peter. Wer ich bin, wie ich wurde, was ich weiß, was ich denke, was ich tat, was ich tue, was ich tun werde, und was das deutsche Volk an mir hat! Ich Matthias Erzberger* (München o. J. [Ende 1919]), und Senex (Pseudonym), *Politische Verbrecher und Narren* (Berlin 1918).

Einiges Licht auf Erzbergers Nachrichtendienstarbeit wirft Wilhelm Patin, *Beiträge zur Geschichte der deutsch-vatikanischen Beziehungen in den letzten Jahrzehnten* (Berlin 1942), eine bibliographische Seltenheit, da diese Studie ausschließlich für den Dienstgebrauch der SS gedruckt wurde. Der nationalsozialistische Verfasser verwertet dabei die beschlagnahmten Dokumente von Erzbergers Freund Stockhammern.

Erzbergers unorthodoxe diplomatische Tätigkeit im Jahre 1919 wird geschildert in dem wichtigen Aufsatz von Fritz T. Epstein, „Zwischen Compiègne und Versailles", in: *Vierteljahrshefte für Zeitgeschichte, Bd. 3* (1955), S. 412—445, der deutsche und amerikanische Quellen nebeneinanderstellt. Die unveröffentlichte *Brockdorff-Rantzau-Biographie* von Erich Brandenburg, Akte 1083 der Akten des deutschen Auswärtigen Amtes, ist sehr wichtig für die gespannten Beziehungen zwischen Erzberger und Brockdorff-Rantzau im Jahre 1919.

Erzbergers politische Vorstellungen nach 1918 sind populär dargestellt worden von Fidelis (Pseudonym für H. Popert), *Erzbergers Grundgedanken* (Hamburg 1919), und Alfons Winz (Herausgeber), *Erzberger zu den neuen Problemen der Gegenwart* (Singen 1921).

Drei Erzberger freundlich gesinnte Erörterungen des Prozesses von 1920 sind F. Zinnecke, *Erzberger gegen Helfferich* (Berlin 1920), S. 1—8; Ludwig Haas, „Der Fall Erzberger", in: *Die Hilfe* (4. März 1920), S. 147 ff.; und Ludwig Quessel, „Ein Rückblick auf den Prozeß Helfferich-Erzberger", in: *Sozialistische Monatshefte* (12. April 1920), S. 241—248. Zwei unfreundliche Berichte aus dem Lager der Gegner stammen von „A" (Adolf Stein), *Gerichtstage über Erzber-*

ger (Berlin 1920), und F. W. von Oertzen, *Im Namen der Geschichte! Politische Prozesse der Nachkriegszeit* (Hamburg 1934), S. 9—34. Erich Eyck, *Geschichte der Weimarer Republik* (2 Bde, Zürich 1954—1957). Bd. 1, S. 197—202, bringt eine wohlabgewogene Zusammenfassung, ebenso die zeitgenössische Studie von Theodor Heuss, „Erzberger und Helfferich", in: *Deutsche Politik,* Bd. 5 (1920).

Die Ermordung rief zwei bemerkenswerte Broschüren hervor, die zur republikanischen Wachsamkeit aufriefen: Junius III (Pseudonym für Wilhelm Herzog), *Erzbergers Ermordung und die revolutionären Arbeiter* (Leipzig 1921), und Philipp Scheidemann, *Zur Ermordung Erzbergers. Eine Rede, gehalten am 30. September 1921 im Reichstag* (Berlin 1921).

Allgemeine Urteile über Erzberger finden sich in dem *Erzberger-Heft* der republikanischen Zeitschrift *Deutsche Republik,* herausgegeben von Josef Wirth, Bd. 1, S. 685—707 (Frankfurt, 26. August 1927), eine Reihe rühmender aber unergiebiger Aufsätze; Ludwig Klages, „Charakterbild auf Grund einer Handschrift Erzbergers", in: *Zeitschrift für Menschenkunde,* Bd. 1 (1925), S. 31 — 37, ein wenig schmeichelhaftes Charakterporträt von einem bekannten Graphologen; Ernst Jäckh, *Der Goldene Pflug* (Stuttgart 1954), S. 461 f., Abdruck eines ursprünglich an den früheren Chef des Zivilkabinetts Valentini gerichteten wohlabgewogenen Briefes vom 18. November 1918; und in drei positiv gehaltenen journalistischen Studien: Johannes Fischart (Pseudonym für Erich Dombrowski), *Das Alte und das Neue System. Die politischen Köpfe Deutschlands* (Berlin 1919), S. 48—63; Stefan Großmann, „Erzberger", in: *Das Tagebuch* (3. September 1921), S. 1041—1048; und Maximilian Harden, *Köpfe* (Berlin 1924), Bd. 4, S. 429—472. Ein unfreundliches Urteil Stresemanns findet sich in seinem Buch *Von der Revolution bis zum Frieden von Versailles* (Berlin 1924), S. 578—588, das aber mit dem objektiveren Nachruf verglichen werden sollte, der in seinen *Reden und Schriften* (Dresden 1926), Bd. 1, S. 378—388, abgedruckt ist. Eine kurze Charakteristik bringt Fritz Schwahn, *Von Ebert bis Hindenburg. Zehn Jahre deutsche Republik,* Leipzig 1928, S. 347—353. Das nationalsozialistische Erzbergerbild ergibt sich aus zwei Aufsätzen von Alfred Rosenberg: „Erzberger", in: *NS Monatshefte,* Bd. 4 (1933), S. 158—171, und *Novemberköpfe,* 2. Aufl. München 1939, S. 81—103. In jüngster Zeit sind drei erwähnenswerte Kurzdarstellungen Erzbergers erschienen: A. Hagen, *Gestalten aus dem schwäbischen Katholizismus,* Teil 3, Stuttgart 1954, S. 164 ff. (positive Würdigung); Joseph Joos, *So sah ich sie. Menschen und Geschehnisse,* Augsburg 1958, S. 63 f. (Erinnerungen eines alten Zentrumspolitikers); Rudolf Morsey, „Erzberger", *Staatslexikon,* herausgegeben von der Görres Gesellschaft, 6. Aufl. Freiburg 1959, Bd. 3, Spalte 36—38 (abgewogene und gut formulierte Zusammenfassung). Vgl. außerdem Klaus Epstein, „Erzberger", in: *Neue Deutsche Biographie,* Bd. 4, Berlin 1959, S. 638 ff. (Resumé dieser Biographie).

In den Akten des Politischen Archivs des Auswärtigen Amtes, und zwar Akten bezüglich der Manuskripte Bd. 24 (vom 21. 3. 1943 bis 13. 5. 1943), befindet sich ein Exemplar eines Rundschreibens an die Mitglieder des Sachverständigen-Beirats und an die Forschungsbeauftragten des Reichsinstituts für die Geschichte des neuen Deutschlands vom 28. Januar 1943 mit folgendem Absatz (Filmseite D 694 790):

„Fertiggestellt ist der erste Teil einer großen Arbeit über die Außenpolitik Matthias Erzbergers und des Grafen Brockdorff-Rantzau in den Jahren 1918/19, die den Titel *Matthias Erzberger — sein Weg nach Compiègne* trägt. Die Arbeit, auf neues Aktenmaterial gestützt, wird die erste wissenschaftliche Auseinandersetzung mit Erzberger bringen."

Der Verfasser der Studie war Dr. Andreas Hohlfeld. Da die Genehmigung zur Benutzung der einschlägigen Akten des Auswärtigen Amtes verweigert worden war, ist es einigermaßen mysteriös, um welches „neue Aktenmaterial" es sich handelt. Die Studie ist nie veröffentlicht worden.

## III. Erzbergers Schriften

Sie sind hier in chronologischer Folge aufgezählt. Die wichtigsten Schriften sind bereits im Text erörtert worden. Abschriften vieler Zeitungsartikel von Erzberger, besonders aus der Berliner *Germania* und dem Stuttgarter *Deutschen Volksblatt* finden sich bei den oben aufgeführten *Erzberger-* und *Bachem-Dokumenten.*

*Christliche oder sozialdemokratische Gewerkschaften?* (Stuttgart 1898).

*Sozialdemokratie und Militär. Material zur Abwehr gegen sozialdemokratische Agitation* (Stuttgart 1898).

*Material zur Handwerkerfrage. Aus den Verhandlungen der Handwerkerkonferenz in Ulm am 13. April 1899* (Stuttgart 1899).

*Material zur Bekämpfung der Sozialdemokratie. Gesammelt aus den offiziellen Protokollen der sozialdemokratischen Parteitage der Jahre 1890—1898:* Bd. I, *Sozialdemokratie und Religion* (Stuttgart 1899); Bd. II, *Sozialdemokratie und Frauenarbeit* (Stuttgart 1899).

*Die Säkularisation in Württemberg von 1802—1810. Ihr Verlauf und ihre Nachwirkungen* (Stuttgart 1902).

*Beiträge zur Parität in Württemberg* (Stuttgart 1903).

*Die Sozialdemokratie in früheren Tagen. Auszüge aus den Protokollen der sozialdemokratischen Parteitage über einige wichtige Tagesfragen: Sozialreform, Schutzzoll, Bauernstand* (Stuttgart 1903).

*Die Industrie-(Arbeits-)Kammern im Reichstage* (Jena 1905).

*Das neue Militärpensionsgesetz für Mannschaften und Militäranwärter nebst einem Anhang über die Veteranenbeihilfe* (Berlin 1906).

*Was man von dem neuen Militärpensionsgesetz wissen muß. Das Gesetz für Kapitulanten, Militäranwärter, Kriegsinvaliden, Militärrentenempfänger sowie die Mannschaften des aktiven Heeres gemeinverständlich erläutert* (Berlin 1906).

*Die Kolonialbilanz. Bilder aus der deutschen Kolonialpolitik auf Grund der Verhandlungen des Reichstags im Sessionsabschnitt 1905–1906* (Berlin 1906).

*Der Toleranzantrag der Zentrumsfraktion des Reichstages* (Osnabrück 1906).

*Warum ist der Reichstag aufgelöst worden? Ein offenes Wort an die Wählerschaft* (Berlin 1906).

*Bilder aus dem Reichstagswahlkampf 1907. Die Agitation der Zentrumsgegner, beleuchtet nach deren Wahlschriften* (Berlin 1907).

*Zentrum und neuester Kurs* (Berlin 1907).

*Die politischen Parteien und ihre Tätigkeit* (Mönchen-Gladbach 1907).

*Sozialdemokratie und Zollpolitik. Auf Grund der Parlamentsakten und Parteitageprotokolle geschildert* (Mönchen-Gladbach 1908).

*Die Wahrheit über die deutschen Kolonien. Glänzende Rechtfertigung der Kolonialpolitik des Zentrums durch Staatssekretär Bernhard Dernburg* (Berlin 1908).

*Der Kampf gegen den Katholizismus in der Ostmark. Material zur Beurteilung der Polenfrage durch die deutschen Katholiken* (Berlin 1908).

*Naar Ostland wollen wi ryden* (Berlin 1908).

*Klerus und Gehaltsfrage. Beiträge zur Parität in den deutschen Bundesstaaten* (Köln 1908).

„Die Bedeutung des Zentrums für das Deutsche Reich“, in: *Zeitschrift für Politik*, Bd. II, S. 212—235 (Berlin 1909).

*Der Humor im Reichstage. Eine systematische geordnete Sammlung von Parlaments-Scherzen* (Berlin 1910).

*Millionengeschenke. Die Privilegienwirtschaft in Südwestafrika. Mit einer Materialiensammlung über die bergrechtlichen Verhältnisse dieses Schutzgebietes nebst Karte von Südwestafrika* (Berlin 1910).

*Der Modernisteneid. Den Katholiken zur Lehr und Wehr, Andersdenkenden zur Aufklärung* (Berlin 1911).

*Der Stille Kulturkampf* (Hamm 1912).

„Judentaufen“, Kapitel V in: *Judentaufen*, hrsg. von W. Sombart (München 1912).

*Das deutsche Zentrum* (Amsterdam, 2. verb. Aufl., 1912).
*Kolonial-Berufe* (Berlin 1912).
*Duell und Ehre* (Paderborn und Würzburg 1913).
*Der Wehrbeitrag 1913* (Stuttgart 1913).
*Politik und Völkerleben* (Paderborn und Würzburg o. J. [1914]).
*Die Militäranwärterfrage. Wie helfen wir? Ein Mahnwort an alle* (Berlin 1914).
*Die Rüstungsausgaben des Deutschen Reichs* (Stuttgart 1914).
*Die Mobilmachung* (Berlin 1914).
*Der Verständigungsfriede* (Stuttgart 1917).
*Der Völkerbund. Der Weg zum Weltfrieden* (Berlin 1918).
*Der Völkerbund als Friedensfrage* (Berlin 1919).
„Der Waffenstillstand", in: *Europäische Staats- und Wirtschafts-Zeitung*, Bd. IV (o. J. [1919] Nr. 12 und 13 *(Sonderheft)*.
*Reden zur Neuordnung des deutschen Finanzwesens* (Berlin 1919).
*Erlebnisse im Weltkrieg* (Stuttgart 1920).
*Vergangenheit, Gegenwart und Zukunft* (Stuttgart 1920).
*Christlicher Solidarismus als Weltprinzip* (Mönchen-Gladbach 1921).
*Der Solidarismus. Europas Rettung und Zukunft* (Mönchen-Gladbach 1921).

## IV. Liste der zitierten Bücher

„A" [Adolf Stein], *Sieben-Tage-Buch. Kappregierung und Generalstreik* (Berlin 1920).
*Amtliche Urkunden zur Vorgeschichte des Waffenstillstandes 1918* (Berlin, 2. erweiterte Aufl., 1924).
Arnim, Hans, und Below, Georg von, *Deutscher Aufstieg. Bilder aus der Vergangenheit und Gegenwart der rechtsstehenden Parteien* (Berlin 1925).
Bachem, Karl, „Adolf Gröber", in: *Deutsches Biographisches Jahrbuch 1917 bis 1920* (Stuttgart 1928), S. 388—392.
–, „Hertling", *ibid.*, S. 416–426.
–, „Karl Trimborn", in: *Deutsches Biographisches Jahrbuch*, Bd. III, 1921 (Stuttgart 1927), S. 263 ff.
Bane, Suda Lorena, und Lutz, Ralph H. (Hrsg.), *The Blockade of Germany after the Armistice 1918–19* (Stanford 1942).
Baudrillart, Alfred, *La Guerre allemande et le catholicisme* (Paris 1915).
Beck, Ludwig, *Studien*, hrsg. v. Hans Speidel (Stuttgart 1955).

Bergsträßer, Ludwig, *Der politische Katholizismus. Dokumente seiner Entwicklung* (München 1921—1923), 2 Bde.

–, *Die preußische Wahlrechtsfrage im Kriege und die Entstehung der Osterbotschaft 1917* (Tübingen 1929).

Bernstorff, Graf Johann von, *Erinnerungen und Briefe* (Zürich 1936).

Bethmann Hollweg, Theobald von, *Betrachtungen zum Weltkriege* (Berlin 1919 bis 1921), 2 Bde.

–, *Kriegsreden,* hrsg. von Friedrich Thimme (Stuttgart 1919).

Beusch, Paul, *Die außerordentliche Kriegsabgabe für das Rechnungsjahr 1919 und die Kriegsabgabe vom Vermögenszuwachs. Für Steuerpflichtige dargestellt. Mit vollständigen Gesetzestexten, vielen Beispielen, und notwendigen Mustern nach Vorlagen der Ausführungsbestimmungen* (Mönchen-Gladbach 1920).

–, *Die Neuordnung des deutschen Finanzwesens. Vier Vorträge* (Mönchen-Gladbach 1920).

Birnbaum, Karl E. *Peace Moves and U-Boat Warfare* (Uppsala 1958).

Bongard, Willy, *Die Zentrumsresolution vom 7. Oktober 1916* (Köln 1937).

Bonn, Moritz Julius, *Wandering Scholar* (London 1949).

Brammer, Karl, *Fünf Tage Militärdiktatur. Dokumente zur Gegenrevolution* (Berlin 1920).

Braun, Freiherr Magnus von, *Von Ostpreußen bis Texas* (Stollhamm 1955).

Brinckmeyer, Hermann, *Hugo Stinnes* (München 1921).

Brockdorff-Rantzau, Graf Ulrich von, *Dokumente und Gedanken um Versailles* (Berlin, 3. Aufl., 1925).

Bülow, Fürst Bernhard von, *Denkwürdigkeiten* (Berlin 1930–1931), 4 Bde.

Burian, Graf Stefan, *Drei Jahre aus der Zeit meiner Amtsführung im Kriege* (Berlin 1923).

Cardauns, Hermann, *Adolf Gröber* (Mönchen-Gladbach 1921).

–, *Karl Trimborn* (Mönchen-Gladbach 1922).

Chamberlin, William Henry, *Die russische Revolution 1917–1921* (Frankfurt/M. 1958), 2 Bde.

Class, Heinrich, *Wider den Strom, vom Werden und Wachsen der nationalen Opposition im alten Reich* (Leipzig 1932).

Craig, Gordon A., *Die preußisch-deutsche Armee, 1640–1945* (Düsseldorf 1960).

Croce, Benedetto, *Geschichte Italiens, 1871–1915* (Berlin 1928).

Crothers, George, *The German Elections of 1907* (New York 1941).

Czernin, Graf Ottokar von, *Rede über die Politik während des Weltkriegs, gehalten den 11. Dezember 1918* (Wien 1919).

–, *Im Weltkrieg* (Wien 1919).

Dal-Gal, Hieronymus, Pius X. (Freiburg/Schweiz 1954).

Delbrück, Hans, *Regierung und Volkswille* (Berlin, 2. Aufl., 1920).

Deutsche Nationalversammlung, *Das Werk des Untersuchungsausschusses, 4. Reihe, Die Ursachen des deutschen Zusammenbruches im Jahre 1918* (Berlin 1925–1929), 12 Bde.

Dieckmann, Hildemarie, *Johannes Popitz. Entwicklung und Wirksamkeit in der Zeit der Weimarer Republik* (Berlin 1960).

Einem, Karl von, *Erinnerungen eines Soldaten* (Leipzig 1933).

Ebers, Godehard Josef, *Italien und das Garantiegesetz* (Köln 1915).

Eltzbacher, Paul, *Die Presse als Werkzeug der auswärtigen Politik* (Jena 1918).

Erdmann, August, *Die christlichen Gewerkschaften, insbesondere ihr Verhältnis zu Zentrum und Kirche* (Stuttgart 1914).

Eschenburg, Theodor, *Das Kaiserreich am Scheideweg. Bassermann, Bülow und der Block. Nach unveröffentlichten Papieren aus dem Nachlaß Ernst Bassermanns* (Berlin 1929).

Ettighoffer, Paul Coelestin, *Moskau, Compiègne, Versailles. Erlebnisse eines deutschen Nachrichtenoffiziers* (Gütersloh 1936).

Fester, Richard, *Die Politik Kaiser Karls und der Wendepunkt des Weltkrieges* (München 1925).

–, *Die politischen Kämpfe um den Frieden (1916–18) und das Deutschtum* (München 1938).

Fischer, Fritz, *Griff nach der Weltmacht* (Düsseldorf 1961).

Fischer, Rudolf, *Karl Helfferich* (Berlin 1932).

Foch, Ferdinand, *Erinnerungen. Von der Marneschlacht bis zur Ruhr* (Dresden o. J. [1929]).

*Foreign Relations of the United States, Paris Peace Conference* (Washington 1945), 13 Bde.

Frachon, Alfred, *Les Opinions allemandes sur la Reconstruction du Droit internationale* (Paris 1921).

Gankin, Olga, und Fisher, Harold H., *The Bolsheviks and the World War* (Stanford 1940).

Gasteiger, M., *Die christliche Arbeiterbewegung in Süddeutschland. Eine geschichtliche Darstellung* (München 1908).

Gatzke, Hans, *Germany's Drive to the West. A Study of Germany's War Aims during the First World War* (Baltimore 1950).

Geyer, Dorothea, *General Groener, Soldat und Staatsmann* (Frankfurt 1955).

Giolitti, Giovanni, *Denkwürdigkeiten meines Lebens* (Stuttgart/Berlin 1923).

Goltz, Graf Rüdiger von der, *Meine Sendung in Finnland und im Baltikum* (Leipzig 1920).

Gordon, Harold J. *Die Reichswehr und die Weimarer Republik 1919–1926* (Frankfurt/M. 1959).

Gornik, Alfons, *Die Entwicklung der nichtsozialdemokratischen Arbeiterbewegung in Deutschland* (Halle 1909).

Gottlieb, Wolfram Wilhelm, *Studies in Secret Diplomacy during the First World War* (London 1957).

Graefe, Albrecht von, *Damals in Weimar 1919. Ein Blick hinter die Kulissen. Der Verrat am Deutschen Volk. Erinnerungen aus der Nationalversammlung – ein Appell an alle Deutsche* (Berlin 1929).

Grebing, Helga, *Zentrum und katholische Arbeiterschaft 1918—1933* (Diss. FU Berlin 1953).

Groener, Wilhelm, *Lebenserinnerungen* (Göttingen 1957).

Gugelmeier, Erwin, *Das Schwarze Jahr (1917–1918). Erlebtes aus dem letzten Kriegsjahr im Reichstag und im Baltenland, in Hauptquartier und Heimat* (Freiburg 1926).

Haase, Ernst, *Reichstagsreden gegen die deutsche Kriegspolitik* (Berlin 1919).

Haenisch, Konrad, *Parvus* (Berlin 1925).

Haferkorn, Joachim, *Bülows Kampf um das Reichskanzleramt im Jahre 1906* (Würzburg 1939).

Hahlweg, Werner, *Lenins Rückkehr nach Rußland. Die deutschen Akten* (Leiden 1957).

Hammann, Otto, *Bilder aus der letzten Kaiserzeit* (Berlin 1922).

Hannsen, H. P., *Diary of a Dying Empire.* Übersetzt von O. O. Winther, hrsg. von Ralph Lutz, Mary Schofield und O. O. Winther (Bloomington 1955).

Haußmann, Conrad, *Aus C. Haußmanns politischer Arbeit,* hrsg. von seinen Freunden (Frankfurt 1923).

–, *Schlaglichter, Reichstagsbriefe und Aufzeichnungen (Frankfurt 1924).*

Heffter, Heinrich, *Die deutsche Selbstverwaltung im 19. Jahrhundert* (Stuttgart 1950).

Heinig, Kurt, *Stinnes und seine 600 000 Arbeiter* (Berlin 1925).

Heinz, Friedrich, „Politische Attentate in Deutschland", in: *Deutscher Aufstand*, hrsg. von Curt Hötzel (Stuttgart 1934), S. 202–205.

Helfferich, Karl, *Reden und Aufsätze aus dem Kriege* (Berlin 1917).

–, *Reichstagsreden 1920–1922* (Berlin 1922).

–, *Reichstagsreden 1922–1924*, hrsg. von J. W. Reichert, mit einer biographischen Einleitung von Graf Westarp (Berlin 1925).

–, *Der Weltkrieg* (Berlin 1919), 3 Bde.

Hertling, Georg Graf von, *Erinnerungen* (München 1920), 2. Bde.

Hertling, Karl Graf von, *Ein Jahr in der Reichskanzlei. Erinnerungen an die Kanzlerschaft meines Vaters* (Freiburg 1919).

Hertzmann, Lewis, *The German National People's Party (DNVP) 1918–1924* (Harvard Dissertation 1954).

Herzfeld, Hans, *Die deutsche Rüstungspolitik vor dem Weltkriege* (Leipzig 1923).

–, *Die deutsche Sozialdemokratie und die Auflösung der nationalen Einheitsfront im Weltkriege* (Leipzig 1928).

Heß, Joseph, *Deutsche Lebensfragen? Eine Auseinandersetzung mit Martin Spahn* (Düsseldorf 1914).

Heuss, Theodor, *Friedrich Naumann* (Stuttgart, 2. Aufl., 1949).

Hilsum, J. N. I. van, *Maria Erzberger* (Bilthoven 1956).

Hindenburg, Herbert von, *Am Rande zweier Jahrhunderte* (Berlin 1938).

Hoefler, Gabriele, *Erzbergers Finanzreform und ihre Rückwirkung auf die bundesstaatliche Struktur des Reiches* (Dissertation Freiburg 1955).

Hoelzle, Erwin, *Der Osten im ersten Weltkrieg* (Leipzig 1944).

–, „Deutschland und die Wegscheide des ersten Weltkriegs", in: *Festschrift für Otto Becker*, hrsg. von Martin Göhrung und Alexander Scharff (Wiesbaden 1954), S. 266 bis 285.

Hoensbroech, Paul Graf von, *Graf Hertling, Reichskanzler und Ministerpräsident. Ein offener Brief* (Leipzig 1918).

Hoffmann, Max, *Aufzeichnungen*, hrsg. von K. F. Nowak (Berlin 1929).

–, *Der Krieg der versäumten Gelegenheiten* (München 1923).

Hohlfeld, Johannes, *Geschichte des deutschen Reichs 1871–1924* (Leipzig 1924).

Hohn, Wilhelm, *Franz Brandts* (Mönchen-Gladbach 1914).

Holborn, Hajo, „Diplomats and Diplomacy in the Early Weimar Republic", in: *The Diplomats 1919–39*, hrsg. von Gordon A. Craig und Felix Gilbert (Princeton 1953), S. 123–171.

Hommerich, August, *Deutschtum und Schiedsgerichtsbarkeit, ein geschichtlicher Beitrag zu einer großen Gegenwarts- und Zukunftsfrage* (Freiburg 1918).

Hutten-Czapski, Bogdan Graf von, *Sechzig Jahre Politik und Gesellschaft* (Berlin 1936), 2 Bde.

Joos, Joseph, *Die katholischen Arbeitervereine* (Mönchen-Gladbach 1913).

Keil, Wilhelm, *Erlebnisse eines Sozialdemokraten* (Stuttgart 1948), 2. Bde.

Keim, August, *Erlebtes und Erstrebtes. Lebenserinnerungen* (Hannover 1925).

Keynes, John M., „Dr. Melchior; A Defeated Enemy", in: *Two Memoirs* (London 1949).

Klinke, Paul Werner, *Die deutsche Zentrumspartei und die demokratische Frage* (Diss. Hamburg 1951).

Koch, Walter, *Volk und Staatsführung vor dem Weltkriege* (Stuttgart 1935).

Koehler, August, *Deutsches Zentrum – deutscher Rhein. Eine Untersuchung an Hand von Dokumenten und feststehenden Tatsachen* (Trier 1932).

Kollbach, Paul, *Deutsche Handelsflotte und Versailler Vertrag* (Berlin 1927).

Kühlmann, Richard von, *Erinnerungen* (Heidelberg 1948).

Lama, Friedrich Ritter von, *Die Friedensvermittlung Papst Benedikt XV. und ihre Vereitlung durch den deutschen Reichskanzler Michaelis. August-September 1917* (München 1932).

Lasswell, Harold D., *Propaganda Technique in the World War* (New York 1927).

L'Hopital, René, *Foch, L'Armistice, et la Paix* (Paris 1938).

Liebig, Hans Freiherr von, *Die Politik von Bethmann Hollweg* (München 1919).

Lochner, Louis P., *Die Mächtigen und der Tyrann. Die deutsche Industrie von Hitler bis Adenauer* (Darmstadt 1955).

Lotz, Walther, *Die deutsche Staatsfinanzwirtschaft im Kriege* (Stuttgart 1927).

Luckau, Alma, *The German Delegation at the Paris Peace Conference* (New York 1941).

Ludendorff, Erich, *Urkunden der Obersten Heeresleitung über ihre Tätigkeit 1916–18* (Berlin 1920).

Ludendorff, Margarethe, *Als ich Ludendorffs Frau war* (München 1929).

Lutz, Ralph H., *Fall of the German Empire 1914–18* (Stanford 1932).

Macchio, Karl von, *Wahrheit! Fürst Bülow und ich in Rom* (Wien 1931).

Marhefka, Edmund (Hrsg.), *Der Waffenstillstand. Das Dokumentenmaterial der Waffenstillstandsverhandlungen* (Berlin 1928), 3 Bde.

Martin, Rudolf, *Fürst Bülow und Kaiser Wilhelm II.* (Leipzig 1909).

Matthias, Erich, und Morsey, Rudolf, *Der Interfraktionelle Ausschuß 1917–18* (Düsseldorf 1959), 2 Bde.

–, *Die Regierung des Prinzen Max von Baden* (Düsseldorf 1962).

May, Ernest, *The World War and American Isolation* (Cambridge/Mass. 1959).

Max von Baden, Prinz, *Erinnerungen und Dokumente* (Stuttgart 1927).

Meinertz, Max, und Sacher, Hermann, *Deutschland und der Katholizismus* (Freiburg 1918).

Mehnert, Gottfried, *Evangelische Kirchenpolitik 1917–1919* (Düsseldorf 1959).

Menne, Bernhard, *Armistice and Germany's Food Supply 1918–19* (London 1944).

Meyer, Henry C., *Mitteleuropa in German Thought and Action (1815 bis 1945)* (Den Haag 1955).

Michaelis, Georg, *Für Volk und Staat* (Berlin 1922).

Miller, Max, *Eugen Bolz, Staatsmann und Bekenner* (Stuttgart 1951).

Mommsen, Wolfgang, *Max Weber und die deutsche Politik 1890–1920* (Tübingen 1959).

Mordacq, Henry-Jean-Jules, *L'Armistice du 11 Novembre* (Paris 1937).

Müller, Georg Alexander von, *Regierte der Kaiser? Kriegstagebücher, Aufsätze und Briefe des Chefs des Marinekabinetts Admiral Georg Alexander von Müller 1914–18*. Hrsg. von Walter Görlitz (Göttingen 1959).

Müller, Hermann, *Die November-Revolution. Erinnerungen* (Berlin 1928).

Mulert, Hermann, *Antimodernisteneid, freie Forschung und theologische Fakultäten* (Halle 1911).

Nadolny, Rudolf, *Mein Beitrag* (Wiesbaden 1955).

Naumann, Victor, *Dokumente und Argumente* (Berlin 1928).

–, *Profile. 30 Porträtskizzen aus den Jahren des Weltkrieges nach persönlichen Begegnungen* (Leipzig 1925).

Nicolai, Walther, *Nachrichtendienst, Presse und Volksstimmung im Weltkrieg* (Berlin 1920).

Niemann, Alfred, *Revolution von oben – Umsturz von unten. Entwicklung und Verlauf der Staatsumwälzung in Deutschland 1914 bis 1918* (Berlin 1928).

Noske, Gustav, *Erlebtes aus Aufstieg und Niedergang einer Demokratie* (Offenbach 1947).

–, *Von Kiel bis Kapp* (Berlin 1920).

Nowak, Karl Friedrich, *Versailles* (Berlin 1927).

Obkircher, Walter, *General Erich von Gündell* (Hamburg 1939).

Oldenburg-Januschau, Elard von, *Erinnerungen* (Leipzig 1936).

Oppersdorff, Graf von, *Eine Gewissensfrage: Ist Martin Spahn Zentrumsmann? Material zur Begründung des Augsburger Briefes der 14 Reichstagsabgeordneten an Dr. Martin Spahn* (Berlin 1910).

Ortner, Eugen, *Gott Stinnes. Ein Pamphlet gegen den vollkommenen Menschen* (Hannover 1922).

Papers *Relating to the Foreign Relations of the US: the Paris Peace Conference 1919. Bd. 13* (Publications of the Department of State No. 2757) (Washington 1947).

Parvus [Alexander Helphand], *Die Kolonialpolitik und der Zusammenbruch* (Leipzig 1907).

Payer, Friedrich, *Von Bethmann Hollweg bis Ebert. Erinnerungen und Bilder* (Frankfurt 1923).

Pehl, Hans, *Die deutsche Kolonialpolitik und das Zentrum 1884–1914* (Limburg 1934).

Pesch, Heinrich, *Liberalismus, Sozialismus und christliche Gesellschaftsordnung* (Freiburg 1896).

Petzold, Werner, *Italiens Eintritt in den Weltkrieg* (Diss. Leipzig 1934).

Pfeilschifter, Georg, *Deutsche Kultur, Katholizismus und Weltkrieg* (Freiburg 1915–1916).

–, *Sammlung Katholischer Soldatenbriefe* (Freiburg 1915).

Pinner, Felix, *Deutsche Wirtschaftsführer* (Charlottenburg, 15. Aufl., 1925).

Popitz, Johannes, „Die deutschen Finanzen 1918—1928", in: *Zehn Jahre Deutscher Geschichte* (Berlin 1928), S. 179—202.

Preuß, Hugo, *Das deutsche Volk und die Politik* (Jena 1915).

Pringle, Henry F., *Theodore Roosevelt: A Biography* (New York 1931).

Prittwitz und Gaffron, Friedrich Wilhelm von, *Zwischen Petersburg und Washington. Ein Diplomatenleben* (München 1952).

Rabenau, Friedrich von, *Seeckt: Aus seinem Leben, 1918–1936* (Leipzig 1940).

Raphael, Gaston, *Hugo Stinnes: Der Mensch, sein Werk, sein Wirken* (Berlin 1925).

Raumer, Kurt von, „Karl Helfferich", in: *Deutscher Westen – Deutsches Reich. Saarpfälzische Lebensbilder,* hrsg. von K. von Raumer und K. Baumann (Kaiserslautern 1938).

–, „Das Ende von Helfferichs Moskauer Mission 1918", in: *Gesamtdeutsche Vergangenheit. Festschrift für Heinrich Ritter von Srbik.* (München 1938), S. 392–399.

Reed, James Morgan, *Atrocity Propaganda 1914–1919* (New Haven 1941).

Reading, Marquis of, *Rufus Isaacs, First Marquess of Reading* (New York 1940).

Rechberg, Arnold, *Reichsniedergang. Ein Beitrag zu dessen Ursachen aus meinen persönlichen Erinnerungen* (München 1919).

–, *Weltfragen* (Berlin 1918).

Respondek, Erwin, *Die Reichsfinanzen auf Grund der Reform von 1919 bis 1920* (Berlin 1921).

Reventlow, Ernst von, *Die Neutralität der USA 1914–1918* (Berlin 1941).

Ritter, Emil, *Die katholisch-soziale Bewegung Deutschlands im 19. Jahrhundert und der Volksverein* (Köln 1954).

Ritter, Gerhard, *Carl Goerdeler und die deutsche Widerstandsbewegung* (Stuttgart 1954).

Rodd, Sir James Rennell, *Social and Diplomatic Memories*, Bd. III, 1902 bis 1919 (London 1925).

Roeren, Hermann, *Zentrum und Kölner Richtung* (Trier 1913).

Rosenberg, Arnold Joseph, *Der deutsche Krieg und der Katholizismus; deutsche Abwehr französischer Angriffe* (Berlin 1915).

Rosenberg, Arthur, *Entstehung der deutschen Republik* (Berlin 1928).

Ruchti, Jacob, *Die Geschichte der Schweiz während des Weltkrieges, 1914 bis 1919* (Berlin 1928), 2 Bde.

Rudin, Harry, *Armistice 1918* (New Haven 1944).

Salandra, Antonio, *Italy and the Great War* (London 1932).

Scheffbuch, Adolf, *Helfferich: Ein Kämpfer für Deutschlands Größe* (Stuttgart 1934).

Scheidemann, Philipp, *Memoiren eines Sozialdemokraten* (Dresden 1928), 2 Bde.

–, *Der Zusammenbruch* (Berlin 1920).

Schiff, Victor, *So war es in Versailles* (Berlin 1929).

Schiffer, Eugen, *Ein Leben für den Liberalismus* (Berlin 1951).

Schoen, Wilhelm Eduard, *Erlebtes. Beiträge zur politischen Geschichte der neuesten Zeit* (Berlin 1921).

Schorske, Carl, *German Social Democracy 1905–1917; the development of the great schism* (Cambridge 1955).

Schreiber, Georg, *Zwischen Demokratie und Diktatur. Persönliche Erinnerungen an die Politik und Kultur des Reiches (1919–1944)*, (Münster 1949).

Schulte, Karl Anton, *Nationale Arbeit. Das Zentrum und sein Wirken in der Deutschen Republik* (Berlin 1929).

Schüßler, Wilhelm, *Die Daily-Telegraph-Affaire. Fürst Bülow, Kaiser Wilhelm und die Krise des Zweiten Reiches 1908* (Göttingen 1952).

Schwahn, Fritz, *Von Ebert bis Hindenburg. Zehn Jahre Deutsche Republik* (Leipzig 1928).

Schwedler, Wilhelm, „Das Nachrichtenwesen", in: *Die deutsche Wirtschaft und ihre Führer*, hrsg. von Emil Dovifat (Gotha 1925), Bd. III.

Schwend, Karl, *Bayern zwischen Monarchie und Diktatur. Beiträge zur bayerischen Frage in der Zeit von 1918 bis 1933* (München 1954).

Seibert, Margarete, *Die großen politischen Parteien und die Erzbergersche Finanzreform* (Greifswald 1934).

Sell, Friedrich, *Die Staatspolitik des Zentrums* (Berlin 1924).

Senger, Gerhard, *Die Politik der deutschen Zentrumspartei zur Frage Reich und Länder von 1918–1928* (Hamburg 1932).

Spahn, Martin, *Ernst Lieber als Parlamentarier* (Gotha 1906).

–, *Deutsche Lebensfragen* (München 1914).

Spellmeyer, Hans, *Die deutsche Kolonialpolitik im Reichstag* (Stuttgart 1931).

Stegemann, Hermann, *Erinnerungen aus meinem Leben und aus meiner Zeit* (Stuttgart 1930).

Steglich, Wolfgang, *Bündnissicherung oder Verständigungsfrieden. Untersuchungen zu dem Friedensangebot der Mittelmächte vom 12. Dezember 1916* (Göttingen 1958).

Stern-Rubarth, Edgar, *Graf Brockdorff-Rantzau. Wanderer zwischen zwei Welten* (Berlin 1929).

Thimme, Friedrich (Hrsg.), *Front wider Bülow. Staatsmänner, Diplomaten und Forscher zu seinen Denkwürdigkeiten* (München 1931).

Tirpitz, Alfred von, *Erinnerungen* (Leipzig 1929).

–, *Politische Dokumente* (Berlin 1924–1926), 2 Bde.

Tisza, Graf Stefan, *Briefe 1914–1918* (Berlin 1928).

Troeltsch, Ernst, *Spektator-Briefe, Aufsätze über die deutsche Revolution und die Weltpolitik 1918–1922* (Tübingen 1924).

Tschuppik, Karl, *Ludendorff. Die Tragödie des Fachmanns* (Wien 1931).

Valentini, Rudolf von, *Kaiser und Kabinettschef*, hrsg. von Bernhard Schwertfeger (Oldenburg 1931).

Vallentin, Antonina, *Stresemann* (Leipzig 1930).

Vietsch, Eberhard von, *Arnold Rechberg und das Problem der politischen Westorientierung Deutschlands nach dem I. Weltkrieg* (Koblenz 1958).

Volkmann, Erich Otto, *Die Annexionsfragen des Weltkriegs* (Berlin 1926).

Wacker, Frida, *Die Haltung der deutschen Zentrumspartei zur Frage der Kriegsziele im Weltkrieg 1914–1918* (Lohr am Main 1937).

Waite, Robert G. L., *Vanguard of Nazism. The Free Corps Movement in Postwar Germany 1918–1928* (Cambridge/Mass. 1952).

Wallraf, Max, *Aus einem rheinischen Leben* (Berlin 1926).

Weber, Marianne, *Max Weber. Ein Lebensbild* (Tübingen 1926).

Wemyss, Victoria Wester, *Life and Letters of Lord Wester Wemyss* (London 1935).

Werkmann, Karl von, *Deutschland als Verbündeter. Kaiser Karls Kampf um den Frieden* (Berlin 1931).

Wermuth, Adolf, *Ein Beamtenleben* (Berlin 1922).

Westarp, Kuno Graf von, *Konservative Politik im letzten Jahrzehnt des Kaiserreiches* (Berlin 1935), 2 Bde.

Wetterlé, Abbé Emile, *Behind the Scenes in the Reichstag. Sixteen years of parliamentary life in Germany.* Übersetzt von George F. Lees (New York 1918).

Wheeler-Bennett, John, *The Forgotten Peace: Brest-Litovsk, March 1918* (New York 1938).

–, *Wooden Titan: Hindenburg in Twenty Years of German History 1914 bis 1934* (New York 1936).

Wirth, Josef, *Reden während der Kanzlerzeit* (Berlin 1925).

Wolff, Theodor, *Through Two Decades* (London 1936).

Wrisberg, Ernst von, *Erinnerungen an die Kriegsjahre im Königlich Preußischen Kriegsministerium* (Leipzig 1921), 3 Bde.

Zeman, Z. A. B., *Germany and the Revolution in Russia 1915–1918* (London 1958).

*Zentrumspartei, Offizieller Bericht des I. Reichsparteitages der deutschen Zentrumspartei. Tagung zu Berlin vom 19. bis 22. Januar 1920* (Berlin 1920).

Ziegler, Wilhelm, *Die deutsche Nationalversammlung 1919–1920 und ihr Verfassungswerk* (Berlin 1932).

–, *Versailles. Die Geschichte eines mißglückten Friedens* (Hamburg 1933).

Ziekursch, Johannes, *Politische Geschichte des Neuen Deutschen Kaiserreiches* (Frankfurt 1925–1930), 3 Bde.

## V. Liste der zitierten Aufsätze

Bader, „Plädoyer des Generalstaatsanwalts in Freiburg im Prozeß gegen Heinrich Tillessen (27. November 1946)“, in: *Die Wandlung*, Bd. 2 (1947), S. 69—93.

Bergsträsser, Ludwig, „Der Riß im Zentrum", in: *Akademische Blätter*, Bd. XXV (1910), S. 241–246.

Deuerlein, Ernst, „Zur Friedensaktion Benedikts XV.", in: *Stimmen der Zeit*. Bd. 155 (1955), S. 241–255.

Eisele, Hans, „Hertling", in: *Hochland*, Bd. X (1913), S. 750 bis 755.

Epstein, Fritz T., „Zwischen Compiègne und Versailles", in: *Vierteljahrshefte für Zeitgeschichte*, Bd. III (Stuttgart 1955), S. 412–455.

Epstein, Klaus W., „The Development of German-Austrian War Aims in the Spring of 1917", in: *Journal of Central European Affairs*, Bd. XVII (1957), S. 24–47.

Epstein, Klaus, „Der Interfraktionelle Ausschuß und das Problem der Parlamentarisierung 1917–1918", in: *Historische Zeitschrift*, Bd. 191 (1960), S. 562–584.

Ettlinger, Max, „Hertling als Gelehrter", in: *Hochland*, Bd. XI (1913), S. 227 bis 231.

Fickentscher, Friedrich, „Die Wahrheit über den Zusammenbruch der Marine", in: *Politische und Militärische Zeitfragen*, Nr. 29 (Berlin 1920).

„Geheimzusätze zum Brest-Litowsker Vertrag", in: *Europäische Gespräche*, Bd. IV (1926), S. 148–153.

Grabowsky, Adolf, „Die Grundprobleme des Völkerbundes", in: *Zeitschrift für Politik*, Bd. XI (1919), S. 377–451.

Huston, James Alvin, „The Allied Blockade of Germany 1918–1919", in: *Journal of Central European Affairs*, Bd. 10 (1950), S. 145–168.

Janssen, Karl Heinz, „Wechsel in der OHL 1916", in: *Vierteljahrshefte für Zeitgeschichte*, Bd. 7 (1959), S. 337 f.

Jastrow, Ignaz, „The New Tax System of Germany", in: *Quarterly Journal of Economics*, Bd. 37 (1923), S. 302–341.

Lassar, Gerhard, „Reichseigene Verwaltung unter der Weimarer Verfassung. Zwei Studien", in: *Jahrbuch des öffentlichen Rechts*, Bd. XIV (1926), S. 1 ff.

Leiber, Robert, „Die Friedenstätigkeit Benedikts XV.", in: *Stimmen aus Maria Laach*, Bd. 51 (1921), S. 267–280.

Luckau, Alma, „The Unconditional Acceptance of the Treaty of Versailles by the German Government June 22–28, 1919", in: *Journal of Modern History*, Bd. XVII (1945), S. 215–220.

Meinecke, Friedrich, „Kühlmann und die päpstliche Friedensaktion 1917", *Sitzungsbericht der Preußischen Akademie der Wissenschaften, phil.-hist. Klasse, Berlin 1928*.

Mendelssohn-Bartholdy, Albrecht, „Deutsche Literatur zur Völkerbundsfrage", in: *Schmollers Jahrbuch*, Bd. 46 (1922), S. 543—555.

Michaelis, Wilhelm, „Der Reichskanzler Michaelis und die päpstliche Friedensaktion", in: *Geschichte in Wissenschaft und Unterricht*, Bd. 7 (1956), S. 14–24 und 128.

Michaelis, Wilhelm, „Der Reichskanzler Michaelis und die päpstliche Friedensaktion 1917. Neue Dokumente", in: *Geschichte in Wissenschaft und Unterricht*, Bd. 12 (1961), S. 418—434.

Montanus (Pseud.), „Opus 117", in: *Klarheit und Wahrheit*, Bd. I (1912), S. 354 ff.

Newcomer, Mabel, „Fiscal Relations of Central and Local Governments in Germany under the Weimar Constitution", in: *Political Science Quarterly*, Bd. 51 (1936), S. 185–214.

Plievier, Theodor, „Im Wald von Compiègne", in: *Neue Deutsche Blätter*, Bd. I (November/Dezember 1933), S. 145–156, 219–229.

Raumer, Kurt von, „Zwischen Brest-Litowsk und Compiègne: die deutsche Ostpolitik vom Sommer 1918", in: *Baltische Lande*, Bd. IV (1939), S. 1–13.

Rosen, Edgar R., „Italiens Kriegseintritt im Jahre 1915 als innenpolitisches Problem der Giolitti-Ära", in: *Historische Zeitschrift*, Bd. 187 (1959), S. 289 bis 363.

Snell, John, „Benedikt XV, Wilson, Michaelis and German Socialism", in: *Catholic Historical Review*, Bd. 37 (1951), S. 151–178.

Spahn, Martin, „Das Jahr 1906", in: *Das deutsche Volk*, Bd. III (Juli 15, 1928).

Schütte, Ernst, „Noch einmal: Der Reichskanzler Michaelis und die päpstliche Friedensaktion von 1917", in: *Geschichte in Wissenschaft und Unterricht*, Bd. 7 (1956), S. 293–297.

Vogel, Walter, „Die Organisation der Presse und amtlichen Nachrichtenstellen von Bismarck bis 1933", in: *Die Zeitungswissenschaft*, Bd. 16, Nr. 7–8 (Berlin 1941).

Wissell, Rudolf, „Sozialismus und christlicher Solidarismus", in: *Die Glocke*, Bd. VII (1921), S. 402–409.

Zeender, John K., „The German Center Party During World War I", in: *Catholic Historical Review*, Bd. 42 (1957), S. 441–468.

# PERSONEN-
# UND
# SACHVERZEICHNIS